普通選挙制度成立史の研究

松尾尊兊著

岩波書店

普通選挙制度成立史の研究

はしがき

日本国憲法第四十四条は、衆・参両院議員の選挙人の資格に言及し、「人種、信条、性別、社会的身分、門地、教育、財産又は収入によつて差別してはならない」と定めている。この趣旨に合致する選挙制度が今日いうところの普通選挙制度である。近代議会制諸国家は、フランス、イタリア、スペインなどラテン系諸民族国家を除き、ほとんど第一次大戦直後にこの制度を採用した。これらの国では、以後、女性を排除した従来のいわゆる普通選挙制を「男子普通選挙」制と呼ぶようになった。しかし日本およびラテン系国家では、第二次大戦がおわるまで、普選といえばもっぱら男子普選を指したのである。本稿でも「普選」をこのような意味において使用する。

普選制は理念においては、国民個人を国家の政治的構成単位として認める個人主義的人格主義に基礎を置くものといえようが、これを実現せしめたのは、資本主義の発展に必然的に付随する民衆、とくに労働者階級の政治的成長にほかならない。したがって、どの国でも普選採用にいたる過程で最大の問題となったのが、「財産又は収入」による差別の撤廃であった。

日本の選挙制度の歴史においても、重大な制度の改変に際しては、必ず「財産又は収入」に関連する納税額が問題となった。一八八九(明治二二)年衆議院議員選挙法がはじめて制定されたとき、納税要件は直接国税一五円以上と定められた。新有権者は約四五万人、人口約四〇〇〇万の一パーセント強にすぎない。これに先立つ明治憲法制定期もしくは自由民権運動期においては、国会の開設時期とその国家機構に占める政治的位置が政治の争点となっており、選挙権では明治政府側も民権派側も納税要件を設ける一点でほぼ一致していた。民権運動がブルジョワ民主主義運動であり、その主力が有産者たる農民や市民であってみれば、彼らがまず「恒産なきものは恒心なし」として無産者の政治参加を拒否したのは自然であった。馬場辰猪や中江兆民のごとき個々の普選論者は存在していたが、普選を綱領に掲げた政治グループは皆無であった。民権派と政府との相違点は納税額の多少にあり、憲法同様に選挙法でも政府の意図が貫徹した。

自由民権の余韻なお消えやらぬ初期議会では、民党は予算審議権の確立をめざし政府と抗争する一方、議会ごとに選挙権拡張案(直税一五円→五円)を提出してきた。日清戦争後の一九〇〇年、山県有朋内閣は選挙区制を改める(小選挙区→全県一区の大選挙区および都市独立区)とともに、納税要件を一五円から一〇円に引下げた。帝国主義争覇戦にそなえて都市ブルジョワジーの要求を満たし、支配体制の基盤強化をはかったのである。ただし有権者は倍増しただけにおわった。

次の改革は一九一九(大正八)年に原敬を首班とする政友会内閣の手で実行された。この間は政友会をはじめとする政党勢力が、明治政府を構成してきた藩閥勢力を次第に圧倒する時期であるが、彼らの政治目標は政党内閣制の実現にあり、国民参政権の拡大にはおかれなかった。したがって選挙法改正問題の焦点は区制にあったが、第一次大戦期の民衆勢力の勃興にいたり、原内閣はそれへの対応と政友会の地盤強化を意図して、小選挙区制の復活と、選挙権の若干の拡大(一〇円→三円)を行なった。しかしこの段階にいたっても有権者は約三〇〇万人、日本本土人口比は五パーセント強にすぎなかった。

原敬内閣の選挙法改革は非有権者層たる中間層下層および無産階級の満足するところとならず、大衆的な普選要求運動が一九一九年以来勃興し、大正デモクラシー運動の根幹を形成するにいたった。憲政・国民(のち革新倶楽部)の両野党は、民衆支配政策転換の一環として普選を主張し、第二次護憲運動を経て、一九二五年第五〇議会において、護憲三派内閣提出の普選案が通過、有権者は一挙に四倍の一二四〇万人、本土人口の二〇パーセントに達した。

その後、一九三一年満州事変の勃発をみるまで、年齢要件の低下が民政党および無産諸政党により要求され、他方婦人参政権運動も台頭した。しかし戦時体制下に入ると権利拡張の声は抑制され、逆に選挙取締の強化が、軍部勢力により要求され、実行された。日本において女性をも含めた普選制度が確立されるのは、敗戦後一九四五年一二月、第八九議会の選挙法改正によってである。

本書の対象とするのは、右のうち、一九二五年に成立したいわゆる普通選挙法の成立過程である。長期にわたる選挙制度の歴史のなかで、とくにこの主題を選んだ理由は、選挙権の拡張が、近代日本における国民的政治課題の一つであり、とくに一九一九年から一九二五年にかけては、当時最大の政治争点となり、これをめぐって政治諸勢力がはげしく競り合ったからである。選挙法問題がこれほど政治の舞台で重要な役割を果たした時期は後にも先にもない。大正デモクラシー期の政治過程の分析は、この問題を焦点に据えねば不可能である。本研究は単なる法律制度史としてではなく、政治史として対象に接近を試みたものであり、普選問題をとおして大正デモクラシー期の政治構造の変化を析出することを目的としている。

Ⅰ「普通選挙期成同盟会の活動」は、普選が政治問題化する以前の普選運動を取扱う。それは少数有志による啓蒙運動にすぎなかったにせよ、国民の政治的自由拡大をめざす民主主義運動として、初期の社会主義運動や労働組合運動とならんで、日本社会運動史上独自の意義をになうものであり、第一次大戦後の運動の大衆化を準備したからである。先述のごとく自由民権期に、普選論はすでに唱えられ、また一八九二年結成の東洋自由党(大井憲太郎ら)は党内に「普通選挙期成同盟会」を設けている。しかし私は、一八九七年信州松本で中村太八郎・木下尚江らが組織した同名の「普通選挙期成同盟会」をもって、普選運動の出発点と考えている。なぜならば、この組織結成後普選運動がはじめて継続的な社会運動となり、第一次大戦直後まで、この組織が普選運動の中心となっているからである。Ⅰの目的は同盟会を中心とする普選運動展開のあとを、できるだけ詳細に探ることにおかれている。

Ⅱ「第一次大戦後の普選運動」は一九一八年米騒動より一九二一年原敬暗殺の時期までの普選問題の推移を対象と

する。本稿はとくに大衆運動化した普選運動の展開のあとを段階的に克明に追跡し、運動をになった諸組織の構成と、運動を支える政治理念の実態を明らかにし、あわせて支配体制内諸勢力の対応の様相を描いた。

Ⅲ「普通選挙法の成立過程」は、一九二一年末、憲政会が従来固執してきた「独立の生計を営む者」に有権者を限定する事実上の世帯主選挙制を放棄し、第四五議会ではじめて野党共同の普選案が上程されていらい、一九二五年の第五〇議会で普選法が通過するまでの時期を対象とする。前章同様普選運動の実情を探り、運動の昂揚にもかかわらず労働者階級の先頭部分が運動から離脱した事情を究明するとともに、体制側においても、一九二二年、加藤友三郎内閣による衆議院議員選挙法調査会の設置いらい、普選への歯車が回転しはじめ、体制内諸勢力の民衆統合構想が、関東大震災を契機に、治安維持法抱合せという、いびつな形での普選制度に収斂されていった経過の解明につとめた。

別編Ⅰ「大正期婦人の政治的自由獲得運動——新婦人協会から婦選獲得同盟へ——」は、第一次大戦後ようやく我が国でも登場した婦人参政権運動を、『女性同盟』はもとより『婦人新報』『婦女新聞』など原資料に立ちかえって再構成したものである。その結果、矯風会という、禁酒と廃娼の運動のみでその名を知られてきたキリスト教婦人団体の役割をクローズ・アップすることになった。

別編Ⅱ「第一次大戦後の僧侶参政権運動」は、普選運動に触発されておこった僧侶にも被選挙権を与えよという運動を対象とし、戦前日本における政治と宗教の関係を考察する場合の一材料を提供したものである。

もとより本書の至らざるところは多い。たとえば、第一次大戦後の普選運動の昂揚を支えた市民政社については、その重要性をいちはやく強調した著者としては、別に一章を設けて検討する予定であったが、実行することができなかった。諸外国の普選制度成立過程との比較という興味ある問題にも言及していない。これらの問題については、一九二五年普選法成立以後の選挙法改正問題とともに、今後の研究課題としたい。

本書は一九五九年いらい断続的に公表してきたものを補訂し、これに新稿を加えて構成している。その初出を記しておこう。

Ⅰ　普通選挙期成同盟会の活動

一　普選運動前史……新稿。

二　普選運動の黎明……松尾尊兊著『大正デモクラシーの研究』青木書店、一九六六年所収。

三　日露戦争前の普選運動……右に同じ。

四　日露戦争後の普選運動……右に同じ。

五　大正前期の普選運動……読史会編刊『国史論集』下、一九五九年所収。

Ⅱ　第一次大戦後の普選運動

一　第四一議会下の普選運動……井上清編『大正期の政治と社会』岩波書店、一九六九年所収。

二　第四二議会下の普選運動……右に同じ。

三　議会解散と普選運動の行方……右に同じ。

四　普選運動の沈滞期……新稿。

Ⅲ　普通選挙法の成立過程

一　普選運動の復活……『日本史研究』二四四号、一九八二年。

二　加藤友三郎内閣期の選挙法改正問題……『史林』六五巻六号、一九八二年。

三　山本地震内閣の普選構想……『日本史研究』二五五号、一九八三年。

四　普通選挙法の成立……新稿。

別編

Ⅰ　大正期婦人の政治的自由獲得運動——新婦人協会から婦選獲得同盟へ——……ドメス出版復刻『女性同盟』解説、一九八五年。

Ⅱ　第一次大戦後の僧侶参政権運動……梅原隆章教授退官記念論集刊行会編『歴史への視点』桂書房、一九八五年所収。

思えば本研究に志してから三〇年、この間実に多くの方々のお世話になった。その芳名はここには書きつくせない。ただ、この十年来本書の刊行を督励された今津晃先生、本書のⅠ・Ⅱ執筆の頃懇切な指導を与えられた井上清先生と渡部徹先生、および太平洋戦争勃発の翌年鳥取第一中学校入学いらいの友人として常に私の仕事を見守られた松澤弘陽氏の名を記し、感謝の意を表するにとどめる。粘り強く執筆の完了を促された岩波書店の中島義勝氏と野口敏雄氏にも御礼を申したい。

本書を北山茂夫先生の霊前に捧げる。

一九八九年三月一八日

松　尾　尊　兊

凡　例

(1) 資料の引用に当たっては、漢字を当用漢字に改め、また聯盟と記すべきところを連盟と表記するなど、若干手を加えた。

(2) 出典注の新聞名と日付はたとえば次のように簡略化した。『大阪朝日新聞』一九二〇年五月一日付→『大朝』(大9・5・1)。ただし、『東日』は『東京日日新聞』の略であって、『東京毎日新聞』の略ではない。

(3) 田健治郎、松本剛吉(『大正デモクラシー期の政治―松本剛吉政治日誌―』)その他の日記を引用する場合も、『田日記』『松本日誌』(大9・5・1)の如く略した。

(4) 文献を表記するに際し、所収誌名や公刊年を略した場合がある。巻末の「参考文献」を参照されたい。

(5) 「参考文献」には、本書のなかで実際に論及・引用した文献のうち、主要なものだけを収録した。なお新聞・雑誌の所載記事は原則として省略した。

目　次

はしがき
凡例
I　普通選挙期成同盟会の活動……一
一　普選運動前史……三
1　一八八九年選挙法制定まで……三
2　東洋自由党の普選運動……一一
二　普選運動の黎明……一六
1　普通選挙期成同盟会の出発……一六
2　同盟会の再興と東京進出……二五
三　日露戦争前の普選運動……三六
1　社会主義研究会・労働組合期成会との接触……三六
2　大衆啓蒙活動の強化……四二
3　普選法案の初上程と松本同盟会の解体……四八

4　日露戦争直前における運動の昂揚……………五七

四　日露戦争後の普選運動……………六六

1　日露戦争下の普選運動……………六六
2　戦後における運動の昂揚と沈滞……………七三
3　普選法案の衆議院通過……………八三
4　普選同盟会の解体……………八九

五　大正前期の普選運動……………九八

1　普通選挙同盟会の再興……………九八
2　新しい普選要求の胎動……………一〇五
3　米騒動直前の普選同盟会……………一一五

II　第一次大戦後の普選運動……………一二七

一　第四一議会下の普選運動……………一二九

1　米騒動直後の選挙権拡張論……………一二九
2　支配体制内諸勢力の動向……………一三三
3　普選運動の一般的状況……………一三九
4　普通選挙期成同盟会……………一四三
5　学生団体と労働組合……………一四五

6　ジャーナリズムの動向……一四八
二　第四二議会下の普選運動……一五一
1　普選の世論化と運動の発展……一五一
2　都市急進派の場合……一五七
3　労働組合の普選運動……一六六
4　社会主義者の態度……一七四
三　議会解散と普選運動の行方……一七八
1　議会の解散……一七八
2　総選挙と普選運動……一八四
四　普選運動の沈滞期……一九一
1　運動の沈滞と労働総同盟の離脱……一九一
2　院内普選派の不一致……一九七
3　原政権の対普選策……二〇一
Ⅲ　普通選挙法の成立過程……二〇七
一　普選運動の復活……二〇九
1　憲政会の政策転換……二〇九
2　三派協調案と政友会……二一五

3　普選運動の再昂揚……二一八
4　無産階級勢力の動向……二二四
二　加藤友三郎内閣期の選挙法改正問題……二三一
1　衆議院議員選挙法調査会の設置……二三一
2　第四六議会下の普選運動……二三七
3　諸政党の対応……二四三
4　無産勢力と普選問題……二四八
5　臨時法制審議会への諮問……二五四
三　山本地震内閣の普選構想……二六四
1　山本内閣の普選決意表明……二六四
2　臨時法制審議会の審議経過……二七一
3　新党計画の失敗と普選構想の動揺……二七八
4　無産勢力の動向……二八九
四　普通選挙法の成立……二九六
1　第二次護憲運動と普選問題……二九六
2　政府案の作成過程……三〇五
3　普選法案の両院通過……三一三
4　第五〇議会下の参政権運動……三二三

5　普通選挙法と治安維持法……三一七

別　編……三三三

I　大正期婦人の政治的自由獲得運動……三三五
　　——新婦人協会から婦選獲得同盟へ——

はじめに……三三五

一　新婦人協会の活動……三三七

1　前　史……三三七

2　新婦人協会の治安警察法改正運動開始……三四一

3　治安警察法改正案の衆議院通過……三四七

4　協会の危機と治安警察法改正の実現……三五〇

5　新婦人協会の解体……三五六

二　婦人参政同盟と矯風会……三六一

1　婦人参政同盟の結成……三六一

2　矯風会の参入……三六六

三　婦選獲得同盟の成立……三七三

1　東京連合婦人会の活動……三七三

2　婦人参政権獲得期成同盟会から婦選獲得同盟へ……三七七

Ⅱ　第一次大戦後の僧侶参政権運動……三九三
はじめに……三九三
1　第一次大戦前の状況……三九三
2　第四二議会下の僧参運動……三九六
3　第四三・第四四議会下の運動……三九九
4　第四五議会下の運動……四〇四
5　僧参運動の結末……四〇八
おわりに……四一〇
注……四一三
参考文献
索　引

I

普通選挙期成同盟会の活動

一　普選運動前史

1　一八八九年選挙法制定まで

普通選挙を要求する政治運動、すなわち普選運動は、一八九七(明治三〇)年に普通選挙期成同盟会が結成されたときに始まる。これよりさき、自由民権運動の段階において、普選を当然とする論者は何人もいた。しかし現実の政治課題としては普選はいまだ日程に上らず、民権運動のいかなる政派も、普選を綱領としてはもとより、当面の政策として掲げたものは存在しない。ようやく一八九二年、大井憲太郎のひきいる東洋自由党が、「普通選挙期成同盟会」をつくり、組織としてはじめて普選をとりあげたが、党自体一年余で消滅し、運動のあともさだかでない。その五年後一八九七年、信州松本に結成された「普通選挙期成同盟会」は、会名も東洋自由党のそれに等しく、人的にも、大井をはじめ有力党員の参加をみるなど、そのつながりを否定しえないが、組織としてはまったく独自の結社として生まれた。そして以後第一次大戦直後まで、普選運動の組織的中心となっている。したがって、本書Ⅰはこの普通選挙期成同盟会の活動を主題とするが、それに先立って、明治維新いらい同盟会の発足にいたる間の選挙法問題の推移を、先学の研究(1)を参照しつつ、略述しておきたい。

明治政府にとって、西洋諸列強に伍して国家の独立を確保するためには、立憲制度の採用は不可避であった。しかし、立憲制の根幹で国民代表機関たる民選議院設立に対する、政府首脳の理解と熱意は薄かった。左院の民選議院構想(一八七二年)は握りつぶされた。開明的な木戸孝允の意を受けて起草されたといわれる青木周蔵の憲法草案「大日本政規」(一八七三年)や、「帝号大日本国政典」(一八七四年)をみても、民選議院のかわりに、地方官会議的なものをあてている(家永三郎・松永昌三・江村栄一編『明治前期の憲法構想』増訂版第二版、一九八七年)。大久保利通の憲法問題に関する意見書(一八七三年)にも国会の構想はあったが、その議員には華族と官吏が想定されていた(稲田正次『明治憲法成立史』上、二一一ページ)。

一八七五年四月、漸次立憲政体樹立の詔が発せられたあと、元老院は天皇の命を受け、「国憲」を起草したが、第一次草案(一八七六年)には民選議院を欠き、第二次草案(一八七八年)に「代議士院」(選挙人規定を含まず)が登場したものの、岩倉・伊藤ら政府首脳に無視されてしまう。

他方、有名な一八七四年の「民撰議院設立建白」においては、納税者に参政権ありとうたわれたものの、その範囲はしばらく「士族及ビ豪家ノ農商等」(「加藤弘之ニ答フル書」)に限定される。これを機に国会開設の賛否、憲法制定手続について論争がおこるが、選挙法にまでは及ばず、制限選挙が暗黙の前提となっていた。

西南戦争後自由民権運動は急速に拡大し、一八八〇年には国会期成同盟会が結成され、その翌年の大会には憲法草案を持寄ることになった。このため、一八七九(明治一二)年から一八八一年にかけ、民間の憲法草案が次々と作成された。そのうち、前出『明治前期の憲法構想』に収録されたものが二九篇あるが、首尾一貫した憲法草案の形をとるもの、不完全だが国会の選・被選挙権条項を含むもの計二一篇について、当時の民権派の選挙人構想を探ってみよう(別表)。

まず納税・財産要件についていえば、この要件を必要としない案すなわち普選案はまったく存在しない。千葉卓三郎(五日市憲法草案)は選挙人については成年男子すべてを有権者としているようにみえるが、被選人には「定額ノ財産ヲ所有シ私有地ヨリ生スル歳入アル事ヲ証明シ選挙法ニ定メタル金額ノ直税ヲ納ル、」という条件を付しているところからみて、普選の実質を備えているものとはいい難い。なお共存同衆・桜井静・嚶鳴社案はともに選挙人規定を含まないが、被選資格ではすべて納税・財産要件を付しているので普選構想をもつものとはいえない。もっとも普選に近いのは小田為綱文書中の「憲法草稿評林」のすべての戸主を有権者とする案であろう。一八八二(明治一五)年一月一日現在の戸主数は七六八万四九八五人(内女性は三四万四六五一人)、本土人口三六七〇万の二一パーセント強となる(『日本帝国第三統計年鑑』)。植木枝盛「日本国々憲案」は「現ニ租税ヲ納メサル者現ニ法律ノ罪ニ服シ居ル者政府ノ官吏ハ議員ヲ撰挙スル事ヲ得ス」と規定している。この「租税」とは直接税を意味するものと解せられる。もし間接税をも意味すると解するならば、すべての人民が納税者となるわけで、「租税」を要件とすることが無意味となる。なお福地源一郎(反民権)、村松愛蔵、『東海暁鐘新報』記者の諸案が地租とか国税とかのみ記して、その額に言及していないのは、一銭でも納めればよいとも解せられるが、一方では、別に規定される選挙法にその額を委ねたともいえる。ちなみに当時唯一の直接国税たる地租納入者数は一八八六年初めで六六六万五七八二人の数字が存在する(有元正雄「各府県民有財産取調概表」『土地制度史学』55)。納税額を限定しているものに交詢社、永田一二、菊池虎太郎(反民権)案があり、いずれも五円と比較的低額に押えられている。交詢社系案が都市を独立区とし、都市納税・財産資格を農村に比べて緩和させているのは、いうまでもなく都市ブルジョワジーの意に沿ったもので、約二〇年後に一九〇〇年の法改正の争点の一つとなる。例外的といえるが、筑前共愛会と沢辺正修案が間接選挙を構想しているのは、民権派としては如何なものであろうか。

年齢要件は、一八歳とする村松愛蔵を除き、二〇歳もしくは二一歳が圧倒的である。被選権をみると大半が二五歳。千葉卓三郎案は兵庫国憲法講習会案とともに三〇歳と高い。性はほとんどが男性に限定している。例外的に、小田為綱文書が男女の戸主、村松愛蔵が一八歳以上の男性とともに女戸主を有権者としているのが注目される。一見男女平等に近いと思わせるが、実は女戸主は男戸主の五分以下であるから、実質的に男女平等とはいいがたい。また両者と

民間憲法草案における国会議員選・被選要件一覧表

家永番号	作者	成立年月	選挙人要件 年齢性	選挙人要件 納税・財産等	被選人要件 年齢性	被選人要件 納税・財産等	備考
八	共存同衆	12・3			25男	定格の財産	選挙人規定含まず
九	桜井静	12・12			25	戸主で国租十円	〃
一一	筑前共愛会	13・2	満20男	戸主	満25男	なし	間接選挙
一二	〃	13・2	満20男	戸主	満25男	なし	〃
一四	中立正党政談記者	13・10	丁年男	戸主地所持(都会は住家持)	丁年男	なし	
一五	沢辺正修	14・1	丁年男	国税	満25男	国税	間接選挙
一七	福地源一郎	14・4	満21男	地租	満25男	地租	
一八	交詢社	14・4	満21男	郡村は地租五円または価二百円の所有住家、都市は地租三円または価二百円の住家または四百円に借住	満25男	なし	都市独立区
一九	交詢社	14・6	〃	〃	〃	〃	〃
二五	兵庫国憲法講習会	14・7	満21男	関税五円または二百円の所有住家または四百円に借住	満30男	なし	
二六	永田一二	14・9	満20男	郡村は地租五円または二百円の所有住家、都市は地租三円または二百円の住家または三百円に借住	満25男	なし	都市独立区
二九	植木枝盛	14・8		租税		なし	一院制

三〇	立志社	14・9					選被選人規定含まず、一院制
三一	村松愛蔵	14・9	満18男 女戸主	国税	満21男	国税	一院制
三三	菊池虎太郎他	14・10		国税五円	満25—50男	なし	
三四	東海暁鐘新報記者	14・10	満21男	地租若干	満25男	なし	
補二	嚶鳴社	12・末			25男	定格の財産	選挙人規定含まず
補三	小田為綱文書	14・始	満21男 女	戸主	25男	なし	
補四	千葉卓三郎	14・9	成年男	なし	満30男	定格の財産・直税	
補五	相愛社(?)	14・10	20男	直税一円	25男	なし	都市独立区
追補二	丸山名政	14・8			25男	定格の財産	選挙人規定含まず

も被選資格は男性に限定している。植木枝盛の場合、性別年齢に言及がない。このことをもって植木が「二十歳以上の男女にひろく参政権を与える趣旨であったにちがいない」と解するのは早計に過ぎる(家永三郎『植木枝盛研究』三〇八ページ)。植木案を原案とするとされる立志社案をみても選・被選資格についての言及はない。このことは植木が年齢や性別については別の選挙法に委ねるつもりであったことを推測させる。植木の当時の選挙法構想が不明である以上、家永氏の見解の当不当は証明され得ない。一歩ゆずって植木の構想がのちの『国民組織国民大会議』(一八八八年)の場合と同様、「租税ヲ納ムル」女子に参政権を認めるものであったとしても、租税を前記のごとく直接国税とするならば、直税を納める女子は男子よりはるかに少ないのだから、植木の構想する女子参政権はきわめて限定されたものとなる。

要するに民権派の選挙権構想は、有権者を納税者・有産者に限定しており、普通選挙の理念からは外れているものといわねばならない。しかし、そのことは民権派の歴史的評価をおとしめるものではない。アメリカという例外を除き、普選制が定着するのは労働者階級の登場によるのが世界史上の通例である。自由民権運動は労働者階級登場以前のブルジョワ民主主義運動であり、その求めるところの根幹は納税者の代表議会による君権の制限と人権保障にあった。民権派が普選を構想しえなかったのは、むしろ当然といってよい。

他方、民権運動に対応を迫られた政府側ではいぜん民選議院尚早論が強く、参議の中では大隈重信だけが、一八八一年中に憲法を制定し、翌年国会を開けという有名な意見を提出した。右大臣岩倉具視はこれに対抗し、井上毅に命じて政府の基本方針「大綱領」を定め、一八八一年七月上奏し、明治憲法の骨格がここに確定した。ここでは二院制をとり、民選議院の選挙人には財産制限を用いることが明記されている。その制限がどの程度かは、もとより明示されないが、すでに一八七八年に制定された府県会規則内の、二〇歳以上の男子で地租五円以上の納入者という限度を下限とすることは明白であった。国会の選挙人の数が地方議会の選挙人の数を上廻ることはありえないからである。

明治一四年の政変後、いよいよ国会開設が日程に上り、自由・改進の両党が結成される。選挙権問題で明確な態度を打出したのは改進党の方で、綱領六ヵ条の第四には「社会進歩ノ度ニ随ヒ選挙権ヲ伸闊スル事」とある。つまり、当面制限選挙で出発し、次第に範囲を拡張するという方針である(松尾章一『自由民権思想の研究』一九四・二五八ページ)。他方自由党は具体的な政綱を掲げず、選挙権への態度は不明確である。著名な陸羯南『近時政論考』は、一院制と普通選挙が自由論派＝自由党の主張だと書いているが、実情はそれほど単純ではなかった。総理板垣退助の演説「自由党組織の大意」(『自由党史』第五篇第五章)に「或は一局或は二局議院論を唱ふる者あり、又或は普通或は財産撰挙説を持する者あり」とある如く、党内の意見は一致していない。党内で普選を唱えていたのは、馬場辰猪・内藤魯一・大石正巳・奥宮健之ら、および大阪の『日本立憲政党新聞』とされ、また自由党解党後も、中江兆民は『国会論』(一八八八年)や『選挙人目ざまし』(一八九〇年)、星亨は『各国国会要覧』(一八八六年)において普選を主張し(富田信男「自由民権論者の普選思想」、松永昌三『中江兆民の思想』、江村栄一『自由民権革命の研究』)、さらに『東雲新聞』(明21・11・25―12・20、明22・1・17―2・2、のち江口三省『増訂撰挙論』として刊行)は、「撰挙論」の題下に、普選とともに比例代表制さえ提起していたが、これらの人びとが一つのグループをつくった形跡はない。

一方明治政府は憲法制定の作業に入り、まず伊藤博文をドイツに派遣する。選挙法関係で注目すべきことは、スタインは憲法をしばしば改変しないよう選挙法関係の規定は憲法から外すこと、グナイストは二等級間接選挙制をとることを勧告したことである。この二点は帰国後の重要な問題点となる。一八八四年に制度取調局が設置され、伊藤のもと、井上毅・伊東巳代治・金子堅太郎・ロエスレル・モッセらが、憲法およびその付属法の起草に当った。第一の憲法内に選挙法の大綱を入れこむか否かの点では、入れるべしとのロエスレルと入れるべからずとする井上毅との間に意見が対立したが、一八八七年八月の伊藤案(夏島草案)で、衆議院は選挙法の定めるところにより、公選された議員をもって構成されると規定され、これが以後修正を受けることなく、憲法第三五条として定着した。こうして衆議院議員選挙法は憲法と別個に起草されることになった。

ここで第二の等級・間接選挙制の採否が問題となる。当初選挙法の原案をつくったモッセは、三階級あるいは二階級にわけた選挙人によって選ばれた町村会議員が郡会議員を、郡会議員が県会議員を、そして県議が下院議員を選ぶという極端な間接選挙を構想した。これにはロエスレルが反対し、井上・金子も同調した。ロエスレルは、このような案は立憲的といえず、反政府運動が起ること必定であり、かえって政党勢力が地方自治体に及び、ブルジョワ自由主義勢力が進出するおそれがある。むしろ独立の生計を有する成年男子すべてを有権者とし、天皇に忠実な下層社会の代表を議会に進出させるべきだ、というのである。これは議会の権限は小さく、選挙権は広くというドイツ帝国憲法にならったものであった。

結局伊藤は等級・間接選挙制を採らず、モッセは手を引き、選挙法は井上と金子の手で改めて起草されることになった。しかし間接選挙制は政府内部でも根強い支持があり、枢密院の審査でも、野村靖と鳥尾小弥太が、愚者・貧者の支配を防ぐ良法としてこれを主張した。またモッセ案を廃棄したといっても、ロエスレルの意見がそのまま採用されたのではない。地方議会ではモッセ案が生かされ、(2) 国会では納税資格を設けての制限選挙制がとられた。

結局、枢密院の審査を経て、一八八九(明治二二)年二月一一日、大日本帝国憲法とともに公布された衆議院議員選挙法は次の要項を骨子とした。(1)選挙人資格は、選挙人名簿調整の期日より満一年以上その府県内に本籍を定め、居住し、地租一五円以上か、所得税の場合は三年以上一五円を続けて納めている満二五歳以上の男子、(2)被選人資格は納税要件は選挙人と同じ、満三〇歳以上の男子(居住要件はなし)、(3)区制は標準人口一三万人を一区とする小選挙区制、ただし二五七区のうち二人区が四三ある。議員定数は三〇〇人、(4)投票方法は単記記名。

河村又介「明治時代における選挙法の理論及制度の発達」(『国家学会雑誌』57の2)は、一八八九年法の特色を高い納税要件と農村本位に求めている。納税要件の高さについていえば、地租一五円納入者とは全国平均で田なら一町五反、畑なら五町五反の所有者である。このため有権者数は一八九〇年選挙に際して約四五万人、全国人口の一・一四パーセントにすぎなかった。農村本位についていえば、前記一町五反の田をすべて小作に出すとして、小作料は一五石ないし二〇石とみて一〇八円から一四五円の収入となる。一方、所得税一五円に対応する所得は一〇〇〇円で、しかも三年間続けて納付しなければならない。居住要件が一年以上というのも都市生活者に不利である。このため、有権者の対人口比率は東京府が最低で〇・三七パーセント、最高は滋賀県の二・三二パーセントとなる。こういう特徴に加えていま一つ付け加えれば、北海道は一九〇三年、沖縄は一九一二年、小笠原諸島は一九〇〇年まで選挙法が施行されなかったことである。これらの地域の住民は参政権をもたなかったわけで、端的にいえばこれらの地域が事実上植民地であった証左となる。

2　東洋自由党の普選運動

第一議会から、日清戦争開始直前の第六議会までの、いわゆる初期議会において、立憲自由党は党議をもって毎議会選挙法改正案を提出しつづけた。すでに一八九〇(明治二三)年二月二一日、旧自由党の左派を結集した再建自由党の府県会議員総会は二三項目の党議を決定したが、それには⒀被選人の納税資格撤廃、⒁直接国税五円以上に選挙権を拡大、⒂被選人と選挙人の年齢は各二五歳・二〇歳以上、⒃選挙区の拡張の四項目が含まれていた(『明治文化全集』正史篇下、一五四ページ)。立憲自由党の提出した選挙法案はこれをそのまま継承したが、区制は全県一区制をとり、投票は記名連記制を主張した。ただし第五議会以降は、改正の「行ハレ易キヲ期シ」(「代議士報告書」『党報』32)改正案は選・被選人資格に限定した。

自由党の改正の趣旨は第二議会の解散に際しての「自由党宣言」(『党報号外』明25・1・5)に示されている。「苟クモ国税ヲ納ムルノ義務アル者ハ、国政ニ参スルノ権利アレハ、総テ直接国税ヲ納ムル者ニハ、国会議員ヲ選挙スルノ権ヲ与フヘキノ道理ナレトモ、我党カ民度ヲ量リテ之カ制限ヲ立テ、五円以上ヲ納ムル者ト定メ。又タ選挙人ノ年齢資格ヲ二十歳以上ト定メ。以テ選挙権ヲ拡張スルノ趣意ハ、成ルヘク代議政体ノ全キヲ得セシメンカ為メナリ。而シテ選挙区ノ拡張ハ、賄賂醜行ノ跡ヲ絶チ、以テ広ク世ニ名望アルノ士ヲ挙ケ、議員其人ヲ得ンガ為ナリ」。

五円の納税資格は、前述のように旧府県会規則に先例があり、また交詢社憲法草案も同様であるので、この辺が民党勢力の公約数とみたからであろう。中には商工業者の議会進出を促す意味で改正案を支持するものがいたことは、日清戦争後の改正の方向を先取りするものとして注目される(富田信男『明治国家の苦悩と変容』一八ページ以下)。なお自由党は市町村会の等級選挙および郡会・府県会の間接選挙と大地主互選制の廃止もあわせ主張していた。

改進党は一八九二(明治二五)年四月の党大会で、綱領を敷衍する八項目を議決し、その第五番目に「選挙権ヲ拡張シ被選人ノ納税制限ヲ廃スル事」を掲げたが(『立憲改進党党報』1、明25・12・20)、現実には日清戦争中の第八議会前まで、選挙法改正案を提出したことは一度もなかった。ただし、議会での発言をみるかぎり、大勢としては自由党に同調したらしい。しかし、民党優位の下にあるにもかかわらず、法案は一度も衆議院を通過しなかった。第一議会では上程されず、第二議会は委員会に付託されたが委員指名のみに終り、第三議会は委員会付託について採決を行なった結果、一二二対一四〇で否決され、第四議会は上程にいたらず、第五議会は委員会に付託されたものの議会が解散となり、第六議会でようやく委員会を通過したものの、再び解散の厄にあった(衆議院事務局『衆議院議員選挙法改正案ノ沿革』一九一九年)。この状態は、民党内部でも改正に消極的なものの存在していたことをうかがわせるが、それ以上に、選挙法改正がまだ政治的争点とならなかった結果であった。当時の議会は周知のごとく、超然主義官僚内閣の富国強兵策に対し、民党が民力休養政費節減をとなえ、予算審議権をテコとして政党内閣実現をめざしている段階であり、民党ではいわば国民の権利拡張よりも議会の権限拡張を優先させていたため、選挙法改正は当面の争点となりえなかったのである。

普選はもとよりのこと、選挙権の拡張さえ議会の争点となりえない段階において、早くも普選の実現をめざす政治組織が出現した。それは一八九二(明治二五)年一一月七日に発起人会を催した普通選挙期成同盟会である。これを報じた『新東洋』7(11・13)の記事を紹介しておこう。

普通選挙期成同盟会

同会は去七日を以て其発起人会を江東中村楼に開きたり当日参会の諸士は大井憲太郎、稲垣示、浜野昇、柳内義之進、鈴木倚吾の諸氏等七十余名にして規約を議定し、次に本年議会に請願書を出す事及び次回大会は明治廿六年一月七日を以て東京に開く事等を議決し更に当分の内事務所を東京府下京橋区新肴町十三番地に設置し鈴木倚

吾氏を書記に選任する等の数件を議了し散会したり今其改正規約を得たれば左に掲ぐ。(4)

この同盟会は、発起人会の前日に大井憲太郎を中心とする自由党左派が、自由党から離れて結党式を挙げた東洋自由党(5)の政策の実現機関であった。この党の綱領(6)は普選について明記せず、また同盟会規約には「党派の何たると選挙権の有無を不問」入会できるとあるから、同盟会は一見超党派的な組織のようにはみえる。しかし、党の機関紙『新東洋』7(11・13)が「党務分任」の題下に、「労働問題(日本労働協会)に柳内義之進、普通選挙問題(普通選挙期成同盟会)に鈴木倚吾、小作条例問題に島内寛治」と事務担当者を発表しているところからみて、東洋自由党に所属するものであることは明らかである。大井が結党式後の懇親会でとくに「普通選挙期成同盟会設立の趣旨を演じ」(7)(『新東洋』7)、『新東洋』が社説「普通選挙」(同上、5・6・7)をはじめ、しばしば普選を主張する論説を掲げていることからみても、普選は労働問題と並ぶ党の重要政策であった。したがって自由党の方でもこれを放置せず、かつての普選論者で今は代議士となっている江口三省が『党報』25(明25・11・25)で「普通選挙」と題し、「東洋自由党の一派」が「伝教師」となっている普選論に対し、「豪族の権を強ふして下等社会の自傷を致すや必せり」と反論を加えたのである。

同盟会の「仮会則緒言」をみると、国会議員や県会議員が「情実門閥の弊に浸潤し」「国会や県会や私名私利を賭する土豚と化したる」現状を打破し、「政界の空気を清潔にし国家の元気を回復せんが為」の「第一着手」として普選を要求するとしているが、これだけでは普選要求の趣旨が明らかでない。立憲治下の政治能力者たるべきもの、すなわち「知識道徳」の所有者たる学者・記者・農夫・職工(社説「普通選挙」)、とくに「労働社会」にまで参政権を与え、自党の立脚地をそこに置き「貧民労働者保護策」を推進するのが狙いであった(柳内義之進「貧民労働者保護策」『新東洋』7、「我党の進路」同上、8)。そして、「東洋自由党組織の趣旨」(同上、1)の観点からみれば、このように国内体制を固め国民の協同一致をはかってこそ「対外の大政策を建て」「亜細亜革新の指導者を以て自ら任じ」「国際的競争場裡に立つ」ことができるのである。

同盟会の現実の運動についての記録はない。おそらく東洋自由党自体が、翌一八九三年末に解体したときには、実体が無かったことからして、見るべき活動は行なわなかったのであろう。[8] しかし党はその遊説において普選を宣伝したし、また群馬県[9]では普選請願の動きがみられた。『新東洋』13（明25・12・25）は「群馬県に於ける東洋自由党員諸氏は予て普通選挙期成同盟会の趣旨に賛成し、近日来県下各郡の遊説に余念なかりしが、既に三百余名の同志者を得たれば、来春早々議会に向て普通選挙に関する請願を為さんとて目下準備に奔走中なりと云ふ」と報じ、さらに14号（明26・1・9）は、同県藤岡町の党員七十余名が一月六日の新年宴会で、「普通選挙に関する請願書捧呈の件、車税廃止の件、小作条例制定の件」を討議したこと、16号（1・23）は高崎市党員五十余名が、これまた新年宴会で「貧民保護に関する件及び普通選挙請願書捧呈の件等に対する運動の方針を議定」したことを報じている。

東洋自由党の創出した普通選挙期成同盟会は普選運動史に重要な意味をもつ。第一に、同盟会は、わが国ではじめての普選を要求する政治組織であった。当時、政界においては普選論を唱えるものが皆無であったとき、同盟会成立の意義はとくに大きい。第二に、それは後述の中村太八郎・木下尚江らの普通選挙期成同盟会との間に組織的継承関係はないものの、人脈的・思想的に密接な関連をもった。大井憲太郎・稲垣示・樽井藤吉ら東洋自由党関係者は、のちの同盟会に加入している。中村太八郎が大日本協会に加わったと『社会主義者調』（『原敬関係文書』8）はつたえているが、あるいは中村は東洋自由党時代の大井らを知っているのかも知れない。「期成同盟会」という名は、当時ありふれた呼称ではあったが、中村の念頭に、東洋自由党のそれが無かったとはいえない。また思想面からいっても、東洋自由党のもつ国民の協同一致をめざす国権主義的自由主義の色彩は、日清戦後の中村らの運動に、そのまま継承されているといってよい。

第三に、同盟会の成立を促したのが、初発期の日本資本主義の生み出した社会問題であったという歴史事情である。

一八八八(明治二一)年には高島炭礦の惨状が大きな社会問題となり、八九年には労働組合の初発形態ともいうべき同盟進工組が結成され、大日本紡績同業連合会は早くも「対罷工規約」を協定する。一八九〇年には全国六十余ヵ所で米騒動が発生し、九一年には地主制の強固な新潟で小作人三〇〇人が争議をおこす。大井らが自由党を脱したのは、自由党の代議士政党化、そして藩閥政府との妥協的態度への反発であったが、独自の政党をつくる大義名分としては、対外硬に加えるに、参政権の勤労民衆への拡大とそれによる社会問題の解決のスローガンが必要であった。後述するように中村らの普通選挙期成同盟会は社会問題研究会を母胎として生まれ、第一次大戦後、普選が政治上の最大の争点になるのは、労働運動の勃興によるものであった。普選が理論の問題でなく、政治の問題として登場するには、社会問題の存在が前提となることを、大井らの運動は示している。

二　普選運動の黎明

1　普通選挙期成同盟会の出発

普通選挙期成同盟会は、日清戦争後の社会問題の発生に刺戟され、その解決の道を摸索しはじめた知識人によって結成された。およそ日本の近代史をかえりみるとき、あいつぐ侵略戦争の終結の直後においては、戦時中抑圧されてきた階級矛盾がにわかにあらわとなり、政治・社会の民主的改革要求の声がたかまるのを見るが、日清戦争後の場合は労働争議を中心とする社会問題の発生となり、その解決の方途をめぐって自由主義的知識人のさまざまのグループが生まれ、研究あるいは実践活動を展開したのである。一八九七(明治三〇)年三月、アメリカ帰りのキリスト教社会事業家片山潜は東京神田にキングスレー館を開き、その一ヵ月後には後述の社会問題研究会が生まれ、同じ月ＡＦＬ(アメリカ労働総同盟)のオルグ高野房太郎らによる職工義友会の日本における復活があり、七月にはその発展形態として労働組合期成会が結成された。普選同盟会はこの情勢の中で、社会問題研究会を母胎として生まれたのである。

社会問題研究会は東洋社会党の創立者樽井藤吉、かっての国友会(自由党の一母胎)員で馬場辰猪・田口卯吉らの同志であった西村玄道(1)、およびのちの同盟会の組織者中村太八郎を幹事として出発した。「学理ト実際ニヨリ社会問題ヲ研究」することを「目的」(規約)として集まった約二〇〇人の会員は「種類より云へば極めて雑駁なるものにして」(山路愛山「現時の社会問題及び社会主義者」)、河野広中・愛沢寧堅・堀内賢郎(以上自由党)、鈴木重遠・田中正造・波多野承五郎・鳩山秀夫(以上進歩党)、新井章吾・綾井武夫・江橋厚(以上議員倶楽部)の現職代議士をはじめ、片山潜・

佐久間貞一のごとく労働問題に直接深い関心を抱いているものもあれば、田口卯吉・天野為之のような自由主義者もあり、陸羯南・三宅雪嶺というナショナリストも名をつらねる。(2) これら会員の大半は、もとより「社会主義其ものに対しては殆んど正確なる智識なく」という有様であったが、藩閥政権の専制と、これと結ぶ大地主・特権大資本家の横暴を快しとせず、何らかの政治・社会の改革を望む点では共通の気分をもっていたとみられる。彼らの中には選挙法改革に心を寄せるものが多かった。四月三日の「発起会」では、単税太郎と自称する米人宣教師ガルストが「公平選挙論」を演説している。この日選ばれた三名の幹事と三〇名の評議員のうち、中村太八郎・樽井藤吉・井土経重・石川安次郎・稲垣示・吉田義静・片山潜・中村弥六・松村介石・福本誠・佐治実然・鈴木重遠の一二名は、のちに普選同盟会に入会した確証があり、このほか初期の同盟会の有力役員である河野広中・黒沢正直・愛沢寧堅・綾部竹之助は、この研究会の会員であった。もともと、この研究会の規約草案には「社会ノ改良ヲ企図スル」の一句が入っていたという事実が物語るように(隅谷三喜男『片山潜』四四ページ)、会員の中には単なる研究に満足せぬ人たちもいた。これら選挙法改革に関心をもつ実践派の間で普選運動が計画されたのである。林広吉「普選物語」によれば一八九七年五月のことである。

一夜此処〔研究会の事務所たる京橋区新肴町開化亭―松尾〕に相会した会員河野広中、鈴木重遠、樽井藤吉、中村太八郎の諸氏の話題となったのが「普通選挙」であった。談論風発衡るべからざる気炎の中に夜はふけたが、意気相投じたこれ等の人々の間には何時か普通選挙を実際運動とする誓約と計画とがなり立って居たのであった。(3)

それがいかなる「誓約と計画」であったか知る由もない。またはたして「誓約と計画」それ自体存在したか立証できない。しかしここでは、日清戦争後の社会問題発生の中で、この問題に関心をもつさまざまの知識人が一グループを形成したこと、そしてこのグループの中から社会的実践運動としての普選運動をおこそうという気運が生まれたことを確認すれば足りる。そして現実にこの年の七月、中村太八郎により信州松本の地において運動の烽火が上げられるのである。まことに普選同盟会は社会問題研究会の「正嫡子として成長したものである」(平野義太郎編『中村太八郎伝』二三ページ)といわねばならない。

これより松本における運動の開始を記述するに先立ち、中村太八郎の略歴を示しておこう。(4) 彼は明治維新の激動のさなか、一八六八年二月二〇日、松本近郊の東筑摩郡山形村の村一番の大地主の後継ぎ息子として生まれた。一三歳で戸主となり、一五歳で上京して、片山潜が学んだことのある岡鹿門の漢学塾に入り、ついで専修学校の「員外生」として法律・経済を学び、一八八八(明治二一)年、二一歳で卒業、いったん帰郷した。松本地方は民権政社の代表的存在の一つである奨匡社の拠点である。山形村でも名望家の五人が、その社員に名をつらねていた。年貢をおさめにくる小作人のみじめな姿に打たれたという感じやすい少年であった太八郎は、民権派の主張に気分的なものにせよ、共感をおぼえたことであろう。すでに一四歳のときから『東京日日新聞』を購読し、その翌年には小野梓の『国憲汎論』やスペンサーの翻訳書を読んでいた。上京中は一時、遠戚で『東洋自由新聞』の創刊に参画した上条信次方に身を寄せ、民権派の面々を知る機会を持った。

以上の経歴からすれば、太八郎はいかにも民権派の嫡流のようにみえるが、事実の示すところは必ずしもそうではない。彼は帰郷後は大同団結運動に加わったが、大隈の条約改正に反対し、上条家を介しての年長の親戚吉江久一郎(早大教授でフランス文学者の吉江喬松の父)とともに、中央の国民主義者谷干城・陸羯南らとつながる政派に属し、一八九一年一〇月には、自由党系の信濃公党(翠川鉄三・江橋厚ら)、改進党系の信濃民党(降旗元太郎・川上源一ら)の向うを張って信濃国民会を結成し、武居逸次郎とともに幹事となっている(『松本親睦会雑誌』63、明24・11・20)。さらに一八九三年には、対外硬派の大日本協会に関係し、自由党系の『信濃自由』、改進党系の『信府日報』(木下尚江はこの記者)に対抗して綾部竹之助らとともに『信濃』を創刊するが、翌年春『信府日報』主筆に迎えられた石川安次郎の斡旋で、日清戦争下三社は合同して『信濃日報』となった。この間、太八郎は地価修正反対運動(一八九一年)、中仙道鉄道敷設運動(一八九一・九二年)に郡民総代として上京し、また米穀取引所を松本に設置するべく運動して成功した(一八九四年)。

このように太八郎は民権派の流れを汲みながらも、帝国議会開設後は自由・改進両派にも距離を置き、中央政党でいえば同盟倶楽部→革新党→進歩党に近く、対外硬派的な傾向の持主であったように見える。木下尚江の直話にもとづく柳田泉『日本革命の予言者木下尚江』(一九六一年)には、前記の米穀取引所問題を機に中村と知りあった当時の木下の眼に映じた中村の姿は、次のように描かれている。「政治的には国権党に属しており、地方では若手のやり手として知られていた。弁舌がよく、風采堂々、度胸があり、話のかけ引がうまく、事業の見通しがよくきいたので、そのほうのボスの一人であった」。塩尻方面の「国粋派・国権党」の頭目吉江久一郎の客将の地位にあり、日清戦争開始を控えて皇居が清艦の砲撃にさらされることを予想し、塩尻方面に離宮を設ける主旨の運動を行なった。「自分では大した金持ちというのではなかったが、金作りの名人で、うまく利権すじをあさっては金もうけをする。米相場なども、始終やっていた」(七二ページ以下)。

こういう中村太八郎が、社会問題研究会から普通選挙期成同盟会へという新しい政治運動に転進しえたのは、木下尚江・石川安次郎(半山)との交友関係によるところが大きいと考えられる。三人の交遊は日清戦争のさなか一八九四年にはじまる。松本中学時代イギリス革命にあこがれ、「クロムウエルの木下」の異名をもった中村より一つ年下の青年は、東京専門学校在学中スペンサーの思想に親しみ、やがて帰郷して新聞記者を経て弁護士となった(前記柳田本および山極圭司『評伝木下尚江』一九七七年)。石川は中村より四年おくれて岡山に生まれ、早くより中江兆民に私淑し、幸徳秋水とも親しく、慶応義塾卒業後『康寅新誌』の記者を経て『信濃日報』の主筆に招かれたばかりであった。(5) 当時中村は土地問題に関心をもち、「ヘンリー・ジョージの著書などを愛読」し、石川は「マンチェスター流の自由主義者」、木下は「大分社会主義が感染して」いたので、意見はしばしばくいちがったが、議論の間に親密な友情がつちかわれていったという(木下「銀座街頭の毎日新聞」『日本評論』一九三八年一月号)。

このうち石川安次郎はすでに一八九一(明治二四)年九月、『自由平等経綸』誌上に「普通撰挙論」を発表し「撰挙の権利は個人の天賦人権に随伴して之に相離るゝを得ざるもの」と論じていたくらいであるから、おそらく普選問題は彼らの話題に上っていたことであろう。しかし彼らが実際に普選運動に起つには、何らかの契機が存在するはずである。その契機の一つとなったとみられるのが、一八九五年五月、全国にさきがけて松本で行なわれた遼東半島還付に対する反抗運動であった。木下尚江は、一九三五年中村太八郎の訃に接して中村の長女に宛てた弔文の中で、つぎのように回想している(『中村太八郎伝』一九ページ)。

遼東半島還付ノ報ガ出タ時、大反抗運動ヲ即時開始シ、大会カラ演説会カラ致シ、大ニ民心ヲ煽動致シ候ヒシガ、此ノ空気ノ底カラ『普通選挙』ノ革命運動ガ誕生致シタル次第ニ御座候。

この回想にある「大反抗運動」は『半山石川安次郎文書』中の資料その他により裏付けられる。(6)

なぜ一見国権主義的運動が普選運動の契機となったのであろうか。すでに日清戦争下に選挙権拡張の気運がみられた。一八九五(明治二八)年初頭の第八議会には、自由・改進両派から拡張案が出され、直税五円以上を納める二〇歳以上の男子を有権者とする案が衆議院を通過した。国民の戦争協力に対して選挙権をもって酬い、ますます「国民をして此国事の重きに任せしむる」べきだというのが、自由党の山下千代雄の提案理由であった(富田信男『明治国家の変容と苦悩』二四ページ)。ここには血税負担者たる国民の国家に対する権利意識の伸長が反映していた。この権利意識が、戦後の三国干渉に際し刺戟され、「反抗運動」となったとみられる。

おそらく彼らの運動の意図したところは、三国干渉を非難し、民衆に排外主義を鼓吹することではなくて、政府の弱腰が国民の総意を結集しえない専制的支配にもとづくものであることを明らかにし、国権確立にはまず民権の拡張の必要であるゆえんを説くことにあったのではあるまいか。柳田泉は木下からの直話をもとに「勝手に戦い、勝手に返す、政府にそういう勝手なことをさせるのも、国民に選挙権が充分にないからだ、と彼は考えたのです」と語る（「座談会 木下尚江」『世界』一九五五年六月号）。彼らは当時の進歩的知識人のほとんどと同様に、国権論者であるとともに民権論者であり、この反抗運動も国権主義的運動の側面とともに民権拡張運動の側面をもち、その故にこそ普選運動を発生せしめるような革新的空気を醸成しえたものと推測される。このように遼東半島還付反抗運動は、普選運動の一つの契機として認めることができるが、それはあくまで排外的な「ブルジョワ民族主義運動」としての側面においてではなく、藩閥政府批判運動としての側面において、しかも直接的ではなく、間接的な意味において、そういいうるのである。普選運動の直接契機は冒頭にのべたように、彼らの社会問題に対する関心の増大、具体的には社会問題研究会の活動に求められねばならぬ。

中村・木下らは日清戦争後まもなく社会問題研究に志し、「平等会」というグループを結成した。『信濃毎日新聞』（明29・12・20）の記事はつぎのごとくいう（後神俊文「松本平の木下尚江」『武蔵野ペン』五号）。

戦勝の余響種々の事業興起したる結果にや、物価騰貴し貧富の懸隔益々甚しき折柄、社会問題の研究を必要と認めたればとて、東筑摩郡の中村太八郎氏の首唱にて同志数名は松本町に平等会なるものを設け、毎月一回の集会を為し来りしが、中村氏は其の規模を拡張し、恰も教育上に於ける大日本教育会、衛生上に於ける大日本衛生会の如くに社会の情態を研究する為め、今回東京に於て社会問題研究会と称する一大団体を組織し、朝野有志者の賛成を求めんとて四五日前松本町を発途上京せりと云ふ。

社会問題の論議がさほど高からぬうちに、全国に先がけて、たとえ小なりとはいえ研究会を組織した中村たちの、時勢にたいする洞察力は驚嘆に値する。もとより東京の社会問題研究会は、この記事の如く単に平等会の規模を拡張したというようなものではなく、樽井藤吉・稲垣示といった労働問題に関心を払うことの深かった旧東洋自由党の名士との密接な協力関係により、はじめて組織が可能となったものと思われるが、(7) しかしその組織にあたっての中村の役割の大きさは、彼がこの研究会の筆頭幹事の席を占めたところにも現われており、その組織能力もまた驚異的といわねばなるまい。ただし、前年上京して『中央新聞』記者となっていた石川安次郎や、松本親睦会を通して在京の長野県人に知己の多い木下尚江の働きを軽視してはならないであろう。[8]

「松本普通選挙論」(『信濃雑誌』27、明30・8・20、千原勝美「尚江年譜を主とする覚書」『木下尚江研究』9、所引)は平等会の「発起者は中村太八郎木下尚江二木亀一」としている。平等会のメンバーとしては後神俊文はほかに飯島弥太郎(牧師)の名をあげているが、「社会問題研究会会員氏名表」に松本地方の会員として記されている堀内千万蔵・小里頼永(前代議士)・川上源一(前代議士)・吉江源治郎(県議)・村瀬茂三郎(県議)・降旗元太郎(県議)・窪田畔夫(前代議士)・田村武七(弁護士)・相馬愛蔵(のち新宿「中村屋」主人)・島津忠貞(前代議士)もおそらく平等会員であったのではあるまいか。彼らはいずれも中村・木下の知人の名望家ないし知識人であった。後神氏は「この会の活動から普選運動が誕生した」という。前記「松本普通選挙論」も、平等会は「這回普通選挙法の採用を専一議会に請願する事に決定し」と報じている。はたしてこの会の独自の研究の中から普選運動が導き出せたか疑問であり、そこには多分に東京の社会問題研究会の影響が作用していると思われるが、ともかく松本地方の普選運動が、この平等会の人間関係を基盤として開始されたということは、疑いのない事実とされねばならぬ。[9]

一八九七年七月一〇日、中村は松本に到着した。今回の帰郷の目的には普選同盟会結成のほか県会議員選挙の応援があり、七月二〇日の投票日まではもっぱらこれに熱中したらしい。彼は東筑摩郡進歩党派の三巨頭、川上源一・降旗元太郎・吉江久一郎とともに村瀬茂三郎と武居逸次郎の参謀役をつとめたのである(『信濃毎日新聞』7・14、7・20)。松本の緑町の一角、二木亀一の下宿に「普通選挙期成同盟会[10]」の看板が掲げられたのは二〇日より月末までのことであろう。この間に木下尚江の起草した「普通選挙ヲ請願スルノ趣意」が印刷配布され、『信濃毎日新聞』は七月三〇・

三一両日の紙面にこれを紹介した（『明治文化全集』社会篇、所収）。同盟会は中村太八郎・木下尚江・田村武七を幹事に、二木亀一を常務委員とし（「普選物語」1）、八月三日、同町開明座において、中村・木下・荻窪政長を弁士として「普通選挙に関する政談演説会」を開き（『信濃毎日新聞』8・6）、はじめて大衆に訴えた。(11)

ところが緒についたばかりの普選運動は、官憲の圧迫と、さきの県会議員選挙に関する疑獄事件により一時中絶のやむなきにいたる。まず八月はじめ、二木亀一は「趣意」書を無届で印刷配布し、かつこれに発行人の氏名を掲げなかったという理由で出版法違反として告発され（同上、8・14。なお二木は八月二五日、罰金七円を申し渡された）、ついで八月一〇日、中村と木下は恐喝取財の容疑で検挙された。この奇怪な事件について、松本地方裁判所の第一審判決（同上、明31・1・30、2・1）および『信濃毎日新聞』（8・1）の「東筑県会議員選挙の余響破綻」等により、その概要を示そう。

さきの選挙では（有権者は郡会議員のみ）、中村は友人吉江源治郎とともに、とくに武居逸次郎を応援し、他派と同様買収戦術を試みた。そして折井荘左衛門（松本町）に働きかけたところ、折井は吉江宛に書簡をもって、すでに反対派候補平林行雄より二〇円を受け取っているから、これに応じられぬ旨を明らかにするとともに、平林への違約金を含めて一〇〇円ならば買収に応ずると回答してきた。これで折井との交渉は物別れとなったが、選挙の結果、予期に反して武居は落選したため、憤慨した中村は「腐敗せる選挙の掃除には究竟の手がかり」と称して、前記折井の書簡を証拠に平林と折井を告発しようとした。折井は川上源一を通じて金一〇〇〇円とひきかえに告発中止を申し入れ、中村は一四〇〇円を要求、結局木下尚江と折井の友人三沢啓一郎（郡議）の折衝で一一〇〇円をもって示談が成立した。中村はこの金を同盟会の資金としたが、「判決」（翌一八九八年一月二四日）は中村と木下が当初より折井から、「金員を騙取」する意図があったものと認めて、両名に「恐喝取財」の罪を適用し、さらに中村には他に買収の事実ありとして行賄の罪を付加し、中村には重禁錮一年・罰金一五円・監視六月、木下には重禁錮八月・罰金一〇円・監視六月

を宣告し、その他吉江・折井ら関係者八名をそれぞれ処罰(禁錮一月半―三月、罰金三円―四円)した。(12)

この疑獄はさきの二木亀一の出版法違反事件と考え合わすと、官憲の同盟会抑圧政策の結果と見えるが、しかし官憲の一方的捏造でないことも事実である。当時の中村や木下になおつよくまつわっていた地方の政治ボス的感覚が、官憲に乗ずる隙を与えたものといえよう。

ともあれこの疑獄により、普選同盟会は大打撃を蒙った。もっとも八月一四日付の『信濃毎日新聞』は、二木の告発および中村・木下の拘留により「同会は萎靡不振に皈《き》するかと思ひしに左はなくて却って同会員の中には反抗の意気を生じ、更らに同郡塩尻村吉江久一郎氏を主幹に仰ぎ、会員互に手を分ちて安筑四郡に遊説を試み大に勢力を養ひ、第十一議会に気焔を吐く計画にて既に請願書も脱稿せし由」とつたえている。この請願書は田村武七の筆に成り(前記「普選物語」の二木亀一書き入れ)、同年一〇月二四日付で遠藤廉治の名で印刷されたことは明らかであるが(『明治文化全集』社会篇の解題)、疑獄事件に示される弾圧を緩和するためか、末尾の方では普選が立憲帝政と融和するものであることを強調している点が眼をひく。この請願運動がどのように行なわれ、かつ何名の署名を得たかは明らかでなく、(13)おそらく第一一議会に提出にいたらぬうちに中絶してしまったものと考えられる。

なおここで付言しておかねばならぬのは、東京における社会問題研究会の動向である。松本で中村・木下らが普選同盟会組織に奔走しているとき、社会問題研究会は普選を正式に研究課題として取り上げている。八月一五日の例会では「普通選挙実行の可否」と題して、稲垣示・中村太八郎両名の報告がある旨予告されており(『毎日新聞』8・14)、おそらく中村は一時松本より帰京して、この日の会に列席することとなっていたのであろう。八月一〇日、前記のとおり中村は検挙されたのであるが、研究会は予定どおり開かれ、「普選問題に就きて討議の末委員を設けて調査するに決す」と報じられている(同上、8・18)。このように東京においても普選運動の胎動が見られるのであるが、その後の状況は摑めない。おそらく中村の投獄、樽井の帰郷(奈良)、西村の死亡という、三幹事の事故による社会問題研

究会自体の自然解体とともに(山路、前掲稿)、普選運動の胎動もまた中断したものと推定される。(14)

2　同盟会の再興と東京進出

中村・木下の入獄中に、政局はいわゆる一九〇〇年体制形成の方向に大きく進んだ。アジアの覇権をめざす官僚勢力は、軍備拡張のために地租の増徴をめざして政党勢力との間に抗争を続けながらも妥協の方途をさぐった。一八九八(明治三一)年六月には、自由・進歩両党は合体して憲政党を組織し、はじめての政党内閣たる隈板内閣を成立させたが、内紛と官僚派の陰謀により、わずか四ヵ月しか続かなかった。分裂後もそのまま憲政党を名のった旧自由派は、星亨の領導の下に民力休養の旗印を下ろし、代って官僚勢力と協力することによって、鉄道・土木事業など地方利益の実現をもたらし、選挙地盤の拡大を計る「積極政策」を採用した。この年末の第一三議会の冒頭、山県内閣の地租増徴案に賛成した憲政党は、翌々一九〇〇年には一歩を進めて、官僚勢力中の開明派たる伊藤博文を党首とする政友会に衣替えした。以後、帝国主義国日本を、官僚勢力と、「国家政党」勢力とが提携運用する一九〇〇年体制が、一九二四年の護憲三派内閣の成立まで継続することになる。

この体制を維持すべき選挙法もまた、一九〇〇年に成立した。日清戦争後初の議会たる第九議会でも、前議会の衆議院通過案と同様の地租五円以上または所得税の納入者までの拡張案を進歩党(改進党の後身)が提出し、衆議院は再びこれを可決して貴族院に送ったが、またもや否決されてしまった。翌一八九七(明治三〇)年初頭の第一〇議会では、自由・進歩両派が、ほぼ前回同様(自由派は営業税納入者を付加)の案を提出したが上程にいたらなかった(前出『衆議院議員選挙法改正案ノ沿革』五八ページ以下)。一八九八年五月の第一二議会に臨んだ伊藤首相はすでに日清戦前、直税五円案を構想していたといわれるが(「首領と選挙法」『国民之友』215、明27・1・23)、第九議会でも第二次伊藤内閣の法制局長官末松謙澄は政府の意向として、地租一〇円か所得税三円案を提起していた。伊藤の構想は、小地主にまで選挙権を拡張して歓心を買うとともに、地租増徴に賛成する都市商工業者の代表議員をふやし、野党勢力の削減を試みたのである。政府案は地租五円または所得・営業税三円まで拡張することで、有権者を五倍に近い約二〇〇万人までふやすほか、選挙区制をも変革して全県一区の大選挙区制とし、市部(四七市)を独立区として、単記無記名投票により郡部から三五六名、市部から一一三名を選出させることを骨子とした。政府の意図を察知した自由・進歩両派は、市部の独立を八市三九名に抑えこみ、郡部四〇一名の定員を確保し、政府支持党に不利な無制限連記投票を主張して、衆議院を通過させてしまった。政府は貴族院に依頼してこれを審議未了に持込み、改正を断念した。

前記の如く、第一三議会で懸案の地租増徴案を通過させた山県内閣は、この議会で伊藤内閣とほぼ同様な選挙法改正案を提出した。この議会に先立って地租増徴期成同盟会を結成した都市商工業者は、その目的を貫徹したあと、一八九九(明治三二)年一月九日、衆議院議員選挙法改正期成同盟会をつくり、政府案の実現につとめた。地租増徴をすでに承認した憲政党は、前議会とうって代って、選挙法においても市部の独立に賛成にまわり、依然これに消極的な憲政本党と対立した。衆議院ではようやく、納税要件を直税五円以上とし、市部選出議員数を全議席の六分の一に縮める案が通過したが、貴族院の拒否にあって流産に終った。一年後の第一四議会では、選挙法改正期成同盟に加えて、商業会議所連合会および選挙法改正期成全国各市連合会が結成され、三団体揃って都市部独立の運動を繰りひろげた。憲政・憲本両党ともそれぞれ派内に反対派を抱え、その上貴族院の根本的修正を蒙るなど審議は難航したが、結局都市に勢力を伸ばすために、二〇歳以上の男子で直税五円以上納入する者を有権者とする選挙権拡張案を犠牲にした憲政党の妥協によって、二月二三日に次のような新選挙法が成立した。⑴一府県一選挙区、ただし人口三万以上の市を独立区とする、⑵郡市ともに人口一三万人につき一人の議員を選出、定数は三六九、うち市部選出六一、⑶単記無記名投票、⑷選挙人は、満二五歳以上の男子で、選挙人名簿調整の期日前満一年間選挙区(本籍地でなくてよい)内に居住し、満一年以上地租一〇円以上、または満二年以上地租以外の直接国税一〇円以上(地租と合計してもよい)を納める者、(4)被選挙人は満三〇歳以上の男子(納税要件削除)。また、小笠原諸島にも選挙法が施行されることになり、北海道六人、沖縄二人の議席が新設された。[15]しかし北海道の郡部と沖縄は施行は延期され、前者は一九〇三年六月に、後者は一九一二年三月にようやく施行の勅令が公布された。

この改正によって、一八八九年法のもった農村本位という特徴は著しく改善された。これまで六大都市一七人にすぎなかった市部選出議員は、四二市六一人にふえた。さらに第一六議会では、全国五三市すべてが独立区となり、定数三八一名中七六名を占めることになった。しかし旧法の今一つの特徴である有権者の少なさには、抜本的改善が加えられなかった。有権者は、一八九八年の第六回選挙当時の五〇万二二九二人から、一九〇二年の第七回選挙には九八万三一九三人へと約二倍にふえたが、しかも人口比率でみれば、一・一五パーセントから二・一四パーセントへと微増したに留まった。官僚派の政府案でさえ地租五円か地租以外三円という納税要件が、一〇円という高い水準に引上げられたのは、いかに政党側が選挙権拡張に不熱心であったかを示している。こうして議会は地主議会から、地主・ブルジョワ議会に転化した。勤労無産大衆および都市中間層は排除された。この事実は、奇しくも改正選挙法と同日に議会を通過した、国民の政治的自由を全面的に拘束し、とくに勤労者の団結権と争議権を否認する治安警察法によって裏打ちされる。新生の普選運動は、微力とはいえこの新支配体制への民衆側からの挑戦の一形態であった。

一八九八(明治三一)年の暮、東京鍛冶橋の監獄より釈放された木下尚江は、石川安次郎の斡旋により、石川の同僚として島田三郎のひきいる毎日新聞に入社した。翌年五月末出獄した中村太八郎もそのまま東京に留まり、木下とともに「識者の間を往来し、更に大々的な運動を起さんものと劃策」した(「普選物語」6)。

これよりさき、中村・木下の入獄中、中江兆民による国民党の結成があり(一八九八年一月)、言論・出版の自由、司法権の独立、納税の公平などと並んで、その政綱の第一に「選挙法を推拡し普通選挙の地を為すこと」の一条を掲げたが(『信濃毎日新聞』1・11)、ほどなく解体した。また同年、和歌山市において同地の有力者小笠原誉志夫を中心に『日本平民新聞』が発刊され、「土地国有、鉄道国有、所得税累進の割合、財産相続税、華族全廃論、工業条例並に労働者保護法律の制定、普通選挙の実施」等の問題につき、利害・得失・方法を講究するとうたった(「新刊批評」『六合雑誌』二一六号)。一部の急進的知識人の間に、選挙法改正の気運に乗って普選が要求されはじめた状況が推察される。沖縄の自由民権運動といわれる謝花昇ら沖縄倶楽部の参政権獲得運動が起ったのもこの頃である。(16)

中村はまずその本拠地松本地方の運動を再興するべく、七月帰郷した。同盟会の事務所は松本町片端町の吉江久一郎宅に定められ、主幹には吉江が、幹事には野々山義成・荻窪政長・小松徹・小林佐三・丸山長三郎の五人が就任した(「信州松本に於ける普通選挙同盟会の経歴」、片山潜『社会改良手段普通選挙』所収。以下「経歴」と略す)。同盟会は「一、請願書は十一月三十日限取纏めること、二、請願者の大会は十二月一日を以て開会し上京委員を選挙すること、三、請願者は費用として任意に一円以下を出金すること、四、第十四議会の結了を待て夏に大会を開き、議会の経過及決議の報告をなすこと」を決議し(「内報」『六合雑誌』二二五号、9・15)、ただちに「同志を糾合して請願書を提出するの準備に着手し、或は新聞紙上にて其の趣意を伝へ、或は演説会に之を主張し、八方に部署を定めて同志者の調印を徴した」。このたびの運動は前年とちがって順調に展開され、一〇月には評議員三〇名を選定し、ついで一一月評議員会を開き仮規約を定め、さらに一二月六日には同盟会の大会を松本神道公会所に開いた。会衆六七三名、野々山義成が開会の辞を述べ、中村が会長席につき、吉江主幹の経過報告のあと規約を決定し、役員選挙を行ない、次期第一四議会に提出する請願書を議決した。議事終了後、東京の普選期成同盟会(後述)の代表烏丸光亨(伯爵)・北川筌固、(17)および松本の会員百瀬興政(木下尚江の親しい従兄、医師、のち松本市長)と石川半十郎の演説が行なわれた。同夜は開明座で政談演説会が開かれ、堀内桂次郎の開会の辞につづき、石川半十郎・二木亀一・唐沢長十・川上源一・石塚三五郎(『信濃民報』主筆)・小島友太郎・北川・烏丸の演説があった。当日決定された規約および役員(常議員以上)はつぎのとおり(「経歴」)。

普通選挙同盟会規約

第一条　本会は普通選挙同盟会と称し本部を松本に置く

第二条　本会の目的は普通選挙を実行するに在り

第三条　本会に左の役員を置き大会に於て選挙す

一　主幹一名　一　幹事五名　一　常議員十五名　一　評議員百名　一　委員各町村二名以上

第四条　本会は毎年一回大会を開き及び時宜により臨時大会を開くことあるべし

第五条　会員を別つて特別普通の二種とす　特別会員は会費として毎年金三円を納むべし　普通会員は会費を要せず

役　員

主　幹　吉江久一郎

幹　事　川上源一　唐沢長十　野々山義成　草間五兵衛　二木亀一

常議員　中村太八郎　小島友太郎　森山儀文治　深沢茂吉　中田銀治　犬飼林三　和合治太郎　宮島清九郎　柳沢芳郎　小木曾鉄若　小林佐三　石川半十郎　村瀬茂三郎　小松徹　荻窪政長

この同盟会最初の成文規約により、同盟会の会名が「普通選挙期成同盟会」より「普通選挙同盟会」に改称されたことがわかる。また中村が常議員の一員にとどまっているのは、刑余者という事情のほか、東京の運動に主力を注ぐための措置であろう。なお大会のあと、翌年早々に開かれたと推測される幹事会で「在京委員(当地同盟の代表者)」として木下尚江と吉田復平治が選任された(18)。

ところで役員の構成には、注目すべき特徴が示されている。中村・吉江・川上(前代議士)・森山(のち代議士)・村瀬(県議)・柳沢(県議)・野々山(憲政本党松本支部幹事)はいずれも旧進歩党系の有力者で、小木曾・小島(憲政本党南信支部幹事)は、かつて中村の疑獄における弁護士である。おそらく他の役員も同様に、反自由党系の名望家ないし知識人であったろう。そして同盟会の一般会員もこの系統に属する地主・自作層で、小作・貧農・勤労者層は同盟会より排除されたものと推測される。一九〇〇年一月二八日、社会主義研究会第一一回例会の席上で、東京の同盟会幹事北川筌固は、松本の同盟会の現状をつぎのように報告している(「雑録」『六合雑誌』二三〇号、明33・2・15)。

会員は目下壱万人以上御座いまして皆彼の地方に於ける有力者のみである。若し労働者即ち大工、左官其他小作人の如きものを会員とするならば優に六、七万の会員を有することが出来るのである。乍併大凡社会に於て事の革新を企てんとするに当りては大程社会の迫害を蒙るものである。就中普通選挙を唱へまするは或は社会主義——社会主義と云へば世人は共善悪正邪を識別せずして直ちに虚無党とか共産党とかを聯想して非常に厭悪されてをる、其所謂社会党の方法手段としてやるのではないか、即ち社会主義実行の先鋒としてではないかと云ふ疑を世人に抱かしめる様では却てこの正義の問題をして為めに挫折せしむるの恐れあるが故に、可成此ことのない様に如斯迫害を免れんが為めに、下級人民の会員たることを希はずして概ね皆社会に地位あり信用あり名望ある人々のみを以て組織して居るのである。

もとよりこの会員一万人とは誇大に失するし、またこの説明のように、勤労民衆を排除したのは、もっぱら当局の弾圧をさけるためなのか、それとも、もともと村落支配者的感覚より、勤労民衆と事をともにするという観点を欠如したためなのかさだかでないが、ともかく、同盟会の構成メンバーは労働者・小作人層以外の「地方に於ける有力者」に限定されたことは事実であろう。普選をもっとも必要とする勤労民衆を組織より排除するということは、普選運動の組織論としてははなはだ不徹底であるが、現実に普選運動出発時における具体的様相は、このようなものであったのである。なお、憲政本党系の名望家およびその周辺の地主・自作層は、なぜ普選という、当時としては急進的なスローガンに追随しえたのであろうか。そこには、中村太八郎・吉江久一郎らとの多年の政友関係や、奨匡社以来の純民党的伝統の残存、あるいは憲政本党側の党勢拡張の思惑[19]が推測されるが、その根底にひそむ「同地の養蚕・製糸業の発展が農村の古い生活と意識をゆりうごかしていた」(井上清・鈴木正四『日本近代史』一八七ページ)という経済的事情や、当時この地にも展開されていたらしい地主・自作層の地租増徴反対運動の存在も考慮に入れねばなるまい[20]。この点についてはさらに立ち入った分析を必要とする。

一方、東京ではこの年(一八九九年)の一〇月二日「普通選挙期成同盟会」の結成がみられた。前記のように、中村は帰郷前、運動の下工作をしており、七月には開化(花とも書く)亭(旧社会問題研究会事務所)で数人協議している(前記、北川筌固の社会主義研究会における演説)。その後八月九日には、松本より野々山義成が打合わせのため上京し(『万朝報』8・11)、これを迎えて同月一三日には「在京の有志」が開化亭に集まり、「運動方針を協定」した(同上、8・15)。この在京有志の中核となったのは「政友倶楽部」なるグループで、八月二一日には評議員会を南紺屋町の事務所に開き普選につき協議し(同上、8・23)、ついで九月六日には幹事山口弾正・黒沢正直の二人が「普通選挙運動の件に就き」松本に赴いている(同上、9・7)。

一〇月二日の同盟会結成当日の状況をつたえる唯一の直接資料は、幸徳秋水の日記「時至録」である(『幸徳秋水全集』9、所収)。幸徳を誘ったのは山口・黒沢・綾部竹之助であった。

六時前、開化亭に開ける普通選挙問題運動に関する相談会に出席す。催主は綾部・山口・黒沢等にて、渡辺《(部)》小太郎、石川安次郎、樽井藤吉、加治寿衛吉、滝沢助三郎、小野瀬不二人、本城安太郎等二十余人来会、普通選挙期成同盟会組織を決議し規約を定む、主に政友倶楽部、国民党の落武者どもなり。

この日決定された規約は今に伝わらない。幹事には黒沢正直・山口弾正・綾部竹之助(『中村太八郎伝』では「綾部竹次郎」)・小野瀬不二人が選ばれた。このほか当日出席者とつたえられるものに吉本襄・烏丸光亨(伯爵)・大炊御門幾麿(侯爵)(小野瀬不二人「普通選挙同盟会一斑」、片山、前掲書所収)、創立当初の会員とされるものに円城寺清・木下尚江・福本誠(日南)・北川筌固・中村弥六(憲政本党代議士)・降旗元太郎(同上)・鈴木重遠(同上)・河野広中(同上)・吉江久一郎・中村太八郎・稲垣示(憲政党代議士)がある(『普選物語』6)。

同盟会は一一月二日、「主意書を発表し、尚ほ各地遊説員を派出する事を決議し」、同月二六日には、幸徳・山口・綾部・加治・土居光華(旧自由党員)ら三十余名が同志茶話会を大森に催し結束を固めた(幸徳「時至録」)。ついで一二月六日の松本同盟会大会には前記のように烏丸光亨と北川筌固を派遣し[21]、一一日総会を開き、第一四議会に際し「貴衆両院に請願する事」、「趣意書を広く全国に配付する事」を議決し(『万朝報』12・13)、一三日には烏丸・北川の報告を聞くとともに、「趣旨書を上下両院議員に配付すること」をきめた(小野瀬、前掲稿)。

こえて一九〇〇(明治三三)年一月一一日、同盟会は前年末作成の「普通選挙期成同盟会趣意書[22]」を公表し、さらにこの趣意書を一六日を期して両院議員に配付すること、および、近日、両院に請願書を提出することを明らかにした。

なお、この日改選された役員は次のとおり。

幹　事　石川安次郎　小野瀬不二人[23]　中村太八郎

評議員　烏丸光亨　福本誠　稲垣示　吉本襄　綾部竹之助　幸徳秋水　木下尚江　加治寿衛吉　吉田義静　本城安太郎　松本正寛　黒沢正直　滝沢助三郎　前田下学　山口弾正　三沢剣三　松浦頼光(『日本』1・16)

さて請願は、まず一月一五日、松本同盟会の吉江久一郎ほか九九九名連署の請願書[24]が、長野県選出の代議士中村弥六を紹介議員として提出され(『国民新聞』・『時事新報』1・17)、ついで一八日には東京の同盟会より福本誠ほか一〇〇名の請願書が、稲垣示(富山県選出)の紹介で提出された(『中村太八郎伝』三三ページ)。そして貴族院に対しても、同様な請願が、徳島県選出の多額納税議員三木与吉郎の紹介で提出されたのである(同上)。

このように発足早々の同盟会は第一四議会にさいして趣意書を発表し、議会に請願を行なうことにおいて、その活動を開始したのであるが、おりしもこの議会では、先述の政府提案による選挙法改正案が最大の政治問題として世上の関心を集めていたので、同盟会のこの挙は『日本』『時事新報』『国民新聞』『万朝報』その他の新聞に報じられ[25]、その存在を広く国民に知らせることとなった。

この出発早々の同盟会の会員は、おそらく五〇名を出なかったであろう。請願者すなわち会員とみても一〇〇名にすぎない。氏名の判明する三〇名ばかりについてみると、その身分・経歴・職業は多彩である。河野広中(代議士、憲政本党)・樽井藤吉・渡部(辺)小太郎・土居光華・稲垣示(代議士、憲政党)といった民権運動の名士もいれば、前田下学のような大隈重信の条約改正反対運動で著名な国権論者もいる。烏丸光亨・大炊御門幾麿が皇室の藩屏たる華族であれば、松本正寛はのち山川均の不敬事件の弁護士である。福本誠・吉本襄(以上『日本』)の国民主義的ジャーナリストがいれば、一方には幸徳秋水・円城寺天山(『万朝報』)・木下尚江・石川安次郎の如き民主的傾向の強い記者もいる。そしてその中で主流的な立場を占めたのが、幸徳秋水の日記によれば「政友倶楽部、国民党の落武者」であった。国民党とは前述のごとく中江兆民の、前年おこしたものであり、後述の如く兆民自ら翌年同盟会に入会するし、鈴木重遠(代議士、憲政本党)は国民党機関誌『百零一』の寄稿者である。おそらく兆民周囲の何人かが幸徳以外にも入会していたのであろう。政友倶楽部は、その中心人物とみられる黒沢正直・山口弾正・綾部竹之助らとともに、その経歴を明らかにこそしえないが、おそらく国民党的な、換言すれば旧自由党左派的なものの残党のグループであろう。あるいは樽井藤吉や稲垣示らとも関係をもつ東洋自由党系のグループかもしれない。いずれにせよ、総じて旧民権運動の流れを汲み、しかも政党の主流から除外された人々(現職代議士は、河野・鈴木・稲垣のみ)に、木下・幸徳ら新進のインテリ分子が若干加わったものが、同盟会の構成要素であったと推定される。

ところで、本章冒頭でのべたように、松本・東京の同盟会員の多くが社会問題研究会員であったという事実は、彼らの思想的立場や経歴を越えての共通関心が、普選による社会問題の解決にあったことを示すものであるが、そのことは、一八九七年と一八九九年の二つの同盟会の趣意書に明白に表現されている。彼らが憂えたのは「当今ノ政権賄賂ノ為メニ運転シテ、正義権利ノ光明掩滅セラレ、而シテ所謂無産無学ノ下民、然カモ其数ニ於テハ社会ノ最大多数ヲ占ムルノ徒、最モ其弊ヲ受ケテ自ラ之ヲ救フノ道ヲ得ズ」(一八九七年)、あるいは「今ヤ、我富豪政治ノ結果、教育租税其他百般ノ制度ハ漸ク細民ニ不利ヲ来タシ、富者益富ニ貧者弥貧ニ其懸隔ハ日ニ倍々甚シカラントス」(一八九九年)という現状であった。そして普選に期待したのは、「之ヲ現時ニシテハ、則チ萎靡不振ノ民心ヲ鼓舞シテ以テ世界ニ飛揚スルノ雄図ヲ劃スベシ。之ヲ将来ニシテハ、則チ貧富懸隔ノ禍乱ヲ予防シテ以テ同胞相率キテ天与ノ恵福ヲ共ニスルコトヲ得ン」(一八九七年)、あるいは「階級的立法ノ偏頗ヲ芟リ、富者ヲシテ細民ヲ迫害スルナカラシメ、従テ之ヨリ生スル社会ノ騒擾ヲ防遏シ」、「社会寧静ノ基」としての「上下輯穆」、あるいは「国家強盛ノ源」としての「国民協同」(一八九九年)を実現しうるという効果であった。

普選同盟会初期のこの普選論は、三年半後「社会民主党の宣言」に明示される無産階級の権利の要求としての、またその解放の一手段としての普選論とも、また明治末年の『東洋経済新報』に代表される急進的自由主義の立場よりする藩閥打倒の手段としての普選論でもない。むしろ外見的には第一次大戦後、支配階級によって叫ばれた階級闘争の安全弁、国民総動員の手段としての普選論に類似する。しかしわれわれは外見上の類似より本質の相違を見失ってはならぬ。第一次大戦後の安全弁論には、現実の階級闘争の激化に対し、体制を修正維持せんとする身構えがみられる。同盟会はなるほど階級闘争をおそれたが、それはあくまで将来の問題と考えられていた。また、たしかに彼らの多くは国家の「隆盛」を欲し、「世界ニ飛揚スルノ雄図」を抱く国権主義者であった。しかしそのためには、まず普選という民権を獲得しなければならないとする自由主義者でもあった。[26] 彼らの現実におそれたのは、貧富の懸隔の激化であり、その憎悪は「多数国民ヲ奴隷視スル」「富豪政治・寡人専政」(一八九九年)に向けられていた。その利益を擁護せんとしたのは「無産無学ノ輩」であり、しかもこれを恐れていなかった。「彼等ヲシテ集メテ一団タラシメヨ。意外ニ公平ニ、意外ニ怜悧ナル識見情義ハ、必ズ此ノ間ヨリ発露セラレン。之ヲ小数ナル有産有智ノ徒ガ、私利私益ノ為メニ、或ハ離合シ或ハ集散シ、羊皮ヲ被リテ虎狼ノ欲ヲ逞フスル者ニ比スレバ、寧ロ後者ヲ擯《しりぞ》ケテ前者ヲ揚グルノ正シキヲ感ズベシ」(一八九七年)、労働者政党はもとより労働組合さえも、ほとんど社会的に存在を認められていない当時においては、同盟会は現支配体制に対するもっとも急進的な批判者であり、勤労民衆の友であった。その故にこそ、次章でみるように、社会主義者や労働運動家の合流[27]が実現しえたのである。

三　日露戦争前の普選運動

1　社会主義研究会・労働組合期成会との接触

一八九九(明治三二)年一〇月、東京に結成された普通選挙期成同盟会の構成要素は、旧自由民権運動の流れを汲む人々を主流とし、これに若干の新進の小ブル・インテリ的言論人を加えたものであった。その最初の行動は議会に対する請願であり、もっとも普選を必要とするはずの勤労民衆に対するよびかけは行なわれなかった。これは結成早々の準備不足というよりも、旧民権派の政治的感覚の古さと、勤労民衆との接触の手がかりをもたなかったことによるものではなかろうか。木下尚江は回想していう、「そこには河野広中・稲垣示などの旧自由党の人々が中心をなしてゐた。僕はその会に行つてみて、これではいかんと思つた。そこにはなほ旧い思想が、こびりついてゐる。それらの人々は立派な人々であつたけれども、真の普選運動としては肌が合はぬとおもつた」と(平野義太郎「木下尚江氏の語れる中村氏・私の追懐」『中村太八郎伝』所収)。木下のいう「真の普選運動」とは、おそらく勤労民衆自体による大衆的普選運動を意味するのであろうが、同盟会の運動がそのような方向をめざす――少なくとも勤労民衆との接触をはかる――転機は意外に早く、一九〇〇年早々におとずれた。

同盟会は第一四議会終了まぎわの一九〇〇(明治三三)年三月一〇日夜の集会で、福本日南の演説のあと、会況報告、幹事・評議員の補欠選挙、および講話委員の選定を行ない、ついで新入会員堀家虎造(憲政党代議士)・上条謹一郎(同上)・奥野市次郎(自由通信社員、当時「選挙法改正同盟会」代表者として都市の選挙権拡張運動に従う。次期選挙に政友会より当選)・上埜安太郎(次期選挙で政友会員として当選)・鈴木省吾(『万朝報』記者)・松居松葉(同上、劇作家)・松村介石(キリスト教社会評論家)らの紹介があった(『労働世界』4・1)。この集会でもっとも注目すべきは、幸徳秋水・高野房太郎の二人が新たに幹事となったことである。この増員は、社会主義研究会と労働組合期成会の二組織のメンバーの同盟会加入という重大な事実を、その背景としていた。

周知のように社会主義研究会は、一八九八年一〇月、ユニテリアン協会の機関誌『六合雑誌』を媒介として、社会問題、とくに社会主義に関心をもった人々の組織したものである。(1) 十数名の会員中、幸徳秋水・片山潜・佐治実然は、かつて社会問題研究会員として中村太八郎と面識があった。そして『六合雑誌』は、松本および東京の同盟会の活動を報じている当時唯一の言論機関であり(二二五号・二二六号「内報」欄)、幸徳秋水はかねて『万朝報』紙上において、政府の選挙権拡張案を熱烈に支持したが(明32・1・15、12・10「言論」)、同盟会参加に先立ち、六月の社会主義研究会第八回例会で「現今の政治社会と社会主義」と題して「誠実なる社会主義者」のとり上げるべき問題として、「貴族制度の改廃」「小学教育の無料」「工場法、貧民法の制定」と並べて「選挙法の改正」をあげている。また『万朝報』における秋水の同僚たる会員河上清は『万朝報』紙上で日本の労働者の無自覚を嘆き、労働者自ら組合を組織し、普選運動に従事すべきことを要請していた(明32・10・23「噫此の愚なる労働者を奈何せん」)。しかし社会主義研究会自体の普選同盟会との正式の接触は、一九〇〇年一月二八日、社会主義研究会第一一回例会において、同盟会の幹事北川筌固と小野瀬不二人が、この二つの組織に属している幸徳秋水の紹介で研究会に入会し、その席上、北川が前記のように普選運動の現況につき報告したことにはじまる。これが機縁となり、研究会の村井知至(東京外語学校教授)・安部磯雄・豊崎善之介・杉村広太郎(号は縦横、のちの楚人冠)・河上清・平井金三(東京外語学校教授)・佐治実然ら主要メンバーが同盟会に加入し(「普通選挙の天地」『労働世界』4・1)、一方同盟会側でも、北川・小野瀬につづき中村太八郎と木下尚江が、桜井一義・綾部竹次郎とともに、社会主義の研究活動のみならず、啓蒙的実践活動をめざして改組された社会主義協会に参加したのである（「第十三回社会主義協会記事」『六合雑誌』二三二号）。

一方、高野房太郎は在米中より日本の労働者が政治参加の権利を奪われていることを批判していたが（立川健治、京都大学文学修士論文「黎明期の日本労働運動とその周辺」一九七九年）、労働組合期成会と同盟会を結びつけることに熱心だったのは、同盟会幹事となった高野房太郎よりも、むしろ社会主義協会の新幹事片山潜であった。すでに隅谷三喜男の労作『片山潜』によって明らかにされているように、片山は在米中よりラサールの強い影響を受け、普選問題に関心を抱いていた。帰国後も一八九七年、『六合雑誌』に連載した一連のラサール伝において、ラサールがその所論たる「生産組合」に対する国家の投資を実現する手段として普選を主張したことを紹介していた（「フェルヂナンド・ラサルの社会主義」『六合雑誌』一九七号）。またその主宰する『労働世界』においても、たとえば一八九八年七月憲政党（隈板）内閣の成立にあたっては、「政党内閣の実を明にして憲法政治の基礎を確立せんと欲せば、之と同時に代議制度の骨幹たる選挙権を拡張し健全なる憲政の血液を全国民に循環せしめざるべからず」として、「一、被選挙権の年齢制限を二十五歳として財産制限を全廃すべし、二、選挙権の納税制限は罪人不具無頼無業の徒を除外するに止め、政権を遍く一般の平民に普及せしむべし、三、土地の代表の外に都市商業の代表及び学問の代表を完備すべし、五、投票法を改良して少数代表の制を立つべし」（第四項は原文欠落）の諸条件を提起し、「『我に自由を与へよ然らざれば死を与へよ』選挙権の拡張は四千万同胞の血を吐く迄絶叫する所なり」と訴えていた（「第二の維新＝新新政」7・15）。

しかし片山や高野は、ただちに労働運動の一形態としての普選運動を企てたのではなかった。彼らに切実に運動の必要を感じさせたのは、第一四議会を通過し、一九〇〇年三月一〇日公布された、労働運動を含むいっさいの民衆運動の弾圧法規たる治安警察法の制定であった。幼弱な労働組合運動はいまや運動の自由を獲得するために、否応なしに政治運動に介入しなければならない。そして議会で決定されたものは議会で否決しうるとの認識のもとに、この政治運動の第一着手としてとり上げられたのが普選運動であった。かくて片山は同盟会に加入するとともに、『労働世界』に「普通選挙」ないし「普通選挙の天地」の欄を設け、積極的に普選運動に乗り出し、そして期成会傘下の「各労働組合の重なる者の入会を見る」(片山潜『日本の労働運動』岩波文庫版、一一八ページ)にいたったのである。

このように社会主義協会および労働組合期成会と密接な関係が生じたことは、同盟会の本来の旧民権派グループ的性格に、新しい勤労者的・社会主義的色彩を付与することになった。すなわち同盟会は、小なりとはいえ、当時の日本の勤労民衆と小ブル層の政治的自由の要求を代弁する、さまざまの急進的分子の唯一の統一組織として存在することとなったのである。

社会主義協会と労働組合期成会の二組織と密接な関係が生じたことにより、同盟会の組織活動は、にわかに活発となった。『労働世界』の報ずるところをみると、まず東京理髪業組合各区連合会長田中兼吉をはじめとして、各区の取締ら役員がこの運動のために奔走し、三月一二日には下谷理髪組合、同一七日には麴町理髪組合の各集会で同盟会講話委員山口弾正・小野瀬不二人が講演し、また各区連合会の総会においても、三月には福本日南、四月には高野房太郎と片山潜の演説が行なわれた。学生もまた運動に加わり、「東京専修学校東京法学院明治法律学校等の政治経済法律の学生数十名は大に一致団結して普通選挙に熱心に努力せんとす」と報じられている。かくて東京の同盟会は、発足後半年にして「今や維持会員も壱百名余出来て、普通会員は各県より続々申し込」むという景況となったのである(2)(『労働世界』3・15、4・1、4・15)。

ところで地方の状況であるが、『労働世界』(4・15)は「青森、仙台、福島、大宮にも近々同支部を設置さるべし、高知県にも客月万朝報記者幸徳秋水氏の帰省を機とし、同支部設置の決議を為し(3)」と記し、また片山潜『日本の労働運動』(岩波文庫版、一一八ページ)は「神奈川、群馬、香川、大分等にも支部起らんとするに至り」というが、いずれも実情不明である。ただ、東北諸都市での動きは、おそらく日本鉄道矯正会の各支部の活動によるものであろう。こうして「各地方より支部設立の方法に就き続々照会」があったため、四月一〇日、同盟会は支部準則を設けることとなった(『労働世界』4・15)。[4]

六月一九日、同盟会は本部で例会を開き、安部磯雄の「社会問題上普通選挙の必要」を主張した演説のあと、「会勢拡張、請願書提出準備の為め小野瀬不二人氏の地方遊説を可決し」、評議員と幹事の改選を行なった(『毎日新聞』6・20)。

幹　事　幸徳秋水　高野房太郎　黒沢正直(新)　菊池武雄(徳?)(新)　吉田義静

評議員　河野広中(新)　福本誠　稲垣示　烏丸光亨　降旗元太郎(新)　安部磯雄(新)　奥野市次郎(新)　愛沢寧堅(新)　村井知至(新)　円城寺天山(新)　渡部小太郎(新)　上埜安太郎(新)　中村弥六(新)　山口弾正　木下尚江　加治寿衛吉　綾部竹次郎　中村太八郎(新)　片山潜(新)　松村介石(新)　堀家虎造(新)　石川安次郎(新)　佐治実然(新)　上条謹一郎(新)　本城安太郎　土居光華(新)　佐東孝一郎(新)　桜井一義(新)

幹事は五名より四名となり、中村太八郎と石川安次郎・小野瀬不二人が退き、中村・石川は評議員となった。評議員では、前田下学・吉本襄・松本正寛・滝沢助三郎・三沢剣三・松浦頼光が去った。知名の士は前田下学だけである。一方評議員総数は一七名より一躍二九人に増大した。新評議員として河野・降旗・堀家・中村(弥)・上条(以上現代議士)、愛沢・土居(以上元代議士)といった政界人を加えたことは、同盟会の社会的地位の向上を物語るし、一方、安部・村井・片山・佐治・桜井ら社会主義協会員の存在は、同盟会の自由主義者と社会主義者との統一組織化を示すものであった。

ところが、陣容ととのったはずの同盟会は、小野瀬不二人の新潟遊説(六月)の失敗[5]のせいもあってか、一九〇〇年後半は活動休止状態におちいった。しかし第一五議会開会を目前に活動再開され、一一月に入ると(日付不明)、総会において会名を「普通選挙同盟会」(6)と改め、新たに総務委員を設けて河野広中と福本誠(日南)をこれにあて、同時に幹事も改選して、菊池武雄をのこして、高野房太郎(中国渡航)・幸徳秋水・黒沢正直が退き、代わって小野瀬不二人・中村太八郎・山口弾正・片山潜が登場した(『中村太八郎伝』四二ページ)。こえて一二月七日、降旗元太郎邸に役員会を開き、「代議士三十名をして衆議院議員選挙法修正案を提出せしめること、多数の普通選挙請願書を提出すること」を決議し(『二六新報』12・10)、(1)選挙法提出については河野・降旗が提出委員となり議会に働きかけること、(2)菊池・片山を改正案調査委員とし、福本が改正案の理由書を起草すること、(3)福本・菊池・片山が「普通選挙論の編纂」に従うこと(以上『労働世界』明34・1・1)、(4)福本は普選請願書も調製すること(小野瀬、前掲稿)を議定した。

同盟会の選挙法改正案(『労働世界』明34・3・15)は、(1)選挙人の年齢を満二五年より二〇年に下げ、(2)従来満一年以上と定められた同一選挙区内居住期限を完全に削除し、(3)納税資格を完全に撤廃し、(4)被選挙権者の年齢を満三〇年より二五年に引き下げることを主内容としていた。この案は当時としてはすこぶる徹底した普選案であったが、法案提出に必要な所定の賛成者を得られず、提出は翌議会に見送られた。なおこの議会に対する請願について、『労働世界』(2・15)は「本社に集りし普通選挙請願書は西は九州方面より東は奥羽地方に迄殆ど全国を通して調印し、非常の多数となり」と報じているが、その数は明らかでない。

一方、院外の啓蒙活動をみると、一一月二九日、神田青年会館に政談演説会を開き、福本誠・佐治実然・片山潜・河上清ほか数人が出演した(『二六新報』11・28)。対市民活動の第一声である。ついで一二月一〇日は深川区理髪業同業組合総会で中村太八郎と片山潜が演説し(『労働世界』明34・1・1)、こえて一月二六日、木下尚江が神田三崎町の吉田屋で開かれた労働問題演説会で普選を説いたという記録が存する(同上、2・15)。

2 大衆啓蒙活動の強化

以上一九〇〇年初頭より翌年はじめにいたる一年間の普選運動の実情をみてきた。この間、当初に社会主義者・労働運動家の加入があり、同盟会の陣容ととのい、運動は有志の請願より大衆啓蒙運動への転機をつかんだのであるが、わずかに理髪業者の一団と学生の一部が動いたのみで、肝腎の労働組合は、治安警察法制定を契機として急速に活動不振におちいったため、普選運動に参加するどころではなく、普選運動はのびなやみの状態にあり、普選法案の議会提出さえ日の目を見ることなく、計画倒れにおわったのである。しかし一九〇一(明治三四)年春、二六新報社主催の労働者大懇親会以来、大衆啓蒙活動は強化され、部分的にもせよ労働者組織の運動参加が実現し、自由主義者と社会主義分子との連携もまた進んだ。

普選同盟会は六月二六日の会合において、(1)檄を全国に伝えること、(2)本年の議会に一〇万人以上の請願書を提出すること、(3)機関新聞を設けること、を決議し、大衆啓蒙活動強化の意を示した。そして機関新聞には当分の間『労働世界』を代用することとなり、規約の小改正が行なわれた(7)。なおこのとき専任幹事小野瀬不二人が辞任し(二六新報社勤務の都合上か)、北川筌固がその後任となった(『労働世界』7・11)。ついで七月二一日、「普通選挙期成同盟会の檄」が発せられ、『二六新報』『毎日新聞』(7・22)等に全文が紹介された(『明治文化全集』社会篇に「普通選挙同盟の檄」として掲載されているものと同文)。

都下における民衆啓蒙運動としては、まず八月五日、神田青年会館に六〇〇名を集め、北川筌固・片山潜・佐治実然・山口弾正・木下尚江が出演したが、とくに、その主宰する大日本労働協会の本部を大阪より東京に移すために上京した大井憲太郎は、「雷の如き満場の拍手に迎へられ」た(『労働世界』8・21)。ついで一二月一四日には神田錦輝館に一五〇〇人を集め、奥野市次郎・片山潜・丸山虎之助・山口弾正・牧内元太郎・大井憲太郎・西川光二郎・黒岩周六・高橋秀臣らが登壇した(『万朝報』・『日本』12・16、『労働世界』12・21)。

また地方への働きかけも活発に行なわれた。七月初旬、渡部小太郎は下阪して、当時大阪にいて大日本労働協会を主宰していた大井憲太郎と同盟会大阪支部設置について協議し(『労働世界』7・11)、桜井一義は八月下旬、長野・新潟方面を遊説し、七月に発会式をあげたばかりの理想団また黒岩周六の房総遊説の如く、その支部を通して同盟会の拡張に尽力するところがあった(同上、9・1)。これに呼応して茨城県行方郡では六百余の会員を獲得し、近く支部結成とつたえられ(同上、10・1)、福島県川俣町では斎藤長兵衛らによる「選挙権拡張同志会」の結成があった(同上、9・1、『二六新報』8・23)。

ここに特筆すべきは横浜支部の活動である。横浜支部結成は九月に入り具体化し、一八日幹事北川筌固は発起人会開会交渉のため横浜に赴いたが、同会は二三日、横浜市港町五丁目美奈登楼で開かれた。来会者は「商業組合、工業組合、鉄工組合等の重なる人々七十余名」。北川の開会の趣旨説明につづき、幸徳秋水・片山潜・牧内元太郎の講演あり、ついで「㈠支部を設立し(一万人を目標に)会員を募集すること、㈡会費は有事の時に際し寄付を以て支弁し会員は無会費のこと、㈢幹事五名を設置し諸般の事務を託すること、㈣支部事務所を同市本町六丁目八十三番地に設置すること、㈤本月下旬迄に会の拡張を謀らんが為めに在野同感の名士を聘し市内において大演説会を開くこと」等を決議し、幹事には牧内元太郎ほか四名を選出した(8)(『労働世界』10・1)。この決議による演説会は同月二八日雲井座に三〇〇〇という多数の聴衆を集め(『毎日新聞』9・30)、北川筌固・丸山虎之助・牧内元太郎・北沢重道(造)・高橋秀臣・岸山芳太郎・河野広中・奥野市次郎・片山潜・木下尚江・福本日南・幸徳秋水・稲垣示・山口弾正・三沢綱代(蔵?)・百瀬広之助らが熱弁を振るい(同上、および『労働世界』10・1)、さらに一二月二日賑町喜楽座で開かれた政談演説会は、風雨のなかにもかかわらず一千余名の集会となった(9)(同上、12・21)。

同盟会は大衆啓蒙活動のなかでも、とくに労働者に対する働きかけに力を注いだ。四月三日の労働者懇親会はその試みの一つであった。事実上日本最初のメーデーといわれるこの著名な大集会の計画・推進者は、熱心な同盟会員たる片山潜と小野瀬不二人であった。小野瀬は前述の如く同盟会の専任書記であったが、普選運動の発展のためには、当時反藩閥政権の旗印を掲げて都民の人気を集めていた『二六新報』の援助を得ざるべからずとして、社長秋山定輔を訪ねること九度、秋山はその熱意に感じ、小野瀬を食客とし、さらに二六新報社に入社させたのである(山路愛山「現時の社会問題及び社会主義者」)。この経歴をもつ小野瀬と前年来『労働世界』において熱心に普選を論じつつあった片山の二人が、懇親会の中心人物であるところからしても、その意図が単に労働者階級の気勢を示すことにとどまらず、具体的に労働者に対する普選の啓蒙と、政府・世論に対する示威を一半の目的としたことは推測に難くない。かくて当日の片山潜の提案にかかる大会決議のおもな具体的内容は、工場法と普通選挙の要求「一般労働者が自己の利益を保護せんとするには勢ひ政治上の権利則ち選挙権を得ざるべからずと信ず」であった。

このようなよびかけに応えて、都下の労働団体は続々普選を決議した。まず日鉄矯正会は四月の大会(一七―一九日)において、平支部提出の「本会は社会主義を標榜となし諸労働問題を解決すること、其の第一方法として普通選挙同盟会へ加入すること」を「随分議論」のすえ決議し(『労働世界』5・1)、八月二四日には神田青年会館に活版工組合誠友会の主催で「活版工、鉄工、靴工を初め其他各組合よりの出席者凡そ一百余名」による労働懇話会が開かれ、同盟会の北川筌固・片山潜・大井憲太郎の演説のあと、活版工組合鵜沢幸三郎(同盟会員)の発議で、「工場条例の発布」「労働会館の設置」とともに「普通選挙の実行を期す」を決議した(『万朝報』8・26および「内報」『六合雑誌』二四九号)。幸徳秋水は『万朝報』言論欄において「労働懇話会の決議」と題し(8・28)、「労働者の運動の自由と生活進歩の権利が政治法律の力を以て蹂躙せらるるの時において、如何にして政治問題を度外に付することを得んや」と、とくに普選決議の趣旨を弁明し、「数年前民間論客の間に普通選挙期成同盟会なるものゝ組織せられしのみなりしに、今や是等の人々が漸く労働者彼等自身と握手して、労働者彼等自身の口より、此決議を為すを見るは、吾人の欣喜に堪へざる所なり」と論じた。

これにつづいて活版工組合誠友会は秋季総会(九月一日)で北川・大井・幸徳・片山の演説のあと、工場法発布・治安警察法修正とともに普選を決議し(『万朝報』9・2)、一一月二三日の誠友会主催秋季労働懇話会は、春につづいて同様の決議を行なった(『労働世界』12・1)。なおこの間新橋停車場車夫団体三百余名の入会があり(同上、8・21)、深川区理髪業組合も一〇月二四日の総会で普選を決議した(大井・片山・幸徳・木下・北川出席、同上、11・1)。

以上のように同盟会の労働者に対する熱心な働きかけ、これに対する若干の労働者団体の呼応がみられたが、一般の労働者大衆にはこの運動はいまだ浸透しなかったといってよい。さきに大会で普選同盟会参加を決議した日鉄矯正会にしても、一〇月にいたってなお「東北に於て僅かに加盟者ありしのみ、未だ組合員一致を以て之が実行に同情の意を表せず」という有様である(同上、10・11)。生まれたばかりの労働組合運動においては、一部の先進的労働者を除き、一般の組合員が政治的な自覚をもつということは、いちじるしく困難なことであったにちがいない。しかも前年制定された治安警察法は、周知のごとくこの幼弱な組合運動を、一九〇一年の暮には押しつぶしてしまうのである。普選運動と労働者階級との組織的な結合はここに断ち切られてしまった。これが回復されるには、米騒動以降の労働運動の急速な発展の段階まで十数年の歳月を経なければならぬ。

普選運動は当時、官憲の厳重な監視のもとにおかれていた。同盟会のビラをもらっただけで警察に連行される場合もあった[10]。にもかかわらず、啓蒙運動が上述のように飛躍的に強化されたのには、一九〇一年五月の「社会民主党」の結党とその禁止以来、社会主義協会に拠って公然と実践運動に姿を現わした社会主義者と、同盟会本来の構成分子であった自由主義者との強固な提携が与って力がある。片山潜をはじめ、幸徳秋水・安部磯雄・西川光二郎・木下尚江らは同盟会主催演説会の主要弁士であり、逆に北川筌固・大井憲太郎らは社会主義者とともに労働者の集会に出かけて行った。この両者の提携を可能ならしめたのは何であろうか。

当時の社会主義者の普選観は「社会民主党の宣言」に端的に示されている。「帝国議会は吾人が将来に於ける活劇場なり、他年一日我党の議員国会場裡に多数を占めなば、是れ即ち吾人の抱負を実行すべきの時機到達したるなり」。すなわち彼らは議会による社会主義実現の道をとる。したがって普選は、その目的達成のための必要手段である。しかし彼らは、普選の実現をもって目的達成の「第一難関を通過したるもの」としてしか評価しない。普選法の下でも社会民主党が議会にその一歩を印すことすら困難であることを、彼らは知っていた。したがって「之〔普選―松尾〕に加ふるに公平撰挙法を採用して、少数者の意見をも代表し得るの道を開かば、社会民主党員の数如何に僅少なりと雖も、尚ほ諸君の代表者を議会に送るを得べし」と、普選とともに比例代表制を要求するのである。しかも彼らはそれだけで満足しない。「今日の如く貧者が全く富者に圧抑せられ居る場合に於ては、彼等は必ず資本家たる人の意向に従ひて投票せざるを得ざるべし。されば彼等に撰挙権を与ふるの途を講ずると共に、彼等に適当の教育と訓練を与ふるは刻下の急務なりと信ず。吾人は政府が人口の大部を占むる労働者及小作人の為に必要なる保護を与ふることを要求すると共に、彼等が自由に団結し得るの法律を定めんことを望む。団結は労働者の生命にして、彼等の為には唯一の武器なり」。およそ普選を勤労民衆の言論・集会・結社の自由等、政治的自由の一環として把握するか否かが、勤労民衆的ないし民主主義的普選論とブルジョワ自由主義的あるいは国権主義的普選論とを分かつ決定的な点であるが、明治の社会主義者が当初より明確にこの前者の見地にあったことは偉とすべく、この見地こそ、将来の勤労民衆の普選運動が継承すべき遺産であったといえよう。

さらに社会主義者は、普選を単に労働者階級解放の武器としてではなく、広く藩閥専制政治と対立する国民の一般的権利と認識しており、普選獲得のためには、幅の広い統一戦線が必要であり、かつ可能であると考えていた。『労働世界』の社説「普通撰挙に対する吾人の立場」(明34・11・1)はいう。

普通選挙は資本家にまれ労働者にまれ地主商人及実業家でも小作人でも一般に得べき権利及義務である。故に吾人は普通選挙に賛成し之を期望する人とは(中略)誰でも彼でも吾人の味方と考へて一致して運動することが出来ると思ふ。吾人は社会主義実行に向つて普通選挙を欲する者である。彼の代議士になりたい之に依つて生活がしたいと云ふ人とでも普通選挙を先にして単純に此大問題の為めに尽力する間は提携して行くことが出来ると思ふ。

右の執筆者と推定される片山潜は、この観点にもっとも忠実であった。一九〇一年一〇月二七日、松本の同盟会第三回大会(後述)にあたり、「信州普通選挙同盟会」より発行された『社会改良手段普通選挙』(本論のみ『片山潜著作集』第二巻所収)において、彼がよびかけたのは「小作人」「小地主」「労働者」「小商人」そして「学生」であり、それぞれ単独の章を設けて、これらの階層にとって普選がいかに必要であるかを詳論していた。彼はしばしば他の自由主義者と同様、「国家のために」とか「忠君愛国の責を尽」くすために、などの表現を使っている。片山といえども時代の制約は免れぬところであり、われわれはその不徹底性を責めるよりも、当面の国民的課題たる民主的権利獲得の必要を大衆に説得せんとしている態度を、むしろその不徹底な表現より看取し評価すべきではなかろうか。

一方同盟会には、この一九〇一年に前記大井憲太郎をはじめ、自由民権以来の普選論者中江兆民、その門下の小山久之助(代議士、無所属)、鉱毒事件の田中正造、旧東洋自由党の森隆介(前代議士)、江間俊一(東京市議)、松本君平(東京政治学校長、のち代議士)らの政治家、および当時第一線の弁護士の卜部喜太郎・今村力三郎・石山弥平・新井要太郎、そして『万朝報』の黒岩涙香・斯波貞吉・久津見蕨村、『二六新報』の福田和五郎、『報知新聞』の矢野政二ら新聞人が同盟会に加わった。とくに東京きっての有力紙『万朝報』と『二六新報』の首脳陣が加盟したことは、同盟会にとって大きな力となった。両紙は、『中村太八郎伝』のいうように「普通選挙機関紙の如き観を呈した」(四三ページ)とはとうてい申せぬが、石川安次郎・木下尚江のいた『毎日新聞』とともに、同盟会の集会予告を掲載し、とくに『万朝報』は折あるごとに普選論を社論として主張するなど、同盟会の活動を支援したのである。

ところで同盟会内の社会主義者以外の自由主義分子の普選観は、基本的には結成当初と異なるところはない。一九〇一年末に刊行された若年の同盟会員丸山虎之助の『普通選挙論』においては、なお露骨に「膨脹的国家を助くるものは決して奴隷的服従の人民の能くす可き所にあらざる也、必ずや合理的愛国心を有し、名誉の外に義理を信ずる国民にして初めて之を能くす可き也」として「合理的愛国心に因り真乎活動的の国民たらしめん」ために普選を必要としている(三四ページ)。この強い国家主義的傾向の一方では、「吾人は今社会主義を唱導する者にあらずと雖も、国家自ら法を設けて、富者に便にし貧者に不利にするが如きことあらば極力之に反対せざる可からず」(一五ページ)といい、あるいは「抑も経済上の平等は本にして政治上の平等は末なり。故に立憲政治を行ひて政権を公平に分配したりとするも、経済上の不公平にして除去せられざる限りは人民多数の不幸は依然として存すべし」(三六ページ)と「富者の専横」打破を説く。

自由主義者の側よりすれば、この金権政治に対する義憤が、思想において社会主義者と一線を画しつつも、行動面において彼らと結びつける。社会主義者からすれば、普選を含めて政治的自由の獲得が当面の課題であり、あらゆる勢力と統一してその実現をはかろうとしていることが、自由主義者と提携せしめる。まして両者とも、その多くはもとをただせば同じ儒教的倫理の世界に育ち、自由民権の流れを汲む小ブル・インテリ層出身者である。両者が分化してよりなお日は浅い。このような諸事情が、日露戦争まで両者の結束を保たせたと考えられる。

3　普選法案の初上程と松本同盟会の解体

一九〇一年における普選運動の上げ潮にのって、第一六議会では、ついに普選法案の上程が実現した。第一六議会開会を目前に一二月一〇日、神田の労働新聞社に幹事会を開き、片山潜・中村太八郎・山口弾正・小野瀬不二人・黒沢正直が集まり、法案提出につき協議し、さらに中村・片山の両人は中村弥六（代議士、長野県）と種々打ち合わせるところがあった（『労働世界』明34・10・27）。この結果第一六議会では普選法案が、はじめて中村弥六・河野広中・降旗元太郎・花井卓蔵の四名により提案されたのである。この法案とその理由書（『明治文化全集』社会篇所収）は、前議会に準備されたものと同一内容であり（法案条文の最終項を欠くのみ）、翌一九〇二年二月一五日衆議院に上程されたあと、ただちに九名の特別委員に付託された。同盟会はこの法案を支援すべく、二月二八日まで三回にわたって請願書を提出した[11]。

さて委員会ではほとんど議論がなく、わずかに山口熊野（政友会）が、法案の精神には賛成だが、一般の知識程度からみて、かつ一九〇〇年の新選挙法下で一度も選挙が行なわれていない点からも、時期尚早であると反対論をのべたのみにとどまった。採決の結果は四対四の同数であったが、委員長鮫島相政（政友会）の決定で否決となった（東京大学出版会『帝国議会衆議院委員会議録』明治篇22、一五三ページ）。本会議では中村弥六（無所属）が少数意見として議政壇上最初の普選演説を行なったが、ただちに採決の結果第一読会限りで廃案となった。中村の演説の趣旨は、国民に兵役・納税の義務があれば権利を与えるのは当然であり、国民の教育程度や国家に対する義務感はすでに普選施行可能の段階に到達しており、かつ普選は世界の大勢であり、普選施行の結果、国民の一致協力のうえに国威の発展が期待される、といった程度の一般的抽象論にすぎなかった（「普通選挙演説」『明治文化全集』社会篇）。議会における審議過程からみても、普選が現実の政治問題として取り扱われなかったことは明らかである。それは当時において普選がいまだ民衆の実生活の中から、民衆自らによって要求されてはいないという現実の反映であった。

しかし普選法案がともかくも議会に現われ、しかも委員会で賛否半ばしたということは、同盟会にとって運動の大きな宣伝材料となるものであり、また会員の士気を高めた。『万朝報』はいう。「数年前民間人士の初めて普通選挙を唱ふるや、政府、政党、国民の多数すらも殆ど之を以て夢想と為し、空論と為してこれを冷笑せり。然れども今や彼等の所謂夢想空論は、遂に国民の要求となれり。而して議会実際の問題となれり。而して其委員会は之を否決せるも、賛否同数にして、唯だ委員長の否論者に加はれるが為めに否決せられたるを見ば、如何に此問題の前途の多望なるを知るに足らずや、世の中は三日見ぬ間の桜かなと。時勢の進歩は驚くべき者なりといふ可し」(言論「普通選挙」2・24)。

かくて普選運動はいっそうの熱を加えた。そして国民に対する啓蒙の機会として、この年八月施行の第七回総選挙に、中村太八郎・木下尚江の二名が立候補することとなった。木下尚江は、前橋市の有志に推されて立候補したもので、彼は七月一五日より二五日間、海老名弾正・巌本善治・安部磯雄・片山潜・石川安次郎・西川光二郎らの応援を得て一〇回の演説会を開き、「正義、道徳、軍備反対、普通選挙、社会主義の説に於て、喝采沸くが如き」盛況を呈したが、選挙の結果は二九票を得たにとどまった(幸徳秋水「義戦」『万朝報』明35・8・14、山極圭司『評伝木下尚江』一三九ページ以下)。木下の立候補は同盟会に推されたものでもなく、また普選はそのスローガンの一つとして掲げられたにすぎなかったが、中村太八郎の場合は、普選を唯一の主張として、松本および東京の同盟会の全面的支持のもとに立候補したのであり、またこの選挙は松本の同盟会にとって重大な意義をになったものであるので、その事情を詳述する必要がある。

ここでひとまず一八九九年再興以来の松本の同盟会の動向をみよう。一九〇〇年一月、同盟会が一〇〇〇名の署名を連ねた請願書を議会に提出したことは前述のとおりだが、その後一年の動向は不明である。翌年一月二二日、第二回大会が神道公会所に三八二名参加のもとに開かれた。この日開会に先立ち婦人参政権の可否につき討論のあと(可否決せず)、幹事唐沢長十が開会の辞をのべ、川上源一が座長席につき、普選要求の宣言書[12]と、第一五議会に選挙法改正案を提出すべしとの決議[13]を可決し、つづいて、会務報告(二木亀一)・規約改正[14](荻窪政長)・役員改選を議了した。主幹には吉江久一郎に代わって中村太八郎が就任し、幹事五名・評議員八七名のほか、新役職としての拡張委員に一七名が選ばれた[15]。大会は来賓片山潜の二時間にわたる大演説で閉会となったが、同夜さらに片山慰労の宴が設けられ、席上片山の「社会主義に関する」演説と、降旗元太郎の「第一五議会に対する演説」が行なわれた(前出「信州松本に於ける普通選挙同盟会の経歴」)。

以後東京の同盟会が運動の大衆化、とくに勤労民衆への働きかけを強化したことと対応して、松本においても活発な運動が展開された。拡張委員は県下各地に遊説を試み、いずれも相当な効果をあげ、とくに二木亀一は伊那地方の一回の遊説で数百名の会員を獲得した[16]。また北信地方では当時『信濃毎日新聞』主筆であった山路愛山はじめ「本社員も悉く同盟に参加して請願運動に従事し」、会勢の拡張につとめるところがあった。同盟会は八月二五日、松本開明座に政談演説会を開いて気勢を添え、九月一日には幹事および拡張委員の集会を松本館に、ついで一五日に評議員会を花月楼に、さらに九月二二日幹事会を池田屋で開き、今後の計画をつぎのように決定した。(1)大井憲太郎らを迎え、本年度の大会を一〇月二七日に松本神道公会所に開くこと、(2)明年度衆議院議員総選挙には本会より候補者を選出すること、(3)第一六議会に工場法案が提出されるので、至急労働問題の調査に着手し(委員、石塚三五郎・小松徹・三上道純・吉田復平治・岩附修一郎)、その結果を『毎日』・『万朝』・『二六』の各新聞および『労働世界』に掲載すること、(4)本会の名で普通選挙に関する書籍を出版すること、(5)本会の機関雑誌を発行するため委員を設け(唐沢長十・小林佐三・野々山義成・川上源一、ほか一名)、その発行までは特別会員に『労働世界』を配布すること(上条宏之「松本における普選運動と中村太八郎」『長野県短期大学紀要』27)。

さて一〇月二七日の大会当日は東京の同盟会より、大井憲太郎・久津見蕨村を迎えて午前中労働者大懇親会を城山公園で開き、午後は大会、夜は政談大演説会と盛沢山の行事で暮れた。労働者大懇親会は、同年四月の『二六新報』主催の懇親会の先例にならったものであるが、これは明らかに普選のための示威をねらったものであった。一〇月一三日、発起人中村太八郎・吉田復平治(『信濃日報』主筆)・石塚三五郎(『信濃民報』主筆)ら一〇名の同盟会幹部と五〇名の賛成者の名を連ねて発表されたこの計画は[17]、同地方の勤労民衆の人気をよび、六千数百人を集める空前の盛会となった[18]。

午後二時から神道公会所で催された大会は約一〇〇〇人の会衆を集め、(1)松尾重義を会長に推薦、(2)幹事堀内桂次郎開会の主意陳述、(3)幹事野々山義成一年間経過の報告、(4)宣言書決議、(5)来賓大井憲太郎・久津見蕨村の演説、(6)規約・決議案決議、(7)役員選挙(会長指名)、(8)天皇陛下万歳三唱の順で進行した(『労働世界』11・1)。夜の開明座の政談演説会[19]は天下の名士大井憲太郎を一目見ようと大会衆となり、三〇〇〇人で札どめになったという。

以上九月以降の松本の同盟会の活動のいちじるしい特徴は、従来の憲政本党系名望家層本位の方針を脱して、積極的に勤労民衆に呼びかける姿勢を示したことである。それは九月に決定された労働問題調査部の設置、一〇月の大会における労働者大懇親会の開催、および同夜の演説会における二木亀一・小松徹・大井憲太郎の演説に一貫して示されている。

同盟会革新化の傾向はその後ますます強まり、一〇月大会の直後には官憲の死体侮辱事件(女性被害者の死体を裁判所公開の法廷で解剖)をとらえて人権蹂躙糺弾の演説会(聴衆八〇〇人)を開き、同盟会を代表して上京、司法大臣に裁判官の不当行為を抗議するという運動まで行なうにいたった(『時事新報』12・6、上条宏之『地域民衆史ノート』一九三ページ)。ここに官憲の圧迫にわかに加わり、普選のスローガンを刷りこんだ名刺をさえ出版法で取り締まる有様となった(「普選物語」15)。こうなると、同盟会首脳の急進的態度に対する一般名望家層の不満が表面化するのは自然の勢いである。すでに一〇月大会のおり、大井憲太郎の来会は、明年の総選挙に松本平より出馬する下準備であり、同盟会幹部との話合いがついている、との流言さえ生まれた(「普選物語」12)。これは憲政本党代議士降旗元太郎を支持する名望家層をいちじるしく刺激したもののごとく、大会では予定されていた同盟会としての代議士候補選定を否決した。夜の演説会では中村太八郎が「単独に」立候補すると宣言し(『松本親睦会雑誌』175、11・28)、大井の演説中、降旗直系の同盟会員中沢幸太郎(『深志時報』社長)が暴れ出すという一幕もあった(同上)。そして事情は審らかではないが、年末にはついに降旗元太郎と中村太八郎との間に衝突が見られ、中村はここに旧来の進歩党系の政友と袂を分かつにいたったのである(『信濃毎日新聞』明35・4・10)。

総選挙が接近すると、中村太八郎は四月三日いち早く『信濃毎日新聞』紙上に、「衆議院議員候補者広告」を掲載し(六日・九日にも同文)、立候補の趣旨を明らかにした。彼は「目的」として「一、普通選挙ヲ実行シテ政権ノ分配ヲ平等ナラシメンカ為メナリ　一、貧者弱者労働者小作人及婦人ノ地位ヲ進メンカ為メナリ　一、選挙権ナキ多数国民ノ意志ヲ代表センカ為メナリ」の三条を掲げ、選挙運動を進める「態度」として、「一、頭ヲ下ケス　一、世辞ヲ使ハス　一、種々ノ約束ヲ為サス　一、酒ヲ買ハス　一、投票ヲ買ハス」の五条を明らかにし、「右ニテモ得ラル、投票アレハ最モ多ク之ヲ求ム」と結んだ。すなわち彼は当初より当落を度外視し、言論戦による理想選挙[20]を実行し、勤労人民の立場に立脚した普選の啓蒙を行なおうとしたのである。

五月一五日、前年九月の評議員会の決議にもとづく機関誌『普通選挙』[21]が発行され、これに中村は立候補の趣意を詳細に説明した手記「衆議院議員の総選挙に自ら候補に立ちたるの趣旨」(『中村太八郎伝』四六ページ所収)を発表した。ここで注目されるのは、中村が普通選挙という場合、男女平等の普通選挙を意識していたことである。「其選挙権なきものは自作農業者、小商人、小工業者、小作人、労働者の種類及び女子であります。此の人々は普通選挙の行はるゝ迄は全く選挙権を行ふことが出来ませぬ」から、自分が当面彼らの代表者になりたいというところからそれは証明できる。社会主義者からの影響とともに、彼が前年、アメリカで教育を受けた英人(母は日本人)メリー・キルビーと結婚したことも与っていよう。

いま当時の『信濃毎日新聞』により具体的な運動の経過を見ると、まず中村は東西筑摩・南北安曇地方の有力者を歴訪し、各地で演説会を開き、さらに六月に入ると佐久地方に運動を拡大した。選挙事務長には吉江久一郎があたり、小松徹ら普選同盟会の有志がこれを支援し、東京の同盟会からも北川筌固・黒川九馬・佐治実然・西川光二郎・石川安次郎らが応援にかけつけた。彼らの演説会は官憲や他派の壮士の妨害を受け、七月一七日の小諸町の演説会では、西川光二郎が聴衆の手で壇上からひき下ろされるという騒ぎまであった(石川半山「四日演説の記」『毎日新聞』7・22)。この「理想選挙」は地元青年の共感をよび、塩尻小学校教員中村五一郎は職を捨てて運動員となり、また「北佐久郡の青年に其人ありと知られたる志賀村の神津好雄、岩村田町の戸塚光作」らは「社会の改良を図り、国民一般の平等的福祉を増進するといふ目的にて普通倶楽部」を結成し、中村の応援につとめた(同上、6・17)。こうして投票日(八月一〇日)前には運動はかなり浸透し、「何人も驚く程の根気よき運動に岩村田付近本牧を中堅とし、其外各村にも至る処に若干づつの得票あり、潜勢力のあるには各派とも驚きつゝある処なり」などと報ぜられ(同上、8・5)、中村派自体も東筑摩郡の八〇〇票を主体に一六〇〇―一七〇〇票はとれるとみているとつたえられた(同上、8・3)。しかし開票の結果は得票わずか一四一票(当選者最下位たる第九位両角彦六の得票は一五一〇票)、立候補者二〇名中一七位という成績に終わった。[22]

これはいわば当然の帰結であった。勤労人民の味方となることを標榜し、理想選挙を実行したことは、いかに多年中村がその声望を保ってきた長野県といえども、納税資格一〇円以上という有産者たる有権者に違和感を抱かせずにはおかなかったであろう。そして発足以来同盟会を支持してきた名望家たちもまた、その大半は中村を応援することを拒み、憲政本党より立候補した降旗元太郎を当選させたのである。この選挙のあと、松本地方の普選運動は急速に衰えた。機関誌『普通選挙』も第五号(九月号)をもって廃刊となった。「普選物語」(17)はその原因として、第一に中村が中央同志の要請に応えて、東京の運動の指揮をとるべく「一身の主力を東京に移すことに意を決した」こと、第二に吉江久一郎が家庭の事情で故郷塩尻村に帰住せねばならなかったこと、をあげている。しかし決定的な原因は、松本地方の運動を支えていた名望家層の脱落にあるといわねばなるまい。大ざっぱな見当だが、農民分解の進行は名望家層の豪農的要素をとり去り、その寄生地主化を促進させ、政友会の結成に象徴されるように、この時期において、彼らの権力との対抗の姿勢は一つの転回をみせた。彼らは民力休養よりも鉄道・道路の敷設や治水など地方的利益の政府補助による実現を選ぶようになった(有泉貞夫『明治政治史の基礎過程』)。この傾向は松本地方においても例外でなかったと思われる。一方中村太八郎や吉江久一郎らの家計は急速に没落しつつあり(中村の東京移住や吉江の帰郷の根本原因はここにあったらしい)、勢いその周辺の小ブル・インテリ分子とともに急進化し、貧農・小作人に働きかける姿勢をみせる。これは普選を重荷と感じつつあった名望家層とは決定的に相容れぬ傾向である。そこに選挙戦における中村と降旗との対決の事態が発生したので、大半の名望家はこれを機会に普選運動より手を引くということになったのではなかろうか。「普選物語」(17)はその後も松本地方の運動は断続的に続けられ、ときに大会や演説会を開いて気勢を上げ、東京の運動に対して資金援助を行なった、などと記しているが、同盟会の実態は自然解体の道を歩んだというほかはない。

中村太八郎は落選を期に無銭旅行による普選全国遊説を企てた。彼の言をひけば「普通選挙に対する天下輿論の趨勢を知らんとすることを第一の目的にして、第二には此問題を呼号して天下を旅行するには昨今の政党遊説員の如く多額の旅費を携帯せざれば成し能はざるや否やを経験せんと欲した」のである(中村「無銭旅行普通選挙旅日記」(12)、『二六新報』明35・10・3)。『二六新報』は九月六日「普通選挙の遊説――平民の使中村太八郎氏――」の記事を掲げて、その壮挙を讃え、かつ九月一一日より一〇月三日にかけ一二回にわたりその旅日誌を紹介した。普選同盟会も六日送別会を錦輝館に催し、倉長恕(中外通信社長、政友系)と安部磯雄が送別の辞をのべ、また社会主義協会下谷支部を代表して、岡田誠六・片平由太郎・那須煕、三名の名で「送中村君遊説東北地方序」が寄せられた(『労働世界』六年一六号、明35・9・23)。

さて中村は、巻頭に福本日南の送序[23]を掲げた普通選挙賛成名簿一巻を携え、九月七日離京し、九月二七日帰京までの二一日間に、宇都宮・若松・福島・米沢・山形・仙台・一の関・盛岡・青森・弘前・秋田・水戸の一二都市を歴訪、この間「同志の数八〇余名と二十六新聞の賛成を得、寄付金四五円一〇銭」を得た[24]。その行動の中心は、各地の新聞社を訪問し、普選の賛成を求め、記者たちに運動への尽力を要請することにおかれた。新聞を通じての啓蒙、これが彼の狙いであったわけである。なお都市によっては代議士・市長・市議などの地方名士を訪問したところもあった。また中には具体的な運動方針にまで話の及んだところもあったのは注目される。若松では商工会の発起会の席上、中村は普選演説を試み、普選署名者はわずか九名(弁護士五、市議三、医師一)にすぎなかったが、前田兵郎(弁護士、前回選挙に政友会より出馬落選)を中心に普選団体組織と来議会に請願提出が約された。福島でも『福島民報』と『福島民友新聞』の記者(久保和三郎を中心に社会主義研究会が組織されていた)との間に団体組織の相談があり、仙台でも中村歓迎の論説を掲載した平民新聞社、および代議士沢来太郎らとの間に同様な打合せが行なわれ、また弘前では「駅の役員」藤田雄二(日鉄矯正会関係者と推測される)より「当地の労働者中普通選挙の賛成者五〇〇余名程ありて、本年の議会には請願書を出す筈なり」との報を受けた。地方都市においても、ようやく普通選挙要求の声のおこる兆しがうかがわれる。中村の東北遊説は地方人士にかなりの感銘を与えたもののごとく、その訪問した各代議士はほとんど、まもなく同盟会の役員に名をつらねる(後述)。また『二六新報』の好意的報道は読者にも多少の影響を与えたらしく、埼玉県市田郡大里村の「百姓」茂木作次郎は、中村遊説の報を聞いて「天に飛揚するの思ひあり」と『二六新報』に寄書した[25](9・6)。中村は帰京後ひきつづき東海地方遊説に出発の予定であったが(『万朝報』9・29)、これは中止となった模様である。

4　日露戦争直前における運動の昂揚

一九〇二(明治三五)年の東京の同盟会は、第一六議会の普選法案上程成功以来、選挙戦のため、独自の活動を中断していたのであるが、中村太八郎の東北遊説の終わった九月末以来、にわかに活発な啓蒙活動を展開するにいたった。いまその状況を説明する前に、同盟会本部の動向と陣容の変化についてのべておこう。

同盟会は一一月一日本部に集会を開き、請願の件、明年一月大会開催の件、東北地方へ遊説員派遣の件などを協議した(『万朝報』・『二六新報』11・3)。規約改正・委員選挙も同時に行なわれたらしい(26)。規約は新規約ともいうべく、全面的に改訂が加えられているので全文を左に示す。

第一条　本会ハ普通選挙ノ実行ヲ目的トス

第二条　本会ハ本部ヲ東京ニ置キ支部ヲ各地ニ置ク

第三条　本会ハ左ノ役員ヲ置キ其任期ヲ一カ年トシ大会ニ於テ選挙ス

一、委員　拾名

一、評議員　五拾名

第四条　本会ハ毎年一回大会ヲ開ク、但シ必要ニヨリ臨時大会ヲ開クコトアルベシ

第五条　会員ハ毎月会費金拾銭ヲ出スモノトス

第六条　本会ノ維持ハ会費並ニ寄付金ヲ以テ之ニ充ツ

第七条　会員タラントスルモノハ委員ノ承諾ヲ得ベク、退会セントスルモノハ其由ヲ通知スベシ

会員中本会ニ対シ不都合ノ行為アル者ハ委員ノ決議ニヨリ之ヲ除名ス

東京市京橋区西紺屋町二拾壱番地

普通選挙同盟会本部

第二条の本部を東京に置く、としたのは松本の同盟会解体の結果と見られる。これまで松本の同盟会は自ら「信州本部」と称し、暗に東京の同盟会を支部扱いにしていた。これには松本同盟会よりかなり多額の資金援助が東京に寄せられていた(「普選物語」6)という経済的裏付けもあって、東京の同盟会はこれまで、本部問題については規約上まったくふれることがなかったのである。第三条では従来の総務委員・幹事・評議員の役員構成を、委員・評議員の二本立てに改め、これを大会で選出することを明確に規定した。第四条の大会規定、第五条の会費規定、第七条の会員資格規定は今回新設されたもので、これにより、同盟会の社会運動団体としての組織構成がはじめて確定されることになったのである。とくに組織にとって、もっとも重要な会費問題がはじめて規定された意義は大きい。従来同盟会の運動費は有志会員の寄付金で賄われてきた。たとえば一九〇一年七月より一二月まで『労働世界』紙上に公表された寄付金は、降旗元太郎・渡部小太郎各二〇円、以下一六名総額一〇〇円に達する。しかしこれでは有給書記の給料を賄うにも足らず、おそらく信州の同盟会よりの援助が多分にあったものと思われる。ところが先述のように選挙期に同盟会が解体状態となり、中村太八郎あるいは吉江久一郎の家産も破綻をきたしたため、もはやこの方面からの援助はあてにできず、勢い会費制度の確立に迫られたのであろう。なお事務所が中村と因縁の深い従来の新肴町開化亭より別に移されたことも、組織運営の中心が中村より離れつつあることを物語るものかもしれない。また、旧規約より第六条「当分の内労働世界を以て会務を報告す」を削除したのは、『労働世界』が、一九〇一年末いったん廃刊されたこと(翌年四月旬刊誌として復刊)と関係があるとみられる。

つぎにこの規約にもとづく新委員の構成を見よう。

委　員　岡千代彦　片山潜　加治寿衛吉　田中弘之　中村太八郎　卜部喜太郎　倉長恕　青池晁太郎　木下尚江　北川筌固

評議員　石川安次郎　板倉中　花井卓蔵　大井憲太郎　小野瀬不二人　奥野市次郎　高橋秀臣　中村弥六　上埜安太郎　黒岩周六　黒川九馬　黒沢正直　山下千代雄　山口弾正　松村介石　牧内元太郎　福本誠　降旗元太郎　福田和五郎　河野広中　幸徳伝次郎　円城寺清　安部磯雄　朝倉外茂鉄　沢来太郎　佐治実然　菊池九郎　水品平右衛門　塩谷恒太郎　持田若佐

役員の陣容にもかなりの変動があり、かつ強化された。従来の幹事五名に代わって新たに委員一〇名がおかれ、青池晁太郎・卜部喜太郎(弁護士)・岡千代彦(社会主義者、活版工)・倉長恕(政友会系のジャーナリスト)・田中弘之(号は舎身、国粋主義的仏教家、のち国粋会の最高顧問)らの活動的な新入会員が選ばれた。評議員では烏丸光亨・愛沢寧堅・村井知至・渡部小太郎・綾部竹次郎・堀家虎造・上条謹一郎・本城安太郎・土居光華・佐東孝一郎・桜井一義・吉田義静の一二人が退き、代わって朝倉外茂鉄(無)・板倉中(政)・花井卓蔵(無)・山下千代雄(政)・沢来太郎(憲本)・菊池九郎(憲本)・水品平右衛門(政)・持田若佐(政)・奥野市次郎(政)・上埜安太郎(政)の各代議士、黒岩周六・福田和五郎の両著名新聞人、改進党系院外団の名士高橋秀臣、弁護士塩谷恒太郎、横浜同盟会の代表牧内元太郎、これに馬城将軍大井憲太郎という錚々たる名士が加わった。とくに役員中の代議士が五名より一三名にふえたことは(河野〔憲本〕・降旗〔憲本〕・中村弥六〔無〕は留任)、彼らの多くが別段政治的生命をかけて普選を主張したのではないにせよ、同盟会の看板として、その社会的信用を高めるものであったといえよう。

陣容をととのった同盟会は一二月九日委員会を事務所に開き、「一、昨年衆議院に向って提出したる法案と同様の案を至急に提出する事　一、衆議院に向け請願書を提出する事　一、明年一月第四日曜日錦輝館に大会を開く事　一、大会に於て普通選挙代議士を選挙する事〔意味不明、評議員に選挙するという意か―松尾〕　一、大会開会期日迄に府下に大挙運動を試み、少くとも二〇回以上の演説会を開く事　一、西南地方に檄を伝ふる事」を決議した(『万朝報』明35・12・11)。

第一七議会は開会まもなく増租継続問題で解散となり、普選法案は提出されず、同盟会の大会も次期議会まで延期された。しかしこのころ院外における啓蒙活動はにわかに盛んとなり、約一年間東京を中心におびただしい演説会が開かれた。(27)

すなわち九月二七日、ひさびさの演説会が神田錦輝館に三百余の聴衆を集め、つづいて一〇月には埼玉県の大宮・熊谷両町に各一回、一一月より一二月にかけ、東京で四回、埼玉県本庄町で一回催された。年末の議会解散による民衆の政治的関心の高まりを利用して運動は積極化し、一九〇三(明治三六)年一月より四月にかけ、東京では一〇回の演説会が開かれ、一方さきの(一二月九日)同盟会の決議にもとづき、片山潜・西川光二郎が京阪神より中国地方にかけ「社会主義及び普通選挙の運動を為すこと三週間」に及んだ(中村も同行の予定であったが病気で中止)(「関西遊説」『労働世界』六年第二五号、「明治三十六年を送る」『社会主義』七年第二六号)。この選挙では同盟会評議員の各代議士はひきつづき立候補したが、前回の中村太八郎・木下尚江のように明確に普選を標榜したものはなかったものと推測される。なお同盟会は横浜で加藤高明・奥田義人の二有力候補を相手に苦戦を伝えられた毎日新聞社長の島田三郎を、応援したとつたえられるが実態は明らかでない(「横浜の警戒」『二六新報』2・4)。

第一八議会のもとでは五月一七日、同盟会は全国同志大会を錦輝館に催して気勢を上げ、五月二〇日蔵原惟郭・高橋秀臣・花井卓蔵が普選法案提出につき、政友・憲政本・帝国三党本部を訪問し(『万朝報』5・21)、会期末の五月三一日、第一六議会同様の法案が板倉中ほか五人の名で提出されたが、九名の特別委員に付託されたまま、一度の審議もなく未決におわった(衆議院事務局『衆議院議員選挙法改正案ノ沿革』一九一九年)。

この間注目すべきは「普通選挙青年同志会」の結成である。これは同盟会の「青年の別働隊」として、丸山虎之助・大杉鑑二・藤原鎌兄(東京外語出身。一九一一年中国に渡り、『新支那』『北京週報』を主宰)・萩野万之助・馬場力・荒文雄の六人が五月七日結成したものである。そのリーダー丸山虎之助は『ニューヨーク・ヘラルド・トリビューン』の記者の経歴をもつ松本君平(のち政友会代議士)を校長とする「東京政治学校」の出身。一九〇一年一〇月、「政治的知識の普及を目的として」大杉鑑二とともに「政治学会」を組織し、毎月一回演説会を継続してきたが、これとほぼ同時に同盟会に加盟した。この頃社会主義協会にも入り、その演説会に出ている(『労働世界』10・21、12・1)。彼は、同年一一月には『普通選挙論』なる一〇〇ページ余の小冊子を発行するほど熱烈な普選論者で、普選演説会の有力弁士であった。これより同盟会の演説会はこの同志会が中心となり、五月より七月にかけ八回催され、六月一四日には神奈川県大磯町に出張した。同志会は七月二八日より群馬・埼玉・長野・新潟の四県に遊説したらしいが(『万朝報』7・27)、実態は不明である。同盟会の演説活動は夏のあいだ中断したが、議会シーズンの接近とともに再開され、一〇月より一一月にかけ東京で三回行なわれた。

以上のように普選運動は一九〇二年後半より、翌年末にかけ、かつてない活況を呈したのであるが、これを推進したのは、どのような人々であったか。いまこの間の演説会に出演した(ないし出演予定の)人たちの氏名を出演回数順に示せばつぎのとおり。

(20)丸山虎之助、(17)北川筌固、(16)石川安次郎・中村太八郎、(9)蔵原惟郭、(8)田中弘之、(7)片山潜・倉長恕・西川光二郎・岡千代彦、(5)馬場力・佐治実然・萩野万之助・卜部喜太郎、(4)板倉中・加納豊・田川大吉郎、(3)幸徳秋水・石山弥平・小林富貴太郎・鵜沢幸三郎、(2)木下尚江・奥野市次郎・中島半三郎・小塚空谷・朝倉外茂鉄・松本君平・荒文雄・小野武敏・松田源治・大井憲太郎、(1)高橋秀臣・安部磯雄・黒川九馬・関口一郎・茂木作次郎・福本誠・花井卓蔵・新井要太郎・黒岩周六・小手川豊次郎・山口義三・山口弾正・松崎源吉・赤松勇吉・植松貞吉・赤沼孝四郎・奥宮健之・高木益太郎・高田三六・野口三千雄・高野孟矩・白石総南・斎藤兼次郎・大杉鑑二・田中正造・野上啓之助・北沢重造(道)・桜井一義・高松豊次郎・小野栄文・牧内元太郎・田中呑牛・小野〔栄文か武敏か不明―松尾〕・加藤〔重太郎か時次郎か不明―松尾〕(注(27)より集計)

以上六四人である。出演回数はある程度運動に対する熱意を反映していたものと考えられる。これらの人々の職業や思想的立場の不明なものがいくらかあるのは残念だが、判明しているものだけを検討しても、いくつかの問題点を見出すことができる。まず第一に現職の代議士は板倉中・朝倉外茂鉄・奥野市次郎三名にすぎぬ。同盟会役員中、他の一〇名の代議士はいわば思想的共鳴者であり、かつ会の看板にすぎなかったことが歴然としている。つぎに弁士中知的職業をもつものが多い。すなわち倉長・西川・幸徳・石川・木下・奥野・中島・黒岩・田川は現在ないしは、ごく最近までの新聞記者、高木・卜部・石山・花井・新井は高名の弁護士、蔵原・安部・松本は高等教育の関係者である。また丸山・萩野・馬場ら普選青年同志会のメンバーは学生ないしは最近の卒業者である。概してこの時期の運動の推進者はかなり知的水準の高い小ブル・インテリ分子といえよう。第三に旧民権運動関係者は板倉・大井・奥宮などにすぎないこともあわせ注目される。同盟会結成当時の主力であった旧民権運動家の勢力は大きく後退したのである。第四は社会主義者が多く参加していることである。片山・幸徳・安部・岡・西川・木下・山口義三・松崎・加納・斎藤・小塚・赤松・野上等々である。堺利彦が一度も姿を現わしていないのは不思議だが、彼以外の有力な社会主義者はすべて、彼ら独自のおびただしい社会主義演説会のほかに、この同盟会の活動に参加している。これはひきつづき、普選運動が社会主義者と自由主義者との密接な協力のうえに進められていたことを示すものである。

ところで、普選運動の活況は、他の民主的諸運動(28)の活況と密接な関係があった。この時期には理想団・ユニテリアン協会・社会問題講究会(田川大吉郎ら)・政治学会(前出)、それに社会主義協会の演説会がきわめて活発に行なわれ、また足尾銅山鉱毒事件解決運動もひきつづき盛んであった。これら民主的小集会の隆盛に、東京きっての有力紙『万朝報』『二六新報』『毎日新聞』の反専制・反金権の言論活動が呼応していた。たとえば当時の『万朝報』はその社説で、普選のほか工場法制定・治安警察法撤廃・軍備拡張反対・帝国主義政策排撃・華族制度廃止・藩閥および政党政治家の腐敗攻撃等々、一連の民主主義的論陣を継続して張っていた。『万朝報』と『二六新報』はいずれも十数万部の発行部数を誇り、その影響力は無視しえないものがあった。少なくとも首都東京においては、日露戦争直前の一時期は、自由民権期以来の民主主義的風潮の昂揚がみられたのであった。この渦中にあって、普選同盟会の主要メンバーは他の民主主義的グループのそれとしばしば重なっていた。たとえば片山・幸徳・木下は、理想団・ユニテリアン・鉱毒問題・社会主義協会の演説会において顔を見せ、社会主義者ではない花井・ト部・石山は理想団・社会主義協会・鉱毒問題の演壇に立ち、丸山・北川・中村ら同盟会の主力も社会主義演説会に出場している。普通選挙は単に同盟会の演説会で説かれただけではなく、これら諸集会、とくに社会主義演説会でも盛んに論じられたのであり、いわば当時における各種の反専制・反金権の要求を統一する唯一つの政治的スローガンであったのである。かくて普選運動は民主的各種運動の連結点であり、普選同盟会は、いっさいの反専制的勢力の統一組織としての性格を帯びるにいたった。

同盟会の有志はこの機をとらえて政党の結成を企てた。石川安次郎の日記(東京大学法学部蔵「半山石川安次郎関係文書」のうち)の次の記載をみよ(一九〇三年)。

一月一〇日「中村太八郎来て政党及私国会を樹立する事を謀る」。

一月二六日「中村太八郎来訪、政党組織の事に付て語れり」。

一月二九日「幸徳を訪ふて要談、共に高橋に向ふ、出社……夜三崎町の片山潜の宅に会す。安部磯雄・中村太八郎、木下尚江、西川光次郎、幸徳秋水其他十数名政党組織の可否に就て種々討論する所あり。十時過散会せり」。

石川日記にはこれ以上のことは出て来ない。一年半前の社会民主党のメンバーを中心とする、その幅をややひろげた新政党の試みは不発に終った。石川日記(7・15)には、中村と「普通選挙雑誌発行の事を談ず」とあるが、これも沙汰やみとなった。

普選運動を含めてこれら民主主義的諸運動を支えたものは、おそらく日露戦争をめざす権力の軍拡強行のしわよせを受けた都市小市民・無産者層の現状打破エネルギーであったと思われる。これらの集会が多くは席亭を借りて催されていたという点からもこれは推測される。しかし現在のところ運動は東京およびその周辺にとどまり、地方的なひろがりを物語る資料に乏しい。また東京の運動にしても、けっして組織的な民衆運動の形態をとったわけではない。それは新聞と演説会による上からの啓蒙運動という、自由民権以来の都市民衆運動の一般形態より一歩も出ていない。労働者階級が質・量ともに未成熟で、かつ治安警察法により組合組織が壊滅に瀕していた当時では、のちの第一次大戦後のような市民組織や労働者組織を主体とする普選運動が発展するはずもなかった。またブルジョワジーの方でも営業税反対運動のような政府批判の行動を見せても、それは日露戦争後のような明確な軍閥専制反対・政党内閣要求とは結びつかず、まして普選などとは無縁であり、単なる選挙権拡張すら一九〇〇年の選挙法改正以後一度も議場に姿を現わしたことはなかった。言論界でも普選は少数意見にすぎなかった。管見では普選を社論として掲げていたのは、新聞では『万朝報』、雑誌では『六合雑誌』だけである。(29) 運動に好意的であった『二六新報』にしてもこの問題をとり上げたことは一度もなかった。石川安次郎・木下尚江という有力な普選論者を擁する『毎日新聞』にしても、現実の政治問題としては普選に反対であった。

吾人は今日に於て直ちに普通選挙の実行に左袒する者に非ず。然れども之を以て普通選挙に反対する者と謂はば、是れ誤解なり。主義に於て、吾人所謂普通選挙説に同意するのみならず、更に進みて婦人にも此権利を付与すること、合衆国某々州の如くするを当然と思ふ者なり。然れども選挙者自ら選挙権を貴重し、之を正用すると仮定して、而して後に之に選挙権を与へんと欲す。大抵欧西諸国の選挙権拡張は、此権無き者自ら其不法を唱へ、奮て之を与へられんことを要請す。此に於てか機熟して選挙権拡張の実行あり。吾人は我国をして此の如くならしめんことを冀望する者なり（「普通選挙を評し兼ねて国民に告ぐ」明35・7・7）。

ここにみられる、理想としての普選には賛成、現実問題としての普選即行には反対というのが当時の自由主義者一般の考え方であったろう。このようなしだいで普選運動は、この活況期においても、なお、孤立分散的な都市小市民＝職人層の反権力気分を反映する、少数の急進的インテリの啓蒙運動にとどまらざるをえなかったのである。

普選同盟会の活動は一九〇三年一一月一一日の演説会をもってしばらく中断する。この年の中頃日露戦争に対する賛否の論が戦わされるにいたり、同盟会の有力メンバーで主戦論に与するもの多く、板倉中・蔵原惟郭・卜部喜太郎・丸山虎之助・大杉鑑二・福本誠・円城寺天山らは主戦論派の拠点対露同志会に加盟し、主戦論を演壇で高唱するまでになった。先述のように彼ら自由主義者には国権主義的傾向がもともとつよく、いま対露関係の緊張が云々されると、たちまち対外硬論者としての側面が前面に押し出され、自由主義者の側面は後景に退くにいたる。一方、彼らとともに同盟会を支えてきた社会主義者は、周知のように『万朝報』の主戦論への転向を機に退社した幸徳・堺を中心に、一一月一日平民社を結成し、『平民新聞』を発行する。専制に対する自由の主張において協力してきた自由主義者と社会主義者の関係は、主戦・非戦の対立により中絶したのである。こうして日露戦争開始に先立つこと三月にして、同盟会は事実上解体の状態におちいってしまった。

四　日露戦争後の普選運動

1　日露戦争下の普選運動

日露戦争の開始に先立ち、主戦・非戦の論争は、ついに自由主義者と社会主義者の多年の提携関係を崩し、普選同盟会の活動は中断されるにいたった。しかし普選要求の声は、戦時下といえども絶えることはなかった。開戦直後の二月一九日、『万朝報』の記者斯波貞吉はかつての同僚、堺・幸徳とともに社会主義演説会に臨み(神田青年会館)、「選挙は喜劇なり」と題して普選を主張した(『平民新聞』2・28)。また曲川生なる『平民新聞』の一読者は、「此多数の国民、多数の同胞、多数の壮丁の貴重なる血と涙とは、果して何物を彼自身に報酬すべき乎。(中略)血税に対する報酬は国民が等しく享くべきものたり。其何者ぞや、予は云はん、普通選挙権即ち是也と。是れ戦勝の日本が宜しく実現すべき制度也。(中略)露国は其敗戦に因て内政の根本改革を為し、日本は其戦勝に因て普通選挙の制を施くに至らば、是れ両国が其無数の戦死者に対する、せめてもの追善供養也」と投書していた(同上、7・10)。

やがて戦時下二度目の議会の開会が迫ると、にわかに選挙法改正問題が表面化した。すなわち、政友会・憲政本党両党幹部は戦争全面協力の交換条件として、政党の地盤強化を目的とする小選挙区制・記名投票制の復活を策したのである。ところがこの反動的計画は、意外にも党内で手きびしい反論をよんだ。とくに政友会内の「新知識貧乏組と自称する少壮連」(『万朝報』明37・11・28)二一名は、普選同盟会評議員の奥野市次郎と松本君平を先頭に、一九〇四年一一月二四日、開化亭(普選同盟会旧事務所)に集合し、「選挙権拡張期成同盟」を結成し、「議員の過半数をまとめ得べしと揚言して運動を進め」た(同上、11・25)。主戦論の『万朝報』はその「言論」(社説)において、「民権拡張の好機」と題し、「時局は挙国一致の義務を要求すると同時に、又民権拡張の権利を与へつつあり。即ち義務のある所又必ず権利あり。政府は国民に義務を要求すべし。爾く政党も亦国民の為に権利の伸張を要求すべし。(中略)吾人は政党の諸議員に勧告す。足下等須く軍資の負担に協賛すると同時に又選挙権に対する制限の撤去を要求すべし。聞く所によれば政党は予算案を通過せしめ政府は選挙法の通過を容易ならしむの妥協成れり。(中略)既に政党にして意選挙法の改正にあり。然らば何んぞ進んで完全なる選挙法の改正を期せざる。大選挙区制を変じて小選挙区制に後戻りするが如きは畢竟是れ姑息の改正のみ」と少壮派を激励し、さらに、戦勝は国民の政治知識が欧米に及ばぬという普選反対の理由を消滅せしめたものであり、いずれ早晩普選は採用せねばならぬとすると、「明日之れを採用するもの今日に於て之を採用せば事却て容易なるべし」と普選即行を訴えた(11・19)。『六合雑誌』(一九〇四年一二月号)も、政党幹部案は「人権を重んぜず、国家の利害を考へず、唯自己の利害より打算」したものと非難した。

このような支持に支えられて、一二月二四日の政友会議員総会においては、選挙法改正調査委員長たる原敬の提案に対し、少壮派の奥野市次郎・粕谷義三・森肇らをはじめとして、「反対論続出し底止する所を知らず、原敬孤軍奮闘するのみ」という有様となり、いちおう採決の結果は無期延期と決した。一方憲政本党代議士会では、二三対二一の小差で幹部案が辛うじて採決された(同上、12・25)。しかし結局、この両党内の強力な反対論のために、第二一議会においては小選挙区・記名投票案はついに上程されなかったのである。

この第二一議会のもとに普選運動は再開された。この運動は戦時下のこととて、戦前のような活発な演説会による啓蒙活動を展開することもできず、また、自由主義者と社会主義者の密接な協力も見られず、運動は社会主義協会・平民社(1)と普選同盟会の二本立ての形で進められたのであるが、上述のような、戦時下といえども権力の押しつぶすことのできなかった政治的自由要求の声をもっとも端的に代表したものとして、その意義を軽視することはできない。まず社会主義者の運動よりのべれば、一九〇四(明治三七)年九月八日、社会主義協会は「今秋は重に普通選挙請願の為に運動したし」との態度を示したが(『平民新聞』9・18)、一〇月一六日付の『平民新聞』論説「先づ政権を取れ」はその運動開始の檄であった。「普通選挙にして実行せらるゝを得ば、少数階級を代表するの議会は即ち一般平民の議会たらん、少数階級の政府は即ち一般平民の政府たらん、而して其法律や行政や、亦少数階級特種の利益を保護するが為めに非ずして、実に一般平民の平和幸福を増進するが為めにすることを得ん、既に然らば何ぞ少数階級を掃蕩絶滅して、以て光彩ある社会主義的制度を実行するの難きを憂へんや。故に社会主義実行の第一着手は、匕首に非ず、爆烈弾に非ず、叛乱に非ず、同盟罷工に非ず、唯だ一般平民をして議員選挙の権利を得せしむるに在り」と、依然として戦前にひきつづき第二インター流の社会民主主義の見地を示し[2]、さらにその獲得の方法として「一は輿論の喚起也、二は議会に対する請願也、三は議院内の同志(若し之れ有らば)をして、法案を提出せしむる也。而して今や議会開会の期迫りて、是等運動の為めに逸す可からざる時機とはなれり、聞く社会主義協会及び普通撰挙期成同盟会は、本年会期中に於て、之が為めに大活動を為さんとすと、吾人は満天下の同志が一致団結大に其声焔を揚げんことを希望して已まざる者也」と訴える。普選要求の趣旨といい、その運動の方法といい、戦前の運動の復活をめざすものの如くである。

一見、戦前の運動の復活をめざすもののようにみえるが、実は彼らの普選要求の趣旨は変化していた。一〇月三〇日付の論説「危険なる法律」は改めて普選の内容を、「独り財産ある者のみならず財産なき者にも之を有せしむ可し、独り男子のみならず女子にもこれを有せしむべし、苟くも日本国民にして、一定の年齢に達し、白痴瘋癲ならざる以上は、議員選挙の権利を有せしむ可し」と規定した。ここにはじめて男女平等の普選の実現が運動の目標として公然と掲げられたのである。これにともない、女性の政社加入権と集会参加権を要求する治安警察法第五条修正請願署名運動が、今井歌子・川村春子・松岡(西川)文子らによって普選請願と平行して行なわれることになった(3)。

一〇月五日、東京を出発し、東海道から山陽道にかけての「伝道行商」に出発した小田頼造と山口義三は、社会主義協会員と普選請願署名の獲得をめざしていた(『平民新聞』10・16)。社会主義協会は一〇月一六日付の『平民新聞』紙上で普選請願のよびかけを行ない、幹事の西川光二郎は「世界各国の普通選挙獲得運動史一斑」と題して、イギリスはじめ一三ヵ国の事例を紹介した。一一月二日の社会主義演説会では(神田青年会館)、佐治実然(「選挙と人民の責任」)が普選を説いて中止を命ぜられ(『平民新聞』11・6)、さらに同月一六日の演説会は普選を主題とし、吉田(璣か)・斎藤兼次郎・松崎源吉・加藤(加納豊の誤か)・西川光二郎・大亦楠太郎らが演壇に上った(同上、11・3、11・27)。この日警視総監は「安寧秩序に妨害あり」として社会主義協会の結社禁止を申し渡したが、幹事の西川光二郎と斎藤兼次郎は連名で、「社会主義協会の結社は禁止せられたりと雖も、普通選挙請願の必要は消滅することなし、否な益々其急なるを感ず、故に予等は個人として益々普通選挙請願の同志を募り其調印を求むべし」との決意を表明した(同上、11・27)。こうして年末までには「普通選挙の檄」(全文は松尾編『社会主義沿革』(1)、一六ページ、文章は前出「先づ政権を取れ」に同じ)七〇〇〇枚、請願用紙三〇〇〇枚が配付された(同上、12・25)。

各地の『平民新聞』の読者グループはこれに協力した。長野県の諏訪社会主義協会員竹内伝三郎は、自分の編集する『南信評論』(11・6)で「先づ普通選挙を叫べ」の論説を掲げた(上条『地域民衆史ノート』二一四ページ)。和歌山県新宮町の大石誠之助は一一月二〇日同町新玉座で演説会を開き、四〇〇名の会衆に請願用紙を示して賛同を求め(『平民新聞』12・4)、土佐の高知市では二日がかりで一一〇名(うち有権者一〇名)の署名が得られた旨報じられた(同上、12・11)。このほか「軍艦〇〇の乗組の水夫二十余名」の請願書が到着するという注目すべき事例も見られた(同上)。

こうして一二月一五日の第一回締切りの時点で、調印者は二二四〇名に達し(同上、12・18。なお12・25付の英文欄では二三〇〇名)、一七日普選同盟会評議員板倉中の紹介で衆議院に提出された(同上、12・18)。

『平民新聞』は「斯く予想外に少なかりしは全く先達来迫害の結果であります」と報じている。社会主義協会の解散命令以来、各地の『平民新聞』読者グループに対する取締りが強化され、茶話会に巡査が臨監したり、読者の身許調査を行なうなどのことがあり、倉敷では普選請願が直接目をつけられ、中心人物の大賀良一のところに警官が取調べに来るという有様であった（同上、明37・12・18）。民衆が後難をおそれたためであろう。こういう弾圧下の、しかも挙国一致の戦争のさなかにおける二二四〇という数字は軽視できぬものがある。運動の比較的自由であった戦前においてさえ、一議会における署名数の最高が千五百余（一九〇三年春）であったことを想起すれば、この署名の背後に民衆の要求の高まりと、社会主義者の熱心な活動のあったことを感ぜずにはおれない。請願運動は第一回締切り後も継続され、宮崎では「ナカナカ景気がよい」の報があり（同上、明38・1・15）、また長野県小県郡の社会主義茶話会や、同郡神川村の読者会も請願につき協議している（同上、1・22、松本衛士『長野県初期社会主義運動史』八六ページ）。

治安警察法改正請願は衆議院で採択されたが、普選請願は「ウヤムヤのうちに」握りつぶされた。しかし平民社一派の意気はおとろえなかった。『平民新聞』が官憲の強圧により廃刊したあとを受けた『直言』は、「されど同志の失望する勿れ。我等は今年の冬に於て、更に多くの同志を集め、数万の連署を以て又々同様の請願を成すべき也。而して若し再び顧みられずんば、我等は更に大挙して三たび四たび五たび十たび、何時までも同様の請願を為すべき也。而して結局我等平民の手に普通選挙の権利を握らずんば止まざるべし」と決意を示した（3・5）。そして斎藤兼次郎を担当者として日常的に署名を集めることに努めた（同上、8・20）。

一九〇五年五月、東京における衆議院議員の補欠選挙に、平民社は木下尚江を立候補させたが（選挙人一万五六五七中三二票で落選）、その唯一のスローガンは「普通選挙の実現を期す」であった。彼の宣言書は「無権利の賤民多からずんば資本家政治は成効せざる也。軍隊政治は成効せざる也。知らずや帝国主義の好個代表者たる独逸皇帝の唯一の苦心は同帝国の「普通選挙」にあることを。――故に諸君は「普通選挙」に着目せざるべからず。是れ今後政界の天王山なれば也」とのべ、「帝国主義の大敵は普通選挙なり」という注目すべき見解を示したのである(同上、5・14)。

一方、普選同盟会は開戦以来沈黙を守っていたが、これまた一九〇四年一〇月に入ると活動を開始した。その状況を『社会主義』(『労働世界』の後身)に掲載された「普通選挙同盟会記事」によって示せば、まず一〇月一五日、代議士板倉中の弁護士事務所に、山根吾一・加納豊・岡千代彦・中村太八郎・北川筌固・板倉中の六人が集まり、以後毎月一〇日に茶話会を開くことをきめ、ついで一一月三日に錦輝館で「平民親睦会」を催す下相談が持ち上がり、一八日に「平民主義各団体」を集めて協議会を開くこととなった。一八日には山根吾一(鉄工組合)、川島烈之助(大日本労働団体本部(大井憲太郎の大日本労働協会のことか―松尾))、田中弘之(鉱毒解決期成同盟会)、岡千代彦(誠友会)、中村太八郎・加納豊・北川筌固(以上、普選同盟会)、松本正之助・大杉繁・吉田環・広瀬武郎・大亦楠太郎(以上、所属不明)の一二名が集まったが、社会主義協会と直行団の委員の出席が見られず、さらに交渉することになった。

さて一一月三日の天長節当日は、戦争協力を趣旨とする「国民後援会」の集会が数万の民衆を日比谷公園に集めた。ほかならぬこの日約六〇名の警官が待機しているなかに、神田錦輝館において九〇名の参加を得て平民親睦会が開かれたのである。[4]参加団体は普通選挙同盟会・普通選挙青年同志会・青年修養会・大日本労働団体本部・誠友会・労働組合期成会・鉄工組合・鉱毒解決期成同盟会で、社会主義協会と直行団は有志としてこれに参加した。会議はまず岡千代彦の司会ではじまり、田中弘之が推されて座長席につき、つぎの提案を討議した。「普通選挙の実行を期する事」(山根吾一提出、可決)、「治安警察法を廃する事」(加納豊提出、菊池茂これを「治安警察法を改正する事」に修正の動議を提出し、可決)、「工場法案の速成を促す事」(岡千代彦提出、可決)、「貴族院令を改正する事」(北川筌固提出、可決。なお中村太八郎はこの案撤回の動議を出したが、少数否決された)、「累進税を賦課する事、付遺産相続税を賦課する事」(大亦楠太郎提出、可決)、「移民保護法の励行を期する事」(川島烈之助提出、可決)、「鉱毒問題の解決を期する事」(田中弘之提出、可決)。

これまでの社会運動史のまったくふれることのなかった、この集会の意義は重要である。この集会は戦時中といえども民主的要求を掲げていた自由主義者の存在を明らかにし、かつ社会主義者と自由主義者の提携の復活の兆しを示すものであった。社会主義者といっても、堺利彦・幸徳秋水ら平民社主流の姿はなく、(5)直行団・社会主義協会の有志として岡千代彦・福田狂二・加納豊・幸内久太郎・桜井松太郎・服部浜次らの参加をみたにすぎないが、それは戦後における自由主義者との協力運動の先ぶれであることは疑いない。この集会の音頭とりとなった普選同盟会自体も、ふたたび両者の協力組織的性格をとりもどしつつあった。岡千代彦・加納豊は同盟会の常連となり、地方でも後述するように、新宮の大石誠之助や夕張社会主義研究会は同盟会とも密接な関係をもち、平民社の普選請願の紹介者も同盟会の板倉中であった。

同盟会は一一月一九日、議会対策のための協議会を開き(中村太八郎・山根吾一・青池晁太郎・加納豊・大井憲太郎・岡千代彦・大亦楠太郎・倉長恕・田中弘之・長谷川二郎・板倉中)、先述の政友会・憲政本党両党内の選挙法改悪論に対抗すべく、両院議員と各大臣に普選要望の書面を送り、かつ全国の新聞社に援助を要請することを決した。このほか同盟会は、新宮の大石誠之助ほか各地の同志に請願用紙を送り、請願の仲介をしたが、夕張社会主義研究会(夕張炭坑)の鈴木富衛・陣上つるら一二〇名の調印が送られてきたほか、実情不明である(以上『社会主義』第八年一三号・一四号)。なお『社会主義協会沿革及行動』(『原敬関係文書』8)によれば、このころの同盟会は事務所を神田区三崎町一に置き、会員は四五名という。

2　戦後における運動の昂揚と沈滞

日露戦争を経て、民衆、とくに都市中間層の政治意識は大きく成長し、藩閥政治打破の声がにわかに高まった。この戦争に対し、権力はほとんどすべての国民を結集させることに成功したが、皮肉にも、このことは民衆に国家に対する権利意識をめざめさせ、国政に対する批判の眼を開かせることになった。一九〇五(明治三八)年九月、全国を蔽った非講和運動は、形式こそ講和条件に対する反対運動のかたちをとったが、その内実は、民衆に重税と血税を課しながら国政を専断する藩閥勢力に対する不満の爆発であった。したがって各地の民衆大会においては、しばしば講和反対とともに立憲政治の樹立が決議されたのである(松尾『大正デモクラシー』第一章)。このとき荒畑寒村は横浜の社会主義グループ曙会の同志とともに講和賛成の演説会を開き、「国民は普通選挙権を得て国政に参与しその総意によって和戦を決するの権を得なければならぬと説くと、聴衆はもっとも同感の拍手を送った」という(岩波文庫版『寒村自伝』上巻、一六七ページ)。この運動の波がひいたあと、そこにのこされたものは、排外熱ではなくて、まさに国民生活に根ざす民主政治の要求であった。たとえば岡山県民の県当局に対するつぎの闘争を見よ。岡山県会において知事は宇野港の築港と森林造成の二案を提出したところ、県会は戦争で疲弊した民力のとうてい耐ええないところとしてこれを否決した。知事は内務省に原案執行を申請し、県会はこれに知事の辞職勧告をもって報いた(『時事新報』明39・1・9)。このとき勝田郡では、かねて郡会や村会内に進出していた社会主義の「同志甲田完之、景山謙二、可児定輔、小坂一夫、安東朔一郎、菊畑虎平」らが主唱して勝間田町に勝田郡有志大会を催し、「郡会議員、各町村長挙つて出席」のもとで、「宇野港築港原案執行に関しては飽くまで反対すべく、赤十字、愛国婦人会、義勇艦隊の醵金は郡内各村を鞭打して絶対にその醵出を禁止せしめんことを満場一致を以て可決し、本県代議士に対し、民権保護に関して、普通選挙、行政改革、塩税廃止、兵役年期短縮を実行すべく警告書を送ることを議決した」のである(『光』明39・3・5)。

この事例は社会主義的傾向をもつ地方の指導者により、民衆のもっとも先進的な要求がひき出されたものと思われるが、程度の差こそあれ、このような国民生活に根ざす専制政府批判の気運は、全国にみちみちていたにちがいない。桂戦時内閣より、いちおう政党を基礎とする西園寺内閣への政権交代、および日本社会党結成許可に象徴される新内閣の自由主義的ポーズは、この民主的気運に対する権力の対応的措置であった。そして政界でも選挙権拡張の声がにわかに有力となった。多年選挙権拡張反対論者であった島田三郎は、すでに戦時中所説を改めていたが、(6)戦後もひきつづき、「公心の厚薄が財産の多寡に準ざざることは征露の戦争之を確証せり」として選挙権の拡張をとなえ(「戦後の三大急務」『太陽』一九〇六年一月)、憲政本党の総理大隈重信でさえ、党大会において、戦後政策の急務として、二年兵役制・国民教育の普及とともに選挙権の拡張を「勇士凱旋して政治上選挙権なしといふは豈道理の許す所ならんや」の立場より主張した(「大隈伯の演説」『万朝報』明39・1・22)。しかし第二二議会では各政党とも態勢ととのわず、ようやく会期末にいたり、憲政本党は波多野伝三郎ほか一名の名で、(1)直税五円以上納入者、(2)中等学校卒業者、(3)現役終了者、に選挙権を拡張する法案を提出した。その主要な論拠は国民の戦争協力に対する報償論であり、普通選挙は理想とされつつも、地方議会の有権者資格との釣合いと恒産恒心論を理由に否定された。政友会も高橋安爾ほか九名の名でほぼ同様の案を提出したが(中等学校卒業者の項を除く)、両案とも委員会の段階で審議未了となった。

第二二議会終了後、一九〇〇年法立案に参画した林田亀太郎は、金権選挙を一掃するために有権者を倍増さすべく、三円案を提唱した(林田「戦後経営私見二則」『太陽』12の9、一九〇六年六月)。これに対し、京都帝国大学講師佐藤丑次郎は、「衆議院ハ国民意思ノ反射機関」たるべしとの見地より、林田案を批判し「断然普通選挙制度ヲ採用」せよと主張した(佐藤「衆議院議員選挙権ノ拡張ニ就キテ」『京都法学会雑誌』一の二、一九〇六年)。官吏と裁判官の養成機関たる帝国大学内部においてさえ、普選論が公然と唱えられはじめたのである。(7)

以上のような選挙権拡張気運の中で、中央において民衆の政治的自由拡張要求の先頭に立ったのは、かつての普選同盟会の面々であった。中村太八郎・山路愛山・斯波貞吉・青池晁太郎・山根吾一・田中弘之・山口弾正・石塚三五郎ら、既成政党員・社会主義者以外の同盟会の有力メンバーは、一九〇五年八月国家社会党を結成し、急進的「小資本家党」(堺利彦「国家社会主義梗概を読む」『光』明38・12・20)の見地より、累進課税・労働者保護・都市社会政策と並んで普選を政綱に掲げた(『社会主義者沿革』第一)。一方社会主義者の側でも、平民社の解体に示されるように思想的分化がみられたが、普選はいぜんとして彼らの共通目標であった。西川・幸徳ら「唯物派」の機関紙『光』は、その創刊の辞「吾人の抱負」において、戦後における「バットした意味に於ての社会主義思想」の勃興を予想し、この「社会主義的思想が普通選挙てふ合言葉によりて実際の運動となり、社会を革新する実際の力となる」(明38・11・20)として、自ら「普通選挙運動の急先鋒」と名のった(12・5)。またキリスト教社会主義の傾向を有する『新紀元』も、現政権・現議会による普選案の提出は望み薄であり、その実現の道は「選挙権を欲望するもの自ら立ち要求するに在り」と訴えた(「普通選挙の運動」12・10)。西川光二郎のパンフレット『普通選挙の話』(凡人社)が刊行されたのもこのころのことである。

一九〇五年一二月六日夜、普選同盟会の事務所開化亭に、斯波貞吉(理想団)、加藤時次郎(直行団)、木下尚江(新紀元社)、馬場力・山根吾一(以上国家社会党)、中村太八郎・青池晁太郎(以上普選同盟会)、岡千代彦(誠友会)、藤原鎌兄・服部豊吉(以上青年同志会)、森近運平・西川光二郎(以上光社)など八団体の代表が集まり、普選運動の協議を行ない、「普通選挙連合会」を組織することを決定した。自由主義者と社会主義者の公然たる提携が復活したのである。ただしこの連合会では、かつて創立当初の普選同盟会で主流を占めた自由民権運動の生残りともいうべき人々がほぼ姿を消し、かつ『万朝報』『二六新報』に類するような有力紙の後援を受けていなかった。また組織の形態も戦前と異なり、団体連合の形式をとった。これは参加団体の数をふやして、運動のひろがりを誇示せんとする手段であるとともに、旧普選同盟会員の思想分化の反映でもあった。すなわち、戦争を経て、旧同盟会員の思想的・政治的立場の相違にしたがうグループ化が鮮明となり、社会主義者の内部にすら組織分化の兆しが見える現在、戦前の普選同盟会のような反金権・反専制主義の立場の共通を基礎とする個人加盟による単一組織では、もはや普選運動を進めることが困難となり、それぞれの立場の相違を前提としたうえでの、団体連合組織の形態をとることが必要とされたのである。この夜の会議ではひきつづき、(1)開化亭を事務所とすること、(2)全国の各新聞・雑誌および団体に向かって連合勧誘書を発すること、(3)連合会の幹事は一月ずつ順番で加盟各団体が務めること、などをきめた(『光』12・20)。

翌一九〇六(明治三九)年一月八日、第二回の相談会が事務所で行なわれ、青池・中村・岡・馬場・森近・西川・石川三四郎・山口義三ら出席のもとで、二月一一日に全国大会を開くこと、それまでに市内各所で五、六回演説会を開くこと、および政党本部と市内各新聞社を訪問することなどをとりきめた(同上、1・5)。演説会は一月一七・一九・二七日に実行され、樋口伝・深尾韶・斎藤兼次郎・山口義三・西川光二郎・田中弘之・田川大吉郎・岡千代彦・森近運平・中村太八郎・吉瀬才市郎・山路愛山が出演し[8]、会場では請願用紙が配布された。一月三一日には加藤時次郎・馬場力・森近運平・山根吾一らが集まり、最終的に大会の打合せを行なった(『社会主義者沿革』第二)。この間、一月一四日、西川光二郎・樋口伝は「普通選挙の期成を図ることを目的とする」の一条を掲げて「日本平民党」を結成し、この結党届が受理されたのを見て、堺利彦・深尾韶も同月二八日「日本社会党」の結党届を提出した。この両党はただちに普選連合会に加盟した。

さて二月一一日、両国伊勢平楼に午後二時より開会された「普通選挙全国同志大会」には、松本・山形・若松・桐生の各地より祝電が寄せられ、京都(五名)・千葉(四名)・横須賀(一名)・横浜(一名)の各地から同志総代の参加があり、来会者は三〇〇名に達した。まず斯波貞吉が開会の辞をのべ、加藤時次郎が座長につき、青池晁太郎がつぎの大会決議(山根吾一作成、『社会主義者沿革』第一)を朗読した。「吾人ハ、日本人民ニシテ成年ニ達シタルモノハ総テ衆議院議員ノ選挙権ヲ有スルヲ以テ合理ニシテ且ツ急務ナリト信ス因テ玆ニ之ヲ決議ス」(同上)、すなわち男女平等普選の要求である。ついで、高橋秀臣は首相および政党首領に普選の勧告書を送るべきことを提議し(可決)、田中弘之は「衆議院に提出すべき請願書を護衛して議会に赴くべく同志の日比谷公園に来集すべき議を提出」し、委員として山路愛山・中村太八郎・小手川豊次郎(政友会員)・田中弘之・田川大吉郎(『都新聞』記者)・松田源治(弁護士、のち政友会代議士)・堺利彦・馬場力・加藤時次郎の九人が選出された。終わって演説会に移り、堺の司会のもとに委員はじめ有志が演壇に上った(『光』2・20)。[9][10]

こえて二月二〇日、中村・西川・堺ら約六〇人(一五人、『社会主義者沿革』第一)は日比谷音楽堂付近に集まり、「列を組みて衆議院に押しかけ」、奥野市次郎・森本駿・上埜安太郎・吉植庄一郎の四代議士に面会し、二四〇四名の名により、さきの大会決議と同趣旨の請願書を提出した(『光』3・5、『社会主義者沿革』第一)。小なりとはいえ、議会に対する普選デモのはじまりである。『光』は「今後は毎年同志日比谷公園に集まりて議院に出頭し、願書を提出することとし、出頭者の数次第に増加するに至らば甚だ面白からん」とのべている。東京における院外の普選運動は以上で終わったが、二月二七日、片山潜・加藤時次郎・中村太八郎ら連合会の面々一六名は京橋の精養軒で、奥野市次郎・上埜安太郎・板倉中を招き、院内における労に謝するところがあった(『社会主義者沿革』第一)。

なおこのころ、一部ではあるが地方において社会主義者の政治活動が活発化し、その中で普選が要求された。千葉県では、一九〇五年一二月に行なわれた衆議院議員の補欠選挙に、北総平民倶楽部を中心とする社会主義者たちは、『東海新聞』主筆白鳥健を立候補させ、「印幡、山武、千葉の諸郡に於て、政権発表の大演説会を開き、尤も大胆に正直に社会主義の大理想を説明し、其の主張たる普通選挙の宣言を配布し、県下の同志は黄金の力を借らず、権勢の助を求めず、ただ正直なる額上の汗を以て」運動した(『光』1・20)。結果は落選に終わったが、都市近郊農村とはいえ、二二六票の得票のあったことは、戦前の中村・木下および戦時下の木下の得票にくらべ、注目に値する。[11]

このように、戦後の反専制政府的気運の昂揚の中で、自由主義者と社会主義者の公然たる提携の復活のうえに、にわかに活発となった普選運動は、この第二二議会終了後急速に沈滞していった。その原因は無政府主義の進出、自由主義者の国家主義への傾斜、および権力の抑圧である。

周知のように幸徳秋水を主唱者とする直接行動論は、戦後激化の一途をたどる労働争議を背景に勢力を増し、議会政策の維持をとなえる田添鉄二・片山潜らとの間に激論を生み、一九〇七(明治四〇)年二月の第二回社会党大会を機に、社会主義運動は分裂の方向に進んだ。この大会において、普選運動を随意運動に改めようとする評議員代表堺利彦提案の原案支持二八票、これを政綱より削除することを要求する幸徳案二二票、これを有力な運動方法として決議の項目に加えようとする田添案二票、の数字が示すように、普選運動に対する社会主義者の熱意は急速におとろえ、以後運動は普選同盟会主流の自由主義者と、片山・西川・田添ら議会政策派社会主義者により、わずかに維持されることとなった。この間の分裂問題の経過についてはすでに論考[12]があるので、ここでは改めて論及しない。

一方同盟会主流の自由主義者も、日露戦争後もひきつづきアジア侵略に協力の姿勢をとりつづけ、国内の民主的改革問題に全精力を注ごうとはしなかった。すでに日露戦争の最中一九〇四年一一月、中村太八郎は石川安次郎・久津見息忠・蔵原惟郭らと「知識ト社交トニ基ケル東亜人ノ団結ヲ起シ、以テ東亜ノ全局面ニ文明ノ普及ヲ謀ランコトヲ欲シ」て「東亜青年会」なるものを組織し、中国人・朝鮮人留学生の宿舎斡旋等の事業を行なった。戦後は朴泳孝をはじめとする韓国亡命政客の援助を行ない、一九〇七年六月には「日韓両国民の親睦を図り、韓国を扶植する」ことを目的として「日韓同志会」を組織するという有様である(『中村太八郎伝』七八ページ以下)。

このような事情のためか一九〇七年春の第二三議会では、同盟会の院外活動も院内における普選法案の提出もなく、院内の普選派は、島田三郎ら猶興会の選挙権拡張案(直税三円、現役終了、中等学校卒業以上)に同調するにとどまった。代議士・新聞記者三十余名は選挙権拡張協議会を結成し、この法案通過に努力し(『万朝報』明40・1・26)、『万朝報』また「選挙権拡張は現代の一大要求也、戦後に於ける急務の一は是れ也」と社説においてこれを支援した(同上、1・28、2・6、2・9、2・15、3・5)。この案は委員会において、政友・憲本両党の修正にあい、拡張の範囲は直税五円以上におさえられ、本会議を通過した。そして内心選挙権拡張を嫌う政・憲両派幹部のおもわくどおり(「選挙権拡張問題と各派」『大阪朝日新聞』3・7)、貴族院で審議未了となった。

この会期中、猶興会を中心として国家社会党・憲政本党院外同志会・江湖倶楽部・同志記者倶楽部・国民作新会・維新倶楽部・国民倶楽部・鶴鳴会の九団体が、「政界の腐敗堕落益々甚しく、朝野私利に狂奔して公事を忽諸に付す」という憲政の危機の打開をうたって、「政界革新同志会」なるものを組織し(『万朝報』2・9、2・14、3・7)、二月より三月にかけしばしば演説会を開いて軍拡財政を批判し、悪税廃止を要求した。これには河野広中・花井卓蔵・卜部喜太郎・石山弥平・蔵原惟郭・石川安次郎・円城寺天山ら、かつての普選同盟会役員(役員改選は一九〇二年一一月以来行なわれていないから、形式上は現役員であろう)も有力メンバーとして参加していたが、この運動においても、普選が具体的な政治綱領として掲げられてはいなかったのである。(13)

一九〇八(明治四一)年春の第二四議会の下では、臨時商業会議所連合会の悪税反対運動が、全国的に展開された。前年はじめに策定された帝国国防方針により二五個師団と八八艦隊の建設がくわだてられ、一九〇七年度予算六億三六〇〇万円のうち三分の一が軍事費、他の三分の一が戦時公債利払を中心とする公債費で占められた。このため戦時下の非常特別税は廃止の公約が反古となり、西園寺内閣は逆にこの議会で増税案提出のやむなきにいたった。商業会議所連合会は日露戦争直後より非常特別税中の塩専売・通行税・織物消費税の三悪税の廃止を要求していたが、第二四議会では公然と軍拡政策を批判し、院内の猶興会および憲政本党に呼応し、各都市の商業会議所やその下部組織の実業組合に呼びかけて活発な運動をくりひろげた。しかし政府はこの運動が一般市民をまきこむことをおそれて運動に介入するとともに、二月五日に増税案を一気に本会議で可決してしまった(松尾『大正デモクラシー』第二章「軍国主義財政に対する抵抗」)。

この形勢の中、一九〇七年一一月二六日、まったく久しぶりに普選同盟会の相談会が開かれ(『社会新聞』11・24)、こえて翌年二月四日、安部磯雄・山路愛山・田川大吉郎・片山潜・中村太八郎・本城安太郎・山根吾一らが集まり、法案・請願の提出などを協議した(同上、2・9)。このとき片山潜・西川光二郎ら社会主義同志会の『社会新聞』は、悪税反対運動を冷眼視する幸徳一派とは異なり、この運動に参加することを呼びかけ、あわせて労働者が普選獲得に熱心なるべきことを訴えた。彼らは二月一一日を期して日比谷に国民大会を開くことを計画したが、九日から一〇日にかけ在京の社会主義者のほとんどは検束されてしまった。当日数千の民衆が集まり、中島半三郎(もと東洋自由党)と関谷竜三郎が飛入演説を行ない、増税の非を鳴らし普選を主張したが、大会の態をなさず、自然解散におわった(松尾『大正デモクラシー』五八ページ)。この直後、社会主義同志会は片山派と西川派とに分裂してしまう。

普選同盟会は三月三日、来る七日に日比谷公園に全国同志大会を開き、同時に請願書を松本君平を介して提出することに決した(『社会新聞』3・8)。これに対し政府は大会当日午前一時大会禁止を申し渡し、議会でも七日の本会議を休会とし、議長より普選法案に賛成の代議士三〇名に対し、大会に参加せぬよう要請したのである(同上、3・15)。これは政府による最初の公然たる普選運動弾圧であった。ときの内務大臣原敬は、この措置の理由として、その日記において「此種の大会は殆んど社会主義者によりて繰返され、過日も増税反対の大会もありたるにより十分の警戒をなし」と記している(三月七日付)。一九〇五年の日比谷焼打事件につづき、数次にわたる市電値上げ反対運動、さらにはこの年はじめ以来の反増税運動と、続発する民衆運動の展開は権力を不安におとしいれた。政府はこの気運が普選大会に集約され、議会に対するデモに発展することを極度におそれ、同盟会に少数の社会主義者が関係しているのを口実として抑圧を試みたのである。これは、社会主義それ自体の抑圧をねらうばかりではなく、指導者を「社会主義者」呼ばわりすることにより指導者の分裂をひきおこし、民衆をおびえさせようとする民主主義的市民運動に対する権力の悪辣な常套手段であった。

さて政府は大会「前夜来各署の視察係を督して注意人物の外出に注意せしめ、且つ万一の場合には軍隊の力を使つて防禦を為さん手配を整へ、角袖正服の総員を招集し、いざといふときには何時にても出張するの準備を為し、兎も角も会場へは三〇〇余名の巡査と四五十名の角袖と十名許の憲兵を派遣して厳重に警戒した」(『社会新聞』3・15)。ところが当日は雨まじりの雪という悪天候にわざわいされて民衆の集まるものなく、「普通選挙大会は打つて変つて巡査と新聞記者の大会」となった(『万朝報』3・8)。大会禁止令を受けた同盟会は会場を公園内松本楼に移し、田川大吉郎・日向輝武・長谷部天夫ほか二〇名が集まり、約二千名の調印ある請願書を調製して散会した(同上)。

三月六日、松本君平ほか二名により提出された普選法案は、三月一〇日第一読会において別段の質疑もなく、ただちに一八名の特別委員に付託された。[14] この戦後初の普選法案は、戦前とちがって年齢や居住期限の問題にまったくふれず、単なる納税資格の撤廃のみをその内容としていた。委員会の討論の中で藻寄鉄五郎・池田惟貞(政友)ら反対派は、単なる民衆政治知識の未熟論にとどまらず、細民は国家を誤るという普選=危険思想論をもち出し、これに対し、花井卓蔵・山口熊野(猶興会)らは、世界文明国家の大勢論、日露戦争における細民の献身に対する反対給付論のほか、「政党の発達」、「議会の権力の発達」を図るための手段としての普選の必要を説いた。この両派の論点は、この後の議会においてさらに深められることになる。委員会の採決の結果は七対三で可決となったが、本会議では松本君平の委員長報告があったのみで、討論を経ずして、少数否決の憂き目を見たのである。戦前の議会において普選案がまともな問題としてとり上げられなかったことを思えば、この議会の委員会でかなりの論議を見たことは、時勢の推移をものがたるものであるが、論議は当面の財政問題と関連させられてはいない。大多数の議員にとっては普選はなお現実の政治問題ではなかったのである。

一九〇九（明治四二）年春の第二五議会においても三月九日、日向輝武ほか五名により同法案が提出されたが、委員会で審議未了となった。第二四・二五両議会ではこのほか選挙権拡張案は一件も提出されず、逆に憲政本党の国井庫ら提案の記名投票案が第二四議会で衆議院を通過するという有様であり、戦争直後衆議院で優勢であった選挙権拡張の声はまったくかげをひそめた。[15]

言論界の大勢も普選に否定的であった。当時随一の発行部数を誇る『大阪朝日新聞』は、第二四議会下の反増税運動のさなかにおいて、「議員の多数が人民の代表者にあらずして政府の代表者たるが如き観」を打破する必要をみとめながらも、その打開策としては、商工業者がその利益代表を議会に送ること、および非有権者が「覚醒」して「有権者を監督し之を正しきに導びきて真個信頼すべき代表者を選ばしむる」ことを示したにとどまり、普選や婦選は「一般人民の政治思想尚甚だ幼稚なる今日の我国に於ては未だ斯かる突飛を許さず」と否定したのである（「社説」明41・2・13）。また同紙は翌年にも「普通選挙制の如きは国民の智徳円熟するに非ざれば却つて弊竇百出す。取るべからざるなり」といい、当面は中等学校卒業者以上に拡張すればよく、しかもこれとて、まず地方議会に試みたうえで採用せよと論ずるしまつであった（明42・1・25）。戦前より一貫して普選を唱えてきた『万朝報』にしても、この時期になると論調が変化し、一九〇八年の日比谷普選大会禁止にさいしては、政府を非難するどころか、逆に「之が示威運動極端に陥り軽妄にして躁急徒らに世人の嫌厭を抱くが如き挙措に出ては」かえって普選実現に遠ざかるとして、院外運動を否定する（「言論」明41・3・8）。そしてこの議会に提出された反動的記名投票制に対しては、現行の秘密無記名選挙制では賄賂の二重どりを生ずるなど不可解な理由をつけてこれを支持していた（同上、3・5、3・6）。当時最大の総合雑誌『太陽』にしても、一九〇八年より〇九年にかけ、選挙権拡張論すら一つも姿を現わさなかった。

社会主義者の普選運動からの大量離脱、自由主義者の右傾化、権力の公然たる抑圧に加え、ジャーナリズムの冷淡さは、普選運動の展開をいちじるしく困難ならしめた。一九〇九（明治四二）年には普選同盟会は開店休業の有様となり（会員数、七月現在四五名、『社会主義者沿革』第二）、院外の普選運動は議会政策派社会主義者のみにより命脈を保つこととなった。片山を指導者とする『社会新聞』や、西川光二郎のひきいる『東京社会新聞』は一貫して普選を主張し、請願署名をまとめ、あるいは欧米の普選運動の歴史などを掲載し読者の啓蒙につとめた。このなかでも『社会新聞』が地方議会の問題をとり上げ、階級選挙制の打破を論じ（明40・10・13、11・3）、『東京社会新聞』が普通選挙同志会を組織し、請願署名獲得に努力したことが注目された（明41・6・25）。彼らは官憲の圧力をさけて地方遊説を志した。一九〇八（明治四一）年五月の総選挙にさいしては、『社会新聞』は各地の同志に普選演説会を催すべきことを呼びかけ、片山潜・白鳥健の両名を応援弁士として派遣する旨を報じた（4・5）。翌年には鈴木楯夫・桜井松太郎・藤田貞二らが、静岡・愛知県下を遊説した（『社会主義者沿革』第二）。一方国家社会党が中心となり、一九〇八年九月二六日国民議会準備会[16]なるものが結成されたが、この遊説隊に池田兵右衛門・吉瀬才市郎（歯科医）ら社会主義者も加わり普選を論じた（同上）。この程度が記録に残る運動の足跡であった。

3　普選法案の衆議院通過

一九〇八（明治四一）年春の第二四議会以来、活動停止状態にあった普選同盟会は、第二六議会にいたって久方ぶりに活動をはじめた。一九一〇（明治四三）年一月一九日、数人の会合より普選協議会の計画が生まれ、中村太八郎・片山潜の尽力により（『社会新聞』2・15）、二月三日、築地精養軒に、木下謙次郎・田川大吉郎の二国民党代議士と綾部竹次郎・山口弾正・小野瀬不二人・黒沢正直・田中弘之・久津見息忠・青池晁太郎・中村太八郎・片山潜、それに『東洋経済新報』の主幹植松考昭が参集し、席上つぎの件が決定された。(1)普選法案を多数党たる政友会代議士をして提出せしめること。そのさい田川が主任となり尽力すること、(2)普選大会を開くこと。準備委員は中村・山口・綾部・

黒沢・田中・小野瀬・片山の七人。その費用は各代議士の寄付に仰ぐこと、(3)両院に請願書を提出すること、(4)同盟会の事業を拡張すること。とくに維持会員をつのり月額五〇銭を集め、これを財源として有給の運動員を置き、会務の拡張をはかり、また一般会員よりも会費を徴集し(月額一〇銭)、講演会を各所に催し、民衆の政治教育につとめる、(5)委員一五名を選び、これには当日の出席者一二名のほか、日向輝武・松本君平(以上政友会)・福本誠(国民党)の三代議士をあてる。幹事には中村・片山・黒沢の三名が選出された(以上『社会新聞』明43・2・15、『社会主義者沿革』第三)。役員の改選は、記録の残っているかぎり、実に一九〇三年以来七年ぶりのことである。[17]

さて三月六日の普選大会は、上野精養軒の庭園で、田川・日向ら代議士を交え、約三〇〇人を集めた。山口弾正の開会の辞のあと、久津見息忠が座長席につき、日向輝武の議会の審議状況報告につづき、青池晁太郎がつぎの決議を読み上げた。「普通選挙を要求するは帝国臣民の権利なり。故に本会を開き左の決議をなす。吾人は普通選挙を実行して政界の積弊を刷新し以て国利民福を増進せんことを期す」。ついで佐々木安五郎(国民党代議士)・片山潜・高橋秀臣・奥宮健之(民権運動の生残り)・伊藤仁太郎(同上)・田中弘之が演壇に立った。なおこの大会には『横浜貿易新報』、『呉公論』、松本の唐沢長十(旧松本同盟会役員)、浦賀の有馬万次、名古屋の佐々木市太郎、興津の深尾韶(社会主義者)ら各地の有志より祝電・祝文が寄せられた(『社会新聞』3・15、『社会主義者沿革』第三、『大阪朝日新聞』3・7)。

議会では二月二八日、日向輝武ほか一三名(政友会一〇、国民党・中央倶楽部各二)の提出者、花井卓蔵ほか八二名(政友会六九、国民党一二、又新会二)の賛成者の名を連ねて法案は提出された。[18] これら議員は政友・国民・中央倶楽部・無所属のあらゆる党派からなっていた。各党幹部ともこの問題を自由問題とし、あえて党議による拘束を加えなかったのである。本会議は別段の議論もなく九名の委員に付託され、四回にわたる委員会の結果、政友会の渡辺千冬一人の反対だけで委員会を通過した。本会議では久しぶりに賛否両論がたたかわされ、渡辺千冬の反対、根本正(政友)の賛成討論のあと、討論終結動議が出されたが、政友会内に異論がおこり、結局この動議は否決され、さらに塚田啓太郎(政友)の反対、蔵原惟郭(国民)の賛成討論があり、採決の結果百余名の賛成票を得たが(『社会新聞』明44・3・15)、「三〇名内外の少数」(『中村太八郎伝』五四ページ)の差で否決されたという。

この結果に力を得た片山派の社会主義者たちは、久方ぶりに東京各所で演説会を開き(この年五月より一年間に、一二回)、池田兵右衛門・吉瀬才市郎・原茂卿・川口茂三郎・加藤重太郎・大岡幾寿・奥宮健之・藤田貞二らが、しばしば臨監に中止を食いながら普選を説いた(『社会主義者沿革』第三)。東海地方でも鈴木楯夫は四月一〇日に岐阜県多治見町、同月下旬には愛知県知多地方の大野・常滑・平田・亀崎を遊説した。彼はこのころ東京の同盟会より「地方出張員」に依頼され(月酬一五円)、五月には片桐市蔵・赤沼信東(僧侶)とともに三回愛知県下に演説会を開いた[19]。

幸徳事件後の緊張した空気の中で第二七議会の会期を迎えると、二月三日に同盟会は松本君平・日向輝武・上埜安太郎・田川大吉郎・佐々木安五郎・福本誠(以上代議士)、片山潜・山口弾正・黒沢正直・中村太八郎出席のもとで普選法案について議し、「院内ニ於テ他ノ代議士ノ意嚮ヲ確メ其ノ成立ノ見込アル場合ハ建議案トシテ提出スルコトニ決シ」(『社会主義者沿革』第三)、二月二五日にいたり法案は、二二名(政友会一七、国民党二、中央倶楽部一、無所属二)の提出者と七七名内外の賛成者の名をつらねて[20]衆議院に提出された(『社会新聞』3・15)。三月三日、中村・黒沢・片山・小野瀬・植松・山口・吉瀬才市郎の七名が会合し、「是迄大会若ハ目立チタル運動ヲナスモ何等ノ効力ナキヲ以テ今回ハ斯ノ如キ運動ヲ避ケテ同盟会幹事及委員ニ於テ各自代議士ヲ訪問賛成ヲ求ムルコト、ナスヘシトテ大体ハ委員ニシテ代議士タル日向輝武　田川大吉郎　松本君平等ニ託シ其他ハ代議士福本誠　服部綾雄　高木益太郎　星一　関和知　河野広中　大井ト新　内藤魯一　ト部喜太郎　久保田与四郎　三輪信次郎　矢島浦太郎其ノ他懇親者ヲ訪問賛成ヲ求ムルコト」(『社会主義者沿革』第三)の方針をきめた。すなわち同盟会は院外の普選運動を放棄し、もっぱら院内の多数派工作に望みを託したのである。

衆議院では三月七日、日向輝武の趣旨説明のあと、ただちに九名の委員に付託された。委員会は三月九日、約二時間の討論ののち、渡辺千冬の反対のみで可決した。ついで一一日の本会議では、荒川五郎(中央倶楽部)・渡辺千冬の反対討論、松本君平の賛成演説のあと採決の結果、多数で普選法案は衆議院を通過した。

ここに普選運動開始以来一四年、議会に法案が提出されてより九年にして、はじめて運動がいちおうの成果をあげたのである。

一九一〇(明治四三)年の第二六議会より、翌年の第二七議会にかけ、にわかに普選に賛成する議員の増大したことは、いかなる事情に基づくものであろうか。それは今のところ充分に明らかにすることはできないが、少なくともときの第二次桂内閣、ないしその背後にある藩閥官僚勢力に対する批判的空気の増大を背景としていることは否定できない。広汎な都市ブルジョワジーを動員した前記一九〇八年はじめの悪税反対運動にしても、それが軍国主義的国家財政への批判である以上、その財政を推進している官僚勢力と、これと結託している政友会により形成されている現政治体制への打破へ向わねばならない性格をもっていた。この運動は上層の資本家に領導されていたため、その政治的要求としては、反対派代議士を再選させるな、あるいは商工業代表を議会に送れというにとどまったが、目的を達成せんとすれば、必然的に議会改革や選挙法改革を要求しなければならぬはずのものであった。現実に東京実業連合会が一九〇八年五月の総選挙に、戦前からの普選論者高木益太郎(無)・蔵原惟郭(猶興)の両新人を推して(『万朝報』2・23)、みごと最上位で当選させたところにも、少なくとも政治的先進地域の中小資本家は、選挙法改革の必要にめざめはじめたことを推測させるものがある。

この傾向を端的に代表したのが『東洋経済新報』であった。一八九五年の町田忠治による創刊以来、一貫して経済的自由主義の旗印を掲げてきたこの経済雑誌は、一九〇七年、天野為之引退のあとをついで第三代主幹となった植松考昭のもと、政治的自由主義をあわせて高唱するようになった。植松は東京専門学校在学中から片山潜と親交があり、

『労働世界』の記者として片山を助け、新報入社後も片山との関係を絶たず、しばしば片山の論文を『新報』に掲載し、一九〇九年夏には同志から孤立した片山を社員として迎え入れる。植松は政界の現状を、常識的な藩閥と政党の対立の相においてとらえず、両者がともに「元老政治」の支柱となっていることを的確に把握していた。今日いうところの明治憲法体制ないし一九〇〇年体制の本質をこのようにとらえた植松は、これを打破して、イギリスのごとき労働党が議会で一大勢力を占める「平民政治」の実現を待望し、そのための根本策として普通選挙制の採用を提起した(松尾「急進的自由主義の成立過程」)。彼はすでに一九〇七年春、長大な論説「議院改革」(3・5—4・15まで六回連載)において普選要求の第一声を放ったが、一九〇八年はじめの悪税反対運動に際しては、地主優位の議会では運動の目的は達せられないことを指摘し、運動が敗北におわり、この年五月の総選挙で政友会が議席の過半数を占める勝利をおさめたあと、二ヵ月にわたり「普通選挙を主張す」(7・5—9・15)を連載し、改めて普選の趣旨を詳細に説明した。

『新報』はまず何よりも普選を国民の権利として要求する。憲法がいやしくも立憲君主制をとることを明らかにした以上、全国民の意思は等しく国会に代表せしめねばならない。この「神聖なる権利の要求の前に於ては利害の考究は到底第二位以上の価値を占むる能はず」。これがその普選論の出発点である。第二に現在の議会が地主と富豪の議会であるゆえんを曝露し、その腐敗堕落を非難する。今日の「選挙民の大多数は地方の小地主にして彼等の多くは比較的老齢なる農夫なり、是等の農夫は我国民中見聞の最も狭く、知識の最も劣り、従つて政治的徳操に於て又最も感念に乏しき部類に属する者」で、選挙はこのため腐敗をきわめる。彼らにより選出されたものは「地主」「富豪」の両階級代表であり、彼らは互いに利益を交換して「階級的立法」を行ない、第三者たる人民の利益を常に犠牲とする。たとえば戦時中に地主は地租増徴、富豪は米麦輸入税をおのおの譲歩し、満天下の貧民を食糧騰貴に泣かしめたがごときである。普選はこの弊を一掃する唯一の方策である。第三にこの国会が「藩閥政治家の為めに自由に翻弄せられ」、一向に政党内閣が実現しない理由を制限選挙に求め、その打破を要求する。すなわち専制政治家は、ほかならぬこの「階級的立法」を餌にして少数の選挙民をあやつり、国会を従順ならしめているからである。

ところで、『新報』は普選の結果、労働者や社会主義者が政治的に勢力を増すことをおそれない。これが第四の特徴である。普選により労働者階級の利益が国会に代表されて、「国民全体の利益を進め、社会各級の福祉を高むるを得ば」、是れ「国政上の一大進境を開く者」である。社会主義は「破壊論」ではなく、「近世の社会組織に対する一種の希望を動機として発生したる政治上経済上の新運動」であり、その議会への進出は「立法の基礎を一層広くする」効果がある。まして立憲政治が言論の自由を生命とする以上、社会主義と議政壇上に争うのに、何のおそれる必要があろう。破壊論は抑圧に対する反発にすぎず、普選の実施により、自然消滅するであろう。第五に『新報』は、普選により議会の議決がつねに社会公益の動機により支配されることになろうと楽観をもって語る。労働者・農民階級は人口の多数を占めるが、それはさまざまの諸小階級に、また地域的に分散しており、けっして院議を左右することはできぬ。かくて院議を左右するものは「凡ての階級の等しく是認すべき種類の利益」、すなわち「国家の公益」となり、国会の全局を支配するものは「己れ一個の階級的利益を眼中に置かず国家全局の利害に着眼して行動する少数識者の投票」となろう、というのである。

この所論は、この雑誌が経済雑誌であるだけに、新興の自由主義的非特権資本家層・都市中間層の急進分子の政治的要求を端的に代表しているものといってよかろう。

第二六議会における普選法案提出にあたって、日向輝武がその提案理由の説明の冒頭に『東洋経済新報』の普選主張をとくに紹介していることは、院内普選派の先頭部分の階級的立場を象徴的に示すものであった。現実に彼らの所論は、基本的に『東洋経済新報』のそれと一致していた。第二四議会以来の法案賛成・反対派の論点を整理してみよう。(A)普選派、(1)憲法の精神より見て国民の当然の「権利の要求」である、(2)これが今日実施しうる条件として、文化の程度のいちじるしい発展がある、⑶政治的効果として政治の中心が閥族であるという現状を打破し、国民全体の基礎の上に憲政が樹立される、⑷また買収等の腐敗も防げる、⑸反対派は議会の品位がおちるというが、現在の有権者の大半を占める地方老農ほど知識・道徳において最劣等な階層はない、⑹また社会主義の跋扈を云々するが、国民に政治思想が普及し、かつ国民に国家の運命をになわせれば、かえってその心配はない。⒝反対派(政友会渡辺千冬、中央倶楽部荒川五郎ら)の所論、⑴普選は革命の源泉たる天賦人権論より出たもので、「我国の国体とは全く相容れない」、⑵「細民」の知識が不足し、文化程度はまだこの制度に適せぬ、⑶これが施行されれば、細民が国家を誤り、社会秩序が根本的に破壊される。恒産なきものが国家を健全にすることは不可能であり、また選挙をめぐり、一家のうちに争いが生じて、わが国各種の法制の基礎である家族制度を危うくするおそれがある、⑷国民の間に、いまだこの権利を求める声がない。

両者の主張の対立点は、原理論では普選は国民の権利なのか、それとも国体に反する危険思想の産物なのかという点にあり、政治的効果論の観点よりすれば、閥族打破を期待するか、下層民の進出による社会秩序の動揺をおそれるかにあった。もっと簡単にいえば、両派の対立の焦点は明治憲法体制の維持か立憲君主制への前進かにあったといえよう。第一次大戦後の議会内における普選論争が、労働者階級の政治的進出を前にして、階級闘争の安全弁として普選をみとめるか、むしろこれを促進するものとして普選を否定するかについて闘わされたのとくらべると、この時期の普選論は、現実に労働者勢力の伸張がないだけに、より率直にブルジョワ階級の進歩性を示していたのである。

4　普選同盟会の解体

貴族院に回付された普選法案は苛酷な態度で迎えられた。政府委員安広伴一郎(法制局長官)は「絶対的反対」を表明し、普選は天賦人権論にもとづき「他の君主国と国体を異にして居る所の我が帝国では到底適応しない」こと、もし採用すれば「選挙人の識見は益々下がり」、「遂には多数なる下層社会が少数なる上流社会を圧倒せざれば止まない所の結果を来たしはしないか」と説明した（『大日本帝国議会誌』(8)、一一二六ページ）。法案はただちに九名の特別委員に付託されたが、三月一四日委員五名の出席、しかもわずか一五分の審議のすえ一名の賛成者もなく否決された。席上副委員長穂積八束は「全会一致ヲ以テ否決セラレムコトヲ切望ス」と前置きし、「抑々普通ノ政治家ハ国家永遠ノ利害ヲ考察スルヨリモ唯一時多数ノ下層人民ノ意ヲ迎ヘムトスルニ汲々タルモノナリ。斯ル法案ノ実施セラルルノ暁ニ於テハ如何ナル弊竇ノ現出スルニ至ルヘキヤハ彼等ノ知ル所ニアラス」と強く衆議院を非難した。委員会は、この穂積の演説があったのみで閉会したのである（『第二七回帝国議会貴族院委員会会議録』一〇〇五ページ）。

三月一五日の本会議では、委員長松平頼寿の報告のあと穂積がふたたび立って、「立憲政体は今日、制限選挙の下に於ても、或る場合に依つて普通選挙の下に於ても立派なる立憲政体であつて、何か今日の政体を虚偽であるかの如くに言ふと云ふのは、甚だ僭越の至りであると思ふのでございまする。固より選挙のことは便宜の問題でございまする。（中略）それ故選挙其ものは目的ではない。選挙に依つて出る人が目的であつて、しかも国政を議するに堪能である人を抄《すく》ひ挙ぐる方法手段が最も肝要なのでありまず」と専制憲法学者特有の、議会は国民の代表機関でなく、君主の統治機関にすぎないという持論にしたがって普選論を否定し、最後に有名な「抑々此案が今日衆議院の門を潜って這入つて来たのは如何にも残念でございます。故に之を否決すると同時に、私の考では今日のみならず将来に於きましても、此普通選挙の案は此貴族院の門に入るべからずと云ふ札を一つ掛けて置いて、さうして之を全会一致を以て否決して置きたいと思ひます」のことばで結んだ。これに対し、鎌田栄吉（慶応義塾塾長）が、穂積の論は、衆議院の国民代表機関としての性格を無視し、議員は官選でもよいという考えであると皮肉な発言をしたのみで、一名の賛成起立者もなく、満場一致貴族院は普選法案を否決し去ったのである（『大日本帝国議会誌』(8)、一一三七ページ）。

単に法案を葬るためだけならば、審議未了という手段もあるものを、このように貴族院が挑戦的な態度をもって否決したのはなぜであろうか。官僚勢力は、上述の貴族院における安広や穂積の所論に見たように、普選をわが国体に合致しない民主主義思想に基礎づけられたものと理解していた。しかもそればかりではなく、普選は彼らの眼には、彼らにとってもっとも危険な社会主義に密接な連関をもつものと映った。一九一〇年夏ごろ、穂積八束の起草と推定される山県有朋の意見書「社会破壊主義論」[21]にいう。「近時我カ国ノ情勢ヲ見ルニ公然社会主義ヲ唱導スルニアラスシテ単ニ普通選挙ノ実行ヲ期シ或ハ労働者救済ヲ主張スル者アリ。其ノ論議スル所表面狂暴ナラス却テ世ノ同情ヲ惹クニ足リ之ニ付和スル者従テ多キヲ加ヘントス。惟フニ社会主義ハ貧富ノ懸隔ニ胚胎シ普通選挙ハ政権ヲ下層ニ分配スルモノナレハ普通選挙ノ実現ハ社会主義ノ実行ニ至便ニシテ両者ノ間相変ル僅ニ一歩ト謂フヘシ。深ク戒メサルヘケンヤ」と。この認識のうえに立って、藩閥官僚勢力の頭目山県は「普通選挙ともならば我国は滅亡なり」と思いこんでいたのである(『原敬日記』明44・12・16)。この危険きわまる普選法案が、おりもおり、彼らが社会主義およびこれを背後より支える民主的風潮を叩き潰すべく捏造した「大逆事件」の直後に、あたかも彼らの意図を嘲笑するごとく衆議院を通過してきたのであるから、彼らの受けた衝撃と憤怒のさまは推察に難くない。かくて官僚勢力は貴族院で異例の議決によってその決意を示したのみでなく、現実に普選運動に対しその圧殺を試みるのである。

一方普選案の衆議院通過に意気揚がる普選同盟会は、三月二二日久方ぶりに神田青年会館に演説会を開いた。山口弾正の開会の辞につづき、片山潜(「労働者の立脚地より見たる普通選挙」)・高橋秀臣(「国民の忠愛思想と為政者の危険思想」)・中村太八郎(「普通選挙の運動経過」)・安部磯雄(「英国の政局に鑑みよ」)・矢野操(「普通選挙の感」)・日向輝武(「国民の奮起を促す」)・大井憲太郎(「曲学阿権の徒憲政を賊するを警む」)・斯波貞吉(「普通選挙について国民の権利」)・藤田貞二(無題)・佐々木安五郎(「頭にて歩む人ありや」)・服部綾雄(「参政権」)がつぎつぎと演説したが、そのなかでとくに片山潜が「墺太利モ一昨年迄制限選挙ナリシモ、三十万ノ労働者秩序アル示威運動ノ結果、遂ニ普通選挙ヲ宣言セリ。依テ吾人ハ墺太利ノ如キ秩序アル運動ヲナシ、以テ普通選挙ノ実行ヲ期セン」とのべたのは、従来の院内の多数派工作より院外の大衆活動への運動の方向転換を示唆するものであった。片山は三月一二日の片山派の集会で「来期議会ニ於テハ上院ヲ通過スル様其ノ運動方法ヲ今日ヨリ攻究シ置カサルベカラズ」と発言していたが(内務省警保局「本邦社会主義者無政府主義者名簿」片山潜の項、社会文庫編『社会主義者無政府主義者人物研究資料』(1)、一〇八ページ)、その方法とはこれであった。このころ同盟会は幹事に黒沢正直に代わって青池晁太郎を入れ、評議員(規約より委員を削り、前委員を評議員にあてた)に新しく黒沢・佐々木安五郎・高橋秀臣・高田三六・伊東知也を加えた。そして「大イニ国民全体ノ輿論ヲ喚起セント」、五月上旬「普通選挙同盟会ノ檄[22]ヲ各地ニ配付スル等、益々活動ノ気勢ヲ示シ」たのであった(『社会主義者沿革』第三)。

この矢先、政府は同盟会に弾圧を加えた。五月のある日、警視庁は同盟会に「政社」の届出を命じた。もともと同盟会は一九〇〇年六月に治安警察法上の「公事結社」として届け出られ(前出、内務省警保局「本邦社会主義者無政府主義者名簿」片山潜の項)、「政事ニ関スル結社」の取扱いをうけていなかった。したがって法律上入会者の制限(女子・軍人・教員等)もなく、集会も比較的自由であった。そのうえ政党員たる代議士の入会も束縛をうけなかった。ところが政社の届を出させることは、政府の取締対象たることを世間に周知せしめるとともに、具体的には上述の諸利益を奪うことになった。とくに同盟会の有力メンバーたる代議士は、徳義上脱会か脱党かを選ばねばならぬ。脱党すれば政治的生命を失いかねぬし、そのうえ社会主義者の烙印を押されるおそれがあった。政府のねらいは同盟会の社会的影響力を失わしめることにあり、さらに蠢動すれば結社禁止をもって臨むことは明らかであった。片山ははじめこの届出命令に応ずるつもりであったが、五月二九日、中村・植松・黒沢・藤田ら役員と協議の末、このさいむしろ解散して「各政党員其ノ他個人トシテノ助力ニ倚頼シテ以テ本会ノ目的ト同一ナル効果ヲ獲得スルニ若カス」(同上)として、五月三〇日その旨を警視庁に届け出た(同上および『社会主義者沿革』第三)。一応弾圧をかわして勢力を保全した恰好であるが、これにより一四年の歴史をもつ同盟会はいったん姿を消すこととなり、運動の大衆化の意図も挫折したのである。

同盟会を解体に追込んだ内務省は、前年九月九日の西川光二郎『普通選挙の話』につづき、五月二九日、片山潜『社会改良手段普通選挙』を発禁処分に付した。六月一四日に内相平田東助の名で通達された社会主義者監視準則たる「特別要視人視察内規」の第十条には、教員・学生・朝鮮人・労働者などに対する「伝道及同盟罷工ノ唱道、非軍備論ノ主張、労働者団結ノ鼓吹、普通選挙ノ運動等ニ関シテハ特ニ注意スベシ」と規定された(23)。普選運動はいまや社会主義運動の一翼とみなされ、きびしい監視の下に置かれることになった。

院外活動に弾圧を加えた官僚勢力は、追討ちをかけるように、院内の普選要求勢力を封じこめた。すなわち各政党とも「党議を以て」党員が普選法案を提出することを禁じたのである(『中村太八郎伝』六一ページ)。これについての直接の資料は存在しないが、これ以後第四一議会までまったく普選案が提出されなかったことは、充分にその事実の存在を物語るものといえよう。一九一二(明治四五)年初頭の第二八議会で、西園寺内閣の内相原敬は小選挙区制実現のための選挙法改正案を提出したが(24)、選挙権拡張はふくまず、また、野党の側からも選挙権拡張案はいっさい提出されていない。こうして普選運動は一九一一年においていちじるしい危機に見舞われたのであった。

普選法案衆議院通過の日、同盟会の誰がこの無残な結末を予想しえたであろうか。もとを正せば、この通過の仕方に問題があったのである。

じつのところ、この普選法通過は国論の昂揚を背景としたものでなく、一つの偶然の出来事であった。当時『福岡日日新聞』(3・14)は評していう。この法案の「吾人の国家生活に対する意味の重大なるは勿論、本期議会の大問題なりと称せられたる予算案や其の他諸種の法律案や、之を本案の利害深甚なるに比すれば、些末言ふに足らざるの観あるに拘らず、政府も、議会も、特に政党も、本案を待つこと頗る冷淡にして、然も咄嗟の間に之が通過を見たるは奇なる現象なり、と謂はざるべからず」と。この奇現象は政党、ことに政友会がこの問題を党員の自由意思に任したことから生じたが、これは党内急進派に迫られての処置ではなかった。原敬ら政友会幹部は提出・賛成者が党代議士二〇四名の約半数に達したのを見て、衆議院の通過をある程度予想したであろうが、これをあえて抑圧しなかったのは、貴族院の拒否を予定に入れ、かつ、これを桂・山県官僚勢力に対して政友会の地盤強化策たる小選挙区制を認めさせるための示威的取引材料にしようと意図したからではあるまいか。この年の暮、原敬が山県有朋と会見したおり、「普通選挙ともならば我国は滅亡なり」という山県に対し、「去りながら普通選挙法の如きも政友会の否決したるときは議場に成立せざれども昨年の如く自由に任すときは大多数を以て衆議院を通過すべし、此の如き形勢なるに因り、進歩党は此政略として選挙権の拡張を主張する様の次第なり、此傾向を看破する者は今日に於て何とか改善の方法を取らざるを得ず、夫れには表向き小選挙区制に改むるの外あらざるべし」(『原敬日記』明44・12・16)と説いているのは、この推測を裏書きするものである。

また普選賛成代議士にしても、一部を除き「果して真面目に之を実行しようといふ意志を以て之を通過したかは、頗る疑はしい」(美濃部達吉『憲法講話』二〇二ページ)。もし彼らが普通選挙を真に要求したのならば、貴族院の否決にさいし何らかの抗議を行なったはずであるし、次期議会以降もひきつづき法案の上程がなければならないはずであるが、そのようなことは一向に行なわれなかった。賛成派の多くは先の幹部の意を体したものか、あるいは幹部の桂内閣との情意投合政策に対する批判の意をこめてか、いずれにせよ、普通選挙の実施それ自体を眼目として普選法を支持したのではなかったのである。

当時普選はまだ国民的支持を受けていなかった。先述の貴族院の普選法案の否決にさいしての、『福岡日日新聞』(3・17)のつぎの論評は的を射たものといえよう。

吾国の政治家の之〔普選―松尾〕に対する態度甚だ冷淡にして、此題目を旗幟の中に加へて選挙場裡に臨める政党未だ一も之れある無く、従て国民も亦此点に自覚すること甚だ少くして、選挙権の拡張を以て己等の代表者に要望し請求せるもの殆んど之れ無きに似たり。是れ選挙権拡張問題は年々議会の問題と為るも、未だ国民の問題とならず、一部議員の要求と為るも、未だ国民の要求と為らざるものにして、議会が大多数を以て該案を可決したるに拘はらず、気勢之を含まず、弾力之に加はらず、輿論之を助けず、国民之を励まさず、遂に貴族院に軽々に否決し去られたる所以也。

第二七議会においても、また一つの普選要求大会も一つの小演説会も開催されなかった。普選同盟会は先述の如く議会内の空しい多数派工作に望みをかけていた。目を通しえた『大阪朝日』『大阪毎日』『京都日出』『横浜貿易』『静岡民友』『芸備日日』『時事』『日本』『福岡日日』『二六』『国民』の諸新聞の中で、『横浜貿易』(「貴族と平民の衝突」3・18)・『二六』(「国民に対する挑戦」3・18)・『静岡民友』(「誠意なき貴族院」3・17)の三紙はいずれも貴族院の態度を非としたが、その前後において世論の喚起につとめた形跡はない。『芸備日日新聞』(3・18)は衆議院の通過と、桂・政友会の「情意投合」との「対照の奇」に驚き、『京都日出新聞』(3・18)は、この通過は「民論の普通選挙論に帰着するを表明し得たるもの」か、議員の「漫然たる態度に出てたるもの」か、それとも「大勢の推移する所以のものを暗示するもの」かと疑問を呈し(記者の答えは最後であろう)、『日本』(3・16)は議員が不真面目にも「自院の死活に関する重大問題を玩具の如く取扱ひ他院が無遠慮に其投票を蹴破し去るに甘んずるとは」「言語道断の自殺行為」であると難じた。『国民新聞』(3・19)は桂内閣の御用紙らしく、普選による不利を蒙るはずの政友会が普選に賛成するのを「最も奇」とした。『大阪朝日新聞』『大阪毎日新聞』『時事新報』にいたっては完全に黙殺しているのである。また『太陽』『中央公論』をみてもこの問題を論じた一篇の文章も存在しない。管見に属する限り、雑誌では『社会改良』六月号が、板垣退助の「戸主参政権法案」(25)を掲載したのみである。もってこの段階のジャーナリズムが第一次大戦後と比べて、いちじるしく普選に冷淡であった実情を察すべきである。

このように世論がかならずしも普選を要求しなかったのは、おそらく藩閥官僚勢力に対する批判者たちは政党内閣の樹立を当面の目標としており、普選を第二義的問題としていたことと関連があろう。当時日本のブルジョワ自由主義勢力は自己の憲法解釈体系としての「天皇機関説」を生み出すところまでに発展していたが、その代表的著述たる美濃部達吉『憲法講話』(一九一二年三月刊)においても、「労働者階級の自覚其の社会上の地位の昇進」にともない、「是非共之〔普選―松尾〕を実行せねばならぬ時期に到達することが無いとは限らぬ」として、「一概に之を排斥することは決して出来ない」と理論上普選を是認しつつも、「日本の今日の状勢に於て、普通選挙を行ふことが社会の事情に適しないことは固より言ふ迄も無い」といわなければならなかったのである。このような情勢のもとに、普選法案が世論の強力な支持をもたぬままに衆議院を通過したことは、必要以上に官僚勢力を刺激し、普選運動禁圧の態度をとらせ、かつこれに成功せしめたのである。

もっとも、普選に対し世論の支持は弱いながらもないわけではなかった。都市中間層や非特権資本家の急進部分は自覚的にこれを要求していたし、反藩閥気運は日に日に横溢していた。これらの要素がなければ、普選法案が曲がりなりにも衆議院を通過するはずはなかった。この情勢は日露戦争前の同盟会に与えられなかったものである。しかし同盟会はこの有利な条件を利用しえなかった。戦後普選運動は順調なすべり出しを見せた矢先に、無政府主義の流行により、社会主義者の大半が普選運動から離脱したのがまず大きな痛手であった。のこる議会政策派の社会主義者や自由主義者も、明治末年の議会内の普選派代議士の増加という絶好機に、院外活動を放棄し、民衆の力に依存せずして代議士の気まぐれに依存した。「貴族院と之を争ひ、衆議院に於て之を争ふの前、先づ国民の間に之を争ひ、国民を指導し教訓し、之を以て自己の味方として後議会に臨まざるべからず」と『福岡日日新聞』(3・17)の指摘する如き態度を、同盟会が日露戦争前と同様に戦後も固執していたならば、あるいは権力の弾圧に抗し、組織を維持しえたかもしれない。しかし普選法否決のあとに気がついたのでは、もはや手おくれであったのである。

五　大正前期の普選運動

1　普通選挙同盟会の再興

「大正元年より七年までは、普通選挙運動の最暗黒時代にして、毎年議会開会中に請願運動を試みたるも、例の如く当局禁圧の力によりて阻害せられたり」。「普通選挙法案は、各政党ともに党議を以て提出を禁ずることゝなり、普通選挙は危険思想なりとて、運動者は往々警察署に検束せられ、請願書を没収せられたることありたり」(中村太八郎『普通選挙の宣伝』一九二〇年)。

『中村太八郎伝』の著者は右の文章を引用して、「明治の末から大正の初めにかけては、あらゆる社会運動がさうであつたやうに、普選運動もまた凋落の暗黒時代であつた」とし、この間「わが国における普通選挙運動史はブランク・ページとしてのこされてゐる」という。この著述にのみ依拠する従来の政治史ないし社会運動史は、すべて、この時期の普選運動について沈黙している。普選同盟会は一九一一(明治四五)年夏以来、解体したままと信じられているのである。

しかし事実の示すところはけっしてそのようなものではない。普選同盟会は二度にわたり再興が試みられる。これはその都度官憲の弾圧を受け、そのかぎりでは組織的運動としての普選運動は、たしかに「暗黒時代」にあるように見えるかもしれない。だが組織の弱体とうらはらに、普選要求は、新興の小ブル・インテリ層を中心に、民衆自らの要求として掲げられはじめ、一九一八年の米騒動後の普選運動の飛躍的発展の基盤を形成しつつあったのである。本章はこの間の事情の具体的究明にあてられる。

一九一二年末より翌一三年二月にかけての第一次護憲運動、一三年末より翌一四年三月にいたる営業税等廃税運動およびシーメンス事件倒閣運動は、長州閥と政友会の提携を主軸とする明治憲法体制をゆるがす大運動であったが[1]、普通選挙がスローガンにとりあげられることはなかった。たとえば、第一次護憲運動のスローガンは周知の如く「憲政擁護閥族打破」であるが、それが内包する制度改革としては政党内閣制の樹立と、そのための軍部大臣武官制の廃止と文官任用令の改正が主要なものであった。警視庁教養係『大正二年騒擾事件記録』所収の東京の各種政治集会・演説会の記録、あるいは山本四郎『大正政変の基礎的研究』所収の「反増師・憲政擁護宣言集」をみても、「選挙権ノ拡張ヲ期スルコト」を決議したのは、わずかに丁未倶楽部主催の全国青年大会演説会だけであった。各種の集会の弁士には伊藤仁太郎・田川大吉郎・佐々木安五郎・田中弘之・山口弾正・石塚三五郎・斯波貞吉・花井卓蔵・高橋秀臣ら、かつての同盟会員の名がみえるが、彼らがこの機会に普選を唱導したという記録を見出せない。

もっとも、この間、広汎な国民の政治的覚醒を背景に選挙権拡張の世論は高まった。たとえば『大阪朝日新聞』は、「民党の立脚地」として「憲政擁護閥族打破」とならんで「選挙権拡張」を挙げ(大2・4・9)、あるいは国民多数の意思が議会に反映されぬことが「過激なる」示威運動の起るゆえんであるとして選挙権拡張を要求した(大3・3・5)。当時の新進評論家永井柳太郎[2](早大教授)も大隈派政客の政治機関誌『新日本』でこれと同様な所論を主張し(「選挙権拡張論」一九一三年三月号)、『太陽』誌上においても、堀江帰一(慶応大教授、友愛会評議員)は「政治家の出所進退を公明ならしむる方策」として選挙資格を「普選に近いもの」にする必要を説き(「政治家の出所進退」三月号)、主幹の浮田和民も、「今日健全なる立憲的政党を養成せんとならば国民一般に選挙権を重んじ、選挙権を有せざる者は進んで選挙権の拡張を要求」すべきを論じた(「立憲政治の根本義」五月号)。なかには『やまと新聞』の如く普選を説くものも現われた[3]。

政党のうちでもっとも熱心に選挙権拡張を主張したのは、犬養毅の率いる国民党であった。

従来政治に冷淡なりし地方の青年が近来著しく自覚して、立憲政治の意義立憲政治の真諦を解するに至れる一事は、亦将来政党の実質をして善良ならしむる所以である。而して政党の改造、政党の発達を期する為めに将来是非とも選挙権を拡張し、将来の狭隘なる政治的部面を改め、今少しく多数国民をして政治に関与せしめなければならぬ。

右は犬養の一九一四年年頭の所感の一節であるが(『大阪朝日新聞』1・1)、国民党代議士過半数の立憲同志会への脱落により、おとろえた党勢を、政変の過程で政治的にめざめた地方青年層の把握のうえに建て直そうとの意欲が感じられる。かくて国民党は一九一三年春(第三〇議会)とその翌春の二度にわたって、直接国税一〇円を五円に下げ、年齢も二五歳より二〇歳に低め、それに中等学校卒業者を新有権者とする選挙権拡張を主内容とする選挙法改正案を提出したが、いずれも、政友会を中心とする、政府の調査中を理由とする反対論により、第三〇議会では委員会・本会議においてともに否決され、第三一議会では委員会で審議未了となった。

この議会の有様は、つい先年の第二七議会における普選法衆議院通過を知るものにとっては、とうてい考えられない事態である。普選法は提出されぬどころか、不徹底な国民党案さえ一蹴される。その国民党案についてもかつての普選派たる高木益太郎・関和知らは、目的を達するための一階梯としてこれを推進したのであるが、(4) なかには国民の権利としての普選を否認したうえでの拡張論者もいる。斎藤隆夫の如きは、国民が多年の専制政治になれて政治上の自由を解せず、権利行使の道をあやまることの多い現在、普選即行は「実に危険であるのみならず」、「野心的政治家若くは煽動政治家の跋扈を招く」と公言する(『大日本帝国議会誌』第八巻、一七一四ページ)。これは先述の永井柳太郎の「有権者の資格」は「一に君主と国務に対する負担を分つに堪ふるの能力を有するや否やに依つて決せざるべからず」とする所論と軌を一にする。選挙権は国民の基本的権利ではなく、能力あるものに与えられる恩恵であるとするのが、大正政変以降の議会における選挙権拡張論の支配的見地であった。第二七議会当時よりみると格段の革新性の喪失は、一つには、官僚勢力の普選＝危険思想説攻勢によるが、他面において、急速な民衆勢力の進出に対する政党側一般の警戒心の深まりを示すものであろう。

一方、政局の激動の中でめざめた国民の政治意識を普選要求の方向に導くべく、旧普選同盟会の一部の人々は活動を開始した。一九一二年初秋、熱烈な普選鼓吹者であった主幹植松考昭を喪った『東洋経済新報』は、その志を継ぐ新主幹三浦銕太郎のもとに、第一次護憲運動の過程において普選要求の声を高め、憲政擁護の神といわれる尾崎行雄や犬養毅が一言も普選を論ぜぬ態度を非難し、「藩閥の天下に代」わって出現するはずの政党政治も、制限選挙制のもとでは「地主閥の天下」をもたらすにすぎないと主張した(石橋湛山執筆の「社説」大2・2・25、3・5)。

また片山潜一派の社会主義者は、しきりに普選を論じかつ談じた。すなわち藤田貞二は『東京新聞』を発行し、水谷栄治(のち大阪の米騒動で「率先助勢」者として検挙される)・土倉宗明(早大卒、のち政友会に属し、東京市議・代議士を歴任)・江川喜太郎・小林源十郎を社員として、盛んに普選を紙上で論じたばかりでなく、池田兵右衛門・半田一郎・佐藤悟・金子末吉らを交えて盛んに地方遊説を試みた。すなわち『特別要視察人状勢一斑』(第四)によれば、

藤田貞二ハ大正二年三月以降上記数名ノ者ト代ル代ル出テテ地方各地ニ遊説ヲ試ミ、閥族打破憲政擁護ヲ絶叫シ或ハ工場法実施ノ必要ヲ説キ、納税ノ不公平ヲ難シテ官吏恩給法ハ悪税(通行税、織物税、塩税、石油税、営業税等ヲ指摘セリ)ト共ニ廃止スベシト述べ、海軍収賄問題ヲ捉ヘテ官僚政治ヲ罵倒シ、師団増設海軍拡張ハ益々国民ノ負担ヲ重クスルモノナリト演ジ、議員ノ腐敗ヲモ付言シテ是等廓清方法トシテハ普通選挙制ヲ採ルノ一途アルノミト論断シ、近時ハ又大隈内閣ノ政綱ヲモ云為シ、時トシテハ『気焔万丈参政権論全国遊説隊記念』(大正三年二月五日『東京新聞』ノ増刊トシテ発行シタルモノニシテ、上記演説ト同様ノ趣旨ヲ叙述セルモノ)ナル小

冊子ヲ配付シ

とつたえられる。また片山潜とともに東京市電ストライキ事件(一九一一年暮)で入獄した佐々井辰次郎も、一九一三年三月出獄して静岡に帰郷して以来、「県下各所ニ演説会ヲ開催、普通選挙ノ必要ヲ論ジ」、やがて藤田貞二らの遊説に参加した(同上)。

以上のような状況の中で、中村太八郎らは同志の締盟につとめ、一九一四(大正三)年一月二〇日、東京神田青年会館で普選同盟会再組織に関する協議会を開いた。参会者は一二名、その中には片山潜・山路愛山・森田義郎・池田兵右衛門・江川喜太郎がいた。規約と役員が定められ、趣意書は山路が起草することとなった(「石川安次郎日記」一月二〇日付、『特別要視察人状勢一斑』第四、「本邦社会主義者無政府主義者名簿」)。国立国会図書館所蔵の『普通選挙締盟簿』には、「大正紀元二年」の表書があるが、これは同盟会再興準備の開始が大正二年であったことを示し、正式に再興成ったのは、この一月二〇日とみられる。以下、『締盟簿』記載の規約・役員・会員を紹介しよう。

規　約

第一条　本会は普通選挙同盟会と称す
第二条　本会は普通選挙の実行を期す
第三条　本会員は本会を維持するため、月額金五銭を醵出するものとす
第四条　本会の事務を処弁するため役員を置く
付　則　本会の事務所は当分東京市芝区南佐久間町二ノ一八森田義郎方に置く

役　員

幹事　石川安次郎・中村太八郎・山路弥吉・森田義郎
五月訴委員(5)　石川安次郎・加藤時次郎・大井憲太郎・中村太八郎・松本君平・西本国之輔(陸大中退の騎兵大尉、

急進的軍部批判者)・森田義郎

会　員(署名順)

井土経重(旧社会問題研究会員)・中村太八郎・青池晁太郎・西本国之輔・久我懋正(「大同団結」の参画者、のち東京市参事会員)・森田繁(不明)・山口弾正・藤田貞二・片山潜・石川安次郎・小野瀬不二人・山路弥吉・内山省三(山路の『独立評論』の関係者)・森田義郎・北島銭太郎(不明)・野口喜八(不明)・石塚三五郎・馬場秀周(不明)・小林源十郎・池田兵右衛門・江川喜太郎・木内禎一(不明)・本間徳次郎(不明)・佐々木安五郎・田中熊(不明)・土倉宗明・山崎今朝弥(著名な無産派弁護士)・福田狂二(中国革命に参加、のち日本労農党員、日本大衆党分裂事件の立役者、戦後は『防共新聞』発行、右翼の雄)・五十嵐一晁(不明)・井村薫雄(不明)・安部磯雄・石田友治(後述『第三帝国』主幹)・平渡信(弁護士)・半田一郎(中国革命に参加)・大岡幾寿・柳内義之進・北原龍雄(のちの売文社員、『国家社会主義』『進め』を発行)・神崎謨雄(大阪の米騒動で「率先助勢」者として検挙される)・篠田礼助(不明)・山根吾一・加藤時次郎・久津見息忠・大井憲太郎・堺利彦・嶋中雄三(雄作の兄、『火鞭』の同人、当時『新公論』経営、のちの社会民衆党員)・松本君平・宮地友次郎(山路の『独立評論』の関係者)・馬場勝弥(号は孤蝶、後出)・丸山長渡(松本出身の弁護士)・菊池外人(不明)・山崎外遊(不明)・高橋清吉(不明)・沢野民治(不明)・斯波貞吉・茂木久平(後出)・尾崎士郎(後出)

右の会員中、菊池外人以下は後年の入会者であり、[6] 一九一四年春当時の会員は四九名と推定される。このうち一一名の経歴を明らかにしえないのは残念だが、この同盟会が従来同様、社会主義者と自由主義者との協力組織であったことは間違いない。ただ新同盟会のいちじるしい特色は、政党人の少ないことと、社会主義者の多数参加していることとである。比較的著名な政党人が松本(政友会)・佐々木(国民党)の二名しかいないことは、あの政党の普選提案禁令の然らしむるところであろう。この二人は当時議席をもたなかったので、政党からは不問に付されたものとみられる。

社会主義者は、藤田・片山・小林・池田・江川・山崎・福田・安部・半田・神崎・加藤・堺・嶋中の一三名の多きを数えるが、これは彼らが唯一の合法的活動の舞台を同盟会に求めたものというべく、無政府主義的傾向の強い大杉・荒畑らを除き、在京の社会主義者のほとんどすべてが、旧来の分派対立のゆきがかりを捨て参加したのである。とくに『万朝報』記者時代より、少なくとも表面的には同盟会と無関係であった堺利彦が参加したことは注目される。堺はこれ以降、とくに片山の渡米(一九一四年九月)後、従来の片山の役割りをひきついだ恰好で、社会主義陣営中もっとも熱心な普選運動家となる。ところで、当面の情勢上、社会主義者は組織の表面に立つことは避けねばならなかった。加藤時次郎を除いて、役員中には一人の社会主義者もいない。加藤については後述するが、彼は社会主義者というよりも、むしろその同情者というべきであり、著名な医師、成功した病院長として社会的信用も厚かったので、あえて役員に名を出したのであろう。

なお当時政教社員として三宅雪嶺のもとにいた歌人森田義郎(子規の門人、晩年は「愛国社」に属する右翼となる)が、幹事の一員となり、かつ自宅を同盟会の事務所に提供しているのが目をひくが、その事情は明らかでない。

同盟会は一月三一日、神田青年会館に「普通選挙竝ニ廃税問題ニ関スル政談演説会」を開き(『特別要視察人状勢一斑』第四)、その存在を久方ぶりに社会に示した。弁士として社会主義者より片山潜・安部磯雄・藤田貞二が出席したということのほかは不明だが、おそらく当時大きな政治問題となっていた営業税ほかの悪税撤廃問題とからみ合わせて普選の必要を強調したものであろう。しかし社会主義者のいかなる政治行動をも禁止せんとする官憲は、すぐさま普選運動に圧迫を加えた。すなわち三月一六日、東京神田の南明倶楽部で、堺利彦・加藤時次郎・高畠素之・片山潜・西川光二郎・山崎今朝弥・野沢重吉らが弁士となって、普選に関する政談演説会を開こうとしたが、「官憲ノ諭示ニ依リ」中止となった(同上)。「コレハ堺利彦ラニ於テ普通選挙運動ヲ目的トスル政党組織ノ計画アルニヨリ、先ヅ之ガ演説会ヲ開催シ、当局ノ処置ブリヲ見ントノ意志ニ出デタルモノナリ」とは内務省係官の観測であるが、ことの真偽、ないしこの「政党」と同盟会との関係はともかくとして、社会主義者取締りを口実に組織的な普選運動は禁圧されるということが、この一件でますます明白になったわけである。かくて同盟会は再び活動停止状態におちいった。(7)

2　新しい普選要求の胎動

シーメンス事件で倒れた山本内閣のあとをおそった大隈重信内閣は、その成立早々(一九一四年五月一五日)発表した政綱の第八番目に選挙法の改正を掲げ(『大隈侯八十五年史』三巻、一三一ページ)、民衆の選挙権拡張の声に応えるかのごときポーズをとった。しかしこの政綱はいっこうに実行に移されず、ようやく一九一六年七月にいたり衆議院議員選挙法改正調査会を設置したが、これに提示された原案は定数増加と選挙運動取締りに関するもののみで、選挙権拡張については毫も省みることのない有様であった。(8)この間国民党は第三五(一九一四年末)、第三七(一五年末—一六年初)の両議会に、第三一議会同様(前出)の拡張案を提出したが、委員会で審議未了のうきめにあった。同志会は与党の故にか一度も拡張案を提出せず、ようやく一六年末の憲政会の発足にあたり、「選挙権の適当なる拡張をなすべし」の政策を定めた(『憲政会史』二〇ページ)。

一方普選同盟会の活動は停止せしめられても、護憲運動以来の民衆の政治的覚醒は、ただちに別のグループに普選要求の旗を高く掲げさせる。すなわち雑誌『第三帝国』の普選請願運動である。この雑誌は秋田出身のクリスチャン石田友治(東京聖学院卒)が、『新公論』を辞して、当時『万朝報』の人気記者であった茅原華山を「主盟」にかつぎ、一九一三(大正二)年一〇月に創刊したものである。「我日本も覇者を中心としたる第一の帝国は既に過ぎ、官僚を中心としたる第二の帝国も亦将に過ぎんとして、今や万民が自覚して起ち、君民同治の第三帝国を創造せねばならぬ一時ではないか」(石田「創刊の辞」)というのがその異様な誌名の由来である。(9)以後その趣旨に沿って島田三郎・田川大吉郎・鵜沢総明らの自由主義政治家、江木衷・大場茂馬（もと大審院判事、当時弁護士、のち代議士）らの人権感覚に富む法律家、浮田和民・植原悦二郎・永井柳太郎ら新進の政治学者、三浦銕太郎・馬場孤蝶・中沢臨川らの評論家、岩野清子・伊藤野枝らの女流評論家および堺利彦・大杉栄・高畠素之ら売文社の社会主義者を執筆陣に擁し、元老制度・軍部・枢密院・貴族院などの天皇制の非立憲的機構、官僚的な教育制度、あるいは軍国主義的思想に対して果敢な論陣を張り、対外問題では朝鮮放棄を唱え、二十一ヵ条要求に反対した。このため「主義宣伝ノ機関」に準ずるものとして、つねに官憲のきびしい監視のもとにおかれてきたのである。[10]

『第三帝国』はもともと普選を基本的な主張としており、主幹石田友治は前述の再興普選同盟会の会員であり、誌上においても浮田和民・江木衷・三浦銕太郎らが選挙権の拡張ないし普選の必要と、その実現のための民衆の団結と奮闘をよびかけていた。中でも植原悦二郎は、主権は天皇を含む国民にありとする独自の国民主権説を唱え、その見地から根本的な制度改革とともに普選を主張した。一九一四（大正三）年一〇月五日発行の第二〇号はあたかも創刊一周年の「記念徹底号」であったが、この誌上において発行主体としての「益進会」同人名をもって、公然と普選運動を提唱したのである。「一切の問題は普通選挙制度実施の後でなければ、国民が自主的に解決することは可能《でき》ない」、「立憲政治とは善政を仁政者に俟たずして制度に頼み、他に求めずして自ら取るの政治制度である。而して誰れでも最も自己の生活に適した政治を要求するの権利を有して居る」（「普く天下の同志に檄す」）という熾烈な権利意識から、その普選要求は出発していた。要求する法案の内容は二〇歳以上の男子に選挙権を与えようというもので、院内で主張されていた五円以上か中卒という暫定案は、「斯の如きは在朝当局者の口吻で、我等民間の声を為すものは、どこまでも最大限の要求をして行かねばならぬ」としてこれを退けたのである。その運動方法は、「請願という字面を喜ばない」といいつつも、これ以外に選挙権を有しない国民の意見発表の道はなく、「字面の如きは我等の願望成就の暁には何とでも改められる」として請願署名運動の形式をとることにした。

この提唱は読者の反響を呼び、東京都下はもとより、山梨・京都・舞鶴・札幌・徳島・秋田・名古屋・鳥取・新潟・福岡等の各地より運動支持の投書が続々と寄せられた。赤羽ｰ大木生「軍資金負担者の一人となる」、山梨ｰ松木吾造「この機に第三帝国を街頭へ引き下せ」、札幌ｰ佐藤善衛「是れ大いなる青年の自覚運動である」、京都ｰ藤村敬公「余不幸にして年齢不足の為め請願書に署名する能はざりしを甚だ遺憾とする。然し此所に五名の同志を得たるを不幸中の幸とす」、東京下谷ｰ野田由平「俺等の時代にはとても駄目だらふが子供か孫の時代にでもなつたら実現されるに相違ない」(町内勧誘に努む)、松岡位子「他日我ら婦人も亦之を獲んとする階段として協力したい」、名古屋ｰ松田操「当市の読者相聚り市内に於て一千人の請願者結合を標的とし」、鳥取ｰ中井豊「第三帝国二十号を農村青年諸君に示すや(中略)請願すべく申込める者勿ち四十有余」、福岡ｰ上川利平(炭坑労働者)「日本には労働者保護法は在るか知らんが私の今迄での生活の経験は保護法は無いと断言する程労働者には惨酷で有つた。(中略)日本にも労働同盟を組織せねばならぬ。金力を資本とする者に働力を資本とする者が対抗し時には示威運動をする位の時を出現させねばならぬ。(中略)〔そのための――松尾〕最良手段がある。其れは普通選挙だ。第三帝国同人の発起の普通選挙権を労働者は要求せねばならぬ」。以上が『第三帝国』(二一号―二九号)の投書欄「戦闘曲」・「人間マーチ」にのった投書の一部である。

逼塞していた労働組合や社会主義者もこれに応じた。友愛会を除く唯一の労働組合欧文活版工組合は、この運動に参加することを、一一月二日、水沼辰夫(のちの信友会の代表的アナーキスト)を代表として申し入れ(二五号)、また堺利彦は「普通選挙請願別案」を二一号に寄せ、請願者自らが請願書を携え、「東より西より南より北より十人五十人百人千人二千人三千人五千人一万人と雲霞の如く衆議院に集り来り、兼て打合せの議員に面会して其紹介を貰ひ、それぞれ請願書を提出する」という、「請願デモ」ともいうべき運動方法を提唱したのである。(11)

ところで、この請願署名は翌一九一五年一月一五日で締め切られたが、その結果は不明であり、堺の提案も実現に移されたか否か、知るよしもない。しかし『第三帝国』は、その後も請願運動を継続し、翌年の第三七議会においては同人北原龍雄を責任者として署名を集めており、その北原は後述の社会政策実行団を母胎とする普選同盟会再興にさいしては、その主要な活動家となっているのである。そのさい『第三帝国』九三号(大7・2・20)は全号を布施辰治の長大論文「予算案の根本批評と普通選挙の提唱」をもって埋め、これに呼応した。

この『第三帝国』の普選運動は、中央・地方を通じて青年インテリ層の間に普選要求の声がひろがりつつあるさまを物語るものとして特筆に値する。当時気鋭の新人評論家として文壇・論壇の注視を浴び、かつ『第三帝国』の有力な寄稿家であった大杉栄は、この雑誌の出現の状況についてつぎのごとく語る。

帝国主義と軍国主義との横暴に反動して、又諸種の抽象的新思想の勃興と政治的及社会的の出来事とに刺戟され、何等かの具体化された新思想を渇望してゐた青年等は、争つて此の如何にも元気のよさそうな『第三帝国』に投じた。『第三帝国』の門出の景気のよさは、あの種類の雑誌としては、実に十数年前の幸徳と堺との『平民新聞』以来の事であつた(大杉「茅原華山論」『中央公論』一九一五年一二月号)。

新思想を求める青年インテリは中央にかぎらず、地方の中小都市にも、また農村にもいた。『第三帝国』の読者は、前述普選の投書にもうかがわれるように全国に散在し、その数は九〇〇〇に達した(同上)。週刊『平民新聞』の読者は、『万朝報』時代の幸徳・堺の二大記者の名声をもって、なお三〇〇〇を越えなかったことを想起すれば、この雑誌の青年層における人気のほどが察せられる。この「新しい意味での自由民権の寺小屋」(同上)の卒業生として後年名を成したものに『種蒔く人』の金子洋文と、一時売文社員として活躍した尾崎士郎がいるのである。(12)

『第三帝国』の読者に代表される青年インテリ層こそ、日露戦争後の資本主義の急速な発展のなかで、広汎に生み出されつつあった新しい社会層であった。(13)彼らは大正政変の激動の中で、政治生活にめざめた。その中の先進部分は後述のように各地にグループをつくりつつあった。この日露戦後派的青年層こそが、『第三帝国』のみならず、後述の『中央公論』『太陽』誌上の吉野作造・大山郁夫・浮田和民らの言論活動や、このころ『大阪朝日新聞』の社論の支配的傾向となった藩閥官僚勢力攻撃の支持者であり、いわゆる「民本主義」の固有の社会的基盤であったのである。普選運動の支持層は日露戦前においては東京の小市民層に限定されたものが戦後、非特権資本家下層・中小商工業者層の開明分子を加え、いまや広汎な青年インテリ大衆にまで拡大するにいたった。そして普選運動自体の性格も、自由民権の流れを汲む自由主義者と社会主義者の一群の啓蒙運動より、民衆自らの要求運動に転化する兆しが、ようやく現われてきたのである。

『第三帝国』の普選運動につづいて、一九一五(大正四)年三月の総選挙では、藤田貞二ら『東京新聞』一派(水谷栄治・土倉宗明・江川喜太郎・小林源十郎・原茂卿・金子末吉・池田兵右衛門・半田一郎)、および吉瀬才市郎・山口義三・佐々井辰次郎らが、与・野党を問わず応援弁士として壇上に立つ機会を利用して普選を唱導した(『特別要視察人状勢一斑』第五)。この選挙で注目すべきは東京における文士馬場勝弥(孤蝶)の立候補である。彼は軍部大臣武官制の打破、軍備縮小、治安警察法の廃止、悪税廃止など、もっとも急進的な諸主張とともに「選挙権の大拡張」はもとより、女子に対する「或る制限の下に」おける参政権をも要求した(「立候補の理由」『反響』二巻三号、一九一五年三月)。

その立候補を推進したのは、夏目漱石門下の生田長江と森田草平の二人が主宰する政治・文芸評論誌『反響』のグループであった。堺利彦ら売文社に拠る社会主義者もこれを支援し、その一人安成貞雄が選挙事務長役をつとめた。資金を求めて発行された『孤蝶馬場勝弥氏立候補後援現代文集』には八一名の作家・評論家が寄稿し一一二七ページの大冊となった。「私の個人主義」を巻頭に寄せた夏目漱石および小宮豊隆・安倍能成・野上弥生子らその一門、平塚らいてう・伊藤野枝らの青鞜社員、正宗白鳥・田山花袋ら自然主義派、与謝野鉄幹・晶子夫妻、北原白秋ら明星＝スバル派をふくむ多彩な顔ぶれで、文壇における自由主義者と社会主義者の共同戦線が出現した観があった。選挙の結果はわずか三二票の得票にとどまったが、普選を公約した立候補者の出現は木下尚江以来一〇年ぶりのことであり、しかもそれが明治以来の社会主義者以外の新人物であったところにも、運動の新しい展開の兆しが認められる。(14)

事実、このころよりジャーナリズムには、堺利彦・安部磯雄といった古くからの社会主義者あるいは『東洋経済新報』のほか、新インテリ層を代表する民本主義者が普選の論陣を張り、しかもこれが多大の反響をもって迎えられるようになった。その代表例が、かの有名なる吉野作造の「憲政の本義を説いて其有終の美を済すの途を論ず」(『中央公論』一九一六年一月号)以降、『中央公論』の誌面を飾った一連の諸論文である。吉野はシーメンス事件の直後「山本内閣の倒壊と大隈内閣の成立」(『太陽』一九一四年五月)で、大隈内閣を政党内閣の端緒として歓迎し、政党内閣は事実上・法律上・道徳上可能であると論じ、その基礎として普選を採用せよと論じたが、前記「憲政の本義」論文において「民本主義」の名のもとに所論を全面的に展開した。吉野は人民主権を意味する「民主主義」をあえて放棄したがゆえに、社会主義者山川均らの批判を受けたが、実は吉野が主権論を切捨て、問題を主権の運用に限定したがゆえに、危険思想の烙印を押されるおそれなく、普選と政党政治を唱導することができたのである。

一九一七(大正六)年二月の総選挙前後、民本主義者の活動が急速に高まった。明大教授植原悦二郎『憲政の進路』(一九一七年)、早大教授大山郁夫「政党の近状と我国憲政の前途」(『中央公論』一九一七年二月号)が現われ、東京高師教授中島信虎「理想としての普通選挙」(『太陽』一九一七年六月)も、普選即行とはいわないまでも、公民権所有者にまで選挙権を拡大すべきであると主張した。ことに弁護士布施辰治は『君民同治の理想と普通選挙』(一九一七年三月)で成年男女平等普選を主張する一方、一九一七年二月より四月の総選挙の運動期間中、「郷里の宮城県で六カ所、つづいて東京で約三十カ所、三時間ないし五時間の長広舌をひとりでふるった」(布施柑治『ある弁護士の生涯』四七ページ)。

この選挙で、社会主義グループの総帥堺利彦は東京市より、普選、言論・集会・結社および婦人運動の自由を政策に掲げて立候補した。在京の社会主義者は大杉栄をのぞき、山川均・荒畑寒村をふくめて選挙戦に協力した。馬場孤蝶・生田長江・安部磯雄・三宅雪嶺は応援演説に出向いた。新聞も地方新聞をふくめて堺の立候補を好意的に報道した。警視庁は堺の政見を活字にすることをいっさい許さないという弾圧ぶりで、得票はわずか二五票にとどまった。しかし堺は選挙戦の反響に力を得、普選運動への参加の有効性を確認し、ひきつづき画策につとめる。[15]

反動寺内内閣の行なったこの総選挙において二五票を獲得したことは、幸徳事件後における社会主義者の公然たる政治活動の開始を物語るものとして著名な事実であるが、ほかならぬこの選挙において、進展する民本主義の潮流は、ついに普選を公約する代議士を当選させた。吉野作造の友人で、中国革命に参加し、つい先ごろまで雲南護国軍の法律顧問をしていた今井嘉幸(弁護士)は大阪市(定員六名)より立候補し、理想選挙を旗印に、言論戦のみにより、一七八三票を獲得し、第五位で当選したのである。この選挙運動は大阪弁護士界の有志が推進し、佐々木惣一の熱烈な応援があり、東京からも吉野作造・三宅雪嶺が来援した。『大阪朝日新聞』もすこぶる好意的な態度で、その運動ぶりをしばしば報道した。彼の当選はまったく一般の予想外であったが、これはまさに商工都市大阪の中間層の政治的覚醒によるものであったといえよう。『大阪朝日新聞』(大6・4・24)はいう、「大阪市民が憲政的に覚醒したる結果、ここに今井博士の当選したるは理想選挙の出発として永久に大阪市民の忘れ難き想ひ出なり」と。[16]

この選挙では普選運動発祥の地たる長野県で、前記の普選論者植原悦二郎が国民党に推されて起ち、かつての普選同盟会信州本部の幹部唐沢長十や小島友太郎らの組織する憲政済美会松本支部の援助を受け(上条宏之『地域民衆史ノート』二三五ページ)、普選の同情者たる憲政会の降旗元太郎・樋口秀雄(龍峡、田岡嶺雲の友人)とともに当選した。植原は今井嘉幸・押川方義(もと牧師、無所属)とともに『中央公論』誌上で普選実現の抱負を語り、吉野の親友小山東助(憲政会)は普選即行には与しなかったが(市町村公民に限定)、議院内に選挙法改正の継続委員会を設けよと論じた(一九一七年六月号)。

労働者階級の先進分子も、普選をその要求の一つに掲げはじめた。当時ようやく教育・共済的機関より、本格的な労働組合に転換しつつあった「友愛会」は、一九一五年四月、その機関誌『労働及産業』において、会長鈴木文治[17]が「労働者の健全な自覚は国家繁栄の基である」との立場より「労働者にも一票を与へよ」と主張して以来、普選をその要求の一つにとり上げ、一七(大正六)年四月の創立五周年大会においては「普通選挙請願運動の件」が討議されるにいたっている(松尾『大正デモクラシーの研究』八二ページ)。また活版工の組合である「信友会」も、その機関誌『信友』において、普選を主張しているのである(『特別要視察人状勢一斑』第八)。

一方、前記日露戦後派的青年層に属する地方都市の中小商工業者や弁護士・新聞記者たちは、大正政変以来、地方的市民政社をつくりはじめ、その中には選挙権の拡張をとなえるものが出て来る(松尾『大正デモクラシー』第四章「地方的市民政社の発生」)。鳥取市では一九一三年三月に生まれた鳥取市連合青年会が、一九一七年四月総選挙では、会長君野順三を押し立て、「漸次普通選挙の理想に到達」することを目標とする選挙権の拡張を公約に掲げ、二九票差で惜しくも落選する(同上)。この選挙では前記永井柳太郎が金沢市で出馬し、これまた惜敗するが、これを機に金沢立憲青年会が一九一七年八月に結成され、十二月には総務高島伸二郎を市会に送り出す(小林昭夫、金沢大学修士論文「大正期における市民政社の動向」)。

普選を旗印としたものには、まず北陸滑川の立憲青年会がある。中心人物平井太吉郎(網元、醬油醸造業)は、日露戦時東京専門学校遊学中に幸徳秋水や堺利彦と交遊があったといわれ(斎藤弥一郎『富山県社会運動史』二六ページ)、幸徳事件後も売文社関係の出版物の売込みにつとめ、おのずと滑川の彼の周辺に一群の進歩的青年のグループが生まれた。柳原吉次郎(呉服販売・売薬業)・中村与八(町会議員、機織業)・松井上吉(菓子製造販売業)・石黒末吉(薬局)・橋本一井(製薬販売業)・鏡田義二(町役場吏員)・橋本好夫・飯坂清重・高田清次郎らである、彼らは大正政変に乗じ、国民党犬養系の人々とともに立憲青年会を創立、護憲運動に参加したが、一九一四年八月、『立憲青年新聞』(月三回、社長柳原吉次郎)を創刊、これを通して県下に同志を求め、同年一〇月「富山県立憲青年会」を結成した。時の司法大臣尾崎行雄を総裁にいただき、前回および次回(翌年三月)の総選挙で惜敗した高見之通を幹事長にしているところをみると、中正会(政友会の山本内閣との妥協反対をとなえて離党した急進派政友倶楽部の後身)の地盤づくり、ないしは高見之通の選挙準備機関の色彩がはなはだつよいが、その綱領には明確に民本主義的諸要求が掲げられていた。いわく「一、国民ノ自覚ヲ促シテ健全ナル輿論ヲ喚起シ選挙〔権〕ノ拡張ニ努ムルコト。一、集会言論ノ自由ヲ尊重シテ民権拡張ノ実ヲ挙クルコト。一、労働ノ神聖ヲ擁護シ社会ノ改良及共済ノ途ヲ尽スコト。一、行政ノ改革及財政ノ整理ヲ断行セシメ並ニ地方自治ノ基礎ヲ鞏固ニスルコト。一、外交ノ拡張ヲ図リ商工業貿易ノ発展及海外移民政策ノ発達ヲ期スルコト」(『特別要視察人状勢一斑』第七)。

滑川立憲青年会は、一九一五年三月の総選挙で同志会の森丘覚平(週刊『平民新聞』の読者の一人)を支持したらしく(『富山県史』通史編近代下、四九ページ)、このため富山立憲青年会はまもなく消滅したらしい。しかし『立憲青年新聞』は一九一五年九月郡会議員に当選した柳原吉次郎を中心に、滑川において継続して刊行され、「現代文明ノ批判者ニシテ社会革新ノ急先鋒ナル旨ヲ標榜シ、普通選挙ヲ主張スルノ記事及要視察人ノ寄稿ヲ掲載」した(『特別要視察人状勢一斑』第七)。また、同年二月、橋本一井は『第三帝国』の読者を「共鳴会」に組織した(『第三帝国』三二号)。官憲は滑川グループの一人野村幸助の、資産家に対する脅迫未遂事件を奇貨として、[18]一六年三月主要メンバーの家宅捜査を行ない、この弾圧と柳原吉次郎の離郷上京により『立憲青年新聞』は同年一〇月廃刊にたちいたった。しかしグループの結束は乱れず、平井は柳原の後をおそって郡議に当選し、一七年四月には「共鳴倶楽部」を結成し、「町政ノ改革」「政治思想ノ進歩」「多数貧弱者ノ救助」をとなえて、中村与八を再び当選せしめたのである。このころ平井ほか主要メンバーはすべて特別要視察人ないしは準特別要視察人に編入され、官憲のきびしい監視におかれたが、一八年夏の米騒動にさいしては、検束者たちの釈放に尽力し(斎藤、前掲書、四九ページ)、さらに同年一〇月には滑川に普通選挙期成同盟会を結成し、運動の全国的拡大の口火を切るのである。

静岡では大村幸太郎(鍛冶職)・杉山理助(薪炭醬油業)が中心となり、萩原福太郎・西村嘉吉・渡辺政治・山口福一・佐藤又一・志村文蔵・鈴木与太郎らとともに、四月中より普選期成同盟会組織に奔走し、その趣旨・綱領・規約を掲載したビラを配布し、五月一日静岡市西寺町玄忠寺で発会式をあげた。席上可決された決議はつぎのとおり。[19]「吾等ハ普通選挙ノ実施ヲ期スル為メ左ノ条項ヲ決議ス。一、全国ノ同志ト相呼応シ、輿論ノ喚起ニ努ムルコト。一、普通選挙ヲ主張スル代議士ノ選出ニ努ムルコト」。以後同盟会は県下各所にときどき演説会を開催して普選を唱導し、また杉山が従来発行してきた雑誌『怒濤』も同盟会の関係記事を掲載した(『特別要視察人状勢一斑』第八)。

静岡の同盟会は市民運動と密接な関連をもつもののようである。大村・杉山らは、このころ「静岡下水改良青年同盟会」を設置していたが、やがてこれを解散して一九一七年九月「自治政ノ研究ヲ為シ之カ改善発達ヲ図ル目的ナリト称シ」、「自治青年団」を組織し、杉山は幹事に、大村は会計係に就任した(同上)。この青年団と普選同盟会は表裏の関係にあったものと推測される。

愛知では片山潜門下の鈴木楯夫を中心に「普通選挙期成会」が結成された。鈴木は「今ヤ社会ノ風潮ハ現行選挙法ノ弊害ヲ自覚シ改正ヲ呼号シツツアルノ趨勢ナリ」とみて、一九一七年五月より六月にかけ片桐市蔵・寺沢鉄九郎・河村源次郎らと協議のうえ、六月一〇日、期成会を結成したのである。鈴木は社会主義者としての経歴上表面に立たず、「顧問」となり、「寺沢ハ主幹者」、「河村ハ相談役、片桐ハ外交員ニ決シ、矢木鍵次郎・斎藤富三郎等ノ援助ヲ受クルコトトシ」、会の趣意書および規約を定めた。[20]以後寺沢指揮のもとに「主トシテ片桐市蔵カ名古屋市内ニ於テ会員並請願賛成者ノ勧誘ニ努メ」、会員約七〇名、賛成者約四〇〇名を得た。これに力を得て、九月一日、寺沢・鈴木・片桐・河村・矢木および成瀬綱吉・寺島高允の七人が協議のすえ、同月二五日より片桐を名義人として機関紙(月刊)『民声』(毎回一〇〇〇部を印刷)を発行することになった。さらに「一二月一〇日以降数回、県下及三重県下ニ於テ」演説会を催し、片桐・河村・矢木・鈴木らが弁士となり普選の急務を高唱したのである。[21]

このほか大阪府中津町に「独立青年党」なるものが普選を綱領の一つとして、一九一五年一月に結成されているが(同上、第五)、その実態は明らかではない。ところで以上の三地方結社は、いずれも社会主義者を中心としている。しかし名古屋はともかくとし、滑川・静岡とも、その社会主義者はいずれも文筆の徒ではなく、一般の市民生活の中に身をおく人々である。そしてその周辺に集まった社会主義者以外の人々も、その職業の判明する滑川の場合をみても、機織・売薬などを営む商家であった。しかも中心人物平井太吉郎は大正七年度の戸数割順位三〇位、中村与八は五四位(全戸数一八八一)という上流に属し、その他のメンバーもほとんど中流の生活を営んでいた(橋本一井・斎藤弥一郎氏談)。彼らはただ観念的に普選を唱えたのではなく、その市民生活改善の要求と不可分の問題として、普選を要求したのである。滑川では「町政ノ改革」「貧弱者ノ救助」を主張して町会に代表を送っており、静岡では「下水改良青年同盟」あるいは「自治青年団」が姉妹団体として組織されている。そして静岡の同盟会は、一九一八年夏の米騒動にさいし、「普通選挙ニ関スル輿論ヲ喚起セントシ、同七年八月一五日静岡市ニ市民大会ヲ開カントシタ」(『特別要視察人近況概要』)。名古屋における構成メンバーやその活動の実態を知る手がかりはないので推測の域を出ないが、二、三ヵ月の間に七〇名の会員と四〇〇名の普選請願賛成者を得ていることは、名古屋でも滑川・静岡同様、普選が市民の要求となりつつあることを示しているように思われる。普選運動はこのような市民的基盤のうえに立って、ようやく啓蒙運動より要求運動に転化する気配をみせつつあったといえよう。

3　米騒動直前の普選同盟会

以上のように普選要求の声は、一九一七(大正六)年半ばごろ、にわかに高まる兆しを示した。堺利彦はこの形勢をみていう。「普通選挙運動がいよいよ各方面に起りかけて来た。民主主義的傾向を有する政治学者の間に、大分この運動に着手しそうな人々がある。新衆議院議員の中にも、この主張を有するかなり有力な人々があるらしい。落選候補者中には急に憤慨して之を唱道する連中が余程ある。古くから此の運動に関係した人々の中にも、更に一奮発する気を出したものが沢山あるらしい。(中略)兎に角此際是非ともして普通選挙要求の火の手をあげたいものである」と(『新社会』三巻一〇号、一九一七年六月)。また在米中の片山潜に報じていう、「普通センキヨ運動が新に起りかけ、来る臨時議会中に示威的の演説会を開くことになつてゐます」(六月一二日付、『平民』12、一九一七年八月号)。ここにおいて、普選同盟会は再び活動を開始するにいたったのである。

同盟会再興の中心人物は加藤時次郎[22]である。彼は一八五八(安政五)年福岡県香春町に生まれ、生家の業をついで医学を志し、八八(明治二一)年ドイツに留学し、社会主義思想の洗礼を受けた。二年ののち帰国して東京木挽町に加藤病院を創設し、新帰国の名医として多くの患者を得た。一九〇一(明治三四)年理想団結成とともにこれに参加し、幸徳・堺らを知り、週刊『平民新聞』創刊にさいしては多額の寄付を行ない、これを支援した。このころ「社会改良」を標榜して「直行団」を山口義三・白柳秀湖らとともに組織し、やがてその機関紙『直言』を『平民新聞』の後継紙たらしめたことは著名な事実である。日本社会党禁止後は、片山潜・中村太八郎・斯波貞吉らと水曜会を結成し、議会政策派を支持したが、幸徳・堺らとの個人的接触は絶たなかった。幸徳事件後一九一一年八月、犬養毅一派の鈴木梅四郎を理事長として、社団法人「実費診療所」を東京・横浜市内四ヵ所に設け、下層市民の診療に当たった。その機関紙『生活の力』を発刊したのは一九一三(大正二)年二月一〇日、ちょうど普選同盟会の委員におされたころのことである。彼はこの編集を同郷の友堺利彦に任せ、毎号のように加藤・堺・白柳・山口らが「婉曲ナル筆鋒ヲ以テ主義的記事、又ハ普通選挙ヲ主張スルノ記事」(『特別要視察人状勢一斑』第七)を執筆していた。

一九一六(大正五)年九月、加藤は鈴木と訣別し、新たに「資本家ニ抵抗シテ下級者相互ノ安全ヲ図ル」の趣旨で「生活社」をつくり、加藤病院を「平民病院」と改称してその経営を生活社に移管し、また「平民薬局」を設け、さらに山崎今朝弥の弁護士事務所を病院内に移して「平民法律所」の看板を掲げ、ついで大阪・横浜に病院の分院を作るなど、活発な社会活動を展開した(同上)。もっとも、彼は生活社の賛助員に、元宮内大臣伯爵土方久元・日本郵船社長近藤廉平・三井重役早川千吉郎以下、政・財界の名士の名を連ね、当局の圧迫を回避せんとする周到さをもそなえていた。

翌一九一七年一月、『生活の力』は巻頭に加藤の「普通選挙断行の好機会」を掲げて寺内内閣に普選断行を要求し、「生活社有志の名を以て」普選請願を貴衆両院に提出する計画を明らかにしたあと(成田龍一『加藤時次郎』一九五ページ)、同年六月、加藤は歩一歩を進めて生活社有志をもって「社会政策実行団」を組織した。これは「飽ク迄慈善主義ヲ排シ、単ニ平民主義、簡易主義、安価主義ヲ以テ多数協力相互扶助ノ実績ヲ挙ケンカ為」一種の協同組合の形態をとり、購買組合・信用組合・簡易食堂・低廉宿泊所・低廉病院・病災保険等の事業を興すことを標榜していた(『特別要視察人状勢一斑』第八)。その役員は、幹事加藤時次郎、評議員安部磯雄・佐治実然・大井憲太郎・高松数馬・向江都知三・榊原常吉・山崎今朝弥・青池晁太郎・飯田旗郎・大川石松・遠藤権次郎・中村太八郎である(『平民』[23]——『生活の力』が九月三〇日改題——七八・七九号)。このうち堺・山崎はこの組織計画の「首脳者」であり、また普選同盟会役員の経歴をもつものが五名(安部・佐治・大井・青池・中村)も含まれているところをみても、この実行団結成の意図が、単なる社会事業の経営にとどまるものでなかったことは推測に難くない。果然、六月一九日の設立当日、加藤・堺・中村ら十数名が会合し、第三九議会(六月二三日—七月一五日)にさいし普選運動を興すべきことを企て、「運動方法協議ノ結果、普通選挙期成同盟会ノ組織、議会ヘノ請願、演説会ノ開催、檄文ノ撒布等ニ付申合セヲ為シタ」。ところが「其ノ後発起者側ニ於テ内訌ヲ生シ、実行ニ着手スルニ至ラスシテ了」ってしまった(『特別要視察人状勢一斑』第八)。その間の事情は明らかでない。しかし加藤らの普選運動再興の意図は崩れず、同年末、第四〇議会の開会を前にして普選同盟会の再建を見るにいたった。

一二月六日、加藤時次郎・堺利彦・石塚三五郎・石川安次郎・熊谷千代三郎(もと「平民書房」経営、『火鞭』の出

版元)・半田一郎・久津見息忠・小野瀬不二人・茂木久平(のち高畠素之・尾崎士郎らと「国家社会党」をおこし、しだいに右傾、大杉栄遺骨奪取事件の黒幕)・尾崎士郎・北原龍雄・中村太八郎・青池晁太郎・宮地友次郎・野口喜八・藤田貞二・江川喜太郎・小林源十郎・久我懋正の一九名が、実行団事務所たる木挽町六丁目の加藤邸に集まり、加藤を座長として運動方法を協議した。中村・青池ら旧同盟会幹部、堺・半田・藤田・熊谷ら明治以来の社会主義者のほか、『第三帝国』の普選運動に参画した北原、および早稲田大学騒動で活躍した尾崎・茂木という、近ごろ売文社出入の新進社会主義者が交っているのが注目される。会合では、「結局姑息ナル選挙権拡張ナドヲ省ミズ、政府政党ニ頼ラズ、一意本会ノ主趣ニ向テ直進スルコトトシ」、ついで北原・尾崎・茂木の提案により「大正七年一月ヨリ二月末日マデニ市ノ内外ニ於テ約二〇回ノ演説会ヲ開キ、毎会幹部ヨリ両三名ヅツ出演スベク」決定し、その計画準備等一切は前記三名に一任された。なおこれらの活動経費約二〇〇円は、加藤が引き受ける旨申し出たのである[24](『普通選挙締盟簿』)。新同盟会の委員は、中村太八郎・松本君平・小野瀬不二人・大井憲太郎・森田義郎・西本国之輔・石川安次郎・加藤時次郎・青池晁太郎の九名(『平民』八〇号)。ただし実際の中心は堺利彦と中村太八郎であったが(『特別要視察人状勢一斑』第八)、ここでも社会主義者は表面に名を出さぬという慎重な態度を示した。なお同盟会の事務所は加藤邸に置かれた。

同盟会は『新社会』(四巻四号、一九一八年一月一日発行、その前々日発禁、ただし実際には相当数販売された)に「普通選挙」と題する広告を掲げ、運動開始を予告し、「若し夫れ運動の手段方法に就ては本会委員の中に於て目下立案中にあり、通信連絡研究遊説等に関する印刷物の類も近日必ず諸君の眼前に提供せらるべし、切に諸君の加盟賛助を訴ふ」と結んだ。そして一月一〇日には『平民』八〇号の付録として『普通選挙』と題するパンフレット(四ページ)が、「普通選挙とは何ぞや」「日本普通選挙運動略史」「普通選挙運動方法」等を内容として、数千部調製された。

この「運動方法」によれば新同盟会は二つの注目すべき計画をもっていた。第一は運動の全国的組織化である。このため同盟会は「同志の大きな堅い団結をつくることを第一の目的」とし、全国各地に支部を設立する必要性を強調した。そしてその連絡・研究誌として、とりあえず『平民』を宛てることを明らかにしたのである。第二は議会に対する請願デモである。明治以来の普選請願においては、請願書を代表が議会に持参するにとどまった。ただ一度一九〇六(明治三九)年二月には、先述のように小規模の集団請願が行なわれた。またその後、堺によって『第三帝国』誌上で提案されたこともすでに述べた。このたびはとくに二月九日を「普選デー」と定め、その「要求の切実な事を示すため」この日の午後一時を期して、各人請願書を持参し、直接衆議院に出頭するよう呼びかけたのである。これは一種の大衆デモであり、組織的な大衆運動が弾圧により不可能とされていた当時においては、巧妙な戦術であった。

この間運動の準備は着々と進んだ。一二月八日には加藤を通して、古い社会主義者岡千代彦(印刷業)より演説会の宣伝ビラ一万枚寄付の申し出があり、ついで院内では上埜安太郎・沢来太郎・島田俊雄(以上政友会)、加治寿衛吉・樋口秀雄・降旗元太郎(以上憲政会)の六代議士が請願の紹介議員となることを承諾した(『平民』八〇号)。また請願用紙数千部が調整され、先述の『平民』付録のパンフレットとともに地方有志にも郵送された。これに応えて、松山市の西田正義(号は陽州、新聞記者)は居住町内会で、つい先ごろの市会議員の階級選挙を攻撃し、請願署名二二を得、熊本県古町村の竹田宇平(水車業)も四名分を送ってきた(『特別要視察人状勢一斑』第八)。一方一月二四日の第一回演説会に備えて、宣伝ビラ二五〇〇枚が作成され、その中では入場料金一〇銭徴収のほか、弁士として、石川半山・馬場孤蝶・西本国之輔・加藤時次郎・横山勝太郎(憲政会代議士)・高島米峰(『新仏教』主幹)・室伏高信(新進の評論家)・藤田貞二・佐々木照山・北昤吉(一輝の弟、早大教授)・宮武外骨(普選要求政社「天傀社党」評議員——吉野孝雄『宮武外骨』河出文庫、二九四ページ)鈴木正吾(『洪水以後』同人)・鈴木文治・長谷川光太郎(不明)・北原龍雄の名を連ねた。

しかしこのとき、同盟会はまたまた官憲の弾圧にあわねばならなかったのである。

一月二四日の演説会の前日、警視庁特高課は加藤時次郎・中村太八郎両名を召喚し、つぎのように申し渡した。
貴下が関係する普通選挙運動は、表面は兎に角、事実上社会主義者の所業であつて、彼等の為す所に対しては相当の取締をなさねばならず、差当り明後日の演説会も禁止する方針である。貴下にして飽くまでも此運動に加はり、当方の注意を聴れざるに於ては、遺憾ながら貴下も社会主義者と見做さねばならぬ。尤も普通選挙そのものに関しては已に衆議院にも提出されたこともあり、有識者の間にも往々唱へられてゐるから、決してこれを兎や角いふのではない。ただその運動の本源が社会主義者の一団に在る所から、之を取締るのである（『平民』八一号）。

これはまことに理不尽な脅迫であった。同盟会には社会主義者以外のものも多く加入しており、中村太八郎のごときは、すでに一九〇九（明治四二）年一月には「特別要視察人名簿」より削除されている（『特別要視察人状勢一斑』第八）。「運動の本源が社会主義者の一団に在る」とはいえるはずがなかった。それに社会主義者が運動に加わっていても、運動の性格が社会主義的なものでない以上、何ら取り締まる理由はないはずである。しかし官憲にとっては、そのようなことはどうでもよかった。反動的寺内軍閥内閣にとっては、民衆の間にしだいにひろがる「思想悪化」＝権利意識発展の傾向が、普選要求の旗印のもとに結集されることが、何より恐ろしかったのである。社会主義者よばわりは社会主義者が国賊視されている当時において、民衆を恐怖させ、運動を分裂させる最良の手段であった。

特高の申し渡しをうけた加藤は、即日普選運動より手をひいた。「先方同志に多数の迷惑をかけるのみならず、余が関係事業、特に社会政策実行団にも尠からぬ累を及ぼす」というのがその理由である。『平民』も同盟会の機関紙たることをやめ、編集者堺利彦は辞任した（『平民』八一号）。[25] しかし加藤は、まったく普選運動の志を絶ったわけではない。彼が堺に将来「機ヲ見テ同志諸君ノ期待ニ副フヘキニ依リ、同志ニ於テモ之ヲ諒トセラレ度」しと語ったのは、けっして虚言ではなかった。二月七日、社会政策実行団評議員会は、「事業拡張のため」幹事を四名に増員し、加藤のほか佐治実然・青池晁太郎・中村太八郎を選び、中村がもっぱら実務に当たることになった。同時に評議員に、石川安次郎・斯波貞吉・田中弘之・島田俊雄・沢来太郎・樋口秀雄・上島長久(報知新聞主筆、憲政会代議士)・塩島仁吉・田中玄番・牧野充安(弁護士)が加わった(同上)。幹事四名はすべて普選同盟会の旧役員であり、とくに主任幹事中村は同盟会の象徴的人物である。新評議員中同盟会との関係が知られぬのは、上島・塩島・田中(玄)の三名にすぎない。この顔ぶれよりみて、社会政策実行団はあくまで普選要求の志は捨てず、運動再興の時機を待っていたものとみることができるのである。

一方、同盟会内の社会主義者を中心とする青年たちは、この弾圧にさいし、幹部の一歩後退の態度に与しなかった。前二回の弾圧の場合と異なるところである。加藤の同盟会脱退の報を受けた藤田・尾崎・北原らの若手の社会主義者は、加藤の態度を意気地なしとし、なおも運動の継続をはかり、二月九日の請願デモの実現につとめた。社会主義者以外でも西本国之輔らはこれに応じた。そして一月二五日、同盟会事務所を加藤邸より芝区金杉町の西本方に移し、請願用紙三〇〇〇部、前記『普通選挙』五〇〇〇部も引きついだ(『特別要視察人状勢一斑』第八)。堺は二月一日発行の『新社会』(四巻五号)に『普通選挙』に掲載してある「日本普通選挙運動略史」を転載し、また「普通選挙運動に就て」と題して、これまでの経過を報告し、官憲の弾圧を非難するとともに、「其後聞く所によれば」「西本氏を中心として二月九日の請願運動を継続する由」とつたえた。

西本らは市内で演説会を開き、運動の気勢をあげようと試みたが、官憲の圧迫のため、会場が得られない。二月二日、憲政会本部に代議士高橋久次郎をたずね、憲政会の援助を求めたが、同会も四日、「普通選挙同盟会ハ団員中ニ社会主義者混入シアルニ依リ、斯クテハ皇室ニ対シ畏レ多ク、又社会一般ニ対シテモ申訳ナキヲ以テ謝絶スベシ」と回答する有様である(『特別要視察人状勢一斑』第八)。

官憲の徹底した弾圧により孤立させられた同盟会は、二月九日の請願運動を目標にさらに努力を重ねる。「普通選挙請願の檄」を街頭で通行人に手渡し、あるいは両院議員に郵送する。八日には市内の主要新聞に対し、九日付の紙上に、「議会へ」の題下に「吾人ハ本日午後一時請願書ヲ携ヘテ衆議院ニ赴ク、請願用紙ハ東京新聞社ニ準備シアリ、普通選挙同盟会幹事西本国之輔」の広告文を掲載するよう依頼し、また、これら諸新聞の記者連を日比谷の松本楼に招待し、運動の経過をのべ、この請願運動に「相当援助方」を依頼した。

警察当局はあくまでもこの運動に弾圧を加えた。『東京新聞』号外として印刷された「普通選挙請願の檄」五〇〇〇枚は、八日発禁となり、全部押収され、市内の各新聞社に対しては、この運動に協力せぬよう「相当警告ヲ与ヘ」たのである。そして八日には、藤田貞二・北原龍雄・福田狂二・渡辺政太郎・半田一郎・江川喜太郎を、九日朝には、堺利彦・添田平吉・岩崎善右衛門・斎藤兼次郎・村木源次郎・山路信之助を検束してしまった。この弾圧の結果、同盟会は「全ク運動ノ自由ヲ失ヒ」、一般民衆は、ほとんどこの請願運動の存在さえ知らされることなくおわり、九日当日請願書を持って日比谷に向かった少数の人たちも途上で制止され、ついにこの請願運動は実現を見なかったのである。なお、この日検束を免れた小栗慶太郎らは、芝・上野・浅草の各公園で、一〇日「普通選挙国民大会」を開催しようと、芝区の一部に宣伝ビラをはったが、これまた、ただちに取り押えられた。かくて権力のむき出しの強圧の前に、「普通選挙同盟会事務所」の看板も、一四日取り去られてしまった(同上)。

弾圧されたのは同盟会の普選運動だけではなかった。この年の一月、「全国青年急進団」と名のる東京の私立大学の学生と若手先輩の組織が生まれた。綱領には「一、普選ヲ実施シ民本主義ヲ発表スヘシ、一、文官任用令ヲ撤廃シ以テ人材ノ新路ヲ開クヘシ、一、閥族ヲ撲滅シ、各政党ノ連合ヲ画シ、以テ真正ナル挙国一致内閣ヲ立ツヘシ」の三ヵ条を掲げた(内務省警保局『大正八年十一月十日現在政治運動団体調』)。これはすでに何回か私立大学生により試みられた文官高等試験改革運動[26]の系譜を引くものであったが、この急進団の運動の眼目は、普選の実施と寺内閣打倒にあった。小関藤政(明治大、のち弁護士)が各私立大学の弁論部によびかけたもので、役員としては外交総務西岡竹次郎

(早稲田大、のち自民党代議士)・会員主任吉永半平・文案起草庶務主任小関藤政・演説会準備主任内藤隆(早稲田大、のち自民党代議士)が名をつらねた。一月中に四回の演説会を開くなど活発な運動を開始し、二月二日、日比谷公園に普選実施を唯一のスローガンとして、「閥族撲滅全国青年大会」を開こうとしたところ、その前日より一九名の幹部が検束された。(27) その中には同盟会の活動家尾崎士郎が含まれていたが、他は社会主義者とはもちろん、同盟会とも直接の関係をもたぬ人々であった。しかも政府は「不穏の行動を敢てするおそれあり」(第四〇議会での三木武吉の質問にたいする内相答弁書、『大日本帝国議会誌』(11)、三八七ページ)として弾圧を加えたのである。

一九一八年初頭の普選運動は、このように寺内内閣の手で抑圧された。しかし国民の間より、上述のごとく普選要求の声がしだいに強く発せられる傾向にある中で、運動がかくも容易に圧殺されたのには、普選運動の組織そのものにも問題があるとされねばならぬ。すなわち普選同盟会は、この段階においても主として明治以来の自由主義者と社会主義者によって構成され、第一次大戦中に活躍しはじめた吉野作造・大山郁夫・今井嘉幸・植原悦二郎・布施辰治ら民本主義の新進論客、およびその影響下にある知識人層を仲間に加えることができなかった。民本主義者たちの加入は、普選同盟会を日露戦争前のような民主主義統一戦線組織の性格に復帰させ、普選運動を民衆運動として発展させるために必要なことであり、またそれはけっして実現不可能なことではなかったはずである。しかしついにそのことが見られなかったについては、その事情の即断は今のところゆるされないが、おそらく、民本主義者の側の官憲の弾圧にたいする気おくれとともに、古参同盟会員の側にも、セクショナリズムに起因する新事態に対する適応能力の欠如があったと考えられる。しかしいずれにせよ、この時期に組織の再建が中断したことは、一九一八年夏の米騒動以降の政治状況の急変にさいし、普選運動が即座に対応しえず、原敬内閣による制限的選挙権拡張を許した一つの大きな原因となった。

組織的な普選運動は圧殺されたが、しかし青年知識人層を中心とする民衆の政治的自由への要求は、いまや抑え難いところにまで発展していた。当時『中央公論』の時論を吉野作造とともに執筆していた大山郁夫は、この形勢をつぎのように描いた。

内外四囲の情勢は今や健実なる国民的自覚を刻々に促しつゝある。(中略)国民的政治とか国民外交とかの表現が既に我国の言論界の常套語となりつゝあることは、この時勢の推移を隠約の間に反映するものと見るべきものである。(中略)殊に青年学生の間に政治的改革思想が広く瀰漫しつゝあることは、近年勃興したる月刊雑誌上の新政論に或る程度の交渉を有して居るものに相違ないと思ふが、兎に角それが或る社会的勢力となりつゝある事は注意すべき事実である。所謂青年急進団の行動の動機の純不純は、我等の毫も関知せざる所であるが、之を外にしても尚ほ、選挙権拡張若くは普通選挙運動が、小規模ながらも直接都下の青年の手に依つて行はれ、若しくは青年に依つて最も熱烈なる歓迎を受けつゝあることも亦周知の事実である(「憲政三十年の獲物」『中央公論』一九一八年三月号)。

寺内内閣の弾圧はこの大勢にたいする必死の抵抗であり、いわば専制支配最期のあがきともいうべきものであった。諸政党はこの形勢を見て、第四〇議会に一斉に選挙法改正案を提出した。いずれも選挙権拡張を眼目としたものであり、さきの普選請願の紹介議員を総裁が叱りつけた政友会でさえ(堺利彦「危険危険何が危険」『新社会』四巻六号)、納税額五円低下にふみ切り、憲政会は五円か中卒以上・独立生計案、国民党は三円か中卒以上案を主張した。政府も選挙法改正案を提出したが、これは選挙権拡張にまったく触れず、たんに議員定数の増加(人口増加に比例しての)を意図したものにすぎなかった。主要な言論機関は、せめて諸政党が統一して選挙権拡張を実現すべきことを要求したが、(28)結局、政府案・政友会案ともに委員会の段階で撤回され、憲政・国民党案はそれぞれ否決されてしまった。(29)大山郁夫は、これは要するに「各政党も亦表面選挙権拡張を唱へて輿論に調子を合はせながら、内実は小策小技巧を弄して百方その実現を妨害して居る」結果であると評した(「選挙権拡張に対する各党の態度」『中央公論』一九一八年四月号)。

民衆の要求の高まりと要求の実現の間には、なお厚い壁があることは厳然たる事実であった。これを突破する道は何か、すでに一九一四年、普選運動をリードした『第三帝国』はいう。「現代に於いては如何なる権力も民衆の勢力を抑圧し得るものではない。事が成るのが難いのではない。事を成らしむるに足る一大民衆勢力を作ることが難いのだ。(中略)其一大勢力の一分子である民衆の個々の小勢力が自己の小勢力を侮り、従つて此小勢力の衆合体たる大勢力の能動力の偉大さに思ひ及ばないからだ」(一二五号)。しかし孤立分散化している民衆の小勢力を大勢力に集中せしめるには、民衆の力の自覚だけではなく組織が必要である。その組織の中核には、それ自体団結しやすい条件を備えている労働者が据わらねばならない。友愛会はこのころ全国的労働組合の実質を備えつつあったが、その六周年大会(一九一八年四月)の記念講演会において、今井嘉幸は「普通選挙要求の声は、団体の叫びでない以上は無力である。諸君よ! 諸君を措いて他にこの叫びを発しうる者があらうか。起てよ! 諸君よ!」と訴えていた(『労働及産業』七巻五号)。だが民衆のいっさいの政治的自由を圧殺せんとする寺内内閣のもとでは、友愛会は現勢維持に手いっぱいで、普選運動に進出する余力もなかった。

言論・集会・結社等の政治的自由の奪われているかぎり、民衆の組織的運動は不可能であり、普選もただかけ声だけにおわらざるをえない。だが、その自由も、民衆の強要によってのみ獲得されることは歴史の示すところである。一九一八(大正七)年夏の米騒動は、表面的には単なる飢餓暴動のように見えるが、その実体は天皇制の専制支配に対する民衆の反抗心の爆発であった。このため権力の側も、むき出しの暴力的支配体制の修正を余儀なくされ、ここに実質上最初の政党内閣の成立を見、この原内閣は、世界的な民主化風潮の圧力の故もあって、一定の政治的自由の拡大を認めたのである。ここに民衆の政治的覚醒の深化とともに、民衆運動としての普選要求運動の展開する条件が生まれた。

このとき各地においていち早く運動の火の手をあげたのは、雌伏を余儀なくされていたかつての普選運動の同志であった。まず、米騒動勃発地点富山において、一八年一〇月六日、かつての富山立憲青年会滑川支部の面々が、平井太吉郎を中心に滑川普通選挙期成同盟会を結成し、全国に檄を飛ばした。これに呼応し、松山の西田正義が運動をはじめ、さらに仙台・静岡・名古屋など、明治期より運動の種がまかれていた地点に同盟会が組織され、盛大な市民大会が開かれた。東京においても運動の皮切りとなったのは、一九一九年一月一八日、黎明会講演会における今井嘉幸の演説であった。

中村太八郎・松本君平・青池晁太郎らは、一九年一月弁護士牧野充安方に普通選挙期成同盟会の事務所を置き運動を再開し、二月九日、政界・ジャーナリズム・弁護士界の有志を集め、「選挙法中納税資格撤廃同志大会」の名で一大懇親会を東京海上ビルに開き、さらに三月一日には約一万人の民衆を動員して、普選運動はじまって以来の大デモを日比谷周辺に行なったのである。普通選挙期成同盟会(二月改組)は、その後翌一九二〇年春まで活動をつづけたが、普選運動全体において占める役割はいちじるしく低下した。米騒動前、民主統一組織としての性格を回復できなかった同盟会は、一方では憲政会が、他方では友愛会を中心とする労働組合勢力が、普選運動の指導権を争って登場してきた段階において、独自の指導勢力、あるいは諸勢力の連絡機関としての機能も果たしえず、憲政会の院外団的地位に転落する傾向を示した。この年普選の可否を問うた総選挙の直後の六月二七日の協議会(本書三四九ページ)を最後に、同盟会は歴史の表面よりその姿を没する。運動の創始者中村太八郎は、この選挙で長野より立候補したが、わずか十数票で落選したあと、土地国有論に余生を打ち込むことになる。木下尚江は明治末年すでに社会運動より岡田虎次郎の「静座」に隠遁し、加藤時次郎は平民病院の経営に専心する。小野瀬不二人にいたっては、東京毎夕新聞社長として、普選のもっとも強力な反対者原敬のスポークスマンに転身している有様である。普選運動の一九一九年以降における新段階については、稿を改めて述べねばならない。

Ⅱ 第一次大戦後の普選運動

一　第四一議会下の普選運動

1　米騒動直後の選挙権拡張論

一九一八年夏の米騒動は、選挙権の拡張を不可避的な政治問題として提起した。米騒動それ自体は、形式的には街頭の暴動にほかならなかったが、内容的には、国民の半封建的政治・社会体制に対する抗議の表明であった。シベリア出兵のさなか、一〇年前なら挙国一致のかけ声に積極的に協力したはずの民衆が、このたびは「「国家を何うしてくれる」とはいはないで、「自分を何うしてくれる」と叫んで立った」のである（『大朝』社説、大7・8・22）。彼らはこの原初的な権利意識を政治的目標に集中させることはできなかったが、その要求はジャーナリズムに拠る民本主義的知識人の言論活動に代弁、あるいは反映されていた。彼らは騒動の渦中にあって、元老の廃止、軍部大臣武官制の撤廃、政党内閣制の確立、労働組合結成の自由などとともに、絶対主義的機構の核心に迫る問題として選挙権の拡張を提起した（井上清・渡部徹編著『米騒動の研究』五巻、三〇〇ページ）。民本主義的ジャーナリズムは、原内閣の成立にあたっても、選挙権の拡張を強く要請した。急進的な弁護士団「東京法律事務所」の機関誌『法治国』の一一月号は、全国の新聞雑誌に発表された約三〇〇の原内閣歓迎の文章が、新内閣に対して何を希望しているかを調査し、その集計をつぎのように発表している。

立憲主義・政党主義の徹底……50　社会政策の実行、労働組合の自由公認……35　選挙権拡張……34　物価調節……33　民意尊重……24　官吏自由任用……23　後継内閣は政党に……9　言論・思想の自由の保障……15　党

弊除去……15

当時の選挙権拡張論の主要な論拠は、暴動の再発を防止するには、民衆の「社会的不満を平穏に訴ふるの政治手段」が必要だということにあった(佐々木惣一「米騒動の教訓」『大朝』8・22)。河上肇は「吾輩は、日本の貧民又は労働者が、彼等の利害を(又は、をも)代表すべき学説と言論、組織と機関を有せざることを以て、我社会の為最も危険なりと為す者である」といい(同上、8・23)、『大阪朝日新聞』の社説もまた、「今までは彼等を無産のまま無智識のまま国政に参加せしむることは国家の危険であると云はれてゐたのであるが、今は反対に彼等を参加せしめないことが、国家の危険であると解つた」と論じた(「時局と選挙権」8・31)。

このように選挙権拡張がにわかに高唱されるようになっても、普通選挙即行を具体的要求として論ずるものが、ほとんどなかったことは、注目されねばなるまい。前記『大阪朝日新聞』の社説「時局と選挙権」は、前文につづいていう、「吾人は……普通選挙の実行を今断言するの地位にあるものではない。然し政治上の急激なる変化は、最下層民の参政権について、数年前よりも、今日は一層適切に研究しなければならぬ時機であることは断言し得る」と。すなわち普選はいまだ研究課題にすぎず、したがって、民衆に対して普選要求運動を起すべしとの提唱は、行なわれる由もなかったのである。

このような言論界の普選に対する消極的態度は、国民の期待に背く原内閣の言論抑圧政策によりいっそうつよめられた。原敬は寺内前内閣の意図をそのまま継承し、デモクラシー運動の言論指導部の観があった『大阪朝日新聞』の圧迫につとめ、鳥居素川・松山忠二郎の東西両朝日の編輯局長をはじめ、長谷川如是閑・大山郁夫その他多くの有能な記者を退社せしめた(松尾『民本主義の潮流』一四五ページ以下)。皇国青年会、あるいは浪人会など右翼団体の民本主義排撃攻勢も激化した。かねて鳥居素川と対立していた西村天囚の手中に帰した『大阪朝日新聞』の論説陣は、普選についても「国民一般の自覚と並行するを要し、今俄かに施すべからず」(11・19)と拒否的態度を明らかにした。他新聞の論調も保守化し、たとえば『大阪毎日新聞』や『国民新聞』は、それぞれ原内閣成立後、一度しか社説において選挙権拡張に言及することなく(前者は10・28、後者は10・30)、『時事新報』にいたっては、まったくこの問題にふれなかった。警保局が一〇月一日から翌年一月一七日にかけての新聞二四紙、雑誌一九誌を調査した結果によれば、雑誌では普選論一五、資格拡張論七と普選論が優勢であるが、逆に新聞では普選論八に対し拡張論が三〇と優勢を示す(1)。

このとき、明確に普通選挙の旗印を掲げたのは、米騒動前よりこの問題に熱意を示していた社会主義者たちであった。堺利彦は『中外』(一一月号)において「普通選挙と労働組合」の一文を発表し、米騒動および付随しておこった炭坑暴動は「無意識的なる」普選と労働組合の要求であり、したがって米騒動の再現を防ぐには、この二要求をみとめ、かつ言論の自由を確立し、「民力と財力との二つの社会力をして公平に其の実力を発現させる事が肝要」であると主張した。地方でも、『特別要視察人近況概要』(一九一九年一月調)によれば、静岡市の「普通選挙期成同盟会」(本書一一四ページ以下参照)は、米騒動の渦中八月一五日、静岡市内で普選要求の市民大会を計画し、これは禁止されたが、同盟会の有力メンバー佐々井辰次郎は、県下の遊説活動をつづけていた。高知在住の幸徳駒太郎(秋水の義甥)は、一〇月半ばより、その経営する『南国新聞』に、「起てよ国民普通選挙の為めに」という記事を連載し、また松山で雑誌を発行する西田正義も、機会をとらえては講演を試み、あるいは宣伝ビラを配布した。

その中でもっとも注目に値するのは、米騒動勃発の起点たる富山県の滑川町における、普通選挙期成同盟会の結成である。堺利彦と親交のある社会主義者平井太吉郎を中心とする青年グループは、一九一四年以来、新聞を発行したり、あるいは郡会や町会へ自派の議員を送りこむなどの活動を行なっていたが(本書一一二ページ以下)、米騒動の余燼消えやらぬ一〇月六日、約五〇名の会員をもって前記同盟会を設立したのである。その規約は、衆議院のみならず、地方議会における成年男子に対する普通平等選挙権の獲得をうたい、その宣言は「藩閥官僚ト政党政治家トガ入リ乱レテ、或ハ私欲的ノ政権争奪ヲ為シ、或ハ情意投合ノ妥協政治ヲ行ツテ」「政治ガ財力階級ノ為ニ利用セラレ国民多数ノ利益幸福ガ閑却サレルニ至ル」現状を批判し、普選の目的は「第二維新」すなわち「政党ヲ破壊シ、議会ヲ改造シ、財力階級ノ専横ヲ防遏シ、以テ真正ナル四民平等、公議輿論ノ新政治ヲ実現スルニ在リ」とし、「無意識ナル普通選挙ノ要求」たる米騒動の再発を防ぐためにも普選を断行せよと主張した(『富山県史』史料編近代下・通史編近代下)。この報は全国諸新聞に掲載され、人心を鼓舞するに力があった。この月結成されたばかりの京都の労学会は、河上肇の発意により水谷長三郎を滑川に派遣し、「爾今京都側と緊密なる連絡下に相呼応して一大運動を巻き起すべく凝議」した(斎藤弥一郎『富山県社会運動史』七〇ページ)。一九一八年一二月、関西三都に展開された普選運動の口火を切る「京都普選期成労働者大会」の計画は、この会合を機縁として生まれたものといえる。滑川の同盟会は、規約・宣言の印刷頒布が出版法に触れるとの名目で、直ちに官憲の抑圧を受けたが、同盟会の結成それ自体、その後の全国的普選運動展開の口火を切ったものとして、運動史上一定の地位を与える必要があろう。

2　支配体制内諸勢力の動向

一九一八年一一月半ばの第一次大戦の休戦と、それにつづく国際連盟構想の現実化は、世界的な民主主義的潮流の日本への到来を意味するものとして、支配層に深刻な動揺を与えた。すでにロシア革命直後、原敬は「将来民主主義の勃興は実に恐るべし」(『原敬日記』大6・10・22)と予見していたが、いまやそのおそれは現実のものとなろうとしていた。憲政会の領袖武富時敏は、もっとも端的に「世間では民本主義の発達などと云ふ語が流行して居るが、我輩は主義の問題を彼是謂ふのではない。事実を謂ふのである。今後は民衆多数の勢力に対しては、何物の勢力と雖も之を抑圧することは困難であらう」(傍点原文。「戦後の急務として現内閣に要求する施設の二三」『大観』一九一九年一月号)と語っていた。

ここに民衆統治体制の何らかの修正が必然化する。官僚勢力の頭目たる山県でさえ「政体は立憲君主制を執り、政治は民本主義でなければならぬ」と口走る有様であった(『大正デモクラシー期の政治――松本剛吉政治日誌』大7・12・2)。こうして選挙法改正問題は、民衆の側の参政権拡張運動がまだ組織されぬうちに、体制の側から、先手をとって提起されることとなった。政友・憲政・国民の各党とも一九一八年末には党内の意見調整がはじまり、国民党はいちはやく一二月二八日の代議士会で党議を決し、憲政会も翌年一月一七日の政務調査総会で、幹部案を承認した。政友会では、一八年内においては、党内になお官僚勢力に対する配慮より、第四一議会の選挙法改正案提出を不得策とする声があったが、二月八日に政府は選挙法改正案を枢密院に諮詢すべく奏請した。

周知のように原内閣は第四一議会に、小選挙区制と選挙権の納税資格制限の緩和(直接国税一〇円→三円)を主内容とする法案を提出し、ほとんど無修正で両院を通過させた。原敬は同法案を高等教育機関の拡充とならぶ「現内閣の方針たる二大案」(『原敬日記』大8・3・25)と重視していたが、それは如何なる政治的意図をはらむものであったのか。彼は自らその日記で次のようにのべる。「議員個人に取つては一害一利あれども、国家全体の上に於ては此選挙法を改正せずしては国家の為め由々しき禍害を生ずるの虞あれば、余は数年前より之を主張し曾て議会に提出し衆議院は通過したる事ありたるも、今日まで不成立なりしも、世界の民心も種々変化あるを認むれば此際之が成立を希望し、内務省に於て立案せしめたるなり。但世間には普通選挙論もあれども今日はその時機にあらずと思ふに付、単に選挙資格を直接国税十円のものを三円に低下したり」(同上、2・1)。

原敬の選挙法改革の主眼は、まず明治末年以来の懸案たる小選挙区制の実現にあった。もともと原敬は、日露戦争後の非特権資本家および都市中間層の反官僚支配の気運の増大に対し、支配体制安定方策として小選挙区制を打出した。小選挙区制は、ゆるごうとしている地方の名望家中心の支配秩序の維持をねらいとしていた。買収・利益導入などの手段により「中間の穏健なる思想の持主」の地盤を安定させ、「労働者其他の細民を教唆するやうなることをいって選挙に当選致し居る者」は排除されることが期待されていた。そして、より直接的には、この区制は万年与党たる政友会の議会における絶対多数化を意図していた。天皇制支配体制全体の利益に奉仕しうる唯一の「国家政党」たる政友会が、国民多数の意思を代表するとの民主的仮装のもとに、藩閥官僚に代って政権の座につく、これが原敬にとっての「憲政」の確立にほかならなかった(拙稿「原敬」遠山茂樹編『近代日本の政治家』所収)。いまや「世界の民心も種々変化」の折から、いち早く小選挙区制によって、「憲政」を確立し、民主勢力に対する堡塁を築くことなくしては、「国家の為め由々しき禍害」と決意されるにいたったのである。

一方原敬は民主主義の潮流に対し、官僚の「遮断」政策に反対し、「之を激盛せしめずして相当に疏通して大害を起さゞらん事」を期していたが(『原敬日記』大6・10・22)、選挙権の拡張はこの意図に副うものであった。しかしこれは単なる譲歩でなく、二つの策略が秘められていた。第一に、この拡張は政友会にきわめて有利に作用するものであった。すなわち改正によって有権者数は一四六万より二八六万へ倍加するが、市部が一八万より二八万余にふえるに対し、郡部は実に一二八万より二五八万へと圧倒的な増加数を示す。しかも市・郡を問わず、新有権者は保守的小地主層がその大半を占めるのである。美濃部達吉の説明を聞こう。「選挙権の標準たるべき直接国税の中、所得税及び営業税は、その最少のものと雖も、所得税は年額一〇円、営業税は年額七円を下るものは無く、随て之を五円、三円、又は二円に低下することは……唯従来選挙権を与へられなかつた小地主に選挙権を付与するものたるに過ぎぬ」(「選挙法の改正」『太陽』一九一九年二月)。民主主義の潮流の担い手たる都市中間層および無産者層が、この拡張によりほとんど恩恵を受けぬところに、原敬の「疏通」政策の党派性と疑似民主性が明確に示されている。

第二にこの拡張は、普通選挙運動に対する防波堤の構築を意図するものであった。内相床次竹二郎の貴族院委員会における説明にいう。

段々此普通平等ト云フヤウナ思想ハ何レノ方面ニモ拡ガリツ、アル……爰一年二年三年ナリ待ッテ落著ク所ニ定メタラト申スコトハ、却テ今日此案以上ニ拡張スル覚悟ヲ持タナケレバ、其コトハ見込ガ違ヒハ致サヌカト私ハ考ヘルノデアリマス、……時代ノ趨ク所ヲ見テ、幾分カ先キニ進ンデヤリマシタナラバ、尚ホ先キマデ進ムベキ所ヲ或程度デ抑ヘルト云フコトガ出来ヤウカト考ヘマスル(臨川書店版『帝国議会貴族院委員会議事速記録』――以下『貴委録』の如く略す――10、三七〇ページ)。

そして翌年普選要求の昂揚に際して、この政府の早手まわしの拡張は絶好の防戦の武器となる。「憲法付属ノ大典ト称スル衆議院議員選挙法ガ、一年モ経タヌ中ニ、而モ実行モシナイ中ニ之ヲ変更スルト云フニ至ッテハ、如何ニシテ議院トシテ国民ノ信用ヲ博スルコトガ出来ルカ」(原敬の発言、『帝国議会衆議院委員会議録』――以下『衆委録』と略す――24、五一六ページ)。第四二議会の解散理由の中にもこの理屈が使用されている。

ところで、当時政府案にとっての最大難関と目されたのは、選挙権の拡張はもとより、小選挙区制にも明治末以来一貫して反対してきた官僚勢力であった。諸新聞は一九一九年はじめでも、とくに小選挙区制については枢密院・貴族院の難色が強いことを繰返し報道していた。しかし山県有朋でさえ、支配体制維持のためには政友会内閣に依存しなければならぬ状況にある以上、一般の予想を裏切って、両院は唯々諾々と政府案を通過させてしまった。枢密院では「若し枢府に於て区制を否決せんか……其結果時代の要求たる選挙権の拡張も亦共倒れとなり、枢府は国民の怨府となる」(『大朝』大8・2・19)との意向が強くあったらしく、わずか二度の委員会審議ののち政府案を無修正で可決した。二月二二日の本会議で、審査委員長細川潤次郎は、かつて枢密院が小選挙区制を可決し、また地租五円以上、その他の直税三円以上案を可決した先例を述べ、「且昨今世上ノ形勢ヲ察スルニ三円以上位ノ見当ニテ折合フコト平穏ノ方法ナリ」と強調し、「一指ヲ染ムルコトナク」「今日ハ討議ヲ須ヒス一瀉千里ニ之ヲ可決セラシムコトヲ希望ス」と発議し、即決可決された(東京大学出版会版『枢密院会議議事録』21、三ページ以下)。貴族院においても「飽迄民怨の府となるが如き態度を避けざるべからず」(某子爵談、『大朝』3・5)のような意見が大勢をしめ、また寺内官僚内閣に政友会が協力した実績を考慮された形跡もあり、貴族院本会議では二一六対一二(反対票には普選論者山脇玄らの票もある)の大差で通過した。このような貴族院の政府協力の態度表明は、のちの政友会の貴族院縦断政策の下地ができ上っていることをものがたるものであった。

憲政・国民両野党とも政府案に対決する姿勢を示さなかった。まず第一に両党は共同戦線を張らなかった。小選挙区制反対の点でこそ一致してはいたが、選挙権の拡張には若干の態度の差異がみられた。納税資格二円(市町村の公民権資格)以上の者、あるいは中等学校卒業以上の学歴を有する者を有権者とする点では同一であったが、憲政会ではこの中卒以上のインテリに「独立の生計を営む者」(後に詳述)の条件を付した。国民党は兵役義務修了者をも有権者に加え、選挙・被選挙人の年齢を五年引下げ、それぞれ二五歳と二〇歳とした。この両党案の調整は最後まで行なわれなかった。憲政会内の普選論者大竹貫一は、院外でようやく盛上ってきた普選要求の世論に対し体面を保ち、かつ自党内の幹部・少壮両派の対立(後述)を緩和し、さらに国民党との戦線統一をはかるという一石二鳥の策として、次期議会まで法案を継続委員に付託することを提議したが、同党幹部は党議を軽々に動かすべからずとして一蹴した。大正政変以来の両党の反目、あるいは前内閣以来の国民党と政友会との友党関係の継続(国民党はこの議会でも政府予算案に全面的に賛成した)といった事情もあろうが、両党の足並みが揃わぬという事実の背後には、実は両党案とも政府案に基本的に対立するものではない、という根本的な事情があった。

すなわち、勤労民衆を有権者より排除する点で、与野党とも完全に歩調を一にしていた。憲政会を代表して、斎藤隆夫は「恒産アル者ハ恒心アリ」の理由で、納税資格の維持をとなえ(『衆委録』20、五〇六ページ)、年来の普選論者たる国民党の植原悦二郎さえも、「今日マデ三十年モ継続シテ居ル」納税資格を「一時ニ打破スルノモドウカ」といって(同上、四八四ページ)、まず地方自治体における普選を先決とした。両党とも政府案より一円納税資格が低かったが、それは先述の美濃部達吉の証言から推測されるように、かえってますます小土地所有者を有権者に加える効果しか持たなかった。仮に一八万人の中卒者を加えてみても(すべてが都市インテリではない)、郡・市有権者の均衡に何の役に立とうはずもなかった。

選挙権拡張に関する限り、与野党間に大した差がないということは、対民衆政策に基本的な差がないことを推測せしめるものがある。少なくとも野党の幹部に、政府案の通過を黙認する傾きがあったことは否定できない。憲政会の副党首格ともいうべき若槻礼次郎が、貴族院において政府案に賛成票を投じているのは(『大日本帝国議会誌』⑾、八八九ページ)、単なる札の入れまちがいというようなことではあるまい。無産階級の進出をおそれ、これに先手を打って防壁を築くという点においては、支配体制内諸勢力の意思はいちおう統一されていたのである。

しかし、一方では少数ながら普選支持者たちが、各政派内で活動をはじめていることも見逃してはならない。国民党では、年末一二月二八日、前記の選挙法案を代議士会で決定した以後、六名の代議士が普選をとなえて党議の変更もしくは除外例を要求し、二月一四日にこれが拒否されたあとも普選案提出に奔走したので、三月八日に除名処分を受けた。(2) 憲政会内の状況はかなり深刻なものがあった。すでに一九一八年末には黒須龍太郎ら有志の会合があり、年初には普選派の気勢ますます上り、一月一五日の政務調査会では、三木武吉・高木正年らの奮戦で、江木翼起草の幹部案が否決されようとし(『大毎』・『国民』1・17)、このため採決は延期され、ようやく翌々日、幹部側の「理想としては納税資格の制限撤廃に賛成し、其実現を期するものなり」との言明により、幹部案が辛うじて承認された。普選派はさらに二月四日、尾崎行雄・島田三郎両顧問ら三五名(所属代議士の三〇パーセント)を糾合し「速かに普通選挙の実現を期す」と申し合せた(3)(『大毎』2・6)。与党政友会の内部にも動揺がみられた。明治以来の普選論者松田源治を委員長とする政友会の選挙法改正特別委員会は、一八年末憲政会案とまったく同一の改正案を決定していたが(『時事』

12・19)、年が明けると会内の普選支持有志は、一月一八日と二月二日の二度にわたり会合して気勢をあげ、二月二日の集会出席者は二五名(代議士総数の一五パーセント)に達した。(4)

これら院内普選論者の間には自ら提携の気運が生まれ、一月三一日には、松田源治・一宮房治郎(政友)、藤井善助・堀川美哉(国民)、関和知・鈴木富士弥(憲政)、今井嘉幸らが「重大問題につき調査研究の要あり」と会合したが(『大毎』2・1)、結局二月一八日の第二回会合では「我等は既に提出しある選挙法改正案に対して反対の運動を試むるものに非ず」(『時事』2・20)、「来議会又は来々議会に普選法案を提出する場合、何処迄も各派一致を以て目的貫徹の為に邁進せんことを申合せ」たにとどまった(『大毎』2・19)。『大阪毎日新聞』の社説(2・6)は「各派の普通選挙論者は相提携し相結束して国民の結束を促し、輿論の勃興を促すの手段に出でず、党議に忠なるの故か」と、そのふがいなさを嘆じた。院内普選派はたしかに党議に束縛されてはいたが、普選即行への熱意にも欠けるところがあった。彼らの中には敵本主義的な反幹部派が混入していたであろうことは推測に難くない。政友会普選派の意図は「世間に対する体面を保ち、他面……幹部の反省を促さんとする」にありと観測されていた(『大毎』2・17)。国民党の植原悦二郎のように望みを来議会にかけ、今議会に普選案を提出することは、かえって貴族院を刺戟して政府案の通過を助けると判断して、普選論者と行動を共にしないものもいた(植原「普通選挙運動所感」『太陽』一九一九年四月)。先述の二月一八日の有志会さえ、これは「普通選挙尚早の機運を煽る目的を以て」開かれたものと報ずる新聞もあった(『国民』2・20)。

このような状況の下で、国民党の脱党組は普選同盟会の支持のもとに今井嘉幸(無所属)らと結び、新政会と無所属団に働きかけて普選案の上程を試みた。しかし政府・官僚派・国民党各方面より干渉の手がのび、「殊に官僚の一派よりは普通選挙の提唱を以て畏くも皇室の尊厳を冒瀆するものなり等の妄論を以て迫るあり」(『時事』3・6)などのこともあって、憲政会の黒須龍太郎の脱党も空しく、法案提出に必要な二一名の賛成署名は、わずか一名の不足のため、ついに揃えることができずに終ったのである。(5)

3　普選運動の一般的状況

民衆の普選運動は、支配体制側の対応に一歩先んじられた。東京ではじめて大衆集会で普選が唱えられたのは、一九一九年一月一八日、黎明会第一回講演会における今井嘉幸の演説であった。これより二月一一日の憲法発布三〇周年記念日を目標に、普通選挙同盟会と新興の学生団体が活動をはじめた。堺利彦の提唱した葉書による国会請願運動も、次第にひろがった(貝塚渋六「ハガキ運動」『中外』一九一九年一月号)。二月九日普選同盟会の肝煎りで各派代議士一八名、弁護士・新聞記者ら二百余名を集めて「納税資格撤廃同志大会」が開かれ、席上、細井肇の提案した二月一一日の「憲法発布記念祝賀ヲ兼ネテ普通選挙要求ノ旗印ヲ押立テ、行列ヲ作リテ両院議長ヲ訪問セム」との動議は少数で否決されたが(内務省警保局『普通選挙運動ニ関スル現況概要』第二)、この計画は学生に引きつがれ、二月一一日には都下学生二〇〇〇名による普選デモが日比谷公園より議会構内にかけて挙行され、同夜は学生同盟会と普選同盟会による大演説会が神田青年会館で相ついで開かれた。この日、前々日に独立大会を開いた朝鮮人学生が選挙権を要求して集合し、警察に解散させられる一幕もあった(『晨報』2・19)。以後二月いっぱい学生同盟会は、普選案提出賛成署名を求めて代議士を戸別に訪ね、普選同盟会は三月一日、約一万の民衆を動員して日比谷銀座一帯を行進した。

このデモは、その実行に尽力した『東洋経済新報』が評したように「我政治運動に、将た又一般社会運動に一新紀元を画せるものであつた」(社説「日本最始の大示威運動」大8・3・15)。第一に、それは民衆の間にようやく普選要求の声が高まったことを明白に示した。「普通、東京に於ける斯くの如き会合に、最も多数を占むるは学生であるが」、文部大臣の各大学・高等専門学校長に対する学生の普選運動参加の禁令(後出)のためもあってか、「学生の参加者は案外に少なかつた。而して集つた多数は商人であり、番頭であり、職工であり、勤め人であつた」(同上)。その行列は警察の予測に反し、きわめて秩序整然と行なわれたことも、民衆の自覚の一つのあらわれであった。第二に、この行列は首都東京市内で初めて公然と許可された民衆の政治デモであり、その後の民衆運動に新しい道を開いた(二月一一日の学生デモは、憲法発布祝賀行進の名目で許可された――『法律新聞』2・15)。民主的風潮に押されて警視庁は、さすがに正面切っての禁止令は出さなかったが、期日の変更、学生・労働者勧誘禁止、参加者の住所氏名届出、赤色胸章の禁止など、一七条の条件を付した。しかし主催者はこれを拒否し、あくまで所信を断行する決意を示したところ、前日にわかに警視庁は、さきの条件を撤回し、より緩和された条件で行進を許可したのである。(6) そしてこの行進が、千余の警官隊の待機の中を整然と行なわれたことは、官憲に今後の民衆デモに対する干渉の口実を失わしめるものであった。

東京以外の地方の運動も、二月一一日前後にはじまった。その全貌をとらえるだけの資料を集め得ないのは残念だが、現在まで知りうる限りの大衆集会地点を日付順に列挙すれば、つぎのとおりである。

高松市　2・3　布施辰治「政治傾向ト普通選挙」講演会、三〇〇(警保局『普通選挙運動ニ関スル現況概要』第二)
名古屋市　2・9　普選期成市民大会、一万(『大毎』2・10)
大阪市　2・11　友愛会大阪連合会演説会(『大毎』2・12)
　2・14　普選期成同盟会演説会、二〇〇〇(『大毎』2・15)
　2・23　普選期成同盟会演説会、六〇〇〇(『法律新聞』2・28、『時事』2・24)
静岡市　2・11　普選期成同盟会市民大会、四〇〇(『国民』2・15)
鹿児島市　2・11　市民大会、二〇〇〇(『国民』2・12)
岡山市　2・11　弁護士団、新聞記者団、普選期成同盟会、岡山立憲急進党その他による憲法発布記念演説会(『山陽新報』2・12)
　2・27　右団体主催普選大演説会(『山陽新報』2・28)

仙台市　2・15　普選期成同盟会演説会(元県会議長、弁護士ら)、デモ、一〇〇〇(『法律新聞』2・20)
　　　　4・3　右第二回演説会、二五〇〇、宣言において労働党組織の必要をうたう(『法律新聞』4・8)
京都市　2・15　友愛会京都支部主催のデモと労働者大会、五〇〇〇(渡部徹編『京都地方労働運動史』一〇七ページ)
神戸市　2・16　友愛会神戸支部主催デモと市民大会(『日本労働年鑑』大正八年版、四五一ページ)
広島市　2・22　弁護士・新聞記者連合演説会(『大朝』2・24)
盛岡市　2・25　演説会、八〇〇(『時事』2・27)
小樽市　2・25　普選期成同盟会発会式、二五〇〇(『時事』2・28)
呉　市　2・27　普選期成同盟会市民大会、千余名(弘中柳三『大呉市民史』大正篇上、二九五ページ)
　　　　3・22　天声社主催演説会(同上)
岡山県高松町　3・2　有志大会、三〇〇(『山陽新報』3・4)
前橋市　3・6　普選期成同盟会発会式、三〇〇〇(『東日』3・7)
京都府田辺町　3・20　普選期成有志大会、一〇〇〇、農民主体(『京都日出新聞』3・23)
松本市　4・14　普選期成同盟会演説会、一〇〇〇(『法治国』5・10)

第四一議会下の普選運動の特徴は、第一に、この段階にいたって、運動がはじめて全国的な規模で展開されることになったことである。従来、東京のほか、松本・横浜・名古屋・静岡・滑川になど断続的にみられたにすぎなかった運動が、いまや地方の主要都市に拡大したのである。そして局部的ではあるが、京都府田辺町、岡山県高松町のように、農村地帯においてさえ大衆集会がもたれる状況となってきた。(7)

第二に、従来の運動の内容は、請願署名の募集および民衆の啓蒙が中心であったが、いまや請願運動ではなく要求運動に転化し、単なる啓蒙演説会に代って、宣言・決議を行なう大衆集会が一般化し、示威行進さえともなうにいたった。これは都市中間層・無産者層の権利意識の覚醒を物語るものである。

第三に、運動の指導組織は中央・地方とも、いぜんとして普選期成同盟会の形式をとったが、その構成メンバーは、新進の弁護士・新聞記者などの民本主義的オピニオン・リーダーを主力とするようになり、このほか大都市では、学生団体および労働者団体が新たに登場する。有力な新聞もまた、はじめて運動の支持者として大きな役割を果すのである。

以下、運動の展開に与って力のある指導諸組織について、若干の検討を加えよう。

4　普通選挙期成同盟会

一九一八年初頭の弾圧以来、名目だけの看板を弁護士牧野充安(国民党院外団)に掲げていた同盟会は、一九年一月中旬より中村太八郎・松本君平・青池晁太郎・西本国之輔らを中心に活動を再開した。一月一四日、神田青年会館の下相談のあと、二一日改めて再興を決し、幹事として、前出の全国青年急進団の幹部西岡竹次郎と『第三帝国』主筆の石田友治が、委員として黒須龍太郎(憲政会代議士、弁護士)・牧野充安(弁護士、国民党院外団)・松本君平(政友会前代議士)・丸山長渡(松本出身の弁護士)・工藤賤雄(不明)が選ばれた。二月九日の納税資格撤廃同志大会二月一一日の演説会を成功させたあと、二月一四日、実行委員九六名を決定、二一日の実行委員会で三月一日デモの計画を練るとともに役員を選んだ(内務省警保局『政治運動団体調』大正八年一一月一〇日現在)。[8] 新役員は、おそらく『政治団体調』(大正九年一二月調)に記載される常任幹事石橋湛山(東洋経済新報社員)・牧野充安・西岡竹次郎・松田義隆(弁護士)・河野己一(国民義会)・森田義郎(同上、政教社員)・中村太八郎の七名を指すものと思われる。また同資料に記されている綱領(一、吾等ハ明治大帝ノ聖旨ニ依リ普通選挙ヲ要求ス。二、吾等は全国民ノ名ニ於テ要求ス。三、吾等ハ立国ノ根本義ニ依リテ要求ス。四、吾等ハ議会ト政党ノ改造ヲ為サンガ為メニ要求ス。五、吾等ハ金権政治ト貴族政治ト階級政治ヲ打破センガ為メニ要求ス。六、最後ニ吾等ハ世界ノ大勢ニ依ツテ要求ス）も、このときにきめられたと推定される。

この改組によって、旧来の同盟会員に加え、当時において普選を支持するジャーナリスト・弁護士・政治家たちの、ほとんどすべてが新同盟会に結集することになり、同盟会は面目を一新した。もとより中村太八郎をはじめとする明治以来の旧同盟会幹部は健在であるが、新幹部に石橋・西岡・松田といった新人が加わったところに、時代の変化を反映していた。前記の実行委員の中に、現職の代議士が一人も加わっていないのは注目されるが、これはおそらく普選案非提出の党議の趣旨に抵触することをおそれたものであろう。しかし実質的には憲政・国民両党の急進派代議士有志は、かなり同盟会に関係していた。二月九日の大会には岡部次郎・横山勝太郎・黒須龍太郎・三木武吉・田中万逸・樋口秀雄・望月小太郎・添田飛雄太郎・桜井兵五郎・河野広中・森秀次・高木正年・平島松尾・竹村良貞・降旗元太郎・正木照蔵・本田恒之・磯貝浩（以上憲政会）、高松正道・神谷卓男・植原悦二郎・鈴木梅四郎（会計監査）・伊東知也（以上国民党）、松永安左衛門（新政会）、今井嘉幸・押川方義（以上無所属）が出席していた（『東日』2・10）

つぎに同じく実行委員の顔触れの中で、社会主義者と目されるものが一人もいないことも奇異な感を抱かせる。二月九日の大会には堺利彦が出席しているが、それ以後、堺はもとより、一年前には普選運動復活の一方の主役であった社会主義者は、まったく運動の表面より姿を消してしまっている。そこには、売文社の内紛（高畠素之・北原龍雄・尾崎士郎らの国家社会主義への急速な傾斜——田中真人『高畠素之』一一八ページ以下）という事情も伏在しているだろうが、何よりも、官憲の社会主義禁圧方針が前内閣同様にきびしい折から、社会主義者が公然と関係することは、新同盟会に対する弾圧をまねきかねない、とする同盟会側、社会主義者側双方の情勢判断に起因するように思われる。(9) しかし理由の如何を問わず、自由主義者と社会主義者の公然たる提携という普選運動の伝統が、ここに消滅したことは、普選運動に対する社会主義者の影響力を著しく弱め、運動がやがて既成政党に指導権をにぎられて行く遠因となった。

なお地方都市で普選運動のおこった地点では、多く○○普通選挙期成同盟会と名のる組織が、これを指導したのであるが、その個々の実情については目下のところ未調査に属する。ただ断片的新聞記事より判断すれば、これらはおおむね、弁護士・新聞記者および地方議会の議員により構成されていたらしい。党派関係についていえば、たとえば大阪の同盟会が「各政党大阪支部の幹事を網羅してゐた」(『大毎』大8・2・12)とつたえられるように、超党派的な結集であった。当時においては、労働組合の結成が地方ではほとんどみられぬという事情もあって、労働者的要素は乏しい。友愛会の勢力の強い大阪にあっても、普選同盟会と友愛会支部との関係を物語る資料は見当らない。

同盟会の来歴も多くは不明だが、従来から存在していた小ブル急進分子が、普選問題を機に再結集したものと推測される。静岡や名古屋の場合は、大戦中の同盟会の活動が直接の基盤となっていると解される(本書一一四ページ以下)。大阪の中心人物日野国明(弁護士、国民党元代議士)は、日露戦争非講和運動以来の民衆運動の名士である。呉の関戸雅城(『天声』主筆)も同様であり、彼の同志は一九一七年に地代・電気・ガス料金値下げ運動を展開し、米騒動に際しては米価引下げ市民大会を開催するなど、市民生活に密着した活動を行なっていた(天野卓郎『大正デモクラシーと民衆運動』四二ページ以下)。岡山の場合も、犬養毅の膝下でありながら、彼の官僚との妥協に反発して国民党に離反した家本為一(弁護士)ら立憲急進党、あるいはさらに社会主義に傾斜している余公芳太郎(理髪職)らのグループが同盟会を構成しているのである(『岡山県社会運動史資料』上、八六ページ)。もっとも、鳥取青年愛市団のような、大正政変以来の歴史をもつグループでも、この時期にはまだ普選運動の戦列に加わらないという事例もあるが、総じて、大戦中より形成されつつあった市民的政治結社ともいうべき地方組織が、この時期に飛躍期を迎え、普選運動の戦線を構成しつつある傾向が看取されるのである。

5　学生団体と労働組合

東京において、運動を全体として指導する立場にあったのは普選同盟会であったが、行動の先頭に立ったのは学生であった。文部省は「学生が実行運動に携はるのは不穏当だ」(杉浦専門学務局長談、『東日』2・11)の態度を示し、原敬首相も二月四日の議会で「文部当局並ニ其他ノ官憲」が「成ルベク左様ナル面白カラザル行動ヲシナイヤウニ」注意していると発言している(『貴委録』9、九ページ)。さらに二月末には文部次官名をもって、学生が普選運動などの政治運動に参加することの無いよう注意せよとの通牒が、各府県に発せられた(『山陽新報』2・28)。このような圧迫にもかかわらず、二月一一日には東大生をも含めて学生デモが行なわれ、また三月一日の一万人デモにおいてもにも千余の学生がその先頭に立った。

学生の普選運動の提唱者は、吉野作造を中心とする「普通選挙研究会」を母胎の一つとして前年一二月七日に結成された新人会(東大)であり[10]、これに呼応して早大では、西岡竹次郎(のち政友会代議士、戦後長崎県知事)を中心とする普通選挙促進同盟会が、結成された。また前年末、早大の内藤隆[11]、日大の山元亀次郎らは、都内私立大学の雄弁会を糾合して「学生同盟会」を組織し、吉野作造につづいて、一二月九日、浪人会と対決する立会演説会を開くなどの活躍を示したが、これまた二月一一日の運動に合流した(「学生同盟会奮闘史」『革新』一号、一九一九年六月)。ところが新人会は、この日以後運動より手を引き、社会科学研究と労働者との接触に没入する。二月一一日のデモの際、普選運動参加の希望を訴える無名の青年労働者である渡辺政之輔に対し、新人会創立者の一人宮崎龍介は「普選運動よりも労働組合運動の必要なことを」説くのであった(菊川忠雄『学生社会運動史』海口書店版、六〇ページ)。早大でも普選「運動の学理的基礎を固め、デモクラシーの普遍を助けるために」結成された民人同盟会も(『時事』2・20)、また急速に新人会同様の道を歩む。しかし学生同盟会は議会終了後、関西・東北方面に遊説を行ない、また西岡竹次郎らは、後述のように青年改造連盟を結成し、普選・労働組合・国際連盟問題を柱とするデモクラシー思想の普及につとめ、やがて第四二議会における普選運動に精力的に参加して行く。この間においては、まだ既成政党との関係はみられない。

一方関西の場合は、学生はむしろ労働者と結合して普選運動を展開する。後述の京都の普通選挙期成労働者大会を計画・推進したのは前出の京大教授河上肇と、京大出身で友愛会京都支部長たる高山義三を中心とする労学会であり、同志社大学生もこれに呼応した（渡部徹編著『京都地方労働運動史』一〇三ページ）。神戸においても、友愛会支部と関西学院学生との間に類似の現象が見られた（『兵庫県労働運動史』六七ページ）。

友愛会を中心とする労働者階級の普選運動参加は、労働者の政治的権利意識の成長を如実に示すものであり、普選運動の大衆化の根底を形成するものであった。その経過はすべて小著『大正デモクラシーの研究』（二〇九ページ以下）にゆずり、ここではもっぱら友愛会の東西における運動のとりくみ方の差異について論じたい。

三月一〇日の友愛会臨時総集会は、日本の労働者階級の権利宣言ともいうべき宣言文を発表し、その中で「労働者は四個の大権利を有す」として、「生存の権利」「団結の権利」「同盟罷工の権利」「参政の権利」をあげていた。そして「これらの権利の確立に対し一大障壁をなすもの」として、治安警察法第一七条の改正を要求した。以上の要求は、友愛会の東西とも異論のないところであったろう。しかし問題は、治警法の改正と参政権獲得と、この二つの目標の関連のとらえ方にあった。関西においては、普選の獲得がすべてに優先していた。河上肇の起草した京都の労働者大会宣言は、「現在の社会制度及経済制度にして一切の不正を根絶せんことを窮極の理想となし」「専ら合法的立憲的手段によりて其目的を成就することを期するが故に、総て不当なる法制の存続に反対し」その「第一着手」として普選を要求した（『京都地方労働運動史』一〇八ページ）。神戸連合会の幹部で川崎造船所の熟練工である木村錠吉は、より具体的に「我等の絶叫する治安警察法の改正の如き……政府は巧に詭弁を弄し、改正の実意なく、多数議員又資本家階級の選出なるの故を以て、之又改正に努力する者至つて少く、斯る現状にては到底我等の素志貫徹は至難のことなり、故に我等は此期に於て我々の代表者を選出して、議会改造を及さんと欲するものなり」という（『労働』一九一九年四月号）。このように諸要求の第一に普選の実現をおく彼らは、普選運動において、尾崎行雄・今井嘉幸ら急進自由主義的主張を唱える代議士との提携を拒まなかった。この方針は、当時ようやく権利意識にめざめはじめた労働者・市民大衆に訴えるところがすこぶる大きく、関西の普選運動は異常な昂揚をみせ、友愛会の組織自体も、この運動を契機に飛躍的に強化されるという効果を生んだのである。

一方、関東の友愛会は普選運動にまったく関与しなかった。彼らは、普選の実現よりも治警法一七条の撤廃が先決であるとした。さきの三月一〇日の宣言文においても、「団結を成すを得ずんば参政の権利を与へらるゝも真に労働者代表の代議士を選出するを得ず」とあり、さらに『労働及産業』三月号付録の「労働者の四大権利と治安警察法第十七条」という友愛会の「宣言」にたいする公式の説明の文章には、この点がつぎのように敷衍されていた。

労働者が真に労働者代議士を議会に送らんとせば、どうしても労働組合を起さねばならぬ。労働組合が自分の手で候補者を選び、これに組合員の投票を集中するに非ざれば真に労働者代表の代議士を作ることはできぬ。労働組合起らざれば労働者の投票は徒らに四方に散り、労働者を利用せんとする「煽動者」「お為めごかしの労働者びいき」「嘘吐き政治家」の私心を満足せしむるに止まるであらう。

関東の友愛会の幹部が、労働組合としての主目標を治警法の撤廃においたのは、決してまちがいではなかった。しかし右のような理由で、普選運動にまったく関係しないところに問題はあった。右の文章が労働組合と政党の機能を混同しているのは明白であるが（渡部徹「大正八年における労働組合論の検討」『人文学報』二〇号）、しかし、労働組合がまだ幼弱で、労働者政党などおよそ問題にならぬ段階においては、組合が政党の機能をある程度代行しなければならないということは、考慮に入れる必要があろう。問題は、むしろつぎの点にあった。すなわち友愛会の幹部の中に、第一に、大衆的普選運動がようやくはじまったばかりの段階で、早くも普選が早晩実現するだろうとの楽観主義が生まれている点であり、第二に、労働者の団結権も、参政権を含めた国民の政治的自由の獲得闘争の中ではじめて獲得しうるという関係が、ほとんど理解されていないという点であった。当時の会長鈴木文治はパリ講和会議に赴き、不在中に麻生久・棚橋小虎・野坂参三らグループをつくっていたインテリたちが会内で発言権を増しており、さきの宣言も、その仲間の一人である佐野学が執筆したものであった。彼らは早くからロシア革命に関心を寄せ、一九一九年前半には、社会革命をめざすに至った。この思想の急進化が、ヨーロッパの革命的情勢の発展に幻惑され、国内情勢に対する楽観主義を生んだところに、普選軽視の態度がもたらされたといえよう。そしてこの普選軽視という点においては、普選運動参加が結果するかも知れぬ政府の弾圧や、組合の精力分散をおそれる平沢計七・松岡駒吉ら労働組合主義的幹部とも意見が一致していたのである。

6　ジャーナリズムの動向

以上みてきた第四一議会下の普選運動の発展は、ジャーナリズムの積極的支援によるところが大きい。とくに地方において運動が盛上ったところでは、その地方の新聞が大きな役割を果たしている。たとえば、仙台の『河北新報』などは、二月に入ると東京の運動の状況を連日のように詳細に報じ、地方人士の蹶起を促し、二度にわたる集会とデモを成功させている。しかしこの段階では、まだ普選は言論界一致の支持は受けてはいなかった。前記(本書一三一ページ)警保局の二月九日付調査によれば、一月一八日より二月八日までの新聞紙上の普選論二六(うち婦人参政権支持一一)に対し、制限選挙論は一三、雑誌では普選論一八(うち婦人参政権支持二)、制限選挙論は一〇を数える。一方で吉野作造らの黎明会のメンバーが、各種の紙誌で普選の論陣を張り、多年彼らの論敵であった上杉慎吉までが、自分は昔からの普選論者だと強弁し、「国内積弊充満」打開の「第一著」として「七千万人融和渾一一人の不平なからしめ悉く陛下の赤子として心神を捧げ」しめよと唱えるかと思えば(「普通選挙論」『国民』大8・2・4)、他方では美濃部達吉のような自由主義的憲法学者さえも、この段階では「満二十五年以上の男子で、尋常小学校程度の教育を終り、独立の生計を営み、且つ六ヶ月以上其の選挙区に定住する者」を有権者となすべしと論じていたのである。(12)

有力中央紙においても、議会上程の選挙権拡張案を是とするものと、その不徹底性を責めるものと、二様の立場があり、はなはだしきは、同一の資本に属する新聞が、東西で意見の対立を来たすという奇現象を呈した。鳥居素川一派退陣のあとを受けた西村天囚ら大阪朝日新聞社の論説陣は、政府の期待どおりに親政府的であった。政府の選挙権拡張案は「拡張と云はんよりは寧ろ納税額を無視したるもの……唯一躍普通選挙の理想に至るまでに強ひて一段階を存せんと欲するのみ」と評価された(「参政権と納税資格」2・4、「選挙法改正案」2・7、「貴族院に対する希望」3・4)。院外の普選運動に対しては、「職業的煽動者若しくは品性下劣なる政党の落武者などの付焼刃によりて連絡なき発作的の運動を起さしめらるるが如きは不可なり、運動は自ら起すべきものなり」、労働者に対しては、「組合さへも未だ組織するに至らず、否之を組織せしむる準備さへ全然闕如せる社会に於て、労働者に対して普通選挙を説き、其の参政権を主張せよと曰くは、其の真意果たして労働者の人格を尊重し、其の権利の伸張を欲するに在るや否や疑惑なきを得ざるなり。若し真に労働者の利益の為に謀らば彼等に対して普通選挙論を鼓吹する前に、少くとも之と同時に、彼等を指導して健全なる労働組合を組織せしめざる可からず」、むしろ治警法の改廃と労働組合法の制定が急務だ(「労働組合が先決問題」2・24)、などと一見もっともらしい忠告の形をとりながら、その実、普選運動が国民自らの要求運動として発展しようとしている実情に眼を閉じ、結果的には、その発展に水を注すような社説を発表していた。『大阪毎日新聞』もこれとほぼ同見解であり、年初には納税資格五円か中卒という政府案に比べても、なお不徹底な案を提唱していた(「原内閣と選挙法改正」1・5、1・6)。

これに対し、東京側は多分に前進していた。『東京日日新聞』は「世界を挙げて凡ゆる方向に改造行はれつゝあるに当り、我国のみ独り旧態を墨守すべからず」。「而して改造を図るの道は一部の階級者は勿論少数資本家の能くするところに非ざるを以て出来得る限り多数の国民と共に之を為すを要訣とせざる可からず」と普選を主張し、選挙法が「一たび改定さるゝ場合には之を実行せざるに先立つて更に改正するは容易の業にあらざるを以て、次の選挙後になりて納税資格を撤廃する事とならば、理想の普通選挙は少くとも六年後にあらざれば、之を実現する能はざるなり」(「選挙権の拡張」2・6)とみとおし、今議会で選挙法を通さず、区制をも含めて継続委員会に付して審議し、次の議会に「燃ゆるが如き輿論を背景」に普選を実現せよと主張した。『東京朝日新聞』の論説もまったくこれと趣旨を同じくした(「選挙法の改正」2・7)。

ジャーナリズムにおける東京と関西のこの差は、両者の歴史的見通しの差に起因していた。関西側は将来に対し必ずしも楽観的ではなく、この際拡張を行なわぬと拡張の機を逸することをおそれており、東京側は民主的風潮の一年後における発展を予測していた。この東京側の見通しの確かさは、首都のジャーナリズム特有の政治的敏感さによるものというべきか。

二　第四二議会下の普選運動

1　普選の世論化と運動の発展

第四一議会においては、普選法案の提出さえ実現しなかったのに、周知のように、第四二議会では、普選がほとんど世論の要求するところとなり、全国的に普選要求の大衆運動がくりひろげられ、院内においては野党が党議として普選案を提出し、政府もこの問題を争点として議会の解散を断行したのである。この形勢をもたらしたものは何であったろうか。それは美濃部達吉が当時すでに喝破したように「普通選挙が理論上正当であるが為ではなく、専ら実際上の理由に基いて居るもので」あったからであり、その実際上の理由とは、具体的には一般民衆の「民主思想の昂進」、とくに「労働者階級の自覚と其の勢力の勃興」であった(「普通選挙論」『国家学会雑誌』一九一九年一〇月号)。

この「民主思想」あるいは「労働者階級の自覚」は、単に世界的な民主主義的風潮に刺戟されておこったものではなかった。米騒動を惹起した物価高が、一時の鎮静期を経て、一九一九年の後半にわかに再現し、さらに米騒動の頃の水準をはるかに突破し、米価のごときは一升六〇銭に接近した。この経済的圧迫が、民衆の政治的自覚を広汎によびさます基盤となっていたのである。したがって普通選挙の要求は、まさに胃の腑の問題として提出されたのであり、民衆の要求する民主主義は、すでに政治上の民主主義にとどまらなかったのである。この年創刊され、たちまち多くの読者を獲得し、『中央公論』『太陽』などと比肩する地位を占めようとした二つの総合雑誌が、それぞれ『改造』『解放』と名づけられたのは、この時代思潮を端的に示すものであった。

一九二〇年に入り、一月半ば議会が再開する頃になると、一年前とは格段の規模をもつ大衆的普選運動が全国的に展開された。とくに著しいのは首都東京の景況である。前年では大衆集会三度、その最大規模は三月一日の一万人デモであったが、今回は二月に入るとほとんど連日のように演説会・デモ・代議士戸別訪問が行なわれ、万を越える集会は二月一日(青年改造連盟主催・於国技館・デモ)、二月一一日(普選期成同盟会主催・於上野公園・デモ、普選期成治警撤廃関東労働連盟主催・於芝公園・デモ)、二月一四日(全国普選連合会主催・於日比谷公園・デモ)、二月二二日(普選派代議士主催・於芝公園)の四回を数え、二月一一日は少なくとも三万人の参加者があった。(1) 首都において一月以上にわたってこのような大衆動員が行なわれたのは、戦前においてその例を見ないのである。

前年かなりの昂揚を示した関西三都でも、普選期成関西労働連盟が推進力となって、前年を上まわる大衆動員に成功した。その他の地方の状況は、手許の資料の不足で推測の域を出ないが、これまた前年以上の運動の拡大を指摘しうる。たとえば、愛媛県の場合、前年にはわずかに松山において社会主義者西田正義の個人的活動があったのみであるが、一九一九年七月早くも宇摩郡川之江町に普選獲得を主眼とする「労働者団」が生まれ、年末一二月一日には青年改造連盟(後述)の遊説隊が松山で演説会を開き、盛況をつたえられ、二〇年一月一一日には当地出身の今井嘉幸を迎え、松山普選期成同盟会・松山活版職工組合交友会・屋外労働者団・朝日新聞購読団などの主催で演説会が開かれ、二月二一日には再び前記諸団体の演説会とデモが行なわれ、二三日には代表三名が上京した(『愛媛県労働運動史料』第三巻)。また前年まったく運動の記録皆無の滋賀県でも、湖北長浜町に共鳴倶楽部が組織され普選を鼓吹し、その結果「町民の間に普選熱高潮」したという(『大朝』京滋付録、1・20、2・25)。また県議有志と新聞記者よりなる滋賀県政革新団は、大津市を皮切りに、一月より二月にかけ八幡・能登川・長浜・水口・彦根など一六ヵ所で普選遊説を行なった(同上、1・30、『時事』2・1)。

内務省警保局『普通選挙促進運動概況』(第一報、第三報―第六報、第八報、大正九年一月一〇日―二月一八日)、同上『普

通選挙促進運動梗概』(大正九年二月一六日調)、同上『普通選挙促進運動概況』(大正九年三月調)(以上すべて前出『大正後期警保局刊行社会運動史料』所収)による全国普選運動一覧表を掲げておこう。この表がかなり控え目であることは、前記の愛媛と滋賀の場合を対比してみればわかるが、大体の傾向はうかがえよう。

一道三府四三県のうち大衆集会の開かれなかったところは、北海道・群馬・千葉・神奈川・福井・岐阜・三重・鳥取・島根・徳島・佐賀・長崎・宮崎。開かれたのは三府三一県一四四回。全国市制施行地七三のうち明確に大衆集会の行なわれたのは二三ヵ所、地名は不明だが、前記『普通選挙促進運動梗概』で数字のみ示されている演説会が、市制施行地で開催されたものと仮定すると計三八ヵ所。一九〇五年の講和反対運動のとき、大衆集会決議一六五、五三市三区中、大衆集会の開かれなかったのがわずか二市(松尾『大正デモクラシー』二一ページ)であったのに比べると、規模においては劣るが、前議会下の運動に比べれば全国化しているという点は改めて確認できよう。

運動を推進した組織についてみれば、政党支部が登場するのは仙台だけで、普通選挙期成同盟会あるいはこれと類似の名称をもつものが多い。これと並んで労働者団体の急速な進出もこの段階の特徴である。後述する関東・関西の二つの労働連盟はいうまでもなく、その他の地方でも、松山・呉・八幡で労働組合が登場する。町制施行地二六、村制施行地五の数は、農村地帯へはまだ運動がさほど浸透していないことを示すものであろう。

表と離れて強調しておきたいのは、この普選運動の渦中で、婦人参政権運動が事実上出発したことである。平塚らいてうと市川房枝によって計画された新婦人協会は一月六日の初会合で、治安警察法第五条の修正請願運動に取組むことをきめ、実行に着手するとともに、二月二一日、東京神田青年会館で演説会を開き、大庭柯公・大山郁夫・植原悦二郎・黒須龍太郎らの参加を得て、その第一声をあげた。また被選権を奪われている僧侶の中にも普選運動に加わるものが現われ、二月八日、東京で参政権差別撤廃同志期成会が発足し、二月一二日には参政権差別撤廃仏教徒大会を開いた。ともに本書別編に詳述してある。

全国普選運動一覧表(1919年11月13日—20年2月22日)

府県名	大衆集会開催地名	運動団体名
北海道		在函館新聞記者，小樽㊟
青　森	1	㊟(青森市)
岩　手	2	
宮　城	仙台市＋1	憲政会宮城支部
秋　田	能代港町＋1	青年会廓清会(能代港)
山　形	2	
福　島	1	普選運動上京団
茨　城	2	
栃　木	栃木町	下野青年革新会(宇都宮)，天民党(栃木町)
群　馬		
埼　玉	浦和・熊谷・岩槻・大宮・粕壁町	社会改造㊟，埼玉普通選挙同志会，中正倶楽部(大宮)，川島領㊟
千　葉		
東　京	東京市(36)	(省略)
神奈川		
新　潟	2	㊟(新潟市)
富　山	滑川町・三日市町・魚津町	滑川㊟
石　川	金沢市＋2	金沢立憲青年党
福　井		
山　梨	甲府市(4)・七里村	山梨民友新聞社，普通選挙促進会，山梨同志会
長　野	臼田町	㊟(松本市)，普通選挙信濃同盟会(長野市)，㊟(諏訪町)佐久記者団
岐　阜		飛騨立憲青年会
静　岡	静岡市	㊟(静岡市)，普選期成同盟会(静岡市)
愛　知	名古屋市(3)＋1	名古屋新聞社
滋　賀	大津市(2)・彦根・膳所・八幡・長浜町・八幡村	
京　都	京都市(3)・田辺町	友愛会，大阪朝日，現代青年社(田辺)，暁明会京都支部
大　阪	大阪市(9)	大阪㊟，普選期成関西労働連盟，大阪朝日
兵　庫	神戸市(9)・相生町	大阪朝日，㊟(神戸)，暁明会(神戸)，友愛会，神戸新聞雑誌協会，神戸活版職工組合
奈　良	奈良市	㊟(奈良市)
和歌山	和歌山市・日方町	和歌山労働共益会
三　重		
鳥　取		
島　根		
岡　山	岡山市(3)・日比・妹尾・津山町	大阪朝日，岡山公論社
広　島	広島・呉市(3)＋2	大阪朝日，同進義会(呉)，呉労働組合
山　口	柳井・徳山町・宇部・須恵村＋1	皇国純民党(下関)，労働時報社，関西明鏡新聞社，新聞記者(徳山)
徳　島		
香　川	高松市＋1	大阪朝日

府県名	大衆集会開催地名	運動団体名
愛媛	松山市＋1	大阪朝日，愛媛県普通選挙促進同盟会(松山)
高知	高知市・山田町	普選促進連盟会(高知)，立憲憂国青年党(山田町)
福岡	福岡市(3)・八幡市・門司市・中津村(2)	労友会(八幡)
佐賀		
長崎		
熊本	熊本市＋2	㊜(熊本市)，大阪朝日，普選期成会(熊本市)
大分	大分市・別府・中津町	国民党脱党組
宮崎		
鹿児島	1	
沖縄		

1) 数字は「普通選挙促進運動梗概」にだけ示された回数，地名は不明．
2) (　)内の数字は回数，(　)のないものは1回．
3) ㊜は普選期成同盟会の略．
4) 青年改造連盟が11—12月のあいだ，全国26都市で行なった演説会は含まれていない．

ジャーナリズムの普選運動における役割も大きかった。その一端は前掲表でもうかがえるが、国粋会など政府とつながる右翼団体の威迫にもかかわらず（御手洗辰雄『新聞太平記』一一三ページ）、中央・地方の新聞は熱心に普選を鼓吹した。中でも『大阪朝日新聞』の活躍はめざましかった。この新聞は前述のように、前議会では普選即行に反対したのであるが、一九一九年六月、社内の若手革新派記者の圧力により編輯局長西村天囚が引退したのちは、再び白虹事件以前のような急進的色彩を紙面に示すようになった。一一月二二日、はやくも「普通選挙の促進運動、機は正に熟す」の社説を掲げ、「人心の危く国民生活の不安」の「匡救策として」、「現下労働問題の解決一助として」、および「選挙界を廓清し、政界の革新を促し、政党者流の惰眠を破り、憲法政治の大道に出づる」ための普選を主張し、「党略のみに浮身を窶せる既成政党に信頼しては其目的は達し難し、国民は自ら各所に要求の声を高めざるべからず」と民衆が普選運動にのり出すことを促した。そして一二月初旬、京・阪・神三都の「普通選挙促進大演説会」を皮切りに、岡山・広島・呉・高松・松山（以上一二月）、名古屋・門司・小倉・熊本・長崎（以上翌年一月）、敦賀・福井・高岡・金沢・富山・武生（以上四月）の各都市で、その主催する演説会を催した。これらの弁士には編輯局長高原操（後藤孝夫『辛亥革命から満州事変へ』一五五ページ以下)ら『大阪朝日新聞』の記者、末広重雄・田島錦治・佐藤丑次郎らの京大教授連のほか、在地の普選運動グループが加わった。(2)

東京方面では馬場恒吾を編輯局長とする『国民新聞』がもっとも熱心で、一月に入ると連日「友よ叫べ」の投書欄を設けるなど、紙面を大きく関連記事にさいた。社長徳富蘇峰も、この段階となっては、一方では来るべきアメリカとの衝突にそなえて、「全国民大動員の準備機関」として、他方では「レニンの福音」の悪影響に対する「安全弁」としての普選の意義をみとめることになった(『国民』大8・12・7)。このほか、東京・京阪神の主要新聞は、ことごとく普選に賛意を表した。このように普選の声はいまや世論を制した。米騒動の政治的代弁者として、寺内内閣打倒に足並みを揃えた言論界の状況が、ほとんど再現されたのである。

この時期の民衆運動には二つの系統がみられた。一つは都市急進派を、他は友愛会を中心とする労働組合をそれぞれ主体とするものである。もっともこの二系統は明確に区分されうるものではなく、たとえば小石川労働会のように、労働組合であっても双方と提携するものもあれば、神戸のサラリーマン団体である暁明会のように後者と結ぶものもいた。とくに地方都市では、この両系統は未分化のままであり、その指導権は前者に握られていた。もともと普選運動がブルジョワ民主主義的運動であり、しかも労働者階級が政治的に未熟な段階にある以上、この傾向は当然といえようが、しかしこの時期において労働者階級の政治的進出を背景に、東京・京阪神という政治的・経済的要地において運動に分化現象が起ってきたことは、注目すべき事実であった。この両系統は明確な全国的指導部をもっているわけではなかったが、大ざっぱにいって、前者は全国普選連合会に代表され、後者は、普選期成治警撤廃関東労働連盟(関東連盟)および普選期成関西労働連盟(関西連盟)に結集していた。以下この両系統を代表する組織の組織構成、政治理念、および政治的指導などの問題について解明を試みよう。

2 都市急進派の場合

一九二〇年一月三一日、日本橋の常盤木倶楽部に「東京に於て名のある団体の殆ど悉くを網羅」した(『東日』2・1)四〇以上の団体の代表約二〇〇名が集まり、全国普選連合会を結成した(3)。現職の代議士では大竹貫一・小泉又次郎・田中善立・横山勝太郎・三木武吉(以上憲政会)、村松恒一郎(新政会)、黒須龍太郎(無所属)、今井嘉幸(正交倶楽部)が出席し、小泉が世話役、大竹が座長をつとめた。当日の状況をもっともくわしく報じた『東京日日新聞』(2・1)によれば、「各団体連合事務所を設け歩調を一にすること、新聞通信記者と合同して権威ある応援を求むること、全国大会を開き国民的熱情を以て政府に迫ること」の三項を可決した。

最初の会合に出席したとされる団体のうち、名称の判明するものは次のとおり。なお加盟団体は増加して、第四二議会解散時には六八に達したという(小泉又次郎『普選運動秘史』七〇ページ)。

政治団体　大正維新団　国民義会(中島気峥・宇治村敏)　八郡倶楽部(中溝多摩吉)　大正義憤団　日東国士会(小林勝民)　立憲労農党(古島義英)　対外同志会(櫛部荒熊)　改造同盟　国民党院外団(山本米太郎)　普選期成同盟会　普選同志会　立憲同憂会　九州普選同盟会　三多摩普選同盟会　普選促進天草民声会(塩山平治)

青年・学生団体　青年改造連盟　純正青年改造連盟　自由協会　大日本興国青年会(森伝)　学生連盟(天野富太郎・川村庄助・四宮六郎)　普選促進学生団(岡田隆文・真鍋儀十)

新聞記者・弁護士団体　弁護士記者同盟会　記者同盟会　普選促進記者連合会

労働団体　小石川労働会　日本共働会(小山六之助)　築地工人会(熊田国吉)　友愛会　純労会(岩谷新三郎)　信友会(入沢吉次郎)　新聞労働団　日本交通労働組合(西村泰蔵)　SMU　屋外労働者同盟　生活問題研究会　普選期成

関西労働連盟　汎労会　自由労働組合　日本労働党(片岡軍二)　大日本車夫総同盟会　立憲労働党日本労働同盟会正進会(加藤義通)(団体名は、水野石渓『普選運動血涙史』一九ページ、『時事』『国民』大9・2・2による。括弧内は二月一〇日の連合会に出席した人名――『国民』2・12)。

政治運動の昂揚期においては、各種の有名無名の政治有志団体が簇生するのが常であるが、このような多数に達したことは未曾有の現象であった。これはたしかに民衆の普選熱の昂揚の反映であったが、その実体には問題があった。第一に、有名無実とおもわれるものがかなり含まれていた。立憲同憂会・新聞労働団など目下のところ、その内容をまったく察知できない。当時『報知新聞』記者として運動に関係した水野石渓はいう。「数へ切れぬ程各種の団体が一時に出来て何れにも総理だの、理事長だの、会長、理事、幹事などがある。中には何千何百と会員を有するものもあれど、ひどいのになると二三人で理事長や会長を勝手に作り勝手に自分等が勤めて、外に会員が一人もないと云ふ滑稽なのもあつた。……一種のブローカー的に色々の組合を作る者があり、これから「奴はブロだよ」と云ふ言葉が流行つて来た」(水野、前掲書、三六ページ)。第二に、組織の重複もいちじるしく、たとえば「普通選挙同志会、純正青年改造連盟、弁護士記者同盟会、記者同盟会、改造同盟会の各団体の中には、〔普通選挙―松尾〕期成同盟会の或る組織から分離した、実質に於ては一身同体と観察すべきものがある」といわれた(町野聖人「民衆運動の組織概観」『太陽』一九二〇年三月)。また自由労働者組合・信友会・日本交通労働組合・普選期成同盟会の各有志と大正維新団は青年改造連盟の加盟団体である。

以上の点を割引いた上で、いくつかの問題点を指摘してみよう。

第一は、普選期成同盟会の地位の低下である。同盟会は、これまで普選を要求するさまざまの政治グループの連合体の性格をもっていたのであるが、一九一九年における諸グループの噴出に対応し切れず、同盟会そのものも前引の町野聖人の文章にもみえるように分解傾向にあった。中村太八郎・石川安次郎・青池晁太郎・加藤時次郎ら、かつての普選運動を担ってきた人々の姿は、普選運動の表面から消えたのである。これは普選運動が、啓蒙的思想運動から実践的政治運動に発展したことにともなう必然的な現象であった。

第二は、院内急進派とくに憲政会急進派の進出である。この連合会は規約・綱領など当初から存在しない連絡機関であり、加盟団体は独自行動を建て前としていた。その運営も、いちおうは各団体の代表の合議ということになっていた。しかし実際には、全市的な大集会はほとんどこの連合会で計画され、しかもそこには一定の指導的グループの存在があった。それは議会内の急進派、とくに憲政会内の普選論者たちであった。もともと連合会結成をよびかけたのは彼らであった。小泉又次郎『普選運動秘史』(一二ページ)はいう、「普選が既に憲政会の党議となつた以上、此の際吾々は広く同志を天下に求め大いに国論を喚起すると共に、輿論を統一して権威あるものとし、一日も早く目的の彼岸に到達せんものと、大竹貫一、田中善立、横山勝太郎等の諸氏と協議の上、先づ全国の同志に飛檄して」云々。そして連合会の事務所も憲政会院外団たる八郡倶楽部の中溝多摩吉の名で借受けられたのである(水野、前掲書、八六ページ)。警視庁もしくは警保局の作成とおぼしき『政治的諸団体』(大正九年一二月調)によれば、「重立者」として、大竹貫一・小泉又次郎・今井嘉幸・田中善立・櫛部荒熊・森脇源三郎の名をあげている。今井をのぞき、すべて憲政会代議士(大竹・小泉・田中)もしくは憲政会院外団である。大竹・小泉といった、日露戦争講和反対運動以来の都市民衆運動指導者が、旧来の普選同盟会メンバーに代って登場してきたのである。

この憲政系優位の構造を数の上で裏付けるものは、憲政系政治団体の大量参加である。前記の政治団体のうち冒頭の大正維新団から対外同志会までの七団体[4]は、前記『政治的諸団体』および内務省警保局『政治運動団体調』(大正八年一一月一〇日現在)によれば、すべて憲政系である。青年・学生団体の最有力団体たる後述の青年改造連盟の中核をなす立憲青年党は憲政系国民議会の別働隊であり、記者同盟会[5]も憲政会色濃厚であった。国民党院外団に対し憲政会院外団の名が見えぬのは、前記の諸団体の幹部連が、すなわち憲政会院外団の構成員であるため、名を出すことを憚ったのであろう。

第三は、主要一五紙誌記者よりなる普選促進記者連合会の参加である。(6) 普選連合会は、前記のように創立時からマスコミ対策を重視しており、この記者連合会の存在価値は大きかった。このグループは一月中には成立しており、普選連合会結成の当日午前に実行委員会を開き、院内統一普選案実現をはかるため、「院外普選各団体の団結を助成せん事を期す」と決議していた(『大朝』2・1)。

第四は、労働団体の広汎な参加である。もっともこれらが、はたして正式に団体加盟をしていたかどうかは、きわめて疑わしい。友愛会・信友会・日本交通労働組合の各機関誌を調べてみても、連合会加盟の記事は一行も見出せぬ。しかも、『信友』のごときは、青年改造連盟その他より「政治運動に関する交渉ありたれ共、本会としては同運動に全力を傾注する事不可能にて、会員の自由意志に任せ、有志として運動せり」(「会報」一九二〇年二月号)と明記している。したがって一月三一日夜に出席した各労働団体の「代表」は、小石川労働会など当夜幹部が実際に出席し、かつその後も連合会と関係の深かったものを除き、実は有志代表にすぎなかったと見るべきであろう。これらの団体は後述のように友愛会を中心に普選期成治警撤廃関東労働連盟が結成されると、友愛会系と反友愛会系と二つに分化し、前者は普選連合会から離脱する。

第五は、憲政系と労働団体・地方政社とを結びつけるものとしての青年改造連盟の存在である。これは憲政系の青年行動隊的存在であった立憲青年党(7)を中心とし、前章で登場した早大系の普通選挙促進同盟会と、都下私立大学雄弁会を基礎とする学生同盟会が加わって一〇月三一日に組織された。一一月一日現在の加盟団体は七一を数える(『労働世界』一九二〇年一月号)。

都下の政治・思想団体　立憲青年党　労働世界社　世界改造社　大正維新団　青年雄弁社(西岡竹次郎主宰、月刊誌『青年雄弁』を一九一六年以来発行)　改造同盟会(改造同盟とは別組織、一九年七月一九日結成の立憲青年党別働隊）　青年急進党（全国青年急進団のことか）　丁未倶楽部有志　革新運動社（全国学生同盟の機関誌を発行）　普通選挙期成同盟会有志　普通選挙促進同盟会　大日本政治研究会　法政大学社会政策学会　思潮問題研究会　求真会有志　社会問題研究会　普通選挙同盟　全国学生同盟会　品川立憲青年党　新生倶楽部　日本社　帝国連合青年会　興国同志会（森戸事件を告発した上杉慎吉一派の東大学生団体と同一か）　議会革新団　天下会　十一日会有志　財団法人青年教団　春秋倶楽部

地方政社　九州青年党　静岡普選期成同盟会　佐世保立憲青年党　長崎有終倶楽部　岡山立憲青年党　石川県立憲青年党　宮城県若柳立憲青年党

労働団体有志　自由労働者組合　信友会　鉄工組合　交通労働者組合　セルロイド職工　新聞従業員

学生有志　東京帝大　東京外語大　東京農大　慶大　日大　法政大　早大　専修大　中央大　国学院大　東京高商　明大　水産講習所　拓殖大　一高—八高　日本歯科医専　東京歯科医専　長崎高商　長崎医専　神戸高商　同志社大　京都帝大

政治団体から学生・労働団体有志までを含み、しかも有名無実もしくは正体不明のものまで記載している点、青年改造連盟はミニ普選連合会の観がある。連盟は創立以来年内いっぱい、京都・大阪・広島・松山を含む全国二六都市に遊説を行ない、各地の運動を盛上げたばかりでなく、二月一日には東京両国国技館で青年大会を主催し、二重橋への三万人にのぼる提燈行列を成功させた（『労働世界』一九二〇年三月号）。

青年改造連盟の綱領は「一、人類解放の大義宣伝、一、普通選挙の実施、一、国民経済組織の改造、一、労働者団結権の確認、一、言論の絶対的自由」である。「人類解放の大義」とは「世界を白人閥の専制より解放」することであり、普選の実施以下の項目は「上御一人と一般国民との日本たらしめることである」という（橋本徹馬「青年改造連盟に来れ!!」『労働世界』一九二〇年一月号）。「内に立憲主義、外に帝国主義」的発想を内包しながらも、この綱領は一九一九年の日本を蔽った「改造」「解放」の気運をよく示すものであった。

憲政会系が青年改造連盟をとおしてひきつけようとした民衆の側の政治意識を具体的に示すものとして、神戸のサラリーマン団体暁明会[8]の設立趣意書をあげることができる。

この設立趣意書（『大朝』大8・10・30「広告欄」）は題して「真正国家主義確立趣意書」という。「現今ノ不公平ナル金権ノ跋扈」および「共産主義的思想ニ依頼セントスル」「不健全ナル労働者ノ跳梁」、この二つの要因により、日本は「国際場裡ノ敗者トナリ国ヲ挙ゲテ衰微センモ量リ難シ」との現状認識より出発する。その現状打開の目標は「根本主義トシテ国家ヲ基礎トセル社会ヲ改善シ、国民貧富ノ別ナク業ニ親シミ、勤勉相励ミ、富国強兵ノ実ヲ挙ゲ、外軍国主義ヲ戒メテ国際協調ヲ保チ、内国民相共ニ公平又相当ニ其ノ幸福ヲ享クル」ことにある。この理想が「真正国家主義」だというのである。まさに平均的な都市中間層的発想であろう。それではこの理想に到達する方策如何。

綱領は二つの部分にわかれる。第一は「緊急実行ヲ期スルモノ」。一「不自然ニ暴騰セル物価ヲ調節スルコト」、二「極端ナル投機取引ノ取締」、三「収入ノ増加」（とくに「日給・月給・日雇生活者」および「官吏・軍人・小学教員・巡査」）、四「極端ナル奢侈ノ取締」、五「勤勉心ヲ喚起シ生産能率ヲ増加セシムルコト」（ただし書きにいう「労働者諸君ト雖モ必ズシモ八時間労働制ヲ主張スルモノニアラズ、根本問題ノ解決後ハ進ムデ健康ノ許ス限リ労働セラル、モノナルコトヲ信ズ」）、六「官設国民会議所ノ創設」（全国に五つの会議所を設け政府の「諮詢機関」たらしめる。議員の選出は普選によるとのみ付記されている）。

第二は「漸次実現ヲ期スルモノ」。一「利益分配ノ匡正」（「資本労力者共ニ各技能ニ応ジ相当ノ報酬ヲ定ムルコト」）、二「貯蓄ノ奨励」、三「税制ノ改革」（「㈠間接消費税ノ廃滅㈡所得税累進率ノ大改革㈢地価増価税ノ新設㈣偶然所得並ニ不労所得税ヲ新設スルコト㈤少数階級者ノ玩弄スル奢侈品及奢侈行為並ニ其従業員ニ重税ヲ課スル事㈥遺産相続税ノ累進率ノ大改革(七)兵役免除者ニ対スル代役ノ付課(八)脱税ヲ絶対ニ取締ルコト」)、四「救貧施設」、五「差別待遇ノ改善」(「(一)社会ニ於ケル公共機関又ハ娯楽機関ニ於テ多数ノ反感ヲ招ク恐アル金銭的差別待遇ノ改廃(二)(略)(三)三等客車ノ増発ト設備ノ改良」)、六「教育根本観念ノ徹底」(「新時代ニ順応セル真正国家主義・真正殉国主義ノ徹底セル観念ヲ鼓吹」し軍隊および労働者にとくにこの「観念ノ徹底ヲ期スルコト」)、七「普通選挙ノ実行」、八「国会・府県会・市町村会議員選挙運動ノ改善」、九「労働組合ノ是認」、一〇「交通機関ノ改善」。

ただし以上の綱領の「緊急」・「漸次」の区分は、まさに一九一九年一〇月段階の区分であり、固定的なものではなかった。翌年一月一八日の暁明会主催の各階級意見交換会において暁明会の提出した議案は(一)「成年男子に選挙権を与へること」、(二)「労働者にも〔経営にて―松尾〕発言権を有せしむること」「利益分配改正案」、(三)「勤勉摂生大に生産をおこし生活の向上をはかること」、(四)「物価調節取締」、(五)「根本的税制改革」、(六)「社会の諸設備における金銭的差別待遇の廃止」であり(『大朝』大9・1・19)、これらがこの段階では「緊急実行ヲ期スルモノ」となっていたのである。

これら諸要求は政治的項目が著しく少なく、経済的要求が圧倒的部分を占めている。そこには都市中間層の日常的利益の主張が、かなりなまなましく語られているのである。これは彼らの政治的関心の稀薄さを示すものではなく、逆に、生活こそ政治との自覚を深めてきたことを示すものではあるまいか。もとよりその支配体制に対する批判的態度はかなりあいまいで、労働者階級の進出を全面的には是認せず、その資本家への従順を期待している。しかし、物価調節、勤労民衆の待遇改善、労働組合の是認、とくに具体的な税制改革などの諸要求より判定するかぎり、彼らの政治姿勢は、基本的には勤労民衆とともに支配体制に向けられていたといってよい。この故にこそ暁明会は、「不健全ナル労働者」が「跳梁」している友愛会(神戸連合会に属する川崎造船所労働者の八時間制要求サボタージュを想起せよ！)が指導権をにぎっている普通選挙期成関西労働連盟に進んで参加したのである。すなわちこれら中間層は、これに対する政治指導如何によっては明治憲法体制打破の方向に動員しうる存在であったといえよう。

ところで、院内急進派とくに憲政会内の普選論者が、普選運動の指導権を握りつつあったことは、明治以来の普選運動のもっていた反体制的色彩をうすめることになったが、それは、直ちには普選連合会が憲政会の院外団に堕したことを意味するのではない。これは地方の普選同盟会ないし類似の組織が普選派代議士と関係をもっても、その院外団化が即断できぬと同様である。参加団体のすべてが自律性を失っているわけではなかったし、その上、普選派代議士自体が憲政会内部では少数派で、幹部派と政策的にも政治行動の面でも対立状態にあったからである。

衆議院急進派の政策の平均的な姿は、改造同盟(9)の実行要目に示されている。改造同盟とは一九一九年八月一八日、講和会議の折パリに在留していた政界人・ジャーナリストを中心に結成された、革新的超党派政治グループである。その実行委員は植原悦二郎・古島一雄（以上国民党）、高木正年・関和知（以上憲政会）、島田俊雄・松田源治（以上政友会）、前田蓮山（時事）、杉村広太郎（東朝）、福良虎雄（東日）、永井柳太郎（大観）、長島隆二（代議士・無）、中野正剛（東方時論）、馬場恒吾（国民）、小松緑（中外商業新報）、浅田彦一（太陽）、満川亀太郎（老壮会）、杉森孝次郎（早大教授）、野沢枕城（二六新報）、信夫淳平（外交時報）、小野瀬不二人（東京毎夕新聞）（大原社研『日本労働年鑑』大正九年版、八一七ページ）。左は公然たる帝国憲法の改正論者たる植原悦二郎より、右は原敬に親しい前田蓮山・小野瀬不二人まで、各種の政治的色彩を含むこの組織の主張は、当時における民本主義的政治勢力の改革論の最大公約数を示すものといえた。それは、㈠普通選挙の実行、㈡華士族平民の差別撤廃、㈢官僚外交の打破、㈣民本的政治組織の樹立（枢密院貴族院の改革、陪審制の採用）、㈤国民生活の保障（金権万能の経済組織改革と外交刷新による）、㈥労働組合の公認、㈦税制の社会的改革、㈧形式教育の解放、㈨新領土統治の刷新（官僚「移植」による統治反対——自治化か？）、㈩宮内省の粛正、⑪既成政党の改造（現在の政党は「官僚閥族の別名」）、の一一項目である（括弧内は中野正剛「改造同盟論」

『東方時論』一九一九年九月号による注釈)。日本の国際的孤立の危機感を契機とするだけに、もとより帝国主義体制を否定するものではないが、明治憲法体制の大幅な改革を意図していたことがわかる。第四二議会における急進派の普選論は、この線に沿ったものであった。植原悦二郎は「藩閥、軍閥、官僚ノ政治ヲ独占シテ居ル」状況を打破するには、「国民全体ノ声援ガ無ケレバナラナイ」といい、また労働者と資本家とを「政治ニ同様ナル発言権ノ基礎ノ下ニ置」くことが労働問題解決の前提だといって、ここに普選の論拠を求めた(『衆委録』24、四四八・四六〇ページ)。島田三郎の有名な「階級打破」演説にしても、それは原敬がわざと曲解したような有産階級打破を意味するものではないが、さりとて次期議会に島田本人はもとより、憲政会がしきりと弁解したような、単なる納税資格の打破を意味するのでもなく、「藩閥未だ尽きず、軍閥尚ほ余力を収めずして党閥之に加はり、財閥之に乗じて此少数の人が日本を支配して居る」(『大日本帝国議会誌』⑾、一七六〇ページ)現状の打破の意を含んでいたのである。

青年改造連盟や暁明会の綱領をかえりみるとき、院内急進派が都市中間層の代弁者であることは明らかであろう。しかも彼らは、開明的な一部の資本家の支持をも受けていた。鈴木梅四郎といえば国民党の財政部長格の有力者で、彼自身三井系の資本家であったが、その彼にして、普選はもとよりのこと、人権擁護のための陪審制度の採用、華族世襲制の廃止、貴族院改革(議員構成は華族・非終身勅選各五分の一、民選議員五分の三、多額納税議員は廃止)、「租税負担の均衡」(直接税の増加、営業税・間接税廃止)、「血税負担の均衡」(入営兵家族への補償と免役税の新設)、米籾官営、義務教育の延長と全額国庫負担、社会保険の充実、庶民金融機関の改善、職業別労働組合の奨励、などを主張している(鈴木『日本改造の意義及其綱領』一九一九年九月)。彼の属している交詢社にしても、早くも一九一八年末に「一刻も早く」普選実現を説くものがあり(高橋義雄『万象録抄』大7・12・27)、さらにこの交詢社グループを中心とする財界人・学者・新聞記者よりなる「資本労働問題研究会」は、治警法第一七条の改正、「労働者保護法」の制定を主張し、旧来の温情主義による労務管理を批判していた(佐々木隆爾「いわゆる『日本型賃金体系』および『日本型労働組合』の端緒的成立」『史林』四四の二)。

議会内急進派は政党員ではあっても、政党の幹部派とは区別さるべき存在であった。彼らは民本主義的改革案を公然と提出し、しかもその目的のために民衆を動員することを辞さなかった。加藤高明の有名な珍品五箇事件は、この政党の内部対立を物語っている。彼らの大半が、宮地正人のいう「国民主義的対外硬派」に属することは、宮地の『日露戦後政治史の研究』(三三七ページ以下)で明らかである。しかし、彼らの対外硬の本音にもかかわらず、その表面の主張の中心が、支配体制の改革、すなわち普選の実現をテコとしての天皇制支配機構の改革と社会政策の実行に移っていたことは、いかに彼らの直接依拠するとされる旧中間層をもふくめての中間層全般、および無産大衆の改革への要求が強かったかを示すものである。この時期における彼らの果した役割は、シベリア出兵や、五四、三一両運動に代表されるアジア民族主義抑圧の方向に民衆を動員することではなく、国内体制改革の方向に民衆のエネルギーを導くことにあった。彼らが政党の民衆把握のパイプとなったのは、野党が普選に足並みを揃える一九二二年以降のことで、それまでは、民衆のエネルギーを政党幹部に対する直接の圧力に変化させる役割を、主として担っていたというべきであろう。(10)

3　労働組合の普選運動

第四二議会下において、関東と関西に普選期成をめざす二つの労働組合連合組織が生まれたことは、日本の労働者階級の歴史にとって、大きな意義を有するものであった。第一に、それは異なる労働組合間の組織的提携の最初の事例であった。すでに東京では、前年の国際労働会議労働者代表選出問題で組合の共同行動がはじまり、年末の足尾銅山争議では、友愛会・信友会・小石川労働会・日本交通労働組合ら主要組合が、あらゆる争議における協力の決議を行なっていた(『日本労働年鑑』大正九年版、一七九ページ)。両連盟の成立は、従来からの組合提携の気運を組織にまで高めたものであった。そしてその中から、恒常的な連合体として、関西では関西労働団体懇談会(一二月一七日結成、のち関西労働組合連合会)を、関東では労働組合同盟会(五月結成)を生み出すのである。第二に、それは労働者階級の政治組織の萌芽的形態であった。中間層的組織に埋没せず、労働者独自の共同闘争組織が結成されたところに、労働者階級の政治的成長を反映していた。しかしこの両組織における普選運動の取り組み方はかなり異なり、それぞれ、その後の普選運動、ないしは労働者階級の政治運動の推移に大きな関係をもつ問題をはらんでいたのである。まず普通選挙期成関西労働連盟の場合からみて行こう。

普選のための労働組合の連合は、関西が関東よりも一歩先んじた。一九一九年一二月一五日、友愛会関西労働同盟会の理論的指導者賀川豊彦と、友愛会の評議員今井嘉幸の個人的よびかけに応えて、関西労働同盟会・友愛会刷子工組合(大阪)・大阪鉄工組合・日本労働組合関西本部(大阪)・日本労働協会(大阪)・大阪府煉瓦工組合・向上会(大阪砲兵工廠)・帝国労働組合(大阪鉄工所桜島工場)・関西電鉄従業員組合同盟会(大阪市電・私鉄)・誠友会(屋外労働者)・鉄心会(安治川鉄工所)・新進会(住友伸銅所)・朝日橋人夫労働組合(大阪)・暁明会の一四団体が集まり、普通選挙期成関西労働連盟を結成し、友愛会海員部(神戸)・西陣織友会(京都)・印友会(京都)・友禅工組合(大阪友禅染職工組合?)・和歌山労働共益会・大阪ショフワー交友会(自動車乗務員)がつづいて加盟した(『労働者新聞』大9・1・1、『大正日日新聞』大8・12・16、『日本労働年鑑』大正九年版、四八六ページ)。

連盟は一二月二四日大阪における「普選要求労働者大会及演説会」を皮切りに、京阪神三都で演説会やデモに気勢をあげ[11]、二月はじめには代表五名を上京させ、政府・議会・政党に所信を訴えた。彼らの上京は新聞に大きく取上げられ、東京方面の運動を刺戟し、とくに関東連盟結成の一契機となった。

関西連盟は、関東のように治警法一七条撤廃を普選と併記して、その名称としなかった。前年来の普選獲得が、治警法改正を含むすべての改革の第一歩であるとの考え方が示されていた。また連盟は、この第一歩を実現するためには、目的を同じくする一切の勢力を結集するという方針をとっていた。加盟団体を見ても、その中には朝日橋人夫労働組合のように、警察署長の援助を得ているもの（『日本労働年鑑』大正九年版、四〇一ページ）、帝国労働組合のような「忠君愛国・富国強兵」をスローガンとするもの、鉄心会のごとき職工全部を会員とする御用組合もあり[12]、さらには先述の、労働組合とはとうていいえない「暁明会」のような組織もあったのである。そして尾崎行雄・今井嘉幸ら議会政治家をも毛嫌いせず、また、後述のように、総選挙に際しては野党の普選派を積極的に支援した。

関西連盟がこのような態度をとりえたのは、東京とちがって、全国普選連合会のような、既成政党人の息のかかった強力な普選運動組織がないので、労働者階級の主体性がおびやかされるおそれがあまりなく、またこれと関連して、普選運動に反発するサンジカリズムの影響力が、荒畑寒村らの『日本労働新聞』を通しての働きかけにもかかわらず、関西にはあまり及んでいなかったという、政治的環境の差に依存していた。しかしそこに、賀川豊彦という関西労働界切っての理論的指導者の存在を見落すことはできない。賀川は友愛会関西同盟会の機関紙『労働者新聞』で、「政治は民衆の道徳である。それは必ずしも民衆の生命ではない」（「労働者と政治」大3・11・15）、「アメリカは八十年来普通選挙だが貧民はやはり貧民」（「工場民主」大8・3・15）などと普選万能論を否定し、労働運動の目標は、工場の組合管理を基礎とする「産業の社会化」（「労働者と政治」大8・11・15）、あるいは「産業民主」（「産業民主の方へ」大9・2・15）の実現にありと説いていた。一方では彼は「政治は人格である、労働者が人格である以上、凡ての労働者は当然投票権を要求する権利がある」と、労働者の人間的平等の主張より出発する。そして産業の「社会化の道を阻止する金力政治を取りのける」手段として普選を意義づける（「労働者と政治」）。「もし普通選挙の様なものすら議会をよう通過せしめ無い民衆であるならば、私はその民衆は到底産業的自由を領有する資格なきものと断言を与へるより外に道は無い」（「産業民主の方へ」）。すなわち彼にとって、普選は労働者の解放にとって不可欠の前提となるのである。しかし賀川は、産業民主化に普選がなぜ不可欠なのか、について一貫した説明を欠いた。彼の当時の主著『主観経済学の原理』(一九二〇年六月刊)をみても、宗教的悔改めによる「知識革命」が説かれ、その手段として「教育的」「断食的」ゼネストが主張されているが(このゼネストが彼の否定するサンジカリズムの「暴力的」ゼネストと事実上どう区別できるか、はなはだあいまいである)、普通選挙あるいは議会の役割についてはまったく言及がない。これでは恐慌下の資本家攻勢と、アナルコ・サンジカリズムの浸透に抵抗して、労働者階級の普選運動を発展させて行くことができないのは、むしろ当然であったというほかはない。つぎに関東方面の状況をみよう。

関東の労働連盟の結成は、関西に比べてはるかにおそかった。一九一九年一二月二四日に開かれた友愛会主催の治警撤廃普選徹底労働者連合演説会には、松岡駒吉の司会のもと、友愛会(三木治朗)・信友会(入沢吉次郎)・日本交通労働組合(武井栄)・大日本鉱山労働同盟会(高尾平兵衛)・自由労働組合(中村)・俸給生活者組合(黒川鎮雄)などが演壇に立ち、つづいて今井嘉幸が関西連盟の成立を報告し、大山郁夫のあと鈴木文治でしめくくった(『東京毎日』・『時事』12・26)。当時友愛会の一幹部は「議会開会中は二昼夜位議会を包囲して大示威運動を起すと」抱負を語ったが(『時事』12・24)、関東連盟の結成は、それより四〇日もおくれてのことであった。そこには、つぎのような事情が考えられる。

第一に、関東方面の労働組合は組織維持の見地より、普選運動に全エネルギーを投入することは不可能な状態にあった。友愛会本部は、一九一九年一二月の日立鉱山・製作所争議で、主事麻生久、理事棚橋小虎・桝田弥三郎を牢獄に送り、また年初早々より園池製作所の争議に直面した。交通労働組合も待遇改善要求の交渉中であり、ストライキ突入の気配を示していた。信友会も前年争議敗北の打撃から立ち直るべく、組合組織整備の要望がつよまり、組合員は「普選運動とやらに走り廻らずに真に会の発展の為めに非会員訪問をして下され」などの声も上っていた(土田セキ「病床にて」『信友』一九二〇年三月号)。

第二に、アナルコ・サンジカリズム的見地からの普選否定論が、すでに先進的労働者の間に浸透しつつあった。円満なる議会政治が労働問題の根本的解決にどれ丈の効果があらう。資本家の代表者と労働者の代表者と称する者の議会に於ける妥協は未来永劫資本主義の維持に終るであらう。而も普選は決して労働者の代表者を多数に選出し得ない為めに（其の証拠には普選論者が依然たる尾崎犬養輩を担がうとして居る）、資本家は公々然と国民の意思の名に於て、資本暴力主義を振り廻すであらう（鉄火生「新春の社会問題」『信友』一九二〇年一月号）。日本は後進国の有難さ、色々の道を造つて呉れし先進国労働者より文明的な道を軽快に進むことを学びたい。何を好んで紆余曲折凹凸甚だしき旧街道を辿るの愚を為さんとするや（「ブローカー」名の投書、同上）。

これは大杉栄の影響の強かった信友会員の意見であるが、この見解には、友愛会の中にも同調するものがいた。高田和逸・桝田弥三郎・山本懸蔵らは、のち「左党同盟」に結集する人々で、その数は少なかったが、無視できぬ力をもっていた。当時すでに彼らの間では、「革命は三年のうちには必ず来る」という「革命三年説」がささやかれていたらしい（高田和逸談「座談会友愛会時代を語る」『労働運動史研究』三三号）。

第三に関東労働組合の主柱である友愛会には、前議会以来の普通選挙よりも治警法撤廃を先決とする考え方が依然として強かった。もっとも会内には、会長鈴木文治のように「普通選挙の実施の結果は国内に……デモクラシー思想を醸作せしめて労働問題の改造に当つて重要なバックを為す間接的の効果を齎して来る。……一部特権階級に壟断せられる事に依つて労働階級の行動を危険化する事から避ける為には、彼等と直接利害関係を有する議院を形造つてこれに対する信頼を保たせねばならない。この点からして普通選挙の実施は労働問題解決の第一歩であると言はねばならぬ」と論ずるものや（『国民』大9・1・13）、かつての会長代理で現評議員北沢新次郎のように、治警法第一七条の撤廃も「労働者の手に参政権が置かれて、貫徹する事が出来早いと思ふ」と関西同様の考えのものもいた（『時事』1・17）。しかし、松岡駒吉が語ったように「会内の空気は大体に於て普選問題に就ては普選は労働運動の目的ではなく一手段に過ぎぬから、組合主義の上に立つ友愛会としてはこれがために団体の存亡を賭してまでもどうと云ふ事は出来ぬといふに傾いてゐるから議会に対する態度も自然この大方針に従つて決定される事と思ふ。これに反し治安警察法の撤廃乃至改正といふ事は組合主義の立場からせば飽くまで戦ふべきが当然である」(『やまと新聞』1・16、『河北新報』1・17)との見解が、その組合主義が保守的(労資協調主義)たると急進的(アナルコ・サンジカリズム)たるを問わず支配的であったと思われる。

第四に、組合の先進分子には、うかつに普選運動に参加することは「如何はしき人々に利用され」るおそれがあるとの警戒心がつよく働いていた。すなわち彼らにとって、「現在の運動はむしろ特権階級の走狗たりし代議士或はその下廻りを中心とするもの」で、「特権階級と結託して搾取的社会組織を維持する事により、不正なる物質欲或は権勢欲を満足せんとしつゝあるもの」であった(山崎一雄「普通選挙と新興文化」『先駆』創刊号)。社会改造を究極の目的とするものにとって、運動の方法は慎重に選ばれねばならないとされたのである。

以上の理由で関東の組合の結集はおくれたのであるが、年が明けて運動の火の手が上り、労働者の関心が高まって来ると、組合も態度決定に迫られる。日本交通労働組合は「此際……目を閉ぢ耳を蔽ひて居る訳にも行きません」と、「他の労働団体より交渉」があれば応じようとの態度を一月一〇日理事会で決定する(「日本交通労働組合沿革」『交通労働』創刊号)。友愛会も一月一五日、つぎのような議会対策をとりきめた。

㈠普選法案については、その内容を⑴資格は二十年以上の男子⑵時期は次期総選挙より⑶区制は小選挙区制とし、その実行運動方法は他の労働団体と協調を保つこと。㈡治安警察法については、昨年同様極力第十七条撤廃のため演説会請願運動等を全国的に行う。㈢労働組合法案については、政府案にして労働運動の発達を阻害し、労働者に不利を来す如きものが提出せられたる時はこれに対し極力反対をなす(『労働者新聞』2・1)。

この選挙法案が完全に国民党案に一致し、小選挙区制の継続さえみとめている点、当時友愛会幹部の普選軽視あるいは、その政治感覚の未熟さを如実に示しているように思われるが、それはともかくとして、友愛会もまた他労働組合との共同行動を重視したのである。おそらく組合らしい組合は、以上の二組合と同様な運動方針をとったと考えられる。

この労働組合のみによる普選運動という構想は、つぎの二つの見地に立脚していた。第一は、労働者の普選運動は一般の普選運動とは目的を異にしているから、運動組織も別な形態をとるべきだとの見地である。「普通選挙の達成せられた暁に於て、民衆は真に自己の代表であるものを選出して、直に社会組織の改造に着手せねばならないのは勿論であるが、普通選挙の運動に於ても将来禍根を残すが如き分子は一切排撃」せねばならない。(13)

第二に、普選・治警問題を契機として労働組合間の団結を強めたいという意図が存在していた。友愛会の機関誌『労働』の編集者はいう。「労働者が大同団結して、熱烈なる動行《マヽ》を起し、然る後参政権を獲得するといふ事は、其行動だけで確かに労働運動の将来に甚大の利益を与へるものである。普通選挙が万能膏薬でないことは勿論だが、労働者の積極的普選運動は大いに歓迎すべきものである。労働運動が急激に起つて、新しい労働団体が各所に出現し、誠に紛々たる今日の経済界に於て、普通選挙運動全体に統一的協調的気運を起さんことを希望して止まない」(「内外労働界」『労働』一九二〇年二月号)。普選運動反対者も、この見地には異議のなかったことと思われる。

このように労働組合のみによる運動形態が構想されつつあるとき、その実現のきっかけを与えたのは全国普選連合会の成立であった。これには前述のように、有志としてであれ多くの組合から参加者を出していた。青年改造連盟と関係の深い純労会・小石川労働会・自由労働者組合の有志は、二月五日に全国労働団体連盟を結成し、二月一〇日には、「無制限横断労働組合法の実施、治警法一七条の撤廃、普選即時実行」のスローガンを掲げて、二〇〇〇人のデモを行なった。(14) ここにいたって「如何はしき人々」すなわち既成政党に利用されるというおそれが、決定的につよまったのではなかろうか。こうして二月五日夜、友愛会のよびかけによって、(15) 友愛会本部に友愛会・信友会・小石川労働会・築地〔海軍工廠〕工人会・サラリーマン組合(俸給生活者組合)・自由労働者組合・交通労働組合・SMU・大日本鉱山労働同盟会の九団体の代表、および関西労働連盟の代表坂本孝三郎らが集まり、普選期成治警撤廃関東労働連盟の結成をみたのである。普選期成と並んで治警撤廃を会の名称とした点、あるいは参加団体のほとんどが過去に争議の経験をもつ戦闘的労働組合である点、この新組織の、全国普選連合会と一線を画そうとする態度が示されているのである。

かくて結成された関東連盟は、ただちに同座している関西労働連盟代表に連合組織の交渉を行ない、「関東関西普選期成労働大連盟」(『交通労働』創刊号では「普選期成全国総同盟」)を組織することに決した。関西側代表坂本孝三郎は、「普選の為に飽くまでも奮闘するのは勿論、今後総ての労働問題に対しても大連盟の名と実に於て遺憾なく活動する決心である」と語り、鈴木文治も「永久的労働連盟組織に就てはまだ其処まで進展して居ないが、之を機会に我が労働者全体の利害に関する問題毎に同一連盟を組織して解決に当るは当然である。……斯く労働団体が続々接触して理想の労働大合同の機運を促進されるわけで、今日大連盟組織は其第一歩として誠に慶賀すべき事である」と、共にこの組織を労働組合の恒久的全国的団結へ向って発展させることを確認しあったのである(『東朝』2・7)。しかしいかなる理由か、この大連盟は実際には機能せず、一夜の申し合わせにとどまった。『労働及産業』・『労働者新聞』・『信友』はこの連盟の成立を一行も報じていないし、またその後管見に属するいかなる資料にも、この連盟の名を見出すことができないのである。おそらく、普選についての関東・関西両地方労働者のとりくみ方の相違が、この結果を生んだのであろうが、せっかくの我が国最初の労働組合の全国的共同行動組織のこの死産は、不可解な事件であり、また労働者階級にとっての不詳事であった。

関東連盟は二月一一日、芝公園で演説会を開き、各政党本部・議会を経て二重橋前までデモを行なった。参加組合は、前記の創立集会に参加した九団体のほか、日本労働組合・新人セルロイド工組合・日本機械技工組合・芝浦技友会・汎労会・石工覚醒会を加え、その人数は女子労働者も含めて約三万人という盛況であった(「友愛会と普選運動」『労働』一九二〇年三月号)。この日、上野公園で普選同盟会主催の集会が別箇に開かれたということにもよろうが、関東連盟の集会に労働組合員以外の一人の弁士もあらわれなかった。二月一一日に示された連盟の気勢は、その後は継続して発揮されることはなかった。ようやく二月二〇日に協議会が開かれたが、そこでは普選については、(1)各派代議士に書面を以て通過を要請すること、(2)灰色議員には実行委員が戸別訪問すること、(3)普選の議決日には多くの有志を傍聴に動員すること、(4)二二日の普選促進連合大懇親会には各団体の有志として随意に参加すること、治警法撤廃については、国民党案(第一七条削除)の通過をめざし、各政党本部を歴訪すること、などを申し合わせたにとどまった(『国民』2・22)。すなわち連盟の大衆行動は、二月一一日の一日だけにおわり、あとはすべて実行委員あるいは有志の随意行動に任せられたのである。

要するに関東の友愛会を中心とする労働組合の場合、普選を労働者階級にとっての緊急の必要手段として絶対視せず、また連盟をつくっても、その団結行動自身が自己目的とされ、運動においては全国普選連合会と一線を画し、かつその運動も、東京という政治中心地のそれとしては低調であった。

4　社会主義者の態度

上述の労働組合運動内部における対普選態度の対立は、同時に労働運動に影響力をつよめてきた社会主義陣営内部における意見の対立でもあった。

大杉栄・荒畑寒村は、この時期においてはまったく文章としては普選問題に言及していない。もとより黙殺の態度である。しかし彼らのいい分は、さきに引用した信友会員の普選否定論に代表されているとみてよかろう。すなわち、普選は労働問題の解決に無効果であることは歴史の証明ずみであり、かつ議会依存の結果、労働運動の自主性をよわめる、というのである。これにくらべて山川均の場合は、多少普選の効果をみとめていた。彼は『大阪朝日新聞』の「普選断行賛否」の質問にこたえていう。「賛成。男女平等の普通選挙に賛成す。㈠議会制度を幾分か無産者労働階級の利益の為に利用し得るが故に、㈡社会改造の上より見て選挙権獲得の如きが畢竟幾何の価値なき事を立証し、民衆を政治的改革の幻影より醒めて、真の社会的経済的改造の必要を覚ゆるに至らしむるが故に」(大8・12・20)。すなわち紋切り型ではあるが、いちおう普選の社会主義運動上に占める一定の意味を認めていた。しかし労働者階級が普選運動に深入りすることには否定的であった。当時山川は「労働者階級の前衛隊たる社会党」の必要性は理解していたが、実際に強調したのは「現在の生産組織に代わるべき、新たなる生産組織たるものを発達せしめて居る」革命的労働組合の建設であった(「無産階級の歴史的使命」『山川均全集』2)。「無産階級運動の組織と訓練とはあまりに薄弱であり」、「組合運動はなお発生期にあって思想上の基礎も確立していなかった」当時において、「ブルジョワの政治勢力の侵入を防ぎ、小さいながらも、独立した無産階級意識の結晶体を作り、かくて次の時期に進むべき足場を築くためには、ブルジョワの政治に対して消極的否定の態度をとることは、唯一の方法」であると考えた(「日本におけるデモクラシーの発達と無産階級の政治運動」『全集』5)。いまや国民運動化している普選運動に参加する中で「無産階級意識の結晶体」を鍛え上げるのではなく、これに背を向けて「無産階級意識の結晶体」をつくることに専念せよという主張は、階級意識という菌を試験管の中で純粋培養せよというのに等しかった。そのような抵抗力のない菌がひとたび外気にふれると、どのような反応を呈するかは、関東大震災以後の無産運動の分裂に次ぐ分裂が証明する。

「階級意識純粋培養論」のほか、山川の普選運動反対を支えるいま一つの柱は「社会進化の法則」であった。一九二〇年二月『太陽』に発表した「日本の労働運動と反動思想」(『全集』2)にいう。

英国にあつてはクラフトユニオンの数十年によつて初めて全労働階級的の自覚に達することが「自然」であつた。

……全世界の労働者の階級的意識水準が今日の高さに進んで来た時に、日本の労働運動が必然的に斯の如き同一径路を取るかの如く考へるのは社会進化の法則を無視したものである。……普通選挙の実施は最早時間の問題であるが、日本の労働運動は選挙権獲得運動を全く飛び越さなかつたまでも、少くとも一、二年の間に縮約した如く、同じく日本の労働運動は、或は普通選挙権の行使そのものをも一足飛びにするかも知れぬ。少くとも日本の労働組合運動が議会と立法との幻影に、先進国の組合運動ほどに多くの迂回と精力の浪費をするものでない事は一点の疑ひがない。

このアナルコ・サンジカリズムの色彩の濃い文章よりうかがう限り、彼は「社会的進化の法則」なるものにとらわれて、日本の政治的・社会的現実より目をそらしていたといわねばならない。ようやく労働者階級の普選運動がはじまったばかりというのに、これが「一、二年の間に縮約した」と過去の問題として片づけてしまっている。彼もまた「三年革命説」の「幻影」を描いていたとしか思われぬ。このような見地からは、「日本の資本主義は遂にデモクラシーを完成することなしに無産階級××への推移を初めるものとしたならば、無産階級が新たに開かれた議会の門を潜ることは多かれ少かれ(或は一時的にせよ)資本主義支配の基礎に更に新しい安定を与へることになる」(山川「普通選挙と無産階級の戦術」『前衛』一九二二年三月号、『全集』4)との普選無用・ボイコット論が出て来るのは当然であった。

要するに山川の労働者階級による普選運動反対論は、労働者階級の現状についての悲観的認識と、「社会進化の法則」への楽観的信仰との組合せの産物であった。

社会主義者の中でもっとも普選に熱心であったのは、いぜんとして堺利彦であった。彼は前議会終了後、普選運動のありうべき形態として「無数の有志者が縦横に奔走し、無数の小団体が各地に続出し、それらが自然に提携し連絡して、それで初めて本統に有力な運動が起る」ことを期待していたが(堺「カライドスコープ」『新社会』六巻一号、一九一九年五月)、この期待が現実化したいま、各種の運動団体の中にいかがわしいものがあることを認めながら「此際彼らを利用するのも亦た一策」であり、逆に「利用されたとしても大した損の行くわけではない」と割り切り、幅の広い共同行動をよびかけていた(堺「時評」『新社会評論』七巻一号、一九二〇年二月)。そして運動の前途については、「今年は今年なりにやれる所までやつてみるのだ、やらせてみるのだ、ヤル習慣をつけておくのだ」(同上)、「まだ来年がある。普選運動に全然失望する前に、今一度最後の試みをやる余地がある。思ふに来年の火は今年に比して数層の高さに燃えあがるであらう」(堺「雪を照す春の光」同上、七巻三号、一九二〇年三月)と前途に希望を抱いていた。

堺はとくに、労働組合が普選運動に参加することを強く求めていた。そこに労働者政党が生み出されることを期待していたからである。友愛会がその主張に普選の一項目を掲げたとき、彼は「もし友愛会の労働者がその特殊の武器をもつて強硬にこれを要求することになるならば、その効果はけだし重大なものとなるであらう。労働運動と政治運動の一致、したがつてまた労働党(社会党)発生の機運がはじめてここにその有力な芽を生じたものとみることができる」と評価した(堺「黎明会と友愛会と改造同盟」『解放』一九二〇年一一月号)。

これはたしかに重要な提言であった。運動の現実は、労働者政党の結成の可能性を内包していた。組合のリーダーは、運動の渦中において労働者階級の主体性の確立の必要にめざめており、しかも組合として全力を普選運動に賭けることにはためらわねばならなかった。そこにおいては、組合組織に代って運動をリードすべき政治主体が問題とされねばならなかったはずである。ところがこの際、社会主義運動家の中にも、また急進的な組合運動家の中にも、誰一人としてこの堺の出した問題に取組んでみようともしなかった。堺自身も、運動の渦中に飛込んで、新政治組織の急務を説得したわけでもなかった。この時期に労働者階級の政治運動と、その組織のあり方について、現状分析をふまえての掘り下げた議論のおこらなかったことは、普選運動および労働運動に不吉な影をおとすことになった。

三　議会解散と普選運動の行方

1　議会の解散

院外の普選運動の昂揚と対応して、第四二議会では憲政・国民両野党の政治姿勢にかなりの変化がみられた。憲政会は普選と労働組合法の制定を二本の柱とし、これに地方議会における普通平等選挙制の採用、行財政整理・通貨収縮による物価調節などの諸政策を配し、かねての主張であった海軍軍拡を削除した。国民党は治警法第一七条の削除、新聞紙法の改正など、一段と急進的な政策を掲げた。これら両党幹部の期するところは、日本帝国主義の内外の諸矛盾の激化に対応して、支配体制の安定をはかることにあり、民衆運動の先頭に立って官僚勢力と対決することは思いもよらなかったことは、すでに指摘されているとおりである（信夫清三郎『大正政治史』八九一ページ）。実際、加藤高明は論外として、かつて護憲の神とうたわれた犬養毅が、尾崎行雄と対蹠的に、この普選運動において、いかなる集会・デモにも参加していないのである。しかしともかくも両野党が普選を含む改良的政策を掲げたことは、民衆運動の昂揚に一定の刺戟を与えるものであり、両派が提携して普選を争点に政府と闘うことは、世論のこぞって期待するところであった。しかし両派の普選法案はついに統一されなかった。その責任は憲政会幹部にあった。

憲政会内部では一九一九年秋より、党内において普選賛否の両派がそれぞれ結集して抗争をはじめ（兼近輝雄「第四二議会への普選案の上程と各党の態度」）、容易に収拾がつかず、このため一一月一二日とくに開かれた臨時大会でも、まったくこの問題にはふれられなかった。結局、周知の加藤高明の「迫られて之に応ぜんよりは寧ろ進んで与ふるの已むなきを感じ」ての判断で（伊藤正徳『加藤高明』下、三三八ページ）、普選提案にふみ切ったのであるが、一二月一〇日の政務調査会に付議された幹部案をみると、幹部の考えた「普選」とは、世論の要求する普選とは似ても似つかぬものであった。第一に、それは普選尚早の見地に立っていた。施行時期を大正一〇年一〇月二一日以降としたことは、次期の通常選挙（同年四月予定）は現行法でということを意味し、もしその後解散なければ、一九二五（大正一四）年まで普選による選挙は実現しないことになる。幹部案はその理由として、選挙人名簿調整の技術的問題のほか、地方選挙制の改革、労働法規の制定[1]などを普選の前提として行なう必要のあることを示していた（『大毎』大8・12・21、12・23）。これは民衆に「迫られて之に応」ずる形をとれば、支配体制の動揺を招きかねぬことをおそれてのためであり、またこの五年の間に普選施行のための準備をととのえようとの意図を内包するものであった。

第二に、それは事実上の財産資格制限選挙制を意味した。すなわち有名な「独立ノ生計ヲ営ム者」条項の設置である。この条項は当時の公民権資格要件の一つであり、このため憲政会は、第四二議会の選挙法委員会においても「習熟シタル制度」で「財産制限デアル納税制限トハ全然其性質ヲ異ニシテ居リマス」（藤沢幾之輔発言、『衆委録』24、四四六ページ）、と弁明しているが、実態はどのようなものであったか。地方制度創設の折には、この要件は「一戸ヲ構フル」の表現をとり、この趣旨は改正後も生きのこっていたのである。たとえば行政裁判所の判例をみても、戸数割をおさめ、兄より三反の田地を買い受け、そこから小作料を得ているものさえ「此等ノ事実ノミニテハ未タ同人カ独立ノ生計ヲ営メル事実ヲ断スルニ足ラス」というのである（大正二年宣告六五号、近藤行太郎編『市町村制例規制例輯覧』所収）。しかも資格の有無を裁判で争うものはきわめてまれであり、その判定は一に市町村長の裁量にかかっていたのであるから、ますます戸主ないし一戸を構えている世帯主以外のものは排除されることになる。当時憲政会内の普選派が作成したとみられる『普選案の一焦点独立の生計を省くと加へるとの差』（河野広中文書）が、この制限にふれる人たちについて「或人はこれを浮浪、無産、自棄の人、国家の厄介者の部類であるかの如くに云ふが、必ずしも然らず、其大部分は寧ろ今日の書を読み、今日の務めを解し、今日の事に志ある青年であらう」と述べているのは、事態を正確に解したものといえよう。かくてこの制限の結果予想される失権者は三割以上と推定される。(2)

かくて憲政会の幹部案は、反体制の方に向きかねぬ革新的な青年層を有権者より排除せんとするものであった。そしてそれはまた、体制の社会的基礎をなす家族制度の弛緩防止の意をも含んでいた。藤沢幾之輔は前記の委員会(第四回)で「家族制度ヲ矢張リ尊重スル上ニ於テ効果アリト思フ」と公言していた。このように幹部案は「普選」の名に値せぬ実質をもっていた上、区制は現行どおりの小選挙区制をとっていた。当時『大阪朝日新聞』の社説は憲政会案を「元老、枢密院、貴族院の意を迎へんとするもののみ」(12・17)と歎じたが、この案は、そればかりでなく、憲政会の幹部が民主勢力の擡頭をおそれていたことを如実に示すものであった。

憲政会内の急進派は院外の世論を背景に幹部案に猛然と反対し、反政府の気運を盛上げるために、とくに議会開会直前の一二月二五日に開かれた議員総会においては、幹部の予想に反して、地方選出議員の中にすら普選即行に賛成するもの多く、採決延期となる有様となった(『大朝』・『大毎』12・27)。ところが年があけると、幹部と普選支持派の間にいったん妥協が成立し、一月二〇日の議員総会で実施期は次回選挙より、区制は中選挙区制と改められたが、「独立の生計」は依然堅持されたのである。こうして第四二議会には、両野党および院内普選実行会(今井嘉幸・坂本金弥ら無所属・新政会所属議員の一部)と三つの選挙法改正案が上程されることとなった。憲政会案は、満二五歳以上の男子で「独立の生計」を営むものを有権者とし、区制は中選挙区制(ただし市部では一人一区のところあり)とすることを骨子とする。国民党案は満二〇歳以上の男子を無条件に有権者とし、区制は現状維持。院内普選実行会案は年齢は憲政会と、あとは国民党と同様であった。世論を背景に三派案統一の努力が最後まで続けられた。国民党と普選実行会は年齢・区制などすべて憲政会案を認めたのみか、さらに「独立の生計」の全面削除ではなく、これに代って「貧困の為め官公費若くは慈善事業其の他の者の救助を受けて生計を為す者及之を受けたる後一ヶ年を経過せざる者」を有権者より除くというところまで譲歩した。二月二四日の憲政会代議士会では、片岡直温・若槻礼次郎らの幹部までが加藤総裁に妥協を進言したが、加藤はあくまで「独立の生計」条件を実質的に固守するため、党議尊重を理由に「他の扶養若くは扶助を受けて生計を為すもの但し中等学校卒業若くは之と同等の資格あるもの又は陸海軍の現役を了へたる者を除く」の条項を付加することを主張し、「返って某々氏等妥協的意見を有する人々に対して党議尊重に傾かしめ、甚だしきに至りては総裁の命なりとて之を強制し」「形勢を一変せしめ」、妥協派を破ったのである（『国民』2・26）。憲政会の普選派四一名は除外例を要求して、国民党・普選実行会と共通の修正案に賛成署名したが、(3)(4)二六日の衆議院本会議の採決に先立って、野党の足並み不一致を嘲笑する如く、議会解散が断行されたのである。

一方議会内外の普選論の昂揚は、保守的勢力の中にも動揺を生んだ。山県系官僚の中でも、すでに田健治郎は一〇年内外後の実施にそなえ、普選施行の準備にとりかかるべきこと、まず地方自治体選挙に適用すべきことを山県有朋に具申していた。(5)政友会内にも動揺はあった。前議会、政友会内にも普選論者があったことは前述のとおりであるが、第四二議会の選挙法特別委員会の政友会委員の間では、「普選は天下の大勢にして」、「到底阻止す可からざる運命にあるは火を睹るより明かなるを以て」、「政友会の主義として普通選挙に反対するものに非ず、将来適当の時機に必ず之を実行する意志ある事を天下に声明するが得策ならんと云ふに一致し」、総裁に申し出るということにもなった（『東朝』大9・2・19）。

このとき原敬は、一切の妥協的態度を拒否し、突如として議会解散を断行したのである。原敬の主張は普選反対論ではなく尚早論であったこと、彼は「時機を誤らば真に国を亡ぼすべし」（『原敬日記』大9・10・21）、すなわち、現段階の普選実施は都市における労働者階級の進出を呼び、とくに首都東京が「混乱の巷となる」（同上）ことを予測したこと、そして実施の「時機」を、小選挙区制・農会縦断工作などによる政友会の組織再編強化後に求めたらしいことなどはすでに指摘されている。しかしなぜ原敬は議会において普選法案を否決せずに（野党の足並みが揃っても、二〇票以上の差でこれが否決されることは明白であった）、議会解散の挙に出たのだろうか。

政友会員にさえ全く不意討ちであったこの解散は、その理由について当時さまざまの臆測を生んだが、それらが期せずして一致した点は、この解散が原政友会政権の座を安定させるためのもので、普選はいわば口実にすぎぬということであった。当時野党の強調した原内閣行き詰り説、すなわち貴族院においては呂運亨事件・物価問題などで政府不信任の声が高く、また「某重大外交事件」（外務省の「外事彙報」に英国王と西園寺・牧野両講和全権大使との会談内容が誤って発表されたこと）で内閣の責任が追及される形勢にあり、この苦境を打開するために解散をしたのだという説明は、はなはだ説得性に乏しい。しかし解散が政友会絶対多数獲得をねらったものとの見解は正当であろう。(6)実際に原敬はこの一年地方長官の更迭（四月）、地方選挙を通しての地盤の拡大など、解散に対する準備に怠らなかった（金原左門『大正期の政党と国民』二五三ページ以下）。しかし原敬にとって、普選問題は単なる議会解散の口実ではなく、それ自体が重要な目的の一つであったことは、『原敬日記』中の左の文章に明白に示されているように思われる（大9・2・20）。

単に之〔普選法案―松尾〕を否決したるのみにては今後一年間此問題を以て国民に鼓吹し、而して次の議会には一層猛烈なる運動となるべく、此時に至りて解散は彼等の恐るゝ所にあらず（自然の任期は来年四月に尽く）、又近来院外の示威運動は固より新聞紙等に吹聴するが如き強大のものには非ざれども漸次に悪化せんとするが故に、是れも一年間放任せば由々しき大事に至るべし。漸次に選挙権を拡張する事は何等異議なき処にして、又他年国情こゝに至れば所謂普通選挙も左まで憂ふべきにも非らざれども、階級制度打破と云ふが如き現在の社会組織に向て打撃を試んとする趣旨より納税資格を撤廃すと云ふが如きは実に危険極まる次第にて、此の民衆の強要に因り現代組織を破壊する様の勢を作らば実に国家の基礎を危ふするものなれば、寧ろ此際議会を解散して政界の一新を計るの外なきかと思ふと閣僚に相談せしに、皆同感を表し、高橋蔵相の如きは此れは国家を救ふものなりと云ひ山本も此問題にて解散するの利害もあれども到底此儘になし置く時は将来意外の結果を来すべしと云ひ、中橋、野田、床次皆な賛成し、又加藤海相は海軍問題数月後るゝの結果となれども不得已次第なりと云ひ、内田外相も異議なきに因り、大体余の意見に一致したり。

原敬の現状認識は的確であった。たしかに、単なる議会における否決では、普選運動は次期議会にさらに発展する刺戟剤となりかねなかった。そして普選運動には「現在の社会組織に向て打撃を試んとする趣旨」は存在しなかったとはいえない。前述のように労働者階級の先進分子は、資本主義否認を意味する「社会改造」の第一歩として普選を要求していた。そして彼らは労働者階級のエネルギーをブルジョワ勢力に利用されることを拒否し、自らのヘゲモニーのもとで運動をすすめる方法を模索していた。都市急進派といえども、天皇制機構の改革とともに社会組織の何らかの修正を要求していた。このような形勢にある以上、野党がいかなる論拠にせよ、前年改正されたばかりの選挙法を一度も実施しないうちに、普選を主張すること自体、「現代組織を破壊する様の勢を」助長しないとはいえなかった。まして野党の中には急進派の力が増大する傾向にある。しかもこの普選運動の昂揚と時を同じくして、軍事工業の基軸たる八幡製鉄所の溶鉱炉の火はまさに消えんとし、首都東京では市電のストライキにより交通の麻痺状態を現出せんとしていたのである。普選運動と争議の激発とは組織的には無関係だが、これがいずれ結びつかぬという保証はない。議会解散が、政友会の利益に合致するばかりでなく、支配体制動揺防止の手段でもあったがゆえに、陸海両相とも、「国防数年後るゝが為めに解散を中止し後に至りて騒擾不安一層激烈となりては責任上相済まざる事に付」と軍拡計画の延期を異議なく諒承し(『原敬日記』大9・2・24)たのであり、多年政友会の絶対多数党化に反対して来た山県有朋も、この解散が「電車の同盟罷業や製鉄所の怠業や民心の悪化を防遏する為め」の処置として是認したのみか、原敬の政治的手腕を讃えたのである(『松本日誌』大9・2・27および3・1)[7]。

2　総選挙と普選運動

最後に、議会解散と政友会の大勝は普選運動にどのように影響したかをみよう。第四二議会の解散は一般的にいって「将に燃え上らんとする火に向つて水を注ぎたるが如き」作用を普選運動に及ぼしたといえよう（高橋箒庵『万象録抄』大9・2・26）。東京で運動の指導部的存在であった普選連合会も、三月二〇日、二七日の二度集会を開いたのみで、活動停止の有様となった。事実上の組織の中心であった憲政会の急進派や院外団が選挙戦のため各地に離散したからである（水野石渓、前掲書、二二八ページ）。これまで普選運動に受身であった政府は、普選＝危険思想説をひっさげて逆攻勢に転じた。「三円の納税を撤廃するは即ち有産階級を打破し、無産階級は多数なり無産階級の手に拠りて施政せしめよと言ふに外ならず……彼の露国に於るレーニン一派の高唱せる無政府共産主義等の恐るべき結果は斯る点より徐ろに擡頭すべきものなることを知らざる可らず」（政友会政務調査会長三土忠造談『因伯時報』3・14）などというデマが盛んに流され、しかも政府は地方官憲を使ってこの種の宣伝を行なわせた。たとえば島根県第五区では「選挙区内各郡トモ選挙前各村別ニ有権者ノ集会ヲ命ジ、郡長、警察署長同席シ、選挙心得ヲ示達シタリ、此機会ニ議会解散理由ノ至当ヲ述ベ、普通選挙ノ危険ヲ説キ、普通選挙論者ニ投票スベカラズト勧メタル事実」があり、とくに鹿足郡六日市町の訓示会では、郡長代理として来席した郡書記が「前記ノ説明ヲ為シ新聞紙上ノ反対ハ論拠ナキモノナリ、昔時ニ云フ御上即チ政府ニ反対スルハ不都合ナリ」と放言したという（「俵（孫一）派選挙ニ関スル取調書」『憲政史編纂会収集文書』のうち）。このような宣伝は、鉄道・道路・治水などの利益誘導とともに、未だ普選運動の浸透していない郡部においては大きな効果を生んだ。(8)

野党とくに憲政会は、この問題で政府に対決せんとする姿勢が弱かった。議会において「独立の生計」条項を最後まで固執したところに、すでに憲政会の弱腰がうかがわれるが、選挙戦に入り、政友会の逆攻勢がはじまると、ひとたまりもなく、「真向正面から普選を標榜して立候補した者は極めて稀」と普選連合会の立役者小泉又次郎さえ認めざるをえない有様であった（小泉『普選運動秘史』七一ページ）。憲政会幹部は普選派の立候補を妨害し、総裁の加藤高明は政友系実業家内田信也から普選派を援助しない条件で献金を受けた。「階級打破」演説を衆議院で行なった島田三郎は幹部に引退を迫られた（後述二〇一ページ）。また国民党においてもそのような傾向が皆無でなかったことは、古島一雄の「当時在野党の候補者でさへ、選挙演説に普選の普の字も云はぬやうなものもあつた位だ」との回想によってうかがわれよう（『犬養木堂伝』中、四三〇ページ）。

しかし都市中間層の普選要求は根づよいものがあった。各地の普選期成同盟会は、普選を支持する候補者の選挙運動に奔走した。鳥取市のように、かつて普選運動の存在しなかった所でも、米騒動の際の廉売運動を契機に成立した青年愛市団は、大阪在住の成金候補山本藤助の独走をはばむべく、勝敗を度外視して、普選を正面にかかげて、団員由谷義治を立候補させ、一週間の理想選挙で三六七票を獲得するという予想外の善戦をした（『由谷義治自伝』上、一〇二ページ）。またこういう組織のない所でも、関直彦（国民党、東京）のように、「多数の小商工業者」の熱烈な支持を得て強敵を破ったものもあったことは、すでに紹介ずみである（今井清一『日本の百年』6、二三五ページ）。

こうして選挙戦の中途から、都市においては農村とちがった予想外の景況が現出することとなった。三宅雪嶺はいう、「市部選挙人が大体に於て普選案に賛成し、賛成しなくても反対せぬは、政府党及び反対党の意外に感じた所に属する。政府党は市部で普選を危険呼ばはりし、屢々失敗し、後ち余り言はぬことにした。反対党は初め普選を説かず、少しく説いて見て、反感を招かぬので、漸次盛んに説き出した」（三宅「総選挙の結果」『東方時論』一九二〇年六月号）。そして選挙の結果は、全体としての政友会の圧勝にもかかわらず[9]、市部においては逆に野党の完勝となった。市部において政友会の当選者数と得票数は辛うじて憲政会を上廻ったが、憲・国両党の総計には及ばない。市部の無所属候補を明確な普選支持派(10)とそうでないものとにわけ、それぞれ与・野党の当選者と票数に合算すると、普選反対派は五〇人、一五万二八六六票、普選支持は六二人、一六万〇三三九票となり、さらに六大都市にしぼれば、反普選派一二人、六万九九二七票、普選支持派二八人、九万二〇三五票となり、両者の差は一段とひらく(「第一四回総選挙党派別当選者・得票数」表)。六大都市を除く人口一〇万以上の都市(広島・長崎・函館・金沢・熊本・福岡・札幌・仙台・呉・小樽・鹿児島・岡山・八幡)の場合でも政友会は惨敗を喫し、地方小都市でようやく優位を占めているにすぎぬ。都市における政友会勢力の凋落は、この選挙にはじまったことではなく、すでに一九一五年の総選挙以来の現象であるが、普選の可否を政友会政府が進んで選挙の争点に選んだこの選挙で、この傾向がいまや一段と顕著にあらわれたのである。

たしかに政友会の大勝は普選の早期実現の望みをくだき、普選運動の盛上りには水を注したけれども、都市中間層の運動を絶やすことはできなかった。首都東京の運動はさすがに沈静に向ったが、『普選運動血涙史』の伝えるところだけでも、第四三議会中の大衆行動は一四回に上った。そして地方においては、この選挙を契機に、むしろ運動が進展をみせるところもあった。鳥取では先述の青年愛市団を母胎に同年六月二〇日、鳥取立憲青年会が生まれ、その創立大会には『大阪朝日新聞』の普選運動を主導した編輯局長高原操を迎えて、普選速施決議を行ない(『鳥取新報』大9・6・21)、以後市政改革とともに普選・営業税廃止運動を展開する。また隣県兵庫北部の浜坂町(斎藤隆夫の選挙区)でも「少壮派青年団有志は今回の総選挙を顧み、普選実施の急なるを自覚し、玆に団結して」普選期成同盟会を新たに組織した(同上、5・5)。

総選挙を通して大きな変化をみせたのは、労働者階級の普選運動であった。一般の労働者有権者たちは野党候補を支持し、その力で彼らを当選せしめた場合もあった。神奈川県第二区では横須賀海軍工廠の労働団体工友会が小泉又次郎、第三区では浅野造船所の浅野工友会が小野重行の両憲政会候補を当選させ(安田浩「『大正デモクラシー』と社会問題」)、第四区で憲政会の福本清之輔が、新政会官僚派のボス松本剛吉を破ったのは、横須賀海軍工廠労働者の票だと

第14回総選挙　党派別当選者・得票数

	政友会		憲政会		国民党		無所属		明確な普選支持無所属	
	当選者	総得票	当選者	総得票	当選者	総得票	当選者	総得票	当選者	総得票
東京	3	21,171	5	16,696	4	15,436	4	16,430	4	10,805
京都	1	5,358	2	7,035	1	2,750	0	2,385	0	0
大阪	3	10,805	2	6,740	3	7,944	3	12,188	1	2,486
名古屋	1	4,332	2	6,031	0	864	0	1,835	0	0
横浜	1	2,824	2	4,723	0	0	0	0	0	0
神戸	1	3,113	1	5,031	1	5,494	0	2,777	0	0
6大都市合計	10	47,603	14	46,256	9	32,488	7	35,615	5	13,291
13中都市合計	3	15,792	6	19,317	1	1,715	3	13,839	2	5,902
18小都市合計	27	42,311	16	29,246	5	7,501	11	21,528	4	4,623
全国都市独立区合計	40	105,706	36	94,819	15	41,704	21	70,982	11	23,816
郡部合計	238	1,366,112	74	624,797	14	98,693	26	217,264	0	0
全国総計	278	1,471,818	110	719,616	29	140,397	47	288,246	11	23,816

（備考）　遠山茂樹，安達淑子『近代日本政治史必携』より作成．

いわれた(『松本日誌』大9・5・12)。呉でも憲政会候補の当選には呉工廠の票がものをいった(『広島県史』近代2、九四ページ)。ただし労働者の組織の弱いところでは、彼らは一方的に野党に利用される傾向があった。八幡市の場合、有権者の七割五分は八幡製鉄所の労働者といわれたが、憲政会支部では友愛会・労友会・同志会(伍長級組合)の三組合幹部を支部幹部に任命するという巧妙な戦術をとり、これに反発した労友会の多数派は三隅忠雄(博多毎日新聞社長)を応援し、組織労働者が二つに分れて相争った結果は、憲政会候補定行八郎が当選したのである(「北九州の労働運動」『労働運動』六号、大9・6・1)。

かねて既成政党人とも提携を辞さなかった普選期成関西労働連盟も、三月一五日に大会を開き、積極的に普選派候補を応援することを決議した。連盟の主力たる友愛会関西労働同盟会の機関紙『労働者新聞』(4・15)は、理事久留弘三の署名入りで「総選挙に対する我等の執るべき態度」と題する論説を掲げ、「吾等は組合の基礎未だ定まらざると、不純なる政党の毒手に近づく事の危険を慮るが故に、当分、日本の労働組合運動は政党と別箇のものとして発育せしむべしとの答をするに躊躇しない」と、ブルジョワ政党との関係を原則的に拒否しながら、さらに言をついで「然し同時に吾々は今日、政治が実際の改造に際して相当の勢力を持つてゐるといふ事実を否認する訳には行かぬ。そこで吾々は最近ゴンパース氏が発表した〝労働者政治運動〟のなかにある〝政党の如何に関せず労働者階級の利益を計り、自由と正義と民主主義とを重んずる大統領候補者……を応援せられんことを熱望する〟といつた事に共鳴するものである」と、超党派的に普選賛成候補支持の態度を明らかにした。そして同じ紙面で、同盟会法律顧問今井嘉幸と神戸連合会法律顧問砂田重政(国民党)の立候補を報じ、「両氏を極力応援し、其の必勝を期さねばならぬ」と訴えたのである。このほか大阪では、板野友造・村田虎之助両国民党員が友愛会の応援を受けたらしい(『大毎』4・27)。京都でも、友愛会京都連合会・印友会・織友会の三組合が「京都普選期成労働同盟」を結成し、普選候補を支援した(渡部徹編著『京都地方労働運動史』一四五ページ)。

ところが関東連盟は、小石川労働会など一部を除き、選挙戦へ参加しなかった。八幡製鉄・東京市電・芝浦製作・共立電機等々の争議は、組合の乏しいエネルギーをほとんど奪い去ったし、その上、先述のように、かねてより普選運動に慎重であったリーダーの眼には、選挙戦への参加は、ブルジョワ勢力に利用されるだけのこととしか映らなかった。総選挙投票日一週間前の、五月二日のメーデーのスローガンに、普選が掲げられなかったことは、関東の主要組合が普選運動に背を向けたことを示した。

総選挙後、小石川労働会・向上会・芝浦技友会・大阪鉄工組合などの官業系・労資協調主義的組合を除いて、日本労働組合運動の主流は普選運動より離脱した。戦後恐慌の勃発による資本攻勢の激化の中で、政友会の大勝は議会政治に対する失望感を労働者に強く抱かせ、アナルコ・サンジカリズムの急速な浸透を招いた。選挙後二週間にして、友愛会前主事松岡駒吉は、「普通選挙戦がたとへ勝つたらばとて無産階級に何が幸ひされる。現在の資本主義精神と共制度は却て安全弁を得て維持さるゝ位なものだ。……殊に議会政策は階級精神を無くして労働者の結束を乱すものだ。それよりも労働者には特有の武器がある。労働者はそれを信じて居ればよいのだとの思想が瀰漫して居るやうだ」と語っていた(『大毎』5・25)。

一方、普選そのものには反対でない組合リーダーの中にも、普選運動に対する警戒心が高まった。鈴木文治はいう(『労働運動二十年』二二四ページ)。

政治運動は何といつても労働運動より華美である。宣伝的価値も多い、世間の眼にも立つ、新聞ニュースの材料ともなる、どこから出るものか知らんが運動費も組合運動とは比べ物にならぬ程潤沢である。大小種々の宴会が開かれる、自動車にも馬にも乗れる。時には時計の一つやフロックの一着位にありつけるやうな機会も、たまにはあると見える。そこでどうしても労働運動よりは面白くなる。是に於て幹部には堕落の機会が出て来る。——現に普選運動が機会となつて労働運動より政治運動入りをした人々も少からずある——一般組合員は自然浮腰になり、会費納入率の如きも著しく悪くなる。——そこで我々は、これは大変だと考へた。普選運動によつて労働階級の参政権の獲得やよし、併し此運動に浮身をやつして居たら、しまひには元も子もなくして仕舞ふであらう、普選は結構であるとしても、労働運動の本分を忘れてはならない。

選挙の過程で熱心に今井嘉幸を支援した友愛会関西同盟会の主事久留弘三も、たとえ理想選挙の形をとっても「政治運動が労働者の純な情操を破壊するものなることを痛感し」、「労働者の政治運動には戦慄を禁じ得なかった」と告白した(『労働者新聞』大9・5・17)。

アナルコ・サンジカリズムと、労働組合主義と、この二つの見地が相からまって、労働運動の主流は普選運動より離脱したのである。ただし、友愛会内部ではアナルコ・サンジカリズム傾向の強い関東および京都と、賀川豊彦の影響力の残る関西(大阪・神戸)との間に、一九二〇年九月の全国大会以来この問題の処理をめぐる対立がつづき、一九二一年一〇月の大会では「総同盟の主張から普通選挙の一項を除き、総同盟罷業の項を加ふること」の関東側提案は関西側の反対によって否決されたが、翌年大会は何らの異論なく、主張より「普通選挙」の項目を削除した。

この労働組合の傾向は、組合に大きな思想的影響を及ぼす社会主義陣営内の状況をそのまま反映していた。五月選挙の直後「東京ぢや政友会がメチヤクチヤだが、今度の番狂はせは全く選挙権が三円にまでさがつた結果だ。都会では金持が出れなくなるのは世界共通の形勢で独逸などではベルリン全部が社会党だ。……日本にも同様の傾向が顕れて来たのである。普選が実現すれば東京は全く平民代議士の天下になるだらう……兎に角我々の天下が一歩づつ近づきつつあるのは嬉しい事である云々」(「堺枯川氏快笑す」『東京毎日新聞』5・13)と語った堺利彦でさえ、翌年早々には「普選運動を利用することは場合によつては一策であるに相違ないが、今の日本では馬鹿馬鹿しい。今の日本の社会主義者としては議会運動をやらないところに迫力がある。やらないところにヨリ多くの効果がある。……今更となつて普選の実行が少々早くても晩くてもどうでもよい」(「議会運動と議会政策」『社会主義』四号、一九二一年三月)と、山川均とほぼ同一の地点に立つ。こうして一九二一年はじめには、主要な社会主義者のすべては普選運動を否認してしまったのである。

四　普選運動の沈滞期

1　運動の沈滞と労働総同盟の離脱

一九二〇年の五月選挙から一九二二年春の第四五議会まで、約一年半、普選運動は沈滞期に入った。総選挙直後の第四三回特別議会(七月一日―二八日)の前後では、さすがに前議会下における運動の余熱が残っており、首都東京では少なくとも一四回の大衆集会がみられた。しかし運動の内容は前議会からかなり変化した。運動の指導権を憲政会の急進派が握る傾向が顕著となり、その結果、普選獲得のスローガンが原内閣の倒閣運動に直接利用されるようになった。たとえば六月二〇日の全国普選連合会主催の集会は「内閣倒壊普選決行尼港問責野外大演説会」と名づけられ、しかもシベリアから手を引けというのではなく、「意義ある出兵をして西伯利の利益を獲得し、かくて七百同胞の英霊を慰めねばならぬ」(水野石渓『普選運動血涙史』二三九ページ)などの排外主義的政府攻撃が行なわれた。半年後の第四四議会(一九二〇年一二月二七日―一九二一年三月二六日)では、以上の傾向はますます強まる。東京の政治集会は七回に減じ、うち六回は内閣弾劾が目的で、普選要求は後景に退いた。(1) 普通選挙期成同盟会は警保局『政治的諸団体』一九二〇年一二月調にはまだその名だけはとどめていたが、一九二一年八月調では姿を消した。

運動の沈滞は東京のみならず京阪神三都でも同様であったが、それはこれら大都市地域における労働運動の主力が、普選運動を中止したことと不可分の関係にある。総選挙以来、戦後恐慌の深化による資本攻勢の激化の中で、労働運動の先進部分は普選運動から離脱して行った。日本労働運動の主流的存在である日本労働総同盟友愛会の場合、同年六月二五日の理事会では、「特に友愛会として画一的方針を執ることなく、本部及各支部に於て臨機適宜の運動を為すこと」(『労働』一九二〇年七月号)との態度をとったものの、関西以外、組織として普選運動に参加した事例は以後見当らない。その関西にしても同年七月七日、普選期成関西労働連盟の大会に参加したのを最後に運動から離脱した。

先述の如く、関西地方においては賀川豊彦が理論的指導者として圧倒的な影響力をもっていたのであるが、一九二〇年はじめ、当時アナルコ・サンジカリズムを熱心に唱道していた荒畑寒村が、大阪の『日本労働新聞』に招かれて以来、その周辺に関西の若手運動家が集り、七月にはＬＬ会(Labor and Liberty)を結成するにいたり、賀川の影響力はにわかに衰えた。同年一一月と一二月、一二回にわたり阪神で開かれた賀川の労働講座の最終日に、アンケートをとったところ、直接行動賛成二四、議会政策賛成一六、中立五という数が出た(『総同盟五十年史』第一巻、四五七ページ)。

この傾向は翌年に入ると歴然たるものとなった。一九二一年一月八日、総同盟関西労働同盟会理事会は「普選運動はこれを行ふも職業的政治家と提携せず、労働団体のみにて行ふ事」、および普選期成関西労働連盟は職業的政治家と提携しているから、予定されている一月一六日の運動には参加するが、連盟に解散を提議し、聞入れられなければ脱会することを決議した(『労働者新聞』1・20)。このため労働連盟は、一月一六日の演説会に出席するはずであった国民党の関直彦に対し、九日「出馬に及はず」の電報を打ったが(『大毎』1・11)、当日のデモには約三〇〇〇人の参加者中、友愛会員は一〇〇名にも足らず、主力は向上会に属する砲兵工廠の労働者が占めた(『大毎』1・17)。こえて一月二五日の連盟加盟組合代表者会議で総同盟代表は「迂遠なる普選運動を繰返すを欲せず」と主張して、予定通り連盟から脱退した(内務省警保局『大正十年労働運動概説』九七ページ)。

ついに三月二七日、総同盟関西労働同盟会定期大会では、荒畑の直接影響下にある京都連合会の小田美奇穂から、「普選運動を中止すること、及び之を他の各労働団体に促すこと」との提案があり、「運動中止」三二票、「中止をことさら表明する必要なし」二六票。普選運動中止が僅差で勝利した。ただし、各団体にこれを促す件は否決された

(『労働者新聞』9・16)。この票決は必ずしも直接行動派の全面勝利とはいえなかった。組合運動に全力を注ぐため当面運動から手を引くが、それは普選もしくは普選運動一般を敵視するものではないという、阪神間に強い労働組合主義的現実主義の存在を示していた。

この年の一〇月一日から三日まで東京で開かれた総同盟一〇周年大会では、東京鉄工組合より「全国的総同盟罷工の行動を認め、主張の一ヶ条として加へ、同時に主張より普通選挙の箇条を削除するの件」が提案され、資本主義を観念的に否定せんとするアナルコ・サンジカリストと、関西の現実主義者との間に激しい論戦が展開された。提案者の高田和逸は「労働運動は其の必然の結果現在の腐敗せる風俗習慣道徳制度の総てを否認するもの」(内務省警保局『労働運動月報』一九二一年一〇月分)との、すなわち労働運動＝革命運動の立場で普選制度そのものを否認した。一方全日本鉱夫総連合会は「全国的総同盟罷業の標語を掲ぐることを排し、普通選挙の箇条を削除すること」の修正案を提出した。鉱山では組合をさえ恐れて入会しない現状であり、まず確乎とした組合をつくる必要があるというのである。

大阪連合会の西尾末広・藤岡文六、神戸連合会の安井喜造ら、関西の京都連合会以外の面々は右の両案に反対した。西尾自らの語るところでは、「(一)実際運動の上より見て今年直ちに削除する必要を認めず、(二)組合内部に於て未だ普選を主張するものあり、普選を削除する事に依りて動揺の起らん事を恐れ、(三)対外的には普選否定即暴力革命主義と誤解され易き状態に総同盟がありし事、(四)近き将来に或は又普選運動を政策上行ふ必要起るやも図り難し等の実際運動の見解からであつた」。すなわち彼は、関東側の、議会制度は労働者に何の利益ももたらさず、かえって階級意識を鈍らすという「反議会主義」の立場から来る「普選運動抛棄」論に対し、「普通選挙制度のみでは直接労働者に何ものをもたらさないが、労働者の解放を幾分でも仕易くする事が出来る、然し一面之に没頭すれば弊害の起る事を恐れて、斯かる政治行動は労働党等の政党に委し、自らは主として経済的直接行動に依る」との「議会軽視主義」より、普選運動の「一時中止」論を主張したのである(西尾「私の観たる普選問題」『労働者新聞』大11・2・1)。

採決の結果は、代議員数一一三のうち原案賛成二七(黒色労働組合・東京鉄工組合・京都連合会)、原案反対五三(関西同盟会・東京連合会)、修正案賛成二七(鉱夫総連合会)、棄権六、で、原案・修正案とも否決された(協調会『大正十一年度本邦労働運動調査報告』一三五ページ)。総同盟の普選の「主張」は辛うじて維持されたのである。

総同盟が普選運動を中止したあと、労働組合の中で普選運動に従事したのは、官業系の組合であった。東京では一九二一年三月に小石川労働会ほか三団体で組織された「官公業労働総同盟」が決議の一項に普選の実行を掲げた程度であったが(内務省警保局『大正十年労働運動概説』七ページ)、関西では八木信一の率いる大阪砲兵工廠の向上会が、総同盟に代って運動の先頭に立った。総同盟内で影響力を失いつつあった賀川豊彦、落選中の今井嘉幸、および院内の最急進的人物たる庚申倶楽部の南鼎三が八木を助けた。先述の如く、一月一六日の普選期成関西労働連盟のデモの主力は向上会員であった。一月二〇日、発会式をあげた関西労働組合連合会も向上会が中心であった。参加団体は、ほかに印刷工革新同志会・仲仕人夫労働組合・洋服裁縫組合同志会・俥夫連盟会・電業員組合・関西鉄工組合・商工青年団・刷子工組合・伸銅工組合新進会・関西屋外労働誠友会・純洋服職工組合。総同盟関西労働同盟会も形式上名を連ねていた。新連合組織の結成は、総同盟が普選期成関西労働連盟から脱退するという事態に対応するもので、その宣言の要旨は「普通選挙即時断行」につきた(大阪市社会部『労働組合運動』一六一ページ)。向上会は発会式の前日、自動車一二台の普選宣伝隊を大阪市内に走らせ、新組織の中心が向上会にあることを印象づけたが(『大毎』1・24)、同年一一月一三日の向上会創立三周年大会でも、普選を決議し、大会後吉野作造らを招いて「普選問題を中心とせる」演説会を開いた(内務省警保局『労働運動月報』一九二二年一一月分)。さらに第四五議会開会に際しては、一二月二六日に臨時大会を開催し「野党間の統一案を提出せしめ実現を期すべく各政党を鞭撻すること」、来春早々デモ、演説会で「輿論の喚起に努むること」を決議した(大阪市社会部、前掲書、一六二ページ)。

当時のもっとも強力な労働組合たる日本労働総同盟が普選運動を中止したことは、普選運動沈滞の一要因である。

しかし上述したように、総同盟全国組織の過半数を擁する関西労働同盟会の主力は、普選要求そのものを放棄したのではなかった。向上会など官業系組合の動向をあわせ考えれば、運動こそ低調となったが、労働者大衆の普選に対する潜在的要求は根強く続いていたといえよう。

沈滞期にあっても、運動の次の段階を準備する動きは、労働運動以外にもあった。前記の鳥取立憲青年会の如き地方普選団体は、この時期もひきつづいて運動を継続した。鳥取立憲青年会は一九二一年早々、別働隊として因伯革新青年団を組織した(『鳥取新報』1・9)。犬養毅支持派中の左派や山川均影響下の青年たちによって一九一八年末組織された岡山普選期成同盟会は、演説会だけに満足せず、日蓮宗の寒太鼓行列よろしく一九二一年一月二四日夜からデモをはじめ、四日目には参加者四〇〇人を越え、五日目に警察に禁止された(水野秋『岡山県社会運動史』第三巻、二四九ページ以下)。一九一九年七月、金沢立憲青年会(一九一七年八月創立)から石川県立憲青年党へと脱皮した永井柳太郎支持派は、一九二〇年九月には美川支部、翌年二月には石川郡立憲青年党と能州青年同志倶楽部、八月には河北支部と、次々と郡部に勢力を扶植する一方、新潟・富山・福井各県の同種団体とともに、一九二一年一一月三日、北陸四県青年党連盟を結成した(小林昭夫「大正期における市民政社の動向――石川県立憲青年党について」)。

広島地方をみると、一九二〇年七月一五日、憲政系の元代議士や地方議員・弁護士・記者たちにより広島普選期成同盟会が結成され、呉では総選挙中に組織された呉普選期成同盟会が三千余の海軍工廠労働者の参加を得て、六月二三日、普選促進・工廠職工恩給法案・尼港事件をとりあげて演説会を開き、また芦品郡府中町では、六月と七月と二度にわたる普選促進郡民大会のあと、一〇月一一日に普通選挙促進期成同盟会が発足している(『広島県史』近代2、九六ページ以下)。

中でも注目すべきは、一九一四年創立され、総選挙ごとに非政友系候補を応援してきた高松雄弁会の活動である。

一九二一年二月五日には、非政友系地方政客と組んで香川県普選期成同盟会をつくり、大阪より向上会長八木信一や普選博士今井嘉幸を招いて高松市で演説会（一二〇〇名）を開いた（『香川新報』2・7、『大朝』四国版2・8）。その後同年七月の大川郡津田町を皮切りに（『香川新報』および『大朝』四国版7・12）、この頃急速に香川地方に発生しつつあった小作争議の応援に乗り出し、耕作権の確立と普選の必要とを訴えて、農民組合を次々と組織した（野村岩夫『香川農民運動の史的考察』謄写版、坂出市立図書館蔵）。一九二三年六月三日に成立した県連合会の初代会長に前川正一、会計に松野庫太、顧問に真屋卯吉・福田静也と雄弁会幹部が就任したところに、雄弁会の日農に対する貢献が示されている。これが大正末年から昭和初年にかけて全国最強を誇った日本農民組合香川県連合会の起原である。

なお、この時期に普選運動の別働隊ともいうべき、婦人・僧侶・小学校教員の参政権要求運動が活発となってきたことも注目される。選挙戦のさなかに発会式をあげた新婦人協会は、第四三・四四議会とも治警法第五条修正請願を行ない、第四四議会では衆議院は修正法案を通過させたが、貴族院で否決された。またこの議会では、新婦人協会が、はじめて男女平等普選請願を行なった。第四二・四三議会と被選挙権付与の請願を行なってきた仏教連合会は、第四四議会下各宗五八派の管長が連名で宣言を発し、三万余の請願書を提出し、各地で仏教徒大会を開くなど大規模な運動を展開した。これら婦人・僧侶の運動については別編で詳述する。

一九二〇年末現在二〇万六一三〇人を数える宗教家同様、被選挙権を奪われている男子小学校教員の数は一二万五〇五〇人であった（三宅ほか『普通選挙法釈義』九九ページ）。彼らの運動は第四二議会に京阪神三市の教員有志が請願を行なったのが皮切りとなったが、採択されぬ前に解散となった。総選挙の最中の四月、福岡で開かれた全国市区小学校連合会で、京都市小学校長会が「小学校教員ニ対シ総テノ被選挙権付与ヲ建議及請願スルノ件」を提案し、可決された。第四三議会では京阪神地区の請願しかまとめられなかったが、第四四議会には全国各府県ごとに提出することができた。たとえば高知市では市長以下の吏員までが連署したという（『国民』1・24）。しかし先述の僧侶の請願同様に採択されず、政府に参考送付の扱いを受けるにとどまった(以上特記せぬかぎり、衆議院選挙法調査会編『小学校教員被選挙権要望運動状況』一九二二年による)。

2 院内普選派の不一致

院外普選運動沈滞の原因の一つは、院内普選派の不統一にあった。第四三議会では二つの納税資格撤廃をうたう法律案が憲政・国民両派より別々に提案された。

憲政会では前議会末期の委員会段階(本書一八一ページ参照)で、統一普選案に署名した四一名のうち二三名[2]が再選され、これに前回どういうわけか署名しなかった田川大吉郎と大竹貫一を加えた二五名が急進派と目された。六月二八日、落選代議士二六名が「独立の生計」条項削除を幹部に申し入れ、翌二九日には現職代議士の急進派が同じ目的で努力することを申し合せた。幹部はこの日、急進派の中心たる尾崎行雄と島田三郎を招き急進派説得を要請。急進派は再協議の末、普選案の通過が不可能な今議会は憲政会案を尊重すること、ただし幹部も将来今期提出案に固執しない旨を議員総会で言明することで幹部と妥協。憲政会は前議会と同様な案を提出することになった(『東朝』6・29―7・2)。

憲政会と同じ七月一日、国民党も独自の普選法案を提出したが、これは前議会の委員会段階で、無所属有志および憲政会急進派と組んで提出した極貧層排除の修正案にほかならず、本来の国民党案から一歩後退していた。これに対し七月六日無所属議員中の急進派田淵豊吉・松本君平ら一二名は、憲・国両派に統一普選案作成の要請状を発したが、両派とも、もし法案が第二読会(逐条審議)に入ることができれば、その段階で協議したいと回答した(以上、『東朝』6・29―7・8)。これは態の良い拒絶であった。

憲政会急進派の穏健化は、政友会の大勝で普選が遠のいたという諦めからであろう。七月一二日の衆議院本会議では、憲・国両案は一括審議され、賛否各三人ずつの対論ののち原敬が登壇し、「相当の時機に到達すれば此問題を解決するに躊躇しない」が、昨年変えた法律を今年再度変えるのは不穏当であり、しかも階級打破というような社会組織を脅威する意味あいで変えることには反対せざるを得ず、何よりも今回の総選挙で「国民の輿論既に一定」していると一蹴した。両案とも委員会に付託されず、憲政会案は二八六票対一五五票(この一五五票には国民党も加わっている)、国民党案は起立少数で各否決された(『大日本帝国議会誌』⑿、三九七ページ)。

次の第四四議会では、政界革新普選同盟会が統一普選案提出に努力したが成功せず、逆に憲政会から普選派の有力議員が離脱するという最悪の事態が現出した。

一九二〇年一一月四日に創立された政界革新普選同盟会は、発起人に憲政会から武富時敏・尾崎行雄・島田三郎、国民党から犬養毅・関直彦、無所属より松本君平・今井嘉幸という強力メンバーを揃え、「普選断行」「政党の改造」「民本主義を基調としたる新文化の建設」の三綱領を掲げ、前途有望にみえた(3)。

しかしこの組織は各党派の正式の連合ではなく、非政友合同への地ならしとみられ、しかも犬養は合同反対を明言した(『東朝』11・12)。結局同盟会は事実上、無所属議員を中心としたルーズな各普選派の連絡組織にとどまった。

同盟会は一二月二一日、第一、第二の二つの普選案を憲・国両党に提示した。第二案は選・被選とも二五歳以上、納税要件削除、宗教師・小学校教員に被選権を与える。ただし「貧困の為め官公費若くは慈善事業其他の救助を受け生活を為す者」には選・被選権とも与えない。これは第四二議会の委員会段階における普選派統一修正案に類似していた。第一案はこれを一歩進め、年齢を二〇歳に下げ、居住要件を削除し、華族の戸主および学生にも選・被選両権を認めた。ただし「公私団体又は官の救助を受くる者」は欠格者とされた(4)。これは前議会の国民党案とほぼ同一であった。

同盟会がわざわざ二つの案を作成したのは、第一案で国民党の体面に配慮するとともに、第二案を事実上の統一案として憲政会を説得するためである。一二月二四日の国民党議員総会は両案いずれにしても憲政会の選択に任せ、これと同一歩調をとることに決した。ところが憲政会幹部は、第二案の趣旨が自党の主張に合致することを認めながら、「独立の生計」条項は「主義の上より」維持したいと主張(『国民』12・27)、物別れとなった。そこで同盟会は国民党と同一歩調をとることになり、植原悦二郎と林田亀太郎が第一案を若干手直しして(居住要件六月、船員の不在投票承認)、一二月二六日に同盟会の会合に提案した。ところが列席していた憲政会の永井柳太郎は「独立の生計」とまぎらわしい「公私団体」云々の欠格条項の完全削除と婦人参政権を主張、これが認められれば憲政会を脱党してでも法案の提出者として署名をすると明言した。中村太八郎は居住要件の全廃を主張した。中村案は退けられたが、永井案の「公私団体」云々の削除は認められ、婦人参政権は別に建議案を提出することになった。憲政会の花形論客永井の行動が党内急進派に同調者を生ずること必至とみた党幹部は、永井に圧力を加えたものの如く、同夜永井はにわかに婦人参政権を法案に盛込まぬことが不満であるとの理由で、署名を取消した。同盟会は永井を裏切者と非難したが、法案は永井提案により修正されたままの形で、すなわち第四二議会の国民党案復活のかたちで議会に提出された(『東朝』12・27)。

憲政会幹部はこの国民党・無所属有志共同案に党内急進派が同調することをおそれ、総裁の知恵袋と称される江木翼の執筆にかかわる「『独立の生計』の意義」を、一月一一日の政務調査会の議を経て公表した。ここでは「独立の生計を営む者」とは「自己の経済に於て其の生計を維持するの曰ひにして、一戸を構ふると否と、同居同炊すると否とは其問ふ所にあらず」と限定し、住込み労働者や家業に従事する子弟も有権者と認めながら、なおも公費や私設慈善団体の救助を受けるもののほか「寄食者」「徒食者」を排除しており(『東朝』1・12)、憲政会があくまで一種の財産要件を維持する意図をもつことを明らかに示していた。

急進派の集会は一月一四日に開かれた。関和知は前議会同様憲政会提出法案に賛成署名の上、第二読会で国民党と協調することを主張し、尾崎行雄はどの案にも署名せず、協調に努力したいと発言した。結局急進派の交渉委員と憲政会院内総務との間に覚書が交され、急進派は憲政会案にも他派の案にも署名はしなくてよいが、第一読会では憲政会案に賛成することになった（『東朝』1・19）。しかし尾崎はこの覚書を無視し、所信に従って行動すると公言していた（『東朝』1・20）。

憲政会内の紛争は、政・国両派の利用するところとなった。これまでの慣例では各種の選挙法改正案は一括審議されていたものが、第四四議会では別々に討議・採決することになった。ただし憲・国両派の間には、採決には互いに賛成する申し合せができていた。二月三日まず国民党案が一四二対二五八で否決された。つづいて憲政会案が提案され、討議に移ろうとしたとき、突然憲政会の田川大吉郎が憲政会案を討議することは、憲法第三九条にいう一事不再議の原則に反すると主張し、尾崎行雄もこれを支持した。議長奥繁三郎（政友）は、憲・国両案は内容に差があるから、一事不再議に該当せずとして議事を進行させた。尾崎はこれを不満として退場したが、田川はなお議場に止まり、佐々木安五郎（無所属）の質問に答えるかたちで、憲政会案には不賛成の旨明言して退席した（『大日本帝国議会誌』(12)、一三一八ページ）。この突発事件は、尾崎・田川および無所属の林田亀太郎三人だけの謀議による（衆議院憲政史編纂会『田川大吉郎氏談話速記』第一回、一九四一年一一月五日）。尾崎と田川はこの議会で、党議に反して軍備縮小決議案を提出しようとしており、いわば憲政会を見限ってこの挙に出たのであった。事前に相談を受けなかった憲政会急進派では、この二人の行動に憤慨するものが多く、当日の議員総会は二人を除名処分に付した（『東朝』2・4）。

憲政会はこの議会で、もう一人の有力議員を失った。改進党以来の名士島田三郎である。この議会で憲政会は満鉄事件を取上げ、一月以来政友会を攻撃したが、これに憤慨した船成金の実業家内田信也は、憲政会総裁加藤高明に送った政治献金に関する加藤の内田宛書簡を原敬に示し、原敬の制止にもかかわらず（『原敬日記』大10・3・14）、政友会幹事長広岡宇一郎がこれを公表した。すなわち内田は、第一次大戦中より自分の会社の顧問弁護士でもある江木翼を介して、加藤に献金を行なってきた。前回の総選挙にあたり、内田は加藤に面会して、普選反対の自説をのべて加藤の同意を求めた上、さらに四月二二日付の手紙で「普選の如きは慎重なる考慮を以て努めて之を阻止し、院外の激烈な運動は之を為さざる事」、「尾崎島田大竹田川其他急激なる一派の人々を援助せざる事」の条件をつけた。加藤は「御内示の件は堅く遵守可仕候」と返書したので、内田は四月二八日に金五万円を送り、加藤は「珍品五御贈与被下」云々の受取状をしたためた。以上の経過をもって、広岡は加藤が「政治上平生の主張を売ることを辞せざる旨を以て巨額なる不正の利得を為した」として、「反省自決」を促したのである(小林雄吾『立憲政友会史』4、七四八ページ以下)。

加藤はその事実なしとして四月二三日付の内田書簡を公表したが、そこには「小生嫌ひの尾崎島田等の人物を後援致さず特に貴下御直系の健全分子を補助する様」要請してあった(『時事』3・20)。たしかに加藤は、普選そのものの阻止を約束したのではないが、尾崎・島田ら急進派を援助せぬという条件を受入れたこと、すなわち加藤が「独立の生計」ぬきの無条件普選に反対であることは、かえって明白となった。

島田三郎は、前回総選挙に際し江木翼より隠退勧告があった事実を明らかにし(『時事』3・21)、「政党と政商の奇怪なる握手が自分の理想に合致しない」として、「言論の自由、良心の安寧、不愉快の除去」のため三月二四日に脱党してしまった(『時事』3・25)。憲政会は、「独立の生計」条項に執着したため、尾崎・島田という改進党以来の自由主義の系譜を代表する名士を失うこととなったのである。

3　原政権の対普選策

政友会の大勝で普選が遠のいたものの、元老山県有朋の普選をおそれることは、むしろはなはだしくなった。一九二〇年五月選挙から翌年一一月四日の原敬暗殺にいたる一年半の間に、山県と原の会談は二二回にも上るが、うち六回は普選が話題となっている。この時期の山県の普選観は、『原敬日記』一九二〇年九月一三日の条に、もっともよく示されている。

加藤高明局に当らば普通選挙を実行すべくそれは危険の至りなり、現内閣は漸進主義にて結局普通選挙に相成るも適当の時期を択ばざるべからず、自分は徴兵令を布きたる当時には固より考ざる事ながら、既に国民皆兵主義を実施したる以上には、他日遂に普通選挙となるも自然の順序なれども、今日は不可なり、故に自分は現内閣と同論なり。

すなわち山県は、国民皆兵の建前より普選に反対できないが、実施には時機を選ぶ必要があり、今日は尚早であると考えており、とくに加藤高明が首相となり、普選を断行することをひどく警戒していた。翌年四月四日にも、原に対し「加藤が朝に立ち普選をやる様の事あらば、自分は単身にても政友会を助勢すべし」といっている。山県は加藤の「独立の生計を営む者」に限定した選挙権拡張さえ危険視したのである。

この点に関しては原敬も山県と同意見であった。それならばなぜ、今日では時機が悪いのか、また実施の日はいつ来るのか。『原敬日記』一九二〇年一〇月二一日の条にいう。

又山県は、例の通り普通選挙は国を亡ぼすものなりと言ふに付、余其時機を誤らば真に国を亡ぼすべし、普選を急施するの危険なるは郡村にあらずして都会に在り、而して古来革命は首府に於て行はるゝものなるが、俄かに普通選挙を行はゞ東京は混乱の巷となるべし、恐るべき次第なりと言ひ、山県飽まで同感なり。

政治意識のおくれた農村では、普選実施後も名望家支配の現秩序は乱れず、政友会の地盤は維持されよう。しかし都会とくに東京では、すでに政治意識が進み「秩序」は乱れているから、普選になると民本主義者、さらには社会主義者までが議会に進出し、この勢力が院外大衆運動と呼応することになると革命的混乱状態になるおそれあり、と原は判断したのであろう。

ところが三週間後の『原敬日記』(11・12)には次の記載がある。

> 山県又々普通選挙となれば国は亡ぶべしと云へり。かくの如き言は度々の事なるが、余は之に対し、国民政事思想の発達せざる時機に之を施行するは、危険此上なしと云ひ置けり。

前には政治意識の発達した都会で普選を行なうことは危険といい、ここでは「政事思想」が発達していないから危険という。一見矛盾するようであるが、原のいう「政事思想」とは、穏健な政治思想の発達、すなわち米騒動以来の改造・解放思想の鎮静化と解すれば、前回の発言との間に矛盾はない。したがって原あるいは山県にとって、デモクラシー思想が昂揚している間、すなわち彼らのいう「思想問題」の解決せぬ間は、普選は実施できぬことになる。

実はこの思想問題こそが、彼らのもっとも頭の痛い問題であった。第四三議会を終えた段階で原敬は、陸相田中義一に対し「教育交通産業等の問題大体実行し、残る処は国防問題なりしが是れも今回解決したり、今後に於ては思想問題の解決の一事あり」と語っていた(『原敬日記』大9・8・5)。原敬のいわゆる四大政策実現のあとの目標は、思想対策にあるというわけである。それはさしあたって、森戸事件に代表される言論弾圧、神戸の川崎・三菱造船所争議に軍隊を投入する労働運動弾圧となり、ついには「過激主義宣伝等に対する法律」制定計画となる(同上、大10・7・31)。治安維持法への道は原敬によって開かれたのである(松尾「過激社会運動取締法案について」、同「第一次大戦後の治安立法構想」)。

原敬はこのように、普選実施の前提として思想対策すなわち治安立法の準備にかかるとともに、国民の参政権要望に対処するため時間稼ぎの手段を講じた。一は地方議会選挙権の拡張であり、他は陪審法の計画である。

第四四議会で通過した市制・町村制改正案において、まず公民権が大幅に拡張された。一八八八年以来、公民すなわち市町村議会の有権者は、独立の生計を営む二五歳以上の男子で、二年以上同一市町村に居住し、その区域内で地租を納めるか、あるいは直接国税二円以上を納めるものに限定されていた。今回の改正では、納税要件のみが二年以上市町村税を納入しているものに変更された。この結果、市町村会では有権者が五〇〇万から七五二万人へと増すこととなった。また等級選挙制も町村では廃止し、市部では三級制より二級制に改めた。従来町村では、一級有権者と二級有権者との比率は平均一対六、市では一級対三級の比率は一対五〇。すなわち町村の二級有権者の一票は一級の六分の一、市の三級有権者の一票は一級の五〇分の一しか効力をもたなかったのが、町村の場合は平等になり、市の場合は、一級と二級の比が一対三・五まで改善された(議会における内相床次竹二郎の説明、『大日本帝国議会誌』⑿、一六二二ページ)。

帝国議会開設の前段階では、地方議会はその練習台であるという通念が存在したが、この通念はその後も生きのこり、第一次大戦直後の野党をさえも支配した。第四一議会で国民党の植原悦二郎は、国会の普選にいたる「階梯」として、まず地方議会の普選を要求し(同上⑾、一二五二ページ)、一方では、衆議院議員の場合は有権者を公民権のレベルまで引下げることを主張していた(同上、九六六ページ)。山県系官僚田健治郎も普選(ただし「一戸を構えたる世帯主」のみ)をまず地方議会から始め、帝国議会まで一〇年計画で施行せよとの意見書を山県に提出していた(『田健治郎伝』三七二ページ)。このような説は、すべて国会選挙権拡張の限度は地方議会選挙権の程度におかれるべし、との考えに立脚している。

原敬の意図も右の通念と異なるものではなかった。とすれば、次の衆議院議員選挙法改革は普選ではありえないことになる。もし一挙に普選まで進むとすれば、同時に地方議会選挙法も普選に変えねばならない。田は前記の如く、普選実施の見当を一〇年先と置いていた。原はその時期について何も語らず、しかもその出発点たる地方制改革は、納税要件撤廃を拒否している。原の胸中の普選断行の時期は、一〇年より早いことはありえなかったと推測されうる。原の公民権拡張は、たしかに普選への「漸進方針」(『原敬日記』大・9・12・8)のあらわれであった。しかしその「漸進」の度合は、あまりにも緩慢にすぎた。その政治効果は、ちょうど一九一九年の選挙権拡張が普選運動に防波堤を築いたのと等しい。事実、翌年の第四五議会では、公民権拡張の効果をみてから衆議院の選挙法改革を考慮すべきであるという論法が、政府・政友会の普選尚早論の有力な武器となったのである。

ちなみに野党の対案をみると、第四二議会以来、国民党は独立の生計を営む二〇歳以上の男子で六月以上同一市町村住民たるものを公民権所有者とし、かつ等級選挙制を全廃することを主内容とする案を毎議会提案している。憲政会はこれと同趣旨ながら、年齢は二五歳、居住要件は一年とした。注目すべきは、国会レベルでは「独立の生計」を否定している国民党が、地方議会レベルではこれを要件に加えていることである。国民党はその理由として、地方議会の有権者は地方の政情にくわしく、また地方に信用の厚い人物である必要があり、家族制度維持の点からも、この条項が有効であると主張している(第四二議会における大口喜六の提案理由、『大日本帝国議会誌』⑾、一七九二ページ)。国民党といえども、支配体制の基礎にある農村の名望家支配秩序の動揺をおそれているさまがうかがえる。

さて、公民権拡張とならぶ普選要求対策は陪審法である。公民権拡張は、いわば直接的な人心緩和策であるが、陪審法は間接的なそれにすぎない。陪審法は、いうまでもなく裁判に対する民衆参加の一形式であり、民主化要求の一環として明治末年以来、花井卓蔵・江木衷・大場茂馬ら在野法曹によって主張されてきた。原敬も日糖事件、とくに「大逆」事件により採用の必要を感じてきたが、これを政治日程に上せたのは一九一九年五月二〇日の閣議決定であり、同年七月法制審議会に諮問し、翌年一二月ようやく枢密院の諮詢に漕ぎつけた。しかし枢密院の審議は進まず、第四四議会には上程されることなくおわり、原没後の第四六議会で可決される。陪審法が政治問題となった時期からみて、原敬が普選要求の世論を意識して陪審法を意図したことは事実であろう。しかしこの陪審法における陪審員の権限ははなはだ弱く、裁判官はその答申に拘束されぬ。とくにその陪審員資格は直税三円以上を納入する三〇歳以上の男子で、読み書きできるものという、衆議院議員選挙人以上の限定がついている。原敬の意図した陪審法は、決して普選への第一歩ではなく、国民の政治的自由への要求を、限定的裁判参加の承認により部分的に満足させ、普選即行・政府反対の世論を一時的に緩和する効果をねらったものと推定しうる。(5)

なお、これまで選挙法が施行されなかった植民地朝鮮と台湾において、普選運動に触発されたかのごとく、朝鮮人への参政権付与請願運動と台湾議会設置運動が、一九二〇年いらい相次いで発生した。日本の植民地政策の根幹たる同化主義に前者は呼応し、後者は反発する。ともに民族運動として本書の主題の範囲外であるので論及しない。さしあたり姜東鎮『日本の朝鮮支配政策史研究』(東京大学出版会、一九七九年)および若林正丈『台湾抗日運動史研究』(研文出版、一九八三年)を参照されたい。

Ⅲ　普通選挙法の成立過程

一　普選運動の復活

1　憲政会の政策転換

一九二〇年五月選挙以来、沈滞を続けた普選運動は、第四五議会(一九二一年一二月二六日―一九二二年三月二五日)下にわかに活気を取戻す。間接的には内外情勢の激変、直接的には憲政会の政策転換に起因する。

一九二一年の後半以来、内外情勢は大きく動いた。外においてはワシントン会議の結果、軍縮はもとより、シベリア撤兵、中国侵出抑制を余儀なくされた。内においては戦後恐慌と対外貿易不振の産物として緊縮財政の要求が強まり、労働争議は神戸の川崎・三菱造船所争議に象徴されるような激化をみせ、前年まで比較的静穏であった農村においても小作争議が急増した(四〇八件より一六八〇件へ)。無産階級の組織化も進行し、一九二二年春には日本農民組合と全国水平社の二全国組織が生まれた。これよりさき、一九二一年春には「日本共産党」が結成され、コミンテルン日本支部結成が日程に上り、一二月には早くも暁民共産党検挙事件が発生した。

このような情勢の変化により、支配体制は従来の政策、すなわち政友会政権の大陸侵出、積極財政、民衆運動弾圧策の修正を迫られた。その矢先、一九二一年一一月四日、原敬は東京駅頭で刺され、晩年原敬を信頼し切っていた元老筆頭の山県有朋も、その衝撃にたえきれず、二ヵ月後に病に倒れた。第一次大戦後日本の支配体制を協力して維持してきた二本柱が取払われたのだ。その上、第四二議会以来、帝国議会の開院式にさえ臨むことのできなくなっていた大正天皇は、第四五議会の直前、摂政を置くことを公表した。支配体制の動揺、頭部の弱化の間隙から、野党側の支配政策転換要求、民衆側の政治的自由への要求が噴出し、普選運動の再昂揚となった。

憲政会は第一次大戦後、対外硬の姿勢をとりつつも、シベリア出兵には消極的であり、国内問題では緊縮財政策を唱え、普選や社会政策によって階級闘争の緩和を図る柔軟な政策路線を掲げてきたが、いまや内外情勢は支配層に憲政会の政策路線への注視を迫るにいたった。この好機に憲政会は従来の路線を一段と明確化し、民衆の負担軽減をうたい、社会権に立脚する労働組合法案・疾病保険法案を第四五議会に提出し、過激社会運動取締法案に反対した(松尾「過激社会運動取締法案について」)。その一環として一九二一年末、これまで固執してきた「独立の生計」条項を削除し、普選の旗印を鮮明にすることに踏切った。(1)

第四二議会以来、憲政会内の急進派からの「独立の生計」削除要求は、常に幹部に退けられてきた。総裁はじめ幹部は、珍品五箇事件で露呈されたように、急進派の院外普選運動を嫌悪してきた。憲政会の普選運動は実は急進派有志の運動にすぎず、憲政会そのものは口に普選を唱えながら、運動を拒否するという矛盾した姿勢をとってきた。今回の「独立の生計」削除は、単に統一普選案作成の障害を取除いただけではなく、憲政会の全面的普選運動参加を意味するもので、院の内外両面において普選運動昂揚の条件を生み出すことになった。

憲政会が「独立の生計」を削除したのは、上述のごとき内外情勢の急変に促されたものであるが、その間の具体的事情をさらに究明してみよう。なぜならば、この憲政会の政策転換につき、加藤総裁個人の指導性を強調する見解があるからである。

すなわち、加藤の正伝ともいうべき伊藤正徳執筆の『加藤高明』(下、三八四ページ)によれば、加藤は一九一九年末「独立の生計」条項党議決定の際からこれに消極的で、むしろ高等小学校卒業などの知識要件をつけることを望んだが、幹部大多数の意向でこの条項を付けることを裁断した。ところが一九二一年七月上旬、これまで加藤の意を体して条項維持に当ってきた江木翼を招き、「自分の考では、既に普選を政綱に掲げて居る上に、補欠選挙の実況や、世論の傾向から見て、必ずしも此条項を固執せねばならぬとも思はれない。或は党の結束や、他の野党との関係から考へると、寧ろ無い方が宜いかとも思はれる」と、江木の意見を求め、江木が固執の要なしと答えると「秋までには党議を其所へ纏めて行かう」と語ったという。伊藤は「普選の躊躇も、「独立生計」も、皆是れ伯の保守主義の致す所であると宣伝された」が、「寧ろ伯の進歩的思想に依つて適切に処理されたものと認む可きである」と評価している。

伊藤の記述は、江木翼の証言にもとづくものとみられ、にわかに否定することはできぬが、有力な反証がある。第一は加藤が元来「独立の生計」に消極的であったという点に関してである。もしこれが事実であるとするならば、なぜ急進派排除を条件とする内田信也の「珍品五」箇を受領できるのであろうか。『原敬日記』一九二一年三月二〇日の条は露骨にいう。「内田信也来訪、加藤高明は僅かに内田には普選反対を物語りたり。故に加藤内心は普選論者にあらざりしと言へり(其通りなるが如し、要するに加藤は部下に強ひられて之を統御する力なく引入られたるものの如し)」。故人の死後に刊行された頌徳表よりも、生前の政敵による観測の方が信憑性に富むといえないであろうか。

第二に、加藤が最後まで「独立の生計」を固執したことについては、憲政会第二代総裁で、加藤総裁時代は副総裁的地位にあった若槻礼次郎の証言がある。衆議院憲政史編纂会稿本『若槻礼次郎男談話速記録』(一九四一年聴取、国立国会図書館憲政資料室蔵)によれば「時代の力が党員に反映して党員の頭が段々変つて来て、どうも独立の生計を営むと云ふことで一貫して置かうとしても、中々それじや納まらぬと云ふやうに段々行つた」。そこで下岡忠治が党内とりまとめに乗り出し、研究の末、独立生計条項を拡張解釈すれば「他人の救恤を受ける者」を除外する程度になることを明らかにしたので、総裁に向って不平が起る前に、独立生計条項削除でとりまとめることに若槻たちも同意し、「加藤伯もそれなら仕方がないと云ふことになつて纏めた」という。戦後若槻が執筆した『古風庵回顧録』(二六〇ページ)では、とりまとめに尽力したのは下岡でなく、若槻自身のことになってしまっているが、ここでも加藤が「独立の生計」について「党員が幾ら説いても、これだけは残さなければならんといって動かないので」「長い間かなりゴタゴタした」が、結局若槻の説得で「加藤もカブトを脱ぎ、よかろうと言い出した」とある。

以上の論拠より、私は、加藤が「進歩的思想に依つて」一九二一年七月には独立生計削除を決意したとの説に同意することはできない。しかし第四五議会を控え党内抗争の激化が予想される前に、案外あっさりと削除を決意した事実は承認するに吝かではない。『東京朝日新聞』(12・6)も「世間では最も頑固なるが如く固く思惟する向もあつた」加藤が、「純理論に立脚大勢を洞察」したと評価している。私は加藤の決意の時期は原敬没後と推定する。七月決意説の伊藤正徳でさえ、「高橋内閣を迎へた伯は、審慮の末に、此制限を淡泊に放棄し、無条件普選断行の大旆を掲げることに、心竊かに決意したのである」と、別の個所に書いているではないか(三八三ページ)。

党員から迫られたにせよ、独立生計という緩和剤を除去することは、元老の加藤に対する反感を強めることに他ならなかった。独立生計削除は、政権の獲得は元老に依存することによってではなく、世論の支持をたよりに政友会の地盤を砕くことを通して、実現させようという加藤の決意の表明であった。『古風庵回顧録』(二五九ページ)のいうように、この頃「政友会が多数を占めているのは、制限選挙の下に地盤を固めているからであるから、この局面を打破するには、普通選挙を行い、理解ある多数の人々に、選挙権を拡張すべきであるということで、だん〳〵普選論者が多くなり、今までの常連以外、党の中堅分子が盛んにこれを唱えるようになつた」。加藤はこの見解に与したのである。その成算はないわけではなかった。その理由は一二月四日の憲政会幹部会が独立生計条項廃案を決したとき、幹事長小泉又次郎が翌日、公式にこれを新聞記者に発表した声明中に示されている。

普通選挙に対する我憲政会の態度は夙に天下の認むる処なるが、時勢の急激なる進歩と最近各地に於ける衆議院議員選挙並に地方自治体選挙の実状に徴し、一般政治思想の発達著しきものあるに鑑み、普通選挙の実行に関し更に調査の必要を認め、選挙資格罰則の修正は勿論、区制及び選挙方法等特に比例代表制其他広く選挙法全体に亘つて慎重に講究を為すことに決し、従つて独立の生計の如きは敢て固執するに及ばざることに大体の意見一致せしを以て、何れ党の相当機関の議を経て確定を見るに至るべし（『東朝』・『時事』・『国民』12・6、すべて同文）。

つまり、国民の政治思想が大いに発達したので、選挙法全般の見直しが必要となり、独立生計などは枝葉末節となった、というのである。この政治思想の発達のメルクマールが、最近の衆議院議員選挙すなわち補欠選挙と地方議会選挙の成績に求められている。先述、七月のこととされる江木翼に対する加藤の談話の中にも、「補欠選挙の実況」が「独立生計」放棄の一因にあげられていることを想起されたい。

一九二〇年五月選挙以後、一九二一年一一月までの補選の成績は左記のとおり（衆議院『議会制度七十年史』政党会派篇による）。

			(前議員)		(新議員)
一九二〇年	七月	奈良二区	無所属（森岡京次郎）	→	政友（福井甚三）
〃	八月	福島二区	憲政（前田兵郎）	→	政友（石川淳）
〃	九月	佐賀四区	憲政（井原喜代太郎）	→	政友（石川三郎）
一九二一年	一月	秋田三区	政友（高橋本吉）	→	政友（三浦権兵衛）
〃	五月	三重十区	国民（福地銭吉）	→	憲政（川崎克）
〃	五月	広島七区	憲政（金尾稜厳）	→	憲政（佐久間啓荘）
〃	六月	北海道四区	庚申（井内歓二）	→	憲政（友田文次郎）
〃	六月	静岡四区	政友（清崟太郎）	→	政友（深沢米太郎）
〃	一一月	福島四区	政友（川口誠三郎）	→	憲政（粟《もみ》山博）
〃	一一月	和歌山三区	政友（児玉亮太郎）	→	政友（望月政友）

一九二〇年内は三回の補選ことごとく政友会が制したものの、二一年に入ると憲政会が四勝三敗、とくに一一月九

日の福島四区では内務省土木局長の現職にある地元出身の堀田貢を破っての当選である。この好成績に憲政会の意気が上ったことは想像に難くない。しかもこの勝利は、選挙民が独立生計付き普選の憲政会の政策を支持したことによって得られたのではなく、逆に独立生計削除を要求する地方都市農村中間層青年の奮闘によって得られたところに意義があった。福島四区の場合、普選団体たる磐州青年団(明治以来の普選論者河野広中の支持団体)をはじめ、選挙区外の普選青年が多数来援したことが勝利の一因であると「選挙の神様」こと安達謙蔵は語っている(『時事』11・12)。このほか改正地方制による八市の選挙でも、(2)名古屋・熊本・広島・金沢の各市で憲政派が圧勝し、国民党総務関直彦は、これら各選挙の憲政会の勝利は普選を望む青年の力によるものと評した(『時事』12・6)。

こうして憲政会幹部は、現行制限選挙法の下でも、普選を要求する中間層青年の支持により政友会と五分に戦えるし、将来普選施行の暁にはこれら中間層青年が有権者に繰込まれる結果、政友会の地盤を打破しうるとの見通しを立てることができた。いかなる政党も政権をめざす限り、理想論のみで政策を掲げることはできない。ある政策によって選挙民をつかむ望みをもってこそ、公然とその政策を打出すことができる。憲政会が独立生計削除を決断したのは、将来の選挙戦の見通しがついたこの段階、それも、敵軍の総大将がにわかに倒れて陣形に乱れをみせたこの段階においてのことであった。

ところで一二月五日の憲政会幹事長発表では、比例代表制その他広く選挙法全般にわたっての検討を強調しているが、これは独立生計削除に大義名分を与える方策にすぎぬと考えられる。『東京朝日新聞』(12・14)所載の「比例代表唱道の魂胆」と題する記事によれば、憲政会幹部が独立生計削除の「善後措置」に困っているところ、意外にも枢密院方面から、「独立の生計」を取る代りに選挙法全体を改正し、とくに「選挙方法には比例代表制といふ最も新しい処を見せるがよい」との「入智恵」があったという。事実の有無は別として、発想はうなずける。すなわち守旧的普選反対派に対して、比例代表制を考慮せねばならぬほど時勢が変化していることを強調して、独立生計などは問題が小さいという印象を与える効果をねらったものと解される。また一方では第一次大戦以降、普選問題では国民党に一歩リードされてきた状況の挽回を策して、比例代表制採用をふくむ全般的改正の要をことさら強調したことも考えられよう。比例代表制問題が上述の如き意を秘めた策略にすぎなかったことは、この問題が第四五議会開幕の前に立消えになってしまったことで明らかとなる。前記一二月四日の幹部会の決定をうけて、同月一三日に憲政会は政務調査会を開き、選挙法改正特別委員会の設置を決定、席上江木翼より比例代表制の説明があった(『東朝』12・14)。一七日の特別委員会は委員長安達謙蔵の発議で、(1)「罰則その他選挙法の実体に関するもの」、(2)「区制に関するもの」、(3)「比例代表制に関するもの」の三小委員会を設けることになったが、その席で安達は早くも「比例代表制は党員は無論一般国民に諒解さるれば、今期議会に提案したい考であるが、然らざれば懸案として調査したい」と発表している(『憲政会史』三五四ページ以下)。小委員会の審査期間は一週間しかなく、一二月二四日の特別委員会では、すべての小委員会が審議未了と報告し、ただ「「独立の生計」云々の文字を削除し、昨年提出したる案を以て各派と誠意ある協調を遂げること」だけを決した。この決定は翌日の政調会および議員総会で承認され、これが党議として確定したのである(同上)。

2　三派協調案と政友会

憲政会の方向転換に先立ち、すでに原敬没後一週間にして、院内外の普選論者は全国普選断行同盟を結成していたが、一二月二〇日・二四日の両日、その幹旋で院内普選各派有志が集まり、統一普選案につき下相談を重ねた。一二月二六日にいたり、正式に憲政会(本田恒之・小山松寿・三木武吉)、国民党(西村丹治郎・清瀬一郎・星島二郎・土井権大)、庚申倶楽部(3)(山邑太三郎・森下亀太郎)、無所属(松本君平・林田亀太郎)の各派代表が集まり法案の大綱を決定、条文整理を三木・清瀬・星島・森下に一任した。憲政会が独立生計を削除したのに対し、国民党が年齢を二〇年から二五年に譲ったことが最大の眼目であった。宗教師・小学校教員の被選挙権は認められたが、学生は依然選・被選両権をもたぬものとされた。区制は当面現状維持であった。他に注目すべきは、第四二議会以来の憲政会の主張であった議員候補者の戸別訪問禁止が採用されたことで、これが一九二五年法の特徴の一つである選挙運動取締強化への第一歩となった。

一方、政友会はこの議会でかなりの変貌を示した。陸軍軍備縮小、軍部大臣武官制廃止の両建議案に野党と同調し、また原敬の遺策たる過激社会運動取締法案も流産に終らせた。野党の政策路線に接近を計る高橋是清総裁一派と、原敬以来の力による民衆抑圧策を続けようとする反総裁派との対立が進んで行った（松尾「政党政治の発展」、伊藤之雄『大正デモクラシーと政党政治』七三ページ以下）。

この党内情勢のため、政友会の対普選態度は微妙な変化をみせた。『時事新報』（1・15）は、党内に(1)普選即行は秩序の混乱を招くとする反対派、(2)普選は必然であり、むしろ政友会政権が進んで採用する方が党勢拡張に有利とする賛成派、(3)いまさら野党に追随することもできぬから、普選案の不完全を口実として「普選調査会」を設置せよとの漸進派の三派があるとつたえた。しかし反対派がまだ優勢で、一月二〇日の総務会でも、議会では委員会に付託せず即決否決すること、ただし審議は充分行なうことをきめた（『大毎』1・21）。

ところが会内の地方別議員会たる二月九日の関東倶楽部では、即決反対の意見が出され、同一三日の東北会では「内閣に普選の大調査機関を設置し、朝野の有力者を網羅して之が利害得失を考査すべし」との声が出た（同上、2・15）。二月一七日の政務調査会でも、調査会設置説(4)や委員会付託説が主張され、幹部を代表して岡崎邦輔が、普選には反対でないが目下準備段階の理由で即決否決したい、ただし今後の処置は別問題として後日相談する、調査会設置説も幹部は「傾聴」しているとのべ、ようやくこれが了承され、党議がまとまった（『時事』2・19）。山本清三郎（愛知)は選挙区の関係上普選案に反対できぬと、党議に対し除外例を要求(『大毎』2・22)。幹部は党の結束を乱すものとしてこれを拒否し、さらに病気以外の本会議欠席も認めぬこととした(同上、2・23)。

衆議院における普選案討議は二月二三日から二七日まで(二六日は休日)、議長不信任動議、あるいは院外民衆運動弾圧問責決議などを折込みながら、四日間にも及び、その間賛成反対両派から同数の一二名ずつが交互に討論した。賛成派は、普選は世界の大勢で「思想的鎖国」はもはや不可能であること、議会に人民の要求を反映させ、社会政策を行ない、経済組織に改善を加えぬと階級闘争や思想の悪化を防ぎえぬこと、普選を行なっても忠君愛国の精神が行渡っているから危険でないこと、などを理由とした。反対派すなわち政友会側は、普選はまだ世論とはなっていない、その証拠に、野党の態度が第四一議会以来次々変化しているし、肝腎の労働者階級がまだ政治勢力として普選を要求していないではないか、目下世界的に思想動揺期にあり、準備なしに普選を即行するのは危険である、労働問題の解決は普選ではかられない、これは社会政策によって別に対処すべし、一九一九年法による総選挙はまだ一度しか行なわれず、地方制の改正による地方議会選挙も、まだ部分的にしか行なわれていない、これらの結果を見定めてから選挙権再拡張を行なうのが穏当である、など主張した。

前議会にくらべると、総じて政友会の態度は受身となったことは否めない。前回はわずか一日のみの討論で否決としたのが、今回は四日もかけたのは、世論への配慮であろう。反対の理由も普選それ自体が危険思想であるとの説は、表面からは影をひそめた。吉原三郎は調査会設置説を論じ、島田俊雄の如きは、いずれ政友会の手で普選問題を解決すると公言した(『大日本帝国議会誌』⒀、七四六—八三四ページ)。

普選案は一四七対二四三で否決された。第四三議会では一五五対二八六、第四四議会では一四二対二五八であったのと比べると、依然大差であるには相違ないが、その差が縮まってきているのが注目される。ことに今回は先述のごとく、禁足令を政友会が発しているにもかかわらず、三八名もの欠席者を出したことは、憲政会機関誌『憲政』(五巻二号)のつたえる政友会内普選派三〇名集団欠席という報道を、あながち無根としりぞけえないものがある。

ここで付言しておきたいのは、先に憲政会を脱した田川大吉郎(無所属)の衆議院議員選挙法調査会設置建議案の始末である。政友会内に吉原三郎らの調査会設置論者のいたことは先述のとおりであるが、田川の場合は、その趣旨が『太陽』一九二二年五月号誌上の「普選調査会を設けよ」に詳述されている。すなわち野党の普選案では、年齢、婦人参政権、海員の投票さらには比例代表制の問題が残っている。これらを調査するために両院議員、第三者(実業家の如きを含む)、官吏各若干名よりなる小人数による調査会を設置すべきである。政友会・貴族院の普選についての同意を得るためには、これを「超議会の問題として党派的論争の外に置」く必要がある、というのが論旨である。田川は一九一八年のイギリス選挙法改革が、下院議長の選定・主宰する両院協議会を通して実現したことに先例を求めている。そして憲政確立の上に、普選とともに不可欠な貴族院改革をいずれ実現させるためにも、まず普選問題でこの調査会を成立させることを希望したのであった。

この良識的な建議案提出は、院内最左派たる国民党の代議士会において、普選即行の建前からすれば微温的で、かつ政友会に乗ぜられるなどの理由で否決されてしまい、建議案提出に必要な所定の議員数三〇名を得ることができなかった(『東朝』3・1)。そのため調査会は、次期加藤友三郎内閣の手により換骨奪胎のかたちで実現することになる。

3　普選運動の再昂揚

第四五議会下の普選運動は、その規模において第四二議会下の全盛期の状態にほぼ復帰したといってよい。第四二議会下、演説会・デモその他普選要求団体の活動が見られたのは、三府三一県一道(不発は群馬・千葉・神奈川・福井・三重・鳥取・島根・徳島・佐賀・長崎・宮崎・沖縄)であったが、第四五議会下では三府三三県一道(不発は岩手・千葉・岐阜・三重・和歌山・島根・高知・佐賀・宮崎・沖縄)と、範囲はむしろ若干拡大している。[5] 沈滞の極に達した一年前の前議会下に比べれば飛躍的発展は驚くばかりで、たとえば前年一度も大衆行動のなかった京都市では、二月四・五・一一日と三回のいずれも、数千人規模の演説会とデモが繰返されている(『京都日出新聞』)。同じく前年まったく運動のみられなかった福岡県では、福岡市(一月二九日、二月九日・二一日)・八幡市(二月七日・一一日)・小倉市(二月一〇日)・大牟田市(二月一一日)・若松市(二月一一日)・田川郡香春町(一月二九日、二月一五日)・鞍手郡直方町(二月六日)と、活発な展開を見せた(『九州日報』)。

運動は一月一四日の大阪普選期成同盟会主催の大会にはじまり、二月二七日の普選案否決まで続いたが、この間中央指導部たる全国普選断行同盟は計画的に最終段階に向って運動を盛上げた。すなわち二月五日(東京・京都・大阪・神戸・横浜・奈良・高松・金沢・下関・熊本・堺・秋田・岡山の諸市ほか)、二月一一日(東京・京都・大阪・神戸・仙台・札幌・旭川・水戸・鳥取・名古屋・甲府・八王子・若松・八幡・上田・呉・広島・大牟田の諸市ほか)と二回の「普選デー」で気勢をあげた上、二月二三日からの議会討論日に向って全国各地から普選団体有志の上京を求め、請願デモを計画した。

警視庁は二三日の東京市内の屋外集会を禁止するとともに、前夜地方上京者の宿所に踏込み一斉検束を行なった。二三日当日は警官隊六〇〇〇人・憲兵三〇〇人を動員して、議会から日比谷公園一帯に警戒線を張り、請願デモを事実上不可能とした。消防手三〇〇〇人の非常召集も行なわれ、近衛師団にも出動の手配が講じられた。侠客団体国粋会も「公安の維持」と称して市内一〇ヵ所に配下を二、三百人ずつ集結させた。厳戒の中、夕刻より日比谷周辺に集った民衆と警官との間に各所で小競合が発生、憲政会代議士田中善立を含む一六二名が検束された。うち一〇三名は翌夜釈放されたが、四三名は拘留処分、一六名は公務執行防害あるいは傷害罪で送検された(以上『東朝』および『国民』2・23—26による)。以下この間運動に関係した主要組織の動向について言及しておこう。

全国普選断行同盟と憲政会　前述のごとく、運動の中央指導部的役割を演じたのは全国普選断行同盟である。参加団体約八〇と称せられ(『東朝』2・3、『東日』2・5)、第四二議会における全国普選連合会(六八団体)に匹敵する。実行委員五〇人により運営される建前であったが、事実上の指導権は院内各派連絡委員会にあった。(6) その中心は野党第一党たる憲政会である。全国普選連合会では憲政会の急進派が指導権を握っていたのだが、今回は憲政会そのものが乗出したのである。加藤総裁こそ大衆集会に登場しなかったが、副総裁格の若槻礼次郎が二月一九日の東京の普選断行大会に出席、前年脱党した島田三郎とともに演説している(『国民』2・22)。普選デーには各地の集会に所属代議士を派遣し、地方集会では憲政会支部が主催団体の一つになり、とくに仙台・小倉では憲政会支部の単独主催であった。中央・地方を問わず運動には資金が必要であることは論をまたない。これらは有志の自己負担あるいはカンパで賄われる建前であったが、たとえば東京の日比谷・上野などの諸公園で集会を開く場合、宣伝・設営費は一回二五〇〇円は必要といわれ(『河北新報』2・14)、実質的には憲政会が相当部分負担したものと推測される。

新聞　第四二議会の際も『大阪朝日新聞』をはじめとする新聞の活動が運動の発展に寄与するところが大きかったが、その役割は今回も同様であった。東京の記者団は普選断行同盟の有力な構成要素として、院内各派の協調につとめ(水野『普選運動血涙史』三五九ページ)、協調成ると、紙面や演壇を通して運動を鼓舞した。とくに注目すべきは二月五日の第一回普選デーに際し、報知新聞社川尻東馬・大阪毎日新聞社高石真五郎・大阪朝日新聞社高原操・読売新聞社小村俊三郎・東京朝日新聞社安藤正純・時事新報社桜井徹三・東京日日新聞社城戸元亮・万朝報社斯波貞吉・国民新聞社馬場恒吾の日本における主要九紙の主筆が連名で共同宣言を発し、「民心一新」「政界刷新」「生活安定」「階級緩和」「国民外交」「軍閥打破」のために、普選の即時断行を要求したことである。このように主要紙が一致して一定の政治主張を共同宣言のかたちで発表したのは、日本新聞紙上未曾有の現象であった。(7)

中央に呼応して各地方でも政友系紙を除く諸新聞は普選支持の紙面を構成する一方、各地の普選集会の主催団体の

西日本普選大連合参加団体（大正一二年五月現在、加盟順序による）

大阪普通選挙期成同盟会	大阪市北区
大阪向上会	大阪市東区島町一丁目四七
大阪純向上会	大阪市北区東野田町一丁目四三四
大阪鉄工組合	大阪市外十三鏡ヶ池
大阪空堀共立会	大阪市南区空堀町一一一
大阪普選聯合会	大阪市北区船大工町一九
神戸暁明会	神戸市播磨町一六
暁明会京都支部	京都市上京区今出川小川西入
商船同志会	神戸市栄町五丁目四五
日本海員組合	神戸市栄町六丁目二一ノ七
神戸普選聯盟	右同
尼ヶ崎普選促進同盟会	尼ヶ崎市大物町
西ノ宮普選即行会	兵庫県西ノ宮町字浜田
作東立憲青年党	岡山県英田郡林野
岡山労働組合	岡山市天瀬町一一ノ三
岡山思想問題研究会	岡山市下ノ町一二〇
岡山普選同盟会	岡山市天瀬町一九
広島立憲青年党	広島市外矢賀村
下ノ関至誠会	下ノ関市吉原町
福岡普選同盟会	福岡市住吉町
呉普選期成同盟会	呉市蔵原通三丁目
八幡同志会	八幡市日ノ出町
同志会戸畑支部	福岡県戸畑郡三六町
松山普選同盟会	松山市三番町
高松雄弁会	高松市古新町六五
香川県普選期成同盟会	高松市大工町
南海草普選同盟会	和歌山県内海町
鳥取立憲青年会	鳥取市二階町四丁目
鳥取建具工組合	鳥取市二階町三丁目
城南普選同盟会	京都府綴喜郡三山
青年向上会	京都府綴喜郡青谷村山城社
宇和島普選期成同盟会	愛媛県宇和島市
西神戸普選同志会	神戸市西代
琴平普選期成同盟会	香川県琴平小松町
岸和田民声会	岸和田市宮本町
泉北会	大阪府泉北郡
奈良友情会	奈良市東城戸町
京都普選同志会	京都市猪熊上立売下ル
労働青年同友会	大津市下百石町四六
大津普選即行会	大津市近江新報社
長浜共鳴倶楽部	滋賀県長浜町
公正会	同甲賀郡水口町
民声会	同蒲生郡馬淵村
笹山立憲政治党	兵庫県笹山町上河原町
福山革成会	福山市本町
日本農民組合邑久上道聯合会	岡山県上道郡雄神村
同児島聯合会	岡山県児島郡興除村
同北河内聯合会	大阪府北河内郡津田村
同一志郡聯合会	三重県一志郡中島村宇田村
同三重聯合会	三重県飾南郡松坂町日野町
同綴喜聯合会	京都府綴喜郡田辺町

一員となった。中でも秋田(二月五日)・名古屋(二月一一日)・横浜(二月一九日)・青森(二月二二日)の各市民大会は記者団だけの主催であった。この他各地域ごとに記者大会を開く事例も多く、たとえば二月一一日には名古屋以西七三社一三〇名が大阪で関西新聞記者大会を、二月一四日(熊本)と二月二一日(福岡)には一八紙が全九州新聞記者大会を開いている。その全国的結集が、都下一四紙・地方一八紙計二〇〇人が出席した二月二〇日、普選案上程前夜の全国記者大会であった。

地方普選団体　各地方の運動は、前記のように憲政会支部や記者団が単独主催することもあったが、それは例外で、一般的にはこれらを含めた各種の団体が共催もしくは参加する場合が多い。たとえば二月一一日の京都のデモの場合、憲・国両党支部のほか、仏教護国団・織友会・普選即行同盟会等の名が見え(『京都日出新聞』2・12)、二月五日の『秋田新聞』(国民系)・『秋田魁新報』(憲政系)二紙主催の大会の参加団体に、秋田普選実行同志会・南秋普選断行会・山本郡普選同盟・角館赤友会・雄勝同志会の名が見える(『近代秋田の歴史と民衆』一四八ページ)。私はこれら諸団体の中から政党支部、記者・僧侶等の特定職業グループ、あるいは労働組合・農民組合などを除く、一般市民主体の団体を民本主義的、あるいは地方的「市民政社」(8)と名づけている。

第四二議会以降、普選運動の主要な担い手となったのは、市民政社に結集した下層中小資本家層および小ブル層であった。一九二二年二月一一日、普選博士の異名をもつ今井嘉幸を中心に結成された「西日本普選大連合」の、翌年五月現在の参加団体名簿(別表)には、五一の団体が名をつらねているが、向上会等の労働団体一〇、日本農民組合地方連合会六を除く三五団体の大半は市民政社であった。三重県以西福岡県にいたる関西地方で、加盟団体の名の見えぬのは徳島と島根の二県にすぎない。これをみても、類似の市民政社が全国各府県に存在していることが推察される。全国普選断行同盟は、これら市民政社の代表の上京を促し、中央の普選運動を盛上げたのである。

大阪には第四二議会当時すでに今井嘉幸と日野国明(元国民党代議士)を中心に、弁護士有志により大阪普選期成同盟会が組織されており、一方後述のごとく、向上会中心の普選期成関西労働連盟があった。この両者は第四二議会以来提携関係にあったが、一九二二年一月にいたって大阪普選連合会を組織し、近畿以西各地の普選団体に対し、二月一一日を期して大阪に結集するよう呼びかけた(『香川新報』1・27、2・5)。これに応じたのは五十余団体といわれるが、実際に集ったのは二十余団体であった。[9] 結成大会では運動方法を協議したが、その中で今後は大阪を本部とし、各地を支部のようにして文書で速やかに連絡し、同一行動に出ることがきめられている。以後西日本普選大連合は、非政友の旗印はかかげながら既成政党とは別個の存在として、第二次護憲運動前まで活動する。

第四五議会下、東京でも市民政社の連合組織をつくる試みがなされている。二月九日には神奈川・新潟・静岡・富山・福島・山形・栃木・鹿児島・愛媛各地の「青年党」代表が集まり、城南荘の宇治村敏を座長とし「全国青年同盟」を結成し、会則・綱領まで作成したとつたえられる(『国民』2・11、『東朝』2・10)。また二月二二日には全国普選団体(『社会問題大観』一一二ページでは四〇団体、『東朝』2・23では三五団体)が「全国総同盟」組織を決議し、二五日「普選連合会」発会式の名目で再び代表が集ることになっていたが、官憲の干渉で中止されたという(『社会問題大観』一一五ページ)。これらの組織化は、当面失敗したと見るほかはないが、院内各派の実質指導下にある全国普選断行同盟に加わっているはずのこれら市民政社が、別に横断的組織をもとうとしたことは、彼らの既成政党に対する独自性、あるいは不信感のあらわれではなかったか。

新婦人協会・仏教連合会その他　普選運動とは直接関係をもたないが、これに触発され、ひろい意味での参政権獲得運動の一翼を形成したものとして、婦人・仏教徒・小学校教員・盲人の組織運動を逸することはできない。一九一九年末以来婦人参政権運動に挺身していた新婦人協会は、一九二一年後半、市川房枝の渡米と平塚らいてうの病気によって危機におち入った。しかしただ一人の常任理事として残った奥むめおの努力により、治警法第五条の修正は貴族院をも通過し、婦人の政治集会参加が、ここに合法化されることになった(別編に詳述)。仏教連合会は、今議会前までに全国各府県に支部を設置し、前年にまさる運動を展開し、その最大拠点たる京都では普選運動と合流した(別編で詳述)。

小学校教員の場合、前年一一月神戸で開かれた京阪神三市連合小学校長会で、前回同様の運動を行なうことに決し、その主導のもとに全国市区小学校連合会が請願運動をすすめた。今回は郡部の教員もこれに加わった。しかし議員訪問など「表面ニ顕ハレタル運動ヶ間敷コト」は避けられた(衆議院議員選挙法調査会『小学校教員被選挙権要望運動状況』二ページ)。

なお二月一八日、全国の盲学校・按摩組合の代表一五〇人余が東京で全国盲人大会を開き、盲人に対する義務教育と点字投票承認を決議、文相・内相に建議した(『東朝』2・17、『社会問題大観』一一〇ページ)。

4　無産階級勢力の動向

第四二議会下の状況に近いほどの普選運動の復活に際し、特徴的な動向を示したのは無産階級であった。前述のごとく、この階級は第四二議会下で、東西の地域差こそあれ、運動の昂揚を支える力となったのであるが、その後、普選への大衆的要求は衰えぬものの、要求を結集すべき階級組織の側の主流、すなわち総同盟勢力は運動から離脱する方向に進んだ。この傾向は普選運動再興の第四五議会下において、かえって強まった。

第四五議会下の普選運動に、市民とともに一般大衆としての労働者が参加しなければ、あれほどの昂揚がみられたとは考えられない。労働組合の中にも公然運動に参加するものは存在した。東京では依然小石川労働会が活動し、二月二二日には王子劇場で普選促進演説会を主催し、今井嘉幸・関直彦・田中善立ら院内普選派を招いた(『東朝』2・21)。大阪では向上会を中心とする関西労働組合連合会が一月九日臨時委員会を開き、八木信一は、連合会主催のデモと演説会を議会休会明けの一月二二日に挙行したいと提案した。これに対し西尾末広は、前年の総同盟関西労働同盟会の決定の趣旨にしたがって反対し、電業員組合など総同盟系組合これに呼応し、連合会として普選運動を行なうことは不可能となった。そこで向上会は、純洋服職工組合・商業使用人組合新生会に大阪鉄工組合を加え、普選期成関西労働連盟を再興し、予定どおり二二日に約一万人のデモを挙行した。夜の演説会には、島田三郎・浜田国松・松本君平とともに今井嘉幸と賀川豊彦が登壇した(内務省警保局『労働運動月報』一九二二年一月、大阪市社会部編『労働組合運動』一六二ページ、藤田浪人編『社会問題大観』九九ページ)。

これら従来から運動に参加してきた官業系組合に加えて、総同盟の友好団体たる日本海員組合が新たに登場したことは注目される。この組合は一九二一年五月七日、日本海員同盟友愛会を中心に、二三団体が合同して結成した一万有余の組合員をもつ産業別組織である。その本部の所在地神戸では、商船同志会・神戸暁明会とともに神戸普選連盟を結成し(『大朝』神戸付録2・1)、神戸地方普選運動の主力となるとともに、前記の西日本普選大連合の有力な一翼を形成した。横浜支部では二月二六日緊急幹部会を開き、「陸上民衆運動で官憲の圧迫に妨げられて気勢稍衰へしを黙視するに忍びず」として普選運動に参加することを決議した。幹部会では、「全国十六万の海員が団結して普選デーを決行する強行意見であったが、普選運動の為に各港の船舶も停船せしむるは国際関係にも影響を及ぼすとの理由で保留され、東京に近接せる横浜港碇泊の海員が代表して」上京、議会に請願することになったが、もし官憲の圧迫が加われば全国に飛檄して停船断行も辞せずという意気込みであったという。翌二七日降雪の中を代表二十余名が二千余名の請願署名をまとめて上京し、夜は支部で普選要求大会を開き、支部長浜田国太郎・憲政会三木武吉・国民党湯浅凡平の演説があった(『社会問題大観』一一六ページ)。

以上の官業系および海員組合の普選運動は、いずれも院内普選派と協力関係にあったが、総同盟派は、これに反発するごとく対議会運動にますます背を向けた。その最たるものは、この議会で一大問題となった過激社会運動取締法案に対する態度である。この法案は「無政府主義共産主義其他ニ関シ朝憲ヲ紊乱スル事項ヲ宣伝シ、又ハ宣伝セムトスル」個人・結社を、懲役一〇年という厳罰をもって取締ろうとするもので、のちの治安維持法の原型であった。原敬の意図をうけ司法官僚が立案のヘゲモニーをとった、この政治的自由弾圧立法の企てに対しては、野党・言論界一致して反対運動を展開し、ついに流産に終らせたが、このとき総同盟はじめ労働団体は、ほとんど反対運動を行なわなかった。[10] 弾圧立法が強化されればされるほど労働運動が激化し、革命の日が近づくという見地からであった（松尾「過激社会運動取締法案について」および「第一次大戦後の治安立法構想」）。

直接火の粉がふりかかる治安立法に対するこのような態度から、労働運動主流の普選運動への拒絶反応は当然予想されよう。反総同盟系（アナ派）の労働組合同盟会では、二月一〇日夜八組合の代表が協議の末、二月一四日に都下の労働組合に呼びかけて普選批判演説会を開いた（ただし中止の連続でたちまち解散を命じられる。『東朝』2・11、『労働』一九二二年三月号）。東京の総同盟組織も普選問題には「全くの無関心の態度を」とった（『労働』同前号）。

この形勢は、前年普選運動からは離脱しながらも、普選そのものに反対はしなかった総同盟関西労働同盟会に影響を与えずにはおかなかった。とくに前記の阪神地方における向上会や日本海員組合の積極的運動参加は左派を刺戟した。二月一一日の同盟会の緊急理事会で、尼崎合同組合を代表して東忠続（同志社出身、もと京都連合会所属）は、総同盟中央委員の要職にある賀川豊彦と久留弘三が阪神地方の普選演説会に出席するのは、昨年三月の関西同盟大会決議違反であるから「此際警告を発するの要ある旨」提案した。これに対し西尾末広は、大会決議の趣旨は「普選其ものに反対せるが為めに非ず、労働運動の目的実現に比較的効果鮮少なるを覚り、此をなすの努力を経済運動に向け躍進するの優れるに如かずとなせる為なり」と説明し、改めて同盟会の態度を社会に明らかにする必要ありとして、次の修正案を提示した。

(1)一般民衆の名に依て普選運動を為すものには反対せず。

⑵同盟会は普選運動は労多くして効果に乏しく寧ろ害多し。故に該運動を排斥す。
⑶世間的多くの人に重用されたる人物に対しては我同盟会は普選運動に携はるなき様勧告し反省を促すこと。

辻井民之助ら左派は第三項は手ぬるいとして賀川・久留の除名を主張したが(内務省警保局『労働運動月報』一九二二年二月分)、二時間の激論の末ようやく左記の結論に達した(『労働者新聞』3・1)。

(イ)一般民衆の名に依て為さるゝ普選運動には反対せず。
(ロ)労働団体として普選運動を為す事は効尠く反つて弊害あるものと認む。
(ハ)されば吾が関西労働同盟会は普選運動を為さず。
(ニ)A、右理事会決議の趣旨を詳解せる論文を、三月一日発行の機関紙に発表し、予め全会員に其の意見を了解せしめ、B、四月の大会に於て全会員の自由意志に依る一般投票に依り、「同盟会の普選運動に対する態度」を決議す。C、投票方法は支部及び氏名の記名投票とし、大会の一週間前に各会員に配布し、二日前に各組合にて集聚し置き大会の席上にて開票する事。D、論文起草は辻井、藤岡、西尾三君に一任。

右のうち西尾提案の第三項が削除されているのは、藤岡文六が、賀川・久留だけでなく普選運動を援助しつつある団体(向上会など)にも同様反省を促す緊急動議を提出し、これが可決されたからである(前出『労働運動月報』)。

理事会の決議により三月一日付の『労働者新聞』に発表された「普選運動論」の大要は、次の如きものであった。普選により労働者が議席の多数を占めることは、欧米の実例よりして不可能であり、したがって議会による労働者の解放は不可能である。しかし「少数党としての労働党及び社会党が生れ、労働者の権利を主張する事に依つてブルジョアーの横暴圧迫を幾分掣肘し、労働運動を幾分仕易くする事は出来る」。また政党とくに野党は「民衆に媚びるようになるから」これを利用できる。「即ち普通選挙制度は我等に善い影響を相当に齎すものと信ずるが故に「一般民衆の名によりてなさるゝ普選運動には反対せず」である」。しかし「労働団体として普選運動をなすは効尠く反つて弊害あるものと認む」るのである。なぜならば「経済上の実権をさへ握れば政治上の権力は之れに付随して来るものであるから、労働団体としては全力を挙げて、直接にブルジョアーと闘つて経済上の実権を獲得せねばならぬ」。この運動が著しく地味であるのに比べて、「政治運動は花やかで而かも労働運動家に最も禁物な妥協と誘惑の伴うもの」で堕落のおそれがある。要するに人間の力には限りがあり、普選運動は「精力の浪費」となるから「経済運動に全力を傾注」すべきだ。

すなわち右の文章では、「労働者にして真に自覚と団結をなすならば唯其直接行動で何事も出来るではないか、今更代議士を選み議会に頼む必要はない」(「普選運動の夢から覚めて」『労働者新聞』2・1)などと、議会制そのものの否認を主張する左派の辻井の論は退けられ、前年来の「議会軽視主義」「普選運動一時中止主義」を維持する右派の西尾・藤岡の説が展開されている。

ここまでは右派のペースで進んだ。ところが三月一四日の大会準備理事会では形勢が逆転した。「大会前」に普選運動の可否を一般投票にかける前回の決定はくつがえされ、一般投票は「大会後」に行なうこととされた。前回の理事会決議がそのまま一般投票で承認されてしまうことをおそれる左派の巻返しである。ついで左派は「昨年の大会に於ける「普選運動中止」の決議は個人の自由を束縛せるものに非ず。されど成る可く之れに随ふを妥当と認む」、と組合員個人の運動参加の否認を意味する決議を通過させた(同上、4・1)。

勢いに乗じて辻井民之助は四月三日の大会で、普選運動の中止は、今さら再議の必要なしと主張した。彼は組合員個人の運動参加をも禁止したいのである。大阪の平井美人は、同盟会の決議は「同盟会の行為をのみ規定」し、個々の同盟会員を拘束するものでないから、二月一一日の理事会決議の(イ)項は必要なしと妥協案を出し、西尾は、昨年の決議が「会員個人の行為をいかほど掣肘すべきかについて不明瞭であったから」、(イ)項を加えたわけで、真意は平井説と同論であるといい、平井に同説か否か念を押した上、平井説に賛成した。刈屋秀(伸銅工組合)はここで決議せずに、会員の一般投票で決定せよと論じた。二時間余のはげしい討論のあとの採決(代議員一五〇名)は、原案一、平井案七二、刈屋案五四、辻井案二七で(イ)項の削除が決定した。なおあらためて、理事会より、この結果を一般投票にかけることが提案されたが、辻井らは大会代議員こそ一般会員の代表者だから必要なしと反対し、否決された(同上、4・15)。

ここに関西労働同盟会としては「労働団体として普選運動を為す事は効尠く反つて弊害あるものと認」め、運動の放棄を決定したのである。いくら大会中の討論で、組合員個人の運動参加の自由を確認してみたところで、それが大会の決議として文章化されねば政治的には無効果である。たしかに『日本労働年鑑』(大正一一年版、二一ページ)の筆者が評したように、大会が「一般民衆の名に依て為さるゝ普選運動には反対せず」の理事会提案(イ)項を削除したことは、同盟会の対普選態度に「決定的断案を投ずる」ものにほかならなかった。西尾らの運動個人参加自由論にみられるように、同盟会内における現実主義的傾向は根強かったが、表面的にせよ、普選問題については関東と関西との態度の一致をみることとなった。こうして同年一〇月の総同盟一〇周年大会で「普通選挙」の一項が主張から削除される条件がととのったのである。[11]

第一次大戦直後から、つねに普選に執着してきた関西の総同盟をさえまきこんだ労働運動の急進化に理論的基礎を与えたのは、もはやアナルコ・サンジカリズムを奉ずる大杉栄一派ではなく、アナ・ボル論争を通してこれを克服しつつあったとされる日本共産党[12]の側であった。前衛党指導による政治闘争を主義とするボル派が、当面最大の政治問題たる普選に対し、なぜかくも強引に背を向けたのか。それは資本主義の崩壊とプロレタリア革命の形勢が世界的に急速に高まるという認識の下に、帝国主義段階に到達した日本では、政治的デモクラシー発達の必要と機会が永久になく、プロレタリアートの議会参加はブルジョワジーの反革命的支配を安定させることになる、と判断した山川均の見解(「普通選挙と無産階級の戦術」『前衛』一九二二年三月号)が、ボル派を支配したからである。二年前、議会主義にまきこまれかねない革命勢力の弱さの認識が、革命情勢の早期到来という「社会進化の法則」信仰と結びついて普選運動反対論となったものが、今回は、後進資本主義国では政治的自由の発達の余地がなく、かつ革命勢力にとってそれは不必要かつ有害だという新しい法則信仰によって補強されたことになる。革命近しの幻想に党の最高指導者たちがとらわれていたことは、政治的自由のための大衆闘争の先頭に先進的労働者たちが立つことを妨げたのである。この点は拙著『大正デモクラシー』(一九七四年、岩波書店)二四〇ページ以下、に詳述した。

一九二二年はじめの普選運動の復活は、普選法成立のための条件がととのいはじめたことを意味した。第一は、大衆的要求の健在が証明された。全国各地の普選要求諸団体が、連帯して統一行動をとり、新聞界が一致して世論の形成につとめた。第二は、立法化を推進する政治勢力の確立である。憲政会の政策転換によって野党の足並みが一致し、憲政会は公然と普選運動を積極的に指導することになり、憲政会主導の普選法実現への道を開いた。第三は、普選反対派の動揺である。これはまだ表面化しなかったが、政友会内部には内紛にともなう政策対立が進行し、その一派は野党路線に接近する傾向を示した。第四は、先進的労働組合の運動離脱である。一九二五年の普選法成立の一特質は、無産階級勢力の直接介入のなかったことであるが、この段階において、その徴候が歴然としてきたのである。以上の四条件は、一九二二年六月に成立した加藤友三郎内閣のもとに一段と成熟する。ことに第三の条件たる反対派の動揺が進み、政府は衆議院議員選挙法調査会を設置し、選挙権大拡張の答申を得て、臨時法制審議会に諮問し、政友会も地租移譲政策の必然的結果として、選挙権大拡張に同意せねばならぬ形勢に立至る。こうして選挙法改正はいよいよ政治的日程に上り、普選か、選挙権拡張かの争点が明確化する。

二　加藤友三郎内閣期の選挙法改正問題

1　衆議院議員選挙法調査会の設置

高橋内閣が総裁派・反総裁派の内紛で倒れたあと、一九二二(大正一一)年六月一二日、前海相加藤友三郎を首相とする貴族院内閣が成立した。元老松方正義の推薦による。当初加藤友三郎の辞意が固かったので、松方は憲政会総裁加藤高明を第二候補としたが、これを察知した政友会幹部は「無条件」(1)で加藤友三郎を支援することを約し、その内閣を成立させた。新内閣は本来無党派のポストとされた外・陸・海を除く七大臣の席を、研究会に四、交友倶楽部に三と分かち与えた。この貴族院の両会派は政友系であり、顔ぶれからみて内閣の性格は、超然内閣というより準政友会内閣といってよい。事実、新内閣は前内閣の遺産たる陸・海軍縮および陪審法を実現させた。しかし新内閣は必ずしも「政友会の事務取扱内閣」(2)ではなかった。加藤は第二次大隈内閣以来引続いて七年間、四代の内閣にわたり海相の座にあり、政務に練達し、「みだりに多数党にも屈せぬ」ところがあった(『桜内幸雄自伝』一〇九ページ)。まして政友会としては当初無条件支持を約したこともあり、党内も依然内紛が続いていたから、加藤は貴族院主体の超然内閣としての特色を生かした政策(3)を打出そうと試みた。それは経済の好況を背景とした、原敬の積極財政・軍備拡張・民衆運動強圧を特徴とする政策の修正を要求する野党路線へ接近せんとした、前内閣総裁派(改造派)の方向を継承するものであった。衆議院議員選挙法調査会の設置はかかる新政策の一つであった。

普選問題を公的機関の審議にかけ、その打開の道を探ろうとする発想は、管見では一九二〇年第四三議会後にさかのぼる。『時事新報』(大9・9・1)は、政友会には、普選の敵との印象を国民にもたれては不得策との思惑があり、憲政会は逆に、普選を唱えれば貴族院から嫌われて政権から遠ざかるおそれをもつとして、この両党の「困惑」を救うために「何等かの審議機関」が設置されるかも知れぬと観測している。記者はこの実現は「幾多の曲折を経たる後」となろうと予測はしていたが、「火は未だ見えざるも煙は昇れりと云ふべき多少の事実あり」と調査会設置の発想が、すでに政党間に存在することをほのめかしていた。この発想は、第四五議会下、政友会内で公然と論議され、普選派内でも田川大吉郎のごとく、これに呼応するものが現われた。

加藤内閣は成立直後より調査機関設立を計画した。七月二一日付の『国民新聞』は政府にその意のあることを報じ、「政友会政治家が正面から普通選挙制に反対したのに比すれば、大に其歩を進めたものと」評価しつつも、これが政府の責任のがれと「人の口を塞ぐの政略」となりうることを指摘し、普選問題はもはや調査の段階でなく、内閣は「一断以てこれを決すべし」と論じている。七月二四日『大阪朝日新聞』の社説もこれに同調している。八月二日、加藤首相は地方長官会議において、恒例の型通りの訓示をのべたあと、補足として普選問題に言及し、次のような注目すべき発言を行なった。

政府として之を何う扱ふかと問はれゝば「早晩実行」せねばならぬ事だと答へるに躊躇しない。併しながらその内容を如何にするか、之れが実行の時期如何を問はるれば、それに対して政府としては即答しかねる。併しながら政府は普通選挙制度に対しては近き将来に於て充分なる調査研究を開始する方針である。(4)

すなわち新首相は公式の席上ではじめて、前内閣の普選尚早論を排し、普選を「早晩実行」すべきものとして、時期を近い将来に限定し、その内容と実行期についての調査機関を設置する意のあることをほのめかしたのである。

閣内にあって首相を支えたのは、選挙法を担当すべき内相水野錬太郎よりも法相岡野敬次郎一派であったらしい。水野は明治末年原敬に登用されて以来、ほとんど準政友会員というべき存在であり、選挙法改正に消極的な政友会の意向に反することはできなかった。一方、岡野敬次郎は本来商法専攻の東大教授。日露戦後、第一次・第二次西園寺内閣の法制局長官に就任し、さらに貴族院に入って研究会に属して以来、政友会とは関係が深かったが、水野とは異なり、政友会とは独自の立場を保っていた。閣内では宮田光雄書記官長と馬場鍈一法制局長官は東大時代の門下生であり、その関係もあって首相に信頼されること深く、「恰も加藤首相の最高相談役たると同時に、閣僚の顧問たるが如き観を呈した」(『岡野敬次郎伝』三〇五ページ)。この岡野は普選問題の「解決は政党内閣に待つことは困難であつて、是非現内閣の手中に待つべき理由もあると、国家内外の大勢は同案の解決を急とし、政友会の鼻息のみ窺ひ難きことを説」いたという(『東朝』10・21)。文相鎌田栄吉も岡野の支持者に数えられよう。彼は福沢門下で入閣前まで慶応義塾の塾長であったが、日露戦後以来、婦人参政権運動に理解を示し、かつ、一九一一年三月、第二六議会で穂積八束の普選排撃演説にただ一人異を唱えた人物であった(本書九〇ページ)。彼は新内閣発足に当って、「普選の実現が時代の要求であれば、普通教育の発達の如き、最も意を払わねばならぬ」と普選実現を前提とする発言を行なっていた(『国民』6・14夕刊)。

内務省内にあっても選挙権再拡張の声が強まっていたことも見逃せない。その先鋒は大戦中寺内内閣のとき、後藤新平内相(次官は水野)の発議で欧米に派遣された若手官僚であった。後藤文夫・丸山鶴吉・田子一民・長岡隆一郎・堀切善次郎・大塚惟精・前田多門・次田大三郎ら、一九〇七年と八年に東大を卒業して入省した、当時三〇代前半の本省課長級の人材であった。彼らは後藤の希望どおり大いに「世界の空気を呼吸」し、(『後藤新平伝』第三巻、六七四ページ)、後藤文夫の如きはアメリカで片山潜に近づきさえした(渡辺春雄『片山潜と共に』四九ページ)。彼らは戦後帰国すると、本省参事官として内務省の政策決定に参画した。長岡隆一郎『官僚二十五年』(二二二ページ)によれば、「之等の連中は参事官室に立て籠つて治安警察法第十七条廃止だとか、労働組合公認だとか、普通選挙法即時実施だとか、今日から云へば何でもない議論であるけれども当時の原内閣の下に於ては異端邪説と目される議論を遠慮なく主張して各局に戦ひを挑む。さながら省内の鬼門と云ふ姿であった」という。

普選については堀切善次郎が急先鋒で、大原孫三郎（倉敷紡績社長、大原社会問題研究所の創設者）が堀切の同志の赤木朝治を通して寄付した一万円を軍資金とし、しきりに普選の宣伝につとめたという（大霞会『内務省史』第四巻、二八六ページ）。ただし若手内務官僚が、すべて普選論者であったのではない。後藤文夫より一年先輩の潮恵之輔は一九一九年法改正のとき府県課長として、また一九二五年法改正のときは地方局長として直接選挙法改正事業に参画した人物であったが、堀切によれば、きわめて保守的で、普選論などには「一向共鳴してこなかった」という（内政史研究会『堀切善次郎氏談話第二回速記録』四一ページ）。

一方、民衆の動向に直接関心を払う立場にある地方長官の中にも、選挙権拡張論者が存在を示すようになった。『大阪毎日新聞』（5・28）によれば、五月二七日、高橋内閣末期の地方長官会議の席上、香川輝（岡山）・岡田忠彦（長野）・安河内麻吉（福岡）らが時代の大勢として普選断行の急務を説き、時期尚早をとなえる沢田牛麿（石川）・折原巳一郎（千葉）・守屋源次郎（茨城）らと対立したという。『国民新聞』（5・29）は大勢は普選論者が優勢だったとつたえるが、少なくとも安河内の場合「普選」とは「独立の生計」つきであった。中央・地方を問わず官僚の「普選」論者が、はたして納税資格の無条件撤廃まで唱えていたかどうか疑問は残るが、一九一九年法を改正し、選挙権拡張をはかるべしの声が内務省内に強まってきたことは疑えない。

ところで首相の言明にもかかわらず、調査機関は容易には設置されなかった。ようやく秋も深まる一〇月二〇日にいたり、閣議は「衆議院議員選挙法調査会」の設置を決定し、同時に内相水野錬太郎を委員長に、内務・司法・文部三省および法制局の高官を委員に任命した。(5)

調査会は一一月一日初会合を開き、翌々日の第二回委員会で、(1)「選挙権」（年齢、性、住所、納税資格、教育資格、独立の生計、兵役義務の完了、戸主、欠格者の全九件）、(2)「被選挙権」（九件）、(3)「選挙ノ方法」（一一件）、(4)「選挙運動ノ取締」(四件)、(5)「選挙の効力」、(6)「罰則」、以上六節にわたる詳細な調査項目を決定、一一月二四日より審議を開始、第四六議会開会のため翌年一月休会に入った(以上『東朝』11・2—1・20)。

新調査会の性格は、閣議決定をみた内務省の請議に示されている(『公文類聚』四十六編巻二)。

衆議院議員選挙制度ニ関シテハ、従来内務省ニ於テ絶エス之カ研究ヲ継続シ来リタリト雖、近時選挙法改正ノ論愈々盛ナルニ当リテハ、政府ニ於ケル之カ調査ハ最モ徹底完全ナランヲ期セサルヘカラス。而シテ其ノ調査スヘキ事項ハ頗ル多岐ニ渉リ自ラ他官庁ニ属スルモノアリ、之ヲ単ニ一省ノ常務ニ委ネテ足レリトスヘキニアラス。

所謂普通選挙法ヲ施行セントスルモ其ノ選挙権拡張ハ如何ナル順序ヲ以テ如何ナル程度ニ於テ之ヲ為スヘキ乎、殊ニ之カ実施ノ時期ト準備ヲ如何ニスヘキ乎、又之ト関聯シ選挙ノ方法、選挙区制、取締及罰則等実際上ノ調査ヲ要スルモノアリ。更ニ又神官神職諸宗教師小学校教員華族ニ被選挙権ヲ与フルノ可否、船員等所謂不在投票人ニ選挙権ヲ行使セシムル方法、及盲人ニ選挙権ヲ行使セシムル便宜方法ノ採否等、数ヘ来レハ幾多攻覈ヲ重ヌヘキモノアリテ存ス。

而シテ此等ノ問題タル独リ衆議院議員選挙制度ノ上ニ止マラス地方制度ノ上ニ在リテモ亦等ク研究ヲ尽ササルヘカラス。如之選挙法ノ如キ国家重要ノ法制ヲ調査スルニ当リテハ又固ヨリ欧米ノ実例ヲ比較参照スルノ要アルハ言ヲ俟タス。而シテ選挙制度ニ関スル重大ナル問題ニ対シ適当ナル解決ヲ与ヘン為ニハ広ク朝野ノ学者、政治家、実業家等ヲ網羅セル委員会ヲ設ケ統一的調査ヲ為スノ必要アルヤ言ヲ待タスト雖、之カ準備トシ先ツ政府部内ニ於テ関係官庁ヨリ委員ヲ出シテ調査ヲ尽サシムルヲ以テ、最モ時宜ニ適シタル措置タルヲ信ス。

右ノ趣旨ニヨリ玆ニ関係官庁ノ委員会ヲ組織シ、之カ調査ニ当ラシメントス。

すなわち第一の要点は、調査会が普選を射程距離内に置いていることである。もちろん「如何ナル順序」「如何ナル程度」という表現によって、普選の即行は否定しているが、首相が地方長官会議で言明した「早晩実行」の意図に、調査会設置の趣旨は合致している。ただし一一月一日の初委員会の訓示（『東朝』11・2）は、閣議決定と内容において同一ではあるが政友会を刺戟するのをおそれたのか、普選という語を使うことを避けている。

第二の要点は、区制・取締・罰則などはもとより、地方議会の選挙法をも含めて、選挙制度全般の見直しを意図していることである。これは普選による有権者の増大にともなって、発生が予想される諸問題に見通しをつける必要があったからだと考えられる。

第三の要点は調査会を、政府部内の官僚を構成員とし、来るべき「朝野の衆知」を集めるための高次な調査機関の予備的存在たらしめたことである。この調査会の性格の矮小化については政友会の強い干渉があった。『国民新聞』（10・22）は次の観測記事を掲げている。

最初立法事業として法制審議会に付議する意向もあったが、審議委員の中には一木、穂積両博士の如く全く党派関係に支配されぬ大家揃ひの事とて、若し審議会が普選断行を望むなど答申でもしやうものなら、政友会死活の問題であると政友会方面から大分圧迫があった模様であり、第二案として貴衆両院議員学者有識者から委員を挙げて調査会を組織すべしとの案も、今時分学者有識者中に普選尚早など言ふ者は一人もなく、又貴族院議員は、特に貴族院令は議会の容喙を許さざるに、公の調査会に於て国民の選挙権の拡張に反対するは自ら求めて国民の怨府となる所以である故、結局は普選即時断行と言ふ決議となる虞もあるので、之にも政友会の反対があり行悩んでゐると伝へられて居た。

右の観測が当っていることは、政友会総務小川平吉の談話（『大毎』10・21）に裏付けられる。

今年の夏頃政府部内に普通選挙問題を法制審議会に諮問するとか議院制度調査の大規模な機関を設けたいとかいふいろいろな意見があったようだが、若し此等の機関に普選実施の可否を諮問すれば政府は之を容れて直に実行するだけの決心がついてゐなければならぬ。その決心なくして普選論を抑へる手段として法制審議会に之を諮問するが如きはまるで世を欺くもので却て物議の種となるであらう。そこで政府は単に普選問題に関する調査に止めることにしたらしい。

これは小川自らが政府との交渉に当って発した脅しの言であったかも知れない。

『大阪毎日新聞』(10・22)は、もはや普選は調査事項にあらず、調査会の設置は「児戯に類する」と一笑に付し、『国民新聞』(11・3)はまず「普選実施を決定し」、その上で必要事項を調査せよと論じ、『東京朝日新聞』(10・21)は調査もよかろうが、次期議会までに結論を出せと要求した。世論はこのように調査会を必ずしも歓迎せず、憲政会総務の早速整爾も「普選断行の鋭鋒を避くる避難所」と非難し(『国民』10・22)、革新派も、政友会との「狎れ合いのお芝居か」と冷眼視した(同上)。

しかし調査会の設置は、政府が一九一九年法の手直しの必要を公式に認めたものとして、その意義は没すべからざるものがある。一度開始した調査は結論を出さねばならぬ。第四五議会前における野党の無条件普選への足並みの一致、そして議会後における政府の調査会設置、両々相まって選挙法改正への歯車がまわりはじめたといえよう。

2　第四六議会下の普選運動

第四六議会(一九二二年一二月二七日—一九二三年三月二六日)下の普選問題は、一見、前議会と変らぬ経過をたどった。型の如く全国主要都市に集会やデモが行なわれ、これに対し、労働運動の主流は背を向けた。議会では野党統一普選案をめぐり与野党七人ずつの弁士が二月二四日から二七日まで四日間にわたり討論を続けたが、「弁士は替れど論旨は変らず、議場怠業状態で緊張を欠く」と新聞の見出しに書かれる有様で(『東朝』2・28)、結局記名投票にも到らずに否決された。しかし経過を仔細に調べると、普選運動の側でも、これに対応する諸政党の側でも前議会とはかなり異なる様相を呈していることが判明する。まず運動側の変化をみよう。

第四六議会下の普選運動の最大の特徴は、運動が中央から地方へ、都市から農村へと浸透して行ったことに求められる。一九二三年一月二〇日、普選記者同盟主催在京記者大会(五二社)の席上、『万朝報』主筆の斯波貞吉は開会のあいさつで「農村に於ける普選要求の声が白熱的であるに拘らず、都会に於ける態度は案外であり不熱心であるように思はれるのは甚だ遺憾」とのべた(『大毎』1・21)。この状態はその後も変らなかった。前年は二度統一行動日「普選デー」が設定されたのに、今回はその試みはなく、首都東京において前年では四回にわたり、それぞれ数万人規模の屋外集会が開かれたのに、今回は半減した。この傾向は京阪神地区でも同様であった。(6) その理由は後述のように政友会の態度が変り、普選近しの印象を一般に与えたこと、および憲政会が運動を抑制かつ統制する姿勢に転じたことに求められよう。しかし大都市の中でも横浜のように前年の不振を一新するところもあり(安田浩「『大正デモクラシー』と社会問題」『神奈川県史』通史編5)、また地方都市、たとえば西日本普選大連合に属する市民政社の存在する都市では、前年同様の運動が展開された。

前引、斯波の「農村に於ける普選要求の声が白熱的である」とは、具体的にはつかみにくい。農村部では都会とちがって、大衆行動を組織しにくいからである。しかし農民の七割を占める小作・自小作農民の声は、一九二二年三月に一五支部二五三名をもって創立され、一年後には三〇〇支部一万人と急速に発展しつつあった日本農民組合によって代弁されていたといってよい。日農の機関誌『土地と自由』の誌名が示すように、農民は土地だけではなく政治的自由をも望んだ。日農は創立大会で二一の主張を掲げたが、普選は第六番目に入っている。小作農にとって死活の問題である耕作権の確立を主内容とする小作立法を獲得し、労働争議のみならず小作争議の弾圧立法たる治安警察法を廃止させるために、普選は必要であった。また、戸数割・入会権・水利権など日常生活に密接に結びついている問題を、村政レベルにおいて小作農民に有利に解決するためにも、普選による公民権の拡張が必要であった。京都の城南普選期成同盟会が日農地方組織の母胎となったり、香川の高松雄弁会が日農香川県連に貢献した事実は小作農民が普選にかけた期待の大きさを物語っている。

ところが、生まれたばかりの日農の組織内部に、早くも普選運動否認の動きがみられた。普選運動反対の立場をとる総同盟本部と密接な関係をもつ日農関東同盟(会長は総同盟会長鈴木文治)では、日農第二回全国大会の前日、二月一九日に開かれた定期大会で「普通選挙の根本の意義及価値如何は暫らく措いて、組合目下の状勢に鑑み普通選挙促進運動は之れを行はないことに一致可決」をみた(『日本農民新聞』3・15)。総同盟と同様に関東同盟内にも、鈴木文治ら現実主義派と、学生運動出身者を中心とする急進派とが存在した。急進派の一人平野力三の回想「日農創立前後を語る」(『農民組合史刊行会資料』8)によれば、彼らは佐野学の「普選大害論」の影響をうけて、「普選を施行すれば革命がおくれる」と考えており、その革命は三年のうちに起るというのが平均値で、「社会革命はもう目睫にありという気分だった」という。「普通選挙の根本の意義及価値は暫く措いて」は両者妥協の表現であった。

一方、賀川豊彦の影響下にある関西方面では、日農の全組織をあげて普選運動に参加させる計画が進められていたらしく、『国民新聞』は二度にわたって(1・20、2・21)、日農が西日本普選大連合の「友誼団体」として普選運動に加わると報じている。こうして全国大会席上「普通選挙に関する件」をめぐり関東・関西両派のはげしい討論が展開されることとなった。

『土地と自由』(3・20)によると、家野猛之(岡山)の「普通選挙は今日一般の輿論であつて最早議論の時期では無い。実行の如何にあるのであるから我々は極力之が促進に努めなければならぬ。且普選が通過することによつて農民組合運動も健実なる発達を期する事が出来る」との提案説明に対し、滝沢要平(新潟)は「普通選挙は反つて組合運動の力を殺ぎて何等の効果なきものと認むるを以て我々は先づ組合運動に力を集中し、闘争団体としての機能を発達せしめねばならぬ」と反対意見をのべた。賛成派では稲村政治(兵庫)・岡村隆治(岡山)・寺島宗一郎(北河内)らが、反対派では鈴木文治・平野力三(山梨)らがこもごも立ち、「両派の議論沸騰し、傍聴者の之に和する者あつて喧囂を極め」たという。

会場の空気は圧倒的に関西派が優勢であった。大会を傍聴した佐野学は次のように記している(「社会革命と土地所有権」『赤旗』一九二三年四月号)。

普通選挙に関する件の如きは、満場殆ど無批判な賛成者のみであつて、「普通選挙が施行せられたならば、すべての悪政が一挙に消滅する」といふが如き途方もない議論が出て、新潟県の若き農民滝沢要平君が「普選はブルジョアの欺偽に過ぎぬ。我々は革命的な経済的結束を完成し資本主義を一挙にして粉砕しよう」といふ獅子吼も多くの罵声に葬り去られる有様であつた。

また小林隆「全国大会に列席した東北の農民として」(『土地と自由』4・25)も「鈴木文治氏自ら巨軀を陣頭に進めて弁じ立てるに対し、関西の農民代表諸氏の鋭鋒益々急に、屢々関東軍の猛者連をしてへきえきせしむるではないかと思はしめた」と記している。

結局、賀川豊彦が「地方自治機関に対しては徹底的に普選の実現を期し、国会に対する普選促進運動は各支部の任意に任す」の妥協案を提出し、満場一致で可決された(『土地と自由』3・20)。関東派といえども村会の効用は認めていた。議会政治に対する警戒を説く「農民と政治運動」(『日本農民新聞』6・15)でさえ、「村会は多数農民の直接の厳重なる監視の中にあつて、農民の示威的行動に依て殆んど自由に左右し得る機関である」、「選挙の費用も少い。議員(小作人代表)の腐敗も可能性が少い」と書いていた。

この日農第二回大会では、前大会決定の主張二一項を整理し、八項目にしぼったが、普選は依然その中に含められていた。前年一〇月に主張より普選を削ってしまった総同盟に比べ、日農に結集した先進的農民の間に、いかに普選への執着がつよかったかを知ることができる。こうして西日本普選大連合には関西の六連合会が名をつらねることになった(本書二二一ページの表)。

以上は小作農民急進派の動向であるが、さらに農村中間層たる自作農・自作地主からも選挙権拡張の声の上がってきたことに注目しなければならぬ。鈴木正幸「大正期農民政治思想の一側面」によれば、日露戦後より農村中間層では、農学校を卒業するものが増加し、この農村インテリ層を基盤として大戦中に早くも、農村の衰退を立憲的方法で救済することを主張する「小ブル農本主義者」が出現した。一九二〇年の戦後恐慌により農産物価格が惨落し、小作争議が激化すると、彼らは農村危機の原因を資本主義による農村破壊に求め、口に農民党を自称しながら農民救済措置を講ぜず、商工業保護に専念する政友会政権に不満を表明するようになった。

彼らの主張をもっともよく代弁したのは月刊誌『農政研究』である。これは『読売新聞』記者古瀬伝蔵を中心に、各紙の農政記者が一九二二年四月組織した大日本農政学会の機関誌である。その創刊号で、『報知新聞』記者小河原忠三郎「農村問題の前途如何」はいう。

立法権の獲《(ママ)》保は、農村政策の徹底を期する上に必要であるから、普選を断行して、小作人階級にも選挙権を与へ、衆議院議員の選挙人対被選挙人の比率は、市部も郡部も同率にし、不真面目な商工出身者(を)代議士に推さぬ様にしなければならぬ。

この文章を皮切りとして、『農政研究』は普選による既成政党打破と独自の農民政党樹立によって、農村を救済し、農民文化を建設することを説きつづけた。この主張は農村中間層に大いに歓迎され、二年後の一九二四年三月には一万五〇〇〇人の読者を持つにいたった。

都市の中間層以上に、農村の中間層の独自の結集は困難であった。交通と村落秩序という都市にない制約があるからである。こういう制約を乗り越えて地方農民党が簇生するのは、一九二三年四月二三日の実業同志会の発足以降といってよい。武藤山治にひきいられるこの新党は、都市中間層の結束をめざしながら、「経済的自由主義において強く、政治的自由主義において弱いという」特徴を有し(信夫清三郎『大正デモクラシー史』八四〇ページ)、普選を政策に掲げはしたものの、普選運動には消極的で(江口圭一『都市小ブルジョア運動史の研究』三二五ページ以下)、地方市民政社を傘下におさめることはできなかった。それはともかく実業同志会は、農村中間層には「商工党」として受けとられ、それに対する反発が引金となり、同年秋に予定されている一斉地方議会選挙にそなえ、農民党を結成しはじめる。

しかし、それ以前から普選を要求する農民党的存在はなかったわけではない。農民党運動の先進地帯たる長野県の場合、ここには信濃黎明会および南信壮年団という二つの注目すべき事例がある。ともに青年団の自主化運動の副産物であるところをみると、官製青年団を農村青年の自主運営に切りかえようとする青年団自主化運動が、農村中間層の政治行動の第一段階であったとみてよい。信濃黎明会は官製の小県郡青年会に批判的な農村インテリ青年たちが一九二〇年一〇月二日組織したもので、その会名から連想されるように、吉野作造らの黎明会およびその嫡子ともいうべき東大新人会の直接影響下に生まれた。「おもだったメンバーは中農以上の農民で、蚕業学校や中学校の卒業生であった」(『長野県政史』(2)、四二ページ)。一九二一年五月普選の旗幟を鮮明にしない憲政会を去ったばかりの田川大吉郎を招き普選即行演説会を、ついで同年九月には尾崎行雄を招き軍縮演説会を上田町で開いている。第四五議会には実行委員七名が上京、中央の普選運動に参加し、一九二三年春には金子(のち山高)しげりを呼び婦選講演会を開く(同上、四三ページ)。

南信壮年団は下伊那郡青年会の自主化に成功したリーダーが、年齢二五歳制限を実行して郡青年会を離れ、一九二一年三月に結成した。政友系企業伊那電気鉄道会社の電燈・電鉄事業独占に対し料金値下げを求め、郡青とともに料金不納運動をおこすなど、住民運動にたずさわる一方、一九二三年二月一一日には、郡青・天龍労働団(土建労働者)・飯田在住新聞記者団・飯田印刷工組合友誼会および山川均の影響下にある羽生三七らの自由青年連盟と提携して、普選即行・三悪法反対(後述)をスローガンとする約二〇〇〇人のデモを飯田町で行なっている。南信壮年団は憲政会の樋口秀雄を支援していた(同上、四三ページ、『下伊那青年運動史』六六―七三ページ)。

この二団体とも表面は農本主義をかかげず、行動形態も一般の市民政社と変らない。ともに反政友会であり、親憲政会であるが、のち農本主義政党の中心人物になるものや、無産階級運動に関係するものを内包している。都市中間層と同様、農村中間層も政治的に未分化状態にあり、どの政治勢力が都市・農村中間層をつかむかに、日本の政治進路がかかっていた。

3 諸政党の対応

革新倶楽部 一九二二年一一月八日に結成されたこの政派(7)(以下革新クと略す)は、前議会の憲政会の政策転換と同様に、内外情勢の変化に対応する国民党を中心とする院内最左派の結集である。すなわち院内統一普選案の成立を機に、一気に野党合同をとなえて容れられず、憲政会を離れた会内急進派大竹貫一ら七人と、無所属中の急進派尾崎行雄・島田三郎ら一〇名が、国民党と合体して四五名の新組織をつくった。しかし、革新クは政綱に陸軍師団半減・知事公選・日ソ国交回復などラディカルな項目を掲げたが、普選運動の大勢に影響を与えることはほとんどなかった。憲政会はすでに「独立の生計」を放棄していたため、党内の普選派は、前記七人を除きすべて党にとどまった。革新ク、憲政会および庚申ク(有志)三派は、前議会同様の統一普選案を第四六議会に提出した。

政友会 今議会で露呈した政友会内の動揺は、革新クの成立よりも普選問題にとってははるかに重要な意味をもつ。その動揺は普選とは一見無関係の地租問題に端を発した。憲政会は今議会に向け地租軽減(七三〇〇万円→四八〇〇万円)政策を発表したのに対し、政友会総裁派は対抗措置として、地租委譲すなわち直接国税たる地租を地方税に移す方策を提唱し、反対派を説得してこれを党議と定め、とりあえず今議会では建議案を通過させたのである。この地租委譲がなぜ選挙権に関係するのか。いうまでもなく一九一九年法における有権者資格は、直接国税(所得・営業・地租の三税)三円以上となっている。このうち地租が直接国税でなくなれば、当然農村の有権者が減少せざるをえない。衆議院議員選挙法調査会『地租営業税ノ地方委譲ニ依ル衆議院議員選挙失権見込者数調』(四ページ)によれば、一九二二年一〇月一日現在の有権者三一八万〇八一九人(郡部は二七四万三二九三人)のうち、地租委譲による失権者は六〇パーセントにあたる一九二万三三九五人(郡部は一八八万一六八八人―六八・五パーセント)にも達する。このような大量の失権者を救う道は、普選か少なくとも公民権所有者までの選挙権拡張のほかはありえない。政友会が地租委譲を党議とした以上は、選挙権の大拡張は不可避であった。

前議会以来潜在していた政友会内普選派は、ここにいたって公然表面に姿を現わした。『国民新聞』(2・10)によれば「牧野良三、山口義一、一宮房治郎、河上哲太、清瀬規矩雄、鳩山一郎、上塚司の諸氏廿六名余」が二月六日来会合を重ね、「成案を得次第幹部に対し之を建議し」、「尠くとも来議会には普選法案を政友会案として提出し一気に両院の通過を図らんと策してゐる」とつたえられた。議会の普選法討論では、牧野や鳩山は依然反普選即行の論陣を張っていたが、それはもはや反対のための反対ではなく、自党の手で選挙法改正を近い将来実現するための反対の意味をもっていたのである。

政友会の選挙権拡張論、これは地租委譲という「瓢箪」の中から出た「駒」ではなかった。少なくとも総裁派の大幹部で、かつて原敬の懐刀といわれた横田千之助においては、この両者は、彼の描く政友会の方向転換策に不可欠の要素として組入れられていた。第四五議会における憲政会の政策転換、それにつづく革新クの結成、これらはワシントン会議前後における内外情勢の急変に対する支配諸勢力の対応の姿であった。政友会もまた、憲・革両派と同様、脱皮を図らねばならぬ、というのが横田の考えであった。憲・革両派がまず都市の中間層以下に着目したのに対し、横田は政友会本来の地盤たる農村の中間層以下の把握を確実にすることから出発した。地租委譲は地租の軽減をもたらすとともに、地方議員が新財源の配分を左右することにより、政友会の地盤をさらに強化することができる。横田はこれに加えて産業組合中央金庫を設置して、中産以下の農民への資金供給緩和を意図し、さらに「地方分権の実行と自治権の拡張」(石田秀人『快男児横田千之助』一五五ページ)を目論んだ。彼は産業組合中央金庫法案の上程にあたり自ら提案理由をのべたが、その結びにいう。「地租の委譲、地方行政に対する参与の区域拡大、而して本案の提出、是等三方から攻寄せて来て是から打出す所のものが、真に日本の国体、民情に合致したる所の選挙権の拡張となると云ふことを今日から御話をして置く」(『大日本帝国議会誌』⑭、七一六ページ)。選挙権の拡張は、このように彼の農村対策の重要な一環であった。同和対策の先駆として注目される「因襲打破に関する建議案」も、農村社会の最深部から発生してきた民主主義運動が、農村だけでなく人民諸層に連鎖反応をおこし、体制全体をゆさぶりかねぬことを、彼が洞察していたことを物語る。

横田一派は貴族院改革をさえ提起した。山口義一は第四六議会に「議院制度調査委員会設置に関する建議案」を提出し、「貴族院の組織に大なる改革を加へて、さうしてこれに国民的の色彩をもう一段と持たせたい」と論じ(『大日本帝国議会誌』⑭、一二八三ページ)、議会終了直後、四月二一日の政友会関東大会は、横田の起草した決議(『快男児横田千之助』一四三ページ)、「時勢の必要に鑑み、衆議院議員選挙法を改正し、選挙権の大拡張を期すると共に、一般議会制度〔真意は貴族院制—松尾〕の改正を精査し且其実行を期す」を可決した(『東朝』4・23)。それは従来の政友会と貴族院研究会との提携関係の見直しを意味した。

横田を中心とする総裁派の政策路線は、原敬のそれの転換、しかも野党路線への接近を意味し、それだけに反総裁派を刺戟し、議会前小康状態にあった内紛再燃のきっかけとなった。山本達雄らは、国税収入の一割強にあたる地租を地方税に委譲した場合の補塡の困難を強調した。ようやく建議案の線で党議をまとめたものの、選挙権拡張については依然慎重論が強かった。普選案討論の直前、二月二一日の幹部会で、地租委譲の関係で普選実現に努めつつあることを明言せよとの意見は、今日は両者を切離して取扱うのが適当であるとの議によって退けられ(『大朝』2・22)、本会議では前回同様の尚早論が繰返されることとなった。しかし前記の如く、普選派二六人組の中には、鳩山一郎・牧野良三・一宮房治郎らの如き反総裁派の陣営に属するものも含まれていた。彼らの「普選」ないし「選挙権の大拡張」と称するものは、先述の横田のいう「日本の国体、民情に合致した」限度のもの、すなわち戸主あるいは世帯主だけを有権者とする内容のものではなかったかと推測されるが、いずれにせよ一九一九年法の維持が、政友会にとっても困難となってきたことは疑えない。

憲政会　都市における普選運動低調化の原因の第一には、先述の政友会の態度変化により、近い将来普選が実現されるという期待感を民衆が抱いたことが数えられる。しかし第二の理由として、憲政会が民衆運動に対する統制を強化する方針をとったことを挙げねばならない。東京における運動は新聞記者同盟の手によって行なわれ、憲政会は後景に退き、院外団は政府の対中国軟弱外交を批判する二つの演説会を主催したにとどまった。二月二三日、議会における普選案上程の前日、東京では数千の地方普選団体代表者を交えて参加者一〇万人(『大毎』2・24、および水野石渓『普選運動血涙史』四七四ページ)といわれる大デモが挙行され、翌二四日も、雪中一万五〇〇〇人(『国民』2・26)が芝公園の国民大会に結集した。ところが普選案審議のさなかの二五日午後、地方上京者代表約三〇〇人を集めて、憲政会総務小泉又次郎は次のような提議を行なった(『普選運動血涙史』四八二ページ)。

吾人がかゝる立憲的行動に出て当然要求すべき権利を要求して居るのに政友会は今議会に於いて未だに尚早論を唱へ反対して居る。この有様では今議会では到底目的を達する事は出来ない。この上吾人の目的を達せんとするならば遂には誠に忌むべき手段に訴へてやるより外に途はない。で私としては民衆運動はこれを以つて打ち切り各自自己の職業に就き普選案に就ては凡て院内代議士に一任されたいと思ふ。

この運動打切動議を不満として、神戸や広島の代表は退場せんばかりの勢を示すなど(『国民』2・27)、賛否両論はげしく争ったが、結局小泉の提案にしたがうことになった。こうして院内では二八日まで普選討論が継続しているのに、院外の民衆運動は不在という奇観を呈するにいたった。

前議会で「独立の生計」を棄て、公然と普選運動を鼓吹することで政友会の地盤を破り、世論を背景に政権を獲得せんとの姿勢をみせた憲政会であったが、今議会では、このように民衆運動の激化をむしろ押さえる方針をとった。この消極化は政権に対する思惑がからんでいると推定される。すなわち前記のように、現内閣が成立したときもし加藤友三郎が首相指名を辞すれば、元老は加藤高明を指名するつもりであった。憲政会内閣の可能性が皆無でないことが証明されたことになる。

一九二二年末加藤首相の病で政変近しの情報が流れたとき、憲政会内には普選主張をとりやめようという説がおこった。元老に迎合するためである。これに対しかつての普選派は反発の気勢を示した。(8) ここにいたって、憲政会幹部としては、党内の融和のためにも、元老に嫌われぬためにも、また政権獲得の後に備えるためにも、表向き民衆煽動者の名を避け、しかも民衆を手中におさめる方策、すなわち民衆運動の統制利用に向かわねばならなかった。その具体策は各地の市民政社を憲政会の傘下に組入れることであった。

一九二三年秋の一斉府県会議員選挙にそなえ、憲政会本部が支部に発した次の文書には、右の意図が読みとれる。(9)

第一　全国青年団之利用併ニ在郷軍人団利用之件(安達謙蔵案)。地方青年ノ九分ハ何レモ非政友気分ニ満チ居ルヲ以テ、導キ如何ニ依テハ之ガ統一的ノ利用ハ至難ニ非ズ。ソノ具体策トシテハ、一、候補者ニハ可成青年団体ノ団長級ノ幹部ヲ出スコト、二、各支部内ノ非政友青年ノ調査ヲ至急支部長ニ委嘱シテ回答ヲ求ムルコト、三、殊ニ在郷軍人団ノ利用ハコノ際最モ時期ヲ得タルモノナリ。……特別賜金問題ハ多数ノ在郷軍人ヲ冷遇シタルモノニシテ、非政友熱盛ンナルモノアレバ須ラク之ヲ利用スルコト極メテ有利ナリ。第二　民衆警察利用ノ件(河野広中案)。組織ノ内容ハ主トシテ各地非政友青年団中ヨリ成リ、之レニ普選案当時地方ヨリ上京セシ所謂政治狂ノ青年併ニ中央ヨリ院外団ノ腕力者数名宛ヲ参加セシメテ一県五十名或ハ百名ノ一団トシ……。

本部の方針にこたえ、憲政会地方支部はぬかりなく市民政社にさまざまの援助を与える。鳥取立憲青年会の場合はその典型で、同年五月の市会議員選挙は、政友系の大成会と立憲青年会の間に争われ、定員三〇名中、青年会は従来の三名から一三名へと一挙に議員数をふやした。憲政会支部が財政上の援助を与えただけではなく、本部も永井柳太郎・山道襄一・田中武雄といった雄弁家として知られる若手代議士を応援に派遣した（『鳥取新報』および『米原章三伝』六二ページ）。こうして憲政会は次々と既成の市民政社を傘下におさめ、かつ類似の組織をつくり出した。新潟県の如き、同年七月現在、憲政会の「諸先輩の指導を受けつゝ」「非政友として活動せるもの」として次の団体名が挙げられている。いわく、刈羽青年党・長岡革進会・新潟青年党・北魚沼青年党・三島郡青年党・中蒲原青年同盟団・中魚沼交友会・西頸城立憲青年党・南蒲原同志会・加茂町日進倶楽部・北蒲原水原憲政倶楽部・北蒲原立憲力行会（山田毅一「北陸遊説閑話」『憲政』六巻八号）。このような憲政会の努力が実って、翌年五月の次の総選挙では、鳥取では定員四名を憲政会が独占し（従来は政友二、庚申一――政友系、憲政一）、新潟県では憲政会九、政友会三、政友本党二、革新ク一、無所属二（憲政四、政友一〇、国民三）となる。この選挙で憲政会の議員数を一〇三から一五一に増加させたのは、政友会の分裂による漁夫の利のみではなかった。

4　無産勢力と普選問題

第四六議会で普選が討議されつつある中で、首都の普選運動の中止が決定された翌日の『国民新聞』（2・26）は、その社説の中で次のように書いた。

元来普通選挙を実行する為に議会に依頼する事は、徹頭徹尾矛盾である。……何となれば衆議院は有権者を代表する団体である。故に彼等は既に有つてゐる階級に属する。普選を要求するものは選挙権を有たぬ者である。彼等は与へんとする。我等は取らんとする。……与へんとする者は、成るべく温和しく、平穏に与へんと欲するであらう。……普通選挙は、与へんと欲する者の微温的な熱心では実行されぬ。取らんと欲する者の、燬《や》くが如き熱心と威力に依つて、始めて実行される。かくして実行されてこそ、普選は真に価値あるものとなる。二十三日の民衆行列、二十四日の国民大会は聊か其威力を発揮した。併し之が焼くが如き熱を発揮する為めには年中不断の努力を必要とする。民衆の組織的団結を必要とする。普選案の運命如何に関はらず、将来の大事業の為めに、民衆は民衆として団結し、組織し、永久に其民衆的運動を継続すべきものだ。

右の社説は既成政党とは別個の政治勢力としての「民衆」の組織的結集を要請していた。民衆の団結によって普選をかちとってこそ、普選議会において民衆勢力が進出することができる。この洞察にみちた提言が行なわれたとき、「民衆」の一部たる中間層は既成政党、とくに憲政会の下に吸引されつつあった。このとき「民衆」の主力を占める無産大衆を結集すべき組織体、すなわち労働組合および生まれたばかりの共産党は普選問題にどのような態度をとったのか。これこそ日本の無産勢力のみならず議会政治の将来に関する問題であった。

まず前議会以降の総同盟の動向をみよう。一九二二年四月二日、先述のごとく普選運動放棄を決定した同じ関西同盟会大会で、労働組合の全国総連合が提起されて以来、同年九月末の全国労働組合総連合大会の分裂にいたるまで、いわゆるアナ・ボル対立が激化したことは周知の事実である。この全国組織問題では総同盟内の現実主義派は、前年春に結成された日本共産党を中心とするボル派と共同戦線を張った。しかもボル派は後述するように、口で政治戦線への進出を唱えながら普選否認の態度をとった。このため同年一〇月の総同盟一〇周年大会は、友愛会創立以来の綱領と主張を一新し、「我等は労働者階級と資本家階級とが両立すべからざることを確信す、我等は労働組合の実力を以て労働者階級の完全なる解放と自由平等の新社会の建設を期す」と赤色労働組合さながらの綱領を掲げ、その主張から普選を削除した。

一方普選運動にもっとも熱心な向上会にも変化が起った。八月六日の第四周年大会では「政治運動(普選運動等)に関係する程度如何の件」が問題となり、結局「本組合本来の目的たる労働運動に差支なき範囲に於て行ふこと」に可決されたが(『労働運動月報』一九二二年八月分)、これは会長八木信一らの普選運動への熱中に水をさすものであった。幹部中の反八木派および総同盟に接近した急進派は提携して、八木が工廠を馘首されたのを機会に会長排斥を試み、一一月、辞任に追込んだ。これに憤慨した八木派は分裂して純向上会を創立し、他方名古屋支部は、この機会に独立して名古屋向上会を創立。会員五〇〇〇名を越した屈指の大組合は、ここに三団体に分裂してしまった。一一月二三日の向上会臨時大会は「普選運動は弊害を伴ひ易き政治家とは一切提携せず、純真なる労働者を以て行はんことを期す」と決議し、運動離脱の方向をほのめかした。これに対し、純向上会の一一月二六日の発会式で、八木会長は「普選実行のためには将来政党とも学生とも商人とも提携するを辞せず飽迄其実行を期すべし」と、これまで同様の方針で臨むことを就任の挨拶とした(同上、一九二二年一一月分、八木靹子『八木信一伝』一九八四年)。

第四六議会下における労働運動側の対普選問題態度について、大阪市社会部編『労働組合運動』(一九二四年)はいう(一六四―一六五ページ)。

大正十二年の前半期にあっては我労働組合の多くは普選運動に対し専ら沈黙を守り僅かに純向上会が各所に演説会を催して其気勢を揚げることに努めたのみであつた。然も其演説会の如き昔日の熱なく同年二月十日中ノ島公園で催された純向上会主催の普選要求の示威運動は漸く七百名の参加者を得たるに過ぎなかつた。更に三月十日九州八幡に於て開催せられた官業労働総同盟の第五回大会に於ては普選運動打切の案すら提出せられ結局各地方に依り手段としての必要あるが故に各団体の自由意思に委すことゝなつた。然も七月三十日挙行せられた官業労働関西同盟会の創立大会に於ては普選問題に就ては何等顧みらるゝところなくして止んだのであつた。

この記述は、純向上会の会員二〇〇名による普選祈願桃山陵参拝デモ（一月二八日）や名古屋労働者協会・自由労働者組合・鉄工場労働組合・WP労働組合）による、普選断行・過激社会運動取締法案反対演説会の開催（一月一二日・一八日・二七日）、および東海普選断行連盟のデモ参加（斉藤勇『名古屋地方労働運動史』五三四ページ以下）を書きもらしているが、大体の傾向をつたえて誤りない。当時急速に発達しつつあった全国水平社も、三月の第二回大会において、「普選に関する件」を「現代の政治を認めざる水平社が、無産階級を堕落に導き併せてブルジョアのカイライに過ぎざる選挙権は獲得の要なし」の理由で否決した（『京都日出新聞』3・3）。

ところで第四六議会下の無産運動の動向として注目されるのは、三悪法（過激社会運動取締法・労働組合法・小作争議調停法）反対運動の全国的展開である。ここに共産党の指導のもとに、総同盟系ボル派組合と、アナ系労働組合および協調的な官業系組合との共同行動が成立し、さらに日本農民組合と水平社が戦列に加わり、全国の社会主義思想団体と学生連合会も歩調を揃え、無産階級組織の総結集が実現した。この運動は一九二〇年春以来三年ぶりの、無産階級による政治運動であった（松尾「一九二三年の三悪法反対運動」、渡部・飛鳥井編『日本社会主義運動史論』所収）。ところがこの運動は奇妙にも、名古屋・飯田など二、三の地域をのぞき、同時期に展開されている普選運動とまったく関係をもたなかった。総同盟のごときは、一月二〇日の中央委員会で、三悪法反対の態度を明らかにするとともに、普選運動不参加を改めて声明した。

吾人が議会主義に反対なる事は、既に明かである。併し吾人は吾人の理想実現の為に、当然必要なる政権獲得運動、即ち政治運動を拋棄するものではない。吾人は時宜に適した最も有効なる政治運動と経済運動とを敢行しなければならぬ。されど議会主義は妥協的であり、改良的である。故に吾人は議会主義を奉ずる普選運動が如何に白熱化しても、吾人の明白なる目的と、正当なる手段とを堅く取って下らないものなる事を玆に声明する。

総同盟機関誌『労働』（一九二三年二月号）は右の声明を掲げるとともに、声明を発した理由として「議会主義反対の理論的根拠の変遷」をあげている。すなわち従来の普選反対は、サンジカリズム的政治反対、経済的直接行動一本槍の見地からであった。最近「マルクス主義の正系たる共産主義を取」り政治行動を重視するに至ったが、それは「議会主義を否定した高次のものとなることは云ふまでもない」と。すなわちアナルコ・サンジカリズム的見地による普選運動反対が、共産主義的見地によるそれに移行したと称するのである。それならば、総同盟[10]のリーダーをしてかかる見地をとらしめた日本共産党の対普選態度を究明する必要があるが、これについてはすでに小著『大正デモクラシー』(岩波書店、一九七四年)において詳論したので、ここではそれを部分的に補正しながら要約するにとどめる。

山川均は一九二二年夏、有名な「無産階級運動の方向転換」(『前衛』七・八月合併号)で、「大衆の中へ」、「政治闘争へ」の方向転換をよびかけたが、彼のいう政治闘争とは、三悪法反対運動にみられるような、議会外から議会に圧迫を加える運動に限定されており、普選運動は排除されていた。彼はいぜんとして議会ボイコットを主張し、「ブルジョア急進分子」とともに普選運動を行なうことを拒否した(「無産階級運動のＡＢＣ」『解放』一九二三年一月号ほか)。堺利彦・荒畑寒村といった古参社会主義者も山川に同調した。新進の理論家佐野学にいたっては、普選運動排斥はおろか、「普選大害論」(『鉱山労働者』一九二三年二月号)を鼓吹した。(1)労働組合の革命的気勢を減殺する、(2)ただでさえ革命的気勢の弱い「農民運動を大右傾せしむ」、(3)ブルジョワ自由主義の方向に、組合に属さぬ「労働大衆を迷わしむ」、(4)「普選となるもプロレタリアは幾何の議席をも有し得ず」、(5)その結果「ブルジョア政党に翻弄せらる」、というのである。

これには一九二一年七月のコミンテルン第三回大会で統一戦線戦術を採択したにもかかわらず、日本共産党に対しては普選問題に対する態度を明示しなかったコミンテルンの態度もあずかっている。岩村登志夫『コミンテルンと日本共産党の成立』(一九七七年)のII「コミンテルンと日本共産党の成立」[11]によれば、一九二二年一月極東諸民族大会に際してブハーリンによって示され日本代表団によって採択された綱領によっても、普選については明示されず、よう

や く、同年六月のコストランスキー論文「日本における選挙権をめざすたたかい」において、自由主義ブルジョワジー左派と都市小ブルジョワジー・小農民・プロレタリアートを網羅するものとしての普選運動を重視し、レーニンも関係する日本共産党綱領規約特別委員会の作業の一環としてのヴォイチンスキー「日本における階級闘争」を経て、一九二二年一一月コミンテルン第四回大会における日本共産党綱領草案で、明確に共産党が普選運動を指導すべきことを指示したのである。[12]

草案を審議した一九二三年三月のいわゆる石神井会議では、この草案を全体として原則的に承認したものの、部分的には審議未了におわり、合法政党や普選にもっとも強硬に反対した荒畑寒村をコミンテルンに派遣し疑問点をたださせ、その帰国をまって綱領を正式に採択することになった(松尾「創立期日本共産党史のための覚書」『京都大学文学部研究紀要』19、一九七九年)。

すでにコミンテルン第三回大会の統一戦術の意義を理解していたアメリカ帰りの猪俣津南雄・鈴木茂三郎は、一九二二年一〇月には党機関誌『前衛』において公然と議会への進出を主張した(岩村『コミンテルンと日本共産党の成立』一五六ページ以下)。警視庁総監官房特別高等係『無産政党組織運動ノ沿革』(一九二六年三月編纂)は、近藤栄蔵らもと「暁民共産党」一派の活動について次のようにいう。

同一派ハ出獄後早クモ定期的研究会等ニ於テ盛ニ普選其他ノ政治運動利用策ヲ研究論議シ殊ニ渡辺政之輔平沢計七、南喜一等ノ主宰スル南葛労働組合一派ノ労働者ニ対スル指導結成ニ尽力スル等政治運動ヘノ発展ト組織労働者ヘノ連絡結合トハ共産主義一派当面ノ重大使命トシテ其全運動目標トスルニ至リタルカ同系ノ巨頭近藤栄蔵ハ同年一月中ヨリ配下ノ同志久保清次相馬千里等ヲ表面ノ人物トシテ機関誌「民衆の意思」ヲ創刊シ又ハパンフレツト「我等は如何にして進むべきか―プロレタリアの政治運動」ヲ発行シテ普選速行議院政治ノ改革等ヲ主張シ他面久保等ヲ操縦シテ密カニ革新倶楽部一派ノ少壮政党員等ト提携ヲ策シタル形跡アル等共産主義一派ノ政治運

動ハ漸次進展ノ形勢ヲ示セリ

この記述は現実に近藤が『民衆の意思』(一九二二年一〇月創刊)において、「無産階級の政治的対抗」と題して、普選を「切迫した当面の問題」として大衆の前衛部隊の普選運動参加の必要を強調し、さらに『プロレタリアの政治運動』で「吾々個々の政治的要求政治的活動を一大プロレタリア政党の綱領と運動とに結合して、ブルジョアの協同策戦に対抗せねばならぬ」と普選運動参加をよびかけ、これに賛同する北原龍雄・高尾平兵衛・福田秀一らと一九二二年一二月「時局研究会」を組織したことによって裏付けられる。一九二三年二月の三悪法反対運動で、名古屋市では葉山嘉樹らの、長野県飯田町では羽生三七らの共産党周辺グループが、三悪法反対と普選獲得を組合せた民衆運動組織に成功し[13]、東京の普選運動に金子健太・杉浦啓一・川崎憲二郎らの党員が参加していた(岩村「無産政党の成立」)。この傾向は石神井会議後ますます強まり、堺利彦や佐野学らの抵抗にもかかわらず、赤松克麿・平林初之輔・市川正一・西雅雄・渡辺政之輔・川合義虎らは、合法無産政党の組織や普選運動参加を主張し、議会進出派は六月四日「政治問題研究会」の会合をもつにいたった。その翌日共産党の一斉検挙があり、共産党の普選運動参加への方向転換は結実をみなかったのである。このような共産党の普選運動参加決定のおくれが、無産階級の普選運動参加を妨害し、中間層をひきつけるどころか、無産階級の広汎な部分までも既成政党の側に追いやることになった。

5　臨時法制審議会への諮問

第四六議会閉会後、憲・革両派および記者有志が「現状打破同盟」結成に着手し、五月二五日発起人会を、ついで六月一〇日には千余名を集めて大会を開いた。大会は「国民的勢力を結合して政界の現状を打開」することと、現内閣の倒壊を期すことを決議し(『国民』6・11)、六月から七月にかけ、都内各所の演説会で気勢をあげるとともに、実行委員は貴族院各派の有力者を訪問して働きかけた。この同盟は、かつての普選運動の関係者[14]が中心で「野党合同の素地を作らんが為の運動」と取沙汰された（『東朝』社説6・6）。

この運動は次期山本内閣下の新党結成運動に接続するが、一方、政府の選挙法改革作業は着々と進行し、衆議院議員選挙法調査会は四月七日再開されて以来毎週会合を重ね、六月一九日、内相水野錬太郎は調査会長としてその結果を首相に答申、同月二三日閣議は選挙法改正を臨時法制審議会に諮問することに決した（『国民』6・25）。

この速やかな進行は、前記の法相岡野敬次郎一派の画策によるところが大きいと推定される。すなわち、「議会の終了して未だ幾許も経たぬ頃」、首相の意を受けて岡野（実際の起草者は馬場）が作成した「新施政ニ関スル調査」の中に「衆議院議員選挙法ノ改正ヲ促進スルコト」と題して次のように書かれている（『馬場鍈一伝』一一二ページ）。

> 所謂普通選挙問題即チ衆議院議員選挙権ノ拡張ヲ主トスル選挙法ノ改正ハ最早時期ノ問題トナレルヲ以テ、政府ハ此ノ際現在ノ選挙法調査会ヲ促進セシメ適当ノ時期ニ之ヲ打切リ、更ニ之ヲ法制審議会ノ審議ニ付シテ改正法律案ヲ作製セシムベシ、而シテ改正案施行ノ期日ニ就キテハ最モ慎重ノ考慮ヲ要シ、之ヲ明年ノ総選挙ヨリト為スコトハ、実施準備其ノ他ノ関係上早キニ失スルノ嫌アルヲ以テ、少クトモ次次回ノ総選挙、即チ普通ナレバ大正十七年頃ノ総選挙ヨリ実施スルヲ可トスベシ。

さて、右の方針で作成された調査会の答申は第一節選挙権、第二節被選挙権、第三節選挙ノ方法、第四節選挙運動ノ取締、第五節選挙ノ効力、第六節罰則の六節から成立っていた。眼目の「選挙権」では、納税要件の無条件撤廃は答申されなかった。(1)「独立ノ生計ヲ営ミ且直接国税、直接北海道地方税、直接府県税又ハ直接市町村税ヲ納ムル者ニ対シ選挙権ヲ与フル」説と、(2)「独立ノ生計ヲ営ム者ニ対シ選挙権ヲ与フル」説と両説あり「両説可否ヲ決スルニ至ラスシテ終レリ」と記されている。すなわち(1)説は「独立ノ生計」は「事実認定困難ナルヘシ」の論拠で、最低限度の納税要件をつけることを主張し、公民権所有者のみに有権者を拡大せんとするもので、有権者は約七五〇万人と推定された。⑵説は、地方税などを標準とすれば「税種ノ異ナルニ従ヒ地方ニヨリ選挙権ノ得喪ニ相違ヲ生シ」、また「独立ノ生計」は「地方制度多年ノ経験ニ依リ」認定できると称し、この場合有権者は約九五〇万人となる。

答申はさらに「勅令ヲ以テ指定スル中等学校ヲ卒業シタル者又ハ勅令ノ定ムル所ニ依リ之ト同等以上ノ学力アリト認ムル者」については、独立の生計を営まなくても有権者とすることとした。その数は約七〇万人である（衆議院議員選挙法調査会『選挙権ニ関スル調査資料』二七ページ以下）。他の年齢・性・住所・兵役義務完了者・戸主・欠格者等の項目については現行法通りとした。

「被選挙権」の項では、年齢を三〇年から二五年に低下すること、特定の官吏以外には被選挙権を与えぬこと、議員と府県議との兼職を認めることが主要な改正点で、かねてから問題となっている宗教師や小学校教員には現行法通り、与えられぬこととなった。「選挙ノ方法」では、区制は現行の小選挙区制を維持するほか、比例代表制については「適当ナル方法アラハ更ニ研究スルコト」とある。また野党の要求を入れて小学校の無料使用、郵便の無料発送（一回）と選挙公営色が生まれた一方、供託金（一〇〇〇円）と選挙費用の決算報告が要求され、選挙統制色が濃くなった。「選挙運動ノ取締」では戸別訪問は自由とされたが、選挙事務所および運動員の届出と数の制限がはじめて登場した。「選挙ノ効力」と「罰則」は当面現行法通りとし、他の部分の決定をまって研究するものとされた。(15)

この答申にあたり調査会は当然議会・枢密院方面の意向を考慮したものと推測され、したがって答申が納税要件の無条件撤廃を否定したのは、政友会と研究会を与党とする官僚内閣としてはむしろ当然であった。(16)また選挙取締主義が浮かび上ったのもこの答申の一特色であるが、これも単なる官僚的発想とはいえない。すなわち有権者の増加とともに選挙費用の増大が予想され、これを緩和するために選挙競争の自由に制限を加えることは、既成政党にも異存はなかった。したがって護憲三派内閣の普選法においても、この取締主義が拡大、定着させられるのである。

さて政府は臨時法制審議会への諮問にそなえて、審議会委員の補充、さらに臨時委員および幹事の人選を急ぎ、政党関係委員は各党の推薦を待ち、七月六日これを公表した(○印は主査委員)。

総裁　穂積陳重(枢密顧問官—以下「枢」と略す)、副総裁　平沼騏一郎(大審院長)、委員　岡野敬次郎(司法大臣)・水野錬太郎(内務大臣)・富井政章(枢)・○倉富勇三郎(同上)・○鈴木喜三郎(検事総長)・阪谷芳郎(貴族院議員—以下「貴」と略す、公正会)・○江木千之(貴・茶話会)・○松室致(貴・研究会)・豊島直通(大審院判事)・小山松吉(大審院検事)・○美濃部達吉(東大教授)・○井上孝哉(内務次官)・牧野菊之助(大審院判事)・○馬場鍈一(法制局長官・貴・研究会)・○山内確三郎(司法次官)・○宮田光雄(内閣書記官長)・加太邦憲(貴・研究会)・○松田源治(衆議院議員—以下「衆」と略す、政友会)・横田千之助(衆・政友会)・○花井卓蔵(貴・交友倶楽部)・○小川平吉(衆・政友会)・○関直彦(衆・革新倶楽部)・磯部四郎(貴・交友倶楽部)・松本烝治(満鉄副社長)・○鵜沢総明(衆・政友会)・鈴木富士弥(衆・憲政会)・江木衷(弁護士)・原嘉道(弁護士)

臨時委員　窪田静太郎(行政裁判所長官)・富谷鉎太郎(貴・研究会)・横田秀雄(大審院長)・○赤司鷹一郎(文部次官)・清水澄(行政裁判所評定官)・○小野塚喜平次(東大教授)・松岡義正(大審院判事)・三宅徳業(行政裁判所評定官)・○市村光恵(京大教授)・河村譲三郎(貴・交友ク)・小山温(元司法次官・弁護士)・和田豊治(貴・研究会・富士紡社長)・堀田正恆(貴・研究会)・○下岡忠治(衆・憲政会)・○湯浅倉平(貴・同成会)・○板倉勝憲(貴・研究会)・仁井田益太郎(東大教授)・中西六三郎(衆・政友会)・宮古啓三郎(衆・政友会)・団琢磨(三井合名理事長)・林毅陸(衆・政友会)・稲畑勝太郎(大阪商業会議所会頭)・○郷誠之助(貴・公正会)・○関和知(衆・憲政会)・○鳩山一郎(衆・政友会)・森下亀太郎(衆・庚申ク)・○副島義一(衆・無)・南鼎三(衆・庚申ク)・清瀬一郎(衆・革新ク)・平野光雄(衆・革新ク)

臨時法制審議会についての研究はまったく存在しない。(17) したがってここで若干の説明をしておく必要がある。この会は原敬が首相のとき、陪審法実現の一手段として新設した首相直属の諮問機関である。一九一九年七月八日勅令第三三二号をもって定められた「臨時法制審議会官制」によれば、第一条としてこの会は「内閣総理大臣ノ監督ニ属シ其ノ諮詢ニ応ジテ法律制度ヲ調査審議ス」とあり、総裁・副総裁各一名および委員三〇人以内で組織され、「特別ノ事項ヲ調査審議スル為必要アルトキハ臨時委員ヲ置ク」ことができた(第二条)。これらの委員は、すべて首相の奏請を経て内閣が任命することになっていた。

審議会の特質は、政府高官に配するに、重要法律の立法化に際し、必ず通過しなければならぬ関門たる、枢密院・貴族院および衆議院より数名ずつの委員を選任していることである。すなわちここで審議された法案は、朝野の名士により検討を受けたという重味をもち、ここで賛意を表した委員は、その属する各機関で、法案通過のため尽力をすべき道義的責任を負うという効果もまた生じた。明治憲法に牴触するおそれのある裁判への民衆参加をうたう陪審法が、曲りなりにも実施の運びとなったについては、まずこの審議会に諮問したという緒戦の戦術に成功したことが大いに与っている。

ところで加藤首相が「諮問第五号」として選挙法を提出したとき、その態度は、陪審法における原首相とはいささか異なるものがあった。すなわち、原は第一回の審議会総会の席上、明確に陪審法について「我国モ憲法政治ノ今日ニ於テハ此制度ヲ採用スルヲ以テ最モ適当ノコトナリト信ス」と所信をのべ「政府ハ諸君ヲ煩ハシテ陪審制度ヲ確立センコトヲ希望ス」と、当初から陪審制成立のための協力を要請していた。これに対し、加藤の場合、諮問の内容からして「衆議院議員選挙法ヲ、改正スルノ要アリヤ否ヤ、要アリトセハソノ要項如何」という、「白紙主義」(『大朝』7・10)の立場である。七月一〇日の審議会席上の首相演説では、この点さらに明白で、「詳細ナル調査ト研究トヲ遂ケシメタ」が何分にも選挙法の改正は「影響頗ル大」だから「広ク朝野ノ衆知ヲ聚メ之カ改正ノ要否ト方法トヲ諮リ以テ更ニ其ノ慎重ナル攻究ヲ尽スノ必要ヲ認メ」たとのべ、「慎重審議」を要望しているのである。原と加藤との差は、政友会という多数党の総裁首相と、同じ政友会を与党としながらも、その意向をたえずうかがわねばならぬ官僚内閣首相との差にもとづくものといえよう。

このように政府は政友会に対する配慮から白紙主義をもって審議会にのぞんだが、真意はもとより現行法の改正にあり、その眼目は、普通選挙の即行ではなく、有権者の拡張にあることは明らかであった。したがって審議会は最初から普選派の攻勢に始まった。先述の首相演説に対し、革新クの関直彦は、政府は次の第四七議会に改正案を提出するかと問い、首相はその意思はあるが、審議会の進行状態に従わねばならぬから断言はできぬと逃げた。そこで関は、選挙法はすでに議会で充分研究ずみであり、また純粋な法律問題についての諮問機関に、この政治問題を諮問するのは不当だと非難したが、首相は選挙法も一個の法律で、まだ研究の余地あり、これを審議会にかけるのは不当でないと突っぱねた。ついで庚申クの南鼎三は、いかにも院内最左派らしく、委員に実業家・商工業者が参加しているのに、労働者および農業者の代表が入ってないことの片手落ちを追及し、首相は審議の過程で必要となったら追加を考慮すると穏やかに答えた(以上『東朝』7・11および『国民』7・12)。

以上の質問終了後、穂積総裁が主査委員二六名を指名した。枢密院一名、政府高官六名、大学教授三名、貴族院八名、衆議院八名である(前記名簿参照)。主査委員会は同日ひきつづいて開会され、委員長には花井卓蔵の発議で異議なく倉富勇三郎が決定した。とりあえず次回の日取りをきめることとなったが、ここでも普選派と反普選派の小競合が早くも見られた。下岡忠治は「選挙法問題ハ輿論ノ焼(ママ)点トナリ居ルニ付、速ニ之ヲ議了スル必要アリ、暑中モ勉強シテ審議スヘシト云ヒ」、阪谷芳郎は「慎重ニ審議スヘシ、政府ハ審議会ニ諮問シ居ルコトヲ以テ議会ニ答弁スヘキモ、議会ハ自己ノ権能ヲ以テ選挙法改正案ヲ提出スルコトヲ妨ケラレサルニ付、審議会ノ審議ハ急クニ及ハス」と反発した。その他二、三の意見も出たが、委員長の裁断で次回は七月一一日開会と決した。[18]

第二回主査委員会(七月一一日)では関直彦が、選挙法の改正問題の要点は納税資格と年齢だから、まずこの可否を決せよと主張したが、花井卓蔵は、政府の諮問は改正の要否を問うているから、これを先議せよと論じ、花井説が採用され、「改正ノ要アリ」と決した。ついで小野塚喜平次より、調査会の答申すなわち「参考案」の内容の順序にしたがい審査を進めるべしとの提案があり、議論の末とりあえず「選挙資格」より審議をはじめることになった。普選派はこの「参考案」を政府案とみなして追及しようとしたが、倉富委員長は、あくまでこれは「参考案」だから、政府の責任ある回答を求めるのは差控えられたいとのべ、紛糾したが、結局委員の一人たる馬場法制局長官の「個人説明」(『倉富日記』)でよろしいということになり、納税資格存置理由(関直彦)、「独立生計」維持理由(下岡・江木)、女子を除いた理由(花井)、戸主選挙権をとらぬ理由(江木)等の質問と、馬場の答弁が交された。次回は九月初旬開会となり、普選派は日程の点でも、早くも形勢不利となった(『東朝』7・22、『国民』7・23)。

ここで『倉富勇三郎日記』中の、審議会の見通しに関する興味深い一節を紹介しよう。倉富は主査委員長に就任したものの、一方では同じ審議会の刑法改正の主査委員にすでに指名されており、負担過重を理由に委員長を辞任したいとねがい、七月一一日まず穂積総裁をたずね、ほぼ諒承を得、穂積の指示で馬場法制局長官と平沼副総裁の同意を求めることになった。まず馬場をたずね、鈴木喜三郎を後任に推したところ、馬場は次のように答えた。

検事総長カ主査委員長ト為リテハ世人ヨリ取締ニ重キヲ置クノ疑ヲ受ル故不適当ナリ。平沼(騏一郎)抔ハ鈴木説ニハ大反対ナリ。君(予)多用ナラハ十一月頃マテハ小委員会ニ移シ君(予)カ出席セストモ差支ナキ様ニ取計フヘキニ付是非引受ケ呉ヨ。君(予)辞スルト言ヘハ総理(加藤友三郎)ヨリ依頼スルコトモセサルヘカラスト云フ(一木喜徳郎ニハ加藤ヨリ依頼シタルモ一木カ之ヲ拒ミタルモノナラン)。

この馬場発言で注目すべき第一点は、倉富の同僚一木喜徳郎が主査委員長の第一候補とされたのに、就任を拒否したことである。一木はもと東大国法学の教授で美濃部達吉の師である。公法専門家として、司法官僚出身の倉富よりも選挙法審査に適任であることはもちろんである。『国民新聞』社説(7・18)はこの問題をとり上げ、一木が拒否したのは政府の白紙主義を無責任とみたからではないかと推測している。しかし一木は第二次大隈内閣の閣僚だった関係上、憲政会系とみられており、政争の渦中にまきこまれるのを嫌ったのかも知れない。政府としては第二候補の倉富までが辞任するとなると収拾がつかなくなるので、引止めにかかったわけである。

第二点は、馬場が小委員会すなわち項目ごとの分科会をつくる案をもっていたことである。九月の主査委員会再開より一一月まで小委員会を設置するということでは、年末開会の第四七議会に間に合わぬおそれがある。政府としては来議会提案をはじめから断念していた疑いがある。

さて、倉富はついで平沼を訪ねたところ折よく鈴木もいたので、両名に辞意を繰返すと両名とも諒承せず、次の問答となった。

鈴木又選挙法ニ付テハ格別永ク審議スル必要ナカルヘク五六回モ会議シタラハ主査会ヲ終ハルコトヲ得ルナラント思フト云フ。平沼、政友会ニテハ左程ニ急クコトハ好マサルヘシト言フ。鈴木、岡野(敬次郎、司法大臣)抔ハ成ルヘク此次ノ議会ニ提出スル方宜シト言ヒ居リタリト云フ。平沼、政府トシテハ斯ク言フヘキモ政友会ハ延ハスコトヲ好ムナラント云フ。鈴木、普通選挙ニナレハ政友会ハ是迄ノ行掛リニテ困ルヘキモ、然ラサレハ急キテモ困ルコトハナカラント言フ。平沼、納税資格ヲ維持スルコトハ最早出来サルナラント云フ。鈴木、内務省ノ調査ノトキモ其点ニ付テハ意見一致セス、甲説ハ納税資格撤廃ヲ主張シ、乙説即チ主トシテ自分(鈴木)カ主張シタルモノハ幾分ニテモ納税スルコトナリ。是ハ独立ノ生計ヲ立ツルト云フト同様ナル考ナルモ独立ノ生計ト言フテハ之ヲ認ムル標準ナキニ付、幾分ニテモ納税スル者ニ資格ヲ与ヘント欲スルナリ。二説ノ一致ヲ得サリシニ付、二説アル旨ヲ以テ答申スルコト、ナリタルナリト云フ。予、純然タル官庁ノ調査ニテ其位マテ進ミタルナラハ官民合同ノ調査ナラハ納税資格ハ止ムルコトニナルナラント云フ。

ここで判明する第一点は、政友会が次期議会における選挙法改正を欲していないという事実である。既述の如く政友会は内紛状態にあり、大勢として選挙権拡張承認の方向に進みながら、反対者も少なくなく、また拡張の程度については一致していなかった。このような党内情勢からいって、改正は先にのばしたかったのであろう。しかし最大原因は、これまで改正反対の態度をとってきた建前上、たとえ普選にまで進まなくとも、選挙権の拡張を我党内閣以外の手で行なわれることは、党勢維持上不利と見たものと思われる。すなわち政友会としては明年に予定される総選挙に勝って、政友会政権を再現した上で、選挙権の何らかの拡張を行なうのが望ましかったのであろう。

第二点は、官僚の中でも保守反動性のもっともいちじるしい司法官僚さえ、納税資格の撤廃は不可避と認識していることである。もっとも、鈴木は何らかの納税要件を主張しているが、自ら語るように、その実質は「独立の生計」を意味する。一方、納税資格の撤廃をいう平沼と倉富にしても、この段階では無条件撤廃を意図していたかどうか疑問がある。いずれにせよ旧支配層の頭部は最低限、政府の調査会の答申の線に一致しつつあった。すなわち、第四六議会における選挙法問題の争点は、次回総選挙より無条件普選を断行するか、現行法をこのまま維持するかであった。しかしいまや次回総選挙より無条件普選即行か、次々回選挙より「独立の生計」の条件付普選実行か、にまで争点がしぼられつつあった。第四七議会では議会に政府案が提出されると否とにかかわらず、この争点が明確になることは必至であった。その矢先に加藤友三郎は病に倒れ内閣は総辞職した。しかしこの内閣の作り出した争点は、次期内閣においてクローズ・アップされることになる。

加藤友三郎内閣は政友会を与党とする貴族院内閣であったにもかかわらず、旧来の政友会路線をはみ出た、独自の政策を志向し、選挙法改正に向って大きく一歩を踏出した。衆議院議員選挙法調査会の結論、および法制審議会の初期の審議状況からみて、政府の意図は納税資格の完全撤廃(独立生計ぬきの)いわゆる普通選挙の実現にあったとは、とうていいえぬが、しかし少なくとも一九一九年法の大幅な改正にあったことは疑うべくもない。このまま進めば、一九二五(大正一四)年春予定の第四八議会では、加藤内閣の構想したような改正案が上程可決される可能性は大いにあったといえよう。すなわち、与党政友会内でも、新政策として地租委譲を掲げた以上は、農村の大量失権者を救うためには選挙法の手直しは必至であり、その際の有権者の大拡張は、総裁派・非総裁派共通の認識となりつつあったからである。

一方、前議会から継続している野党の統一戦線のもとに、普選運動は第四六議会下全国的に展開されたが、大都市では普選まぢかしとみてか、普選熱はややおとろえをみせ、代って地方小都市・農村地帯において、中間層を主体とする市民政社が活発な動きをみせた。加藤内閣成立時に加藤高明が第二候補にあげられたことを知った憲政会は、政権への可能性を確実なものにするために、普選運動の煽動より統制へと態度を変じ、各地の市民政社を傘下におさめることを意図した。日本共産党およびその影響下におかれている無産運動リーダーの間では、依然として山川均流の無産階級にとっての「普選大害論」が優勢を保持していたが、コミンテルンによる一九二二年テーゼの提示により一九二三年春以降、普選運動参加派がにわかに力を得た。

第二次護憲運動の争点の一つは、納税資格の無条件撤廃か、「独立の生計」という条件づきの撤廃か、であった。この争点こそ、加藤友三郎内閣期において、はじめて生み出されたのである。政治諸勢力は、この争点に向って戦線を整理しつつあった。この意味において、この内閣は普選成立史に一時期を画したといってよい。

三　山本地震内閣の普選構想

1　山本内閣の普選決意表明

加藤友三郎が一九二三年八月二三日病に倒れたあと、政・憲両派の政権引受工作や、法相岡野敬次郎を首班とする延長内閣構想などが暗躍したが、元老西園寺公望は自己の責任において、薩派の長老山本権兵衛を首相に推薦した。「此際挙国一致内閣を組織せしめ、内治外交は固より、来るべき衆議院議員の総選挙を公平に行はしめ、財政行政の整理を断行せしむるは伯を措いて人なし」というのが西園寺の判断であった(『松本日誌』8・31)。

大震災のさなか、九月二日に成立した新内閣は、政友・憲政両派が入閣を拒否したため薩派中心の官僚内閣となったが、革新倶楽部首領の犬養毅(逓相)、藩閥官僚の枠をはみ出たスケールの大きな官僚政治家後藤新平(内相)、山県系官僚の長老田健治郎(農商相)、司法官僚の頭目平沼騏一郎(法相)、前内閣の副総理格岡野敬次郎(文相)ら手腕のある人物を擁した。(1)

官僚内閣の常として、また震災の処理に追われて、内閣の政策は明らかにされていなかったが、ようやく九月末閣内に早く決定すべきだとの議がおこった。以下、田健治郎の日記を中心に経過を追ってみると、九月二五日夜、犬養は田を訪ね「政綱決定之件、及普通選挙決行之希望、并現内閣前途可採方針確定之希望」を談じている。(2)一〇月八日の閣議では政綱策定問題と普選問題が協議されている(『田日記』10・8)。この日『大阪朝日新聞』は「普選即行案愈提出か」の社説をかかげた。一〇月一〇日までには、後藤と犬養の政綱(普選を含む)についての意見書が首相の手許に提出されていた（『松本日誌』10・10）。首相は一〇月一二日、田に対し普選問題決定の可否について問い、田は「普選問題ハ早晩之ヲ決セザルヲ得ズ。絶対ニ之ヲ阻止スベカラズ。果シテ然ラバ、寧ロ断然其ノ実行ヲ声明スルニシカズ。其ノ順序ニ就テ論ゼバ、法制審議会ノ審議ヲ促シ、而ル後、徐ニ之ヲ帝国議会ニ提出スル也」と答えた。山本は「全然同意之旨」を示したという（『田日記』10・12）。実は法制審議会の主査委員会は、七月二一日に九月初旬までの予定で暑中休会に入り、九月以降は新内閣の態度決定を待って休会を続けていたが、一〇月一〇日、穂積陳重総裁は山本首相と面会し、相談の上、主査委員会の再開を一〇月一八日と取決めたのである（『倉富勇三郎日記』10・9、10・10）。なぜ政府が普選問題の決着を急ぐのかというと、明年執行の総選挙に際し、大震災の被害による大量の失権者が予想されたからである。

一〇月一五日の閣議で、首相は普選問題について内閣の意思決定の要を告げ、閣僚の意見を求めた。犬養・田・平沼・田中（義一・陸相）・後藤・岡野の順で所見をのべたが、「概賛成説也」という。首相は閣員の同意を得て、後藤・岡野・田・犬養・平沼の五人に内閣の政綱政策の調査、とくに普選の方法順序についての講究を依嘱した（『田日記』10・15）。翌一六日の五大臣会議は、早くも次の原則を決定した。

一、納税資格ヲ全廃スル事
一、選被選人ノ年齢ヲ降シ、改メテ二五年以上ト為ス
一、独立生計者世帯持ノ制限ヲ置カズ
一、婦人ニ参政権ヲ与ヘズ
一、新ニ神官僧侶小学教員ニ選被選権ヲ附与ス

『田日記』は「以上、委員間、無何等異見、以一致可決之」と特記している（『田日記』10・16）。区制や実施期についての記載がないところをみると、これらは後日の問題としてのこされたらしい。

五大臣会議の結論は正式の閣議決定ではなく、また公式に発表されたのでもないが、内閣の普選問題に対する姿勢が固まったものとして、政界に波紋を呼んだ。ことにその内容が「小壮官吏も驚くほどの」(『国民』10・18)進歩的内容のものであったことが注目を浴びた。すでに記したように、前内閣において選挙権大拡張が政治日程に上り、納税資格の完全撤廃か否かに焦点がしぼられつつあったのであるが、政府の意向は後者にあった。もし加藤内閣が命脈を保っていたら、第四七ないしは第四八議会で「独立の生計」づきの選挙権拡張案が通過した可能性がつよい。また、この内閣の主柱である薩派(山之内一次鉄相、伊集院彦吉外相、財部彪海相、樺山資英書記官長)らの間では、鳥海靖氏が強調するように、普選即行反対論が強かった。(3)それにもかかわらず、一転して普選に内閣の姿勢が固まったのは、いかなる事由によるものであろうか。

第一は、熱心な閣内普選派の存在である。犬養が「普選一本槍」で入閣したことは『犬養木堂伝』(中巻、五四〇ページ)がつたえるとおり。前記『田日記』によってうかがわれるように、犬養は九月中から閣僚の説得につとめていた。犬養以上に注目されるのは、選挙法改正の責任者たる内務大臣の席にあった後藤新平の積極性である。後藤は山本内閣成立にあたって、山本に対して普選断行をふくむ施政要綱を提示しており、一〇月一日には、すでに五大臣会議の結論とほぼ一致した普選構想を抱いていた。後藤がいつから普選論者になったのかは明らかでないが、一九一九年三月から一〇月にかけ、戦後の欧米を視察した経験にもとづくことは推定される。彼が帰国早々、一二月一〇日以前に起草したと考えられる「無党派聯盟趣旨」(4)と題する文書において、彼は「最近国家生活ノ基調一変シ国民的大組織ノ時代トナレリ」の認識のもとに、「徹頭徹尾国家民生ヲ目的トシ絶対不偏不党」なる超党派組織たる「無党派聯盟」を構想している。彼は「党派ノ時代去ル」とはいうものの、政党そのものの解体を直接要求したのではなく、「自由党員モ進歩党員モ政友会員モ国民党員モ労働党員モ皆共ニ一団ノ政友トシテ相会スルヲ希望」していた。そして「今ヤ盛ナル普通選挙ノ声ノ起レルハ国民ノ新機運ニ向テ一歩進出セルヲ示スモノニ非ズヤ」と普選を評価しているのである。この文章が一九二一年四月一日「無党派聯盟ノ大要」と改稿活字化されたときは、「普通選挙ノ声ハ同時ニ先ツ無党派聯盟ノ構成ヲ促スノ先駆ニ非サルカ」と修正されている。

要するに彼は第一次大戦直後、普選を階級闘争を促進するものとして排撃した原敬らとは明らかに異なり、普選要求を新しい挙国一致的体制を促進する歓迎すべき現象とみたのである。彼が「労働党」に言及しているところにも、普選の到来を必然としていることが示されている。彼は公然と普選を唱道したわけではないが、『国民新聞』一九二三年一月二〇日付では徴兵令施行のとき普選を採用すべきであった、と普選即行を支持する発言を行なっている。今や山本内閣を「無党派聯盟的ナル国民的内閣」(『後藤新平』第四巻、五五三ページ)たらしめんとする後藤が、普選を内閣の政綱に加えようとしたのは理の当然であった。そしてまた政友会の内紛に乗じ、翌年五月に予定される総選挙において、一挙にその絶対多数打破をもくろむ後藤としては、世論をひきつける恰好の旗印でもあった。

第二は、他の閣僚が前記の田健治郎の如く、本来は普選には乗気でないが、いずれ実施せねばならぬなら、思い切ってこの際断行に決した方がよい、と判断したことによる。(5) なぜ彼らは態度を変えたのか。その理由は二つあると考えられる。その一つは普選を尚早として先にのばすと、国民に不満がつのり、思想が悪化するのではないかとの危惧である。『後藤新平文書』には、一〇月一七日の日付をもった「陸海軍大臣ヨリ内閣総理大臣へ移牒」の文書がある。

現役終了者ハ納税資格如何ニ拘ラス衆議院議員選挙権ヲ付与セラレ度旨別紙要旨ノ通意見上申有之候ニ付テハ、慎重審議ノ必要可有之ト存候ニ付法制審議会へ諮問相成様致度及移牒候也。

追テ別紙意見ニ対シテハ内務大臣モ同意ニ有之候

この別紙意見とは「在郷軍人会会長ヨリ陸海軍大臣宛意見」のことである。在郷軍人による選挙権獲得運動は一九二三年三月、小田原にはじまり、たちまち全国化の形勢を示した。この経過は、現代史の会共同研究班「総合研究・在郷軍人会史論」(『季刊現代史』9、一九七八年)および藤井徳行『近代日本政治史研究』(北樹出版、一九八〇年)第九章「日本陸軍と普選運動」にくわしい。軍部は「在郷軍人の政治化を抑圧し、一方ではその運動目標を先取りしようと」(藤井本、二五九ページ)、七月一〇日、在郷軍人会長川村景明から加藤内閣の海相財部彪、陸相山梨半造あてに「意見」が提出され、八月一〇日これが首相に移牒された。これと同じ形式の働きかけが、山本内閣にもとられたわけである。「別紙意見」では、選挙能力の基準は「国家ニ対スル忠誠心ト責任観念」におかれるべきであるとか、「兵役義務心ヲ向上シ一国雄武ノ風ヲ助成シ、延テ国防上ニ資スル所至大」とか並べているが、中でも注目されるのは、「今若シ之ヲ拒否セハ現ニ萌シアル在郷軍人ノ選挙権獲得運動ハ日ナラスシテ全国ニ瀰漫スヘク、之ニ強圧ヲ加フレハ反動的ニ一大運動ヲ開始シ然モ其ノ運動ハ悪化スルニ至ルヘク、今ヤ一大危機ニ際会シアルモノト被存候」の一句である。前記『田日記』(10・15)のつたえるごとく、田中陸相が普選に賛同したのは、在郷軍人の右の動向を考慮したものと推測される。在郷軍人の特権だけを主張することは、新しい特権層をつくるものとして普選論者からの反撃を呼ぶことは必至である。いっそ普選を実施すれば、在郷軍人の要求も消滅する——このような判断がなされたのではなかろうか。他の閣僚も陸相の普選賛成には強い印象を受けたであろうし、また在郷軍人の思想悪化の論理は、普選を要求する一般民衆の思想悪化の論理に共通する。普選実施によりおこるかも知れない危険よりも、普選をおくらせることによって生ずる危険の方が大きいという打算が、各閣僚をとらえたのではなかろうか。

つぎの理由は、普選実施の暁にもっとも懸念される無産階級の進出をおさえる手段としての、治安立法の現実化である。犬養が閣員説得にあたり「難物」と思っていたのは平沼法相であった。ところが「段々其話を持ち出すと、これが案外にも早速賛成して呉れた」(『犬養木堂伝』中巻、五四六ページの犬養直話)。ところが『平沼騏一郎回顧録』(七九ページ)はつぎのように語る。

私は司法省にゐる時考へてゐた。欧州では共産党の結社を認めてゐたので、日本にも出来ると思ひ、法律で厳禁することが大切だと大臣に言つたことがある。然しこれはなか〳〵行はれなかつた。行はれる機会を得たのは普選実施の時である。それは山本内閣の時で犬養が普選の主張者であつた。犬養は議論が巧みで、山本も之を排斥することが出来なかつた。犬養は私が反対すると思つて、私の処へ来た。その時はどうしても普選になる事情であつた。そこで私は、それは同意してやるが、共産党の結社を禁ずる法律を出すが賛成するかと言ふと、賛成すると答へた。……〔一年後加藤内閣の時―松尾〕……枢密院で、共産党の結社禁止をやらねば普選に同意をせぬと言つたので、遂に若槻が同意した。

すなわち、平沼が「案外にも早速賛成」したのは、治安維持法と普選の抱合せを犬養が承知したからである。この二人の握手は、民衆の政治的自由を抑圧することにより支配体制を維持することを基本方針とした、原敬以来の政友会・官僚主流の政策路線と、民衆の民主的志向をある程度満足させ、階級闘争の激化を防ごうとする野党路線との結合の第一歩を示した。平沼の構想は、前章で明らかにした如く、加藤内閣末期に、平沼が納税資格撤廃やむなしと判断したとき、すでに成立していたと推測されるが、平沼はおそらく、この構想をもって他の閣僚に説いたのではなかろうか。(6)

実はすでに治安維持法への道は大きく開かれていた。「安寧秩序ヲ紊乱スル目的ヲ以テ治安ヲ害スル事項ノ流布」行為を最高刑懲役一〇年の重刑に処することをうたった緊急勅令「治安維持令」(正確には大正一二年勅令第四〇三号)が、九月七日に公布されたことである。これは一九二二年春、第四五議会における過激社会運動取締法案の廃案以降も、治安立法の準備を怠らなかった司法省の主導のもとに出現したもので(荻野富士夫『特高警察体制史』一二八ページ以下)、内務省にあって「過激法案居士」の綽名をもらった川村貞四郎も「自分が平生研究し調査し、注意を喚起したことが実現し」たと喜んだのであった(川村『官界表裏』一三六ページ)。後述するように司法省当局は、これを修正して通常立法にきりかえる方針をもっていた。平沼の他の閣僚説得の条件は充分にととのえていたのである。早くも『国民新聞』(10・27)は、一〇月二五日の五大臣会議が、某大臣の主張した「過激思想の取締法案」につき「将来更に考慮すべき事を申合せた」と報じている。

一〇月一八日の法制審議会に病気欠席の首相の代理として出席した後藤内相は、「今日内外の趨勢に鑑みまして適当の改正を行ふべき必要を認めますから」、「成るべく早き時期に於て御審議の結果を承り度い」と審議の促進を要請する首相挨拶を代読したあと、委員の質問に対し、もし審議が長びくようであれば、納税資格撤廃を主とする政府独自の案を来議会に提出する旨を明言した(『東朝』10・19)。これらは前内閣と異なる政府の積極的姿勢を示し、審議会に圧力をかけたものであった。同日の五大臣会議は後藤発言を承認し(『国民』10・21)、一〇月二二日の閣議は、五大臣会議の普選案に関する決定項目を承認したと報じられた(『東朝』10・23)。ここにおいて内務省の法案起草が開始された。翌日の『東京朝日新聞』は政府の方針として、一一月中旬までに法案の起草を終え、枢密院に移し、明年一月二〇日の議会休会明けに法案提出の予定とつたえた。この性急な方針の存在を裏付ける如く、政府は同日、審議会に対して、審議の結果を最後に一括して報告するのではなく、選挙権・被選挙権・選挙区等々の条項について審査を終えるごとに答申するように求めた。

五大臣会議の政綱政策調査は進行し、山本首相は、その上に立って一一月一二日の地方長官会議訓示において、綱紀粛正・普選即時断行・行財政整理の三大政綱を中心とする政策を公表した。普選問題については「納税資格を撤廃して選挙権の拡張を主とする衆議院議員選挙法」の「改正案を来るべき通常議会に提出致したい」と明言している。これまで新聞に報じられた政府の普選志向は、ここにはじめて政府の方針として、首相の口から発表されたのである。ところでこの訓示の中に注目すべきことは、「詭激なる思想の伝播を防ぎ過激なる所為に出る者に対し厳重なる取締を行ふ」との姿勢を示したことである。これは明らかに、この前々日発表された、「浮華放縦ノ習」「軽佻詭激ノ風」を戒める「国民精神作興に関する詔書」の趣旨を受けたもので、普選と治安立法組合せの方針が、内閣自体の政策として確立されたことを示している。さすがにこれを報じた(『東朝』11・13)は社説「山本首相の訓示」において、「吾人はあの所謂浮華軽佻矯正の標準、思想取締の尺度にも甚だ危惧なきを得ない。普選の断行は、たとひ当然の施設にもせよ、政府の一決断として吾人之を称讃するに吝でないが、政府にして若しこの民風作興の目安を誤り徒らに形式に泥むの取締を行はゞ、ひとり普選断行による其「進歩主義」を裏切るのみならず、国家の前途を誤る之より甚だしいものはない」と警告を発した。しかし当時政府が、まだ治安立法問題について具体的な言及をさけていることもあって、一般の眼はここに及ばず、もっぱら普選問題だけが切りはなされ、世論の歓迎を受けたのであった。

2　臨時法制審議会の審議経過

法制審議会の審議(7)は、政府の強い要請で、わずか一月半でおわり、一二月五日には最終答申書を提出した。原敬内閣のおり、陪審法審査に約一年費やしたのに比べると、異常の速さである。この間一〇月一八日の再開総会から一一月二〇日の最終総会にいたるまで、協議会が一回、主査委員会が一〇回開かれ、主査委員長は委員会決議がまとまるごとに、計五回総裁に報告し、総裁はその都度総会を開き決議事項を検討した。回数は六回におよび、その決議は三度にわけて首相に答申された。

約一月の間一六回にわたって開かれた会合の内容については、従来まったく明らかにされていないので、枢密院文書(国立公文書館所蔵)および穂積陳重文書(マイクロフィルム、東大法学部所蔵)の中で発見しえた法制審議会総裁穂積陳重(枢密顧問官)の首相に対する「答申書」および、主査委員長倉富勇三郎(枢密顧問官)の審議会総裁への「報告書」を基礎とし、新聞紙に報じられた各委員の発言をふくむ会議記事を参考として、審議経過を選挙権問題を中心にあとづけてみたい。

まず一〇月一八日の再開総会であるが、前記の後藤内相の態度表明に対し、阪谷芳郎(貴族院・公正会)および美濃部達吉(8)(東大教授)より、政府の選挙法改正の意思と方針が決定している以上、審議会への諮問は不必要ではないかとの質問があり、後藤は「政府は普通選挙実行の意志を有して居るが、之を決定するには詳細なる答申を必要とする」と応じた。ひきつづいて花井卓蔵(貴族院・交友倶楽部)が、年齢・性・住所・「独立の生計」について政府の意向をただしたのに対して、後藤は「此等の点が即ち審議会の全知識を待たざるべからざる要点である」と答え、また鳩山一郎(政友会)の、普選は地方議会にまず適用すべきであるとの意見に対し、この点も審議会の意見を聞きたいとのべた(『東朝』10・19)。結局委員総会は「主査委員会ハ引続キ答申スヘキ事項ノ審査ヲ為スヘク、且当局ノ希望ニ基キ本諮問ノ審議ハ能フ限リ速ニ進行セシムヘキコトヲ申合セタ」(一一月五日付、答申書)。『東京朝日新聞』(10・19、10・21)によれば、この日引続いて開かれた主査委員会では、選挙法全般についての審議は短時日では不可能だから、主要な事項をえらび、これについてのみ一一月中頃までに答申をする予定で、週二回の審議日程をとりきめたという。

第一に審議の対象となったのは、選挙権であった。中でも納税要件の撤廃問題こそは選挙法改正中の眼目であり、したがって討議も選挙方法(区制)と並んで、もっとも「熾烈」にたたかわされた(一一月五日付、答申書)。このための委員会は一〇月二〇日・二三日両日にわたった。まず花井卓蔵が「政府に納税資格撤廃の意思が決定している以上は最早本会に於て審議の必要はない」と主張し、これについての小川平吉(政友会)の賛成論、下岡忠治(憲政会)・小野塚喜平次(東大教授)の反対論があり、採決の結果、審査続行に決した。納税資格については、「全然納税資格ヲ撤廃スヘシトノ説」(賛成発言者、板倉勝憲〔貴族院・研究会〕・美濃部達吉・江木千之〔貴族院・茶話会〕・下岡忠治・鵜沢総明〔政友会〕・関和知〔憲政会〕)賛成者一四名、「世帯主タルコトヲ条件トスヘシトスル説」(松田源治〔政友会〕・小川平吉)賛成者二名、「独立ノ生計ヲ営ムコトヲ条件トスヘシトスル説」(副島義一〔無所属代議士〕・馬場鍈一〔貴族院・研究会〕・鈴木喜三郎〔検事総長〕)賛成者八名、「義務教育終了者タルコトヲ条件トスヘシトノ説」(小野塚喜平次)賛成者六名、の諸説があり、多数をもって無条件撤廃に決した。なお鳩山一郎が何らかの納税資格維持説を主張し、少数で否決されたが、その票数は不明である(発言者および賛成者数は『東朝』10・21、10・24による)[9]。

この主査委員会の決議は一一月二日の委員総会(三五名出席)に付されたが、「義務教育終了其ノ他智的要件ヲ具フルコト」の花井卓蔵の動議(賛成発言者、阪谷芳郎・横田秀雄〔大審院長〕・小野塚喜平次)九名、「世帯主タルコトヲ条件トスヘシ」との団琢磨(三井合名理事長)の動議(賛成発言者、鳩山一郎・稲畑勝太郎〔大阪商業会議所会頭〕・松田源治)八名、「独立ノ生計ヲ営ムコトヲ条件トスヘシ」との副島義一の動議一七名(知的要件および世帯主支持者全員)、いずれも少数で否決され、原案(無条件納税資格撤廃、賛成発言者、関直彦〔革新倶楽部〕・美濃部達吉・江木千之・下岡忠治)が二六名の支持を得て可決された。出席委員は三五名だから、独立生計条件支持者と無条件納税資格撤廃支持者との差はわずかに一名で、まことにきわどい原案可決であった。なお原案支持が二六名にふえたのは、独立生計支持者のうち次善の策として原案賛成にまわったものがあったからである(賛成者数は一一月一二日付の答申書。人名は『東朝』11・3)による。

納税要件以外の選挙権要件についての主査委員会は、一〇月二七日開会された。まず「年齢ニ関スル件」では「現行法通満二五歳以上ヲ適当トスル説」と「二十歳以上ヲ相当トスル説」と「原則トシテ二五歳以上トシ中等学校卒業者ニ対シテハ二十歳以上ト為スヘシトスル説」(賛成　花井卓蔵・小野塚喜平次、反対　鳩山一郎)と「兵役義務完了者ニ対シテハ二五歳ニ達セサルモ選挙権ヲ与フヘシトスル説」とあったが、採決の結果は現行法通りと決した。

「性ニ関スル件」では、「女子ニ対シ男子ト同ジク選挙権ヲ与フヘシトスル説」(美濃部達吉・板倉勝憲)と「年齢三十歳以上ニシテ義務教育ヲ終ヘタル女子ニ選挙権ヲ与フヘシトスル説」(花井卓蔵)と「年齢三十歳以上ノ女戸主ニ選挙権ヲ与フヘシトスル説」があったが、松田源治・江木千之・副島義一・小野塚喜平次・関直彦・関和知の反対論あり、採決の結果、賛成者は美濃部説二名、花井説三名で(他は不明)いずれも否決された。

「住所ニ関スル件」では、「現行法ノ六月ノ制限ヲ改正シ一年ト為スヘシトノ説」(松田源治・鳩山一郎)は美濃部・下岡の反対論にあい、否決された。

「欠格者ニ関スル件」では、「現行法ノ欠格者中ヨリ華族ノ戸主ヲ削除シ之ニ選挙権ヲ与フヘシトスル説」（賛成美濃部達吉[10]、反対　小野塚喜平次・副島義一・関和知）は否決となり、二五歳以上の「官立、公立、私立学校ノ学生生徒」にも選挙権を与えよとの説（賛成　美濃部達吉・関直彦・江木千之、反対　下岡忠治）、および「浮浪人、乞丐及公費ノ救助ヲ受クル者ヲ欠格者ト為スヘシトスル説」（下岡忠治・鳩山一郎）はともに可決された（一〇月二九日付の報告書。人名は『東朝』10・28）。

右の諸問題に関する委員総会は一一月五日に開かれた。まず学生の選挙資格について、「二十歳以上ニシテ中等学校及其以上ノ学校ヲ卒業シタル者ハ二十五歳ニ達セサルモ選挙権ヲ与フルコト」の動議を鵜沢総明が提出し、小野塚喜平次・関直彦が賛成したが、松田源治・関和知・南鼎三（庚申倶楽部）・稲畑勝太郎・江木千之は反対し、賛成わずか三名で否決された。次に「華族ノ戸主ニ選挙権ヲ与フルコト」の美濃部達吉の動議は小野塚喜平次の反対論後、これまた賛成わずか三名で否決された。「兵役義務ヲ完了シタル者ハ二五歳ニ達セサルモ選挙権ヲ与フルコト」の関直彦の動議は鵜沢の賛成のみで、松田源治・小野塚の反論ののち否決された。欠格条件審議では、浮浪人などに選挙権を与えぬことについては、原案が満場一致で可決された。最後に板倉勝憲より提出された「二十五歳以上ノ女子ニ選挙権ヲ与フルコト」の動議も、美濃部の賛成、小野塚の反論ののち否決された（一一月一二日付の答申書。人名は『東朝』11・6）。

右の結果一一月一二日、総裁穂積陳重は首相に対し第一回の答申書を提出し、その中で選挙権についての「衆議院議員選挙法改正綱領」として

一、納税ノ要件ヲ削除スルコト
一、官立、公立、私立学校ノ学生生徒ニ選挙権ヲ与フルコト
一、浮浪人、乞丐（他ニ適当ノ用語アラハ之ヲ変更スルコトヲ妨ケス）及公費ノ救助ヲ受クル者ヲ欠格者トスルコト

の三点を報告したのである。

法制審議会の審議はさらに「被選挙権」、「選挙ノ方法」、「選挙運動ノ取締」、「選挙ノ効力」、「罰則」に及んだが、重要な問題点にのみ言及しておこう。まず「被選挙権」では、現行三〇歳を二五歳に引下げる件は、主査委員会および総会で小野塚・下岡・鵜沢・関直彦・関和知の賛成論があったが、少数で否決された。「小学校教員、神官、神職、僧侶其ノ他諸宗教師ニ関スル被選挙権ノ制限ハ之ヲ撤廃スルコト」の件は、湯浅倉平の反対論があったのみで異議なく可決。「学生生徒ニ関スル被選挙権ノ制限」も同様に撤廃されることとなった。ただし「浮浪人、乞丐及公費ノ救助ヲ受クル者」は選挙権と同様に欠格者とされた。

「選挙の方法」における最大問題は区制であった。二八名が出席した総会では、(1)比例代表制(提案　美濃部達吉)賛成八名、(2)一九〇〇年選挙法の如き全県一区の大選挙区制(関直彦)八名、(3)一区三―四名の中選挙区制(小野塚・副島)一一名、(4)六大都市と府県郡部のみ中選挙区制九名で、いずれも否決され、現行の小選挙区制については採決されず(一四名が採決に反対)、結局答申は区制については「政府カ成ルヘク速ニ比例代表法ヲ採用センコトヲ希望ス」(一七名)の「希望条項」を答申したにとどまった(一二月五日付の答申書)。

「選挙運動ノ取締」では、選挙事務所の数の制限と届出、選挙運動員の数と資格の制限、候補者および運動員の戸別訪問の禁止が可決された(同上)。この取締強化は、供託金およびその没収制度の議決とともに、国民の自由な選挙活動を制限する方向を指示するものであった。

法制審議会の答申は、政府にとってすこぶる満足すべきものであった。一〇月一六日の五大臣会議決定事項が、被選挙権年齢以外、すべて承認され、とくに眼目の納税資格の無条件撤廃が盛り込まれたからである。再開前の法制審議会の大勢は、戸主に有権者を限定せよとの説であった、と『国民新聞』(10・14)は報じているが、蓋を明けると予想外に進歩的な説が提起された。否決されたとはいえ、婦人参政権が公然と唱えられ、また比例代表制が、二八名中一七名の賛成のもとに「希望条項」として加えられたことも注目される。ただしその半面、戸別訪問禁止にみられるように取締主義が強化されたこと、および選挙・被選挙権の欠格者として「浮浪人」「乞食」「公費ノ救助ヲ受クル者」が加えられ、普選の趣旨がおびやかされたことも見逃せない。とくに後者は、『東京朝日新聞』(12・25)の社説が喝破したように「労働者と浮浪人とは固より同一に論ずべきでないが、而も一職業者又は一階級の議席占有を暗に好まざるの心理は即ち一」で、このプロレタリアート排除志向は、普選法成立の最後の局面まで尾を引くことになる。

このような問題をはらむにせよ、とにかく政府の思惑通りの答申が生まれたことは、いかなる要因にもとづくものであろうか。第一は政府の強い意思である。前の加藤内閣のときは、いちおう衆議院議員選挙法調査会の答申は存在したが、これは政府決定ではなく、政府は法制審議会に対しては「白紙主義」をもって臨んだ。ところが山本内閣の場合は、明確に普選実行の意思のあることを審議会に示し、しかも審議のすみやかな進行を求めていた。この決然たる政府の姿勢は、普選即行に反対とみられていた田・岡野・平沼が、五大臣会議のメンバーとして政府の意思決定に参加している事実と相まって、これまで普選に批判的であった審議会委員を政府側にひきつけることになった。

第二は、審議会の執行部の協力である。もともと法制審議会は、政府の意図する重要法律案をできるだけスムーズに成立させるために設けられた機関であるだけに、政府の意向を無視することは困難との意識が委員間に存在していた。このことは、最初の事例である陪審法審議において立証されている(三谷太一郎『近代日本の司法権と政党』一七八―一九五ページ)。もとより選挙法は、陪審法とことなり党派間の利害の対立ははなはだしいが、学者・官僚委員の間には、陪審法のときと同様な意識が働いたことは想像に難くない。とくに執行部たる総裁および主査委員長においては然りであった。このことは、主査委員長たる倉富勇三郎の日記に明白に示されている。これによると、穂積は、政府が審議会に拘束されずに選挙法案を決定するとの新聞報道に接し、山本首相に抗議するとともに、入知恵し、「審議会ニテ決定シタル事項ハ全部ノ完結ヲ待タス随時答申ヲ望ム」の照会書を首相から総裁あてに出させ(10・23、10・24)、肝腎の選挙資格の審議を促進させ、一一月一二日に、まずこの部分の答申書を政府に送っている。また倉富主査委員長は、陪審法審議では立法に消極的であったにもかかわらず、政府に協力的姿勢を示したが(三谷、前掲書)、今回はすでに前内閣のときから納税資格撤廃やむなしと見とおしていただけに、穂積総裁と協力して審議の進行につとめた。その上、採決にあたっては、「条件付ノ(納税資格)撤廃ヲ主張スル人ノ為ニ予想外ノ結果ヲ生スルコトト」ならぬよう、採決方法に意を用いた(『倉富日記』10・24)。

第三の要因は、これまで普選に反対してきた政友会・研究会委員の足並みの不一致である。政友会委員は納税資格無条件撤廃の鵜沢総明、「世帯主」の松田源治・小川平吉、納税資格維持の鳩山一郎と投票がわかれ、小川の如きは、倉富委員長が委員の言論を抑制するなど政府に協力的でありすぎると非難して、一〇月二三日に委員辞任を表明する有様であった[11](『中央』10・25)。また研究会も板倉勝憲は無条件撤廃を主張し、馬場鍈一は独立生計説を唱えた。このような分裂行動が、結局は僅差による無条件撤廃説の勝利をもたらしたのである。これはまさに政友会内紛の所産であった。政友会は衆議院における絶対多数(四六四名中二八〇名)にもかかわらず、我党内閣がまたも実現しなかったため、内紛が激化し、反総裁派は、総裁派が多数を占める総務の総辞職要求(真意は総裁排斥)をかかげて九月末より行動をおこし、一一月七日、総務増員でいちおうの決着をみたものの、なお反乱継続の気勢を示していた(石上良平『原敬没後』六六ページ以下)。政府の普選表明は、まさに内紛の最中に行なわれ、このため政友会としてのまとまった態度を示すことができなかった。『東京日日新聞』(10・26)は「大体において野田(卯太郎)、龍野(周一郎)、横田(千之助)、粕谷(義三)、小久保(喜七)といふやうな旧自由党の老人株の内に普選即行論が高く、鳩山(一郎)、吉原(三郎)、牧野(良三)などの比較的若い大学出の連中に反対論があるから妙だ」との記事をかかげているが、ここでいう老人連は総裁派に、若手は反総裁派に属していた。しかし総裁派といえども選挙法改正を他派の手ではやらせたくなかったであろうし、また派内に小川平吉のごとき強硬な反普選論者を抱えていた。結局一〇月一八日の政友会幹部と政友会所属法制審議会委員の協議では「党議を定むべき時期に到達してゐない」との理由で、党は委員を拘束せず、また党は審議会の決定にしばられないことに一決したのである(『東朝』10・18)。研究会としても、政友会の状況に追随するほかはなかったとみられる。

3　新党計画の失敗と普選構想の動揺

臨時法制審議会が一一月一二日、「納税ノ要件ヲ削除スルコト」を政府に答申したことは、政府に普選即行の大義名分を与えた。世論も手放しではないが、政府の姿勢に好感を寄せた。『東京朝日新聞』(10・17)社説「固より今日普選を行ふことは何等英断と称するに足りないが、兎も角も政府がこれが即行準備に全力を傾けつゝあるのは喜ばしい」。『時事新報』(10・19)社説「新政綱として我輩が其決心を多とするものであるが、就ては之に伴ふ政界紛擾の影響が成るべく復興事業の進行に障碍を来さざるべく注意と警戒を望む」。『東京日日新聞』(10・22)社説「長い間政界の癌腫と見られてゐたこの問題の解決に対し、この政府が真先に指をそめんとしてゐることは兎に角慶賀すべきことであるに相違ない」。『国民新聞』(10・21夕刊)蘇峰生「政友会は自ら進んで普通選挙に賛同せよ」等々。『大阪朝日新聞』は一一月一日より二〇日にかけ、「普選問題に直面して」を連載し、各界の人士に、実現が近づいた普選制度に対する具体的な注文を書かせた。『改造』(一二月号)も「普通選挙の諸問題」特集を組み、普選実施後の政界の形勢につき二二人の論客に語らせている。五十余の普選団体を擁する西日本普選大連合は、にわかに一一月四日大会を開き、「この好機を逸せず、国民輿論を喚起し、其威力を以て」政友会を打破し、次期国会で普選案を通過させねばならぬと宣言した(『大朝』11・5)。

しかし、普選実現には貴族院と枢密院の難関が控えていた。貴族院では議員数三九四名(一二月一一日の第四七議会開会当時)中一七〇名を占め、純政友系の交友倶楽部四七名を合すれば過半数を制する研究会の動向が問題であった。内閣書記官長樺山資英は、次のように観測している（『樺山資英伝』四五六ページ）。

研究会は従来常に穏健なる政府の政策を維持し来れり。而して選挙法の改正問題に付ては、加藤前首相提案の意図を抱き、当時の研究会幹部と意見を交換したることあり。研究会は、政府敢て急激なる選挙権拡張を行はざるの方針の下に、相互完全に諒解する所ありたり。現内閣は、固より前内閣の政策を襲ふべきに非ずと雖も、研究会の意向は、既に其の当時より定まり、爾来毫も渝はる所なしと信ず。

樺山の、研究会の方針はあくまで普選即行反対であるとの観測は、『後藤新平文書』中の「山本地震内閣に対する貴族院有力者数氏の感想」においても裏付けられているようにみえる。松平頼寿や前田利定は「独立の生計」的条件の必要をほのめかし、蜂須賀正韶は「労働党なり社会主義者なりが入り乱れて随分矢釜しい問題のみ起ること」をおそれていた。

また樺山は枢密院の向背についても、「枢密院が急激にして解放的なる選挙権に賛成せざるは殆ど疑なき所なり。枢密院は、蓋し提案を否決するが如き挙に出でざるべしと雖、相当の制限を設けて修正を試みむとするは想察に難からず」としていた。前記「貴族院有力者数氏の感想」にふくまれた枢密顧問官三名についてみると、山県系官僚有松英義は「普選は絶対とはいはぬが大体反対である。……法制審議会案其の儘ではわれ〳〵は大に論争するつもりである」とのべ、さらに「山本内閣は速かに倒れることを歓迎する」とまでいう。法制審議会の一員たる富井政章は、普選案が審議会を通ったのは「国情に照してドウといふことよりも、学者側の意見が勝を占めたのであって、愈々となると猶十分考慮の余地があらうと思はれる。枢府では伊東伯(巳代治)、一木有松両氏の如き余程論ずる形勢である」と語る。その一木喜徳郎は、憲政会寄りと目されながらも、普選にもいろいろ学説があり「其の学説の何れに従ふか、猶又日本の国情はドウであるか、今まで立憲政治を行って見、猶この立憲政治はドウいふ風に発達するか、其の辺を考へて普選も十二分考慮する必要がある」と、すこぶる慎重な発言をしている。

しかし、これらの難関は突破しえないものではなかった。普選問題は所詮衆議院の問題であり、「他人の畑に足を入れない方がいい」(『大朝』10・20)という考え方が貴族院において有力になっているからである。前記「貴族院有力者数氏の感想」で、普選を論じている六人の研究会員のうち三人は、先述のように普選即行に疑義を表明しているが、のこりの三人はそうではない。奥平昌泰は、研究会は衆議院の議決次第といい、横山章は「研究会自身の腹では余り好まぬが、サリとて周囲の輿論が普選断行といふことになれば、決して反対ではあるまい」と語る。この点もっとも明快なのは、研究会最高首脳の一人青木信光である。「普選は賛成なり、賛成の意味は衆議院の議決に対して賛成であると云ふのである。貴族院が之に向つて喙を容れると云ふ事は間違ひである。若し喙を容るゝならば貴族院の制度改正に就ても衆議院の干渉を容認せなければならぬ事を覚悟すべきである」。青木は同趣旨の発言を「時局雑感」と題して『太陽』(一一月号)に公表している。研究会ないし貴族院の対普選態度は一一年前の、幸徳事件直後の第二七議会で、「将来に於きましても、此普通選挙の案は此貴族院の門に入るべからずと云ふ札を一つ掛けて置いて」(穂積陳重の弟八束の発言)普選案を一蹴したときと、大きく変化してきていた。第一次大戦後における民本主義の潮流は、貴族院改革要求の声を高めていた。現に『東京朝日新聞』(11・24)社説は「普通選挙と貴族院改造」と題して両者の必要を併せ論じていた。この傾向を刺戟しないためには、普選問題に容喙しないことを得策とする意見が、貴族院内に無視できぬものとなってきたのである。事柄は枢密院でも同様である。だからこそ樺山も「提案を否決するが如き挙に出でざるべし」と観測しうるのである。

この弱味につけこんで貴・枢両院の難関を突破するには、まず衆議院を制することが必要であった。政友会は前述のごとく普選に賛成するものをふくんでいたが、一致して政府案を支持することはありえなかった。なぜならば政府は組閣早々内務次官に憲政系と目される塚本清治、警視総監に湯浅倉平を据えて政友会に挑戦の意を示し、一〇月二五日には地方長官の大異動を断行し、政友色の特に濃い知事をねらい打ちに、一三名を休職処分に付したからである。

総裁派の握る政友会準機関紙『中央新聞』(11・12)は、内紛がいちおうおさまったせいか「単なる政略及び人気取りに依つて此問題〔普選—松尾〕を倉惶解決せんとする態度には最も強硬に反対し、慎重審議した最も国情に適合する形態に於て此懸案の解決を期する点では、党内の輿論殆ど一致」と書いた。次期選挙普選即行反対説である。

政府の反政友色は、当然野党の歓迎するところである。一〇月一九日の憲政会政務調査会は、総務で法制審議会委員の下岡忠治が政府普選案に賛成すべきことを提案し、「普選三派(憲・革・庚申)と協調して之が実現を期することに一致」した(横山勝太郎監輯『憲政会史』五二六ページ)。下岡はさらに政府の普選断行、行財政整理および綱紀粛正の三大政綱がことごとく、憲政会のかねての主張と一致することに満足の意を表明した(下岡忠治談『東朝』11・13)。革新倶楽部はもとより犬養の率いるところである。政府はこの憲革両派に依存するほかはなかった。普選案で議会を解散し、政友会の絶対多数を打破し、普選法の実現を計る、というのが後藤・犬養の基本戦略であった。しかしそこにはなお二つの道があった。憲政会に全面的に依存し、後継内閣を加藤高明に委ねる約束をする、のが一つである。しかし挙国一致を標榜し、既成政党の打破をとなえる後藤・犬養にとって、それもまた選択の範囲外であった[12]。残るただ一つの道は、憲・革両派を解体せしめ、彼らのヘゲモニーを握りうる新政党をつくり上げることであった。

彼らが新党づくりの世話役として選んだのは大石正巳であった。大石は旧国民党の領袖として、明治末年において犬養と並ぶ存在であったが、桂太郎に接近して敵味方にわかれ、第一次護憲運動で打倒された第三次桂内閣の農商務大臣を最後に、政界から引退した。しかし第一次大戦後は犬養との関係も改善され、非政友合同問題のたびごとに、その名を新聞紙上に賑わした。この人物に内閣が九月一九日早くも帝都復興審議会委員の地位を与え、加藤・高橋両党総裁など八名の政財界の大物とともに国務大臣の礼遇を与えたことは、いかに新党工作の準備が早くから進められたかを示すものである[13]。

新党問題は一〇月中旬にわかに表面化した。一〇月一三日付の『東京朝日新聞』は憲・革両派の、この年の六月から七月にかけて「現状打破同盟」に参画した人々、すなわち憲政会の下岡忠治・小泉又次郎、革新倶楽部の関直彦・大竹貫一らの数次の会同、および大石の斡旋の状態を報じ、翌日の『国民新聞』もまた「大石氏中心に新政党の計画」の見出しを掲げた。もっとも動向が注目される憲政会では一一月一〇日、代議士一八名、前代議士一四名が集まり、公然と非政友合同論を議論し、翌日の憲政会前代議士会は新党樹立を決議した(『東朝』11・11、11・17)。同月一五日の憲政会緊急幹部会は、党内で合同論が大多数を占めているという認識のもとに「非政友合同問題に就ては幹部は党内の大勢に順応する事」を申し合わせた(同上11・16)。これは「合同運動に一進展期を示したもの」と観測された(同上、11・17)。

この動向をふまえて、憲政会の長老で三菱財閥と密接な関係のある仙石貢は、この頃、大石の要請を入れて加藤総裁をはじめ幹部を説き、一方革新倶楽部の領袖古島一雄とも接触し画策につとめた(同上、12・5)。従来の非政友合同論にくらべ、憲政会の幹部の多くをまきこんでいるだけに、新党論は現実性を帯びた。一一月二二日、大石らの意をうけた庚申倶楽部内の普選派、森下亀太郎・南鼎三・山邑太三郎の三名が憲・革両党を訪問し、「普通選挙を基礎とし、大体に於て主義政策を同うする憲政、革新及び庚申の普選派有志を中心とし、広く天下同志を糾合し新党樹立を為し、以て更始一新の実を挙げんと欲します」とのべ、正式に協力を求めた(同上、11・23)。

革新倶楽部では二四日、申し入れに賛成の回答書を発したが、しかし世論は新党計画に冷やかであった。『東京朝日新聞』(11・20)社説は、政策ぬきの政党合同は無意味だが、政友会を牽制できるだけの強力な政党が生まれる限りにおいてのみ意味ありとし、両派首領の諒解握手の必要を説いた。『国民新聞』(11・25)の「国民評壇」(馬場恒吾)は、非政友合同は所詮党首を馘首する運動で、政権獲得のみが目標であると酷評し、普選実現が目標なら、合同でなく連合で足りると論じた。憲政会内部にも少数ながら根強い反対論があった。山本内閣の与党となることは、従来寺内内閣や加藤友三郎内閣を超然内閣として攻撃してきた憲政会の方針に反する、「政友会と提携する方がまだ閥族に降るよりは遥かに合理的である」との論拠である(『国民』11・18)。『観樹将軍回顧録』(五四六ページ以下)によれば、政界の惑星三浦梧楼は、一〇月より一一月初にかけ高橋・加藤両総裁と別個に会見し、ともに政党内閣樹立のために起つべくことを勧めたという。

従来の非政友合同論と同様に、加藤高明は今度の新党問題でも、当初から賛意を示さなかった。前述仙石貢のすすめに対しても、「自己の進退は自分に任せて貰ひたい」と暗に拒絶の意を表したという(『東朝』12・5)。おそらく加藤をもっとも刺戟したのは党首問題であった。『東京朝日新聞』(12・5)によれば、大石・仙石・犬養・古島らの画策で、新党の運営は若手総務の合議制により、加藤・犬養らは、他の長老幹部とともに顧問に退くことになっていたという。馬場恒吾の先述の「党首を馘首する運動」とは、すなわちこれを指す。

庚申派の申し入れのあった一一月二二日夜の幹部会で、加藤は躊躇することなく、新党の総務委員合議制反対の意思表示を行ない、もし合同実現の折には、「今日までのやうな関係」すなわち資金醵出を断わる旨を幹部に言明した(『加藤高明』下巻、四四一ページ)。合同に望みを捨てぬ仙石は一一月二七日、犬養に加藤総務委員長説を示したが拒否されたという(『東朝』12・2)。ここにおいて加藤は正式に一二月二日の総務会で、合同が「一糸乱れず行はれるならば自分として異存はない、但し自分は目下健康上専ら静養を必要とする時期であるから此問題に関し十分責任を尽し得るか覚束なく思ひます」とのべ(『東朝』12・3)、憲政会は四日の幹部会で合同打切りを決議、翌日庚申倶楽部の有志に拒絶の回答を行なった。これを不満とする憲政会内の合同派三八名は[14]一二月七日に会合し、発起人を代表して下岡忠治は、今後とも目的実現につとめたいと挨拶した(同上、12・8)。新党問題の余燼はなおくすぶっていたが、当面の失敗は明らかで、一二月一〇日の臨時議会開会を控えた政府にとって一大打撃となった。

与党工作の失敗は、後藤・犬養の閣内の地位を後退させずにはおかなかった。加うるに、挙国一致をもくろんだ帝都復興審議会の総会(一一月二四日—二七日)において後藤の立てた復興計画は、かつての僚友伊東巳代治を先頭とする攻撃を受け、[15]「満身創痍」を負い(『後藤新平』第四巻、六八九ページ)、この面でもその権威を失墜した。この機に乗じ、内閣のもう一方の支柱たる薩派の発言権が増大し、議会乗切りのため政友会接近を策した。組閣参謀で内閣書記官長たる樺山資英は「急激なる選挙権拡張」に反対で、「独立の生計」など何らかの制限を付すべきだとの考えをもっており、議会対策上からも政友会と衝突するような案は避けるべきだとし、しかも選挙法改正の実施期は「大正一七年度の総選挙以後」におくべきだと主張した(『樺山資英伝』四五四ページ以下)。山本首相もこの説に傾いた。一一月一八日の閣議では「普通選挙問題ニ関シテハ慎重ノ体度(ママ)ヲ持スル事」を説き、同月二一日の閣議では「世帯主制限説」を主張し、犬養・平沼・田の反対を受けた(『田日記』)。一二月に入ると後藤までが軟化した。一二月四日付古島一雄宛の犬養毅書簡にいう。

　敬啓明日ハ愈普選の閣議ニ候、昨夜後藤子と打合候処同子ハ頗る曖昧ニ化し、戸主制の外なかるべしとか或ハ総理の考次第とか申迄ニ変化致シ居候。岡野ヤ田ハ言を交へすとも無論軟論ニ化したるへくニ付明日ハ最後の決戦也。極内〻御含置可被下候。四日朝[16]

一二月五日の閣議では普選問題は論じられなかったようで、『田健治郎日記』に何の言及もない。しかし大勢は定まったと見て、山本首相は自ら政友会工作に乗り出し、一二月六日、政友会代表野田卯太郎・岡崎邦輔(総裁派)、中橋徳五郎(反総裁派)の三総務を招き諒解を求めるところがあった。会談中岡崎は、政友会の持論たる普選尚早論を繰返し、山本首相の真意をただした。これに対し山本は次のように答えたという。

　御説の通りである。犬養後藤両君は頻りに普選即行を提唱してゐるが、之れは只両君だけの意嚮であって政府の決定した意見ではない。此の問題は未だ曾つて閣議の問題ともなつてゐなければ我輩は未だ曾つて言明したことはない。殊に普選々々と云ふも即ち選挙権の拡張であるが、我国には家族制度と云ふ良風美俗があり、如何なる施設に就ても此の良風美俗を土台として考慮しなければならぬ。従つて選挙権拡張の問題に就ては二三閣僚の意見があつても最後は自分で之を決定する考へであるから右様篤と御諒承を希ふ(『東朝』12・7)。

これは前述の地方長官会議における自らの訓示を裏切るものであった。首相の立場を考慮したものか、一二月七日の政友会総務会において岡崎邦輔は、先の会見で山本首相が「普選問題に言及したかの如く伝へられて居るけれども決して左様の事実なく、一体山本首相は普選問題を以て重大視し自己の意衷は未だ閣僚の何人にも打明けて居ないといふ事である」と「釈明」したと報じられ(『国民』12・9)、山本自身も一二月九日、革新倶楽部代表との会見の際、「普選の内容などに関し一言も言及してゐない」と説明した。しかし山本の普選に対する姿勢が一月前より大きく後退したことは、誰の眼にも明らかであった。果然一二月一二日の閣議では、薩派は独立生計、施行「大正一七年頃」を主張し、無条件普選明年五月総選挙より実施を主張する犬養・平沼と対立し(田は病欠)、「内閣成立以来最も緊張した場面を見せた」と伝えられたが、一致した結論に到達しなかった(『東朝』12・13)。

内閣の内兜を見すかした政友会は、政府からの反総裁派への働きかけを克服し、政府攻撃の姿勢を高めた。標的は後藤内相であった。小川平吉らは後藤が大杉栄に資金援助を与えた問題を追及する一方、臨時議会の眼目たる復興予算に二割以上の大削減を加えた。解散をおそれる政友会は、復興問題で政府と争っても、復興をおくらすことになる議会の解散は無しと読み、後藤内相の辞任をねらったのである。一方、これに先立ち政・憲両党総裁の意を体して、政友会の岡崎邦輔、憲政会の安達謙蔵の両者が一二月五日から一七日まで三回にわたり会談し、政府が議会を解散すれば提携して護憲運動をおこすことを協議した(「第二護憲運動秘史」『憲政会史』所収)。一二月一九日の閣議で、犬養と平沼は議会解散を主張したが、後藤は意外にもこれに与せず、閣議は屈従に決した。勢に乗る政友会は火災保険貸付法案を審議未了として、議会最終日、田農商相を辞任に追込んだ(鳥海論文)。

同じ議会最終日の一二月二三日、「治安維持令」が議会で承諾された。第四五議会における過激社会運動取締法案と同様、「治安維持令」も貴族院で先議されたのであるが、今回は衆議院で握りつぶされることなく通過したのである。前回の内相に代って提案者となった平沼法相は、これがあくまで震災時における非常立法であることを強調し、「人心ガ平常ニ復シタトハ申サレナイ」ことを理由に勅令の継続を求めたのであるが、「平時ニ於テモ此ノ如キ種類ノ事項ニ付キマシテ取締ヲスルト云フ必要ハ、政府に於テモ認メテ居ルノデアリマス」から「或ハ内容ヲ変更致シマシテ」立法化するかも知れないと公言していた(『衆委録』38、五四四―四五ページ)。司法次官山内確三郎にいたっては、場所が貴族院ということもあってか、過激法案を「適当ノ時期ニ」「前ノ法案ヨリ完備セシメタ法律トスルト云フ必要ヲ認メテ居ル」から、「状態ガ適当ニ安定ニナッタ際ニハ是(治安維持令)ハ止メテ、而シテ法律ヲ以テ恒久ノ規則ヲ作リタイ」と本音をのべている(『貴委録』22、一〇六ページ)。すなわち司法当局の意図は、近い将来より整備された治安立法が成立するまでの場つなぎとして「治安維持令」を維持することにあり、人心が安定したら治安維持令を廃止する、というのではまったくない。

したがって治安立法に反対する側からいえば、治安維持令に承諾を与えないで、廃止してしまうことが先決であった。さすがに革新倶楽部の高柳覚太郎や庚申倶楽部の南鼎三は、委員会と本会議を通じて、「治安維持令」そのものが「危険ナル勅令」(高柳)、「非常ニ圧制ノ勅令」(南)であるとして反対している(東大出版会『衆議院議事速記録』46、二三二・二三六ページ)。逆にかねてから治安立法賛成の政友会を代表して、黒住成章は、今日の思想状況からして「本勅令ノ廃棄サレルトキニハ、新ニ内容ガ改善サレタル一ツノ立法ガ出来ルコト、考ヘル」と司法当局に呼応する(同上、二三七ページ)。注目されるのはこれまで過激法案に反対してきた憲政会が「治安維持令」に承諾を与えたことである。横山勝太郎の読み上げた憲政会の声明にいわく。

> 勅令第四百三号治安維持令ハ其規定スル所汎博ニシテ其用語的確正明ヲ欠キ之カ適用上多大ナル危険ヲ伴ヒ言論圧迫ノ結果ヲ生スヘキヲ以テ政府ハ本令適用上関係官憲ニ対シ相当ナル手段ヲ執リ且ツ次ノ帝国議会ニ本令廃止ノ法律案ヲ提出スヘシ(同上、二三三ページ)。

これは奇妙な声明である。もし憲政会が治安維持令の危険性を真に認識していたなら、この議会で承諾を与えなければよいのである。通常立法に接続させる意図を政府当局が明示している治安維持令に承諾を与えることは、治安立法反対の砦の外濠を埋めるに等しい。いったん承諾を与えた以上、いくら政府に注文をつけたところで自慰行為にすぎない。犬養の平沼への黙約といい、憲政会の治安維持令承諾といい、野党の治安立法に対する態度の転換を物語るもので、治安維持法への道は大きく開かれたのである。世論の反応も従来とくらべていちじるしく鈍かった。さすがに、一二月二一日、院内の全国新聞通信同盟記者倶楽部は緊急総会を開き、治安維持令の廃案を決議し、各党を歴訪したが(『東日』12・22)、かつての過激法案反対運動のような盛り上りはまったく見られなかった。

さて、普選問題の成行きを見ると、後藤は復興事業の遅延をおそれるが故に、臨時議会では涙を呑んで屈服し、引続き開かれる通常議会において削減額を復活し、普選案を上程し、これでもって政友会と対決する考えであったとつたえられるが(『後藤新平伝』第四巻、七〇六―七ページ)、この屈服は政府の威信を傷つけること、はなはだしいものがあった。『東京朝日新聞』(12・20)社説は「山本首相屈す　政界未曾有の醜態」と題し、政府は解散か辞職かの一を選ぶべきであったとし、「彼の普通選挙の問題も、如何になり行くや覚束ないものがある……超然内閣によつて多数党の横暴を免れんとしたのは誤りであった。国民は自ら起つて途を開かなくてはならない」と政府不信を露わにした。この危惧を裏付けるように、一二月二三日におわった臨時議会に引続く通常議会成立の翌日一二月二六日の閣議でも、普選案はなおも意見一致せず、法制局に回付された内務省原案が[17]翌二七日にならぬと成案を得ぬこともあって、なお閣内の調節をはかることとし、結論は翌年廻しとなった(『東朝』12・27)。海相財部彪のこの日の日記(国立国会図書館憲政資料室所蔵)にいう「選挙権拡張問題ハ来ル一月四日政治始ニ於テ明確ニ決定スヘキ旨首相ヨリ宣言セリ」と。

この形勢をみて、憲・革・庚の普選三派は一二月一八日に協議会を開き、通常議会の劈頭統一普選案を提出することをきめた。政府の出方を打診し、政府が政友会に屈服するなら一戦を試みる意図とつたえられた(『国民』12・19)。

こえて二〇日には三派実行委員会が開かれ、首相はじめ各閣僚に普選即行を働きかけることを決定、統一普選案起草委員を選んだ(結局起草は植原悦二郎一任となる『東朝』12・21、12・22)。一二月二五日通常議会成立の日、普選各派連合懇親会が開かれ、今議会における普選案必成を決議した。この日、二年前の高橋内閣第四五議会の折、共同宣言をもって普選を要求した八紙を中心とする一五新聞社[18]は、改めて共同宣言を発し、納税資格無条件撤廃の即時断行を要望し、この案に賛成するならば、政府・政党たるを問わず「我等の同志とするに躊躇せぬ」と言明した。前回は主筆の連名であったのに、今回は新聞社そのものの連名である。新聞界の意気ごみがうかがわれる。

普選運動は、院内普選派および新聞の領導のもとに再開されようとしていた。しかも山本内閣の一一月末までの態度によって、普選間近しと待望していたのが、裏切られかねぬ状況となっていたので、運動が一段と激化することは当然予想されるところであった。当時起草された内務省の意見書(『後藤新平』第四巻、七〇七ページ以下)は、たとえ普選法を次期選挙に施行できぬとしても、法案だけは通常議会で通しておくべきだとして、その理由を次のように論じた。

蓋普通選挙ヲ施行スルヤ否ハ、方今ノ我国政界ニ於テ多年ノ懸案トナレル重要問題ニシテ、又国民カ之カ実施ヲ要望スルノ声ハ近時益〻熾烈ナルモノアリ。且政府ハ既ニ二三ノ機会ニ於テ、次ノ議会ニ於テ普通選挙法案ヲ提出スヘキ意思ヲ以テ調査ヲ進メツ、アル旨ヲ声明シテ、其ノ態度ヲ宣明シ、為ニ国論稍〻鎮静ヲ見ルニ至レルノ現状ニ在リ。従テ政府ノ普通選挙法案ニ対スル態度ハ最モ国民ノ注目セル所ニシテ、今俄ニ普通選挙法案ノ提出ヲ中止シタリトセムカ、国論ノ紛糾誠ニ恐ルヘキモノアラム。

徳富蘇峰もまた同じく普選を「実行せざるに於ては天下人心をして険悪ならしむる恐らくは此れより甚だしきものなけむ」と論じた(蘇峰「山本首相と普通選挙」『国民』12・13)。

山本内閣は普選に向って前進せんとすれば、衆議院で絶対多数を占める政友会と、逆に世帯主選挙制へ後退すれば、野党および民衆運動と衝突すること必至であった。内閣の命運尽きたと観測する政界人は、さまざまの策謀を開始していた。このときに当り一二月二七日虎の門事件が発生し、内閣は倒れた。(19)

4　無産勢力の動向

周知のごとく、関東大震災と山本内閣の普選構想の公表が、社会運動の方向転換をもたらし、その組織的再編成と政治化を現出したのであるが、ここでは、政府の普選構想の公表に対する、無産階級諸組織の直接の反応ぶりを検証したい。

まず労働組合の状況をみると、これまで普選運動を行なってきた少数派の組合が、政府の姿勢に歓迎の意を表したことはいうまでもない。大阪の純向上会は、一一月一一日に挙行された創立一周年大会で、普選運動を徹底的に行なうとともに、「労働党組織の前提として議会政策派各組合の連合を画する」と称して、大阪鉄工組合その他に働きかける旨を明らかにした(『労働者新聞』11・15)。その結果が、一一月一五日(実は一二月二五日)結成された日本労働組合連合(前記二組合のほか、大日本美術友禅工組合・立憲労働党・日本土工組合、三四七三名)であった(内務省社会局編『大正十二年労働運動概況』第一編、二九ページ)。

問題は労働組合運動の主流で、この春、政治運動は必要だが、普選運動は議会主義にもとづくものだから、これには参加しない、との態度を表明した日本労働総同盟の去就である。東西の活動家たちは一様に震災下の白色テロ——朝鮮人虐殺事件・亀戸事件・大杉事件、および社会主義者の一斉検束に衝撃を受けた。とりわけ後述するように、一般民衆が官憲のふりまいたデマにおどらされ、朝鮮人の大量虐殺と社会主義者迫害に荷担したことにより、いまさらの如く、運動の指導理念と現実との間のギャップに気づかされたのである。(20)この心理から産み出されたのが「口よりも手、議論よりも実行、理想よりも現実」(鈴木文治『労働運動二十年』三四四ページ)の合言葉であった。

普選問題を真先に取上げたのは京都連合会であった。一〇月一三日、京都捺染工組合は総会において「連合会政治部活動促進の件」とともに「普選実施後の労働階級の態度研究会設置の件」を可決、ひきつづいて別室で総会を開いていた京都合同労働組合に合流して、この問題について一時間半にわたり「闘士諸君の大論戦」を展開した(『労働者新聞』11・1)。その内容は不明だが、両組合とも谷口善太郎・国領五一郎ら共産党員が指導する左派色の強い組合であるだけに注目をひく。

活動家間の意見の対立が鮮明にうかがえるのは、一一月一〇日の大阪機械労働組合大会である。この組合は当時二四五〇人の組合員を有する大組織で、その動向は関西労働同盟会(一万一〇〇〇人)の趨勢を占うものとして衆目を集めた。普選問題についての執行部提案はつぎのとおり。

一、選挙権の行使棄権は一般会員の自由と為す事。

二、組合として選挙運動に携る事は効尠くして弊害多きものと認む。依て組合としては選挙運動に事《ママ》はざること。

三、我等は議会主義即ち社会改良主義には絶対に反対するも、労働階級の政治運動を放棄するものにあらず。

四、既成政党との関係及労働党に関する問題は更に研究審議する事。

右のうち第三項は、二月の前記総同盟中委声明の延長線上にあるが、第一項と第二項は、組合の組織保全とその利益追求を第一義とする立場から、普選運動を離脱した関西労働同盟会の伝統的政策に基づく主張であった。この執行部案に対して、「純理論」を唱えるものは、「政府は今普選を出して無産者運動を瞞着し社会運動を堕落さし、自己の地位を守らんとしてゐるから、此際棄権して無産大衆に議会主義の非を徹底せしめよ」と論じ、「現実主義派」は「普選は無産階級解放には第二義的だが、我国の無産大衆は今普選を求めている故に、この大衆と離れない為に選挙権を行使し、真に労働者の代弁者となる者を出すべし」と反撃し、また執行部案を支持するものもあり、「灼熱的な論戦」

つきず、結局「この意嚮と空気とを中央委員会及び関西同盟会に伝へ、各地の意見とも参酌して他日更に議決する事」に決した(同上、11・15)。

このような意見の対立は、総同盟系と目される組合共通の現象であったらしい。『大正十二年労働運動概況』(五三ページ以下)のつたえるところでは、官業関西労働同盟会に属する向上会と煙草労働組合の幹部の一一月三日の会合の席上、花岡潔(共産党員)が普選で行なわれる次期選挙にそなえ、今から候補者を物色しておく必要があるとのべたのに対し、これは花岡がこれまでとなえてきた政治運動排斥論に反すとの詰問がなされ、あるいは一一月一九日の全日本鉱夫総連合会の幹部会で、麻生久の組合としての選挙権行使説に、加藤勘十らは「組合を挙げて政治運動に趨るは従来の組合主義に反する」と「強硬に反駁し」たという。これまで普選大害論を唱えていた共産党系活動家の豹変に対する感情的反発も、存在していたらしいことがうかがえる。

しかし大勢は普選利用の方向に傾いた。前述の大阪機械労働組合大会の空気も、大阪市社会部編『労働組合運動』(一九二四年)によれば「大勢は行使説に傾いて居たものゝ如く」(二六六ページ)、『労働者新聞』の社説も、一一月一日付の「普選実施と吾人の態度」が普選や労働党よりも団結権・スト権が緊急の問題だと論じたのに対し、次号の一一月一五日付「議会運動の社会改造に於ける価値」および次々号たる一二月二日付「日常闘争と議会利用」は、明確に議会運動進出の立場をとっていた。こうして大勢の赴くところ、棄権説はおろか、自由投票論さえも押し流した。一一月一二日の総同盟中央委員会は、さすがに意見がまとまらなかったが、翌々一四日には、ついに「普選実現の暁には選挙権を行使すること」に一決し、その具体的方法決定のため議会対策委員会を設けることになり、さらに一二月九日の議会対策委員会は、関西の提案を入れて「他の無産階級との協議連絡を図ることのため」特別委員を設け、ここに総同盟は、無産政党結成への一歩を踏み出すことになった。

総同盟を先頭に「一時不関焉の態度を取った各種労働団体は、臭をかゞされた普選即行案の前に豹変の態度を示した」(『日本労働年鑑』大正一三年版、二七八ページ)。たとえば反総同盟派の巨頭たる機械労働組合連合会の一一月一八日の委員会では、「従来の主張よりして」「普選を問題とせざる論者ありたるも、現在組合員の七割は普選に賛成し其実施を望むもの〻如く、而して多数の組合員が政党者に利用せらる〻は組合の不得策とするものなれば寧ろ進んで自ら普選運動をなすの賢明なるに如かずとの意見に傾き、普選権の行使に就ては組合内より候補を立つべしとの説多数を占めたり」という状況であった(『大正十二年労働運動概況』五九ページ)。選挙権の行使はもとより、普選運動までやろうというのだから、まさに百八十度の転向である。

他方、農民組合運動の主柱たる日本農民組合の場合、総同盟ほどの意見対立はなかった。もともと総同盟にくらべて普選運動参加論者の力が強い上に、この年の秋、九月から一〇月にかけて全国的に実施された府県会議員選挙においても一三名の候補者を推薦し、全員落選はしたが、地主側候補に脅威を与え、また組合組織の拡大を実現するなど成果をあげたからである(和田仁「農民運動と普通選挙」)。

一一月二三日の関西同盟会幹部委員会は、(1)普選実施後投票権を行使すること、(2)農民組合を背景とする政党を作ること、(3)その政党を農民党とするか、他の無産階級党と提携するか、一般無産階級の政党とするかなどの問題については、同盟内に農民政治研究委員会を設け、中央委員六名、地方委員一五名を置くことをきめた(『土地と自由』二四号、12・25)。こえて同月三〇日、関東同盟会でもほぼ同趣旨の決定が行なわれた。ただし、こちらの場合「普選促進運動は各支部の自由にまかすこと」の一条が加えられている(同上)。これは第二回大会決定の確認であり、関東側の普選運動に対する消極的姿勢を改めて示したものであろう。なお両委員会の中央委員は相互に意思疎通をはかり、明春の日農第三回大会までに結論をまとめることになった(前出『大正十二年労働運動概況』第四篇、二二ページ)。

おわりに、総同盟や日農に大きな影響力をもっていた日本共産党の対普選態度をみておこう。山川均・佐野学ら党主流による「普選大害論」が、コミンテルンのいわゆる二二テーゼによりその力を失い、合法無産党結成議会進出の声が党内に高まりつつあったとき、六月五日の大検挙に遭い、党勢にわかにおとろえ、加うるに震災の打撃により、ほとんど解党状況におちいった。徳田球一の供述(『現代史資料』20、みすず書房、八〇ページ)は、検挙を察知した党が中央委員会を「改造」したとして、山川均・佐野文夫・赤松克麿・饒平名智太郎・鈴木茂三郎・北原龍雄の名をあげているが、はたして委員会としてどこまで機能していたか疑わしい。検挙を免れた党員が、一様に震災下の白色テロに愕然としたことは、先述の総同盟の活動家の場合と同様である。付言しておきたいことは、彼らが衝撃を受けたのは、朝鮮人虐殺事件や、亀戸・大杉事件だけではなく、「所謂民衆が、社会主義者を不逞の徒となして、その胸元に、白刃や竹を突きつけた」ことにあった(岡陽之助「リベッ化の傾向」『進め』一の九、一九二三年一二月)。官憲は、朝鮮人暴動は社会主義者の煽動によるとのデマをとばしただけでなく、朝鮮人暴動の流言自体も社会主義者のせいだとした(松尾「関東大震災下の朝鮮人虐殺事件」上『思想』一九六三年九月号)。このため震災地の民衆は、露骨な反感を一時的にせよ社会主義者に示すに至ったのである。この事態に直面しては、のち『日本労働組合評議会史』(一九三二年)において赤松克麿らの社会民主主義への「方向転換」を糾弾した谷口善太郎(当時、総同盟京都連合会幹部)でさえ、この時点では次のように書いている。

> 民衆の意志と利害を代表してゐる筈のコムミユニストが支配階級への反逆に急である中に、不識不知少くとも民衆の意志より孤立した少数者の団体――民衆より見て憎まれ者の立場に封じられた観が無かつたか？　今度の震災に於ける自警団の反動団体化に当面した日本のコムミユニストは此点に就て再三反省すべき重要な時期に立つてゐるのではないか。……もし日本のコムミユニストが、従来の如き戦術を続けるならば、換言すれば左翼共産主義の一元的戦術を続けるならば、日本の無産階級運動は孤立無援の立場に行き渡つて了ふであらう。

このような反省に立って、谷口は、予想される「ラヂカルリベラリストと無産階級との結合によつて実現するであらう」合法政党に、コミュニストは「潜入」してこれを「蚕食」せよと主張するのである(谷口「潜入と蚕食」『進め』

二の一、一九二四年一月)。

谷口論文の掲載された『進め』は、共産党の準機関誌的存在であったが、この号は「社会民主々義的政治運動に対し共産主義者は何を為すべきか」の共通題下に、前記の谷口論文のほか、山川均・柴耕介(鈴木茂三郎)・北原龍雄・田口運蔵・山本小三郎・今吉一雄・平野学・羽生三七の文章をのせている。普選利用・合法政党組織に反対のものは一人もいない。かつて普選ボイコットを主張した共産主義陣営の最高理論指導者山川均は「新形勢と新方策」(一一月四日稿)と題し、普選実施後予想される小ブル民主主義勢力の勃興に対抗して、都市・農村の無産階級が政治的に結束する急務を論じ、これまで彼の固執してきた棄権運動については、「実際の形勢によつて定まる」と後退している。そして一二月成稿とされる「日本におけるデモクラシーの発達と無産階級の政治運動」(『山川均全集』5)では、「組織された無産階級(労働組合と小作人組合)の大多数」が投票権行使に傾いたことを決定的理由として、棄権運動の不可能を承認した。

もっとも頑強な非普選派の荒畑寒村は、三月の石神井会議の直後、コミンテルンの意向をただすためロシアに派遣されたが、一一月帰国し、翌年二月号の『進め』誌上に鎌田安之助の名で「普選実施と政党運動」と題し、徹底的な自己批判を行ない、議会へ、無産階級政党結成への「急角度的大方向転換」を主張した。ここに普選大害論は完全にとどめを刺された。すでに鈴木茂三郎は、震災前の「防援会」を母胎として「政治問題研究会」を一二月に再建し、無産党結成への動きをはじめていた。

荒畑は前記の自己批判論文の中でこう書いている。「普選は吾々が拱手してゐても、やがては天降り的に敷かるゝであらう。だが、如何なる普選が敷かるゝかと云ふことは、一に民衆の自発的な、攻勢的な、組織的な、積極的な運動に依て定めらるゝのだ」。しかし、現実に進められつつある各種の無産政党準備の試みは、普選を天降りと心得、無産階級にとって有利な選挙法をたたかいとろうという積極的姿勢はみられなかった。

たとえば、警視庁総監官房特別高等係『無産政党組織運動の沿革』(一九二六年三月編)によれば、鈴木茂三郎を中心とするとおぼしき「検挙ニ洩レタル同派〔共産党のこと―松尾〕重立者」の間で、合法無産政党組織の話が山本内閣の普選声明後に進行し、極秘裡に三三項目の基本的綱領を決定したが、その第一項には「普通選挙ハ財産及居住ノ制限ナク二十歳以上ノ男女ニ選挙権被選挙権ヲ与フ」とうたわれていた。しかし政治研究会の前身として同年一二月に発足した政治問題研究会は「日本労働総同盟、日本農民組合ノ各幹部並ニ思想家文士学者弁護士新聞記者等各方面ノ有力者ヲ糾合シ」「我国ニ於ケル無産政党組織運動ノ先駆団体」であったが、「今直ニ普選運動ハ行ハサルモ普選ニ対スル準備トシテ研究会及協議会ヲ開キ極力無産階級ノ政治智識ノ啓発並ニ訓練ニ努力スルコト」に役割を限定した。(21)

第二次山本内閣は、普選制度成立史の上に画期的な地位を占める。首相が公然と普選案の議会上程を明言したことは、かつてない現象であった。挙国一致内閣を標榜する政府として、普選が来たるべき選挙に向けて民心をひきつける絶好の題目であったからであるが、そこに踏み切るには、解決を先にのばすと普選運動が激化し「悪化」するという判断と、治安立法により無産勢力の進出を押さえうるという目論見が存在していた。治安立法優先の政友会路線と普選法優先の非政友路線の結合による、新しい支配体制構想が浮上したのである。政府の断乎たる姿勢に応じて、法制審議会は、政府構想をほとんどそのまま是認する答申を提出し、立法化を大きく前進させた。しかし、政府のくわだてた非政友合同の試みは失敗におわり、政友接近・議会乗り切りのための世帯主選挙権付与論が閣内に台頭し、いかなる法案が提出されるか予断をゆるさぬまま、虎の門事件を迎えたのである。この間無産勢力側は従来の反議会的行動を一擲し、与えられる普選を利用して議会内に進出すべく、無産政党結成の準備に入った。平沼騏一郎に端的にみられる如き、官僚勢力内部における普選是認の空気の浸透、憲政会の治安立法是認、無産勢力の現実主義への方向転換。普選実現への道は、前加藤内閣期より、さらに大きく開かれた。残る問題の政友会の絶対多数の壁は、次期の清浦内閣を迎えての政友会分裂によって崩壊する。

四　普通選挙法の成立

1　第二次護憲運動と普選問題

若きアナキスト難波大助の摂政裕仁狙撃事件は、山本内閣の退陣をもたらした。自由主義的諸新聞は、このような事件で政変が発生するのは、憲政上有害であると主張したが、閣内においてとくに犬養毅は治安立法の必要を強調するとともに、内閣総辞職を主張し、また諸政党とも内閣の責任追及の気構えを見せた。

元老西園寺は総選挙の公平な施行を理由に、枢密院議長清浦奎吾を首班に推した。清浦は政友会の援助を求めたが成功せず、摂政の優諚ありとの口実のもとに、ようやく、研究会に組閣を一任した形で、一九二四(大正一三)年一月七日、貴族院を母胎とする内閣を組織した。この組閣の不手際をとらえ、憲政・革新の両派は内閣反対の態度を明らかにし、政友会総裁派また、かねての憲政会との密約に基づきこれに同調し、原敬の築いた大政友会分裂の事態を招いた。三党首は三浦梧楼の斡旋により、一月一八日「政党内閣制の確立を期す」との申し合わせを行ない、ここに倒閣運動は、三政党の組織的連合の上に展開されることになった。これに対し清浦内閣は、政友会より分裂した政友本党を与党として、一月末日、議会を解散した。三ヵ月余にわたる選挙戦のすえ、五月の選挙では憲政会を第一党として、三派が圧倒的勝利をおさめ、六月十一日、清浦内閣に代わって、加藤高明を首班とする護憲三派内閣が成立した。この間の倒閣運動が、いわゆる第二次護憲運動である(1)。

一月七日、組閣に成功した清浦奎吾は、一月一一日、西園寺元老訪問の帰途の車中で、今期議会に普選法案提出を言明した。これを報じた『東京朝日新聞』(1・12)は、首相の態度をもって、特権内閣攻撃の「世論を緩和するの目的」をもつものと評し、「内容が問題、無条件即行などは到底夢想もされぬ」と断じた。果然、一月一七日の閣議決定を経て、翌日枢密院に審査を委ねられた法案は、供託金(一〇〇〇円)、選挙事務所と運動員の制限と届出、一切の戸別訪問の禁止などは、法制審議会の答申にしたがいながら、肝腎の無条件納税要件撤廃からは一歩後退して、「独立ノ生計ヲ営ム者」の条件が付けられた(学生・生徒を有権者とし、宗教師・小学教員の被選資格も認められた)。区制は現行法のまま。実施は次々回の総選挙からとされた(枢密院文書『大正一三年御下付案』)。この政府の方針は研究会幹部との打合せの上で決定したものとみてよい。(2)

政府は審議促進を枢府に要請したものの如く、一月一九日の諮詢当日、審査委員長　金子堅太郎、委員　安広伴一郎・岡部長職・富井政章・平山成信・有松英義・山県伊三郎・山川健次郎・日賀田種太郎を指定、一月二四日より審議が始まった。当日の質問の焦点は「独立ノ生計」にあり、その「標準及意義」につき岡部・山川より質問があり、さらに有松より「独立ノ生計ヲ営マサル者ハ如何ナル者カ、之ニ対シ選挙権ヲ与ヘサル理由如何、地方制度ニ於ケル選挙権ノ制限ト比較シ本案ノ制限ハ果シテ適当ナリヤ、普通選挙ヲ非トシ単ニ此ノ程度ノ制限ヲ可トスル有力ナル理由如何」など質問が出た。このほか山川からは「選挙権ニ対シ教育程度ノ制限ヲ置クノ必要ナキヤ」の質問もあった。(3)

一月三一日に議会が解散となったので、政府は二月六日、いったん法案を枢密院より撤回した。しかし二月二〇日、選挙後の特別議会に上程するためと称し、新法の施行期を次回の総選挙からと改めるなど、ごくわずかな字句を修正の上、前回同様の法案をふたたび枢密院に送った。これは明らかに選挙対策であった。すなわち選挙の争点として選挙法問題を提出し、普選を危険視する保守的有権者層をひきつけ、この問題につき後述の如く、党議をきめていない政友会を動揺させる効果を期待していた。

枢密院は前回同様の委員でもって、審査にあたることとなったが、委員会が開かれたのは諮詢後一月以上経った三月三一日のことであった。政府の見えすいた政略に素直にのることは、閥族打破の高唱されているときにあたって、さすがにはばかられたのであろう。委員会の劈頭、金子委員長自ら「会期短キ特別議会ニ強テ本案ヲ提出スル理由如何」と質問している。これに対し水野内相は「本問題に関しては多年朝野の間に論議し尽された所であつて今更多くの日数を要するとは思はれぬ」、もし必要ならば会期の延長を辞さぬと答えたといわれるが(『国民』4・2)、さらに有松の追及を受けた。ただし枢密院は、政府案の撤回を求めることはせず審議を継続した。この日と四月一一日の両日にわたって政府に対する質問が行なわれたが、選挙権・被選挙権関係では、独立の生計(有松・山川・岡部)、知識・教育要件(岡部・山川)、第一三条削除(宗教師・小学教員被選挙権付与)(有松)について質問があった。他では富井が、大選挙区比例代表制および「貴族院ノ組織改正ニ意ナキヤ」と問うたのが注目された(枢密院文書『大正十三年委員会録』)。この日の会議の途中で、政府への質問を打切り、委員だけによる逐条審議が、四月一二日、同一七日と行なわれた(内容不明)。一七日逐条審議を終り、この間に出された疑問点を二上書記官長が政府と打合すことになったが、その後の事情は明らかでない。おそらく総選挙の結果まちということで、審議は中断されたものとみられる。

ところで与党の政友本党は、一月二九日に結党式をあげたが、その政綱は旧政友会のそれを引きついだにすぎず、選挙法改正について言及がない。二月一四日、政務調査会内務部会は選挙権拡張を調査項目の筆頭にあげ、三月三日の幹事会は「時勢の進運に伴ふ必要ある新政策を加味する必要あるを以て、近く総務会に其議を提唱する事」に決したが、実行されていない(河原弥三郎編『政友本党誌』一二一—三三ページ)。政友本党としては内閣が選挙法改正に着手している以上、それに任せておけばよいとの考えであったように思われる。

一方護憲三派側では、一月一八日の三党首会談できまった政党内閣制確立以外の具体的公約は容易に決定しなかった。一月二〇日の三派領袖協議会でも「一、政党内閣制を確立する事、一、特権勢力の専横を阻止する事、一、此の目的を貫徹する為めに将来も亦一致の態度を執る事、一、以上の趣旨に則り清浦内閣を否認する事」の申し合せがなされたにとどまり、普選に言及はなかった(横山勝太郎編『憲政会史』所収「第二護憲運動秘史」二五ページ)。

各政党は、それぞれ独自の政策を掲げて選挙戦に臨むことになった。憲政会は二月九日、選挙委員会(主任安達謙蔵)においては、普選即行・綱紀粛正・行財政整理の三項目をとくに強調することをきめ、さらに二月二七日の最高幹部会は具体的な細目をとりきめ、普選問題については、納税資格の無条件撤廃、大選挙区制の採用、次回の総選挙より施行の三原則を明示した(『国民』2・11、2・29)。革新倶楽部は一月二五日の前代議士会において「一、普通選挙の断行(納税資格の無条件撤廃)、二、貴族院令の改正、三、行政、財政、税制の根本的整理の断行」の三大政綱を旗印とすることに決した(同上、2・27)。

このように憲・革両派は、それぞれ普選の断行を公約の第一に掲げたのであるが、政友会の態度はあいまいであった。二月八日の幹部会の決定した政策は、農村振興・税制整理(地租委譲など)・行政整理(文官任用令改正など)・金利引下・農産物関税復活などに留まり、普選については「此際党議決定の機関なき故各候補者の自由意思に一任すること」となった(同上、2・10、『政友』第二七八号、三八ページ)。政友会内には、憲政擁護の旗印を掲げる以上、また三派の協調を固めるためにも無条件普選即行に決すべしとの意見が優勢であった。しかし二月八日の幹部会では、一、三の幹部は条件付を固執したという(『東朝』2・27)、その中の一人は、山本内閣のとき法制審議会の普選承認に抗議して委員を辞任しようとした小川平吉であったと推測される。普選断行を多数決できめることは、党の結束をみだしかねないし、また当面の敵である政友本党に「政友会は赤化した」との宣伝材料を与えることになるおそれがあった(二月二日の政・革領袖会議における政友会側発言、『東朝』3・3)。政友会分裂の黒幕で高橋の相談役たる小泉策太郎は『国民新聞』(2・5)に「護憲と普選」と題する一文を寄稿し、選挙権拡張は政友会の持論であり、「問題は独立の生計か無条件かに局限されて来て、大体は最早解決して居る」、「殊に裸一貫の平民となつて民衆政治の先頭に立たんとする高橋総裁の大決心は」「総ての旧型を打破して新局面を展開せんとするのに外ならぬのであるとすると、普選問題の如きは僕の所謂陽気の加減で氷が解けるやうになるであらう」と選挙後の自然解決を暗示した。

政友会の態度が右の如くであったから、表向き三派の共同目標に普選がかかげられることはついになかった。二月二五日に公表された三派共同声明でも、特権内閣の打倒と与党の撲滅がうたわれたのみであった。普選断行と貴族院改革を目標に掲げよと主張する言論界はこれに不満で、『東京朝日新聞』の如きは、「此の如くんば真の護憲は清浦内閣と政友本党と併せて、政友会に引ずられてゆく護憲三派をも憲政の敵として征伐しなければならない」と論じた（社説、2・27）。

しかし裏面において三派の政策協定は進行していた。二月一二日にかねて政・憲両党の提携を斡旋していた憲政会代議士岡崎久次郎の邸宅で、両党最高首脳部（政友会　高橋是清・岡崎邦輔・野田卯太郎、憲政会　加藤高明・若槻礼次郎・安達謙蔵・浜口雄幸）の秘密会談がもたれた。この会合では、選挙後第一党の党首が首相となること、その際必ず友党の最高幹部の入閣を求め連立内閣を組織すること、などの最高方針が決定された。政策面においては貴族院改革とともに普選がとりあげられた。岡崎邦輔は「其内容乃ち何人にも選挙権を与ふる点を独立の生計を営むものに与ふるとか何とかの条件を付する」ことを要請したが、安達謙蔵は「我党は普選問題に就きては一回の解散を受け、今日迄研究熟考に当りたる歴史に、政友会に於て極力譲歩せられ、以て斯問題の妥協点を発見したしと思ふ」と、憲政会側の主導権を主張した。秘密会談の内容を伝える唯一の資料たる「第二護憲運動秘史」（前出、二八ページ）はその後の始末を「本問題の具体案に就き委細協議を遂ぐ」と書くのみであるが、何らかの諒解点には達したものとみられる。

このあと三月一日、政友会側の招待で政・憲領袖会議が、ついで翌日、政・革領袖会議が開かれ、政策について協議した。前記二月一二日の政・憲秘密会談の趣旨で、政策協調をさらにすすめるための処置であろう。政友会の主催で憲・革両派と別々に会合するという形式をとったのは、この両派が大正政変のとき分立したという歴史的因縁から、近親憎悪に近い感情が幹部間にわだかまっており、肚をわった相談は三派会談では無理と見られたからであろう。この両会合でも普選問題は議題となっているが、政友会が公然と普選を掲げえぬ理由を憲・革両派とも諒承したとつたえられる(『東朝』3・2、3・3)。このように裏面では普選についての三派間の意思統一が進んでいたにもかかわらず、政友会が公然普選を旗印に掲げえないということは、自ら普選運動の成果を憲政会に摘みとられるという結末をもたらした。

第一次護憲運動当時、皆無にひとしかった労働者・農民の階級組織は、第二次運動ではその存在を確立していたにもかかわらず、独自の役割を果たすことができなかった。先述のように山本内閣の普選声明は、総同盟・日農をはじめ、多くの労働者・農民組合に、普選利用・無産政党組織への方向転換をもたらしたが、その矢先に護憲運動の勃発を見たのである。方向転換はきめたものの、労農運動の中央指導者たちの多くは、この運動に組合が関係することは、既成政党に利用されることになるだけだ、と運動不参加の立場を取った。彼らはこの機会を利用して労農政治勢力の結集を図るべく、普選・治安立法反対など、独自の要求を掲げて運動に参加するという積極的な姿勢を取らなかった。

日農に関係する知識人集団の雑誌『政治運動』創刊号(一九二四年四月一一日発行)で、同人の一人布施辰治は「真の国民的政争は、私共七千万民衆の総動員総参加に依りて決せられねばならぬ。民意参政の徹底的理解を促進する政治運動を起さなければならない」と主張し(「政治運動と普選」)、共産党事件で保釈出獄したばかりの徳田球一は「若し現在無産階級の政党ありとすれば普選即行を要求し、特権階級の特権把持を無産階級の立場から否定し、護憲運動ブルヂョア政党と共同戦線を張るべきである」と説いた(「大衆への道」)。しかし、現実には無産政党結成への道はまだ遠く、日本共産党さえ、護憲運動のさなかに解党してしまう有様であった。

この中にあって、地方では独自の普選運動を展開した共産党系グループもあった。かの『種蒔く人』を生み出した秋田青年同盟は、かねてより普選を支持する無産階級の「民主主義的な目ざめ」を「このまま放任すれば資本主義政党に盲目的にひきこまれ、おどらされる」「危機」を感じていたが、護憲運動に際し、積極的に普選を宣伝し「労働組合・農民組合・青年団体・文芸団体・急進政治団体等にたいしてこの機会に密接な関係を結び『共同戦線』をはって徹底的に政治教育の任にあたること」をきめ、一月二七日に秋田革新同盟・秋田青年記者有志会・土崎青年普選連盟とともに「秋田普選即行連盟協議会」を結成、これを婦人参政権を得るまでの半永久的団体とすることを決議し、従来の如き「一部政治家の政略」による「軽薄なる運動を排撃、あくまで不真面目な現在の政争に関係なく独立してすすむことをまづ最初に声明」し、運動の主眼を「一般民衆がやがて真の代表者を議場におくるため覚醒・訓練・結束・準備をととのへておく」ことにおいたのである（今野賢三『秋田県労農運動史』一六二ページ以下）。この協議会は二月一一日に「秋田普選連盟」へと発展した。発会式では選挙で普選即行を主張する憲政・革新両派の候補者を推すかどうかが問題となり、保守派との分裂をさけるため、「候補者とは協力するが、その具体的方法は後日にゆずる」ということでまとまったが、大会の空気は既成政党に利用されたくないという傾向にあった（秋田近代史研究会『近代秋田の歴史と民衆』一四九ページ）。この動きは同年一〇月の政治研究会土崎支部、翌年五月の政治研究会秋田県評議員会に結実する。

また、前年の三悪法反対運動に際し、郡青年会・南信壮年団・天龍労働団とともに、長野県飯田町でデモを行なった自由青年連盟は、この年の二月六日、同じ顔ぶれで「普選断行・清浦内閣打倒」のデモを約三〇〇〇人の参加を得て挙行している。デモ後の演説会では樋口秀雄ら憲政会候補者三名らが登壇し、憲政会に利用された観があるが、これらグループの結束は、同年三月の自由青年連盟指導部の羽生三七ら一五名の共産主義秘密結社を名目としての検挙事件（ＬＹＬ事件）にもかかわらず保たれ、翌一九二五年二月一五日には、治安維持法反対・真正普選要求・貴族院制度改革デモを行なうにいたる（佐々木敏二『長野県下伊那社会主義運動史』一四四ページ以下）。

しかし、このように民衆側で独自の運動を展開できたところはまれであった。労農組織の動向をみても、総同盟は二月中旬に第一三年大会を開き、有名な方向転換の宣言を発したが、当面の選挙についてはまったく問題としなかった。同月下旬の日本農民組合第三回大会では、組合員に二五パーセントから四〇パーセントの有権者が存在するため(「組合員に対する総選挙の影響」『土地と自由』大13・6・5)、大会の最後に提案された「来るべき総選挙に対する農民組合の態度」は紛糾を招いた。北摂(大阪)・旭東(岡山)両連合会を代表して、岡山の山上武雄が、組合運動と政治運動とを混同するおそれがあり、また既成政党と腐れ縁を結ぶ憂いありとの理由で「傍観的態度を採り、棄権或は自選投票をする」旨提案したが、香川県連の松野庫太は、前年秋の県議選で四名の候補者を立て、四五〇〇人の組合員を二万人にふやした経験をもとに除外例を要求、はげしい応酬の末交渉委員会まで開いて調整をはかり、結局、各地任意とし、組合が候補を立てる場合は中央委員会の承認を得ることになった(『土地と自由』大13・3・25)。

全国的労・農組織がこのような状態であるから、各地の労働者・農民は無統制に放置された。その結果は彼らの政治的関心は三派側に吸収利用されることになった。たとえば内務省社会局『大正十三年労働運動概況』(第一篇二九一ページ)は、「這般行はれたる衆議院総選挙における北海道庁管下工場鉱山労働者を始め一般労働者の政治的傾向は著しきものあり、労働者にして多少政治的意識あるものは所謂護憲の叫に共鳴し、殊に普選即行を要望するより其権能の範囲に於て当時野党側立候補者に対し投票又は声援し以て其の勝利を期待し」という状況にあり、とくに憲政会候補岡本幹輔(落選)を応援する日本製鋼所室蘭工場(かって友愛会の最大拠点の一つ―松尾)職工は、政友本党を支持する同地の有力商人に対抗して、その不買同盟「生活改善同盟会」を組織し、商人に大打撃を与えたという。また、佐世保海軍工廠労愛会の活動家は佐世保市護憲団に加入し、憲政会候補を善戦させた(岩村登志夫「無産政党の成立」岩波講座『日本歴史』18)。

日農の場合をみても、先述の大会決定に力づけられ、選挙戦に加わった地方組織が多かったが、組織独自の候補を立てたところはなく、既成政党候補者の応援にとどまった。香川では所期の如く憲政会候補を応援して組織の拡大を実現しえたが、他地方の幹部の中には「組合と云ふ背景があるので好遇される事を忘れて無産階級の気持を踏み外し」、「協調的になるのはまだしも、地方有志とも云ふべき第三者の立場に成上つたつもりで、組合員を圧迫して争議を無理押しに片付ける、選挙運動に加はらぬ付近の支部幹部を除名するなぞとの振舞に及」んだり、選挙違反で起訴されたものまであったという(前出「組合員に対する総選挙の影響」)。

市民政社も三派の選挙戦に動員され、三派はさらに新たに市民政社をつくり、これらを系列下においた。神戸暁明会が自前の候補藤原米造を押立てたのは例外であった。前年の県議選で鳥取立憲青年会を傘下におさめ、新たに、智頭(八頭郡)・賀露(気高郡)・河北(東伯郡)各立憲青年会を創立した憲政会鳥取支部は、このたびは郡単位に「立憲同志会」をつくり、県の定員四議席をすべて憲政会が独占することに成功した(『米原章三伝』八三ページ以下)。隣接する兵庫県但馬地方でも、前回の総選挙で斎藤隆夫を応援した村岡町立憲青年党、城崎町立憲青年団、豊岡・八鹿・出石各町の青年グループが、但馬五郡すべてに「立憲青年党」を組織し、定員二議席を政友本党と争い、斎藤(憲)・若宮貞夫(政友系中立)を当選させた(伊藤之雄『大正デモクラシーと政党政治』三〇〇ページ以下)。広島県では呉普選期成同盟会(憲政系)・広島立憲青年党(憲政系)のほか、一九二三年から二四年にかけ福山立憲革成会・備南立憲青年党(以上革新系)、安芸青年同志会・山県立憲同志会・甲山立憲公正会(以上憲政系)が結成された。選挙の結果は憲政七、政友四、革新二、政本一で、革新の善戦が目立った(『広島県史』近代2、天野卓郎『大正デモクラシーと民衆運動』、安藤福平「大正デモクラシーと農村青年」)。山梨県では既存の峡北立憲青年党(北巨摩郡、憲政系)、農友青年党(東八代郡、政友系)のほか、新たに甲府市に甲府革新党(革新系)、東山梨郡に東山梨青年自由党(政友系)、南巨摩・西八代郡に峡南立憲青年党(憲政系)、東八代郡に黒駒青年革正党(政本系)が結成された(有泉貞夫『明治政治史の基礎過程』)。

なおこの総選挙においては、前年秋の県会議員選挙につづいて、各地に地方的農民党をおびただしく生み出した。

その中には普選によって議会を改革し、農村救済を実現させようとするものがふくまれており、選挙の結果は六名の代議士を送り出すことができた。総選挙後の六月三〇日、この六名が中心となって、純農民党をめざす瑞穂会を発足させ、二三名の代議士を集めることに成功した。しかしこの会は開店休業におわり、メンバーのほとんどがまもなく政友会と政友本党に吸収されてしまい、実業同志会に対抗するような農民党はついに中央には結成されなかった(鈴木正幸「大正期農民運動の展開」「立憲農民党運動の展開と帰結」)。

これら市民政社・農民党の動向は、大正期、とくに第一次大戦後において、地方の名望家の秩序をゆるがせた、政治的に活性化した中間層が、政党政治の下における新しい支配秩序に吸収されつつあることを示すものであった。第二次護憲運動は一見、第一次護憲運動のような民衆運動をともなわなかったようにみえる。しかし実際は、政党は上から組織した民衆運動を選挙戦のかたちで展開したのである。第二次護憲運動で欠けたのは、自発的な下からの民衆運動であった。

2　政府案の作成過程

第二次護憲運動の勝利の結果として、清浦内閣は六月七日総辞職し、九日、憲政会総裁加藤高明が首相に指名された。加藤はその日のうちに、高橋・犬養両党首を訪問し協力を求め入閣を要請したが、その際、新内閣の政綱として提示したのは普選・行財政整理・綱紀粛正の憲政会の政綱であり、貴族院改革は「時機を見て相談し度い」という表現にとどめた(伊藤正徳『加藤高明』下、四七八ページ)。すなわち加藤は、普選を第一の目標とし、そのためには貴族院改革をある程度犠牲とするのもやむをえないという態度をとったのである。しかし彼は六月二八日から七月一八日まで、会期僅か二〇日間の第四九回特別議会に普選法案の通過をはかるのは無理とみて、同年末に開会される通常議会を待つ意向であった。憲政会はもとより、ようやく六月二三日の臨時大会で納税資格撤廃を党議として承認した政友会もこれに賛成したが、革新倶楽部は容易に同じなかった。革新倶楽部は六月三日に早くも選挙法委員会で、二五歳以上の男子に無条件で選被選両権を与えることを主眼とする法案を作成し、同月一〇日には代議士会の承認を得た。(4) 彼らが特別議会に提案を主張した理由は、「政治的動機以外に因つて、往々政府が倒壊する場合もあるから、本案の如く国民輿論の的であり長い渇望である問題は緊急問題として一日も早く解決」せねばならぬ、まして中正倶楽部(5)も普選法案を提出するではないかというにあった(『国民』6・24)。『東京朝日新聞』の社説(6・19)も同見解であった。彼らは政・憲両派の少壮議員にも働きかけた。このため三派交渉会は取扱いに苦慮したが、ようやく二八日にいたって首相の施政演説の中で、次の通常議会で必ず普選案を提出すると言明させることでおさまった。七月一日、首相は貴・衆両院でこの約束を果たした。なお中正倶楽部は七月一二日に革新倶楽部案とほぼ同様な普選案を提出し、かつて普選運動で活躍した西岡竹次郎が提案理由の説明に当ったが、質疑もなく直ちに委員会に廻され、一度も実質審議することなく審議未了となった。

政府は普選案作成に慎重であった。三派の多数を制する衆議院の通過は問題ないとしても、貴族院はもとより、衆議院に提出する前に条文審査を受けねばならぬ枢密院が問題であった。(6) 両院とも官僚勢力の牙城で、とくに憲政会とは長年対立関係にあったからである。主務大臣たる若槻礼次郎内相は回想していう(『古風庵回顧録』二九〇ページ)。

ところで、その前に地固めの必要があった。三派は普選そのものには異存はないのだが、法案を議会に出してから、いろいろの問題で、ああでもない、こうでもないと言い出して、足並が乱れたのでは、とんでもないことになる。それで案が出来たときに、学識経験者とか、政党とか、関係者とかを集めた、いわゆる調査委員会などというものを設けないで、(7) 三派の普選に熱心な人たちを集めて、何回も相談した上で、それでよかろうというところで、衆議院の方は、政友本党がいくら反対しても、差支えないという見通しがついた。

若槻のいう三派との相談会とは私的なものではなく、六月三〇日の三派の交渉会で設置をとりきめた三派普選委員会(『小川平吉関係文書』(2)、二七三ページ参照)を指す。以下枢府に提出する政府案決定までの過程を、『東京朝日新聞』『時事新報』『国民新聞』の諸紙によってみよう。委員会委員は憲政七、政友五、革新三計一五名[8]により構成され、七月一〇日以来、政府と関係なく調査を進めた。会長格は安達謙蔵、調査項目は斉藤隆夫が整理に当った。九月一日には全要綱の審議を終え、同月四日と八日の両日政府と協議を行ない、内務・司法両省で作成した草案と三派委員会案とをつきあわせ、罰則と区制以外の要綱を決定し、ついで罰則については一〇月一五日、区制については三派の利害対立で難航の末(土川信男「護憲三派内閣期の政治過程」)、一〇月二九日にほぼ確定した。この段階では一一月半ばには法律案を枢密院に送り、一二月下旬の開院式当日に議会提出の見込みとつたえられたが、司法省参事官を加えての内務省参事官会議における要綱の法律案化の過程で、地方利益誘導の罰則をめぐって内務・司法両省の対立がおこり(同上)、法律案の閣議決定は一二月一二日にまでずれ込んだ。三派委員会案確定までの段階はもちろん、その後も、問題点はすべて各党まで持帰られ、各党の政務調査会あるいは幹部と委員との協議会で討議の上、改めて三派委員会で決定するという慎重な手続きがとられた。

こうして決定された政府案中、選挙権・被選挙権に関する条項で、旧法と異なる点は次のとおり。

(1)納税要件が撤廃され、また被選挙権も五年切下げられ、「帝国臣民タル男子ニシテ年齢二十五年以上ノ者ハ選挙権及被選挙権ヲ有ス」ることとなった。ただし選・被選の両権を有しないものとして、新しく「貧困ノ為公費ノ救助ヲ受クル者」が付加された。この条項はもともと三派委員会案はもとより、九月四日の政府・三派協定要綱にも存在せず、一二月一一日の最終閣議で登場したものである。おそらく枢密院の意向を考慮したものであろうが、これは財産要件無条件撤廃という普選の精神からは一歩後退を意味するものであった。

(2)官公私立学校の学生生徒(二五年以上)に新しく選・被選両権が認められた。この点は審議過程の中で終始異論が出なかった。

(3)華族の戸主に新しく選・被選両権が認められた。三派委員会の原案および、政府・三派協定要綱では現行法通り認めないことになっていたのが、一一月三日の内務省参事官会議で認めることになり、三派委員会もこれを積極的に承認した。これは一〇月以来、盛上ってきた貴族院改革気運と関係がある。表向きには貴族院改革によって民選議員を貴族院の新しい構成要素とするのなら、衆議院にも華族の発言権をみとめてもよいというのである。しかし実際は、衆議院こそ国民代表機関であり、国民の一員である華族の戸主に選・被選両権をもたしめるのは当然である、という衆議院優越論・第一院論が根底にあった。

(4)神官・僧侶などの宗教師および小学校教員に被選挙権を認めた。これも審議中異論は出なかった。

(5)結局は旧法と変らなかったが、審議の過程で問題となったのは官吏の被選挙権である。斎藤隆夫らは、三権分立の建前上および選挙運動に有利すぎるとして、これを認めないことを主張したが、内務省側の巻返し、および三派内の、議員との兼職禁止規定があればよいという消極論のため、従来通り現職のまま(宮内官・裁判官は除く)立候補できることになった。また婦人参政権は各政党の調査会レベルでは問題にする代議士(たとえば政友会の清瀬規矩雄)もいたが、時期尚早として一蹴された。

このほか供託金の設定、選挙費用の制限、戸別訪問の禁止など運動方法の制限、罰則の強化など選挙取締色の濃い多くの改正がなされた。内務省側より三派側が積極的であったのは特筆に値する。主題と離れるので詳述はさけるが、要は三派の地盤維持のためであった。ただ区制・区割については一言しておきたい。新法案では人口一二万人を一区とし、一区より三人ないし五人の代議士を選出する、いわゆる中選挙区制がとられ、従来の小選挙区制および都市独立区制は廃止されることになった。ところがこの区割については「ほとんど内務省で立案し、その案がそのまま採用されております。政党でその手入をするとか、国会に出てそれが修正されるとか、そういうことは全然ありません」

という旧内務官僚挟間茂の証言（内政史研究会編『挟間茂氏談話速記録』七三ページ）があり、升味準之輔『日本政党史論』（第五巻、九四ページ）はこれをそのまま採用している。しかし事実は逆で、政党側がまず原案を作成し、これに基づいて内務省案がつくられたから、政党側が「その手入れをする」必要はほとんどなかったのである。

一区定員三―五人の中選挙区制は、安達謙蔵の持論であり、これが七月二一日の三派委員会で承認された。政友会が原敬以来の小選挙区制を捨てたのは、前回の選挙で政友会幹部が苦戦し「いかに小選挙区制が深刻な競争を捲き起こすかという事を、彼等は実地に経験、身にしみて其の痛さを分かった」からである（『安達謙蔵自叙伝』二〇〇ページ）。区割は安達が自ら立案し、石井謹吾を通して政友幹部に示し、その同意を経た。三派委員会の手で原案が発表されたのは、九月一九日のことである。その後調整を重ね、一〇月二九日にいたり、内務省案をもとに内務省側と三派側との協議が行なわれたとき、意見の一致しないのはわずか七、八県であったため（『東朝』10・30）、一日で調整された（千葉・茨城の二県のみあとまわし、一一月六日確定）。内務省案をもとに協議したのは、おそらく枢密院を意識して中立性を装うためであったろう。その審議が円滑に進行したのは、内務省案が三派案を基礎にしていたからであり、両案が偶然に一致したことはありえない。なお確定までに革新倶楽部および内務省参事官の一部から、比例代表制導入の意見が強く出され、憲政・政友両派の内部にも同調するものがあったが、時期尚早で押え込まれた。また新区割とともに廃止になる都市独立区制については、全国五四市長が九月二二日に臨時協議会を開き、商工代表確保のために独立区制存置の必要を訴える決議を行ない（『東朝』9・23）院内の都市選出議員を動かして廃止反対運動を行なったが、大勢を動かすには到らなかった。

一方唯一の野党たる政友本党の動向は如何。「独立の生計」論の清浦内閣を支持した政友本党は、選挙後もその姿勢を保持した。床次総裁は特別議会終了後の七月二〇日の議員総会で「苟くも一家を支へ得る者に対しては之に選挙権を与へ」るとの方針を明示した（河原弥三郎編『政友本党誌』七八ページ）。これにしたがい政務調査会内に選挙法改正特別委員会(委員長松田源治)を設け審議を進めたが、一〇月二七日に到って「世帯主」に限って選挙権を与えることになった。家族制度維持がその理由である。世帯主とは「事実上戸主と云ふ事になるからである」(同上、八七ページ)。ただし党内には時勢に逆らえば次の選挙で不利になるという理由で、普選論をとなえる中橋徳五郎一派があり、その中の牧野良三は、この委員会でもこの論を主張したが入れられなかった(『国民』10・29)。また一二月二二日には有志議員一二人が、世帯主に女子を加えよと床次に申し入れている(『時事』12・24)。結局第五〇議会には、小選挙制、二五歳以上の男女世帯主に選被選両権を与え、中学卒業および兵役義務修了の男子にも選挙権を与えることを骨子とする修正案を提出するにいたった。

さて、政府案は一二月一六日枢密院に諮詢された。枢密院は一二月一八日、審査委員長として金子堅太郎、委員として富井政章・平山成信・有松英義・倉富勇三郎・山川健次郎・黒田長成・平沼騏一郎・江木千之を指定した。このうち金子・富井・平山・有松・山川の五名が清浦内閣案の審査委員である。すなわち前回の委員の半数が交代したことになる。委員会は次のように進行した。第一回(一二月二七日)から第三回(一九二五年一月八日)は内閣に対する質問。第四回(一月一二日)と第五回(一月一五日)は委員のみの法案第二章(選挙権及被選挙権)に関する意見陳述。第六回(一月一七日)から第一一回(一月二六日)は委員のみによる逐条審議。第一二回(一月二八日)から第一六回(一月三一日)は内閣に対する質問と弁明。第一七回(二月四日)から第一九回(二月六日)は再び委員のみによる第二章についての意見交換。第二〇回(二月九日)と第二一回(二月一二日)は修正意見提出と採決。第二三回(二月一四日)は委員会修正意見について内閣と交渉した結果の報告と採決。第二四回(二月一六日)は審査報告決定。

以上の日程でわかるように、審査の焦点は第二章「選挙権及被選挙権」にあった。「納税資格ノ撤廃ハ已ムヲ得ス。之ニ幾分ノ制限ヲ設クルハ可ナルモ名案ナシ」と消極的な表現で賛意を表したのは、法制審議会で主査委員長をつとめた倉富勇三郎だけで、あとの委員はすべてさまざまの条件をつけようとした。有松は戸主のみを有権者とすることを主張し、平山は「独立ノ生計ヲ営ムコト能ハサル者」を欠格者とする修正案を提出した。江木と平山は「一家ヲ構フル者」に二重の投票権を与えることを論じた。有松と山川は義務教育を終えたもののみを有権者とせよと主張した。これらは少数意見として斥けられたが、富井の提出した「一定ノ住居ヲ有セサル者」を欠格者に入れることは可決された。また原案の「貧困ノ為公費ノ救助ヲ受クル者」を「自活ノ道ヲ得サル者」に改めよという江木の提案は「独立ノ生計ヲ営マサル者」の復活に等しかったが、可否同数となり、金子委員長の表決により可決となった。被選挙権を現行法通り三〇歳以上とせよ、という富井の説も可決された。小学校教員に被選挙権を与えるな、との平山の主張は否決されたが、同じ平山の「華族ノ戸主ハ選挙権及被選挙権ヲ有セス」の旧法の復活説は可否同数の末、これまた委員長の表決で可決された。

とくに注目すべきは、治安維持法制定の条件が付されたことである。平沼は「普通選挙ヲ行フ為ニハ一面国民ヲ善導スル為ノ対策トシテ教育ノ改善ト思想ノ取締ヲ為スヲ以テ必要条件トス」の意見をのべ(第四回)、これをとくに上奏文中に記入すべきことを主張、賛否両論があったが(第一二回)、結局次の上奏案が可決された。

臣等衆議院議員選挙法改正法律案帝国議会へ提出ノ件諮詢ノ命ヲ恪ミ本月　　日ヲ以テ審議ヲ尽シ之ヲ可決セリ而シテ本案ノ施行ニ伴ヒ当局ニ於テ教育ノ整備思想ノ善導及矯激ナル言動ノ防遏ニ資スヘキ諸般ノ施設ヲ為シ以テ制度ノ運用ヲ円滑確実ニシ傾流奔注ノ弊ナカラシムルニ努ムヘキコト臣等ノ切ニ希望スル所ナルコトヲ併セテ議決シタリ乃チ謹テ上奏シ更ニ聖明ノ採択ヲ仰ク

二月一二日の委員会できまった修正点は、前記の諸点を中心に三六ヵ条にわたった。すでに議会の会期は約四〇日を余すのみとなり、二月一〇日の三派交渉会は、議員提出案のかたちで政府案を早く議会に上程せよと政府に迫っていた(『時事』2・12)。二月一二日夜の臨時閣議は、他項目はすべて譲歩しても「自活ノ途ヲ有セサル者」を欠格者とすることには反対と決した。翌一二日、加藤首相と若槻内相は、政府に好意的な枢密院の浜尾・一木の正副議長と密議して、「公私ノ救恤ヲ受クル者」という表現を考え出した(10)。「恤」とは「あわれむ」の意である。親が子を養うのは「救恤」とはいえず、結局その範囲は公私の「施設」による救助を受けるものだけとなる(貴・衆両院協議会における石井謹吾の説明『両院協議会議事録』第一号)。

二月一四日の枢密院審査委員会は、この妥協案を協議したが、平山・有松・山川を除く他委員の賛成を得、ここに委員会と内閣と修正意見の一致をみるにいたった。政府はここで法案を撤回した上、修正案を改めて提出し、二月一六日の委員会は審査報告および上奏案を決議し、閉会したのである(以上とくに注記せざるかぎり枢密院文書『大正一四年委員会録』『委員会参考書類』による)。

枢密院の本会議は二月二〇日開かれた。前々日の二月一八日には、すでに治安維持法が衆議院に上程されていた。摂政の臨席する本会議には、議長・副議長以下一〇人の国務大臣(犬養のみ欠席)、および六人の欠席者を除く一八人の顧問官が出席した。金子委員長の詳細な審査報告のあと、最上席の伊東巳代治は、上奏文を「一大文字」、「最モ適当ノ意見」と評価し、「主務大臣ノ明確ナ答弁」を求め、その如何によって賛否を決すると発言した。普選を「過激ナル変革」とみなして、延々と反対意見を陳述したのは久保田譲だけであったが、有松英義は委員会修正案「自活ノ道ヲ有セサル者」に固執し、江木千之は家族制度維持対策の要を説き、石黒忠悳は女子を除外した理由を質した。その中にあって穂積陳重は、これらとは逆な方向から審査報告に賛意を表した。すなわちもし戸主のみに選挙権を与えれば、かえって家族制度を破壊すると、戸主優遇の当初の徴兵令の経験(入夫・養子・分家の増加)をのべ、さらに比例代表制の採用により、はじめて国民の「政治意思ヲ代表スヘキ公機関」が生れるので、今回の改正は、この「普通代表制」にいたる「中間法制又ハ準備法制」として賛成すると論じた。

答弁に立った加藤首相は、上奏文に対して「希望ノ諸条項ハ既ニ政府ニ於テ最モ重要ナル事項トシテ夙ニ努力シツツアル所ニシテ又将来ニ向テモ其ノ目的ノ達成ニ力ムヘキコト当然ナリ、御希望ナクトモノコトニシテ固ヨリ出来得ル限リ注意努力スヘシ」と答えた。若槻は「一方ニハ政治能力発達シタルニ、他方ニハ国民ノ一部カ権利ヲ有シ一部カ之ヲ有セサルノ理ナシトノ自覚進ミ、一般社会ノ進歩シタル今日、此ノ道理アル言ヲ其ノ儘放置スルニ於テハ将来憂フヘキ結果ヲ来スノ虞アリ」と、「人心ヲ安定セシムル」必要のあることを強調した。午前一〇時半から午後一時一五分まで三時間足らずの協議の末、久保田・有松・山川三人の反対のみで、審査報告は可決された(枢密院文書『衆議院議員選挙法改正法律案帝国議会ヘ提出ノ件会議筆記』)。

3　普選法案の両院通過

枢密院の修正を受けた政府案は、二月二一日に衆議院本会議に上程され、翌日から委員会審議が始まった。世帯主選挙と小選挙区制をとなえる政友本党の反対は当初から予想されたが、この段階で政友会からの政府案批判がにわかに噴出した。二月二一日の本会議で早くも山口義一が、枢密院による修正とこれに屈服した政府の態度を批判したのを皮切りに、二月二三日より連日有志代議士会が開かれ、政府案修正の気勢を上げた。これに押されて二月二七日に政友会幹部会は「本案についてはこれに適当なる修正を加へる方針を以て機宜の措置を挙げて幹部に一任すること」を決定し、山本条太郎ら五名の小委員会に修正案作成を託し、政府および友党との交渉は、副総裁野田卯太郎・総務岡崎邦輔に委ねることになった(『政友』二八九号、六ページ)。

小委員会の修正の趣旨は、要するに枢密院審査前の政府案の姿に帰せというにあり、その個所は、被選挙権年齢を二五歳以上とすること、「貧困の為公私の救恤を受くるもの」を「貧困の為公費の救助を受くるもの」に改めること、「一定の住所を有する者」の条件を削除すること、華族戸主の選被選両権を認めること、選挙事務長の違反による連座規定を緩和することなど一二項目に上り、このうち年齢・華族戸主・連座規定は最小限要求であり譲歩できぬとした(『東朝』2・28)。

当初楽観していた首相も、政友会の修正案の内容を知って、貴族院対策上とうてい許容できぬとの態度を示し、政府・憲政会は解散説を流して政友会を牽制した。政友会は逆に硬化し、政友会代表は二月二八日の三派交渉会で正式に修正を提起、憲政会代表の反対を受けると、直接首相に面会し修正を要求した。代議士会は二度まで開かれ代表を声援し、幹部会も既定方針どおり修正を確認した(『時事』3・2)。

政友会の強腰に苦境に立った加藤首相は、三月一日朝、病床の高橋政友会総裁を訪問、まず無修正通過を要望したが、党議をまとめることは至難との答えを聞くと、連座規定の修正のみ認めるとの妥協案を申し出た(『国民』3・3)。しかし政友会の態度は変らず、ついに憲政会は大幅譲歩を決意、同日午後の憲政会安達・箕浦、政友会岡崎の三者会談で、政友会の三原則(年齢・華族・連座規定)を含む五点の修正を承認した。しかし加藤首相は、年齢修正は枢密院・貴族院との関係で譲歩できずと難色を示し、結局政友会側もこの点をあきらめた。この互譲を両党の代議士会が承認したので、即日衆議院の委員会で採決を行ない、翌二日、本会議を開いて政友本党の修正案を一蹴し、三派修正案を可決、貴族院に回付した(『時事』3・3)。

貴族院に回付された普選案は、三月四日に本会議に上程され、七日まで質疑応答を行なったのち委員会付託となった。委員会は三月一一日から二四日まで九回にわたって開かれた。政府は貴族院令改正や予算案で譲歩を重ねたにもかかわらず、委員会は普選案に重要な修正を加えた。欠格条項の「貧困ノ為公私ノ救恤ヲ受クル者」は、事実上の「独立ノ生計ヲ営マザル者」を意味する「生活ノ為公私ノ救助ヲ受ケ又ハ扶助ヲ受クル者」と改められた。政府系の委員は「貧困ニシテ生活ノ為公私ノ救助ヲ受クル者」という対案を出したが否決された。居住要件は六月から一年へと延長された。このほか二人の欠員が生ずるまで補欠選挙を行なわぬこととした原案は、一人でも補選を行なうこととされ、連座制も強化された。改良といえるのは、不在投票の範囲をひろげることを含みとして、その事由範囲を勅令で定めることとした点くらいである(『第五〇回帝国議会貴族院衆議院議員選挙法委員会会議録』第九回)。

この修正案は三月二六日、本会議で二二一対二三で可決され、衆議院に回付された。本来の会期は三月二五日までであり、政府はすでに二四日に会期を一日延長する手続をとっていたが、この日さらに二八日まで延長した。衆議院は三月二七日、貴族院修正に不同意を決し、ここに両院協議会が開かれることになった。協議委員は双方一〇名ずつ、[11]連記投票で選ばれた。この協議会の経過も従来ほとんど知られていないので、「両院協議会議事速記録」(『貴委録』25)その他によってややくわしく紹介しておこう。

三月二七日の夕刻に開会した両院協議会では、まず双方の論点をたしかめあったのち、速記を中止して、「懇談会」に入った。秘密裡に自由な論議をたたかわせるためである。議論の焦点は、第六条第三号の欠格者事項問題であった。会議は翌二八日に持越された。昼の休憩時に加藤首相と若槻内相は、岡崎・安達・武内の三委員に対し、政府側の妥協案三種を提示した(伊藤『加藤高明』下、五九〇ページ)。これらはすべて政府案と同じ趣旨であった。

(イ)貧困ニ因リ、生活ノ為公私ノ救助ヲ受クル者
(ロ)貧困ニ因リ、生活ノ為公私ノ救助ヲ受ケ、又ハ他ノ施与ヲ受クル者
(ハ)貧困ニ因リ、生活ノ為公私ノ救助ヲ受ケ、又ハ他人ノ恩恵ニ依リ扶助ヲ受クルモノ(条文は安達の協議会の結論報告『大日本帝国議会誌』(15)、八七〇ページによる)。

午後の協議会は第六条以外の修正案について協議したのち、問題を詰めるため小委員会をつくることになり、貴院より松平・渡辺・水野・矢吹・内田、衆院より安達・武内・岡崎・前田・秋田が選出された。午後四時半より開かれた小委員会では、しばらく「抽象的論議」が続いたあと、「私案」とことわりつつ武内・岡崎・秋田(『東朝』3・29。『時事』では武内・秋田・岡崎)の順で、前記(イ)(ロ)(ハ)の三案をそれぞれ提出した。貴族院側は各案ごとに休憩を求め協議の上、これらをすべて拒絶したが、(イ)案のとき逆に、貴族院修正案に「但シ中学校又ハ之ト同程度以上ノ学校ヲ卒業

シタル者ハ此限ニ在ラス」の但書きを付加する妥協案を提出した(『大日本帝国議会誌』⒂、八七〇ページ)。すなわち他人に世話になっているものでも、中学卒業以上の良家の子弟には有権者たることを認めるというのである。これは衆院側が拒絶した。

政府側提案がことごとく拒否されたとき、岡崎邦輔は第四案として「貧困に依り生活の為公私の救助を受け又は扶助を受くる者」を提案した。すなわち貴族院修正案に「貧困に依り」を冠したものである。『古風庵回顧録』(一九六ページ)はこれを若槻の申し入れによるものと記しているが、真相は不明である。ただし少なくとも岡崎が事前に他の協議員はもとより、政友会側とも相談しなかったことは事実である。これは「扶助」の語を認めることにより、形式的に貴院側の要請に応え、他方「貧困に依り」で欠格者の範囲を限定し、実質的には衆院側の趣旨を通そうとの妙案であった。

岡崎案は各会派に持帰って協議されることになった。貴族院では、公正会は妥協に賛成、交友倶楽部は激論の末協議員一任となったが、研究会では紛糾した。馬場鍈一らいわゆる勅選組は「他ノ扶助ニ依リテ生活ヲスル者、但シ中学校又ハ之ト同程度以上ノ学校ヲ卒業シタル者ハ此ノ限ニ在ラス」の修正案を提起し、あくまで抵抗の態度を示した。一方「勅選組に引摺らるゝことを憤慨し、連判帳を作る」など結束を固めた伯子爵グループは(『松本日誌』3・28)、院議を「固執」するのではなく「院議を尊敬すると云ふ単純な意味での」(『東朝』3・29)院議尊重の趣旨で協議員に一任せよと妥協的姿勢をとった。勅選組は研究会脱会を辞せずと称し、伯子団は別室で会合して勅選組を非難するなど「非常なる混乱」(『松本日誌』)となったが、岡崎案で妥協やむなしとの声が優勢となり、この意味で協議員一任となった。

衆議院では憲政・革新両派とも岡崎案を承認したが、政友会では「他意ありてか一時破壊的態度に出でんとする模様に見えたが此の間革新倶楽部方面の居中調停により」(『東朝』3・29)折れ合うことになった。幹部会で「岡崎君は党議にも諮らず何の資格あつて斯る専断を敢てせしや」と「満面朱を注いで痛罵した」ものがあった、と伊藤正徳『加藤高明』(下、五四三ページ)がつたえたが、これは、岡崎と「頗る激論」した(『松本日誌』)小泉策太郎のことであろう。

こうして各派の大勢妥協に定まったかにみえたが、再開された小委員会では、貴院側委員は岡崎案に同意せず、研究会勅選組の対案を提出、衆議院側でも岡崎案に賛成しないものがあり(小泉であろう)、小委員会で結論が出ぬまま協議会に移された。最後の大詰の状況を『東京朝日新聞』(3・29)が次のように描く。

貴衆両院共夫々自説を固執して譲りさうに見えず最早決裂の一事あるのみとなつたから、岡崎邦輔君此の妥協案は全く自己の一存より出でたものであるが之れがため同僚の不満を買ひ貴族院の反対を受くるは誠に遺憾なり、たゞ自分は此の大法典を成立せしめんとするの誠心誠意より斯かる専断をなしたものである、然し既に時間は刻々迫つて来たし右の如く貴族院の反対と同僚の不同意がある以上最早不成立の外は無い、自分は誠に之を遺憾に思ふが致方は無い、たゞ自分として同僚者に対しても貴族院諸公に対しても相済まざると共に此の大法典の不成立をちう心より遺憾なりと申上げて此会を閉じるの外は無い、と協議会にけつ別の辞を述べ終ると、水野錬太郎君たゞ今岡崎君の云ふ通り本案の不成立は誠に遺憾である、吾々も此の大法典の成立に対してちう心希望すると共に努力して来たのであるから此の機会において吾々も奮発して岡崎案に同意したがよからう、と突然岡崎案賛成を提議した為貴族院側も之に同意を表するものがあり懇談の結果遂に岡崎案に同意することに決した。

貴族院側が最後まで抵抗したのは、委員自体が普選に反対であったこと、衆議院側がいずれ折れると見込んだこと、妥協やむなしと思うようになったあとも貴族院の権威を示し、かつ普選反対派に申し開きできるかたちを作ってみせる必要のあったこと、などによるものであろう。『東京朝日新聞』(3・28)は、岡崎と水野とは前夜から連絡をとりあっていたと報じ、また当時の衆議院書記官大木操の『激動の衆議院秘話』(三九ページ)も、岡崎と小泉とが「緊密な連絡を取りつづけた」と記す。貴族院の大勢は妥協に向かっていただけに、土壇場の両者のやりとりは、あるいは予定の行動であったかも知れない。しかしこの「芝居」も、貴衆双方の反対派を押さえるためには必要不可欠な手段であった。

このあと他条項の審議に移り、住居制限を六月から一年とすること、華族の戸主には選・被選両権を与えぬこと、不在投票の範囲を拡大することの三点は貴族院の主張を、連座規定をゆるめること、補欠選挙は二名の欠員をまって行なうことの二点は衆議院の主張を承認した。討議の途中華族の戸主の問題について政友側は反対し、また休憩に入ったが、政友会緊急幹部会は譲歩することに決した。これで懇談会形式の協議会を終り、午後一一時一九分正式の委員会を再開、記録に残すために、いちおう各項目の採決を行ない、いずれも満場一致可決を確認した。

協議会を乗り切った政府は、普選案の成立を計るため会期を三〇日まで二日間延長することを奏請した。実に三回目である。田健治郎は「連続延長如是、真未曾有之怪事、閣臣之粗慢可驚也」「閣員之無能至于茲極矣」と日記に書いた(三月二八日付)。たしかに小刻み会期延長は政府側の見通しの甘さ、すなわち無能を示すものであったが、ここに至ってはなりふりを構ってはいられなかった。三月二九日まず衆議院、ついで貴族院が本会議を開き、いずれも両院協議会案を可決した。

普選案が最後まで難航したのはなぜか。また、ともかくも目的地まで辿りつけた理由は何か。

枢密院・貴族院方面の抵抗は当然予想されたところであったが、これを予想以上に激化させたのは、田中義一内閣の出現をめざす政友会の策士小泉策太郎を謀主とする倒閣陰謀であった。『田健治郎日記』一九二五年三月二七日の条に、松本剛吉の情報として次の記述がある。「田中義一男、春来、操縦各方面策士、企現内閣之崩壊、欲一気呵成組織後継内閣之密謀」。この密謀は政本合同問題に発する。一九二四年五月の総選挙で憲政会が第一党になった直後から、さまざまのかたちの政本合同の企てが行なわれた。それは原敬の遺産たる衆議院と貴族院の各多数党、すなわち政友・研究両派を基軸とする政権構想を復活させたいという願望を共通の基礎としていた。『松本日誌』によれば五月二三日、早くも床次は一派八〇人を率いて政友会に復帰する意思のあることを松本に洩らしている。また清浦内閣辞職直前には、「研究会、三浦子爵、政友会、政友本党及革新倶楽部等各方面に於ては、護憲三派の三党首を除きたる若手連を集め、頭に大木伯又は田中大将等の内を戴く所謂少壮内閣を目論見る者もある」(六月一一日の条)とし、画策者として野田卯太郎(政友)・近衛文麿・青木信光・水野直(研究)・床次竹二郎(政本)らの名をあげている(六月三日の条)。また後藤新平かつぎ出しの計画も研究会にはあったらしい(馬場恒吾『現代人物評論』四一八ページ)。これら政本合同で衆議院の多数を制する計画は、世論を慮る元老西園寺に相手にされなかったが、三派内閣成立後も動きをやめなかった。松本は九月一二日、西園寺に政・本・革三派の合同問題を報告している。また元帥上原勇作は一一月一四日付の井戸川辰三宛書簡で、三浦梧楼を中心に水野錬太郎・大木遠吉・鈴木喜三郎・岡野敬次郎らが田中義一を擁立して政本合同運動を行なった旨を報じている(前田蓮山『床次竹二郎伝』七九七ページ)。

以上の流れの上に、小泉策太郎は高橋是清・横田千之助の政友会最高幹部の承認のもと、長州閥の陸軍大将田中義一を高橋の後任として政友会総裁に迎える工作を進め、一九二五年一月早々には田中の承諾を得ていたのである(小泉策太郎『懐往時談』一七一ページ、なお石上良平『原敬歿後』二四四ページ参照)。田中および小泉はこの際一気に内閣を倒し、田中新総裁・新首相を実現せんものと、政府と貴族院の対立を利用することを企図した。

前年一〇月以来、貴族院の有力者と策謀していた小泉は(伊藤之雄『大正デモクラシーと政党政治』一九六ページ)、まず政友会内の少壮派を煽動して、枢密院との妥協の上に修正された政府案を衆議院段階で、貴族院の反発を招くように再修正させることに成功した。(12) 小泉の策謀を高橋総裁が支持していたとは考えられない(後述)。しかし政友会の大勢が普選の根本趣旨を汚すなという「純理論」にひきずられて、小泉の意図する方向に動かされたことは否定しがたい。

政友会長老の態度も不鮮明であった。

貴族院の最終段階で、普選案成立のため奔走する岡崎邦輔についても、貴族院研究会の青木信光らと通謀して「憲政会に一ト泡吹かせ」ようとしたのは彼であるとの説もあるくらいである(『桜内幸雄自伝』一四七ページ)。仮に長老たちが策謀に同調していなくとも、最大の実力者横田千之助が二月二日に急死したあと、「純理論」を旗印に掲げる党内少壮派のつき上げを抑制する力をもたなかった。少壮派の中には、この策謀と主観的には無関係のものもいたろうが、結果は策謀に協力する結果となった。

ついで小泉は、貴族院に手を廻して衆院案に反対させた。当時の貴族院の会派(所属議員数)は、研究会(一七一)・交友倶楽部(四六)・公正会(四一)・茶話会(三四)・同成会(二四)・無所属団(二四)・各派に属せぬもの(五〇)、計三九〇(『議会制度七十年史』「政党会派」編)。旧政友系の研究・交友両派が過半数を制した。公正会と茶話会は山県系官僚派であり、憲政会支持は同成会だけであった。多年政友会と結び、加藤友三郎・清浦奎吾と二度までも自派中心の内閣をつくり権勢を誇った研究会のメンバーは、政友会・政友本党いずれに肩入れしているにせよ、両派一本化を望む心は一つであった。研究会員の構成は、公爵三、侯爵八、伯爵二〇、子爵七一、男爵二四、勅選二五、多額納税者二〇という内訳であったが(同上)、小泉の策動に直接呼応したのは勅選議員であった。彼らは歴代の政・研系内閣によって送り込まれてきた官僚であり、それだけに有能、かつ旧政友会に対する忠誠心が強かった。彼らが研究会内の多数を占める子爵団の大半と結んで、会の大勢を倒閣に向かわせたのである。(13)

元老西園寺の意を体して貴族院工作に全力を傾けた松本剛吉は、この時期の日誌の中でしばしば、政府の若槻内相・江木書記官長を通じての貴族院対策が「頗る拙劣を極め」ていることを嘆じている。松本の評は、政府の三度の会期延長だけをみても当っていよう。しかしそこには無理からぬ事情もあった。寺内内閣以来憲政会は、貴族院主流と敵対関係にあった。貴族院内の憲政派は、政友派の十分の一の勢力しかなかった。若槻・浜口・安達ら憲政会最高首脳部は、首相に再三議会解散を進言した。しかし首相はこれに応じなかった。六五歳の加藤は松本に、その理由として「自分は御承知の如く病身にして如斯事迄も断行しやり通す勇気がありません」と語ったが（『松本日誌』3・5）、一方辞職の考えもなかった。彼の真意は解散あるいは辞職後の政治不安をおそれ、何としてでも議会を乗り切ることにあった。

階級闘争を防止するための護憲運動を戦った三派首脳は、第五〇議会において普選問題を処理することを至上命題と意識した。大津淳一郎『大日本憲政史』(9)六四〇ページ）は、左の高橋是清談を紹介している。

普選法を出した時は、三派内閣の時で、加藤高明君と話し合つたんだが、今ま之を政治的に解決してしまはぬと社会問題に為る。さうしたら容易ならざることに為るから、民度から云へば、尚ほ早いけれども、今どうしても政治的に解決して、社会問題が起らぬようにしなければならぬ。之を残して置いたならば過激思想が入つて来て、是れが彼等の材料に為る、だから何としても通さなければならぬ、……之れは加藤君も同意であつた。全く民度を図れば、尚ほ早いけれども、あの時解決しなかつたら、騒ぎだつたらう。

高橋と加藤とは信頼関係にあった。しかし当時高橋は病床にあり、またすでに引退を決意しており、党内の策動を押さえる力を失っていた。しかし彼の考えは岡崎邦輔ら幹部にも感得されており、結局は政友会の大勢を制した。また革新倶楽部の首脳も加藤・高橋と見解を同じくしていた。犬養の側近古島一雄は、三派内閣成立直後から小泉策太郎と政・革合同をもくろんでいたが、倒閣運動には加わらなかった。古島一雄『一老政治家の回想』(二二三ページ）によれば、小泉から倒閣計画を聞かされた彼は、普選が潰れると「民衆に約束した三党の面目も潰れて、政党政治の信用は地に堕する」と反対し、小泉と仲の悪い岡崎邦輔に通報して、奮起を促した。犬養もこの間「徹頭徹尾調停者の立場に立」ったという。

しかし政府がもっとも頼りとしたのは、元老西園寺であった。彼は三月一三日松本に対し「先は兎も角、議会丈は先づ曲りなりにも通させねば時局の紛糾は勿論、由々しき大事も起らぬと限らず、仮りに内閣が更るとしても、後を引受くるものが頗る困難である、普選と貴革とを通さしめ置けば、後が楽ではないか」と語り、翌々日も同趣旨の言を繰返している。彼はこの認識のもとに、直接・間接に影響力を駆使し、政府を助けた。たとえば、お使い役の松本に指示して、加藤の激励と貴族院工作に当らせ、さらに田中に対し、政友会総裁に就任したからとて政権が行くとは限らぬとほのめかして、田中の策謀を牽制した。また研究会の幹部水野直を直接呼寄せ、局面打開を要請した(『松本日誌』3・18)。

西園寺あるいは政府の貴族院工作が手がかりとしたのは、研究会内の政府に好意的な中立派であった。その中心は研究会筆頭常務たる近衛文麿と実力者水野直である。近衛は早くから西園寺に嘱望され、貴族院は第二院的存在たるべしとの持論を有し、貴族院改革に積極的で、一九二一年には森恪ら同志を集め憲法研究会を組織した。彼は原敬の貴族院縦断政策には反対で、人間的にも加藤に好意をもっていた(矢部貞治『近衛文麿』九七ページ)。一方の水野は、普選に貴族院は口を出さぬ方がよいとの意図があり(川辺真蔵『大乗の政治家水野直』二一五ページ)、また彼と並称される研究会の実力者青木信光への対抗意識(『松本日誌』大13・11・10)もあって近衛に協力した。加藤は組閣直後から、西園寺の示唆により、この二人を研究会に対するパイプとした。小笠原長幹・酒井忠正・大河内正敏・伊東二郎丸らは近衛派の有力メンバーであり、彼らの努力で研究会の主力である有爵者の大半を握ることに成功したのである。(14)こうして、普選が実現せぬ場合の危機到来をおそれる政界最上層の一致が、田中義一政友会政権実現構想を押さえつけ、辛うじて危機を回避することができた。(15)

4　第五〇議会下の参政権運動

政府の普選案を支持する普選運動は活発とはいえなかった。八三団体代表より成ると称する「全国普選断行連合会」が主催して、枢密院審議中の二月一三日、政友会本部構内で約一〇〇〇人参加の普選断行民衆大会(『東朝』2・14)を、普選案上程の翌日、両国国技館に一万人以上を集めて、貴族院改革・普選断行の国民大会(『東朝』・『国民』・『時事』2・22)を、さらに普選案が貴族院で行詰った三月二二日に、政友会本部内で対貴族院国民大会(参加人数不明)を、それぞれ開いたに留まる(『東朝』3・23)。新聞は政府を激励し、枢密院や貴族院の横暴を非難はしたが、護憲運動前にみられたような統一行動をとらなかった。

運動が低調であったのは、護憲運動の成功によって普選実現が一般に確実視されたことにもよるが、最大の原因は、与党とくに憲政会が貴族院・枢密院を刺戟することをおそれて、運動に統制を加えたからであろう。ただし後述のごとく、普選反対運動が右翼勢力によって行なわれている以上、これに対抗し、かつ貴族院・枢密院に必要最小限の圧力を加えるために、前記の諸運動が行なわれたものとみられる。(16)

右翼の運動とは「純正普選期成同盟会」によるそれを指す。一九二五年一月二一日、頭山満・内田良平・田中弘之・上杉慎吉・副島義一ら四七名が黒龍会に集まり、これを結成した(黒龍倶楽部編『国士内田良平伝』六二六ページ)。新聞にその名が見えるのは、二月一一日の「明治神宮奉告祈願式」(五〇〇人、『国民』2・12)が最初で、二月二一日の普選案上程日には、芝増上寺に「亡国普選打破民衆大会」(三〇〇〇人、『国民』・『東朝』2・22)を、議会末期の三月二二日には上野精養軒で演説会(一〇〇〇人、『東朝』3・23)を開催し、三月二五日には貴族院の普選修正を支持する決議を発表した(同上、3・26)。

純正普選期成同盟会は三十余団体を傘下にもった。その名が判明するのは、黒龍会・浪人会・国粋会・大化会・赤化防止団・八紘社・大正国士会等である。頭山満・葛生能久・内田良平の名が頻出するところからみて、黒龍会系の右翼が中心となっていたことがわかる。これに上杉慎吉・副島義一・松本重敏らの憲法学者が積極的に参加、さらに政友本党、および貴族院内の反普選派がこれを支援していた。資金源は北海道の海運業者栗林五朔という(『国士内田良平伝』六二六ページ)。栗林は政友本党代議士であった。

一派の主張は二月二一日集会の決議文に明らかである。

政府提出の衆議院議員選挙法改正案は個人を本位とする欧米模放の普選にして国体の基礎を破壊し社会民主政治の端を啓くものと認む、吾人は玆に民衆大会を開き断じてこの悪法案を排し家長選挙制を確立し以て金甌無欠なる我が国体を擁護せんことを期す

「国体」強調は治安維持法を連想させるが、当時においては、かかる観点による家長選挙制はアナクロニズムとしか一般には受けとられず、運動は大衆的基盤を欠いた。しかし一派の常套手段たる個人的脅迫は一木喜徳郎ら普選支持派とみられた枢密顧問官、さらには貴族院議員の身辺に及んだので、官憲は警戒の眼を光らせた。とくに官憲のもっともおそれたのは、彼らと普選派との衝突で、三月一五日に純正普選期成会から発議された両派の立会演説会(国技館)は、一五〇〇名の警官動員の中に解散を命じられた(『東朝』3・16)。

無産勢力は独自の要求を掲げて院外より圧力を加えるという態度を、ほとんどとらなかった。わずかに無産政党の準備団体たる政治研究会(一九二四年六月結成)が、運動の組織化を試みたのが目立つだけである。一九二四年九月、三派案と政府案との調整がはじまった段階で、政治研究会は会内に普選法特別調査委員会を設置し、普選対案を作成すべく「会員並に労働組合有志諸君」のアンケートを九月二五日付で発した(締切は一〇月八日、大原社会問題研究所編、

日本社会運動史料『政治研究会・無産政党準備会』五ページ)。一二月下旬に発表された「普選法案修正要項」はまず「選挙権及被選挙権」として、次の条項を列挙した。

一、納税資格の無条件撤廃

二、性的差別の撤廃

三、満二十歳(若人は十八歳)以上の男女に選挙権並に被選挙権を認むること

四、陸海軍々人にして戦時又は事変に際し召集中の者、及び華族にも選挙権並に被選挙権を行使せしむること(但し兵営、軍艦、其他軍人の集合場所に於ては、参政権行使に必要なる準備行動を自由にすること)

五、教師、学生、生徒、神官、神職、僧侶、其他政府の請負業を為す者、及び官吏にも原則として選挙権及び被選挙権を認むること(但し官吏の特殊の者は例外とす)

六、住所の制限を無条件に撤廃すること

その他選挙区制では全県一区比例代表制と、選挙方法では投票日の公休制、就業中の労働者に対する投票時間の設定、投票場の増加、不在投票制の新設、供託金の廃止を、選挙運動では、公共建物の公平使用、政見発表印刷物の無料配布、屋外演説の自由、選挙費の制限、連座制の強化等を主張した。

政治研究会はこれらの主張を掲げ、政府案を「その名は普通選挙にして、その実は依然として制限選挙である」と規定し、しかしこれさえも両院通過を危ぶまれる状況であることを指摘した「起て！　真正普選の為めに！」の檄を飛ばした(同上、七ページ)。そして一月一八日から二七日までの一週間を普選週間として、各支部(当時、弘前・土崎・青森・矢中・北群馬・寄居・川崎・福島・横浜・山口・南信・北信しか支部がなかった)および東京各区で一回以上の普選演説会を開催したという(同上、二一ページ)。

しかし運動はそれ以上発展しなかった。まず考えられる理由は、労働総同盟と日本農民組合の二大組織が政治研究

会から手を引いたことに求められよう。当初政治研究会が「政治問題研究会」という名称をもって一九二三年一二月八日発足したときには、共産主義・社会民主主義双方の陣営に属する知識人とともに、組合関係者も名を連ねたが、彼らは知識人に主導権をとられることを警戒し、日農は七月二七日に、総同盟は九月七日に、組合員の政治研究会加入を禁止してしまった(岡本宏『日本社会主義政党論史序説』一五四、一六九ページ)。このため政治研究会の企てた普選運動は、動員すべき大衆組織をもたなかったのである。

組合が政治研究会に加入していなかったことは、普選運動不振の形式的な理由にすぎない。真の理由は、他ならぬ組合自体が普選に受身のかたちでしか対処しなかったからである。無産政党という政治指導部がなくとも、無産団体が連合して政治運動を行ないうることは、第五〇議会下一月から三月にかけての治安維持法反対運動がこれを例証する(木坂順一郎「治安維持法反対運動」)。しかも信州飯田では政治研究会下伊那支部・南信壮年団・天龍労働団・下伊那郡青年会が共催で治安維持法反対・真正普選要求、貴族院の改革をスローガンとしてデモと演説会(一五〇〇人)を行なっていた(佐々木敏二『長野県下伊那社会主義運動史』二一七ページ以下)。

組合は普選を自明の前提と考えていた。一九二三年春の三悪法反対運動のとき、無産勢力は普選を無産運動に害をなすものとして否定した。このたびは普選を利用するという態度に変わったが、普選を戦いとるという姿勢がないとは前回と共通していた。総同盟も日農も山本内閣の普選態度表明以来、組織内に政治部あるいは政治研究委員会を設けたが、その関心事はもっぱら無産政党の組織形態や綱領問題に限られ、無産政党の前提としての普選制度の内容自体を問題としなかった。総同盟の機関誌『労働』、日農の機関紙『土地と自由』を調べてみても、この問題について、各レベルの組合機関が討議した形跡はまったくない。無産政党結成にしても、各組合の思惑が一致せず、その上一九二四年末以来、総同盟の左右分裂の進行という事態も手つだって、容易に日程に上らず、ようやくこれが軌道にのるのは、第五〇議会がおわったあとの八月一〇日、日農提唱にもとづく無産党組織準備委員会の発足以降のことに属する。

こうして第五〇議会下、総同盟も日農もともに政治研究会の計画した真正普選運動を無視した。わずかに総同盟関東同盟会の機関紙『労働』関東版(3・1)が「時評欄」において、年齢と性の制限および中選挙区制に不満をのべ、「瞞着的普選法案」と批判し、関西同盟会の機関紙『労働者新聞』(3・1)が第一面のトップに「普選案と労働者階級の覚悟」と題し、中選挙区制・年齢、「公私ノ救恤」および居住要件について注文を出しているにとどまる。この『労働者新聞』の記事は「普選案そのものに向つても堂々と吾人の対案を示して争ふことを誓ふものである。吾人は徒らに熟柿主義を採り、拱手してその落つるを待つものではない」とことわっているが、これが逆に熟柿主義の本音を示すものであることは、具体的な実践がまったく行なわれなかったことをもって明らかであろう。熟柿主義こそ、一九二一年以降の無産階級主流がとってきた普選運動拒否方針の末路であり、せっかく開かれた政治の舞台を、無産階級が有効に利用する態勢をととのえることを困難にした。

なお第五〇議会直前に結成され、世間の注目を浴びた婦人参政権獲得期成同盟の組織と運動については別編「大正期婦人の政治的自由獲得運動」を見られたい。

5　普通選挙法と治安維持法

以上のような経過をたどって成立し、五月五日に公布された新選挙法によって、有権者は、一九二四年総選挙時の三二八万八三六八人から一九二八年総選挙時の一二四〇万九〇七八人と約四倍に増加した。日本本土総人口の約二〇パーセントにあたる。議会制の先進国イギリスでは、一八三二年の選挙法改革から、一九一八年の国民代表法による普選実現まで八六年。対人口比率一七パーセントに達した一八八四年の改革までとしても五二年要した。後進のプロシアの場合は、一八四九年の間接選挙法から一九二〇年の直接選挙法まで七一年である。日本が、一八八九年法制定以来、三六年で男子普選にまで到達しえたのは、日本近代化の急速な進行の反映であり、日本無産階級勢力の急成長の結果であった（一九二五年法の概要については宮沢俊義「衆議院議員選挙法」と杣正夫「選挙法」を参照されたい）。

一九二五年法の成立にあたっての有力紙の評価は、意外にも低かった。資本系統のまったく異なる『大阪朝日新聞』と『東京日日新聞』の三月三〇日付の社説は、期せずしてこれを普選の「畸型児」と評した。なぜならば当時の世界の議会制の水準に、日本はまだ及ばなかったからである。

第一に、婦人は有権者から除外された。高名なナショナリスト徳富蘇峰は、主宰する『国民新聞』紙上で「国民の半数たる婦人を度外視したるは大欠点」と評した（3・31夕）。しかし当時、フランス、ベルギー、イタリア、スペインなどのカトリックの支配的な国では婦人参政権は実現しておらず、日本でも別編の如く参政権要求運動の歴史は浅いので、蘇峰の評価は辛すぎよう。

第二に、有権者年齢が二五年と高すぎた。諸外国では選挙年齢を民法上の成年期たる二〇年もしくは二一年とした例が多く、ドイツ諸邦、オーストリア、それにロシアでは民法上の成年期より低下させていた。日本はこの世界の大勢に逆行しており、このため約三〇〇万人の青年が有権者たりえないことになった。(17)

第三に、居住要件が改悪された。旧法では選挙人名簿調製期日まで満六ヵ月以上、同一選挙区内に住居をもつことが条件であったのが、新法では一年以上、同一市町村に居住することに改められた。名簿調整期日は毎年九月一五日だから、仮に九月一日が選挙日となったとすると、実質一年一一ヵ月以上同一市町村に居住していないものは有権者たりえないことになる。内務省の計算では居住要件のための失権者は一〇〇万人と見込まれていた（三宅ほか『普通選挙法釈義』一二六ページ）。

第四に、欠格条項も次の二点が付加され、改悪された。その一つは「貧困ニ因リ生活ノ為公私ノ救助ヲ受ケ又ハ扶助ヲ受クル者」である。政府はこの規定に該当する者を具体的に列挙し各府県に通牒した。[18] これによる失権者数は不明だが、しかし、『国民新聞』の社説(4・9)が評したように「貧富の差別に依つて選挙権に或る種の制限規定を設けたるが如きは普通選挙の根本精神に反せるもの」に他ならず、『東京日日新聞』社説(3・30)もまた、この条項により衆議院が「国民の縮図たる本体と作用を失ふ」結果、「社会闘争の調節機能を傷けられる」ことを指摘した。その二は、皇室罪・外患罪・放火罪・各種　偽造罪・偽証罪・誣告罪・瀆職罪・窃盗強盗罪・詐欺恐喝罪・横領罪・贓物罪の受刑者は、刑の執行が終っても刑期の二倍に相当する期間(その期間五年より短いときは五年とする)選挙権を失うこととなった(従来は六年以上の受刑者のみ終身失権。今回はこの条項の上に上記の条項が加わった)。これは受刑者の前科を必然的に暴露することも含めて、権利の侵害であった。

以上の問題点はことごとく、無産勢力に不利であった。婦人参政権は直接に無産勢力を利するとはいえないが、支配体制の一つの基盤としての家族制度＝婦人の無権利状態をゆるがす点では、あきらかに無産勢力にとって有利である。年齢制限は政治的成熟度の速い若年労働者を、住居制限は移動のはげしい鉱山労働者や土木関係労働者を、新欠格者条項は失業労働者を、それぞれ排除することになった。

無産勢力進出抑制の意図は、新法全体に行きわたっている。被選挙権資格の年齢三〇歳は、イタリア、オランダ、ノルウェー、チェコスロヴァキア、トルコ以外世界にその例をみない(衆議院議員選挙法調査会『選挙権ニ関スル調査資料』二五ページ)。総同盟中央委員の構成をみても、一九二五年四月現在一五人中三〇歳未満が五人いる。総同盟から分裂した日本労働組合評議会の場合、七名の常任中央委員中四人までが三〇歳未満である。年齢制限が、無産運動の有能な活動家の議会進出を妨げていることは明らかである。選挙区が中選挙区制をとり、しかも一二〇区のうち三人区が五三を占めることは、既成政党が三つに分化している当時(革新倶楽部は第五〇議会直後に政友会と合同したため、憲政・政友・政友本党)、無産政党にとっていちじるしく不利であった。二〇〇〇円という高額(当時奏任官の初任給年俸九〇〇円)の供託金も無産勢力を悩ました。運動員・選挙事務所数の制限、戸別訪問の全面禁止は、金の代りに人の力で当選を計らねばならぬ無産勢力にとって不利であるばかりでなく、官憲の選挙干渉を容易にする点でも無産勢力に打撃を与えた。

以上のように、新普選法は無産勢力の議会進出を妨げる多くの問題点を内包していたが、このほかに、衆議院を真の国民代表機関として国政の中心たらしむべき普選法の政治的効果を、大きく減殺する要素の存在を指摘しなければならぬ。それは普選法と同時に成立した治安維持法である。枢密院は前述のごとく、普選法の審査に当って治安立法の制定を要望し、また普選法審査と並行して行なわれた日ソ国交回復を意味する日ソ基本条約の審査においても、同様な態度をとった。しかし政府は、枢密院の強要に屈して治安維持法を提出したわけでは決してない。[19] 既述のごとく山本内閣は、普選と治安立法の抱合せを構想しており、その構想は清浦・加藤両内閣にひきつがれた。治安維持法の具体的な立案作業も、清浦内閣当時から開始されていた。作業の過程で、強硬路線をとる司法省と柔軟路線を主張する内務省との対立がみられたが、終極的には若槻内相と小川法相の緊急の話合いで、司法省の主張が貫徹した。強硬路線実現の背景としては、政府の至上命題たる普選法通過のためには緊急の法案上程が必要であったことは推測されても、治安立法それ自体については、支配体制内とくに政府内および与党三派間において異議はなかったのである。

第五〇回帝国議会における普選法と治安維持法の同時成立は、繰返していうように、山本内閣時に発生した支配政策路線の論理的帰結であったが、そればかりでなく、政治力学上の必然でもあった。普選法と治安立法が別個の議会に上程されて、しかも通過するのは不可能とはいえないまでも、いちじるしく困難であった。第四五議会における過激社会運動取締法案の流産は、普選法ぬきのこの種の法案の成立が困難なことを示す。また第五五議会における治安維持法改悪の失敗、緊急勅令による改悪の実行は、普選法成立後における強硬な司法省路線立法の困難性を証明する。他方、第五〇議会における貴族院の抵抗からみて、治安維持法ぬきでは普選法の成立は絶望的であったろう。普選・

治安の両法が確実に成立するためには、抱合せ提案が必要条件であったのである。[20]

治安維持法を新しい頂点とする治安政策は、無産階級の議会進出を妨げた。治安維持法は共産主義結社処罰法として意図され、かつ運用された。これが拡大運用されるのは、天皇制国家がファシズム化したのちのことであるとの説が存在する（たとえば奥平康弘『治安維持法小史』）。しかしこれは治安維持法の政治的効果、すなわち無産運動に対する威嚇の意味を軽視している。当時議会答弁で政府は、繰返し本法の対象は無政府主義・共産主義の実行であって、「まじめな」社会運動に無関係と答えた。しかもなお「まじめな」労働団体はもとより、言論界が一致してこれに反対したのは、拡大適用のおそれを肌に感じたからである。試みに諸無産政党の綱領をみよ。そこには無産階級の解放という抽象的文字が掲げられ、民主主義的諸政策が列挙されているのみで、無産政党を特色づけるべき社会主義的文字は、まったく見出すことができぬ。[21]治安維持法が無産運動一般を抑制する効果をもったことは、この一事だけでも明白である。

留意すべきは、従来の治安警察法を主柱とする治安体制に治安維持法が加重されたことである。ただでさえ言論・集会・結社の自由に対する抑圧の著しい上に、新立法が加わったのであるから、無産政党の活動が制約されるのは当然であった。第五一議会で治安警察法第一七条は削除されたが、新設の労働争議調停法により補充され、しかも団結権を保障する労働組合法は戦前ついに制定されなかった。昭和初年における無産政党の不振――それはもっとも多いときでも代議士が三八名しかいなかったことに示される――は、普選運動に不熱心であった無産勢力の準備不足と無産政党の分裂、選挙法の不備、労働組合法の不在および治安立法の存在によってもたらされたものである。

このようにして、明治以来普選運動家の念願してきた「貧富懸隔ノ禍乱ヲ予防シテ以テ同胞相率キテ天与ノ恵福ヲ共ニスルコト」（「普通選挙ヲ請願スルノ趣意」）は、普選法成立後も実現されなかった。これは無産階級にとってのみならず、日本の議会政治そのものにとっての不幸であった。批判なき政治は必然的に腐敗する。無産層・中間層は、彼らの利益を省みない議会に失望するとともに、腐敗した既成政党に嫌悪を深めた。政党政治没落、軍部勢力の台頭の遠因は、無産階級の政治的進出を極力抑制した普通選挙制度成立のあり方の中に求めることができよう。

別編

Ⅰ　大正期婦人の政治的自由獲得運動

——新婦人協会から婦選獲得同盟へ——

はじめに

ここで大正期というのは、日露戦争後から大正末年までをいう。この時期の特徴は、政治・社会・文化の各方面において民主主義と自由主義の傾向が顕著となったことで、これを推進したのは民衆の政治的自由獲得運動であった。この傾向と運動を大正デモクラシーと呼ぶ。大正デモクラシーに助けられて、また自らをその有力な構成要素として、婦人の政治的自由獲得運動が発展したのである。政治的自由といえば、まず参政権、すなわち国会および地方議会における議員選挙権・被選挙権が数えられるが、それに尽きるものではない。参政権を活用しうる前提としての言論・集会・結社の自由、これが政治的自由の、参政権と並ぶ構成要素であることを忘れてはならない。

大正デモクラシーの打倒目標となったのは、一九〇〇(明治三三)年に形をととのえた明治憲法体制である。ここにおいては、まず衆議院選挙法において女性を選挙・被選挙の両資格から排除し(第八条・第一〇条)、市制・町村制においても公民から除外して(ともに第七条)、府県・郡・市・町・村の各地方議会の選・被選両資格を失わせた。また、治安警察法第五条の第一項では、「左ニ掲クル者ハ政治上ノ結社ニ加入スルコトヲ得ス」として、軍人・警官・宗教師・教員学生生徒・未成年者を列挙する中に「女子」を加えて、女性から結社の自由を奪い、同時に第二項において「女子及未成年者ハ公衆ヲ会同スル政談集会ニ会同シ若ハ発起人タルヲ得ス」と集会の自由を奪った。したがって大正期における婦人の政治的自由獲得運動とは、これらの法律の改廃をめざすものとなる。

この主題についての通史的研究としては、井手文子「日本における婦人参政権運動」(『歴史学研究』二〇一号、一九五六年)、吉見周子『婦人参政権』(『近代日本女性史』二、鹿島出版会、一九七一年)、米田佐代子「婦人解放史における民主主義の問題——治安警察法修正運動の意義によせて」(東京都立大学『人文学報』八九・九七号、一九七二年・一九七四年)、児玉勝子『婦人参政権運動小史』(ドメス出版、一九八一年)がある。また運動の中心人物たる平塚らいてうおよび市川房枝の自伝も運動を詳述している(『元始、女性は太陽であった』完結篇、大月書店、一九七三年、『市川房枝自伝』戦前編、新宿書房、一九七四年)。それぞれ有益であり、いまさら屋上屋を架するの感がないではないが、これまで研究者がまったくといってよいほど無視してきた、当時最大の婦人界情報源たる『婦女新聞』および最古の伝統をもつ婦人団体たる日本基督教婦人矯風会の機関誌『婦人新報』を調査し、婦選会館所蔵の婦選獲得同盟関係資料も閲読し、従来の研究との重複をなるべく避けつつ、新しい知見をいくらか付加してみたい。その結果として、これまで比較的資料が出揃い、研究も多い新婦人協会よりも、ほとんど注目されていない矯風会に新しい光を当てることとなった。

一　新婦人協会の活動

1　前　史

わが国における婦人の政治的自由獲得をめざす婦人自らの本格的政治運動は、第一次大戦後の新婦人協会の創立にはじまる。こういえばたちまち、明治末年の治警法改正運動は如何の声があがると思うが、いやしくも「政治運動」という以上、その主体が事実上一つの政治団体を構成していることが、その本格化の前提となる。その点明治末年の運動は、平民社あるいは日本社会党を背景としてはいたが、それらの組織をあげての運動ではなく、婦人有志の運動にとどまっていた限り、第一次大戦後の運動に対して「前史」的位置にとどめざるを得ない。

社会主義婦人を中心とする、戦時下の一九〇五(明治三八)年第二一議会より一九〇九年第二五議会まで毎年行なわれた治警法第五条修正請願運動については、すでに米田佐代子の前掲稿、および児玉勝子「平民社の婦人たちによる治安警察法改正請願運動について」(『歴史評論』一九七七年三月号)があるので、ここでは繰返さない。ただ若干付言しておけば、まず、日本においては社会主義者によって男女平等普選が唱えられたことである。自由民権運動の中で村松愛蔵らのそれに近い発言はあっても、それが一つの政派の主張となったことはかつてなかった。一八九七年にはじまる普通選挙期成同盟会にしても、中村太八郎ら個人としては男女平等普選を構想しているものはあっても、組織としては、その普選とは、男子に限定されていた。一九〇〇年の社会民主党が「綱領」に含めた「普通選挙」は、その内容が明確でない。日露戦争中の平民社の普選請願においてはじめて、男女平等普選の趣旨が明確化されたのである(本書六八ページ)。治警法修正請願はこの線上にある。一九二八年になって、吉野作造が、近年の「自由思想並に運動が概して直接間接にこの方面(明治社会主義者—松尾)に淵源するの事実は、始めから明了に之を認めないわけには行かぬ」(「民本主義鼓吹時代の回顧」『社会科学』四の一)と書いているのは、当っているといわねばなるまい。

つぎに指摘せねばならぬのは、一九〇七年の第二三議会および翌年の第二四議会で、この請願が第二項修正(集会参加)のみ衆議院で採択されただけではなく、請願委員会の議決により改正法律案として上程され、衆議院を通過していることである。もともとこの第二項に女子をふくめることは、治安警察法制定のとき、衆議院を通過した草案になかったものが、貴族院の手で追加されたといういきさつをもつものだけに(米田、前掲稿)、衆議院がその削除を承認しやすかったことは考えられるが、なぜ、これが第二三・第二四両議会だけに限られるのであろうか。ときの政府は、桂官僚内閣のあとに成立した西園寺準政友会内閣である。議会第一党たる政友会の協力なくしては、いかなる法案も通過しえないことは明らかである。ときの政府委員は議会で修正反対の意を表明しているが、この通過には、原敬内相と彼をリーダーとする政友会の黙認が存在していたのではないかと推測される。

請願が一九一〇年以降あとをたつのは、幸徳事件に象徴される社会主義運動に対する弾圧強化のためであるが、実は、この頃からむしろ、論壇では婦人参政権論議が盛んになってくる。それはおそらく、国内における職業婦人の増加が社会的問題となる一方、国外における欧米とくにイギリスのパンカースト夫人らの婦人参政権運動が盛んに報道されたことによるものであろう。一九一〇年には河田嗣郎『婦人問題』(『最近経済問題叢書』第一〇巻、隆文館)が、とくに「婦人参政問題」の一章を設け、積極的に男女平等の集会結社権と参政権を肯定している。この本は家族制度をおびやかすものとして、文部省が圧力を加え絶版させている。河田は当時京都帝大法科大学の農業経済学担当の助教授だが、政治学助教授の佐藤丑次郎はすでに同大学機関誌『内外論叢』(三の二、一九〇四年)において「婦人の選挙権」を発表し、理論・政策両面で婦人参政権を支持し、また『京都法学会雑誌』(三の九・一〇、一九〇四年)において「婦人ノ政治運動ニ就テ」と題して欧米の婦人参政権運動を紹介していた。これに対し天皇主権説をとる東京帝大の保守的憲法学者上杉慎吉は、河田と同じく一九一〇年に『婦人問題』を著わし、家を守るべき婦人が選挙権をもつことは「国家存在の根本義に反し、国家存在の利益に反す」(二九ページ)と結論している。

この翌年の一九一一年『青鞜』が発行され、婦人問題が論壇の脚光を浴びるにいたったことはよく知られている。『中央公論』『太陽』の二大雑誌は特輯号を発行し、中央公論社は一九一六年『婦人公論』を、その翌年には石川武美が『主婦之友』を、そして、民本主義を吉野作造に先立って鼓吹した雑誌『第三帝国』は、その姉妹誌として『女王』を創刊する。その中で与謝野晶子・安部磯雄・高野重三らが婦人参政権を支持していた。一九一五年五月の第一二回総選挙には、平塚らいてうや山川菊栄の文学上の師匠格の馬場勝弥(孤蝶)が、「ある制限つきの婦人参政権」をスローガンの一つとして立候補し、その資金のための『孤蝶馬場勝弥氏立候補後援現代文集』には、らいてう以下七名の婦人が寄稿した(松尾「一九一五年の文学界のある風景と最晩年の漱石」『文学』一九六八年一〇月号)。

第一次大戦終了の翌年一九一九年は、大正デモクラシーにとって画期的な年となった。内においては米騒動と原敬政友会内閣の出現、外においてはロシア革命およびパリ平和会議の外圧により、労働組合運動・学生運動、および普選運動がにわかに開花した。普選運動は前世紀末からの歴史をもっているが、実体は啓蒙・請願運動にすぎなかった。それがいまや公然たる大衆的要求運動となり、その中から婦人参政権問題が浮び上ってきた。一九一八年にイギリスで実現し、その翌年ワイマール憲法が承認し、またアメリカ合衆国憲法がこれを許容すべく修正(効力発生は一九二〇年)されたことにより、婦人参政権は世界の大勢と認識されたためである。年初の第四一議会下、院外では与謝野晶子が二月一一日の普選大会にメッセージを送り、婦人を除外した普選は、政治を全日本人の政治たらしめようとする真の民主主義者を満足せしめない、と主張し(『大阪毎日新聞』2・13)、院内では三月一〇日、貴族院で山脇玄(貴族院ではまれな普選論者)が「立憲政治ノ本旨カラ云ヒマシテモ、世界ノ大勢カラ見マシテモ、尚又国民タルベキ義務遂行ノ上カラ論ジマシテモ」女子を参政権から除外する理由はないと論じていた(『帝国議会貴族院議事速記録』三五、東京大学出版会、二八三ページ)。

しかし、この段階では婦人運動は起らなかった。雑誌『中外』四月号は、「婦人参政権の要求」という小特集を試みているが、四人の寄稿者はいずれも参政権を当然視しているものの、さて運動はとなると、賛意を表しているのは西川文子(かつて青鞜社の向うを張って新真婦人会を組織)だけで、山川菊栄は「無産階級の婦人にとつては、その生活を改善し、その全き解放を実現する上に、一層直接な、一層有効な手段があるとしたならば、必ずしも参政権の獲得に全力を傾注する必要はない」と論じ、山田わかは「参政権を得るよりも確かな有効な輿論を造る資格を婦人は先づ持たねばなりません」と参政の能力を養うことが先決だと説く。

興味深いのは、この年末には新婦人協会をつくることになる平塚らいてうが、「今日、この時に於て日本の婦人界から、選挙権要求の実際運動が開始されようとは到底考へることが出来ません」「もしこの際起すものがあれば、それは深くものを考へないものの軽挙か、さもなければ盲動に過ぎないと思ひます」と、運動に否定的態度を示していることである。参政権は婦人にとっての緊急問題でなく、参政権によって得られる社会改造は限定されたものであり、また腐敗した政界に入ることにより婦人も汚染されるおそれがあり、また一般婦人の自覚も乏しいというのが、その理由である。そして、婦人は政治に関与するより「母親として、思想家として、教育家として、宗教家として、又は芸術家として社会、人類を改造し、文化に貢献」する方が、はるかに価値があると結論している。この他筆者の眼にふれたものでは、伊藤野枝が、婦人の隷属がつづくかぎり参政権は政治の偽瞞をもたらすだけだ、といい、まず「職業婦人が真に社会的地位に、経済生活に目醒め」るようつとめるべきだと論じている(「参政権獲得是非」『新公論』一九一九年三月号)。これらをみても、先進的婦人たちの間には、参政権運動に消極的な態度が強かったことがうかがわれる。また今世紀初頭から婦人解放への着実な歩みをつづけている『婦女新聞』にしても、当時の主張は高等教育における男女同権にあった。

2　新婦人協会の治安警察法改正運動開始

新婦人協会が平塚らいてうの主唱のもと、市川房枝の協力を得て、一九一九(大正八)年一一月二四日、大阪で開かれた第一回関西婦人団体連合大会の席上、その創立が披露され、その当初の事業として、婦人参政権の第一歩として治安警察法第五条の改正と、母性保護の要求としての、花柳病男子結婚制限法制定と、二つの請願運動を展開したことはよく知られている。前節でみたように、一九一九年年初には参政権運動にいちじるしく消極的であった平塚が、その態度を急変させたのは、どのような事情によるものであろうか。

まず考えられるのは、この年の後半における政治・社会状況の急進化である。普選問題をみても、年初の第四一議会では普選法案の提出さえ実現しなかったのに、年末開会の第四二議会では、普選が世論化し、前議会と比較にならぬ規模で普選運動が全国的に展開され、院内ではこれが最大の争点となり、原敬内閣は議会を解散する。この形勢をもたらしたのは、当時東大教授の憲法学者美濃部達吉がみとめていたように、一般民衆の「民主思想の昂進」、とくに「労働者階級の自覚と其の勢力の勃興」であった(「普通選挙論」『国家学会雑誌』一九一九年一〇月号)。労働者はいたるところで争議をおこし、組合を結成した。これまで労資協調をうたっていた、日本唯一の全国的労働組合友愛会が、戦闘化とナショナル・センター化の姿勢を示すべく、その名に大日本労働総同盟を冠したのは八月末のことであった。この友愛会が中心となって、はじめて主要労働組合の連合運動をおこしたのが、九月から一〇月にかけてILO労働代表の官選反対であった。労働代表に随行する婦人顧問に労働婦人の要求を知らせるため、一〇月五日、友愛会婦人部が主催して婦人労働者大会が開かれた。与謝野晶子・平塚らいてう・山川菊栄、そして婦人部のオルガナイザー市川房枝も出席している。労働者の要求するデモクラシーは政治上のそれにとどまらなかった。社会の改造が要求された。この年の四月と六月に創刊され、人気を集めた二つの雑誌が『改造』『解放』と名づけられたところに、時代思潮がうかがわれる。ただしその改造なり解放なりには各人各様の思いがこめられてはいたが。

らいてうが、この時代思潮の中で、「婦人の政治的・社会的な団体運動への衝動」をおさえがたくしていったことは、戦後執筆の自伝『わたくしの歩いた道』(新評論社、一九五五年)および、その増補改訂版『元始、女性は太陽であった』(完結篇、大月書店、一九七三年)でよくうかがえる。残る問題は、彼女はまず雑誌の発行を計画していたのに、なぜ、実践運動、しかも治安警察法の改正と花柳病男子の結婚制限法の制定をめざしての、彼女が軽んじていた議会運動へのり出して行ったのだろうか。この辺の説明は、二つの自伝には欠けている。『市川房枝自伝』(新宿書房、一九七四年、五三ページ)は、明治末年の治警法改正運動の一員で、青鞜社のメンバーだった遠藤(岩野)清子を「平塚氏とふたり巣鴨のお宅に訪ねて、当時のことをいろいろ聞き、そのあとをついで今度こそは成功させようと、治安警察法第五条改正を取り上げることにしたのであった」と記している。その市川が『女性同盟』の創刊号(一九二〇年九月)にのせた「治安警察法第五条修正の運動」(上)には、明治末年の遠藤らの運動を紹介したあと、「若し遠藤氏の運動が引続いてゐたならば、もうとつくに五条等は修正されてゐたに違ひないと思つて居りました。それで一両年来遠藤氏に向つて、前の運動を再興される様にお勧めして来ました。而し氏は団体を持たなければ困難だからといふので、着手されませんでした」と書いている。

いずれにしても、治警法改正運動をはじめるのに遠藤がからんでいることは事実だが、新婦人協会として計画した事業が数多くある中に、なぜこの運動を取り上げたのか。児玉勝子「『女性同盟』復刻にあたって」(ドメス出版の復刻版の解説)は、「第一次大戦後、英・米はじめ多くの国で婦人参政権が実現しているのに、日本では治安警察法というものがあって、政治について女は話すことも聴くことも出来ないことに憤りを感じていたからである」という。付言すれば、普選問題で第四二議会が国民注視の的となろうとしているとき、治警法を取り上げることで、協会に世間の注目を集めようとしたのではなかろうか。請願を集めることは、協会の宣伝にもなり、組織化にもつながるという効果がある。そしてまた、かつて衆議院を通過したという実績がある以上、成果が速やかに上ることも期待できる。こういう思惑が平塚や市川に無かったとはいえまい。もちろん与謝野晶子が指摘したように、衆議院議員選挙法の改正、すなわち男女平等普選を取り上げてもよかったわけだが(与謝野「新婦人協会の請願運動」『太陽』一九二〇年二月号)、それでは即効性に欠けていた。なお『婦女新聞』一九二五年三月八日号が「治安警察法改正案の議会提出は房枝女史の発意であった事を、私共は忘れてはならない」と記していることを付記しておく。

こうして、一九二〇年一月六日の協会の初会合で、前記の二つの請願運動を行なうことが議決されるのだが、それ以後の状況を、最も基本的な事実経過の忠実な記録たる前掲市川「治安警察法第五条修正の運動」上・中・下(『女性同盟』一・二・三号)によって記そう。この議会下、治警法改正請願署名は二〇五七名に達した(請願書の本文は『日本婦人問題資料集成』第二巻「政治」、ドメス出版、一九七七年—以下『集成』と略す。および児玉勝子『婦人参政権運動小史』ドメス出版、一九八一年—以下『小史』と略す——所収)。この中には少なくとも三分の一の男性署名があったと、後述の第四四議会の例から推測される。

この請願運動において、「団体としてよく協力してくれたのは基督教婦人矯風会であった」と『市川房枝自伝』(五七ページ)は特記している。矯風会の幹部、守屋東と藤井こう子が、「矯風会としても大変賛成であるから御調印を乞ふ」の添手紙をつけてくれたためであった。機関誌『婦人新報』一月号でも、久布白落実「民族を担ふて世界に」は、婦人参政権への道程として、「先ず婦人に政談演説聴講の自由」と高等女学校における「市民教育」が必要だと論じていた。矯風会の協力ぶりは、平塚をかつて森田草平との心中未遂事件で除名処分にした日本女子大学同窓会桜楓会の非協力ぶりと対照的である。

請願書はいくつかに分けて提出した方が効力があるとの説により、まず二月九日に一〇〇〇名分だけをまとめて憲政会の富田幸次郎を紹介議員として提出し、ついで同月一一日、政友会の根本正の紹介で第二回目を、さらに二四日に、国民党鈴木梅四郎の紹介で第三回目を提出した。富田は党内では少数派の普選支持者、根本は矯風会と密接な関係をもつ明治以来の禁酒運動家で普選論者、鈴木は三井系実業家で犬養毅の政治活動を財政的に支え、大戦中は加藤時次郎とも行動を共にした社会政策論者。政友・憲政・国民と、議会の三有力政党それぞれから紹介議員を得たことは、この運動を超党派的なものにしたいという協会の意図のあらわれであった。貴族院へは、鎌田栄吉を紹介者とした。慶応の塾長鎌田は、かつて一九〇七年の第二四議会で治警法修正案を支持した人物である。

二月二三日の衆議院請願委員会における審査では、政府委員の警保局長川村竹治が、結社加入は時期尚早、集会参加は直ちに改正する考えはないが「将来ニ対シテハ相当考慮ヲ要スル」と、後者に含みをのこす発言を行ない、これに対応するかたちで斎藤紀一(政友会、歌人茂吉の養父)が、採択ではなく政府に参考交付の扱いをするよう提案、これが承認された。これは協会の予期に反したが、このとき市川らは法律案の提出に奔走していた。市川らはこれも各派連合のかたちで実現したいと考えたが、政友会から提出者をえられず、一時は国民党の治警法一七条改正案に五条改正を加えるよう働きかけたが、通過困難の一七条改正と抱合せではかえって目的を実現しにくくなると考え、無所属議員に依頼する方針に切換え、児玉右二が提案者となることを引受けた。政友会の松田源治(内務省勅任参事官で普選理解者)の奔走もあって、二月二八日には有志議員二十四、五名の(おそらくは法案提出のために必要な賛成署名を承諾した議員)の相談会を開くところまで漕ぎつけたが、二六日、突如として原首相は、普選問題を争点として議会を解散した。

二月二一日、新婦人協会は神田青年会館ではじめて演説会を開き、大庭柯公(『読売新聞』記者、社会主義者と親しい言論人)・山田わか(らいてうと親しい評論家)・遠藤清子(前出)・植原悦二郎(国民党代議士、急進的な民本主義論者)・大山郁夫(早大教授、民本主義の鼓吹者)・黒須龍太郎(憲政会代議士、普選論者)が演壇に立った。会衆は五〇〇、その大半は男性であった(『東京日日新聞』2・22)。

三月二八日、新婦人協会は上野精養軒で発会式をあげた。この日はあくまで発会式で、会の創立は、平塚が関西婦人大会で趣旨書をくばった、前年の一一月二四日とするのが妥当だと強調する説もある。たしかに発会式までに前述のような活動を行なっているのだから、三月二八日を創立の日とはいえぬというこの説には傾聴すべきところがあるが、さりとはいって、わずか二人の女性が創立趣旨書を発表したことをもって創立とするのにも、ためらいをおぼえる。

二人ではない、平塚・市川・奥の三人ではないかとの反論もあろうが、実は一一月段階では奥むめおは加わっていない。今日活字化されている趣旨書に奥の名が入っているのは、年が明けた一月に奥が加入したあとで印刷された趣旨書を底本としているからであろう。ちなみに平塚が新婚間もない奥を口説いて助力を求めたのは、平塚や市川のもたない奥の政治的・社会的経験を買ってのことである。奥は第一次大戦中より青年改造団体立憲青年党に入り、橋本徹馬・加藤勘十・山田忠正らとともに寺内内閣を攻撃し、戦後は彼らとともに労働世界社をおこし、雑誌『労働世界』の編集にあたるとともに、自ら求めて女工生活を体験したこともあった(宮地正人『日露戦後政治史の研究』一九七三年、伊藤隆『大正期「革新」派の成立』一九七八年、奥むめお『野火あかあかと』一九八八年)。

趣旨書を発表しただけで創立というならば、日本農民組合にしても全国水平社にしても、創立大会をあげた日より数ヵ月創立日を繰上げねばならぬ。前者は機関誌を、後者はパンフレットを、それまでに発行している。およそ団体である以上、会名だけでなく、綱領・規約・役員が揃うことが必要であろう。それを公式に備えるのが創立大会で、この日をもって創立の日とするのが自然ではないか。協会の創立趣旨書にも「私共は只この仕事の発起人たるに過ぎない」とある。私は創立大会までのこの協会は、「準備会」として位置づけてはどうかと考える。日本共産党でも今日、すでに党が創立された一九二一年春から一九二二年夏までの段階を「準備会」と呼んでいる。この「準備会」が党名を名のって実質的に活動を開始していることは、協会の場合と同様である。少なくとも一一月二四日をもって創立とするには疑義があり、三月二八日を創立日としたくなければ、『近代日本婦人問題年表』(ドメス出版、前出『集成』第一〇巻)のごとく、一一月二四日に「創立趣旨書を配り結成を発表」、三月二八日に発会式をあげ、「正式に発足」とするのが穏当であろう。

さて、三月二八日の発会式には、男女合せて二〇〇名の賛助者に招待状を出したが、その名簿はわからない。参会者は約七〇名とのことだが、氏名の判明するのは五六名、うち男性は石田友治(婦人問題を重視した民本主義雑誌『第三帝国』主宰者)、平山六之助(弁護士、市川のユニテリアン教会員時代からの知人、治警法請願の相談に与る)、鈴木正平(不明、正吾ならば、もと『第三帝国』社員、普選運動家)、石原修・鈴木孔三・古瀬安俊(以上農商務省工場監督官、とくに石原は女工結核問題の指摘者)、山口正憲(立憲労働党、普選運動家)、青木量平(不明)、大山郁夫(前出)、大庭柯公(前出)、加藤時次郎(平民病院院長、明治社会主義の最大のパトロン)、鎌田栄吉(慶応義塾塾長、貴族院議員の中では出色の普選論者)、山崎今朝弥(弁護士、社会主義者)、福島四郎(一九〇〇年創刊の婦女新聞社長)、山田忠正(弁護士、普選団体青年改造同盟幹部)、高野重三(石油会社「高野商会」経営者、第一次大戦中以来の熱心なフェミニスト)、秋田雨雀(社会主義に接近しつつある劇作家)、下中彌三郎(平凡社社長、日本教員組合啓明会の主宰者)、堺利彦(明治社会主義の巨頭)、嶋中雄作(『婦人公論』編集長、弟雄三は堺の仲間)の二〇名(市川房枝「創立より女性同盟の発刊迄」『女性同盟』一号)、簡単な個々の説明からでもわかるように、当時の民本主義の潮流の先頭に立つ人材が多く含まれている。いかに協会が男性の進歩派から期待をかけられていたかがわかる。

ちなみに婦人の出席者は左のとおり。平塚らいてう、市川房枝、奥むめお、坂本真琴、伊藤朝子(無我苑の伊藤証信夫人)、岩淵百合子、西川松子(もと平民社の一員)、服部清子、太田菊子、百瀬しづ子、宮川静枝(矯風会)、望月照子、近藤綾子、山本孝子、江口清子、岡本かの子、渡辺シーリ(牧師渡辺忠雄夫人、音楽家暁雄の母)、川口邦子、加藤みどり、吉田清子、田中芳子、塚本仲子、山田美都、山田わか、山内みな、布施光子、福永しづ子、福田みね、児玉真子、遠藤清子、荒木郁子、岸田しづ子、樋口録子。ほかに出席していたと推定されるもの(評議員に指名された)は加藤さき子、平山信子、田中孝子(ＩＬＯ代表随員)、矢部初子。

3　治安警察法改正案の衆議院通過

解散による第一四回総選挙は、前議会で成立した小選挙区制のため、原敬の思惑どおり政友会の圧勝におわった。普選運動は冷水を浴びせかけられ、少なくとも大都市における運動は、一九二二(大正一一)年春まで沈滞することになる。失望した組織労働者の中には、議会政策を否定し、直接行動による革命をめざすアナルコ・サンジカリズムが浸透し、革命早期到来の幻想を抱く山川均らマルクス主義者も、強くその影響を受け、労働者の普選運動参加に反対するにいたる(松尾『大正デモクラシー』岩波書店、一九七四年、二二八ページ以下、および本書一七四ページ以下)。

この総選挙では協会に同情を示す二三候補を推薦したが、うち一六名が当選した。協会は総選挙後の特別議会は会期が短いので、対議会運動を見送る予定であったが、「我党の士」が多く当選したのをみて、にわかに請願と法案双方提出の運動にとりかかった。請願は前議会の残部五九一に役員一三名を加えたものを六月三〇日に提出した。紹介議員はすべて政友会員で、高橋本吉・林毅陸・根本正・山口熊野・鳩山一郎の五人である。七月一六日の請願委員会は、高橋の説明のあと質問も反対もなく採択された。貴族院にはこの請願は提出しなかった。

協会が主力を注いだのは、請願ではなく法律案であった。一日も早く目的を達するために手段が選ばれた。この議会には、国民党より治警法第五条・第一七条の修正案が提出されたが、前議会の場合と同様に一七条と抱合せでは通過困難とみて、協会は国民党に依存、あるいはこれを支持しようとはしなかった。協会が選んだのは、超党派による第五条のみの修正案の提出であった。しかし政友会は共同提案を拒否し、次期議会まで待つように要望し、協会も絶対多数党の政友会の意に反することをおそれ、提出者を憲・国両派に求めず無所属議員に求めることとし、中野正剛・松本君平・田淵豊吉・押川方義を得、憲政・国民・無所属の有志議員三〇名の賛成者の名をつらねて七月一〇日法案を提出した。七月一九日、田淵の提案理由説明のあと、委員会に付託されたが、委員会は七月二一日のわずか一回の審議のみで、二八日の会期終了を迎えた。しかしこの委員会の席上で川村警保局長は、前議会より一歩を進め、集会参加権だけは適当と認める旨を表明した。なお議会運動に呼応して、院外でも協会は婦人団体有志連合講演会を、法案上程の前日たる七月一八日に開いている。弁士は協会四人、婦人はたらき会・赤想社・友愛会婦人部・婦人社会問題研究会・タイピスト組合各一人、これに松本君平・永井柳太郎の両代議士も加わった。異なった婦人団体の共同行動のはじめである。ちなみに一九二〇年九月二七日現在の協会員数は、正会員六三、賛助員二五五、維持会員一三である(『女性同盟』一号)。

一九二〇年末から翌春にかけての第四四議会では、政友会の大勢は集会参加権のみ承認の意向にみえたので、協会は「政友会から第二項を、憲政会無所属から第一・二両項の提出を願はう、それも政友会からは今期に必ず通過する事の保証を得る事にして」と決心し、この方針を、政友会幹事長広岡宇一郎と無所属の松本君平に話して承諾を得た。その結果、一月二八日、まず政友会より一宮房治郎(前議会の協力者で今議会開会前に死去した高橋本吉の友人)、広岡宇一郎を提出者とし、岡崎邦輔以下三〇名を賛成者とする第二項のみの修正案が提出され、ついで二月一日、押川方義・田淵豊吉・松本君平を提出者に、憲政・国民・無所属有志計四〇名を賛成者とする第一・二両項の修正案がつづいた。このほか憲政会としては、第一七条および第五条第二項の修正案、国民党からは前議会と同様に、治警法全般にわたっての修正案が提出された。これらは一括して委員会で審議された結果、政友会案が二月二六日の衆議院本会議で通過した(市川「治警第五条第二項改正案衆議院通過」『女性同盟』六号)。

政友会の賛成は、西欧諸国で婦人参政権が実現し婦人代議士まで生まれている段階で、日本では婦人の政治集会参加まで禁止することは、政友会にとっても得策でなく、かえって、普選問題で標榜している漸進主義の趣旨に合致しないと判断したのであろう。それに第二項が前記の如く一九〇〇年治警法制定の折、衆議院を通過した政府原案にならったものが貴族院で挿入されたという歴史事情も、政友会の賛成を容易にした。

この改正案は貴族院には二月一日上程され、直ちに委員会に付託されたが、一向に委員会は開かれない。あるいは握りつぶしになるかも知れぬとの川村警保局長の話におどろいた協会は、各委員に働きかけ、ようやく三月二五日に委員会を通過し、最終日の三月二六日の本会議にかけられたところ、公正会の清水資治と藤村義朗が反対演説を行ない、鎌田栄吉の賛成演説にもかかわらず、起立少数で否決されてしまった(市川「治警第五条第二項改正案貴族院否決」『女性同盟』七号)。

公正会が反対したのは、同会が政友会の貴族院縦断政策、すなわち貴族院の最大会派研究会との公然たる提携(一九二〇年五月)に反発したからであろう。藤村が次の議会で賛成にまわったとき、昨年の反対は「党派的なデリケートな問題によるもの」だと告白したことは(平塚『わたくしの歩いた道』二三六ページ)、この推測を裏付ける。しかし公正会だけ反対しても、研究会や交友倶楽部(純政友派、鎌田もその一人)が結束すれば、多数で押切れたはずである。市川が反省しているが、各派の幹部に働きかけを怠ったように、「運動が下手で且足らなかつた事も大きな原因」であった(前出、市川「治警第五条第二項改正案貴族院否決」)。

なおこの議会に対しても、治警法第五条修正の請願書が、衆議院に対し二四四〇名(うち女性一三三八名)、貴族院に対し二二〇〇名分提出された。衆議院では採択されたが、貴族院では審議未了となった。注目されるのは、この議会ではじめて、協会により男女平等普選を内容とする衆議院議員選挙法改正の請願が行なわれたことである。『日本労働年鑑』(大正一〇年版、四九九ページ)によれば、前議会直前の六月二七日、普通選挙期成同盟会の協議会が開かれ、これに平塚・市川・坂本真琴も列席し、「今後の普選運動には婦人連と連合して気勢を高め、選挙権を成年以上の男女といふことに拡げ、会員組織として全国に之を募り、議会が済んだら大宣伝に出発する。之と共に治安警察法第五条の婦人の政治演説禁止の条項撤廃に努力すべく、松本、小林、高木の三代議士が議会で活動することにな」ったという(藤田浪人編『社会問題大観』九一ページもほぼ同文)。この会合は、『女性同盟』の「協会日誌抄」には記載がなく、事実かどうか疑問がのこるが、事実とすれば、普選運動側が婦人参政権問題を取り上げようとしたものとして注目に値する。しかし実際は、当時の普選同盟会には前年のような力はなく、むしろその存在さえ危ぶまれる状態にあり、事実、議会後に前記のような運動が行なわれた形跡はない。普選運動自体も、既述のようにこの頃は沈滞期にある。このとき協会が男女平等普選の請願を行なったことは、市川が回想しているように(『私の婦人運動』秋元書房、一九七二年、五四ページ)「男子の普選運動に対する協力でもあり、抗議でもあった」。請願は二三五五名(うち男子九五七名)の署名を得たが、衆議院では不採択、貴族院では審議未了となった。

4　協会の危機と治安警察法改正の実現

第四四議会のあと、協会は内外から危機を迎えた。内の危機とは、平塚・市川の協会創立者二人が事実上協会から離脱したことであり、外からの危機とは、社会主義婦人団体赤瀾会の思想的指導者山川菊栄の協会批判である。創立以来馬車馬の如く突走ってきた二人は、肉体的にも精神的にも疲労ははなはだしく、その中から感情的な軋轢が生じ、ぬきさしならぬところまで来た。平塚は市川に表面休養をすすめ、山田美都を後釜にすえようと試みたこともあった(為藤五郎「我国婦人運動内面史」『婦人公論』一九二五年四月号)。市川は苦しんだ末に渡米を決意し、一九二一(大正一〇)年四月末に辞意をあきらかにし、六月一二日の協会第一回総会で正式に理事を退き、七月二九日、アメリカ留学に旅立った。一方平塚は静養のため東京を離れ、約二年各地を転々とするが、『女性同盟』一〇号(七月)の巻頭論文「第一回総会に臨み過去一年半を回想しつつ」は、今後の運動方針について何一つふれることなく、ひたすら自己の理想とする団体生活に協会の現状が遠いことを嘆いている。実はこの総会に平塚は出席せず、協会解散説を理事会に持出していたのである(協会解散時に発した平塚の「挨拶状」『集成』所収)。この理事会がいつ開かれたのか不明だが、市川や奥の自伝に、一言もこの件が記されていないところをみると、総会後の新理事会に対してではあるまいか。その理由は「日本の現在の婦人の団体生活に対する疑惑、不信、失望」(同上)のためとのことであったが、理事会はこれを承認せず、平塚も名目上理事にとどまることになった。

平塚に協会解散を決意させるにいたったまでの、市川に対する不満は、平塚の「新婦人協会の回顧」(一―五、『婦人公論』一九二三年三月―七月号、未完でおわる)に赤裸々に示されており、戦後になっても『わたくしの歩いた道』や『元始、女性は太陽であった』で同趣旨を繰返している。これらの文章は、いかに平塚こそが、政治的・大衆的団体生活に不向きな、自己中心的な人間であるかを赤裸々に示している。市川はさすがに一言も反論していない。『山内みな自伝』(新宿書房、一九七五年)が代って平塚を批判している。平塚と市川の衝突については、教育評論家で『女性同盟』の寄稿者でもあった『太陽』編集者の為藤五郎の「我が国婦人運動の一転機」(『太陽』一九二三年一月号)が公平にみているので、左に紹介しておこう。

軋轢は両氏の利害の衝突乃至感情の衝突と言ふべき性質のものでなく、それは主として両氏の思想上の衝突――と言ふよりは寧ろ性格上の不一致に帰した方がよいと思ふ。(中略)平塚氏は書斎に思索するに適した人であり、市川は街頭に実行するに適した人である。故にこの両性格者が各その長ずる所を互に利用し合つて進めば無難であつた筈であるが、それが出来なかつたが為に、相互の間に或る物足らなさが感ぜられ、それが長じて遂に相許容することの出来ぬ大きな溝渠がそこに生じたのであつた。それに又それ等の問題を別にしても市川氏が最初〔協会設立当時―松尾〕懐いて居た平塚氏に対する尊敬の念が、この頃に至つて可なり根柢的に幻滅を感じて来たのと、平塚氏が協会そのものを愛すること余りに深く、その弊は協会を恰かも自分一個の私有物の如く考へるの余り、性格的に思想的に自分と相容れぬものを排除しようとする狭量との相積が、一層この諸点を拡大したことも事実である。

最近、井手文子『平塚らいてう』(新潮社、一九八七年)は、両者の婦人運動観についての対立を強調して次のようにいう。

なによりも根本となるのは二人の中心的指導者の婦人運動へのイメージが、かなりへだたっていたことである。母性と家庭を中心にその尊重の線上に社会の改造を置いたらいてう、女権の獲得を一本にしぼっていこうとする房枝。らいてうのイメージはたしかにスケールはあり、理想主義的であるとともに、情緒的で具体性が少ない。それにひきかえ房枝の考えはすでに西欧では実施している婦人参政権の獲得という、実現可能な目標である。その先にある政治や思想の問題には決してふれない。(中略)らいてうと房枝がたとえ喧嘩別れとなっても、協会の目標と実践についてきびしく討論したならば、あるいは全体の会議で討論する機会があったならば、そこに何かの活路があったかも知れないが、まだ当時では求められないものだった(一九七ページ)。

さらに私見を加えれば、平凡なことだが、その裏面には、金と人手、つまり物質的な問題があったと考える。一九二〇年一二月二六日付の『国民新聞』は、「婦人の団体運動に関する所感」と題するアンケートへの市川の回答をのせている。

人と金とは総ての事業に必要でありますが、婦人の団体運動の場合には、特に現在の婦人団体に於ては、その必要を痛感します。尚ほ人と金の二つの中、金よりも第一に人の必要を感じます。人が得られゝば金は必ず得られます。ほんの二三人でいゝから犠牲的な献身的ないゝリーダーをほしいと思ひます。

一方、四年後のことだが、協会員の工学博士夫人田中芳子は次のように語っている(『婦女新聞』大14・5・10)。

お金は全く運動の原動力です。婦人運動が花火の様だの茶碗むしの様だの云はれますのも結局原動力の薄弱からくるのです。決して感情問題による仲間破れ等はないのです。真剣に婦人運動をする人々が一つの目標に向つて協力して進むのに、先づ自れを捨てゝ参加するのですもの、そんな筈はないのです。唯婦人には未だに独立した財産権が殆どないのですから婦人運動の永続が中々むづかしいのです。

協会の財政的基礎がしっかりしていれば、人手もふえたことであろうし、平塚と市川の人間関係もずいぶん緩和されたことであろう。所詮は協会を財産的に支えうるほど、当時の先進的婦人層が厚くなく、またその結束が弱かったということであろう。

市川・平塚の引退という危機に際し、外から加えられたのが山川菊栄の一撃であった。この年の四月、堺真柄・九津見房子ら日本社会主義同盟周辺の約四〇名の婦人たちが赤瀾会を結成した。その指導者格の山川菊栄が、当時『中央公論』『解放』『改造』に押されながらも、まだ論壇に影響力を保持していた『太陽』(七月号)に「新婦人協会と赤瀾会」(『集成』所収)を寄稿し、協会は「青鞜時代の遊戯本能に」「ブルジョア婦人の」「慈善道楽」を加えた、らいてうの「オモチャ」にすぎず、協会の運動は「堂々たる団体運動に代ふるに無智無節操なる政党者流との苟合を以てすることを始め、思想の幼稚不徹底に加ふるに運動方法の醜悪愚劣、到底社会運動として問題になり得ざる体のもの」で、「資本主義の□□のみが、労働婦人を救ふ唯一の道である以上、さらぬだに微弱なる労働婦人の力を、労して益なき議会運動、労働条件改善の運動に浪費することの、大なる罪悪たるを信じて疑はぬ」ときめつけた。

平塚・市川が去ったあとの、実質上ただ一人の旧理事たる奥は、直ちに次号に「私どもの主張と立場」(『集成』所収)を寄稿し、婦人の自覚ぬきでは、山川のいうように社会主義革命が成功しても、一挙に男子専制がくつがえるとはいえない、婦人の自覚に乏しい現状では「ブルジョアと云はず非ブルジョアと云はず、女性といふ名に於て等しく自覚と団結とが要求されるべきであらう」と主張し、赤瀾会に対しても、「徒に弥次半分の知識階級や、低俗なジアーナリストや愚直な警官なんぞを相手にしないで、一日も早く労働者婦人の間に身を投ずる事に依つて、その団体的威力を以て、私共婦人の解放のために何等かの実践運動に出でられんことを希望」した。これは正論である。

山川は再び「無産婦人の立場から」を同誌一〇月号に発表し(『集成』所収)、「無産婦人にとつては、ブルジョア婦人は、ブルジョア男子と同じく、支配階級の成員たる以外何等の因縁をも有しない」、男性専制が私有財産制に起因する以上、その「大本の原因を除くのが第一の急務」と突放している。

今日の眼からすれば、山川の論は、社会主義革命運動における民主主義闘争の重要性をまったく無視した暴論であることは明らかだが、それは山川個人の責任ではなく、当時の社会主義者一般の戦略認識にかかわる問題である。当時すでに日本共産党は実質的に結成され、いわゆるアナ・ボル論争が展開されている時期であるが、両派に共通するのは、革命近しの情勢認識であった。政治運動を肯定するボル派も、労働者階級が議会に入ることは、ブルジョワ勢力の支配を安定させることになるといって、普選運動に反対した。アナ・ボル双方の働きかけにより、日本の労働組合はごく一部を除き、一九二一年はじめより関東大震災まで普選運動に加わらなかった。一九二二年夏、政治へ、大衆へ、の「無産階級運動の方向転換」を指示したボル派の指導者で菊栄の夫山川均も、普選運動ではなく棄権運動を主張していた(松尾『大正デモクラシー』二四〇ページ以下)。当年の山川菊栄が夫とともに革命早期到来を信じていたことは、前記の「無産婦人の立場から」の中で、「新婦人協会が労働婦人の間にさうした根を団体運動の根を張られるまで、日本の社会が現状を維持するものとは夢にも信じない。(中略)来るべき社会の変化は、奥女史の主張と私の主張とどちらが実際的であり、どちらが空想にすぎないかを、事実の上で証明するに相違ない」などといっているところにも示されている。

こういう革命気分がかなりひろく先進婦人層をとらえていたところにも、新婦人協会が伸びなやむ一因があった。そして協会の「優良分子が、今少し積極的に活動して、新婦人協会を一平塚氏のオモチヤたる現状から解放し、一層実際的な、一層根強い運動を、婦人界の実勢力たる職業婦人の間にすゝめて、結局無産者運動と合体するのでなければ、協会の存在は無意義である」(「新婦人協会と赤瀾会」)との指摘は、議会運動にほとんどあけくれて、既成政治家たちに失望を深めた会員に、ひそかな共感を呼ぶことになる。この頃新進の評論家土田杏村も、その農村地帯における自由大学運動の経験から、「改造は極めて徹底的でなければならぬ」「新らしい人は新らしい人同志の結びつきを遣《や》って欲しい」と提言していた(「婦人運動と議会政策其他」『女性同盟』一〇号)。

市川の理事退任のきまった六月一二日の総会で選ばれた新理事は、伊藤朝子・田中芳子・山田美都・塚本仲子・平塚らいてう・奥むめお・平山信子・積しな・草郷仁子。総会における規約改正(新規約全文は『女性同盟』一四号の三〇ページにあり)の結果、新たに設けられた常務員(常任理事)は奥むめお・矢部初子・田島ひで・佐々木伊都子の顔触れで、一見陣容は強化されたようにみえる。市川のあとをうけて会運営の中心となったのは奥であった。しかし奥と平塚との関係は、市川と平塚との間ほど密接ではなく、また思想的にも山川と奥との差と同じくらいの距離が奥と平塚との間にあった。奥と近い田島・矢部の両常任理事は、平塚の意志で退会させられたという(前出、為藤「我国婦人運動内面史」)。平塚は「帳簿類一切をもつて」静養に出かけてしまい、「維持会員名簿もなく金も入る道もないのに事務所を新たに持たねばならぬ」有様で(奥『私の履歴書』六、一九五八年、二二一ページ)、『女性同盟』も九月から一二月まで休刊となった。

窮乏の中、第四五議会を迎え、すでに既成政治家に失望していた奥は、最後の力をふりしぼるかたちで運動に取り組んだ。前議会であと一歩というところでつまずいたという思いがあり、また「この時代錯誤な一事件に今更おどろいた一般社会、わけても婦人界言論界等が、再び慎重な態度で屢々この問題をとり扱つて、その頑迷さを嘲笑しつゝ輿論を煽つたこと」にも力づけられた(奥「我国に於ける婦人参政権運動史」六、『新使命』一九二五年一二月号)。奥を助けたのは旧青鞜社員で、妻の社会運動参加に理解を有する実業家を夫にもつ坂本真琴、第四二議会で協会を援助した児玉右二代議士(落選中)の夫人真子、および婦人タイピスト組合幹部で協調会の嘱託の衆樹安子であった。第四五議会では、政友・憲政・国民および無所属有志が、それぞれ前回と同様の内容をもつ治警法修正案を提出した。協会は、松本君平・尾崎行雄・島田三郎ら、婦人参政権に好意的な代議士の忠告を入れ、同法第二項の削除、すなわち政治集会参加権だけをめざし、貴族院工作に全力を傾けた。前回反対演説を行なった藤村義朗も、赤子を背負って訪問した奥むめおらの熱意にうたれて賛成にまわり、かねてから協会に近い鎌田栄吉や早大学長の高田早苗は、研究会ほか貴族院諸会派の幹部に紹介の労をとった。有力議員に対する働きかけが効を奏してか、法案は議会の最終日三月二五日の議事終了直前、貴族院を通過した(奥、前掲稿および坂本「治警第五条修正運動の概略」『女性同盟』一四号、『集成』所収)。

藤村ら前議会で反対した人々の態度が変ったのは、おそらく、このような問題にまで反対していては、民本主義の世論を刺戟して、貴族院改革の声を招きかねないと判断したからであろう。時あたかもワシントン会議の直後にあたり、院外では普選運動が復活し、院内では軍縮はもとより、軍部大臣武官制の廃止などの軍部攻撃の声が高まり、軍部・官僚閥の大御所山県有朋の国葬にまで、衆議院で公然反対の演説が行なわれ、政府の企てた治安維持法の前駆たる過激社会運動取締法案が廃案となるという状態であった。こういう大正デモクラシーの高潮が、協会の運動を成功に導いたのであった。

5　新婦人協会の解体

第四五議会で、政治集会参加権の獲得という一つの目標を達成したあと、新婦人協会は解体の道を歩んだ。解体の第一段階は、実は市川の渡米、平塚の病気による第一線離脱においてみられるのであるが、第二段階は、運動方針をめぐる幹部間の対立のかたちをとる。すなわち第四五議会のいちおうの成果に気を良くした坂本真琴らは、ひきつづいて従来と同様に、代議士依存の運動方法をとろうとしたのに対し、奥むめおは、婦人蔑視の政治家に対する失望感とともに、第四五議会の成功は協会の力によるものではなく政友会の方針転換によるものだとの冷静な判断をもち、

「婦人参政権運動が婦人運動の全てでもなく、婦人解放運動の最後のものでもない」として、今後はむしろ婦人大衆の潜在的要求を引出し、社会・政治組織の改造をめざして労働運動と結びつくことが必要だと強調するようになった(奥「新しく起るべき婦人参政権運動に就いて」『女性同盟』一四号、「治警解禁から婦人参政権へ」『婦人新報』一九二二年五月号)。常任理事の一員として実務にあたっていた田島ひでは、この頃すでに山川菊栄のもとに奔っていた。

この二つの考え方の対立は、五月一五日の新婦人協会演説会における山内みな登壇拒否事件で顕在化した。奥むめおから出演依頼を受けた協会の元書記で、当時『労働週報』の記者をしていた山内みなに対し、坂本真琴が「立場が違う」といって、にわかに登壇を拒否したのである。平塚らいてうの自伝『元始、女性は太陽であった』(完結篇、一八二ページ)は、山内に依頼したのは奥の独断であり、「議会政治否認の声――その影響としての協会の対議会運動を無意義なものとする批判のある際、これまでも直接この運動に参加したこともない山内さんを引っ張り出すことは危険である、少なくともいまこの場合協会にとって不利であると、坂本さんたちが反対したのも、それはまた一応無理もないことでした」と坂本の肩をもつ発言をしている。

前出の為藤五郎「我が国婦人運動の一転機」によれば、山内に交渉したとき、奥は他の幹部の諒解を得ていたという(『東京朝日新聞』大11・5・29も同説)。ところが前日、『国民新聞』に山内の演説趣旨が大袈裟に紹介され、それが新婦人協会の人びとのようなブルジョワ婦人の力では真の婦人解放はできぬ、というものであったことが、坂本らに不快感を抱かせたという。ただし『労働週報』(大11・5・31)にのせられた演説草稿「婦人労働者の立場より」をみると、協会非難ではなく、政治集会に参加しようにも、そんな暇もない女子「労働者が議会運動とはまるで没交渉の距離にあるといふ事実」に注意を喚起する趣旨である。それはともかく、協会が本来、婦人労働者問題をも対象の一つとしている以上、たとえ協会の議会活動を批判する態のものであっても、これを拒否する理由はないし、事前に演説を依頼したものを、にわかに登壇を拒否するのは失礼というものであろう。はるか戦後になっても、坂本を弁護する平塚かる。

をみると、彼女が依然として組織の在り方がわかっていないこと、また当時において、坂本側に立っていたことがわ

議会運動一点張りの方針に疑問を抱く奥と塚本仲子(沖電気の事務員で、山内に演説をやらせることを支持した)の両理事は、五月二九日の総会で辞任を申し出、かわって坂本真琴・児玉真子・衆樹安子の三人が、理事として協会の運営に当ることになった。らいてうは坂本に懇願されて理事にとどまった。このような本部の運動方針と幹部の意思不統一は協会員にも動揺をよび、有力な支部であった大阪支部の木場貞子らは独立して大阪婦人協会を名のった(『国民新聞』5・13、5・29)。新役員は、七月以来機関誌『女性同盟』を休刊にしたまま(一〇月復刊)、九月に入ると次期四六議会に対する準備に入り、一六日夜の会合で、婦人参政権については松本君平、公民権については高木正年に依頼することに決して、一〇月三〇日には神田青年会館で尾崎行雄らを招いて婦人参政権演説会を催した(『女性同盟』一五号)。ところが今度は、やり手で売名にすぎるとの非難のあった坂本と児玉・衆樹両理事との間に感情的な争いが起った。すっかりいや気がさした平塚は、一二月に入ると、理事辞任とともに会の解散、さもなければ会名の改称を、役員に申し出た。辞任はともかく、会の解散とは奇妙である。彼女が協会解散にさいして発した前記「ご挨拶」によると、理由は「世間が新婦人協会と私とを混同して考へ過ぎてゐまして、ともすれば協会が私のものでゞもあるかのやうに誤解」があるから、その誤解を一掃するのがお互いのためだといっている。そこには自分自身が団体生活に不向きな人間であるという自己反省はない。いやしくも協会は独自の綱領と規約をもった団体である。これに対して創立メンバーの一人だからといって、解散を迫るのは僭越というものである。彼女は戦後になっても、新婦人協会を私物視していることが、自伝にはっきり示されている。

一九二二年一二月八日、協会は児玉真子宅で総会を開いた。会するもの三七名。深夜におよぶ五時間の討論の末、「表面は解散の形式は取らぬが、事実上解散と同様で、名称も組織も綱領も変へ、新しき会の設立を計画することに

決した」(『国民新聞』12・10)。児玉・衆樹の両理事は解散説であったが、坂本が新しい「日本婦人協会」設立の宣伝をはじめたので、新婦人協会の会員がその方に吸収されるとして、にわかに存続に態度を変え、八日の会で、両派が協議の末、右のような結論に達したという(前記、為藤「我国婦人運動内面史」)。この会合をもって、新婦人協会は解体したといってよい。

解体の原因について、前記の為藤五郎「我が国婦人運動の一転機」は、「相互の間に洗練を経たる思想上の本質的締盟がなかつたこと、相互の間に団体的社会運動をなす丈けの準備と用意と訓練とが乏しかつたこと」をあげている。後年の婦選獲得同盟と対比すれば、この批評は当っていよう。後者の場合、目標を婦人参政の一点にしぼり、しかも新婦人協会の失敗の原因を自覚し、かつ明治初年以来、組織運動の経験を積んだ矯風会が音頭取りとなったのである。さらに長谷川如是閑「新婦人協会解散に際して婦人と団体運動を論ず」(『婦人公論』一九二三年二月号、『集成』所収)は、非生産階級特有の感情本位の生活を営んできた、文化的教養ある婦人が、「明晰な頭脳と強健な体力とを要し、繊細なセンチメントと相容れない」男性的・生産的世界の社会運動に乗り出したところ、「女性的態度の為めに共同の動作を妨げられ」たと指摘している。如是閑は「その経験によつて彼女等が次第にその感情の世界を改造する道程となる」といい、「文化婦人」に、「その生活に於て男性と同じく自ら活きる道を開拓することが先決」だとすすめている。後述するように、婦選獲得同盟の活動家は、ほとんどいわゆる「職業婦人」であった。

みじめな末路となった新婦人協会とはいえ、そのはたした歴史的役割は大きかった。これまで、男女の機会均等と婦人の政治的・社会的諸権利の獲得を公然と掲げ、全国的に婦人の結集を呼びかけた婦人団体はかつてなかった。その政治運動は議会の有志代議士依存の弊があり、しかも治警法第五条の修正にしても、協会の力というより時勢の然らしむるところであったが、婦人の政治的自由のための運動が大衆化する口火を、たしかに協会は切ったのである。治警法第五条の修正も、協会の要求がなければ、実現はさらにおくれたことであろう。それとともにこの協会の存在そのものが、婦人の自覚を全般的に高めたことを強調しなければならぬ。

新婦人協会の役割について、協調会『最近の社会運動』（一九二九年、七一一ページ）は次のように記している。

新婦人協会の存立の期間は極めて短く、これが具体的の成果としては僅に治警五条の改正に過ぎなかつた。然しその成果の如何に拘はらず、新婦人協会の組織そのもの、活動そのものが、当時の社会並に婦人界に及ぼした影響は極めて大なるものがあつた。婦人団体としては当時既に愛国婦人会、将校婦人会、其他少からずあつたが、何れも修養、社交だけが目的で団体の力を以って婦人の地位の向上、権利の獲得等は夢にも考へなかつた所であつた。この時に於て新婦人協会の組織並にその活動は、欧州大戦の影響によつてかもし初められた婦人の自覚に火を点じたことになり、旧来の婦人団体をして漸次婦人運動乃至は社会運動の圏内に来らしめると共に、他方新団体の成立を促進するのに可なり役立つたやうに思へる。

そういって、具体例として矯風会の婦人参政権運動参加、愛国婦人会の社会事業着手、婦人平和協会の組織、さらにはその批判者赤瀾会の結成をあげている。これは今日、充分省みられてよい評価である。たしかに新婦人協会は「我国の婦人運動が玆に新紀元を画して、初めて現代的意義を持つやうになつた表徴」であった（前出、与謝野晶子「新婦人協会の請願運動」）。

二　婦人参政同盟と矯風会

1　婦人参政同盟の結成

一九二二(大正一一)年一二月八日、新組織結成をきめたとき、参会者一同の心にあったのは「折角自分たちの努力で治警運動も成功したことであるから、序でに、その次の参政権の運動も是非自分たちの手でやり遂げたいものであるといふ、暗黙の内に首肯きあつたある気持であります」と奥むめお「『婦人参政権同盟』の成立に際して」(『婦人公論』一九二三年三月号)は記している。一二月八日の会合の結果、児玉真子・坂本真琴・衆樹安子の三協会理事のほか、奥むめお・積しな・上村露子・塚本仲子を加えての七人が協議して、新組織の綱領・宣言(児玉真子担当)や役員をきめ、一二月一七日海上ビルで新組織「婦人連盟」の発会式をあげた。

連盟は年が明けた一月五日、理事会を開き、第四六議会へは婦人政治結社の自由、市町村会議員選挙権獲得の二項を提出することに決し(『婦女新聞』1・14)、一月一三日には委員の役割分担を次のようにきめた。事業部は積・横山・村田、宣伝部は児玉・上村・塚本・中村、会務部は吉永・長瀬・上村・塚本、研究部は衆樹・勝本。なお議会運動には塚本・上村・中村が中心となり、奥は後述する思想上の問題から会誌の編集を担当することになった(『国民新聞』1・15)。

注目すべきは、右の役員の中に坂本真琴の名が消えていることである。坂本の談(『国民新聞』1・23)では、新婦人協会最後の四理事のうち平塚も児玉も衆樹も運動から手を引くというので、自分一人でやろうと思ったところが、「改造して続けることになつた」。そうなると「妾が皆様のお姑様になつて事業の上に悪結果となると思つたから退いたのです」という。奥むめおの前出『婦人参政権同盟』の成立に際して」は、「第四十五議会の時に、主として奔走せられた坂本氏が、ゆき懸り上、婦人参政権の運動も是非自分が中心になつてなし遂げやうとした熱心さのあまりのある気持と、さうはさせまいとした外の人達との或る気持との暗闘であつたやうであります」と記している。

坂本は議会関係書類を連盟に渡さず、独自の組織をつくって運動を継続しようとした。連盟が今後「決して政治運動をしない」といったからという。一方連盟側は、坂本こそ「絶対に婦人運動はしない」といって退会したのに、書類を引継がぬのはけしからぬと攻撃する始末で(『国民新聞』1・23)、婦人参政権運動は足並みが乱れたまま、第四六議会を迎えることになった。

革新倶楽部(一九二二年一一月旧国民党を中心に無所属進歩派が加わって結成。婦人部がおかれ、河本亀子らが加入した)にあつまる議会内の運動関係者は憂慮して、運動の大同団結をはかるべく、松本君平の名をもって都下の婦人団体によびかけて、一月二七日、帝国ホテルで懇談会を開いた。尾崎行雄・高木正年のほか、犬養毅、島田三郎も出席したという(『東京朝日新聞』1・28)。矯風会や桜楓会は参加せず、女性参会者は坂本・西川・吉永・児玉ら七、八名にすぎなかったが、ともかくも、二月二日、明治会館で「婦人参政同盟」の発会式が行なわれた。実行委員は次の一五名である。衆樹安子・塚本仲子・吉永文子・児玉真子(以上婦人連盟)、西川文子・高木富代・沼田いせ・早川こと(以上新真婦人会)、碧川かた・高橋千代(以上婦人禁酒会)、河本亀子・長谷川胤(以上革新倶楽部)、坂本真琴・行川仲子・上村露子(以上個人)。

坂本真琴「婦人参政権運動の高潮」㈠(『新使命』一九二六年二月号)は「この同盟は参政権獲得の為にのみ、協同的行動を取る所の一の連合体でありましたので、団体としてこの加入が認められました」とある。規約第一一条には「本会の趣意に賛成する婦人は何人も入会することを得」とあり(児玉『小史』九五ページ)、どこにも団体加入原則の規定はない。ただし、前記実行委員を出した団体が主力であり、実質的に団体加入といってよいであろう。

参政同盟の発端となった一二月八日の会合は、松本君平の肝煎りによるものであることは前述のとおりだが、実は、孤立して静養と勉強を名目に婦人連盟から身を退いた坂本が、自分の活動の場をつくるために松本に「泣きついた結果」だという。また婦人連盟の方は、この事情を知りながら、この同盟に加わらなかったら、坂本の根拠となる舞台ができるとの敵本主義で参加したのだという。当時為藤五郎は「恐らくまた坂本さんに引摺られて行くのでせう」と予言したが、これは的中することになる(前出、為藤「我国婦人運動内面史」)。

同盟の議会に対する目標は三点あった。(1)治警法第五条第一項五号(婦人の政治結社加入禁止)の削除、(2)一般婦人参政権建議案の通過、(3)婦人公民権法案の通過である。これの実現のため同盟は、演説会の開催、個々の議員に対する働きかけ、および示威運動参加などの行動に出た。二月一七日神田の仏教会館における「婦人参政権獲得大演説会」では、高木富代の開会の辞のあと、荻野好子・山根菊子・上村露子・西川文子らのほか代議士の高木正年・川崎克(以上憲政会)、星島二郎(革新倶楽部)が演説したが、聴衆は女子一〇〇名余りに対し男子七〇〇名、「弥次益々盛んで聴衆の真面目は全く見られない処に」(『婦女新聞』2・25)、作間耕逸(憲政会)は意外にも婦人参政尚早論をとなえ、幹部の憤激を買う一幕もあった。同盟は三月一四日にも明治会館で婦人だけの弁士で演説会を開いたが、「男子単独の入場拒否」の建前にもかかわらず男子が八割を占め、飛入演説希望の男が演壇を占拠するというさわぎがあった(『国民新聞』3・16)。この時期においても婦人の演説会は、男性の娯楽の対象にすぎなかったのである。

注目されるのは婦人の普選デモ参加である。坂本「婦人参政権運動の高潮」(一)は「当時婦人も亦、現に唱えられておる男子の所謂普通選挙に対し、相当の援助をなすべきである、普選を成立せしむる事は、やがて婦参案の成立を早めるの謂である、と云ふ意見は一般識者間に於ても又私共の間に於ても、度々論議された所でした」という。『国民新聞』二月三日付は「婦人に望む　普選運動を紅化せよ」の社説を掲げ、日本において「普選の方が婦人参政より一歩先んずべき事は已むを得ざる事」とし、婦人は「今の腐敗せる議会、低級なる議員を訪問して、恥を忍び辞を卑くして婦人参政権議案に賛成して貰ふなど」馬鹿々々しく愚劣なことはやめて「普選運動に参加し、民衆を後援し、或は寧ろ民衆の急先鋒となりて、一日も早く普選を行ふことに努力」すべきだ、との意見をのべていた。

坂本は二月一六日、星島二郎との会見でヒントを得て、二〇日の実行委で、二三日挙行予定の普選デモに有志参加を提案して採用された。一〇〇名参加を目標に動員につとめたが、当日実際に「婦人参政同盟」の旗印のもとに参加したのは、同盟から荻野・衆樹・下村・三田・小橋・坂本、同盟外で乗馬姿の粟原わか子ら十数人で、金子茂は国民新聞記者として加わった。坂本は「この行列参加の一事は、我日本の婦人参政権史中に特記されるべきもの」と自賛しているが、このデモが男女平等普選を理想としてでも表明するものではなく、また参政同盟もあえて独自のスローガンを掲げていない以上、参政同盟の参加は普選運動の従僕としての意味しか持ちえず、いたずらに新聞記事に色彩をそえただけにとどまるものであった。

二三日の普選デモは一〇万人という未曾有の民衆を動員したが、運動の激化をおそれる憲政会は、院内の普選審議のつづいている二五日に運動の中止を決定、院内では二七日、予定どおり政友会の反対で普選案はまたもや委員会に付託されることなく否決されてしまった。そのあと三月に入って参政同盟待望の諸法案が上程された。まず、五日には革新倶楽部による治警法改正案が砂田重政によって説明された。これは第五条だけではなく、第一七条その他の全面改正を趣旨とするものであったが、委員会に付託されたまま審議未了となった。

三月一三日には議会制度はじまって以来、最初の「婦人参政ニ関スル建議」案が上程された。坂本「婦人参政権運動の高潮」(二)(『新使命』一九二六年三月号)によれば、「成規の賛成者、案文の作製、其他に就き」革新倶楽部の古島一雄が熱心に協力したという。「世界大戦争ニ依テ深刻ナル惨苦ヲ嘗メタル文明国民カ玆ニ醒覚スルトコロアリ婦人ノ参政権ヲ認容スルニ至リタルハ決シテ偶然ニアラス健強ナル国家ト純真ナル文化ハ男女対等協力ノ基礎ノ上ニ建設セラレサルヘカラス」というのが理由であった(『集成』二三二ページ)。理由の説明は松本君平が行なったが、本会議場には出席議員は政友会四二、憲政会一六、革新倶楽部一四とあわせて一〇〇にはるかにみたず(『国民新聞』3・15)、「例の野次気分のうちに、各派の嘲笑的態度も可成り露骨」で(『婦女新聞』3・18)、約二〇〇人の婦人傍聴者の失望を買った。これも委員会付託となり、治警法同様の運命となった。日露戦前からこの問題に肩入れしていた高木正年が提案予定者となっていた「婦人公民権」法案は「機は遂に熟するに至らず」(坂本、前掲稿)、上程されなかった。

坂本は、第四六議会の成果として「幾多の婦人問題は早晩これを議会によつて解決を与えねばならぬものであると云ふ空気が、議会それ自体の裡に濃厚となり、婦人案を取扱う真剣味が醸成された事と、そうして又婦人側にとつては、その運動の方法其他に関して貴き訓練と経験とを獲得した事です」と書いているが(同前)、これまた自画自賛のそしりを免れがたい。議会でまじめに婦人参政権問題と取組んだのは、最左翼の小会派革新倶楽部だけで、議場では聞くにたえぬ野次が、院外の演説会同様に飛ぶ有様であった。また貴重な経験を積んだはずの運動側も、議会がおわるとたちまち解体同然となった。

議会閉会直後の三月三一日夜、参政同盟の一派、山根菊子・鳥井兼子・高橋千代・上村露子・高木富代・河本亀子らは、神楽坂の牛込会館で婦人参政問題講演会を開いたが、これと同時刻に、同盟の別の一派、坂本真琴・児玉真子・吉永文子・長谷川胤らは、松本・高木両代議士の慰労の宴を張り、代議士の争奪が行なわれるという状態である。さらに奇妙なことは、婦人連盟と革新倶楽部に属するものがそれぞれ二派にわかれ、その上、犬猿の間柄の坂本と児玉が代議士招宴に同席していることである。同一組織に属するものでも統制がとれていないことが判明する。坂本の主催した宴会に児玉が出席しているのは、代議士を坂本に独占されたくないという児玉の対抗意識によるものであろう。そこで「代議士によつて生まれ、代議士を中心とする婦人参政同盟は此際解散するに如かず」の論が婦人連盟の中から起ったが(『東京朝日新聞』4・21)、連盟が脱退すると坂本一派を利するだけだとの声が上り、連盟としては次期議会までは一切参政同盟の名を使わず、各団体が独自の運動をするという提案を、参政同盟理事会で行なうことになったという(同上、4・28)。この結果は不明だが、参政同盟が事実上一時解体したことは想像に難くない。

こういう状況の中で、新婦人協会創立メンバーの一人で、婦人連盟の理事にとどまっていた奥むめおは、運動から手を引いてしまう。既述のように、奥は前年来すでに運動の方向転換の必要を考えていたが、一九二三年に入ると「当面の婦人運動に就て思ふ」(『国民新聞』1・2)、「婦人参政権運動の考察」(『太陽』二月号)、「『婦人参政権同盟』の成立に際して」(『婦人公論』三月号)とたてつづけに所論を発表し、改めて現在の議会に依存する運動を「錯誤」と認めるとともに、婦人の潜在的要求としての「今の社会組織の誤謬を、根本的に改造しようとする要求」を掘り起し、婦人参政権運動が「利害を等しくするところの無産階級の政治運動に合体」すべきだと主張した。一昨年の論敵山川菊栄の立場に接近したわけである。しかし彼女自身は無産運動に関係することなく、まず働く婦人の中にひそむ要求を掘り起すべく、職業婦人社をおこし、「社会運動における第二線第三線の――つまり、前衛に対する後衛の仕事」(奥「遠い夢近い夢」『婦人運動』一九三二年八月号)に徹するのである。奥の退会により婦人連盟は著しく生彩を失った。

2　矯風会の参入

婦人参政同盟の活動停止のあと、婦人参政権運動の新しい台風の眼として登場したのが矯風会である。一八八六(明治一九)年創立という古い歴史をもつこの会が、早くからこの問題に関心を寄せていたことは、高橋喜久江「先達の健闘をたどって」(『婦人新報』一九八四年一月号)によってうかがわれる。とくに一九一二(明治四五)年の難波新地焼失のあと、一九一六(大正五)年から一七年にかけて展開された大阪飛田遊廓設置反対運動の失敗は、参政権獲得の必要を強く感じさせた(『日本キリスト教婦人矯風会百年史』三五〇ページ)。第一次大戦後、矯風会の関心はますます強まり、新婦人協会の治警法改正運動に積極的に協力したあと、一九二〇年四月五日の定期大会において、三月より欧米外遊中の会頭矢島楫子に代って開会の辞をのべた久布白落実は、矯風会の「二大目標たる公娼制度全廃と酒造廃止とは、婦人参政権獲得の暁に至りて其成就を見得べし」と、公然と参政権獲得の必要を論じた(「第二八回大会記録」『婦人新報』四・五月合併号)。久布白とともに矯風会を支える守屋東は『婦人新報』八月号で「婦人を守護する権利」と題し、三年来の社会施設「婦人ホーム」経営の体験より、「私は参政権を得たいといふことを理論からではなく、現在の社会が生むあらゆる不条理な現実から教えられました」と久布白に呼応した。

このとき矢島会頭に随行して、ロンドンで開かれた万国矯風会 World Woman's Christian Temperance Union の第一〇回世界大会に出席した青年部長ガントレット恒子は、万国婦人参政権協会 The International Woman Suffrage Alliance の招請を受けて、矢島のすすめもあり、六月六日から一週間、スイスのジュネーヴで開かれた第六回大会に出席した。この協会はアメリカ婦人参政権協会 National American Woman Suffrage Association の第三代会長キャット夫人 Mrs. Carrie Chapman Catt が、一九〇二年度の同協会の大会席上で提唱し、一九〇四年、ベルリンにおいて、名誉会長アンソニー(アメリカ)、会長キャット、副会長フォーシェット(イギリス)の陣容で出発した。このときの加盟国はオーストラリア、デンマーク、ドイツ、イギリス、オランダ、ノルウェー、スウェーデン、アメリカの八ヵ国で、オーストリア、フィンランド、ハンガリーは、それぞれの国で全国組織が結成され次第、加盟することが約束された(David Morgan, *Suffragist and Liberals*, Basil Blackwell, Oxford, 1975, pp. 18–19)。

ジュネーヴの大会には三二ヵ国から六〇〇人の代表が集まっていた。ガントレットはもとより代議員の資格はもたなかったが、客員として発言権が与えられ、「東洋の夕」と称する夜の講演会でＹＷＣＡの河井道子とともに講演した。ガントレットは、とくにドイツ代表が「私共が四年前に参政権を持つてゐたらこの戦争は防ぎ得られたのではないだらうか。戦争こそは家庭の破壊である。婦人達は絶対に戦争を排撃する。世界各国の婦人が参政権を得て世界平和確立のために尽力することを望む」と語ったことに感銘を受け、「日本に帰つたらこの運動を起さうと決心した」。そして、キャット夫人が「日本も万国婦人参政権協会に加盟するやうに勧めたとき、ともかく久布白落実女史の名を伝へて(私はイギリス人であったから)日本へ帰って女史の賛成を得るために斡旋することを約した」(ガントレット恒『七十七年の想ひ出』植村書店、一九四九年、一一七ページおよび「万国婦人参政権大会報告」『婦人新報』一九二一年一月号)。

一一月一八日帰国したガントレットは、しぶる久布白を「守屋女史の家に缶詰にして強談判の末」その承諾を得て(ガントレット、前掲書、一二三ページ)、久布白を代表者として矯風会が万国婦人参政権協会に加盟する旨の電報を打った。慎重な久布白は「私は研究を第一にする条件でおうけしました」と語っている。これは『東京朝日新聞』一二月一四日付(児玉『小史』八四ページ)に報じられているところをみると、その直前のことであろう。市川房枝「矯風会大会を観る」(『女性同盟』八号)は、ガントレットが第二九回大会(後述)で、万国婦人参政権協会には一国で最初に加入を申し込んだ会が「先取権」を得るので、新婦人協会に先んじて申し込んだと説明したとつたえる。三〇年以上の歴史をもつ矯風会が、今出来の協会の後塵を拝したくないという競争意識のあったことは否定できまい。しかし、伝統ある団体だけに、その後の矯風会の取組みは慎重であった。

一九二一年四月五日、東京の霊南坂教会で開かれた第二九回大会で、矯風会が万国婦人参政権協会と「連絡」すること、および久布白を「交渉代表者」とすることを可決、いかに連絡を保つかは久布白に一任された(「第二九回基督教婦人矯風会大会記録」『婦人新報』一九二一年四・五月合併号)。この頃の久布白の考え方は、まず公民権の獲得から始めよ、であった(久布白「婦人参政権とは何ぞや」『婦人新報』七月号)。この年の七月二一日、全国各地域代表をふくむ常置委員会(中央委員会の如きもの)で日本婦人参政権協会の設立がきまって、出席者三二名が加盟した。当面この協会は、矯風会の「法律部に属する一つの独立の会とし、必要に応じて切り離し得るもの」とされた(久布白「八月」同上、八月号)。このとき規則編成委員として、久布白、ガントレット、および海老名みや子が指名された。年末には作成された草案を主要会員に配布するとともに、『婦人新報』一九二二年一月号に公表し(『集成』所収)、会員の意見を求めた。

この年の四月初旬、京都の同志社で開かれた第三〇回大会では、この草案が審議され、とくに第四条の会員資格に討議が集中した。すなわち草案では個人加盟方式をとっていたが、「団体本位」としては如何の議が出たからである。「個人本位とすれば一国内に於ける他の団体は万国本部に加盟する事殆んど不可能なるがため、却つて願ふ所の婦人自身の向上発展を阻止するの怖あり」という理由である。つまり、個人加盟だと新婦人協会をはじめ他団体の加盟者は入りにくいから、団体連合組織にしてはどうかというのである。結局大会は結論を出さず、さらに五月までに草案を各支部で審議し、「婦人参政権協議委員会」(ガントレット、久布白、守屋、城のぶ子、渡瀬香芽子、小泉たね子、皆川せき子)に付託することになった(「大会記録」『婦人新報』四・五月合併号)。

七月初旬の常置委員会では、秋に久布白が渡米するので、欧米の運動方法や組織を研究してもらった上で、日本婦人参政権協会を発足させること、もし団体本位の構成をとるならば、まず矯風会各支部、女子青年会、および各教会婦人会と交渉した上で、他の婦人団体と交渉すること、が申し合された(「第二回本部常置委員会」同上、八月号)。すなわち矯風会としては日本婦人参政権協会という、ものものしい名称をもつ組織をつくるという名乗りは上げたものの、規約も運動方針も、すべて久布白が一九二三年に帰国するのを待ってから、という開店休業の態となったのである。

さて、久布白は一九二二年九月二二日大阪の重鎮林歌子とともに離日し、第一一回世界基督教婦人矯風会大会に出席したあと、参政権問題の研究につとめ、翌一九二三年三月二一日帰国した。二人はその翌日、神田青年会館の「婦人参政大演説会」にのぞみ、「決意をもって今後我が国に婦人参政権をとり入れるべきことを、我が国に報告した」(久布白『廃娼ひとすじ』中公文庫、一九八二年、一五九ページ)。久布白の演説要旨らしきものが「参政権要求の立脚点」として『婦女新聞』(4・1)の巻頭にのせられているが、個人の価値にもとづく当然の権利、政治の人道化、ともに、とくに「私達八億の同性は人類の幸福と世界平和のために、手をつないで同胞相殺の戦線を遮らなければなりません」と、平和実現のために参政権を要求している。これは矯風会の三大モットーとしての純潔・禁酒・平和にもとづくものであろうが、従来の婦人参政権運動にみられない新鮮な論点であった。

矯風会はこれまで、久布白の帰国を待って、その間実践運動はもとより一切の態度の表明をさけてきた(守屋東「友は世界を踏みしめて帰り来る」『婦人新報』一九二三年四月号)。婦人参政同盟のよびかけにも応じなかったのもこのためであった(ただし、金子茂の後身山高しげり『わが幸はわが手で』〔ドメス出版、一九八二年、一四七ページ〕のつたえるところでは、婦人に対する姦通罪緩和を主張する婦人連盟との提携に、男子にも姦通罪を適用せよという矯風会が反対したからだという)。それがこの帰国報告大会を機にいよいよ動き出した。大阪で開催された第三一回大会では運動方針が議せられた。かねて問題であった日本婦人参政権協会の組織は、先進国の先例にならって、団体連合組織ではなく、矯風会を中心とする個人組織とすることに決定した。運動は対議会運動と教育運動の二本立てとし、前者のスローガンとしては、「妻の財産権、道徳の平等、婦女保護法案、禁酒法律、公民権の向上」をかかげること、後者では政治教育のため、中学程度の学校に「国政」の学科を設けるよう文部省に働きかけることが提案され、久布白一任の動議が可決された(「第三十一回大会記録」同上、五月号)。なお『婦女新聞』(4・1)は、協会は「両三年間は矯風会の一事業として経営し、尚此事に就ては宗教とはなれて広く全国的に会員を募集する」方針をつたえているが、これが大会で承認されたかどうかは不明である。

大会のあとの七月、東京の本部で開かれた第三回常置委員会では、まず会員再組織の第一歩として出席者二〇名に署名を求め、一円の会費を徴収し、ついで教育運動として蠟山政道と穂積重遠の法政講義パンフレットその他、参政権について出版物を発行することを決め、最後に、次期議会に提出すべき諸法案の準備委員を選出し、秋には東京市内の各婦人団体を招いて連合運動の相談をすることを決定した(久布白「第三回常置委員会」『婦人新報』一九二三年八月号)。

参政同盟の代議士依存と内紛にあきたらぬ人びとは矯風会に期待をかけた。これまで高等教育機関の女性への解放を主として唱えてきた『婦女新聞』は、婦人参政建議案の議会上程と矯風会の進出を記念して四月一日号を「婦人参政権号」にあて、久布白「参政権要求の立脚点」を巻頭言に、高野重三・植田秀一・ガントレット恒子・奥むめお・

山田わか・賀川豊彦に論陣を張らせた。四月六日には『国民新聞』の徳富蘇峰・石川六郎・馬場恒吾が発起人となって、矯風会と参政同盟との仲をとりもつ意味をこめて、久布白の歓迎会を催した。『国民新聞』はかねてから金子茂を記者として、婦人問題に力を入れていた。この会は蘇峰が姪の久布白のために一肌ぬいだのかも知れない。久布白の帰国のあいさつのあと、守屋東・高野重三・吉屋信子・若狭清子・西川文子の演説があり、「いずれも矯風会の運動に好感を示した」という(『婦女新聞』4・15)。

このあと四月二〇日には婦人市政研究会の発会式があり、六月一六日には明治社会主義の支援者和歌山の小笠原誉志夫が安部磯雄と沖野岩三郎の世話で、都下の婦人運動幹部を帝国ホテルに招いている。出席者はガントレット恒子・守屋東・石本静枝・奥むめお・矢部初子・新妻伊都子・伊野つぎ子・三宅やす子・吉屋信子・草郷仁子・生田花世である(『婦女新聞』6・24)。同月二一日には婦人連盟の児玉真子・上村露子が音頭をとって、来日中のロシア外交官ヨッフェの夫人歓迎会の発起人会を開いている。棚橋綾子・嘉悦孝子・桜井ちか子・久布白落実・守屋東・羽仁もと子・西川文子・荒木月畝・森律子らが名を連ね、七月二日の会には二百余名が参加した。上村・嘉悦・久布白・石本静枝・山川菊栄・児玉真子があいさつした(同上、6・24、7・8)。

このように第四六議会後から関東大震災前にかけ、矯風会を加えて、新しい婦人連帯の萌芽が見えてきていたのである。この新芽は、大震災の試練の中で成長を示す。

三　婦選獲得同盟の成立

1　東京連合婦人会の活動

未曾有の惨禍をもたらした関東大震災は、はからずも、新しい婦人参政権運動の母胎となった東京連合婦人会を生みおとした。その産婆役をつとめたのは、矯風会であった。これまでほとんど明らかにされていないその状況を、宮川静枝「我等は何をしたか」(『婦人新報』一九二三年一一月号)、守屋東「帝都の復興と東京連合婦人会」(同上、一二月号、同文が『婦女新聞』大12・12・23に転載)、同「東京連合婦人会の沿革」(同上、大13・10・12)および久布白落実『廃娼ひとすじ』(中公文庫、一九八二年)によって記そう。

当時赤坂に位置した矯風会本部は震災で焼亡し、郊外の大久保に設けられていた同会経営の東京婦人ホームに移った。九月四日、早くも久布白落実幹事と千本木道子理事は、矯風会を代表して内務省および東京府・市役所を歴訪し、役に立つことがあれば命じてほしいと申し入れ、以後もしばしばこれらの役所を訪れていたところ、東京市社会局より乳児のための煉乳配達の要請があった。久布白は幹事守屋東と協議の末、九月二六日、都下の婦人団体幹部や特別の関係にある女子校長四十余名によびかけの手紙を書き、手わけをして配付した。九月二八日、一二団体の代表約三〇名が集まり、一二四名の人手が提供されることになった。この日自由学園の代表羽仁もと子が「理窟なしに実行から始めませう」と提言し、会則も役員もあとまわしとして、東京連合婦人会(宮川によると、東京連合婦人救済会と当初は称したらしい)が結ばれることになった。事務所は当然のごとく矯風会におかれた。

約にしたがって九月三〇日朝、東京市役所に集まったのは矯風会(責任者守屋)、ＹＷＣＡ(酒井愛子)、桜楓会(日本女子大、井上秀子)、愛国婦人会、鷗友会(府立一女、石川しづ子)、婦人平和協会(塚本はま子)、実践女学校(林たま子)、自由学園(羽仁もと子)、東京女子大学(鈴木千代子)、婦人協会(上村露子)、二葉保育園(徳永恕子)、霊南坂(浅野はる子)・バプテスト(武藤まち子)・本郷(鹿子木つや子)・クリスチャン(田中えつこ)各教会の婦人会および関東罹災者救護婦人会の一六団体一三〇名で、守屋の指揮下に、市内各警察署管区ごとに分担をきめた。

ミルク配達は一、二週間でおわったようだが、宮川静枝によると、その仕事はそれにとどまるものではなかったらしい。

　警察署の調査を基礎として出来る丈け戸別訪問して、五歳以下の乳児ある家庭に三日目毎に一缶宛の煉乳を配ることや、産婦、傷病者、老弱者、迷児の注意保護、或は良からぬ目的の為に他人の子供を養つてゐるやうな者のある場合の警察との協力、衣服食糧の問題や、台所その他不潔になり易き場所の衛生上の注意に至る迄、一定の調査用のカードを以て調べ、その結果は毎日社会局に報告し、市役所と警察と私共婦人とが協力して、救護を微細な点に亘つて徹底しやうといふことになりました。

第二回の報告会(日付不明)のとき「組織ある規則」(守屋)が生まれ、煉乳配達にかかわったグループを社会事業部、新たに加わった職業団体を職業部(のち製作部と労務部にわかれる)と称し、参加各種団体の代表の集会を研究部と名づけ、ついで教育部が生まれた(一〇月三〇日現在)。これらは毎週定期的に本部(矯風会)で集会を開き、翌一九二四(大正一三)年一月二七日、東京における「あらゆる色彩、あらゆる性質の婦人団体の、極めて緩やかな連絡機関としての東京連合婦人会」(山川菊栄「婦人運動小史」『社会科学』四の一、一九二八年)が、正式に結成大会をあげた。参加団体は四四である。「もちろん向こう三軒両どなりの婦人大衆をまで組織することができたわけではなく、いわば婦人指導者の団結といった実質をそなえ」るものであった(前出、山高しげり『わが幸はわが手で』一四一ページ)。

このあと組織は再編され(日時不明)、社会・授産・労働・政治・教育の五部立てとなった。政治部は研究部(公娼廃止、服装問題および普選を議題とする)の延長である。これらは「漸次に社会の秩序が回復し、その文化機能が整調するにつれ、最初の感激を失つて、各部門がそれ〴〵の方面に発展し、或は後退してその統一を失ひ、有名無実の団体となつて、大正十五年の初め組織を改めて、東京に於ける各婦人団体の連合機関として、僅かにその名を止めることになつた」。これは奥むめお「日本婦人運動」(誠文堂『社会科学講座』五、一九三一年)の叙述であるが、奥はさらに言をついでいう。

東京連合婦人会の事実上の解体は、震災時における、セミ・プロレタリア時代の消失と共に、その必然的過程を辿つたものであるが、これを機縁として、各種の有閑乃至模擬婦人団体が、一歩現実的に進出し、又それ〴〵の分野に於ける新しい婦人団体や連絡機関の発生を見るに至つた事はその功績とも云ふべく、各社会事業団体の提携、各授産場の協力、派出婦会の連合、国際労働協会婦人労働委員会、労働婦人協会等の組織も、その影響に負ふ処のものであるが、就中政治部の延長とも云ふべき婦選獲得同盟の成立は、その最も大きな遺産であらう。

ここでわれわれは、東京連合婦人会政治部について検討を加えねばならない。前記のごとく、政治部は連合婦人会参加団体の代表者集団たる研究部の発展形態であったが、一九二四年一〇月四日の創立一周年祝賀会当時における政治部の役員は、久布白落実(矯風会)、新妻伊都子(婦人タイピスト協会、夫は『東京日日新聞』記者新妻莞)、金子茂(七月に『主婦之友』記者となる)であった。ほかに坂本真琴(婦人参政同盟)や堺真柄・田島ひで(八日会――社会主義婦人グループ)をふくみ、「無数の小勢力に分裂した婦人の政治運動を統一合同へ導く自からなる機運を作り出した」(前出、山川「婦人運動小史」)。とくに注目されるのは、山川・堺・田島ら八日会メンバーの参加である。これについて山川「無産婦人運動の任務とその批判」(『労農』一九二八年三月号・五月号、『山川菊栄集』五、所収)は次のように書いている。

大正十二年十一月、震災救護事業を中心として集まった小ブルジョア婦人運動者の団体東京連合婦人会に、数名の八日会員も個人として参加した。われわれは最初から小ブルジョア婦人運動といかなる場合にも絶対的に敵対してきた関係上、いったんその過失が認められて、ある程度まで彼等と協同戦線を張る必要は認められても、特別の機会がえられない限りは、この新しい方針を実行に移すことは困難であった。前年度の飢饉救済運動はこのわれわれの硬化した孤立状態を多少緩和することに幾分役立った。東京連合婦人会の成立は、かかるわれわれの要求に対して、自然な、有利な機会を提供したものであった。私はその会の成立当時、一、二度会合に出席した後ただちに関西に移転しそのまま関係が絶えた……。

山川は、連合婦人会参加に、政治へ、大衆への社会主義運動の方向転換の実践の好機を見出したのである。彼女は実際に、矯風会機関誌『婦人新報』一二月号に「再生の東京と婦人の要求」と題し、「再生の東京に遊廓と貧民窟を再生せしむるな」を婦人界の統一スローガンに掲げるべきことを提案している。ところが、ほかならぬ参加者の一人田島ひでは、自伝『ひとすじの道』において、山川の「婦人運動の方向転換論は、彼女が書斎の机上で、頭のなかだけで考えた評論家的な観念論といえる」として、次のように論拠を示す。

八日会が〔協同戦線に―松尾〕合流・参加するための具体策をもって臨んだわけではない。私たちは過去の過失について検討したのでもない。真柄も、新しく協同戦線に参加するについての方針をもって、東京連合婦人会に合流したとは思われなかった。ましてや私などが狐につままれたように思ったのも当然といえる。菊栄自身も参加し、この後に結成された婦選獲得同盟にも一応参加したと言っているが、私の知るかぎりでは、彼女は実際の集会や活動には一度も顔を出していない。（中略）若い二、三の私たちが無策で、老練な既成婦人団体の寄合い所帯だった連合婦人会に合流したといっても、それは素手で戦場にとびだしていったようなものであった。またこのような、漠然とした婦人の連合組織が発展する条件もなかった。

戦後共産党の婦人代議士の第二号となった田島ひでのこの自伝は、その政治的立場を過去に投影させて、労農派―社会党の山川菊栄に対し、いちじるしい敵意を示し、しばしば客観性を逸脱する。田島は山川の企てたロシア飢饉救済運動にも参加したというが、与謝野晶子・河崎なつ・石本静枝・新妻伊都子らをも発起人とした「ロシア飢饉救援婦人有志会」(一九二二年七月結成)の政治的意義には思いも及ばなかったというのだろうか。連合婦人会に素手で入って心細いからといって、そもそも連合婦人会に加わるという方針自体がまちがっていたといえるのだろうか。自分は無自覚であったとしても、堺真柄までが無自覚だったとどうしていえるのか。山川が会合に出られなかったというが、山川自身が関西(神戸)に去ったと、はっきり書いているではないか。そして、最後に、「このような漠然とした婦人の連合組織が発展する条件もなかった」というが、連合婦人会は婦選獲得同盟を生み出してはいないのか。田島の「無自覚」な文章はともかくとして、たとえ少数でも社会主義グループの婦人が連合会に顔を出したこと自体が、「ブルジョア婦人団体」には社会主義運動の「方向転換」のしるしと受けとられ、統一的婦人参政権運動団体組織へのはずみをつけることになったことは否定できないと思われる。

東京連合婦人会政治部は、一一月、吉原遊廓の再建反対を主眼とする「全国公娼廃止期成同盟会」を生み出したが、参政権運動については意識的に当面直接運動をさけ、研究のみを目的とした。その理由について役員の一人金子茂「婦人参政権獲得期成同盟会のこと」(『婦女新聞』大14・2・15)は、つぎのように記している。

> 部員中には、従来の婦選運動に加はつてゐた人もあり、第三者も常に、同部がこの方面の実際運動をなすべき責任があると要求し、部内には常に、この問題に就て討議されてゐた。けれども、部としては一筋にこれを避けて来たのは「大きな母胎を有する会の直接運動は、種々な点に不自由があり、思ふ様の活動は許されないのだから、この当然すぎる運動に対して最もよき方法は、有志によつて、この目的のためのみの、新しき実行団体を創るにある」といふ理由に依てゞあつた。

政治部が実践運動を控えている間に、時勢は大きく転換した。一九二三年春の第四六議会が終ったあと、六月になって衆議院議員選挙法調査会の答申が出た。納税資格問題については、結論が一つにまとまらず両論併記となったが、いずれにせよ「独立の生計を営む」男子、すなわち男性世帯主が有権者になることには変りはなく、女性は排除されていた(本書二五五ページ)。この答申をふまえて政府は臨時法制審議会に対し、選挙法改正の必要如何を諮問した。この審議会の使命は、議会で通りやすい法案を作成することにあり、それが、普選尚早論の準与党政友会の意向を重視し、前記調査会の答申を大きく外れるものとはならぬことは明らかであった。ところが審議会が夏休みに入っている間に、八月二四日の首相の死により、加藤友三郎内閣総辞職という政変がおこった。

震災のさなか、九月二日に成立した山本権兵衛内閣は、普選要求の世論をもはやおさえ切れないとみて、一〇月一五日、納税資格撤廃の基本方針を決定した。これを受けた法制審議会も、一一月一二日、政府方針に沿った答申を行なった。ちなみにこの審議会をおいて一〇月二七日の主査委員会で、美濃部達吉(東大教授)と板倉勝憲(貴族院議員)は二五歳以上の女性に、また花井卓蔵(弁護士、貴族院議員)は三〇歳以上の義務教育を終えた女性に、選挙権を与えることを主張したが、二五名の委員中、美濃部支持は二名、花井説支持は三名にすぎなかった。また一一月五日の審議会総会でも、板倉勝憲が再び自説を提案したが否決された(『婦女新聞』11・4、および本書二七三ページ)。

普選近しと、にわかに色めいた言論機関も、婦人参政権はまだその先のこととした。一〇月二四日付の『大阪朝日新聞』は「婦人参政運動に就て」と題する社説を掲げ、この年の二月三日付『国民新聞』社説と(前出)同様に、女性は男子の普選即行を応援すべしと論じた。『婦女新聞』は一〇月二八日号で直ちに反論し、『朝日』の説は、空腹の女性に対し、食事はまず男子からだ、女性は手を出すな、というに等しく、男女差別をいっそう大きくするものと非難したが、当時の世論の大勢を動かすことはできなかった。

2　婦人参政権獲得期成同盟会から婦選獲得同盟へ

普選に熱意を示した山本内閣ではあったが、議会内の多数派工作に失敗し、閣内でも普選放棄説が有力となってきた折から、摂政狙撃の虎の門事件が発生し、一二月二九日に山本内閣は辞職し、枢密院議長清浦奎吾が、貴族院を母胎に組閣した。政友会はこの内閣の支持不支持をめぐって二つに分裂し、支持派は政友本党を結成した。政友会は憲政会・革新倶楽部とともに護憲三派をつくり、政党内閣制樹立のための第二次護憲運動にのり出した。政友会のこれまでの行きがかり上、三派は普選を共通のスローガンに掲げなかったが、勝利のあかつきには、普選を実現することは黙約されていた。一月三一日、政府は議会を解散したが、五月一〇日の総選挙の結果は三派の圧勝におわり、六月一一日、第一党の憲政会の総裁加藤高明を首相とする護憲三派内閣が成立した。この内閣の手により、一九二五(大正一四)年春の第五〇議会で、いわゆる普選法が通過したことは周知のことがらに属する。

第二次護憲運動に際し、婦人団体でもっとも活発な動きをみせたのは、坂本真琴を中心とする婦人参政同盟であった。坂本は前記のように東京連合婦人会に属していたが、九月二四日には、平塚らいてう・金子茂・三宅やす子・中条百合子・赤江米子・伊藤朝子・西川文子とともに八名で「災害救済婦人団」を組織し、寄付金を求めて甲府・松本・高田その他に地方遊説を行なった。このとき坂本は「震災を機に一切の行懸を排して真の団結の力を以て参政運動に従ふべきである」「婦人運動も参政運動も決して一二婦人団の仕事ではない。日本婦人全体の仕事である」と論じたという。第二次護憲運動が始まると、当時有名無実であった婦人参政同盟の看板を大井町の自宅に掲げ、趣意書と規約を作成し、一方において二月より松本重敏・小林丑三郎・米田実らを講師とする法律講座を明治大学の教室を借りて開くとともに、婦人参政権への世論喚起のため活動に乗り出した(坂本「婦人参政運動の高潮」(四)『新使命』一九二六年五月号)。

まず一月二七日、帝国ホテルに相談会を開き、総選挙では婦人参政権賛成議員を応援すること、および一月中旬、ＩＬＯ東京事務局開設のためアメリカから帰国したばかりの市川房枝を目玉とする演説会の開催をきめた。二月一二日の神田仏教会館における演説会には、西川文子・長谷川胤・碧川かた・小松菊子・荻野好子が演壇に立った。しかし市川は新しい仕事で忙しいという理由で、参政同盟への加入を断わり、演説会にも出席しなかった（『婦女新聞』2・3、2・17、『市川房枝自伝』一二七ページ）。ついで三月一九日から二三日まで同盟は、沼田伊勢（いせ）子の援助のもとに神戸・大阪・京都・奈良に遊説を行なった。一行は坂本・沼田のほか、山根菊子・山根千代・高木富代・野原欣子であった。各地の「矯風会の方々が献身的に私共の挙を援助せられたる事は、これを牢記せねばなりません」と、坂本「婦人参政運動の高潮」㈣は記している。代議士候補の応援は各人の自由に任されたが、坂本は東京の高木正年と長野の野溝伝一郎を応援した。前記二月一二日の演説会の入場料による収益は高木に寄付された。同盟としては、全国千数百名の候補者に婦人参政賛否のアンケートを出し、その回答（二四六名中、賛成八六）を新聞社に送った。

総選挙がおわると、予期された如く坂本専断非難の声が上り、衆樹安子・吉永文子から同盟解散説が出され、六月二七日に臨時総会を開き、存続が決定、新理事に長谷川胤・衆樹安子・高橋千代・山根菊子・行川仲子・碧川かたが選ばれ（「婦人参政同盟運動略史」『婦女新聞』大14・2・15）、坂本は役員を退いた。一一月には、西川文子も碧川かたも脱会した。年末、第五〇議会の接近によりようやく活動を再開し、一一月一二日、帝国ホテルに会合、男女平等普選とともに公民権実現を第五〇議会に期待する決議文を発表した。高木正年・星島二郎・林田亀太郎（以上革新俱楽部代議士）、三輪田元道・為藤五郎が出席した。こえて同月二五日に本郷の帝大仏教会館で五〇〇人を集めて演説会を開いた。長谷川胤・荻野好子・高木富代・高橋千代・行川仲子・松岡節子・清水輝子の七人のほか、植原悦二郎が出演した（『婦女新聞』11・30）。一方、参政同盟脱会組の婦人保護協会（河本亀子）・婦人社会問題研究会（西川文子）・婦人禁酒会（碧川かた）は、「婦人参政三派連合会」を一〇月二六日に結成した（同上、10・26）。このように議会シーズンを控えて、既成婦人運動家が蠢動をはじめたとき、新しい、これまでの婦人参政権団体とはくらべものにならない有力な団体が生まれた。

一九二四年一一月二日矯風会理事会の承認を経て、日本婦人参政権協会代表の久布白落実とガントレット恒子の二人の名による「婦人参政権並に対議会運動懇談会」を一一月一三日に開催する旨の招待状が、「都下有力の婦人方新聞記者等約三百五十名」に発送された（宮川静枝「婦人参政権獲得期成同盟会に就て」『集成』所収）。

この招待状は、これまでいかなる研究文献や資料集にも紹介されていないので、全文を『婦人新報』（一九二四年一一月号）より転記しておく。

婦人参政権の要求

我等は日本帝国の臣民たる廿五歳以上の女子が男子と同じく参政権を与へられん事を要求するものです。

理　由

一、我国の国民教育は普通中等共平等に達し居る今日男女の差別を立つる必要が無いから。

一、我国の職業婦人は已に百万人に達し其利益擁護の為めに之を要求するから。

一、最大多数の家庭婦人は其家庭生活の完成の為め之を要求するから。

之等の理由により婦人の参政権を獲んことを望むものです。

市町村に於ける婦人公民権の承認

我等は市制第九条町村制第七条第一項の「帝国臣民たる男子にして」の内「たる男子」の四字を削除し帝国臣民にしてと変更せられん事を求む。

理　由

市町村の生活は家庭生活の延長なり、家庭に於て其一家の出納を処理し、家族の衣、食、住、其教育、衛生、娯楽を注意し之を管理する婦人は、市町村に於ける経済を知り其住民の衣、食、住、其教育、衛生、娯楽に対して一半の責任を負ふは当然の事である故。

この理由の許に婦人公民権の承認を求むるものです。
以上二つの問題を始めとし来らむとする議会に於て婦人の要求する諸問題を御相談する為めに来る十一月十三日午後一時から大隈会館に於て懇談会を開きます。愈々実行運動に着手するやうになりますと諸姉の御協力と御奮闘とを是非頂かなければなりませぬ何卒御願致します。

大正十三年十一月二日

日本婦人参政権協会
代表者　久布白　落　実
同　ガントレット恒子

矯風会は、前述の如く東京連合婦人会の中核として活動したが、会独自の運動として震災後力を注いだのは、吉原・洲崎両遊廓の復活阻止であった。このため臨時大会を、第四七回臨時議会の会期にあわせて一二月一〇日から一四日まで招集し、松山常次郎(政友会)、横山勝太郎(憲政会)、田川大吉郎(革新倶楽部)が、議員八九名の賛成を得て衆議院に提出した廃娼建議案を支援した。ひきつづいて年末に開かれる第四八議会に対しては、廃娼のほか、婦人公民権法案提出を実現さすべく目標が設定された(「基督教婦人矯風会臨時大会報告」『婦人新報』一九二四年一二月号)。久布白落実は『婦人新報』一九二四年一月号の巻頭に「市民としての婦人」と題し、「市民教育の普及、法律の門戸開放、職業の門戸開放、教育の門戸開放、財産権の確立」のための参政権運動の「第一の実物教育」として「市町村の公民権を要求する」と決意を示した。

第四八議会は、第二次護憲運動で解散したため、公民権法案の提出は見られなかったものの、久布白はまず「婦人参政権叢書」の第一巻をまとめ、ついでフランスの参政権協会にならった日本婦人参政権協会入会申込書を印刷し、

「最初の一千名を得んとして、十人一組の申込書百冊を送り」、これをたずさえて四月三日から岡山で開かれた第三回大会に臨んで、全国から集まってきた支部長・代議員に配付した（久布白「日本婦人参政権協会の一年」同上、一九二五年一月号）。この大会では「婦人参政権を各地に徹底する方法如何」がとくに協議され、「各支部、各会員一致して多くの会員を得るやう努力することに決した」。討論でとくに注目されるのは、神戸の城のぶ子、呉の十時菊子から、東京連合婦人会政治部や坂本真琴の婦人参政同盟などの同目的の婦人団体と「提携するか合同するかして一層強いものとなし進んで行く考えはないか」の質問が出たことである。久布白は「未だ機は熟してゐないが将来はさうした時機が来るであらう」と答えたが、この大会の空気は、後述の婦選獲得同盟結成の気運がすでに婦人活動家の間に醸成されていることを示すものであった。

久布白は大会以後、東京・北海道・東北・九州へと遊説して入会申込書を配付し、さらに「婦人参政権叢書」の第二巻を発行するなど運動の拡大につとめたが、いよいよ前記のごとく、一一月一三日における懇談会開催にまでこぎつけたのであった。

久布白は連合婦人会政治部と、これと関係を保ちながらまだ入会していなかった市川房枝に協力を求めた。久布白の構想は目的を同じくする婦人団体の連合団体であったが、市川や政治部の金子茂・新妻伊都子・坂本真琴・河崎なつ・宮川静枝らの考え方はちがっていた。彼女たちは「この機を逃しちやいかん、ここで新しい会を作らせやう」と作戦を立て（金子・久布白ほか「婦選の思ひ出を語る」『女性展望』一九三九年一二月号）、八方奔走して有力な活動家を集めて事前に根まわしをこころみた。

一一月一三日、早大大隈会館に集まったのは五九名。星島・高木の両革新倶楽部代議士も出席した。久布白が司会者として会合の趣旨をのべ、参会者有志が「殆ど申合せた様に、小我を捨てゝ協力すべし」の五分間演説を行なったあと、宮川静枝（参政権協会）提案の「婦人参政権獲得といふ唯一の目的の貫徹のために連合委員会を組織すること」

という動議を満場一致で可決した。

連合委員を指名すべき「指名委員会」が懇談会にひきつづいて開かれた。指名委員は久布白落実・宮川静枝・守屋東・ガントレット恒子・川崎正子(以上参政権協会)、吉永文子・衆樹安子・八木橋きい子・荻原真子・橋本美代・河本亀子・中村しず子(以上婦人連盟あるいは婦人参政同盟)、坂本真琴・金子茂・河崎なつ(以上連合婦人会政治部)、市川房枝の一六名であった(「婦選獲得同盟議事録」)。委員の指名に先立って、「如何にせば最もよき協力一致を見るべきか」の観点で「連合委員会」の性格について熱心な討議が交された。参政権協会側は「連合委員会をかなり自由なる有志の研究団体となし、これによつて連絡的に直接運動の一致を計らう」という意見を出した。すなわち既成団体を基礎とするルーズな連絡組織の構想である。これに対し、婦人連盟および坂本・市川・金子らは「全ての既成団体を離れて、こゝに新たなる団体を組織し、永久の策をたてゝ一意目的の貫徹に進まう」と主張した。論議はつきず、翌日に持越され、結局は参政権協会側が譲歩して「ともかくも此際は今議会に対する運動を主とするを以て、既成団体の存在及その仕事に一切触れることなく、たゞ参政権獲得の一目的の為の全く新しき個人組織の団体を創ること(既成団体に属すると否とに拘らず、一切自由に参加しうる団体)」に決した(前出、金子「婦人参政権獲得同盟会のこと」)。この方式を主張した人たちは、おそらくこれまでの運動の経験から、団体連合では足並みがみだれるおそれありとし、かつこれまでの運動にまつわる複雑な個人感情を一掃するために、個人加盟の新団体を構想したものと推測される。

指名委員会は「自然の成行として」創立委員会を組織することになり、一一月一八日、指名委員会の報告会を開き、さらに一三日の懇談会出席者の賛否を問い、賛成者五〇名(その氏名は「婦人参政権獲得期成同盟会創立総会案内状」『集成』所収、を見よ)を創立委員として、「婦人参政権獲得期成同盟会」の創立大会を一二月一三日に丸の内保険協会で開催することになった。この間準備委員会が一八回開かれた。いずれも「二十代から三十歳前後の主に一定の職業をもつて」働いている若手で(宮川、前掲稿)、会合は夜大久保の東京婦人ホームで開かれた。あとでは、大久保はあまりに遠すぎるというので、赤坂の矯風会の寒いバラックで、かすかな炭火で暖をとりながら深夜まで仕事を続けた。タクシーで自宅まで送り届けるのは、随一の高給取り市川房枝の仕事であった(『市川房枝自伝』一二七ページ)。創立委員会の役員は次のとおりである。委員長久布白落実、書記金子茂・宮川静枝、会場委員中沢美代・荻野好子、通信委員河崎なつ・吉永文子、財務委員坂本真琴・山内輝子、宣伝・規約草案及プログラム委員久布白落実・市川房枝。これらの人びとはすべて同盟会の役員に選ばれる。

大会への案内状の送り先は二九〇八名、欠席の返事が四一〇通、うち二〇通ほど不賛成があった(『読売新聞』12・15)。この日の朝、矯風会の創立者で九〇歳となる矢島楫子は、久布白を呼んで「老驥櫪ニ臥ス、志千里ニアリ」の言葉を与え、一包の金を与え、「私も会員になりますよ」とはげました(久布白『廃娼ひとすじ』一八〇ページ)。出席者は予告約二〇〇名に対し、実際は記者もふくめ一三五名、議事は司会金子、議長河崎のもとで進行した。宣言・決議・規約・役員はすべて『婦人問題資料集成』(第二巻、二三七ページ)におさめられている。宣言では、宗教・職業の異同をこえての婦人の大同団結がうたわれ、決議では(1)婦人公民権、(2)男女平等普選、(3)結社の自由の三要求が掲げられ、規約では、事務所を芝琴平町二番地(中山靴店)に置くこと(第一条)、「政党政派に対して絶対的中立の立場を保つ」(第三条)ことが定められ、会員は婦人に限定し(第四条)、議会運動部・宣伝部・財務部のうち、いずれかに所属するものとされた(第五条)。役員は代表者たる総務理事のほか会計・会務の二理事と、前記三部から選出された三名ずつの中央委員計一二名より成る。総務理事は久布白、会計理事は中沢、会務理事は市川、中央委員は河崎・坂本・山内(以上議会運動部)、金子・宮川・吉永(以上宣伝部)、ガントレット恒子・荻野・田中芳子(以上財務部)である。

議事がおわって第二部の茶話会にうつり、ガントレットの司会のもとに各地からの電文が読み上げられ、次々と五分間演説が行なわれた。中でも大阪の矯風会の主柱、林歌子が「明十四日は私にとって六十年目の誕生日になる其一日前、今日の会を見てはじめて六十年の生甲斐あつた事をよろこぶ」とのべたのが参会者に感銘を与えた(『読売新聞』

12・15)。

筆者はこの辺で、婦人参政権運動を「婦選運動」と呼ぼう。同盟会結成の頃から「普選」をもじり、かつ普選の欠陥をついた、こういう呼び方が行なわれるようになったからである。このことばを創ったのは、市川房枝によれば穂積重遠だということであるが(市川『野中の一本杉』新宿書房、一九八一年、一六六ページ)、真偽はわからない。

同盟会の成立は、日本婦人の政治的自由獲得運動にとって、新婦人協会の創立につづく画期的意味をもった。第一に、それは婦選のみを目的とする最初の婦人大衆団体であった。これまで新婦人協会をふくめ、運動に関係した団体にとっては、婦選は唯一の目標ではなく、他の幾つかの事業のうちの一つにすぎなかった。婦人参政同盟は唯一の例外のようにみえるが、これは既述のごとく、代議士の肝煎りによる各種団体を背景にもつ少数個人の集団で、決して「一般婦人の為に、一般婦人によつて行はれる」(「婦人参政権獲得期成同盟会創立総会案内状」)婦選運動団体とはいえなかった。あえていえば、これまでの運動は、新婦人協会のそれをふくめて、すべて婦選準備運動であり、真の婦選運動はここに始まるといってよい。

第二に、それは、これまでの行きがかりを一掃した超党派的な団体であった。久布白落実「本会の創立より大会まで」(『婦選』一号)はいう。「この度の運動で最も力をそゝいだ事は、婦人の一致した運動であり度いと云ふ事でした。それ故此度の会に参加したものは、思想におき、職業におき、宗教におき、従来とても一致の行動を執る事の困難と思はるゝ方も、皆悉く小異を捨てゝ大同につき、唯一つの婦人参政権獲得を目的として進みました」。この結果、婦人連盟と東京婦人連合会政治部は事実上解体し、婦人参政同盟・革新倶楽部女性会員・日本婦人参政権協会の大半が、これに参加することになった(市川房枝「婦人参政権運動」『婦人公論大学・婦人問題篇』一九三一年)。役員の顔ぶれをみると、矯風会系と新婦人協会とを主軸としているが、これまで運動の表面に立ってきた人は、市川と坂本を例外とし、平塚らいてう・奥むめお・児玉真子・河本亀子らは役員にはなっていない。無産婦人運動側からは役員こそ出していないが、山川菊栄が創立委員に名をつらね、創立大会には堺真柄と田島ひでも出席し、田島は短期間ではあるが、同盟会の書記をつとめた。翌年の二月に結成された政治研究会の婦人部の有力メンバーたる奥むめおと新妻伊都子はともに創立委員となっている。また後援団体たる麗日会の存在も、この団体の超党派性に厚味を加えた。第一線に立たなかった与謝野晶子・平塚らいてう・岡本かの子・中条百合子・石本静枝・生田花世・深尾須磨子・守屋東・新妻伊都子ら一八名を発起人とするこの会は「現代名家書画展」を三月に催し、純益四九〇円を同盟会に寄付した。出品者には発起人とその夫をはじめ、長谷川時雨・伊東深水・新渡戸稲造・徳富蘇峰・徳富蘆花・小川未明・河東碧梧桐・吉井勇・高村光太郎・竹久夢二・高浜虚子・柳原白蓮・正宗得三郎・島崎藤村・芥川龍之介・秋田雨雀・堺利彦・尾崎行雄・平福百穂・石井柏亭・鏑木清方・九条武子・元田肇・中野正剛・久保田万太郎ら七九名を数えた(石本静枝「麗日会報告」『集成』二五一ページ以下)。

同盟会結成が成功したのは、普選がいよいよ日程に上り、次は婦選という期待感を先進的婦人が一様に抱いたことが、その基礎にあるとしても、具体的には矯風会の幹部が果した役割の大きさに注目する必要がある。仮に矯風会幹部以外の誰かが提唱者となった場合、平塚・市川・坂本・金子等々を思い浮かべてみても、とてもこれだけの勢力を糾合できたとは想像できない。矯風会幹部には東京連合婦人会の音頭とりになったという実績があり、これまで婦選運動に実際には関係しなかったことも、人間関係において幸いした。

その上、矯風会で婦選運動の責任者となった久布白の類まれな人柄があった。市川房枝は一九七二年一〇月二六日、久布白葬送の席上、「おわかれの言葉」の中で次のように語る。「その頃〔同盟会成立の頃—松尾〕私共は黄色い声を張りあげて赤い気焔をはく連中だとか、酒もたばこものむなどと随分悪口をいわれていたのに、矯風会のあなたが、共同の目的のために敢て私共と手を組まれたご勇気に敬意を表したものでした」(『婦人新報』八六七号、「久布白落実追悼号」)。また共産主義者の田島はいう。「婦人運動家としての彼女は、人間的にりっぱで、教えられることが多かった。ながい困難な廃娼運動のなかできたえた行動力と質素な生活、それに日本婦人としては珍しく包容力をもっていた」(田島『ひとすじの道』一〇五ページ)。新団体結成に決した一一月一四日の指名委員会で、もし久布白が日本婦人参政権協会の名目にこだわっていたら(協会の基礎が固まっていないのが幸いしたとはいえ)、運動は分裂し、新団体はできたとしても微弱なものにしかならなかったであろう。名目よりも実践という久布白の決意により、危機は救われたのである。

さらにいえば矯風会には、一八八六(明治一九)年創立以来養った実勢力と社会的信用があった。この頃会員は全国で七〇〇〇人を越え、しかも土地の名流婦人が多かった。矯風会員のすべてが同盟会を支持したわけではないにせよ、矯風会が背景にあるというだけで、同盟会に対する社会的信用度がちがった。矯風会には大久保の一三〇〇坪の土地をはじめとする財産があり、財政的にも同盟会の成立を支えた。たしかに資金は創立委員らが持寄ったのであろうが、準備会のための会合などは、すべて前記の如く矯風会の施設が使用された。新団体の会員は翌年四月一五日現在二七一名であったが(市川房枝「会務報告」『婦選』一号、大14・4・19)、うち約二〇〇人は矯風会員であった(前出「婦選の思ひ出を語る」)。矯風会がなければ同盟会は成立しえなかったであろう。

同盟会は前記の創立大会の三決議にもとづき、第五〇議会に対し、請願署名を集め、演説会を開いて世論を喚起し、また議員に働きかけて議員立法として法案を提出させることにつとめた。請願書は九万枚を全国に配付し、約二万枚が提出された。「婦選獲得演説会」は東京で二回開催された。第一回は一月一七日に神田青年会館で三〇〇名を集め、奥むめお・桜井ちか子・坂本真琴・市川房枝・荻野好子・平田のぶ・久布白落実が演壇に立った。第二回は三月三日に協調会館で二五〇名を集め、今回は内ケ崎作三郎・山桝儀重(以上憲政会)、坂東幸太郎(政友会)、松本君平(革新倶楽部)の四代議士と有馬頼寧の五政治家とともに、新妻伊都子・宮川静枝が演説した。同盟会は、さらに水戸のキリスト教思想団体創生会主催、矯風会支部後援の婦人参政演説会(二月二一日、五〇〇名)に市川・金子・宮川を送り、また『新愛知』と矯風会支部後援による演説会を名古屋で開いた(三月八日、四五〇名)。弁士は市川・河崎・吉永・金子に大阪の林歌子である。以上の集会および宣伝ビラまき(一一万枚)は、金子茂にひきいられる宣伝部員四五名があたり、三ヵ月間の会合数は四七回に及んだという(「宣伝部報告」『婦選』一号)。

対議会行動では、治警法修正(結社権)法律案および公民権・参政権の二建議案の通過を目標に、閣僚・内務省および代議士に対する懸命の働きかけが行なわれた。これには他団体との共同行動がとられた。二月六日と一一日に同盟会・婦人参政同盟および婦人参政三派連盟の三者代表の懇談会が開かれ、議会に提出すべき法案・建議案およびその提出代議士について協定が成立した。

実のところ同盟会の成立によって、もっとも打撃を受けたのは婦人参政同盟であった。坂本真琴・橋本美枝・荻野好子はじめ脱会者が相ついだ。一月はじめには残留理事の高橋千代・高木富代・行川仲子をふくめ、会員名簿記載人員は三四名、全財産わずか二〇円という苦境におちいった。同盟は団体連合の性格を完全に失った。しかし彼女らは屈せず、議会外では独自のビラまきや演説会(東京二四、伊勢崎・甲府地方遊説各一回)を行ない、一年後には会員四三七名を数えるまでに勢力を回復する(「本同盟略史」『婦人参政同盟会報』二号、一九二六年五月一〇日)。

さて、第五〇議会においては、治警法改正(結社権)は提出者山口政二(政友会)、賛成者六五名をもって法律案として提出されたが、他の参政権と公民権の二項は、法律として成立する可能性に乏しく、また与党三派としては、婦選を時期尚早とみる政府普選法案に批判的な法律案を提出するのは、はばかられるという事情もあり、公民権は高橋熊次郎・安藤正純・岩崎勲・山口義一・青木精一(すべて政友会)提出、七三名賛成、参政権は松本君平(革新倶楽部)提出、九九名賛成の各建議案提出のかたちをとった。

同盟会は議員に働きかけて、これらの案を同一の日に上程させ、この日を「婦人解放デー」と名づけて気勢をあげようと企て、三月一〇日をこの日にあてることに成功した。当日は二百数十人の婦人が傍聴席を埋めた。三案はいずれも治警法改正委員会に付託された。議会閉会まぎわの三月二四日、三案とも委員会を通過し、翌二五日、本会議でも可決されたが、貴族院にいちおう回付されたものの、三月二七日の議会閉会とともに審議未了となった(「議会運動部報告」『婦選』一号)。

政府の態度は、三案とも時期尚早として反対であった。衆議院の三案通過も、貴族院における廃案をみこしての体裁づくりの色彩が濃い。しかし、総選挙によって、以前とは格段に婦選の理解者が議会内にふえてきたことは注目される。これまで革新倶楽部にほとんど限られてきた理解者が、政友会にも、憲政会にもひろがった。そのことは、提案者の顔ぶれや賛成議員の数によってもうかがわれる。「普選より婦選へ」の一歩は、たしかに印されたのである。

ちなみに同盟会の財政について一言しておきたい。『婦選』一号所収の中沢美代「会計報告」によれば、創立以来三月末までの四ヵ月間の総支出二二二九円七八銭に対し、総収入は二三一六円四二銭。八六円六四銭の黒字である。もちろん一円の入会金ではこと足らず、収入の半額以上にあたる一二七四円八二銭が寄付金で賄われた。大口としては石川武美(主婦之友社長)三〇〇円、麗日会二〇〇円、吉岡弥生(女医)一〇〇円、日本婦人参政権協会一〇〇円、福島四郎(婦女新聞社長)五〇円、ガントレット恒子四〇円。鳩山春子(一郎の母)が毎月一〇円寄付を続けている。役員もそれぞれ少額ではあるが寄付を行ない、別に市川房枝二一〇円、中沢美代一〇〇円、田中芳子一〇〇円の立替金がある。このように全財政は、有名無名の婦人たちの寄付で辛うじて維持されたのであった。

婦人参政権獲得期成同盟会は、議会閉会直後の四月一九日、第一回の総会を規約にもとづいて開き、会名を「婦選獲得同盟」と改め、規約を改正し、役員を改選した。『婦女新聞』(4・19)は「同盟会は、議会終了と共に解散する予定であったが、その予定を変更して永続的の団体とする事になり」、一九日「第一回創立総会を開く」と報じている。これまで同盟会の規約にも、申し合せにも解散予定のことなど存在しない以上、一見誤報に見えるがそうではない。これまで「婦人参政権獲得同盟会」が単純に「婦選獲得同盟」に改称されたと信じられているが、ことは決して左様な簡単なものではなかったことを改めて認識する必要がある。前述の如く、同盟会は創立の際に団体連合か新組織かの論議が行なわれ、結局「此際は今議会に対する運動を主とするを以て」、団体連合派が譲歩したいきさつがあった。久布白「中央委員会報告」(『婦選』二号)は「四月の総会まではすべてを一時的連合運動として簡単なる組織として有つた」と明記している。したがって議会が終ったとき、組織の永続問題が再議される必然性があった。だからこそ、三月二四日の第一〇回中央委員会議事録(婦選会館所蔵)を読むと「議事1本会を連続すること　2連続するについて新妻氏の注意(日本参政権協会の将来と本会の連続について)」と記されている。すなわち三月二四日になって、はじめて同盟会の組織継続が確定したのである。もし第五〇議会下、一致行動に破綻を来たしていたら同盟会は解体したことであろう。

この確定は同種の団体、とくに日本婦人参政権協会との関係を問題化せずにはおかなかった。これまでは、第五〇議会限りということで、既成団体員も同盟会に加わっていた。それが永続ということになると、会員は改めて去就を決せねばならなかった。婦人参政同盟はすでに前議会のときから別行動をとっており、同盟会に投じた人たちは脱会したも同然であった。しかし参政権協会こそ同盟会の有力な構成要素であり、しかもこの協会は矯風会法律部の所管であった。ここに問題の困難性があった。

四月七日から三日間金沢で開かれた第三四回矯風会大会は、果然この問題で紛糾した。参政権協会の活動状況を報告した久布白は「力を尽して所信を述べ」た(久布白「第三四回大会」『婦人新報』一九二五年五・六月号)。その所信とは協会の解体、同盟との合同であった(市川房枝「婦人矯風会と参政権運動」『婦選』三の五、一九二九年)。これに対して反論がおこった。万国婦人参政権協会にすでに加盟しているとか、キリスト教主義を捨てるべきではないとか等々である。結局大会では常置委員会に付託することでケリをつけたが、大会直後の常置委員会でも決着はつかず、本部理事を中心とする特別委員会に一任されることになった(前掲、久布白稿)。この問題はその後も解決を見ず、久布白を苦しめることになる。

それはさておき、同盟会の第一回総会は、この組織の永続を確認するための会合であり、そして、永続性を保証すべく、会名と会則の改正が行なわれたのである。婦人参政権獲得期成同盟会というものものしい呼称は、婦選獲得同盟という明快な、大衆性のある名称に代った。規約は一四条から二七条に倍増した。政党政派に対する「絶対中立」が削除され、宣言の末尾にまわされた。会員に正会員(会費年二円)と維持会員(年一〇円)の二種を置いた。会員がどれかの部に所属せねばならぬという義務条項が除かれた。議会運動・宣伝・財務の三つの部の代りに、政治教育・議会運動・調査・出版・財務・会員の六つの常設委員会が置かれた。地方支部規定が新設された。中央委員の数が九名から一五名に増員された。すべて、より恒常的大衆団体らしい、入会しやすく、かつ機能的な規約に改められた。役員は、久布白・中沢・市川の三理事は不変であったが、中央委員から、ガントレットと荻野の二人が退き、代って衆樹安子・中西司娜子・潮留延子・末弘杉枝・宿利梅子が加わった(新宣言・規約は『集成』所収)。

新装なった同盟の活動については、さしあたって鹿野政直「婦選獲得同盟の成立と展開」(『日本歴史』三一九号、一九七四年)を参照されたい。

II　第一次大戦後の僧侶参政権運動

はじめに

第一次大戦後に展開された僧侶参政権運動、厳密にいえば僧侶被選挙権要請(あるいは獲得)運動、略称僧参運動は、日本近代仏教史上著名な事実であり、土屋詮教『大正仏教史』(一九四一年)以来、これに言及するものが少なくない。とくに土屋本は一章を割いて詳述しており、その後の僧参運動に言及する論著の唯一の典拠となっているが、遺憾ながら記述が一九二一(大正一〇)年の運動に限局されている。管見に属するかぎり運動の全容を究明した論考は、いまだ世に現われていない。本稿は当時の宗教界唯一の日刊紙『中外日報』、仏教連合会の公式文書『第四十四帝国議会僧侶被選挙権要請運動の報告書』(一九二二年、以下『仏連報告書』と略す)、衆議院議員選挙法調査会参考資料第三号『僧侶被選挙権獲得運動状況』(一九二二年、以下『運動状況』と略す)などにより、一九二〇年初頭の運動の開始から一九二五年のいわゆる普通選挙法の制定にいたる間の運動の展開のあとを明らかにしてみたい。

1　第一次大戦前の状況

議会制度の導入以来、僧侶は被選挙権を奪われていた。一八八九(明治二二)年制定の最初の衆議院議員選挙法第一二条には「神官及諸宗ノ僧侶又ハ教師ハ被選人タルコトヲ得ス」とあり、一九〇〇年の改正法でも、第十三条第一項で「神官、神職、僧侶其ノ他諸宗教師、小学校教員ハ被選挙権ヲ有セス其ノ之ヲ罷メタル後三箇月ヲ経過セサル者亦同シ」と規定されている。一九一九(大正八)年の改正法は、この条項に変更を加えなかった。僧侶の被選権がないのは衆議院ばかりでなく、市・町村・郡・県会などの地方議会および貴族院も同様であった。このため一九二〇年末現在で十二万三千余の僧侶(宗教関係者全体では約二〇万人―三宅・石原・坂著『普通選挙法釈義』一九二六年、一〇〇ページ)が被選権をもちえなかったのである。

立法の趣旨は、制定当時の枢密院会議録をみても明らかでないが、次にかかげる「大正十年十一月内務省議決定、大正十一年五月閣議決定」(衆議院議員選挙法調査会『被選挙権ニ関スル調査資料』七ページ)がこれを代弁している。

僧侶其ノ他諸宗教師ハ専ラ宗教ニ従事スヘキモノニシテ政治運動ノ渦中ニ投スルカ如キハ本来ノ職分ヲ尽ス上ニ於テ甚タ好マシカラサルノミナラス信仰心ニ基ク潜勢力ハ大ナルモノアルヲ以テ此ノ勢力ヲ利用シテ投票ヲ左右スルコト必ラスシモ困難ナラス随テ選挙ノ自由公正ヲ害スルノ虞アリ、且又現行選挙法及地方制度ニ於テ僧侶等ニ被選挙権ヲ制限シタル主タル理由ハ僧侶等ノ如ク精神的方面ノ職務ニ従事スル者一意専心其職ニ従事セシムルヲ国家公益上必要ト認メタルニ在リト解ス、故ニ今直ニ法律ヲ改正シテ是等ノ者ニ被選挙権ヲ与フルコトハ之ヲ採用シ難シ

要するに僧侶などの宗教師を「職務」に専心させ、宗教を「政治運動」の外に置き、また「信仰心」を利用して「選挙ノ自由公正ヲ害スル」ことのないようにしたいというのである。なお「職務」には単に修業や布教にとどまらず、国民の教化と思想の安定をはかることによって国家に奉仕することがふくまれていることは、明治末(一九一二)年の三教会同の故事からも類推される。このように国家が政治的な目的をもって、僧侶などを「政治」から排除していることは、治安警察法第五条において「政事結社ニ対シテハ左ノ身分又ハ地位ヲ有スル者ハ之ニ加入スルコトヲ得ス」として、軍人・警察官などとともに宗教師をあげているところからも明らかである。

『仏連報告書』によれば、すでに帝国議会開設前より、真宗本願寺派が被選権を求めて元老院や新選出の貴衆両院議員に働きかけたという(1)。第一議会で東尾平太郎(自由党、大阪)が僧侶にも参政権を与えよと第一二条から「及諸宗

ノ僧侶」を削除する改正案を提出したが、上程されるにいたらなかった(『衆議院議員選挙法改正案ノ沿革』三〇ページ)。また曹洞宗会も、第二議会で、他宗派に働きかけて請願運動の準備を進めたという(『あづま新聞』明24・7・4)。ようやく一九一四(大正三)年、政府が宗教法案提出の計画を進めると、各宗いずれも反対の気勢を上げ、その中で参政権問題が浮上した。その理論的指導者は土屋詮教(早大教授)であった。彼は『日本及日本人』(一九一四年八月一日号)に「宗制改革論」を発表し、憲法第二八条(信仰の自由)にもとづく「完全なる新宗教法」の制定とともに、その制定に先立ち「各宗派の僧侶教師をして、一般国民と同等なる参政権を得せしむべし」と主張した。これをうけて、翌年一二月一〇日に、京都における各宗管長会議の結果成立した仏教連合会(以下「仏連」と略す)は、一九一六年三月第一回幹事総会を開き、文部省に対し四項の申請を提出したが、その中には「宗教教師僧侶参政権に関する申請」が含まれていた。(2) その内容はのちの僧参運動の主張の基礎となるものなので全文を掲げておこう(『仏連報告書』)。

宗教の教師僧侶に参政の権を与へられざるは現行制度の規定にして其の立法の本旨は政教混淆の弊を惹起する虞あるに因由せしものならん、然れども我が国古来より祭政不二、政教一途を以て経国の要道とせられ未だ政教混淆の弊害を醸出せしことなし、且夫れ宗教の教師僧侶と雖も同一国民として国民の義務としては一も之を尽さゞることなくして而して其の職業の教師たり僧侶たるの故を以て国家は之に何等の恩典待遇を与へらるゝことなくして偏に国民均霑の権利のみ与へられざるは制度制定の当時より頗る遺憾に感ぜし所なり、然り而して政府の宗教に対する施措を視るに事の宗教に関するものあるも大概隔靴掻痒の感あり、就ては教師僧侶の個人資格としても亦宗教と政治と交渉の必要としても宗教の教師僧侶に帝国議会の議員其の他の法律を以て除外せられたる議員の被選挙権を得しめられんことを希望す。

右仏教五十六宗派の決議を以て申請候也。

要するに(1)政教混淆のおそれはないこと、(2)国民としての共通の義務は果たしながら権利が与えられぬのは不当な職業上の差別であること、⑶宗教政策に僧侶の意向を反映させたいこと、の三点を内容とする。そこには国民の権利意識の向上という、大正デモクラシーの風潮の影響を明確に読みとることができよう。(3)

この年の五月仏連は評議員会において、その宗派をこえた「実動団体」として仏教護国団の設立を決議、まずこの年の一一月には東京に、翌年一一月には京都に、それぞれ地名を冠した仏教護国団が生まれた。(4) しかしこの護国団は、その名の示す如く「尊王護国済世利民」をめざすもので、僧参運動そのものの全面的展開は、第一次大戦後をまたなければならない。

2　第四二議会下の僧参運動

一九二〇年初頭の第四二議会下、普選運動が全国的に昂揚し、原内閣が普選の可否を争点として議会解散を断行したことは、周知のとおりである。僧参運動はこの普選運動に刺戟されておこった。

前記『僧侶被選挙権獲得運動状況』は、運動の起源として、一九二〇年一月二七日、山形市内曹洞宗寺院一七ヵ寺の住職の新年会で、議会に僧参請願書を提出することを相談し、県下の同宗六百余ヵ寺に請願書に調印を求める印刷物を配布したことをあげている。(5) しかし、これより先、『中外日報』(1・22)は兵庫県の本願寺派会衆(宗会議員)多田文豹(請願書によればその住所は揖保郡旭陽村津市場六二番地)が主唱して、県下三〇〇の僧侶が結束して全国的に働きかけるべく準備中であり、県選出の国民党代議士土井権大が議会で尽力する旨を報じている。多田は下間空教(元僧侶で大阪在住の弁護士、仏連嘱託)と組んで、二月一日には神戸の西本願寺説教所で同宗僧侶約三〇名と会合し、請願書提出を決議し、手わけして調印をまとめ、同月二五日までに議会に請願すること、および「本山ニ交渉シテ全国末寺ニ通牒セシメ輿論ヲ喚起スルコトヲ申合セタ」(『運動状況』一ページ)。多田は京都に滞在して請願書をひろく近畿地方に配布し、僧侶の関心を刺戟した。何といっても山形は僻地であり、関西における多田らの運動が、運動の全国化の直接の口火を切ったといえるであろう。

多田と藤野哲雄は二月一日の申し合せを実現すべく、二月中旬の西本願寺派集会において、会衆総員六〇名中四二名の連署を得て、宗派としての僧参運動を要求する建議案を提出しようとした。しかし執行部側は、これは寺法に反するとして多田を説得して提出を見合わさせ、これに代って執行部をふくめた全員が連署して「貴衆両院に迫る」ことになった(『中外日報』2・14、2・16)。

このような下からの動きに対し、仏連の対応は緩慢であった。二月二一日の幹事総会では、東京・京都の仏教護国団が気勢をあげることを奨励することになったが、仏連としての方針は、二月二五日に開会予定の評議員会待ちという姿勢であった。普選が実現すれば自ら解決される問題であるし、今更野党のたいこもちでもあるまいという考え方が支配的であったらしい(『中外日報』1・23)。

仏連の煮え切らぬ態度に反発する如く決起したのが、中西雄洞・田崎達雄・岩野真雄の三人を中心とする大日本仏教青年会の有志たちであった。彼らは「仏教徒が白熱状態に在る国民の普選要求に対し隠遁的態度を執りて之に触れざるは社会より仏教徒の存在を忘れらるゝ」し、また「現在の儘に放置せば、普選実現の暁にも僧侶被選問題を取り残され」るとの認識により、「一般の普選運動と連絡提携を計る」ことを主唱したのであった(『中外日報』2・3)。

彼らの認識は正当であった。なぜならば、この議会に提案された三種のいわゆる普選案、すなわち、憲政会・国民党・普選実行会の三案のうち、明確に第十三条第一項の削除をうたっていたのは国民党案だけであったから、普選が実現すれば僧参問題は解決するという保証は、何一つ存在しなかったのである。また普選運動との提携は、僧参は正当な権利だから「自覚せる民衆の要求として当局に理解を求め、社会の輿論を喚起する」必要があると訴えた『中外日報』の社説「請願か要求か」(1・30)などに示される仏教革新派の支持するところであった。現実に富山県城端町の河合大示らは、上京して普選団体と連絡をとり運動中と報ぜられていた(『中外日報』2・14)。

しかし守旧派の力は強かった。二月一日の大日本仏教青年会の評議員会では、この会が臨時であるという理由で、評議員会としての意向はまとまらず、結局各仏教団体有志の運動とすることになった。そこで五〇名の発起人を選んだが、二月六日の発起人会は十余名しか出席者がいない有様。悲観説も出たが、前記の三名を中心とする推進派は強引に事を進め、三六名の実行委員を選び、二月八日の実行委員会で名称を「参政権差別撤廃期成同志会」と定めた(6)（『中外日報』2・3、2・5、2・10、および高島米峰「仏教徒の参政運動」同上、2・19）。

二月一二日、同志会主催の「参政権差別撤廃仏教徒大会」が明治会館で開かれた。第四二議会下における唯一の仏教徒の大衆集会である。中西雄洞が司会者となり、楠原龍誓が開会の辞をのべ、岡本貫玉が座長に推されたあと、湯沢隆岳が宣言を、祥雲晩成が宣言の趣旨を要約した決議を朗読した。決議は次の二項である。

一、吾曹は仏教の本旨に基き国運の隆昌に資し社会の慶福を増益せんが為に玆に普通選挙の実現を期す。

一、我曹は立憲の本義及普通選挙の公理に拠り選挙法第十三条の撤廃を期す。

つづいて前記の富山県仏教徒有志代表の河合大示ほか数名の祝辞があり、演説会にうつり、中西の開会の辞のあと、中野実範・高島米峰・渡辺海旭・安藤正純・田中弘之が演壇に立った（『中外日報』2・16）。高島は『新仏教』の主幹で社会主義者との関係が深く、大戦末期の加藤時次郎らの普選運動に参加している。渡辺海旭は著名な浄土宗の学僧、安藤正純は浅草真龍寺住職を父とする『東京朝日新聞』編集局長、田中弘之は当時国粋会に関係した右翼的仏教家であるが、明治期は普選同盟会の有力メンバーであった。

大会のあと二月一三、一四の両日、安藤・祥雲・岡本・田崎・岩野・湯沢・中西ら実行委員は衆議院各会派を訪問し、かつ両院議員に宣言・決議を配付した。ただし同志会の活動はここまでで、たとえば、全国普選連合会に名をつらねるとか、普選デモに加わるとかの行動には出なかった。普選運動との連携は精神的なものにとどまったのである。

一方、東京の仏教護国団は、ようやく二月二〇日にいたって臨時理事会を開き、安藤正純・渡辺海旭両理事の提案で僧参運動に着手することに決し、都下二四〇〇ヵ寺の住職に請願書を送付し、二七日中にとりまとめることとした。同志会員たる両理事の提案を通し、運動は仏教青年会から護国団に引きつがれたかたちであるが、ただし護国団の請願には普選はふくまれず、各レベルの議会における被選権の要請にとどまっている。護国団は請願提出のあと、大会を開き気勢をあげることになっていたが、二六日、議会解散にあい、僧参運動は中断するにいたった。

第四二議会では結局、兵庫・富山・山形・広島[7]の各地から僧参請願が提出されたが、請願委員会で採択されたのは(二月二一日に本会議で報告)、前記兵庫の多田文豹ほか三名の請願(紹介議員は土井権大)だけである(『大日本帝国議会誌』⑾、一八一一ページ)。おそらく他県のものは審議途中で解散に会ったのであろう。

3 第四三・第四四議会下の運動

解散による第一五回総選挙は、周知のごとく政府与党たる政友会の圧勝におわった。原敬の思惑どおり、普選熱は冷却化し、普選運動はにわかにおとろえた。運動の復活は一九二二年はじめの第四五議会をまたねばならない。ところがこの間僧参運動の方は逆に盛上りを示す。

この五月選挙で安藤正純は無所属として東京二区(浅草区)で立候補し、護国団の応援によりみごと当選した。これに力を得た仏連は六月に幹事総会を開き、請願書提出を東京護国団に委任し、安藤にそのとりまとめを託した(『中外日報』7・6)。その結果、第四三臨時議会において七月一五日、衆議院には安藤のほか田中善立(憲政)・土井権大(国民)、貴族院には江木翼を紹介議員として一一五三通の請願書を提出した。このほか滋賀県からも三四八名の請願が、井上敬之助(政友)を紹介議員として提出されている。衆議院では一五日、この二つを一括して採択しているが、貴族院では審議未了となった(同上、7・21、7・30、および『大日本帝国議会誌』⑿、六八四ページ)。

ところで、政府の態度は僧参に否定的であった。『中外日報』(7・17)の報ずるところでは、三月に日蓮宗が、政党に加入しあるいは政治に関与したものを懲戒するという規定を宗則より削除したところ、僧侶の政治関与を禁じた内務省令が存在する限り削除には不同意、との内務省のクレイムにより現状維持になってしまったという。一方、僧参運動に熱心な『中外日報』の支持者たる当時の代表的な民本主義の論客佐々木惣一は、いちおうは僧参に賛成しながらも「現在の状態で僧侶に被選権を与へたならば、違反の頻発で国家はその繁にたへないであらう」、「被選権を要求する前に宗派内の悪気流を掃蕩し真乎の宗教家に還元せねば無意義である」と語っていた(『中外日報』8・1)。僧参の前途はなお遠いものがあった。

第四四議会の開会を控えて、一二月初旬、仏連は五八宗の管長の連署のある請願書を首相に提出することとし、両院に提出のため二万枚の請願書を全国に配布し、一月一五日まとめることとともに、仏教護国団その他の各宗派連合組織の存在しない地域では、至急これを組織することを求めると報ぜられた(『中外日報』12・8)。にわかに仏連が動き出した最大の理由は、第四四議会には市制・町村制の改正が上程されることになり、国会よりも地方議会の被選挙権の方が獲得の可能性があると思われたからである。また仏連の要望している宗教法の制定や、明治維新のとき上地を命ぜられた境内地の返還にも、僧参の実現が先決との認識が一般的になってきたことも考えられる。

前記の如く一二月はじめ、仏連では各宗管長連署の首相宛請願提出の方針が固まったが(『中外日報』12・4「社説」)、一二月六・七・八日の仏連幹事会(8)および評議員会において、宣言(下間空教の執筆)を発するとともに、(1)各宗管長よりの首相宛請願書を提出すること、(2)各宗派より実行委員を推薦し(結局三五名となる)、護国団ほかの「仏教団体を督励し」、この議会で地方議会の被選権獲得に努力すること、(3)各宗派より「其の所属寺院住職及檀信徒」をして請願書を提出させること、の三項目を議決し、あわせて東京および各地で仏教徒大会を開催すること、代議士の所属宗派菩提寺を調査すること、政党、とくに政友会幹部の諒解に努めること、新聞記者に充分宣伝することなどの実行方法を定めた(『仏連報告書』。以下、本章でとくに注記しないものは、これに拠る)。

これらの方針にもとづき、運動がどのように展開されたのか。まず首相宛の請願は、五八宗派管長の連署でもって一二月一七日提出された。貴衆両院に対する請願は三回にわたって提出された。第一回は一九二一年一月二四日三万余通、紹介議員は衆議院安藤正純ら、貴族院は江木翼。第二回は二月五日一万余通、第三回は二月二二日約二万通、計六万余通であった。[9] 第一回分は二月一四日の請願委員会で政府へ参考送付となった。不採択よりましであるが、前議会までの採択より一歩後退である。第二・三回分も同様な運命となった。そこで仏連はにわかに二月一六日二一九名の署名をもって、地方議会の被選権のみの請願を提出(紹介議員は土屋興〔政友〕、森恪〔政友〕、土井権大〔国民〕、安藤〔無〕)、これは三月一四日採択された。

請願は法的には無効果である。そこで仏連はこれを議会の正式の問題とすべく、一月三一日、幹事・実行委員総会を開き、提案を法律案とすべきか建議案とすべきかをめぐって討論した。京都側は玉砕覚悟の法律案提出を主張したが、これよりも通過の見込みのある建議案を提出すべしの意見が多数を占め、結局安藤代議士一任となり、二月一五日にいたり安藤は、政友会の一名をふくむ各派四八名の賛成署名を得て「僧侶其他諸宗教師ニ被選挙権付与ニ関スル建議案」を提出した(安藤正純「再び僧侶被選権問題に就て」『政治と宗教との関係』所収)。これは三月一八日に上程されたが、委員会付託となり審議未了におわった。

一方、仏連の主張を世論に訴えるべく、各地で集会が開かれた。まず一月二三日、京都仏教徒大会が岡崎公会堂に関西各府県代表百余名をはじめ(『運動状況』)、一五〇〇名(『運動状況』では二〇〇〇名、『中外日報』では三〇〇〇名)を集め、法相宗管長大西良慶司会のもとに、真言宗山階派管長和田大円、大谷大学図書館長山辺習学、および前出の下間空教・多田文豹が演説した。これを受けて東京では二月六日、増上寺大書院に二千余名(『運動状況』では六〇〇名、『中外日報』では一五〇〇名)を集めた。弁士は代議士が主力で、松岡俊三(政友)、田中善立(憲政)、関直彦(国民)、安藤正純(無)が各派代表のかたちで演説し、ほかに奥村安太郎(庚申倶楽部)、高見之通(政友)、中野寅吉(憲政)も登壇した。このほか一二月二七日豊橋、一月五日東京滝野川、一月六日京都(『運動状況』では一〇〇〇名)、二月一〇日滋賀県八幡、二月二〇日同長浜(一八〇)、二月二一日足利(一〇〇、『中外日報』)、二月二七日前橋(二〇〇、『中外日報』では一〇〇〇)、同日新潟県高田(三〇〇、『中外日報』では千数百)、三月六日浦和、三月一二日大阪などの各地で集会がみられた。

このような運動を背景に、仏連は臨時事務所を設け、幹事一四名、実行委員三五名らが連日の如く議会各会派の幹部・代議士および政府当局者に働きかけたが、眼目の市制・町村制改正(三月五日提出、二六日貴族院通過)に僧侶被選権を盛込むことはできず、その上、前記の如く請願は前議会採択されたにもかかわらず、今回は「参考送付」に一歩後退し、建議案も審議未了におわった。

不成績の理由は政府・政友会幹部の固い態度にあった。政府・政友会内には、地方議会レベルなら被選権を認めてよいという意見はかなり存在した。法制局首席参事官馬場鍈一は仏連委員に明言しているし(『仏連報告』五九ページ)、この問題に限定しての請願は、前記の如く採択された。衆議院議員選挙法についても、政友会の地方行政特別委員会は第一三条削除を承認したとつたえられるし(『中外日報』大9・12・8)、会期末には政友会の高見之通(富山)が各レベルの議会における僧侶被選権をみとめる法律案提出の動きを示し、五名の提出者と二八名の賛成者を得たが、(10)幹部に抑えられて不発におわった(『仏連報告書』六五ページ、および『中外日報』2・22)。政府・政友会としては普選反対論の立場をとっており、普選と関連するおそれのある提案は、すべて拒否するという態度を示したのである。請願委員会における政府委員の答弁は、前出の省議・閣議決定と同趣旨であり、また政友会出身の内務省勅任参事官松田源治は「相当ナ時機ガ来タナラバ相当ノ考慮ヲセナケレバナラヌ」と繰返した。前議会まで採択していた請願まで、「参考送付」扱いに一段下げてしまったのは、おそらく、前議会まで第十三条削除に反対していた憲政会が、今議会においては賛成にまわり、この点に関しては、野党の足並みが揃ったことに対する政友会側の反発のためとみられる。

一方、僧参運動側にも問題があった。第一に、仏連内部において足並みが必ずしも一致しなかった。とくに熱心であったのは、これまで同様真宗の東西両本願寺派であり、新義真言宗や浄土宗がこれに次いだ。逆に顕本法華宗は「祖意」に反するとして不参加の意を示し、管長本多日生は政府当局に僧参運動に反対すると言明したとつたえられた（『中外日報』2・16、大11・1・10）。戒律厳守の律宗も熱心ではなかった（同上、大11・1・11）。このほか管長級の僧侶の中にも、僧参は「野心家僧侶の運動」にすぎず、被選権を得れば、ますます僧侶が俗悪になると冷眼視するものがあったらしい（同上、大9・12・23）。もし本書四七九ページの表の請願者数が正しいとすれば、僧籍にあるもの一二万三〇〇〇人という数に比べて多いとはいえない。またこの表においても、各府県に著しいバラツキがみられる。

第二に、運動の性格に変化を来たした。端的にいえば普選運動と断絶した。一月一二日、仏連の実行委員会が開かれ、東京での運動方針を議定したとき、その中に「普通選挙運動ト行動ヲ共ニセサルコト」の一項があった（『運動状況』六ページ）。その上、同じ選挙法第十三条第一項で被選権を奪われている小学教員がこの議会で展開した請願運動とも、一線を画した。これは明らかに院外における普選運動の弱体化と、普選ぎらいの政友会を意識しての決定であった。目的を達するために手段が変化してくると、僧参の理由づけもまた変化する。衆議院請願委員会における安藤正純の説明にいう。「政治上ノ資格ヲ与ヘテ戴キタイ、ソレカ即チ今日ノ社会上ノ資格地位ヲ与ヘル所以テコサイマスカラ、僧侶ヲシテ思想ノ善導ト云フヤウナ方面ニ尽サシメルニハ、最モ有力テアリマス」（『仏連報告』一九ページ）。いかに政府・政友会を説得するためとはいえ、思想善導に僧侶を役立たすには、まず僧侶の社会的地位を向上させよという理由づけは、権利の平等を趣旨とする普選の論とは相容れぬものがあるのではなかろうか。これには堺利彦の次の批判が適合する。

僧侶が参政権獲得を迫るは是も非もない当然の事である。しかし当然の権とは日本国民の一員としての要求権であつて、随つて「僧侶諸君」のみが限局的に他の多数の選挙権もない国民を差し置いて運動せんとするならば共に語るに足らずだ。本来僧侶は精神界に活きて民衆の師友となるとの主意であるが、現状の儘で批評したなら所謂民衆中の者にあらずして特権階級の阿附者或は特権階級中の者であると言ふを憚らない。此の意味に於いて参政権を僧侶十何万人が得たからとて、日本国全体には何等の変化や進歩があると喋々陳べ立てる程の重大事では無いと思ふ。……要は僧侶諸君一個の問題でなく、国民多数の無権利な人々と共に共同して運動するだけの価値のある重大事件と自覚して他の国民と共に運動して欲しい(『中外日報』1・14)。

同趣旨のことは高島米峰も主張している(同上、1・20)。これに対して『中外日報』社説(1・18)は、僧参は普選運動と矛盾せず、「僧侶が政治上の公権を正しく所有するとき愈々普選運動の如きは徹底すべし」と堺に応酬した。しかし、その『中外日報』(1・25)も、「東京に於ける青年仏教徒及び昨年之と提携して起った有志が、外観内容共に何となく冷静に見受けられる」と、普選運動との提携をこころみた青年僧侶の失望を認めざるをえなかったのである。

4　第四五議会下の運動

一九二一年秋、内には労農運動の激化の中に首相原敬が暗殺され、外にはワシントン会議が開かれるという政情の変化の中で、一九二一年一二月四日、憲政会幹部会は、それまで固執していた「独立の生計」条項を放棄し、これによってはじめて第四五議会において野党の統一普選案が上程され、普選運動は再び全国的に昂揚するにいたった。

この形勢は僧参運動に変化を与えずにはいなかった。九月の仏連評議会は早くも第四五議会にそなえて、大森亮順・小林正盛・藤木真光を専任委員と定め、ついで一二月四日、各府県に仏連支部を設け、前議会を上廻る二〇万の請願署名を集め、議会開会中に支部理事総会を東京に開いて気勢をあげ、法律案を議員に提出させるべく努めるという運動方針を決定した(『中外日報』12・7、『国民新聞』12・9)。

仏連は前議会において政友会の顔色をうかがうに終始して、結局何一つ得るところがなかったことの反動として、普選運動と提携して政府と争えという主張が下部から盛上ってきた。仏連幹部も政友会の態度を最終的にたしかめ、要求がきかれねば政友会と絶縁する旨内定したとつたえられた(『中外日報』1・7)。しかし、高橋是清新首相が普選に先立っての僧侶被選権の容認はありえず、普選はまず地方制度に適用さるべきだと言明したにもかかわらず(同上、1・22)、政友会内には、前議会と同様に高見之通らの動きがあり、また今議会の日程に上っている府県制改正において、僧参がみとめられる可能性ありとの思惑もあって、仏連は政友会と絶縁することなく、普選運動提携と政友会依存との間をさまよった。

第四四議会において仏連の宣言を執筆した僧参の理論的指導者下間空教は、「普選と僧参」(同上、2・18)を発表し、「普選は権利の獲得を目的とし、僧参は剝奪の回復を目的とす」、「普選は選挙権上無産者対有産者の対立関係なり、僧参は被選挙権上一私人対官公吏の区別判然を主張するものなり」と両者を明確に区分し、僧参支持者に普選支持者でも反対者でもある必要はない、とその中立性を強調した。これは超党派の支持を求める、すなわち終極的には政友会に依存する一派の理論的代弁といってよい。

これに対し『中外日報』は、前議会のときとは一転して僧侶の普選運動参加を要求し、さらに河田嗣郎(京大経済学部教授、河上肇の友人)に再度にわたり紙面を提供し、僧参は「僧侶なるが故の運動ではなくて、僧侶も亦国民なるが故の運動である」、僧参も普選も「主権者」たる国民の「権利恢復運動」という「同一運動の異れる表現」であると主張させた(11)(「僧参運動の為めに」2・17、2・18、「選挙権と被選挙権」3・5、3・7、3・8)。

僧参の普選運動合流を実践したのは京都である。二月九日、仏連京都支部と京都仏教護国団の幹事会は「我等仏教徒は普選運動者と其の行動を一つにし以て正義の為に戦はんことを期す」と決議し、憲政・国民両党支部、西陣織友会、京都水平社で結成している「京都普選即行会」に加盟した(同上、2・11)。実はすでに大西良慶は二月四日の普選即行会で演説していたのであり(『京都日出新聞』2・6)、二月一一日の同会主催の、参加者一万人と称される大演説会に、京都仏教護国団は公然と参加し、ここでも大西が演壇に立った(同上、2・12)。鳥取市でもこの日の普選要求市民大会に、仏連鳥取県支部の僧参要求パンフレットが満場の拍手の中に配付された(『中外日報』2・17)。同じ鳥取県の西部の西伯郡では、小学教員被選挙権獲得運動との提携が策されているとつたえられる(同上、2・8)。

二月一八日、予定どおりに仏連全国支部総会が東京に開かれた。『中外日報』(2・21)の人名記載から判断すれば、二五府県の代表にとどまるものの如くである。翌一九日、仏連主催の被選挙権制限撤廃全国仏教徒大会が中央仏教会館(神田)で一千余名を集めて開かれ、大西良慶座長のもと、永井柳太郎(憲政)、関直彦・古島一雄(国民)、安藤正純(無)、暉道《てるみち》文芸(元京大法学部教授)が登壇している。当日の決議は左のとおり。

吾人は教化の本旨を完うし普通選挙の実現を見んが為に先衆議院議員選挙法第十三条第一項及其他各種選挙権の制限撤廃を期す

普選の前提として僧参を位置づけたこの決議は、一方において普選運動参加を主張する会内急進派をなだめ、他方において政友会の顔色をうかがう、玉虫色の苦心の作品であった。しかし、政友会は大いに不満であった。二月一七日、政友会の代議士会で仏連主事窪川旭丈が僧参の趣旨を説明したところ、青年僧侶の中に普選運動参加要求があり、各宗当局とも対策に苦慮しているとか、政友会の態度がこのままだと、勢い他勢力と結びつくおそれがあるとかの発言が「脅迫」と受けとられ、政友会は硬化して、一九日の大会にも代表を送らなかった。その上、一九日の前述決議がますます政友会を刺戟し、一時有望かにみえた府県制改正の中に、僧参を盛込む計画も振出しにもどってしまった(同上、2・25)。

仏連は必死となって政友会に働きかけた。普選案が今回もまた二月二七日に即決否決になったあと、仏連首脳は高見之通らと会い、改めて僧参と普選との関係を説明し、府県制改正案で被選挙権制限を削除すれば、僧参運動を本議会では打切ると言明した。しかし政友会内ではこれを容れれば、僧参反対色の濃い貴族院で、府県制改正そのものが流産しかねないとの声が大勢を占めた。三月四日の衆議院府県制委員会では、全員が僧参の趣旨に賛成したが、内相床次竹二郎は、府県制にとどまらず、市制・町村制・衆議院議員選挙法すべて「共通に、相当の時期に於て全般に亘つて被選挙権を付与する」と言明し、本会議においても内務次官小橋一太が同趣旨を繰返し、結局多数をもって政府原案が通過し、僧参は否定された。請願も前回と同様に「参考送付」扱いとなり、安藤の提出した僧参建議案も、委員会段階で否決されてしまった(『大日本帝国議会誌』⒀、九六六・一二九九ページ)。

こうして、一時は普選運動に合流するかにみえた僧参運動は、竜頭蛇尾におわった。成果といえば、政友会が絶対反対の態度を緩和して、普選と同様に尚早論に転じたことだけである。第四五議会の僧参運動の性格については、次の『中外日報』一社員の批評が当っていよう(『中外日報』4・2)。

与党の旗色の好い時は普選に対して耳を蔽ひ、与党に不安を感ずる時は僧参と普選とを結付けて普選派に呼応するが如き気勢を示し、往々純理論と利害論とが錯交し、或時は普選と僧参とを連絡せしめ、或時は両者を切放して普選尚早論の巻添へを喰はないやうな態度を示し、又た大乗仏教の見地から政党政派の異同を眼中に措かず各派の協同と理解とを求めて問題の解決を期せんとするかと思へば、功利的事大的の思想を発揮して多数党に迎合して事を遂げんと焦せつたりして、仏教徒の主義主張が那辺に在るかを疑はしむる嫌があつたことは仏者の運動として不徹底であつて遺憾に堪へなかつた。

首鼠両端を挾むやうな不徹底な態度を何時までもやつて居ると、内は仏教界に於て分裂破綻を来たし、外は政治界の不信と嗤笑を招き愛想尽かしをさるゝであらう。

今期議会に於て幾多の努力を費やし、中央地方の仏教家が殆ど総動員の姿で僧参問題に膺りながら之に酬ゐらる丶だけの結果を見ることが出来なかつたのは其原因は種々あらうが、運動の中心者の思想と態度とが不徹底不統一であつたことも見遁がすべからざる支障であつたと謂はねばならぬ。

5　僧参運動の結末

第四五議会終了後の一九二二年六月、政友会の内紛によって高橋内閣が倒れ、加藤友三郎内閣が出現した。政友会を准与党としながらも、官僚内閣としての独自性を有するこの内閣は、一〇月にいたって政府内に「衆議院議員選挙法調査会」を設置した。選挙法改正への歯車がまわりはじめたのである。

仏連は五項目からなる要求理由を掲げた請願書(12)を調査会に提出し、僧参の実現を働きかけた。前議会の方針のぐらつきを反省して、一一月二九日の仏連在京実行委員会は、東西幹部の方針統一、仏連と実行委との関係の明確化などを連合会幹部と交渉することをきめた(『中外日報』12・3)。一二月に仏連は参政権・宗教法・境内地の三問題の解決を訴える檄を発し、「政治は実力なり、実力は団結に待たざるべからず。奮起せよ全国一二万の僧侶教師、而して団結せよ天下五千万の仏教徒諸君」と呼びかけた(『禅宗』一九二二年一二月号)。早くも一万四四三四通の請願書が第四六議会開会の早々に衆議院に持込まれた。

このときにわかにおこったのが、ローマ法王庁との使節交換問題である。政府はローマ法王庁と外交関係を結ぶべく、大正一二年度予算に一一万四〇〇〇円を計上した。これに対し仏教界あげての反対運動がおこり、僧参運動は影をひそめた。二月一二日の予算総会で問題の経費は削除され、仏連の運動は成功裡におわった。しかし普選運動が前議会同様の昂揚をみせる中で、参政権運動は沈滞したままであった。『中外日報』は「使節問題の百分の一の熱が仏教界にあるならば」僧参問題も前進するだろうと、普選運動との提携を前議会と同様によびかけたが(2・29「社説」)、仏連には使節問題で政友会の協力を得た手前、普選運動に関係することは憚られる事情があった。請願はまたもや参考送付扱いとなり、建議案は提出されずにおわった。議会閉会後また普選運動との合併論が持上ったが、『中外日報』は匙を投げたかたちで、「一種の策略若くは便宜からして僧参が普選と一致したとて何の効果が収められよう」。「寧ろ内的の革新と充実こそ必要である」。「僧侶といふ一個の特別な階級を超越して民衆としての立場へかへらねば普通選挙に参加したとて無意味である」と警告せねばならなかった(3・17「社説」)。

第四六議会のあと、選挙法問題は新しい展開をみせた。衆議院議員選挙法調査会は六月一九日、加藤首相に結果を報告し、首相はこれを臨時法制審議会に諮問した。調査会の報告の骨子は、納税資格の完全撤廃ではなく、選挙法の拡張にあったが、被選権については「現行法通神宮神職僧侶其ノ他諸宗教師ニ被選挙権ヲ与ヘサルコトトシ改正ヲ為ササルコト」とされ、小学校教員とも依然被選権は認められなかった。

法制審議会が夏休みに入っているさなかに加藤首相は病死し、関東大震災のさなかに山本権兵衛内閣が成立した。この内閣は一〇月一六日の五大臣会議において普選の原則を決定したが、その中には「新ニ神官僧侶小学教員ニ選被選権ヲ附与ス」の一項がふくまれていた(本書二六五ページ)。この政府の新方針をうけた法制審議会は一二月五日「小学校教員、神官、神職、僧侶、其ノ他諸宗教ニ関スル被選挙権ノ制限ハ之ヲ撤廃スルコト」(総裁穂積陳重の首相宛「答申書」)と答申した。ところが内閣は与党工作に失敗して内閣の存立が危くなり、普選の基本方針に動揺を来たしたとき虎の門事件がおこり、山本内閣は倒れた。山本内閣に期待をかけていた仏連は非常に失望したとつたえられる(『中外日報』大13・1・5)。

次に成立した清浦奎吾内閣に対して、普選を旗印の一つとして第二次護憲運動が展開されたことは周知のとおりである。このさなかに仏連は一月一六日幹事会を開き、僧参問題について首相・文相・各党幹部を歴訪することをきめたが、この内閣も選挙法改正の意図をもっており、一月一八日枢密院に諮詢された(二月六日返上のあと二月二〇日再諮詢)。これは「独立ノ生計ヲ営ム者」に有権者は限定されていたが、問題の第十三条は全面削除となっていた。

すなわち僧参は認められたのである(枢密院文書『大正十三年御下付案』)。

そのためもあってか、清浦内閣の議会解散による総選挙に際して、仏連は宗教問題に理解ある人物を応援するなど四項目の議決をしたが、その中には僧参も普選も入ってはいなかった(『中外日報』2・26「社説」)。総選挙は護憲三派の勝利におわり、加藤高明を首班とする護憲三派内閣の手により、翌一九二五年春の第五〇議会で普選法は成立し、僧参もまたここに実現をみたのである。

おわりに

僧侶参政権は普通選挙法とともに実現した。それは僧参運動の直接的結果ではなく、国民大衆の要望にもとづく普選運動の力によってはじめて可能であったのである。しかし僧参も国民の参政権の一部であり、したがって僧参運動が普選運動の産物であり、かつ客観的にみて、その一翼としての地位を占めたことも事実である。

この関係を僧参運動の当事者たちが、どこまで認識しえたのであろうか。大日本仏教青年会の有志や『中外日報』ら少数派は、国民の一人としての僧侶の参政権という認識にもとづき、普選運動との提携を主張し、他方仏教連合会幹部の多くは、前者の認識をもたないわけではなかったにせよ、より多く国民教化の任にあたる僧侶の権威確立という立場にとらわれ、超党派をよそおい、普選運動と一線を画そうとした。こうして、院外に普選運動の力が強いときには少しはこれに傾くが、それが弱いときには、もっぱら政府・与党に依存するという動揺をくりかえしたのである。

こういう動揺の根底には、普選運動との提携の主張者をふくめて、僧侶の間に、国民の政治的自由についての基本的認識が欠如していたという重大事実がひそんでいる。『中外日報』にしても、そのいうところの「普選」とは何であるかを明らかにしたことは一度もなかった。したがって性や年齢をそのままに、納税資格の撤廃のみを意味する普選が天下る形勢となると、鳴りをひそめてこれを待望するのみであった。とくに強調せねばならぬのは、僧侶の政治的自由をも基本的に束縛している治安警察法の廃止ないし修正を、僧参運動がまったくとりあげなかったことである。政治結社に参加する自由なくして、どうして参政権の有効な行使が可能なのか。この問いかけがみられないところに、宗教者に政治参加の道を鎖しておいて国家に奉仕させようとする天皇制国家の論理の範囲内に、僧参がとどまっていたことが示されている。この点、同じ第一次大戦後の産物たる婦人参政権運動が、まず治安警察法の改正を主張したのと対照的である。僧参は大正デモクラシーの風潮のひろがりを示すとともに、その弱点を同時に露呈するものでもあった。

注

I

一

（1）河村又介「明治時代における選挙法の理論及び制度の発達」（『国家学会雑誌』56の11・12、57の2、一九四二—四三年）、富田信男「自由民権論者の普選思想」（『政経論叢』29の2、一九六〇年）、同「日本普選運動史序説」（同上、29の4、一九六〇年）、稲田正次『明治憲法成立史』下（有斐閣、一九六二年）など。

（2）地方議会の選挙制を簡単に説明しておこう。市制・町村制（一八八八年四月二五日公布）では、市会の選挙人は納税額により三級、町村会は二級に区分され、それぞれ同数の議員を選挙する。選挙人および被選人の資格は、直税二円以上を納める二五歳以上の「独立ノ男子」で二年間住民として市町村負担を分任したものである。有権者の限定程度を一八九七年の長野市の一例で示すと、一級有権者は四四人、二級は一六九人、三級は八一九人、総計一〇三二人で人口の三パーセントであったという（上条宏之『地域民衆史ノート』一七四ページ）。郡会議員の三分の二は町村議の互選で、のこる三分の一は地価一万円以上の大地主の互選で選出される。県会は市会・市参事会・郡会・郡参事会のメンバーによって選挙される。名望家中心の地方支配体制の創立が意図されているのである。

（3）提案者は議会ごとに異なっているから、一見有志の提案のようにみえるが、実は、第五議会の「代議士報告書」（『党報』32）が「我党ハ第一議会以来、之カ改正案ヲ提出シタルモ、未ダ通過セズ」といっているように、党として提出したのである。しかも改正案は代議士総会の審議を経て決定した。

（4）規約の全文は左のとおり。

第一　本会の名称を普通選挙期成同盟会とす
第二　本会は普通選挙の実行を見ざる間は解散せざるものとす
第三　本会は東京に中央事務所を置き各郡村に通信員を設く
第四　普通選挙に賛成者は党派の何たると選挙権の有無を不問何人にても入会することを得
　但し丁年以上の男子に限る
第五　入会者は紹介人を要せず左の書式に倣ひたる入会証を差出すべし

入会証

自分儀貴会と目的を同ふするものに有之候間会員中に御加入有之度入会の上は会則堅相守可申候依て入会証如件

何県何郡何村何字

何　誰　印

年月日

普通選挙同盟会御中

第六　各町村大字通信員は其受持区内に於て会員を得たるときは直に中央事務所に通知すべし

第七　本会の事務所通信印刷物等の費用として各大字毎に二十銭以上五十銭以下の金額を負担し中央本部に納むべし但し為替不便の地は郵便切手を代用することを得

第八　全国会員の名簿は時々印刷して会員に頒つべし

第九　本会の通信は新聞附録を以てすることあるへし

第十　本会の同盟員は通信員なると否とを不問大会に出席することを得

第十一　総代の資格を以て総会に出席する会員は左の書式に倣ひたる委任状を携帯すへし

委任状

自分共義本村大字何の誰を以て部理代人とし自分共の名義を以て左の権限の事を代理せしむ

一普通選挙同盟会の大会に出席して将来の運動法を議定し及ひ吾地方に於て大会か指定せる方針に依り運動することと幷本会規約の範囲内に於ける責任を負担する事

右代理委員状依て如件

何県何郡何村何字

何　誰　印

連　名　印

年月日

第十二　本会中央事務所に書記二名を置き本会一切の事務を取扱はしむ

第十三　此仮会則は大会の議に依り更に改正増補することあるべし

(5) 中塚明「東洋自由党論」(『寧楽史苑』7、一九五九年)、河西英通「東洋自由党論――『新東洋』の分析を通して――」(『歴史評論』410、一九八四年六月)、平野義太郎編著『馬城大井憲太郎伝』一九三八年。

（6）東洋自由党の綱領は次のとおり（『新東洋』7、明25・11・13）。〔　〕は自由党『党報』18（明25・8・10）による。

綱　領

一　皇室の尊栄を維ち民権の拡張を計り立憲政躰の実〔完〕行を期する事
二　外交は強硬の政略を執り国権の発揚を期する事
三　内治進歩の政策に由り国力の充実を期する事
四　財政を整理し国家経済の許す限度に従ひ〔漸次〕民力の休養（殊に貧民労働者の保護）を為す
五　緊急至要の対外政策を講し専ら其実行を期する事

（7）大井がいつ普選を主張しはじめたのか不明である。彼の主宰する『あづま新聞』（明23・12・13—明24・10・3）をみても、選挙法改正の論はあっても（大井「経綸策」明24・3・18）、普選を主張した論説は無い。

（8）前出河西英通「東洋自由党論」は普選同盟会が「車夫賃銭表全部撤去の件、車体検査廃止の件」など二〇項目の「労働者保護律」を請願したと記しているが、これは疑わしい。普選同盟会はあくまで当面普選請願をめざしており、労働問題に関する請願を行なう余力は無かったはずだし、またそれは大日本労働協会の仕事にふさわしい。『新東洋』12を検するにその雑録には「労働者保護律　期成同盟会は労働者の保護を以て目的と為し第四議会に向て左の数件を請願する筈なりと云ふ」と記してある。ここにいう期成同盟会とは普選期成同盟会とは即断できない。雑録の前項に「社会問題研究会　は有志者の」云々とあるところからみて、この請願は「労働者保護律期成同盟会」なるものの請願とみた方が自然である。

（9）『あづま新聞』（明24・2・1）は「群馬県有志総代春山茂十郎、三俣愛策、田口孫造」らが普選請願書を衆議院に差出すため上京したことを報じ、二月三日から五日までの紙面を割いて、「国利民福を促進し内に以て和親を保ち、国権を張り外に以て国威を海外に輝」すべき「立憲政体」を樹立するためには、普選が必要であるという趣旨の請願書を連載した。

二

（1）西村玄道は一八五六（安政三）年三重県に生まれ、一八七八（明治一一）年慶応義塾に学んだ（『慶応義塾入社帳』）。一八八二年自由党の結成に参画、『自由新聞』の記者（名義は印刷長）として活躍した。一八八三年馬場辰猪とともに脱党したあとの行動は審らかでない（宮武外骨・西田長寿『明治新聞雑誌関係者略伝』みすず書房、一九八五年、一八二ページ）。一八八三年には『通俗愛国論』（時事出版社）の著がある。その妻は、横浜と神戸で貿易商社と造船業を営んでいたイギリス人E・キルビイ（一八三六―一八八三)の未亡人(旧姓中川満起)で、二人の連れ子があり、長女のメリ(Mary)が西村没後の一九〇二年、中村太八郎と結婚した。ただ一人の子供が、現キルビイ学院長の田中照子さんである(拙稿「中村太八郎家と石橋湛山」『自由思想』41、一九八六年)。

(2)「社会問題研究会会員氏名表(第一回総会前入会ノ分)」(田中照子氏蔵)所載の氏名を五十音順(原文はいろは順)に左記する。注記のない限り住所は東京である。幹事・評議員は平野義太郎編『中村太八郎伝』三二頁による。赤尾勘太(香川)・阿部貞太郎・天野伊左衛門・天野為之(評議員)・綾井武夫・綾部竹之助・新井章吾・池上仲三郎・池辺安彦・石川安次郎(評議員)・石塚正治・石塚剛毅・井土経重(評議員)・伊藤徳三(大阪)・稲垣示(評議員)・猪俣為次・入江錦五郎(評議員)・巌本善治(評議員)・上田昇一郎・大内青巒・大北作次郎(奈良)・大原鎌三郎・奥田悌・奥野市次郎・長田権次郎・小里頼永(長野)・加治寿衛吉・片山潜(評議員)・加竹正雄(住所不明)・加藤鶩・門田正経(大阪)・上条信次・亀谷馨・ガルスト(評議員)・川村曄・川上源一(長野)・木下尚江(長野)・久我懋正・陸実(評議員)・日下部正一・草野門平・楠本正隆・窪田畔夫(長野)・久保田与四郎・栗原武三太・黒川九馬・黒沢正直・幸徳伝次郎・江橋厚・小久保喜七・小島龍太郎(評議員)・斎藤浪太郎・酒井雄三郎(評議員)・坂田高寿・佐久間貞一(評議員)・佐倉住造・桜井吉松・佐治実然(評議員)・島津忠貞(長野)・城泉太郎・鈴木重遠(評議員)・関戸覚蔵・尺秀三郎(評議員)・相馬愛蔵(長野)・高橋五郎(評議員)・高橋誠自・田口卯吉(評議員)・只見進・辰沢延治郎・龍野周一郎・田中正造・田村武七(長野)・樽井藤吉(幹事)・坪谷善四郎(評議員)・鶴橋国太郎・富豊吉(千葉)・留岡幸助・中井喜太郎・中沼川朝三郎・中村太八郎(幹事)・中村弥六(評議員)・中山丹次郎・長野一枝(大阪)・西村玄道(幹事)・西村時彦・丹羽清次郎・田宇源太・根本正・野口勝一・野口吉十郎(静岡)・野口荘三郎・波多野伝三郎(評議員、福井)・鳩山和夫(評議員)・早見純一・原胤昭・原余三郎(評議員)・人見市太郎(評議員)・広岡宇一郎・広沢昇平(富山)・福本誠(評議員)・藤田寛太郎(新潟)・藤野房次郎・降旗元太郎(長野)・堀内賢郎(評議員)・堀内千万蔵(長野)・前田下学(熊本)・前橋寅松(住所不明)・松村介石(評議員)・松本郡太郎・的野半介(福岡)・三宅雄二郎(評議員)・宮崎公男(奈良)・宮崎八百吉・村瀬茂三郎(長野)・目黒貞治・望月権平・元田作之進(評議員)・百瀬広之助・森田道二郎・森肇・森本省一郎・安岡雄吉(評議員)・山川善太郎・山本源三郎(奈良)・山本与七・横田虎彦(大阪)・吉江源治郎(長野)・吉田義静(評議員)・芳野勉吉(奈良)・若林友之・和田彦次郎

(3)『明治文化全集』社会篇の解題で、川原次吉郎は、河野・鈴木・樽井・中村のほかに稲垣示の名をあげている。

山路愛山は「現時の社会問題及び社会主義者」のなかで、社会問題研究会と別項で、労働組合期成会の成立(一八九七年七月)と「殆んど同時に普通選挙期成同盟会なるもの丶成立をも見るに至れり。此会は河野広中、樽井藤吉、稲垣示、新井章吾、

中村太八郎、会〔愛〕沢寧堅、石川安次郎の諸氏を重なる会員とし、毎会三十人許りの集会あり、其始に於ては是亦前途多望のものなりと歌はれざるに非りき」と記している。一八九九年一〇月結成の東京の普通選挙期成同盟会と叙述が混同しているようであるが、話の内容は社会問題研究会内部における普選運動の胎動を物語っている。なお「普選物語」は、普選法成立を記念して『信濃毎日新聞』記者林広吉が、中村太八郎ら関係者より資料の提供を受けて、同新聞の一九二五年三月一三日付より四月五日付まで二三回にわたり連載したものである。内容は松本地方の運動に大半を割いているが、けだし最初の普選運動通史といえよう。山田氏はこれに解説を付して『長野県近代史研究』6、一九七四年、に紹介した。私はこの切抜きに、創立当初の会員二木亀一が注を付したものを、松本図書館山田貞光氏の厚意で借覧するを得た。

(4)　警保局か警視庁が日露戦争中に作成した『社会主義者調』(『原敬関係文書』8)、平野義太郎編『中村太八郎伝』(田中照子氏所蔵書入れ本)、千原勝美「上条信次・吉江槻堂伝考」(『木下尚江研究』3)、上条宏之『民衆的近代の軌跡』一九八一年、一〇七ページ以下、による。

(5)　石川安次郎の経歴については『明治文学全集』(筑摩書房)92の『明治人物論集』巻末の年譜と解説(田熊謂津子稿)および東京大学法学部近代立法過程研究会「半山石川安次郎文書」(『国家学会雑誌』89の3・4、5・6、7・8各合併号)を参照されたい。

(6)　信夫清三郎『大正デモクラシー史』(九一ページ)は「日本における普選運動がブルジョア民族主義運動のなかに一つの契機をもっていたことは、はなはだ特徴的であった」と指摘し、また同氏編『現代反体制運動史』(第一巻、一一二ページ)は「普選運動は、ブルジョア民族主義を重要な契機として」はじめられたと強調しているが、いずれもなぜ民族主義運動が普選運動という民主主義的運動の契機になりうるか論証していない。後神俊文氏はここに疑問を抱き、当時の新聞・雑誌に中村・木下らの運動の記述の見当たらぬことを指摘し、この運動の存在そのものに疑惑の眼を向けている(「松本平の木下尚江」『武蔵野ペン』5)。しかし松本における運動の実在を立証する二つの記事が存在する。一つは「責任問題と我地方」と題する『信濃日報』(明28・8・7)の記事で、これは「半山石川安次郎文書」(東大法学部蔵)の中に切抜いてスクラップブックにはりつけてあるところをみると、石川の筆になる可能性がある。以下全文を紹介する。

「遼東還付の詔勅出づると同時に、天下に率先して運動したる者は我松本地方なりしなり。東京に責任問題の声を聞かざる前、五月十九日に於て松本地方の同志大懇親会は開かれし也。

自由党を代表したる翠川鉄三、百瀬清治、播磨辰次郎、革新党を代表したる吉江久一郎、百瀬広之助、改進党を代表したる木下尚江、石川安次郎、前代議士小里頼永諸氏を始めとし、中村太八郎、田村武七諸氏は之が発起人として一の重要なる会合を開きつ。木下尚江、石川安次郎両氏の急激なる説は否認され、翠川鉄三氏の稍々穏和なる政府の責任を問ふの説は是認せられ、其夕緑座に於ける演説の弁士悉く注意を受け、或は中止せられ、遼東半島問題に関して現政府に不利なるの言論は縦令満場聴衆の同情を表したるにも拘らず、悉く警察の干渉を免れざりし也。

若し木下尚江氏の真意見をして露骨に天下に公表せしめんには、政府は実に驚き且つ怒りて渠の首を〇〇つらん。石川氏の説の如きも亦急激、責任問題の比に非りしといふ。而して翠川氏の稍穏和なる責任説は実に着実熱心なる我地方政客の是認する所なりしなり。然らば則ち我地方政客の遼東問題に関する意向想ふべき也。既にして中央の運動は始まりぬ。我地方の政客は続々として上京しぬ。而して地方は実に寂として声なきに至れり。蓋し政治運動は機を択ばざるべからず。若し好機の来るあらば天下に率先したる我政客は必ず再び起つの機あるべき也。唯今日寂として声なきを以て我地方が政治に冷淡なりと謂はゞ、是れ大なる誤謬ならざるべからず。何となれば責任問題の如きは東都の気付かざる前、既に決する所なれば也」。

いま一つの記事は『松本親睦会雑誌』105(一八九五年六月)の「雑報」である。いわく、「同志懇親会は去月十九日松本神道公会所に開かる。会する者は時事に感ずるの士百余名にして、悲壮慷慨以て談ずる所ありしといふ」。この会合で吉江久一郎・田村武七ののちの普選期成同盟会創立メンバーがすでに顔を出しているのが注目される。

この年の六月一五日東京で超党派の「政友有志会」が組織され、(1)軍備拡張と外交刷新、(2)遼東還付についての内閣の責任追及、(3)朝鮮の独立と同国における「帝国の地位勢力」の維持を決議し、臨時議会の開会要求、各地有志の糾合などの運動方針をかかげた(『立憲改進党党報』44、明28・7・3)。六月一五日の集会には革新党・中国進歩党・改進党・大手倶楽部・自由党・財政革新会・中央政社と、国民協会以外の諸党派の有志が顔を揃えたが、その中にあって「党派外有志」として中村太八郎の名が見える。また参会者には鈴木重遠・田口卯吉・新井章吾・三宅雄二郎・加治寿衛吉・安岡雄吉・稲垣示がいるところをみると、この会と社会問題研究会との関係が注目される(田中照子氏所蔵、明28・6・16、6・17付の紙名不明の新聞記事切抜)。政府はこの政友有志会の結社を禁止したほか、一切の批判的言論と行動を禁圧した。

(7) 後述の「恐喝取財」事件で収監中の中村太八郎から石川安次郎に出した書簡(明治31・9・12)では、中村は社会問題研究会の衰退を心配し、相談すべき相手として降旗元太郎・樽井藤吉・稲垣示・綾部竹之助の名前を出している(山田貞光「木下尚江・中村太八郎の書簡」『木下尚江研究』9)。

(8) 前記中村の石川宛獄中書簡では「貴兄は最初よりの発起者なれば是非共小生出獄の日迄該会の生命丈け持続候事に御配慮被

下度」とある。松本親睦会は一八八五（明治一八）年三月正式に発足した松本出身在京学生の親睦会である。機会誌として『松本親睦会雑誌』を発行した。吉田復平次・黒川九馬・百瀬興政・降旗元太郎ら、のちの普選同盟会の有力メンバーは創立以来の親睦会員である。この会は次第に松本や他県在住の同郷者をもふくむようになった。木下尚江は創立の翌年、松本中学在籍中に早くもその会員となり、同年上京して東京専門学校に入ると有力会員として活躍。一八八八年帰国後、在郷会員の中心的存在であった（千原勝美「明治二十年代の木下尚江研究」『信大教育学部研究論集』12、および「木下尚江と初期松本親睦会」『木下尚江研究』4）。千原氏論文により判明するだけでも、社会問題研究会員のうち、降旗元太郎・黒川九馬・小里頼永・江橋厚・相馬愛蔵は親睦会員である。なお柳田泉は中村の組織力について次のように語る。「実際運動を組織する名人だったのです。ところが尚江は組織者としてはあまり上手な方ではない。あらゆる実際運動面の仕事を着々やるのは中村さんでした。これはだれにやらせる、これはどうする、金はどこから持ってくるといったようなことは、中村さんが実にうまい。尚江はただ獅子吼していれば、あとは中村さんがうまくやる。それで二人は離れられなくなった」（「座談会木下尚江」『世界』一九五五年一〇月号）。

（9）　この平等会は普選同盟会発足後も継続しているらしく、『信濃毎日新聞』（明30・8・22）には「松本の平等会」と題し「東筑摩郡松本町にては社会主義を執る有志者が組織せし平等会は毎月定期の集会を開き、なほ時々小集し社会問題の研究に余念なきが、同会員某等は、次期の集会に於て「法律命令の執行に際し富者に寛にして貧者に酷なる弊を禦ぐ方法」「下流の犯罪を摘発し上流の犯罪を黙視するの弊を矯むる方法」の二題に関し詳細なる論文を提出し会衆に報告すると云ふ」の記載が見える。平等会員の主観はともかく、世上に「社会主義を執る」ものとの評があったことは、彼らが官憲の注意人物となっていたことを推測させる。

なお平等会が普選運動を始めたと報じた前記「松本普通選挙論」の筆者は、普選には反対で、これを「空論」としているが、その観測では、「平等会の首唱者中村氏は昨年東京に来り社会問題研究の目的を以て準備せしと云ふ、社会問題の研究遂に此政論に帰す、此等の政論及び運動は所謂社会問題とは云ひ難し、大より小に入るに非ざる乎、聞く東筑摩郡は選挙の弊害も多く黄金運動は公然の事なりと、所在四周に存する。此事実が強く平等会の頭脳を打撃して、為めに社会問題を狭めたるならんか」と結んでいる。たしかに上条『地域民衆史ノート』（一八二ページ）が論ずるように、腐敗選挙打破は中村らの普選運動開始の一因であるが、それをあまりに重視してはなるまい。普通選挙期成同盟会の「普通選挙ヲ請願スルノ趣意」および「普通選挙請願書」（ともに『明治文化全集』社会篇所収）を読んでも、腐敗選挙の一掃は直接うたわれていない。わずかに「趣意」

の中の「制限選挙ノ今日ニ於テ、千弊万毒愈々出デ、愈々甚シキハ何ゾヤ。政権ノ基本財ニ黄金ニ在リトセバ、其運用ノ手段モ亦黄金ヲ重ンズルハ勢ノ免レザル所ナリ」とか、「請願書」の中の「選挙区画ノ狭隘ナル、選挙人ノ寡少ナル、其弊害見ルニ忍ビザルモノアリ」という言葉に暗示されているにとどまる。

(10) 同盟会創立当初の会名については『中村太八郎伝』(二六ページ)が「普通選挙同盟会」と記し、以来これが通説となっていたが、富田信男「日本普通選挙運動史序説」は当時の『信濃毎日新聞』や『松本親睦会雑誌』の記述より会名は「普通選挙請願同盟会」であり、この名称は一八九九年七月の復活に際しても使用され、「請願」の二字が消されるのは九九年一〇月のことであると主張する。しかし小論があえて富田氏の説にしたがわないのは、「普選物語」(2)に写真版として収録される「普通選挙ヲ請願スルノ趣意」の末尾に「普通選挙期成同盟会発起者」の名が記されているからである。このビラの日付は「明治三十年十月」となっており、会の創立後三月経過しているが、おそらくこのビラの当初の文面より日付を訂正し、編集発行人の名前を付し(その事情については本文参照)、請願書とともに印刷したものと思われる。この根本資料が存在するかぎり、会名に疑いはありえない。「普通選挙請願同盟会」は、おそらく一般に流布した俗称であろう。富田氏はさらに『明治国家の苦悩と変容』(六五ページ)で、松尾説に反論し、「ビラをもって根本資料とするには疑問がある。今日見られるようにビラは略称、通称等、その時々で適宜使いわけられている。むしろ当時の新聞、雑誌の方が信憑性を置けるのではなかろうか」と主張する。しかしこの説はこのビラが単なるビラではなく、発行者と印刷者とを出版法にしたがって明記した、組織としての公式文書である点をまったく無視している。

(11) 演説会は成功しなかったらしい。木下尚江の林広吉宛書簡(大14・3・25)によれば、「聴衆も誠に暁天の星の如く、中村が普選の話を致し、小生が何でも貴族院廃止論をやったように記憶致し」とあるという(山田貞光「『普選物語』について」『長野県近代史研究』6、一九七四年)。

(12) 中村と木下は二月五日控訴して東京に護送され、鍛冶橋監獄に収監された。保釈は許されず、同年一二月七日の第二審判決で木下は無罪となったが、中村は懲役二月を宣告され、翌一八九九年四月一五日巣鴨監獄で服役、五月三一日、松本で捕われてから約一年一〇ヵ月ぶりに出獄した(『中村太八郎伝』二九、二四六ページ)。

(13) 富田信男「日本普通選挙運動史序説」は、このときの「請願を一千百十名が行っている点が注目される」といっているが、これは明白な誤りである。『明治文化全集』社会篇所収の請願書を見ると、この数字は一字置きに余白をあけ、「千　百　十名」と記されている。すなわちこの余白はあとで総計を入れるための余白であり、したがってこの数字自体は請願者の数をじっさいに示すものではない。

(14)　前記注(7)の中村の石川宛獄中書簡に対し、石川の返書(九月一六日)は「同志の士少数にして何事も為す能はず、兄と樹陰生〔木下のこと—松尾〕の出獄を待つこと大旱に雲霓を望むが如し」と報じている。母胎の社会問題研究会がこういう状況であるから、東京の普選運動の胎動もまた中断したとみてよい。

(15)　一九〇〇年法の成立については次の諸文献を参照した。富田信男『明治国家の苦悩と変容』三八ページ以下、那須宏『帝国主義下の天皇制』二九〇ページ以下、坂野潤治『明治立憲体制の確立』二一八ページ以下、増田知子「立憲政友会への道」(『日本歴史大系』4)。なお第一三議会では、郡制における大地主特権と、府県制・郡制における間接選挙制が廃止された。その結果、郡会の選挙人は直税三円以上を納める市町村公民(二年以上在住し、地方税と直税二円以上を納める満二五歳以上の男子の戸主)、被選人は直税五円以上の公民、府県会の選挙人資格は郡会の場合と同様、被選資格は直税一〇円以上の公民とされた。

(16)　その運動の一結果が本文で言及した一九〇〇年法の沖縄への参政権付与である。謝花らの運動については、大里康永『謝花昇伝』(太平出版社、一九七〇年。原題は『義人謝花昇伝』一九三五年)、太田昌秀『沖縄の民衆意識』(新泉社、一九七六年)、我部政男『近代日本と沖縄』(三一書房、一九八一年)、新川明『琉球処分以後』上・下(朝日新聞社、一九八一年)。なお小笠原については、武内善信「ユニテリアン社会主義者小笠原誉至夫と南方熊楠」(『キリスト教社会問題研究』37)がある。

(17)　北川の本籍は滋賀県彦根。一八七六(明治二九)年生れ。一九〇四年五月頃の作成とみられる『社会主義者調　一』(『原敬関係文書』8)にいう「明治二十九年和仏法律学校ニ入リ卒業。司法官試験ヲ受ケ落第後千葉県警部兼属拝命。僅カ六ケ月ニシテ免職後再ヒ入京人力車夫トナリ新聞売子トナリ傍ラ独学ス。明治三十三年渡清五ケ月ニシテ帰朝。横浜ニアリテ消費組合ヲ組織シタルモ六ケ月間ニシテ失敗。入京シテ村井啓一郎安部磯雄ト共ニ普通選挙同盟会ヲ起シ京橋区内ニ事務所ヲ置キ傍ラ二六新報ニ寄書シタリ。当時社会主義ノ演説会ニ数回出席シタルコトアリ、純粋ナル社会主義者ニアラザルモ姑ク玆ニ列挙スルノミ」。なお北川は、日露戦後、『新天地』(内外火災保険会社発行)の記者となっている(警視庁『雑誌一覧表』明治四〇年一一月調査、『原敬関係文書』8所収)。

(18)　このとき常議員として小木曾鉄若・石川半十郎・両角精一郎の三名が増員されたとされるが、「経歴」では小木曾と石川はすでに前年一二月の大会で選任されたことになっている。なお評議員二三名(土橋大次郎・牛山治郎・百瀬為助・小穴宇門太・丸山鍬人・青木禎一郎・小沢要四郎・野本房吉・黒岩重義・中島伊予次郎・浅岡邦平・酒井友次郎・寺島吉弥・上条謹一郎・

田中右一・小松友弥・横山佐之助・百瀬亀吉・相沢喜代吉・原田兼吉・松原熊五郎・下川新六・宮下量平)もこの幹事会で増員されている(『松本親睦会雑誌』153、明33・1・28)。

(19) 松本の大会に参加した東京同盟会の北川筌固は、第一回社会主義研究会における演説のなかで「現に吾々が大会に臨席致しましたに付て或一部政党が此問題を利用せんが為めに其捕虜とならんとした次第である。其故は其政党がこの正義の問題は吾党の主唱せし問題なりとの声援により、以て自党の拡張を図らんと企てたからである」とのべている(『六合雑誌』二三〇号)。この政党は憲政本党のほかに考えられない。

(20) 藤村道生「軍備拡張と階級矛盾の展開」(信夫・中山『日露戦争史の研究』)は、非地租増徴運動は「信越を除いては十分に大衆運動として発展しなかった」というが、この信越の運動についての具体的記述はない。また上村恂夫「松本平における普通選挙運動成立の背景」(『歴史評論』七七・七八号)は幕末より民権期までの民衆運動を概観しているのみで、普選運動自体の社会的背景の分析はない。この問題についてはぜひ松本地方の研究者の努力を期待したい。なお、臼井吉見『安曇野』は当時の松本地方における名望家層のあいだに存在した開明的雰囲気をよく描いている。

(21) 大会には当初幸徳秋水と福本誠(前記北川筌固の社会主義研究会における演説)、あるいは渡部小太郎と小野瀬不二人が出席の予定であったが、所用あるいは病のため烏丸と北川が出向いたのである(小野瀬不二人、前掲稿)。

(22) 『中村太八郎伝』(四一ページ)所収の趣意書の日付は明治三十二年十二月になっている。『松本親睦会雑誌』(153、明33・1・28)に掲載されている同文の趣意書には日付を欠くが、おそらくこの趣意書は、松本と東京と双方共通のものとして、一二月中に東京で起草されたのであろう。東京と推定するのは翌年一月の日付をもつ、東京作成の、口語体の「普通選挙を請願するの趣意」(『明治文化全集』社会篇所収)と内容がほぼ一致するからである。これ以後明治年間「普通選挙(期成)同盟会の檄」としてしばしば配布された文書は、四行ほどの小節を欠くほかは、この「趣意」とまったく同文である。

(23) 小野瀬(一八六八—一九三八)は東京法学院(中央大学の前身)を一八九四年に卒業。当時同盟会の有給書記であったが、「其極めて薄給たりしにも関せず、其事業に忠実にして奔走尽力到らざる無く、頗る多くの会員を其名簿中に加へたり」と山路愛山に評価されている(「現時の社会問題及び社会主義者」)。本文で記すように二六新報社に入り、のち欧米留学。帰国後一九〇九年政友会の準機関紙『中央新聞』主幹となり、一九一二年には『東京毎夕新聞』主幹に転じ、やがて社長に就任。一九二六年以降は読売新聞社顧問として正力松太郎を支えた(宮武・西田『明治新聞雑誌関係者略伝』四一ページ)。

(24) 『明治文化全集』社会篇所収。「普選物語」(8)の二木亀一の書き入れによれば「此ノ請願書ハ田村君ノ書カレタル趣意書ヲ基礎トシ、中村君其他ノ意見ヲ参酌シテ二木ノ書キタルモノデアル（八月十八日〔一九二五年か―松尾〕中村君語ラル）」とあるが、その内容は実は一八九七年の請願書の抄文であり、したがって二木のいう田村執筆の趣意書とは九七年の請願書を指すものであろう。

(25) たとえば「大井憲太郎、岡本柳之助、土居光華諸氏の組織せる同会は今度其事務所を京橋区新肴町開化亭に設け、一篇の趣意書を発表したるが、来る十六日同様の趣意書を貴衆両院議員に配付し、尚ほ各地方団体の名を以て請願書を提出する筈なり」（『時事新報』1・13）というごとくである。ところでこの記事において組織の中心として大井・岡本・土居などの名を挙げている点が注目され、この点は、『時事新報』のほか『東京朝日新聞』（1・13）、『国民新聞』（同上）とも共通である。『万朝報』（同上）は人名をあげていない。ただ『日本』だけは一月一六日付の第四面では『時事新報』同様の報をのせながら、第七面では本文に示したように新役員の氏名をのせ、その末尾で「尚ほ岡本柳之助、大井憲太郎諸氏発起の如く記せしは誤りにて同氏等は全く関係なし」と訂正している。事実、土居は関係はあったが、大井・岡本は少なくともこの段階ではまだ無関係であったと思われる。

(26) 普選運動にとりまつわる国権論的色彩については有賀義人「日本近代史上における普選運動の意義」（『長野県近代史研究』7）を参照されたい。しかし普選運動に参加している国権主義者は、政治的自由の拡大を要求しているという意味合いでは自由主義者といえる。以下本書で自由主義者と記しているのは、このような国権主義的自由主義者である。

(27) 信夫清三郎『大正デモクラシー史』（九三ページ）は期成同盟会にとっては、普通選挙は「革命の防壁として必要であった」といい、つづいて、「期成同盟会が『破壊党』の『騒擾を防遏』することに普選運動の一つの目的をおいていたとすれば、社会主義者が相ついで入会したということが奇異にみえるかもしれないが、そのころの社会主義者は、みな合法主義者であり改良主義者であった」と説明する。しかし同盟会は「破壊党の騒擾」をけっしてさしせまったものとは意識してはいないし、普選は「革命の防壁」なりというような大げさな考えをもっていたのでもない。社会主義者が同盟会に参加するのは、彼らが合法主義者・改良主義者であるからというよりも、同盟会の現実の敵が「寡人専政」、「富豪政治」であるという事実を正当にみとめ、また、後述するように、政治的自由の獲得を当面の目標として設定し、その実現のために思想の差異を問わず統一行動をとるべきであるとの正常な認識をもっていたからである。

三

(1)　林茂「日本における社会主義研究組織の生誕」『社会科学研究』1。なお辻野功「社会主義運動の起源としての同志社」(太田雅夫他『デモクラシーの思想と現実』法律文化社、一九八五年)は、この研究会が同志社の同級生たる村井知至・安部磯雄・岸本能武太の三人のユニテリアン派クリスチャンが中心であったこと、したがってこの会と社会問題研究会との間に断絶のあることを強調する。

(2)　『労働世界』(3・15)は「府下のみにて会員六千余名に達したりと」報じているが、誇大に失するものといえよう。なお同紙によれば「同会員たるには其趣意を賛成し会員簿及び普通選挙請願書に記名調印すれば可なり、但特別会員となり会費を補はんとする者は一ヶ月金五十銭宛を納むべし」という。維持会員とはこの特別会員を指すのであろう。

(3)　小野瀬不二人「普通選挙同盟会一斑」(前出)には「(三月)三十一日幹事幸徳秋水の帰省を機とし高知県幡多郡に支部を設置す」とある。

(4)　「普通撰挙期成同盟会支部準則」

普通撰挙期成同盟会(何所)支部規約(又は何所普通撰挙期成同盟会規約)

第一条　本会は普通撰挙期成同盟会何所支部と称す

第二条　本会は普通撰挙の目的を達する為め東京普通撰挙同盟会と連合し普通撰挙の請願等実際的運動を為す

第三条　本会に左の役員を置く

一　幹　事　若干名

一　評議員　若干名

第四条　本会は単独又は総会と合同して会員五千人に及ぶときは本部の費用を以て連合運動委員一人を上京せしめ中央連合運動に加はることを得、但本部の費用に依らざる場合は自由に中央連合運動に加はるを得

第五条　本会の役員委員は総会之を選定す

第六条　本会役員は毎年十月三十日迄に普通撰挙の請願書を中央連合運動部に送致すべし

第七条　本会々員は会員名簿、普通撰挙請願書に記名調印すべし

第八条　本会々員は会費として一ヶ年金六銭を出すべし

第九条　連合運動の方法は各地方連合運動委員、東京普通撰挙期成同盟会幹事及ひ同会より特撰したる五名の連合運動委員之を定む
第十条　連合運動を為す者は本部より旅費滞在費等の実額を給せらる
第十一条　本会は本部費として毎年会費の半額を東京普通撰挙同盟会の指定する銀行に納む

(5)　この遊説は「成功せざりしが為めに頗る会員中の物議を来した」という(山路愛山「現時の社会問題及び社会主義者」)。

(6)　これにはやや疑問がある。すなわち翌年七月には「普通選挙期成同盟会の檄」が発せられ、また、これに併載されている規約にも注(7)のように「期成」同盟会と明記されているからである。一方『労働世界』をみると、この檄をはさんで五月一日付と九月二一日付には「普通選挙同盟会」となっている。この理由は説明しがたい。

(7)　第一条　本会は普通選挙の実行を期するを以て目的とす
第二条　本会は普通選挙期成同盟会と称す
第三条　本会は事務所を東京市京橋区新肴町拾三番地に設く
等四条　帝国々民にして成年以上の男子たるものは何人たりとも本会の会員たることを得
第五条　本会は会務を処理する為め左の役員を置く　総務委員三名　幹事三名　評議員若干名
第六条　本会は当分の内労働世界を以て会務を報告す
第七条　本会の維持は会員《(マヽ)》及び寄付金を以て之に充つ(『労働世界』明34・7・21)
なおこの規約は東京同盟会の現存するもっとも古い規約であり、これ以前の規約は世に伝わらない。

(8)　『万朝報』(9・25)の記載はやや本文と異なる。「横浜の理髪職、家具工、活版工の人々五十余名は一昨夜同地港町湊屋に会合して普通選挙請願に関して相談を開き、席上、北川、幸徳、片山、牧内四人の講話ありしが、追て東京の普通選挙同盟会支部を設くるか、或は別に同盟会を組織し東京と聯合の運動を為すべしと」。

(9)　当日の弁士はつぎのとおり。岡千代彦(開会の辞)・小島増男(「経済の調和と普通選挙」)・西川光二郎(「吾人の最大武器」)・北川笙固(「立憲治下の奴隷民」)・大井憲太郎(「代議政治の真諦」)・牧内元太郎(英国券状党〔チャーチスト―松尾〕の起原より説き起し日本現時の状態は券状党興起を促しつゝある所以を説く)・桜井一義(「国民の真精神」)・柳内義之進(「政界の革新」)・高橋秀臣(「政治家の不臣を論じて普通選挙の必要に及ぶ」と題し政費の節減と普通選挙の実行の急務を説く)らが演壇に立ち、「聴衆は只賛意と喝采とを以て迎へたるのみ、些の反対妨害もなく寧ろ謹粛の状を以て説くところを迎へた」という(『労働世

界』12・21)。

(10) 吉野作造が自分の体験として書いている(「民本主義鼓吹時代の回顧」『社会科学』四巻一号)。これが何年何月のことであるかは不明であるが、一九〇一年七月二一日の「檄」の発せられた直後のことであろう。なお吉野は「大学前の喜多床を出て来る途端」これを貰ったと記しているが、おそらく、当時普選運動に熱意を示していた理髪業組合員の手により配付されたものであろう。

(11) 請願者の総数は不明である。『毎日新聞』(2・20)は高橋秀臣ほか一〇〇名(おそらく東京)、長野県池田万作ほか一五〇余名の提出を報じ、さらに三月一日号では、第三回目として佐治実然ほか四九四名の提出があったと報じている。一方『二六新報』(3・1)は一五〇九人連署の請願書提出をつたえている。

なおこの「衆議院議員選挙法中納税資格廃止の請願」(『明治文化全集』社会篇所収)は直接天皇に上言する形式をとっていたため、議会では受理すべきや否やが問題となったが、紹介議員(法案提出者たる四代議士)の尽力で受理された(『二六新報』・『毎日新聞』3・1)。

(12) 「維新の御誓文は仁徳帝の詔と共に千古に照応して赫々日月の如し。不磨の大典も是に由て発布せられ議会の召集は既に十五回に及ふ。富者何者ぞ。聖恩を叨にし其選出せる代議士の先に選挙権拡張問題に対して却て程度を政府案以上に制限したるが如き驕暴も亦甚たしからすや。蓋し崇高なる大和魂の発現は泛々たる富者遂に清貧者に若かさるなり。吾人豈に普通選挙は真理なりと唱道するのみならんや。亦豈に世界の大勢なりと唱破するのみならんや。実に我国粋の必需あるか為めなり。況んや既に少額なりとも国税を納め短期なりとも兵役に服して而して権利及財産の安固を富者に一任せさる可からさるものに於てをや。又況んや政界現下の溷濁は参政権の富者に偏在したる結果なるに於てをや。故に吾人は猛然として起て我皇室の御稜威の下に普通選挙を実行し以て国粋を発揮し、以て最大多衆の最大幸福を完ふせんと欲し即ち玆に宣言す」。

(13) 一　吾人は普通選挙の実行を以て政論の腐敗を救治する最急の方法なりと認む

一　吾人は普通選挙の実行を以て帝国の国運を進張すへき最急の方法なりと認む

一　吾人は普通選挙の趣意を以て国情に適する衆議院議員選挙法改正案を第十五議会に提出せんことを期す

付加決議

一　吾人は普通選挙の実行に至る迄は有権者を監督し政論を廓清するに力むへし

(14) この改正は第三条(役員構成)のうち、常議員と委員が廃され、かわって拡張委員若干名がおかれたにとどまる。

(15)　幹事　野々山義成・荻窪政長・小林佐三・堀内桂次郎・赤穂菊清
拡張委員　吉江久一郎・吉田復平治・石塚三五郎・唐沢長十・川上源一・石川半十郎・小木曾鉄若・小松徹・村瀬茂三郎・折井亘・小松星五郎・三上道純・二木亀一・丸山長三郎・大池米作・小山右三郎・坪田一藤太
評議員　折井荘左衛門・寺村治郎衛・山田禎充・折井隆一・斎藤俊蔵・古田精一郎・堀内千万蔵・藤森善一・太田仲次郎・河西大弥・草間多賀・石川幸吉郎・高山伴造・山崎集也・清野富貴三・高橋滝蔵・大池長司・田中友七・高野兼吉郎・岩淵五郎右衛門・平林利作・岩淵静一郎・山崎安衛・松沢喜惣治・和田安市・中村瀬平・両角清一郎・小林寅好・内川友三郎・吉江源治郎・荻上兵五郎・保刈祐次・古沢軍三・三村祐十郎・小沢豊三郎・村山周一・松田馨・大久保泰次・中田東次・矢島茂市・仙石五十一・横山佐之助・小松友弥・百瀬亀吉・土橋大次郎・小島友太郎・森山儀文治・深沢茂吉・中田銀治・田中右一・上条漢一郎・青木禎一郎・小沢要四郎・酒井友次郎・犬飼林三・和合治太郎・大和又兵衛・柳沢芳郎・宮島清九郎・新村喜馬太・土屋太門・百瀬渡・山内実太郎・下里孫十郎・瀬黒孝市・松尾重義・吉沢寿賀郎・松原熊五郎・原田兼吉・堤重四郎・宮下金平・相沢喜代吉・宮原恒一郎・浅輪周作・草間五兵衛・大沢辰次郎・小穴宇門太・丸山鍬人・黒岩重義・中島伊豫次郎・下川新六・北沢寅吉・寺島吉弥・水品平右衛門・木下尚江・上条謹一郎・降旗元太郎

(16)　二木は同年一〇月、下伊那青年会の秋期総会に招かれ、雨中の風越山頂で講演している(長野県下伊那郡青年団史編纂委員会『下伊那青年運動史』一五ページ)。

(17)　「自ら労働して生活を為し、自分の知恵才覚に依りて財産を作る者は労働の真とに貴むべき所以を知れる者なり。労働は実に金銭も作れば快楽も作り、身体の健康も亦た之に依りて保ち得らるゝなり。而して若し真正に天より授かりたる人間の本分を尽す者は世の中の階級に於て如何なる種類の人にあるやと吟味するに至らば、正直なる労働者に在りと云ふて宜しかるべし。然れども今の社会の組織は、正直なる労働者をして貧苦に泣かしめ、生計の為めに何事をも顧るに遑なからしめ、政治上に於けるも労働者は常に何等の権利をも有すること能はざるなり。是は今の社会の悪習として一朝に改め難き事とは云へ、労働者と雖も一年に一度や二度の集会を催して互の苦楽を談し、互の意志を通ずるの道を講ずるは最も欠く可からざる事と云ふべし。今や秋涼の時に当りて野外に大集会を催し此の希望を達せんと欲す。依て来る十月二十七日午前八時より松本公園地城山に於て共に労働に衣食する人々の大懇親会を開くことに決したり。労働の真面目を解する人は奮て参会あれ。注意事項は左の如し」。

発起者　中村太八郎・吉田復平治・石塚三五郎・野々山義成・荻窪政長・小林佐三・堀内桂次郎・赤穂菊清・小松星五郎・

小松徹（『労働世界』11・1）

（18）『労働世界』（11・1）はその状況をつぎのように報じている。「一、来会労働者の過半は深志神社境内に会し、音楽隊を先に立て数十旒の旗幟を暁風に吹流して会場城山公園に突貫せり。二、午前八時城山公園に集るもの男女合せて六千数百人。三、来会者は三百人を一団とし別に女団二個合せて二十二団、各団に団長を置き弁当並に寄贈の物品を頒つ。四、午前十時号砲を以て開会。五、主唱者総代中村太八郎開会の主意を述べ、六、来賓大井憲太郎の演説、七、午前十一時号砲を以て散会。松本警察署は右大懇親会取締の為め地方巡査の非常招集を行ひ、巡査の監督せるもの凡そ百人」。

「普選物語」（11）によると、「信州の山の中で労働問題を云々したとて」、「一般の人々には、此の日の大懇親会が何の為めに為さるるのやら、そして又何をするのやら全く解ら」ず、多くの人は会費五銭で弁当付きという滅法な安さにひかれたもので、二二日の参加申込締切日にはすでにもてあますほどの数に達していたが、大会当日には予約以外の大群衆が押しかけ、そこへ運動会か何かと思いこんだ横田遊廓の連中が鳴物入りでのりこんできたため、群衆は浮かれてさわぎ出し、司会者の大池米作も手のつけようのない有様となった。やがてひる時となると、あまりの群衆に困惑している弁当係川上源一を尻目に、会衆は勝手に用意してあった一〇〇〇個の弁当をまたたくまに持ち去ったため、予約者の不満が集中し、事面倒と見た川上・大池らは姿をかくし、懇親会はいつ閉会したともなしに終わったという。しかし、『松本親睦会雑誌』175（明34・11・28）の記事をみると、混乱は大会散会後のことと推定される。なお前出上条宏之「松本における普選運動と中村太八郎」を参照されたい。

（19）『松本親睦会雑誌』175（明34・11・28）により当夜の景況を紹介しておこう。

「普通撰挙政談演説会　既報の如く同会は二十七日午後七時当町開明座に於て開かれたり言ふ迄もなく満場溢るゝ計りの聴衆を以て充たされたり即ち堀内桂次郎氏開会の辞を述べ次に二木亀一氏「普通撰挙問題対政党員」と題し普通撰挙は何れの政党も之を認め居るに拘らず地方に依りては或は党派的関係を有するものゝ如くに思意するものあるは誤れるものなりとの意を述べ第二席野々山義成氏は「普通撰挙」と題し階級撰挙法は立憲治下に行ふべからざるものなり故に速に法律の改正をなし以て普通撰挙の実行を促すべしと論じ第三席石塚三五郎氏は「普通撰挙活躍の好時機」の下に既成政党の弊害より説き起し縷々数千言を呈して普通撰挙は来るべき総撰挙の試金石となるべきを論じ第四席中村太八郎氏は「笑ふべき事」と題して神道に於る普通撰挙大会に於て候補者撰定を否決せしも自分は単独に明年の総撰挙には候補者となるべしとて降壇し第五席久津見蕨村氏は「普通撰挙と教育」と題し普通撰挙は教育上よりも之を唱導するに躊躇せざる所以を述べ第六席荻窪政長氏は「何を以て参政権を区劃するや」と題し普通一般に兵役其他の義務を負はしめるに拘らず参政権を富者にのみ限りあるは矛盾の甚だし

きものにして楷級撰挙は人権を束縛したる不法のものなりとの旨を演じ次に小松徹氏は「本県下の生糸工女に就き」と云へる演題を掲け彼れ等の境遇より説き起し資本家又は雇主の専横を論し第八席大井憲太郎氏は「普通撰挙と労働問題」と題し労働者が今日迄社会に冷遇せられたりし理由より説き起し立憲治下の今日殊に文物の進歩せし現代に於ては決して冷遇すべきものなきのみならず労働者自らも其の品位を高むべきを論じ且つ普通撰挙と労働者との関係を詳述し拍手喝采の裡に降壇し閉会を告げたり時に午後十一時」。

(20)　中村は選挙戦のなかで「選挙に於ける従来の弊習を一洗し、将来に好模範を示す為め」、「各候補者より一名を出して委員会を組織して、万一不都合の行為あるときは委員会の決議を付し訓告を与へ、尚ほ応ぜざるものは新聞に広告する」むねの協議書を作成し、他候補の調印を求めている(『信濃毎日新聞』7・6)。なお中村夫人は伯父飯田福治郎が「親戚一同寄り集って投票を買うから承諾しろと説得に来た」のを拒絶したと記している(『中村太八郎伝』二二四ページ)。

(21)　五号(九月)で終った『普通選挙』は一九六八年、上条宏之氏により第二号と第四号が発見され、一九七一年、『長野県政史』Iで紹介された。この年山田貞光氏はこの二冊に別冊の解題「明治期の普通選挙運動と雑誌『普通選挙』について」を付して復刻した。いまこの二冊をみると、寄稿者は木下尚江・幸徳秋水・片山潜・野上啓之助・小塚空谷と、東京の社会主義協会の面々が圧倒的で、長野県に直接関連する文章は深志権現「製糸家に針砭ち」の一篇にすぎない。広告が『労働世界』をのぞきすべて地元関係企業であることを除けば、東京で刊行されたとしてもおかしくない。事実、「発刊の辞」で「雑誌『普通選挙』は吾等同志の機関として、之が発祥地なる信中の天地に顕はるゝに至れり」とあるのをみると、「普通選挙同盟信州本部」の名で発行しているにせよ、同盟会全体の機関誌として意図されていたようにみえる。さらにいえば、海外の普選運動や社会主義運動の動向をつたえる「世界の大勢」欄の存在は、この雑誌の実質上の編集者は片山潜(発行人編輯人は大池米作)であったことを推測させる。ただし当時の『労働世界』をみても、『普通選挙』については言及がない。

(22)　郡別得票数はつぎのとおり。(　)内は降旗元太郎(第三位当選)の得票。北安曇一一(二五二)、南安曇四七(四七九)、西筑摩三(一四二)、東筑摩六〇(一四四五)、下伊那〇(五)、上伊那〇(三)、諏訪一(一八)、北佐久一六(〇)、南佐久二(一)、小県一(二)、埴科〇(二二)、更級〇(一三七)、下高井〇(一)、上高井〇(二)、下水内〇(〇)、上水内〇(五)、合計一四一(二五〇九——集計は二五一三となるが、新聞の「合計」にしたがう)(『信濃毎日新聞』8・12)。『中村太八郎伝』は中村の得票を「五百六十余票」(四六ページ)としているが、これは誤りである。

なお選挙戦の詳細については、上条宏之「松本における普選運動と中村太八郎」を参照されたい。

(23)「治承年中平氏専横を極むれば文覚高倉宮の使と為り而る後諸源の兵起る。承久年中陪臣国命を執れば押松後鳥羽上皇の使と為り而る後ち勤王の師発す。明治の世富者国政を弄して中村太八郎平民の使と為る。太八到るの日所在の豪傑夫れ起ちて普通選挙の旗を掲げよ。今其程と発するに臨み一言以て八州の同志に告ぐること爾り。

明治卅五年夏　平民　福本　誠」(『労働世界』六年一六号)

(24) 中村太八郎東北地方巡遊旅程表(「普通選挙旅日記」より作成)

地名	日付	訪問・面会先　(注記なきは賛成者)
宇都宮	7—8	倉井利八(下野新聞主筆心得)・山菅与一郎(新下野編輯主任)・武市雄図馬(下野日々編輯長)・持田若佐(政友会代議士)・野島幾太郎(野州日報)
若松	8—10	佐伯剛平・前田兵郎・星野善八・佐藤運三郎・林三郎・生亀藤吾(以上弁護士)・渡辺鼎(政友会代議士、協力拒否)・福王栄蔵・山口善八・川島豊蔵(以上市議)・宇南山誠一郎(医師)
福島	10—12	小島忠八(県議)・石川欽四郎(福島民報主筆)・新田貞橘(福島民友新聞主幹)・久保和三郎(福島民報)・長谷川裕(牧師)・鈴木謙・河野広中(憲政本党代議士)・大野峯治
米沢	12—13	桜井美成(米沢新聞主筆)・小浜藤吉(理想団幹事)・田村兼哉(牧師)・瀬下秀雄・高梨源五郎・岡田重彝・山下千代雄(政友会代議士)・平田駒太郎(市長、態度保留)・深沢忠蔵(市会議長、同上)・大滝竜蔵(政友会代議士、同上)
山形	13—15	戸狩権之助(政友会代議士、態度保留)・古内小太郎(山形自由新聞)・中田豪晴(両羽日々新聞)・雄倉茂二郎(元市長、反対)・菊池豹次郎(福島新報?)・衣川英雄・有泉亀次郎(以上福島毎日?)
仙台	15—17	鈴木愿太(態度保留)・一力健二郎(以上河北新報)・片倉堅次・中沢二郎(以上平民新聞)・古内省三郎(奥羽日々新聞)・荘子斌(弁護士)・藤原某(東北新聞)・百足登
一の関	17	三浦由蔵・桜田憲章(以上北日本社)
盛岡	17—19	中舘梅次郎(三陸新聞主幹)・高橋嘉太郎(岩手毎日新聞社長)・菅敬愛(岩手日報)
青森	19—20	安西鉎次郎(陸奥日報)・福岡源太郎・久保末吉・太田左馬吉(以上青森時事新報)・花田節(東奥日報)・白石友三・桂儀七(以上青森新聞)
弘前	20—22	菊池九郎(政友会代議士)・木村象二(弘前新聞社長、態度保留)・小山某(北辰新聞、態度保留)・奈良誠之助

秋田	22—24	上遠野律(秋田公論社長)・松岡又五郎(同主筆)・井上広居(秋田魁新聞社長)・安藤和風(同主筆)・石原重顕(秋田日々新聞)・木村保蔵(進歩党支部常務委員)
弘前	24	藤田雄二(駅員、社会主義協会員)
仙台	25—26	村井宗三郎(平民新聞社長)・片倉堅次・中沢二郎・沢来太郎(政友会代議士)
水戸	26—27	大内逸郎(茨城日報)・渡辺広治(常総新聞)・佐藤勇作(いばらき新聞)・江戸周(同上)

(25) 茂木は五六歳の老人であったが、これより「作次郎は普通選挙で死ぬツモリじや」と称して運動に尽力し、同年一〇月二六日には自ら会主となって埼玉県熊谷町に中村太八郎・西川光二郎らを招いて演説会を開き(『労働世界』六年二〇号)、ついで一一月一五日にも本庄町で同様の会を催している(『万朝報』11・15)。

(26) その確証はないが、『明治文化全集』社会篇所収の明治三五年一一月の日付入り「普通選挙の檄」(内容は一九〇〇年のものと同様)の末尾にこの新規約および新役員の名が出ており、また『二六新報』(11・3)には一一月一日夜委員の改選が行なわれたとして、委員一〇名の名前が紹介されている点より、この新規約もこの夜同時に制定されたと推定しうるのである。なお『中村太八郎伝』(四四ページ)によると、「十一月には神田錦輝館に大会を開催した。会するもの六百余名、選任せられたる役員氏名次の如し」と役員の氏名を示しているが、当時の諸新聞によると、大会の開催された形跡はない。

(27)

年月日	場所(会衆)	弁士(演題)	備考
一九〇二年 9・27	神田錦町錦輝館 (三〇〇)	北川筌固(総選挙に於ける我党の運動)・高橋秀臣(現時の政弊を論じて矯正の策におよぶ)・西川光二郎(法律と労働者)・倉長恕(選挙界を腐敗せしめたるは誰ぞ)・安部磯雄(正当防禦)・板倉中(現制度と社会主義の調和)・黒川九馬(憲政の完美と普通選挙)・岡千代彦・中村太八郎	『労働世界』10・13。他に出演予定片山潜・卜部喜太郎・佐治実然(『万朝報』9・27)・小野栄文・牧内元太郎・朝倉外茂鉄(『毎日新聞』9・27)
10・11	埼玉県大宮町都座	卜部喜太郎・北川筌固・幸徳秋水・片山潜・中村太八郎・石川安次郎	「石川安次郎日記」10・11

10・26	埼玉県熊谷町熊成座（五〇〇）	中村太八郎・西川光二郎・北川筌固・関口一郎	主催茂木作次郎（『労働世界』11・3）。他に出演予定朝倉外茂鉄（『毎日新聞』10・26）
11・8	下谷広小路雁鍋	石川安次郎（軍隊道徳）・北川筌固（明治聖代の切捨御免）・中村太八郎（国家の体面）・田中弘之（烏軍狐隊の横行を悲しむ）・田中呑牛・岡千代彦	『万朝報』・『毎日新聞』11・8 「石川安次郎日記」11・8
11・15	埼玉県本庄町宮森座	茂木作次郎・北川筌固・木下尚江	『万朝報』・『毎日新聞』11・15
11・29	大森偕楽社（一〇〇）	佐治実然・片山潜・西川光二郎・加納豊	『労働世界』明36・1・1
12・13	神田錦輝館	石川安次郎・石山弥平・花井卓蔵・奥野市次郎・新井要太郎・黒岩周六・小手川豊次郎・山口弾正・丸山虎之助・田中弘之ら	『万朝報』・『毎日新聞』12・13 「石川安次郎日記」12・13
12・20	本郷赤門前伊勢屋	石川安次郎・中村太八郎・北川筌固・丸山虎之助ら	「石川安次郎日記」12・20
一九〇三年 1・10	神田三崎町吉田屋	中村太八郎（普通選挙の必要）・丸山虎之助（議会の解散に就て）・北川筌固（総選挙に於ける吾人の覚悟）	『毎日新聞』1・10
1・15	京橋際京橋亭	田中弘之（国民の決心）・倉長恕（第二の民権論）・丸山虎之助（国民の品性と政治的関係）・中村太八郎（盗賊論）・北川筌固（立憲治下の非立憲国民）・岡千代彦（専制政体を思ふ）	『万朝報』・『毎日新聞』1・15
1・18	南品川二丁目金本亭	小林富貴太郎（手に唾して起て）・岡千代彦（三重の圧制）・北川筌固（第二の維新）・石川安次郎（憲政有終の美）・倉長恕（第二の民権論）・丸山虎之助（国民教育と普通選挙）・中村太八郎（何をか輿論政治と云ふべきか）	『万朝報』1・18

1・25	神田錦輝館（二〇〇）	丸山虎之助・北川筌固・中村太八郎・片山潜・幸徳伝次郎・山口義三・加藤・岡千代彦・小林・藏原惟郭その他	『労働世界』2・3。他に出演予定田中弘之・福本誠・石川安次郎・石山弥平・北沢重造・桜井一義・小野・加納豊・中島半三郎・小塚空谷・高松豊次郎（『毎日新聞』1・25）「石川安次郎日記」1・25
2・20	南品川二丁目旧金本（一五〇）	西川光二郎・北川筌固・片山潜・小林富貴太郎・中島半三郎・岡千代彦・加納豊・小塚空谷・松崎源吉・赤松勇吉	『社会主義』3・3 他に出演予定佐治実然（『万朝報』2・20）
3・23	向両国井生村楼（数十名）	石川安次郎（時代の要求）・中村太八郎（国会の改革）・丸山虎之助（当今の急務）・小野武敏（平等主義）・田中弘之（金権の撲滅）・片山潜（新政党の必要）・北川筌固（黄金に裹まれたる専制政治）・倉長恕（題未定）	『万朝報』3・23、『社会主義』七年七号「石川安次郎日記」3・23
3・29	深川公園大成田	田中弘之（代議政治の危機）・石川安次郎（社会主義を評す）・倉長恕（第二の民権論）・中村太八郎（議会の改造）・北川筌固（代議政治の意味）・片山潜（商業会議所の決議に就て）・西川光二郎（法の精神）・丸山虎之助（社会進化と普通選挙）	『万朝報』3・29
4・7	表神保町長生楼	石川安次郎（社会主義を評す）・中村太八郎（国会の改革）・小野武敏（国民の参政権）・丸山虎之助（社会進化と普通選挙）・倉長恕（第二の民権論）・田中弘之（憲政の危機）	『万朝報』4・7
4・18	本郷中央会堂	西川光二郎（職業と道徳）・中村太八郎（賄賂の国民）・植松貞吉（古代の代議制に就て）・丸山虎之助（普通選挙の将来）・赤沼孝四郎（マキアベリー主義の選挙）・北川筌固（具氏内閣顚覆論）	『万朝報』・『毎日新聞』4・18

4・27	神田錦輝館	板倉中(少数圧制の弊)・石川安次郎(徴兵制度を廃し、募集兵と為すの意見)・石山弥平(参政権の意義)・中村太八郎(賄賂の国民)・蔵原惟郭(国民教育と普通選挙)・卜部喜太郎(吾が希望)・佐治実然(奪はざるものに之を与へよ)・北川筌固(十八議会に対する我党の運動)	『万朝報』4・27
5・7	神田錦輝館	丸山虎之助(普通選挙青年同志会設立の理由)・大井憲太郎(代議政治の真髄は普通選挙に在り)・松本君平(文明と平民政治)・萩野万之助(プルトクラシーとは何ぞ)・卜部喜太郎(政党革新の急務)・鵜沢幸三郎(労働政策に就て)・蔵原惟郭(帝国青年同盟の急務)・石川安次郎(自由独立の青年)	『万朝報』・『毎日新聞』5・7、普通選挙青年同志会発会式
5・17	神田錦輝館		『万朝報』5・17、普通選挙全国同志大会
5・19	日本橋常盤木倶楽部	石川安次郎(題未定)・馬場力(万機公論主義)・奥宮健之(自由は実利を伴はざる可からず)・萩野万之助(独立自尊の青年)・高木益太郎(普通選挙と東京市民)・田川大吉郎(題未定)・蔵原惟郭(青年実業家と立憲政治)・卜部喜太郎(未定)・丸山虎之助(普通選挙の急務)・荒文雄(普通選挙と社会主義)	『万朝報』・『毎日新聞』5・19、青年同志会主催
5・22	芝兼房町玉翁亭	荒文雄(現今の所謂青年政治家)・丸山虎之助(国民教育と普通選挙)・萩野万之助(都市代表の政治家)・馬場力(政界革新の一手段)・蔵原惟郭(普通選挙とデモクラシー)	『毎日新聞』5・21、『万朝報』5・22、青年同志会主催
6・2	下谷二長町足立屋		『万朝報』6・2、青年同志会主催
6・7	西久保巴町天徳寺	田川大吉郎(日本国策の中心点)・丸山虎之助(国民の声)・鵜沢幸三郎(国民の覚悟)・高田三六(政界の改革尚ほ早しと	『万朝報』・『毎日新聞』6・7、青年同志会主催

		いふ乎)・野口三千雄(労働代議士論)・蔵原惟郭(社会改造と普通選挙)・馬場力(普通選挙断行論)	
6・14	神奈川県大磯町	松本君平(文明と平民政治)・丸山虎之助(輿論と普通選挙)・馬場力(万機公論主義)・蔵原惟郭(国民教育と普通選挙)	『万朝報』・『毎日新聞』6・14、青年同志会主催
6・26	本郷中央会堂	石川安次郎(院外の五大勢力)・板倉中(第十八議会に於ける普通選挙法案の経過)・中村太八郎(平民的団体の必要)・蔵原惟郭(東京市民と独占事業)・幸徳伝次郎(普通選挙と社会主義)・松田源治(如何にして憲政の完美を期す可きや)・荻野万之助(告別の辞)・丸山虎之助(先づ根本的問題を解決せよ)・高野孟矩(政党革新の気運)	『万朝報』6・26
7・7	本郷中央会堂	中村太八郎(平民的団結の必要)・奥野市次郎(憲政の美果)・荻野万之助(告別の辞)・丸山虎之助(先づ根本問題を解決せよ)・蔵原惟郭(東京市民と独占事業)・北川筌固(十八議会に於ける我党の運動)	『万朝報』7・7
7・17	芝西久保天徳寺	田川大吉郎(最善の資本)・鵜沢幸三郎(吾党の覚悟)・丸山虎之助(吾人の希望)・馬場力(欧米立憲国の選挙制)・北川筌固(未定)	『万朝報』7・17、青年同志会主催
7・21	神田錦輝館	石川安次郎(院外の五大勢力)・板倉中(普通選挙の将来)・田川大吉郎(小学校の効用)・倉長恕(政党改造の時期)・大井憲太郎(今後の政党)	『万朝報』・『二六新報』7・21
10・24	本郷中央会堂	石川安次郎(露国の東邦経略地を説き時局の問題に及ぶ)・佐治実然(輿論の応援)・丸山虎之助(国民の勢力)・木下尚江(敗戦思想の回転期)・田中弘之(人間本位論)	『万朝報』10・24
11・6	京橋因幡町、市川	白石総南(人智の進歩)・加納豊(日露問題に就て)・斎藤兼次郎(立憲政治と選挙法)・岡千代彦(政治屋と戦争)・丸山虎	『万朝報』11・6、『平民新聞』11・5

11・11	神田錦輝館	之助(国民必然の声)・大杉鑑二(普通選挙と外交)・西川光二郎(政権なき国民) 田中正造・野上啓之助・石川安次郎・松田源治ほか	『平民新聞』11・22

(備考、演説会の日付と新聞の日付が一致している場合は、すべて出演予定)

(28) 東京における民主主義運動の存在に最初に注目したのは飛鳥井雅道氏の「日本帝国主義思想の成立」(『日本史研究』六五号)および「資料明治三〇年代民主主義運動の一面(一九〇二〜三年各種演説会記録)」(『人文学報』一七号)である。
ことに後者は貴重な労作でこの時期の民主主義運動研究の基礎をなすものである。なおこの運動を当時の東京市の社会・政治状況の分析の上に位置づけ直したものとして宮地正人『日露戦後政治史の研究』(東京大学出版会、一九七三年)第二章帝国主義形成下の都市民衆運動がある。

(29) 『万朝報』ではたとえば「直接参政論」(幸徳秋水署名、明35・3・5)、「我は何故選挙権を有せざるか」(5・13)、「現行選挙法の二大欠点」(8・18)、「滑稽の極」(10・17)、「不公平なる代表」(秋水署名、明36・3・6)、「選挙法改正問題」(5・25)など。秋水は普選とともに比例代表制を説いているのが注目される。『六合雑誌』は二五五号(明35・3)、二七〇号(明36・6)の社論で主張している。また大日本労働協会の機関誌『平民の友』(一九〇三年三月創刊)も普選をとり上げている(坂本靖「普通選挙論」二号所収)が、この雑誌自体有力な影響力をもっていたとは思われない。

四

(1) 太田雅夫は社会主義協会が、一九〇四年四月二四日に会則を改正して以来、研究より実践活動に重点を置くようになり、言論・出版活動と研究活動にたずさわる平民社と「双方相まって社会主義運動を推進した」ことを強調する(太田編『社会主義協会史』解説)。たしかにこの年の一月末いらい社会主義協会は平民社に本部を移したが、平民社に吸収されたのではない。平民社員は協会員の一部に過ぎないのである。

(2) 石川三四郎の回想によると、このころ幸徳は「これから普通選挙が実施される時代も来るであらうが、その時代に最も幸福な境涯に立つものは石川君、君等だよ」といい、「堺がそれに和」したという(石川『浪』六三ページ)。

(3) 孤剣山口義三も『六合雑誌』(一九〇四年一〇月)で「女子に参政権を与へよ」を発表している。なお治安警察法第五条修正運動については米田佐代子「婦人解放史における民主主義の問題——治安警察法修正運動の意義によせて」(東京都立大学『人文学報』89・97号一九七二年、一九七四年)および児玉勝子「平民社の婦人たちによる治安警察法改正請願運動について」(『歴史評論』一九七七年三月号)がある。

(4)　深川新兵衛・坂野千速・池田益吉・藤島源造・小林音次郎・小祝国次郎・倉光清・福田狂二・笹岡栄吉・田中藤次郎・亀割美能里・家原寿助・村田四郎・荒居幹雄・山田孝太郎・松本正之助・加納豊・杉原治輔・山口勉・中島半三郎・橋谷田平伍・岡千代彦・阿南卓・柴田俊一・宮川順次郎・長谷川二郎・牧野賢三・石水広海・藪田正一・須藤幸次郎・中村太八郎・寺田義美・横田兵馬・菊池茂・川島烈之助・薄木源太郎・松井光雄・小沢小平・川名知二・西村房次郎・中島花次郎・大賀三郎・桑原時嗣・石橋周宗・幸内久太郎・藤原与起知・和田歌吉・柏木敬三・中島善光・桜井松太郎・片谷千代松・竹内恒吉・児島次郎・市村貞造・高木六太郎・米本須磨夫・馬場力・川久保健・丸山孫次・池田千代松・大亦楠太郎・細川享助・菊江正義・礎部久作・高田益次郎・瀬戸忠太郎・安田忠男・河村政任・岡崎論幸・大久保要造・内田三四郎・島村初蔵・大岡幾寿・鈴木秀男・中泉孫太郎・岸山芳太郎・山根吾一・篠原和市・田中弘之・鈴木千代吉・服部浜次・矢田熈・加藤義茂・倉長恕・阿部宇一・吉村秀吉・広瀬晴一・品川薫・岸田永英・篠原久保(『社会主義』第八年第一四号)。

(5)　『平民新聞』(12・4)の英文欄「普通選挙の話」(安部磯雄)は、かつては普選同盟会には社会主義者も旧自由党員もいたが「今日では社会主義者が自分たちだけでその運動をやっている、というのは一緒にやっている人たちのまじめさを疑い出したからである。今年は社会主義者と他の人たちとは別々に議会に請願書を送ることになるであろう」と平民社主流の立場を明らかにしている(太田雅夫編『「平民新聞」「直言」英文欄訳』一四三ページ)。

(6)　戦前における急進的自由主義新聞『毎日新聞』が一貫して普選反対論であったことは先述のごとくであるが、それは社長島田三郎の意向によるところが多い。島田は一九〇〇年の改正にさえ反対を唱えたのである。この島田が一九〇五(明治三八)年三月、「選挙権と兵役」の社説において選挙権拡張論に転向したのである(山極圭司『木下尚江』一六五ページ)。なお石川半山「島田三郎と河野広中」(『中央公論』一九二五年五月号)によると、島田のこの改論は、一九〇三年三月の総選挙で島田が奥田義人・加藤高明両強力候補を向うに回して苦戦したことを契機にするという。

(7)　ただし、佐藤のような説が帝国大学法科大学において支配的になったのでは、もちろんない。佐藤と同じ京大法科の憲法学教授市村光恵は、労働者の参政は弊害多しとして普選を退け、公民(直税二円)に限定せよという(「選挙権拡張すべきか」『太陽』一六の五、一九一〇年四月)。また『憲法講話』(一九一二年)においては、普選を必然と趨勢と認める美濃部達吉も、現実

において は、日露戦時下の増税で選挙権大拡張と同じ結果になったから「現状以上に拡張する急務はなかるべし」という(「選挙法改正意見」『大国民』43、一九一二年一月)。なお佐藤も手放しで普選を讃美しているのではなく、議会が階級闘争の場となったら元首が「法律予算裁可ノ大権ヲ以テ」調和させればよいといっている。

(8)　一月一七日、京橋区木挽町梅花亭、樋口伝(「開会の辞」)・深尾韶(「平民政治」)・斎藤兼次郎(「現行の急務」)・山口義三(「殺人本位論」)・西川光二郎(「日本平民党組織の急務」)・田中弘之(『光』2・5)。一月一九日、両国広小路両国館、聴衆一〇〇名余、田川大吉郎・田中弘之・岡千代彦・森近運平・西川光二郎・中村太八郎(同上)。一月二七日、日本橋亀島町龍宮亭、吉瀬才市郎・山口義三(「意気地なき労働者」)・森近運平(「労働者の勝利」)・山路愛山(「愚民論」)・岡千代彦(「労働者の権利」)・西川光二郎(「平民政治」)(同上)。

(9)　これは、普選連合会の委員なのか、あるいは請願提出のためだけの委員なのか不明である。

(10)　西川光二郎(普通選挙の春来れば政府亦労働風に靡くべし)・楠目玄(国家の基礎は国民に置くべし)・田川大吉郎(普選は雨が降っても矢が降ってもなさざるべからず)・山路愛山(印袢天を着たる諸君の沢山なるを思い袴ははかずして出席したり、希くは羽織袴の議会をして印袢天の議会たらしめよ)・松田源治(戦争に勝ちしものは選挙権なき労働者にあらざりしか)・小川豊次郎(普選は空論に非ずギリシヤ、ローマの昔も実行せられたる実例あり)・江羅直三郎(京都より出席)・牧内元太郎(横浜代表)・高橋秀臣(神武天皇の時は憲法はあらざりしかど普選は実行せられたり、群臣悉く政治に参与せしにあらずや)・木下尚江(国民政治の舞台開かれざる迄は帝国主義者とも提携して普選を運動せざるべからず、普選実行せられたる暁に於いて帝国主義者と手を別って戦闘に従事せん)・山口弾正(普選行われずば我国即ち亡びん)。

(11)　「北総平民倶楽部」については林彰氏のつぎの三論文をみられたい。「村落社会主義者小川高之助の思想と行動」(『人民の歴史学』70、一九八二年)、「初期社会主義の一断面――千葉県北総平民倶楽部の活動と思想――」(『民衆史研究』21、一九八一年)、「小川高之助論――ある村落社会主義者の軌跡――」(『駒沢史学』35、一九八六年)。

(12)　岸本英太郎「無政府主義の抬頭と日本社会党大会」(『経済論叢』八一巻五号)・「直接行動主義の発展と社会主義分派の形成」(京都大学経済学部創立四十周年記念『経済学論集』)、中村勝範『明治社会主義研究』世界書院、一九六六年、岡本宏『日本社会主義政党論史序説』法律文化社、一九六八年・『田添鉄二』岩波新書、一九七一年。

(13)　政界革新同志会に結集したような、日露戦争講和反対運動で登場し、その後第一次大戦直後の普選運動にいたるまで、東京の民衆運動のリーダーとなった政治グループを宮地正人『日露戦後政治史の研究』(東京大学出版会、一九七三年)は「国民主義的対外硬派」と名づけた。このグループの析出はこの労作の価値の一つであるが、この名称は対外硬の側面に力点がかかっている点、疑問を感ずる。このグループは外に帝国主義内には立憲主義を共通のスローガンとしているのであるが、彼らの現実の政治的役割りは、主観的にも客観的にも前者よりも後者の推進にあったのではなかろうか。またこのグループ内の左右の対立も見逃せまい。普選に対する態度をみても、たとえば大竹貫一・細野次郎・桜井熊太郎といったこの派の中心的人物は第一次大戦前において普選同盟会に加わった形跡はない。さらにいえばグループの機関誌ともいうべき『大国民』(一九〇六年三月—一九一二年一二月)を通観しても、普選論は一篇も無い。普選同盟会参加者といえども、彼らの多くは運動の同情者、理念の支持者ではあっても、現実の政策においては普選即行論者ではなく、直税三円以上の大竹貫一「選挙法改正の議」(『大国民』26、一九〇七年二月)あるいは直税五円以上の高木益太郎「選挙法改正私見」(同上45、一九一一年三月)の如き拡張論者であった。

(14)　『大日本帝国議会誌』(7、四一三ページ)。ところが、雑誌『平民』(八〇号付録)によれば、提出者として松本君平・奥野市次郎・日向輝武・上埜安太郎・吉植庄一郎の名があがっている。前者の正確なことは明らかだが、松本のほかの二人はこのうちの誰かであろう。

(15)　ここでも『平民』(八〇号付録)には松本君平・奥野市次郎・日向輝武・上埜安太郎・吉植庄一郎・田川大吉郎・中村弥六の七人の名をあげており、『大日本帝国議会誌』(7、一一〇四ページ)の数と合わぬ。

(16)　国民議会準備会はその趣旨書において「国民議会ハ毎年新タニ集合シテ国民ノ公平清鮮ナル団体タランコトヲ期スルモノニシテ、帝国議会ノ如キ不完全ナル選挙制度ノ下ニ組織スルモノニアラス。最モ簡易率直ニ多数ノ輿論ヲ発揮スル機関タラントス。我国民議会ハ或ハ帝国議会ニ要請シ、或ハ之カ後援トナリ、或ハ之ヲ激励シ、或ハ之ヲ監督スルノ位置ニ立ツヘシ」とその構想をのべている。なお会則によれば、大会出席委員は各府県選出代議士の倍数とし、その選挙は各府県同志一任とされた。なお準備委員の氏名はつぎのとおり。〇綾部竹次郎・〇奥野市次郎・〇青池晁太郎・山田喜之助・松村雄之進・〇大井憲太郎・〇山口弾正・山岡音高(以上常務委員)、鈴木充美・〇河野広中・〇烏丸光亨・〇田中弘之・斯波貞吉・〇山路弥吉・〇石塚三五郎・奥宮健之・宮部襄・三沢綱蔵・萩野万之助・飯田宏作・佐々木安五郎・内藤魯一(『社会主義者沿革』第二。普選同盟会旧役員[〇印]の多いのが注目される)。

(17)　この日の決定にもとづき、同盟会の規約が久方ぶりに改訂されたもののごとく、三月六日大会の席上で渡された規約によるとその改訂箇所は左のとおり(『社会主義者沿革』第三)。

第三条　本会ニ左ノ役員ヲ置キ其ノ任期ヲ一カ年トシ大会ニ於テ選挙ス　一　幹事三名　一　委員　若干名　一　評議員　若干名(幹事の新設)

第五条　会員ハ左ノ金員ヲ出スモノトス　一　普通会員　毎月拾銭　一　維持会員　毎月五十銭(維持会員の新設)

のち委員に若干の変化を生じ、三月六日の大会当時では木下謙次郎・福本誠に代わって、安部磯雄・山路弥吉・斯波貞吉の名がみえる。

(18)　提出者　日向輝武(政友会)、田川大吉郎(国民党)、吉植庄一郎・松本君平・粕谷義三(以上政友会)、中村弥六・江間俊一(以上中央倶楽部)、浜名信平・根本正(以上政友会)、木下謙次郎(国民党)、望月圭介・上埜安太郎・中川虎之助・中村啓次郎(以上政友会)

賛成者　花井貞蔵(又新会)、松田源治・板東勘五郎・遠藤良吉・村上先・向坂弘・細川義昌・小久保喜七・河上英・長晴登・西山彰・斎藤珪次・福井三郎・飯田新右衛門・宮内翁介・中倉万次郎・伊東祐賢・蔵内次郎作・阿部政太郎・福岡精一・太田清蔵・高田露・田辺熊一・柚木慶二・米田穣・東武・古野孫太郎・三浦覚一・望月右内・春田祐清・徳田穣甫・田中亀之助・安川保次郎・古井由之・福井準造・渡辺勘十郎・坂本元明・根岸嵎太郎・町田旦龍・大坂金助・川崎安之助・笠川継孝・高原篤行・坂泰碩・名村忠治・古賀庸蔵・早川龍介・田中定吉・佐々木鉄太郎・鈴木辰次郎・稲村辰次郎・上柳喜右衛門・千田軍之助・佐々木文一・島田保之助・山際敬雄・橋本次六・吉田虎之助・木下義之・有田源一郎・岡田泰蔵・斎藤二郎・麦田宰三郎・中沼信一郎・筏井甚吉・小山田信蔵・大野久次・川村曄(以上政友会)、山口熊野(又新会)、佐々木安五郎・棚瀬軍之佐・高柳覚太郎・大内暢三・的野半介・西能源四郎・佐藤庫喜・武田貞之助・関和知・首藤陸三・福本誠・添田飛雄太郎(以上国民党)、世良静一・長島鷲太郎(以上政友会)(『社会新聞』3・15)。

(19)　『社会主義者沿革』第三。なお同書によれば「鈴木ハ其ノ後本部ヨリノ送金ナキ等ノ為任務ヲ抛棄セリ」という。

(20)　後藤新平文書中の「普選案と議会及び政党」に記されている提出者と賛成者は次のとおり。注記のないものはすべて政友会である。(中)は中央倶楽部、(国)は立憲国民党、(無)は無所属の略。

提出者(二十二名)

日向輝武・東武・米田穣・松本君平・蔵内治郎作・中村啓次郎・上埜安太郎・根本正・山際敬雄・村上先・浜名信平・水品平右衛門・粕谷義三・福井三郎・江原節・佐々木安五郎(国)・江間俊一(中)・望月圭介・山口熊野・田川大吉郎(無)・花井卓蔵(無)・福本誠(国)

賛成者(七十七名)

吉植庄一郎・斎藤二郎・松田源治・武藤金吉・板倉中・飯田新右衛門・中川虎之助・中倉万次郎・高橋直治・八束可海(中)・川原茂輔・森肇(中)・後藤文一郎・斎藤珪次・長島鷲太郎・阪泰碩・古森泰・細川義昌・山田桃作・横山金太郎・横山寅一郎・伊東要蔵・太田清蔵・吉田虎之助・小川平吉・稲村辰次郎・高森新・大久保弁太郎・鮫島慶彦・早川龍介・木下義之・鈴木辰次郎・木戸豊吉・古賀庸蔵・小山田信蔵・園山勇・福岡精一・小林庄一郎・高田露・関信之助・川崎安之助・岡田泰蔵・春田祐清・伊東祐賢・戸狩権之助・橋本久太郎・村井善四郎・山岡国吉・根岸嵋太郎・築山和一・坂元英俊・恒松慶隆・上柳喜右衛門・有田源一郎・遠藤吉平・阪本元明・黄金井為造・鷲田土三郎・井上敏夫・武満義雄・漆昌巌・河野郁太郎・辻川与一右衛門・田中定吉・世良静一・徳田襄甫・榊田清兵衛・有本国蔵・西谷金蔵・白石義郎・福井準造・清嵓太郎・大野久次・稲茂登三郎(無)・橋本太吉(無)・関口安太郎(無)・加瀬禧逸(無)

(21) この意見書は国会図書館憲政資料室所蔵の桂太郎文書のなかにおさめられており、その由来成立についての考証を付して、山井正臣氏によって紹介されている。同氏「山県有朋の『社会破壊主義論』」(『みすず』一九六五年二月号)。のちこの意見書は大山梓編『山県有朋意見書』(原書房『明治百年史叢書』のうち、一九六六年)に収録された。

(22) 『社会主義沿革』第三所収の檄文を見ると一九〇二年一一月のそれを増補したものである。趣旨は変っていない。発行の日付は四月三〇日、発行兼編輯人は片山潜、印刷人は片山派の池田兵右衛門である。檄文の裏面には規約と役員が記されている。同盟会解散直前のものであるので、念のため紹介しておく。

普通選挙同盟会規約

第一条　本会は普通選挙の実行を目的とす。
第二条　本会は本部を東京に置き支部を各地に置く。
第三条　本会に左の役員を置き其任期を一ヶ年とし大会に於て選挙す、
　一　幹　事　三　名
　一　評議員　若干名
第四条　本会ハ毎年一回大会を開く
　但し必要により臨時大会を開くことあるべし。
第五条　会員は左の会費を出すものとす、

一普通会員　毎月拾銭
一維持会員　毎月五拾銭
第六条　本会の維持は会費竝に寄附金を以て之に充つ。
第七条　会員たらんとするものは幹事の承諾を得べく退会せんとするものは其由を通知せらるべし。
会員中本会に対し不都合の行為ある者は委員の決議により之を除名す、

東京市神田区三崎町三丁目一番地
普通選挙同盟会本部

役員氏名
幹　事
中村太八郎　青池晁太郎　片山　潜
評議員
久津見息忠　田中弘之　小野瀬不二人　綾部竹次郎
田川大吉郎　植松考昭　日向輝武　松本君平
安部磯雄　山路弥吉　斯波貞吉　山口弾正
黒沢正直　佐々木安五郎　高橋秀臣　高田三六
伊東知也

(23) 松尾編『社会主義沿革』(1)(みすず書房『続現代史資料』のうち、一九八五年)の解説。なおこの条文は前年一一月一九日制定の「社会主義者視察内規」にすでにふくまれていた可能性がある。

(24) この顚末については、三谷太一郎『日本政党政治の形成』一八四ページ以下を見られたい。

(25) 板垣は軽率に普選法案を通した衆議院と、選挙権拡張に全く耳を傾けぬ貴族院の双方を非難し、立憲政体は「国家観念ある人民」によって運用さるべしとの観点より、「国税を負担する一家の戸主は男女の別を問はず総て参政権を有する」「家長参政権法案」を提唱した。なお板垣は、第一次山本内閣成立直後の第三〇議会に国民党が選挙法改正案を提出した際、一九一三年三月九日、原敬に対し、同趣旨の「撰挙法改正ニ関スル意見書」(『原敬関係文書』9所収)を送っている。

五

（1）第一次護憲運動の、第二次のそれに比べての格段の変革的性格については、松尾「政党政治の発展」（岩波講座『日本歴史』現代2一九六三年、所収）を参照。

（2）永井は日露戦争直前ごろ早大在学中に盛んに普選演説を行なったというが（『中村太八郎伝』五三ページ、『永井柳太郎伝』四八ページ）、その確証は見出せない。

（3）内田魯庵「書斎の窓より」（『太陽』一九一三年三月）による。

（4）関和知は、一九一三年三月の第三〇議会において、普選案が貴族院（第二七議会）の「一種固陋ナル閥族政治家官僚政治家而シテ曲学阿世ノ論者ニ依リマシテ、将来此ノ如キ案ハ再ヒ貴族院ノ門ニ入ラシムヘカラスト云フ制札ヲ附シテ」否決されたことに対する憤慨の念を改めて示した上「今日此ノ場合ニ於テ再ビ普通選挙ヲ主張セザル所以ノモノハ、尚改革ノ一時ニ且急激ナルコトノ其目的ヲ達スルニ於テ、聊カ不利ナルコトヲ感ジマシタガ故ニ、退イテ彼ノ頑冥者流カラ見マシテモ当然且穏健ナル程度ニ於テ選挙権ノ拡張ヲ試ミタイト云フ趣意カラ、此案ヲ提出シタ次第デアリマス」と説明している（衆議院事務局『衆議院議員選挙法改正案ノ沿革』四一四ページ）。

（5）一九一四年五月五日開会の第三二議会に対する請願書提出委員のことであろう。

（6）菊池外人の署名には「六月十二日入会」という但書きがついている。推測するに彼らは一九一七（大正六）年の入会者であろう。すなわち後述のように、一九一四年の六月以前、すでに同盟会は活動停止の状況にあるし、また早大学生尾崎士郎が売文社に入り、普選運動に参画したのは一九一七年後半のことであるから。

（7）片山潜は一月二〇日頃、名古屋の鈴木楯夫に支部結成を促す書簡を送っているが（『本邦無政府主義者社会主義者名簿』社会文庫『社会主義者無政府主義者人物研究資料』（1）一九六四年、一一二ページ）、実現しなかったと思われる。

（8）この調査会は内相一木喜徳郎を会長とし、内閣書記官長江木翼・法制局長官高橋作衛以下、法制局・内務省・司法省の高官と貴・衆両院議員計三六名によって構成されていた。審議は一九一六年七月一九日より同年一二月二〇日まで六回行なわれた。政府提出案は、①人口移動にともなう定数の是正を行ない、人口三万人以上の市を独立区とし、郡部は一三万人に一人という標準は維持する。新定数は五二人ふえて四三三人。②選挙費用の縮小と選挙の公正をはかるため事務所・運動者の数を制限し、罰則を修正し、戸別訪問も昼間に限定する、の二点を骨子とするもので、選挙権の拡張はふくまれていなかった。この問題については政友会の松田源治は「世界大戦後ノ日本ノ政治ニ就キマシテハドウシテモ国民多数ノ基礎ニ依ツテ政治ヲ行フト云フコトハ最モ必要デアラウ」とのべて選挙権の拡張を唱えたが、それも納税要件を七円か五円に下げるとか、高等専門学校以上の卒業生に選挙権を与えよという程度にとどまり、一木内相に「今日ハ選挙権ノ拡張ヨリモ選挙ノ弊害ヲ除クコトニアル」と一蹴された(第二回)。この調査会は大隈内閣の退陣、寺内内閣の成立後も継続し、内相後藤新平が会長となり、委員の若干の変動があった。国民党の高木益太郎は、貴族院令の改正と選挙権の拡張をとなえ、現状では「挙国一致ノ政治ハ出来ナイ」と迫り、後藤は、貴族院のことは所管外であり、選挙権は「絶対ニ拡張ノ必要ヲ認メナイトイフ意見デナイト云フコトヲ御諒承下サイ」とのべるに止まった(第四回)。結局議会開会が迫ったため政府は一二月二〇日、原案を撤回した上、改めて独立区となっていない市区を現行法の別表に追加するだけの案を提出し、若干修正の上可決された(『衆議院議員選挙法改正調査会議事速記録』全六冊。国立国会図書館憲政資料室所蔵「小橋一太関係文書」所収)。しかしこの案にもとづく改正法案は、第三八議会の解散のため提出されなかった。

(9)　「第三帝国」とはもともとイプセンの戯曲「皇帝とガラリア人」中に出てくる言葉で、ギリシア文明とキリスト教文明とを統一すべき「霊肉一致、神人一致の王国」を指すものという(島村抱月「イプセン劇の第三帝国」、益進会同人編『第三帝国の思想』所収)。雑誌『第三帝国』は一九一五年一一月、茅原華山ら『洪水以後』一派の分離後、一時誌名を『新理想主義』と改め、やがて一七年七月、旧誌名に復した。一九一九(大正八)年一月、第一〇〇号をもって『第三帝国』を『文化運動』と改題し、一九二二年一〇月の一二九号より友人下中彌三郎の主宰する日本教員組合啓明会の機関誌に提供した。『文化運動』は一九二五年四月、一五六号で廃刊となる。松尾『大正デモクラシー』第五章「『第三帝国』の思想と読者」、および松尾稿、復刻版『第三帝国』(不二出版、一九八四年)解説を参照されたい。

(10)　『特別要視察人状勢一斑』にはつねにその動向が報告されており、かつ第一七号(大3・8・15)は発禁処分にあっている。

(11)　大杉栄は堺の動きに冷淡であった。『平民新聞』1号(大3・10・15)に次の記事があるという(『社会主義沿革』第五)。「堺君は其所謂『予備運動』として近々何等かの方法を以て普通選挙権獲得の運動を始めるよし、しかし僕等直接行動論者は勿論之れに加はらない。僕等はもう斯の如き制度の欺瞞的性質を飽く程に見てゐる。(栄)」

(12)　金子は当時秋田工業学校を卒業して小学校の代用教員をしており、『第三帝国』読者投書欄の常連であった。尾崎は岡崎中学時代これを愛読し、また級友大須賀健治(山川均前夫人の甥)の影響で『近代思想』や『へちまの花』を読み、これがのちの売文社入りの遠因をなした(一九六〇年三月、尾崎士郎氏談)。

(13) この社会層の形成はそれ自体別の重要な研究対象とされねばならぬが、たとえば手近の統計書をみても一九〇五年より一四年までの一〇年間に、中学校卒業者は一年一万三七〇五より一万九六七六に、各種実業学校卒業者は一年五六六〇より一万四五九六に、図書館数は一〇一より七〇八へ、同蔵書数は約一二八万冊より三六九万冊へとそれぞれ増加していることなどは、インテリ層形成の一指標であろう(東京統計協会編『日本帝国統計全書』)。

(14) 松尾「一九一五年の文学界のある風景と最晩年の漱石」(『文学』一九六八年一〇月号)。

(15) 堺の選挙戦については、松尾『大正デモクラシー』一五七ページ以下に詳述してある。

(16) 今井の当選は、寺内内閣の援段政策を排し、中国の新人との提携を主張する彼の中国政策が歓迎されたことにもよる。『今井嘉幸自叙伝　五十年の夢』(神戸学術出版、一九七七年)の松岡文平氏執筆の解説を見られたい。

(17) 鈴木文治はすでに一九一四年四月『六合雑誌』において「選挙権の拡張」と題し、「政治の改革も政治道徳の発達も結局は選挙権の拡張あるのみ」、「ならうことなら普通選挙まで一足飛に飛ぶべし」、「行ひ難しとするならばせめて教育の程度に依って拡張するも可なり」といい、「国民は声を大にして叫ぶべし、而して政府と議会とに向って要求すべし。一度にして成らずんば再びせよ。(中略)五度七度十度飽くまで素志を貫かずんば止まざること英国婦人の参政権運動の如くすべし(尤も暴行の点はあまり感心しないが)」と論じている。

(18) 野村は官憲の取調べにさいし、「自己ハ私有財産制ヲ打破シ普通選挙ノ実行ヲ期スルヲ主義トス。故ニ私有財産制打破ノ一著手トシテ今回ノ犯行ヲ敢テセリ。立憲青年新聞社同人ハ皆我同志ナリ」と陳述したという。この供述により一斉家宅捜査が行なわれ、これは「何等得ル所ナカリシガ」、一般町民にはかなりの衝撃を与えたものと思われる(『特別要視察人状勢一斑』第七)。

(19) 「趣旨中ニ選挙場裡ノ腐敗、帝国議会ノ弊風ヲ救フニハ普通選挙アルノミト記シ、綱領ニハ「一、皇室ヲ尊奉ス　一、普通選挙ノ実施ヲ期ス　一、憲政有終ノ美ヲ期ス」トノ三綱ヲ標榜シ、規約第二条ニ「本会ハ事務所ヲ静岡市本通三丁目静岡青年教団内ニ置ク」、第五条ニ「本会ノ経費ハ会員及有志ノ醵金トス」、第六条ニ「本会員ハ毎月金二銭ヲ納ムヘシ」ト規定セリ」(『特別要視察人状勢一斑』第八)。

(20) 同盟会の事務所は、名古屋市東区東門前町二丁目八番地の寺沢方に置かれた。なお趣意書は「我カ国会ハ民選議院ノ仮面ヲ装フ純乎タル階級議会ナリ、須ク普通選挙ノ制度ヲ実施シ広汎ナル国民代表ノ基礎ノ下ニ国会ノ組織ヲ革メ、以テ万機ヲ公論ニ決セシムヘシ」と記し、規約においては、第二条に「本会ハ請願書ノ提出公演会開催公刊物ノ刊行ヲ為シ以テ普通選挙ノ実施ヲ期ス」、第八条に「会費ハ一箇年金五十銭(前納トス)」、第一〇条に「本会ノ経費ハ会費及篤志家ノ醵金ヲ以テ之ヲ支弁ス」と規定されていた。

(21) このころ鈴木は後述の加藤時次郎より、東京の同盟会の名古屋支部設置方を要請されたが、鈴木は「名古屋ニ既ニ普通選挙期成会ヲ創設シ運動中ナリトノ故ヲ以テ之ヲ固辞シタル形跡アリ」という。その後同会には機関紙発行費の不足に起因するとみられる内訌がおこり、「寺沢、河村、斎藤ノ三名ハ是畢竟鈴木、片桐、矢木等カ社会党ニシテ閲歴面白カラサル点アルニ依ルモノナリト称シ、寧ロ彼等ヲ除名セントノ意嚮ヲ有シ、又一方鈴木等ハ寺沢、斎藤等カ普通選挙運動ニ兎角冷淡ナリトテ之ヲ憤リ」、両者反目のあげく『民声』も一九一八年二月一一日発行の第四号で休止し、寺沢・河村らは運動より脱落した。その後も鈴木らはときどき演説会を行ない運動を継続している(同上、第八)。

(22) 加藤(加治)時次郎については、その自伝と追憶文集を集録した加治さき編『ありし面影』(一九三〇年八月刊)、および瓜生敏一氏の詳細な伝記「加治時次郎伝」(『郷土田川』第一〇号—第一三号)が参考となる。ただしこの両著とも、彼の普選運動についてはまったく言及するところがない。その後、成田龍一氏が、加治甚吾氏所蔵資料にもとづき『加藤時次郎選集』(弘隆社一九八一年)を編み、さらに伝記『加藤時次郎』(不二出版、一九八三年)を著し、これで加藤の生涯の全容が初めて明らかとなった。

(23) これは現在なかなか実物を見出せぬが、幸いに後神俊文氏の厚意で読むことができた。

(24) 『特別要視察人状勢一斑』(第八)によれば、当夜決定事項はつぎのとおり。「普通選挙請願書用紙ヲ各地ニ配付シ之ヲ取纏メテ議会ニ請願ヲ為スコト。大正七年一月二十日頃ヨリ二月二十日頃迄ノ間ニ於テ市内各所ニ普通選挙運動ヲ目的トスル政談演説会(凡二十回位)ヲ開催スルコトトシ、第一回ハ神田区美土代町青年会館ニ於テスルコト。演説主任ヲ藤田貞二、北原龍雄トシ、尚曩ニ早稲田大学紛擾事件ニ関シ退校処分ヲ受ケタル学生数名(該学生中ニハ茂木久平及尾崎士郎アリ)ヲ加フルコト。運動経費中演説会等ニ関スル当座ノ費用トシテ金二百円ハ加藤時次郎負担シ、残三百円ハ有志ノ寄付ヲ求ムルコト。寄付ハ堺利彦・中村太八郎・青池晁太郎ノ三名各方面ニ手分シテ募集スルコト。」

(25) 『特別要視察人状勢一斑』(第八)によれば「堺利彦ハ加藤時次郎ガ独断ヲ以テ普通選挙運動ヲ中止セルヲ憤慨シ雑誌『平民』編輯主任ノ辞退ヲ申出デ、尚二月一日両者最後ノ会見ヲ遂ゲ、愈々関係ヲ絶ツニ至リシガ、該会見ノ際加藤ハ堺ニ対シ『余儀ナキ事情ノ為一時運動ヲ中止セシモ将来再ビ機ヲ見テ同志諸君ノ期待ニ副フベキニ依リ同志ニ於テモ之ヲ諒トセラレ度旨一同ニ伝言セラレ度云々』ト申出テタルヲ以テ、堺ハ同月四日重立タル同志ヲ売文社ニ招キ其ノ旨披露ヲ為シタルニ其ノ多数ハ何レモ加藤ノ意気地ナキ行為ヲ罵リ時機ヲ見テ之ヲ殴打スベシト極言セル者モアリタリト云フ」。なお加藤と堺との関係は「其ノ後又両者ノ感情融和セルモノノ如シ」といわれる。しかし尾崎士郎や北原龍雄は、その後も加藤の弱腰を非難しつづけた(「社会主義に復活したる加藤時次郎」『国家社会主義』創刊号、一九一九年四月一日、「DR. KATO NOT SOCIALIST」同上、一の四、八月一日)。

(26)　たとえば一九一五年一月の試験制度改正同志会の『宣言綱領及理由書』(筆者所蔵)によると、「第一　高等文官、判事検事及弁護士試験ニ於テハ官私学出身者ヲ平等ニ取扱フ可シ、第二　文官高等及判事検事試験ニ於ケル受験資格ノ制限ハ之ヲ撤廃ス可シ、第三　文官高等、判事検事及弁護士試験ニ於ケル予備試験ハ之ヲ廃止スヘシ、第四　試験委員ハ官私学出身ノ学者ヲ等分ニ採ツテ以テ克ク試験ノ公平ヲ保ツヘシ、第五　判事検事試験ハ之ヲ資格認定試験ト為ス可シ、第六　文官高等、外交官、判事検事及弁護士試験ニ於ケル筆記試験ノ効力ヲ留保ス可シ」の六綱領が掲げられている。一九一九年の大学令の改正はこの種の運動の結果であった。

(27)　『大阪朝日新聞』(2・4)によれば、内藤隆・松枝保二(早稲田)・武谷甚太郎(早稲田、のち金沢市長、自民党代議士)、小沢多喜三(早稲田)・吉永半平・大西島二(中央)・関春治(法政)・中村八郎(中央)・星川豊彦(早稲田)・小関藤政・横尾善春(早稲田)・大西進(中央)・佐々木国行(日本)・山田慎一(中央)・和田徳一郎(明治)・塩川正雄(専修)・小原良介(中央)・松野晃典(中央)。以上の大学名は松野氏の教示による。なお松野氏によれば、演説会には橋本徹馬・加藤勘十・山田忠正ら立憲青年党員、それにときには鉄心会(政友会院外団)の大野伴睦も応援したという。さらに松野氏のあげる関係者を列挙すれば次のとおり。関美代策(明治、のち教授)・深作貞治(日本、弁護士)・安田治覚(日本、弁護士)・加藤宗平(専修、のち教授)・松谷与二郎(明治、のち社大党代議士)・草場一平(明治、のち炭坑経営者)・森下国雄(早稲田、のち民政党代議士)・碓井龍介(中央、弁護士)

(28)　たとえば『大阪朝日新聞』三月八日・一〇日・一一日付の各社説。なお大山郁夫は「選挙権拡張に関する議論は一様に此方向に傾いて居るのであつて、理想として更に極端に普通選挙の採用を叫ぶ人も、過渡期に於ける一時の便宜として忍んで之を是認せんとして居る」といっている(「選挙権拡張に対する各党の態度」『中央公論』一九一八年四月号)。

(29)　横山勝太郎監修『憲政会史』(一九二六年)一一一ページによれば、憲政会・国民党および政府とも都市区独立大選挙制という現行一九〇〇年法の区制を維持する点では共通であり、両野党とも最低政府案を支持して議員定数増加(三八一名を四三八名に)を実現させる意向であった。小選挙制に固執する政友会は孤立し、もし両野党と政府与党の新政・清和両派を合せての多数で政府案が通過すれば小選挙区制が当分実現不可能になってしまうと判断し、政府にとっての最重要法案たる軍需工業動員法案の可決と交換に政府案の撤回を求め、これに成功し、自党案をも撤回した上、政府与党と結んで憲政・国民両案を否決したという。

II

一

(1)「最近ニ於ケル(自十月一日至一月十七日)選挙法改正ニ関スル新聞雑誌ノ論調」(日本近代史料研究会『大正後期警保局刊行社会運動資料』一九六八年)。調査した新聞名は、東京日日新聞・東京朝日新聞・時事新報・国民新聞・万朝報・報知新聞・やまと新聞・読売新聞・中央新聞・都新聞・東京毎日新聞・東京夕刊新聞・二六新報・大勢新聞(以上東京)、横浜貿易新報・横浜毎朝新聞・新愛知・名古屋新聞・京都日出新聞・京華日報・大阪朝日新聞・大阪毎日新聞・神戸又新日報・神戸新聞。雑誌名は太陽・日本及日本人・中央公論・新時代・新日本・一大帝国・世界公論・評論ノ評論・大観・亜細亜公論・東方時論・中外・中外新論・日本評論・雄弁・青年雄弁・政友・憲政・第三帝国。なお区制については、新聞で大選挙区制を支持するもの一二、小選挙区制・中選挙区制各一、「只資格問題ト引離スベシト云フモノ」三、雑誌では大・小区とも各三である。

(2) 兼近輝雄「第四二議会への普選案の上程と各党の態度」(『早稲田大学政治経済学雑誌』156、一九五九年)。除名されたのは高松正道・神谷卓男・大堀孝・湯浅凡平・村松恒一郎・伊東知也の六代議士で、前代議士佐々木安五郎も彼らと行動を共にした。なお伊藤之雄『大正デモクラシーと政党政治』(二一ページ)によれば、犬養毅が除名処分の発頭人と称されるのは、当時、国民党が計画していた清和倶楽部・新政会の二小会派と憲政会の一部を加えた新党構想のためだという。なお除名されたグループの軍資金は、大堀を通して政友会の岡崎邦輔が提供したという「城南隠士」の説がある(『香川新報』大八・三・一七)。

(3) 岡部次郎　高木正年　黒須龍太郎(以上発起人)　尾崎行雄　島田三郎　富田幸次郎　望月小太郎　添田飛雄太郎　村松亀一郎　小泉又次郎　小山松寿　川崎克　河西豊太郎　河波荒次郎　平山岩彦　森秀次　三木武吉　田中善立　本間三郎　田中万逸　桜井庄平　横山勝太郎　平島松尾　竹村良貞　岩佐善太郎　山田正年　森田茂　加藤定吉　久須美東馬　古屋慶隆　磯貝浩　野村嘉六　山道襄一　桜井兵五郎　頼母木桂吉。

(4) 松田源治　中村啓次郎　粕谷義三　上埜安太郎　武藤金吉(以上発起人)　岩崎勲　山口恒太郎　鈴木錠蔵　中西六三郎　高

橋本吉　藤野正年　河上哲太　一宮房治郎　成田栄信　田村順之助　井上角五郎　長田桃蔵　斎藤紀一　児玉好熊　寺田省帰蔵内治郎作　石射文五郎　中野寅次郎　土屋清三郎　原田十衛。この中には普選の時機について尚早論者もあったという（『大毎』大8・2・3）。なお原田十衛ではなく原田佐之治であり、高見之通も出席したとの報もある（『大朝』2・4）。

（5）　三月四日衆議院に提出された普選法案の署名者は、村松恒一郎　伊東知也　高松正道　湯浅凡平　大堀孝　神谷卓男（以上国民党離脱者）、坂本金弥　秋田清　児玉右二　富島暢夫　山根正次　森本是一郎　古川清　吉田中（新政会）、今井嘉幸　赤木亀一　橋本太吉　尾崎敬義　押川方義　松島肇　黒須龍太郎（『大朝』3・5）。このうち松島肇が二日後署名を取消した。政友会蔵内治郎作の働きかけによる（『大朝』3・7）。なおこの普選法案の骨子は、二五歳以上の男子を有権者とするもので、「貧困のため現に公費の救助を受け、又は之を受けたる後二年を経ざる者」は除外される。

（6）　内務省警保局保安課『例規(通牒)』(アメリカ議会図書館蔵)には、このとき警保局より発せられた通牒と川村警保局長の談話が収録されている。

多衆運動ニ関スル件依命通牒

（大正八年三月一日内務省秘第三六二号
内務省警保局ヨリ各庁府県長官宛）

従来東京等ニ於テ政治季節ニ於ケル屋外集会示威的行列其他政治問題ヲ中心トスル多衆運動ハ之ヲナルヘク許サヽル方針ヲ採リ来レルハ此ノ季節ニ於ケル世人ノ視聴概ネ中央政界ノ推移ニ集中シ事案ニヨリ動々モスレバ人心ニ昂奮動揺ヲ来サシムル処アルノミナラズ往々過激煽動ノ徒其ノ機ニ乗シ事態ヲ険悪ニ導キ為ニ不測ノ禍害ヲ招キタル事例乏シカラサルカ故ニ有之候然ルニ時勢ノ進運ニ伴ヒ多衆運動ノ真ノ目的純良ニシテ且ツ四囲ノ状況ニ鑑ミ治安維持上支障ナシト認ムル時ハ相当ノ条件ヲ附シテ之ヲ許スヲ可トスル場合モ可有之今回警視庁ニ於テ別紙列記ノ如キ事項ヲ守ラシムル条件ノ下ニ多衆行列ノミヲ許セシカ如キ即チ最近ニ於ケル一例ニ有之候　併レトモ多衆運動ノ許否及之ニ伴フ条件ノ詮議ノ如キハ最モ慎重ナル考慮ヲ要スヘキ儀ニシテ運動ノ目的ニシテ疑フヘキモノアリ若クハ民心ノ趨ク所憂フヘキモノアル等苟クモ秩序維持上懸念スヘキ点アリト認ムル場合ニ於テハ勿論之ヲ禁止スルヲ適当トスルコトアル可ク又仮令許シ得ル状態ニ在ル場合ト雖モ学生労働者ノ如キハナルヘク参加セサルヲ適当ト認メラレ候ニ付テハ今回警視庁ニ於テ許可シタル条件及小官ノ新聞記者ニ対シ発表シタル談話御参考マテニ添付致置候ニ付右ヲ斟酌シ本件ニ関シ其ノ地方ニ適当シタル機宜ノ措置ヲ講究セラレ候様致度依命此段及通牒候也　追而治安警察法第十七条ノ撤廃又ハ改正ヲ目的トスル示威運動ノ如キハ其ノ題目普通選挙ノ如ク簡単ナラズ主トシテ労働者ニ関

係多ク且ツ往々彼等ニ誤解ヲ生セシメ易キ事項ナルヲ以テ右等ニ関スル多衆運動ニ付テハ此際充分御注意相出候方可然ト存候

警視庁ニ於ケル「多衆運動許可条件」

一　酒気ヲ滞ヒ若クハ異様ノ服装ヲ為セル者ヲ参加セシメサルコト
二　参加者ハ予メ部隊ヲ編成シ出発ノ際混雑セサル様準備スヘキコト
三　隊伍ハ三十人以下トシ一隊毎ニ監督者一名以上ヲ付シ全責任ヲ負フコト(監督者ハ予メ住所氏名ヲ届出テ当日ハ特ニ標式ヲ付スコト)
四　行進ハ二列以下タルコト
五　鐘鼓、法螺喇叭、類ヲ鳴ラシ若ハ大形ニ過クル旗幟ヲ用ヒサルコト
六　街角、電車、横断地点等ニハ予メ責任者ヲ配置シ警察官ト協力シテ交通支障ナカラシムルコト
七　演説ヲ為サヽルコト
八　議会ニハ総代三十名以下ノ外赴カサルコトヲ希望ス
九　運動ハ午後三時限リ二重橋前ニ於テ解散スルコト
一〇　部隊ニハ取締警察官ヲ附スルコトアルヘキコト
一一　治安上必要アリト認ムル時ハ何時ニテモ運動ヲ禁止シ又ハ解散セシムルコト

屋外集会ノ取締ニ就テ

川村警保局長談

政治季節ニ於ケル屋外集会又ハ行列行進等多数ノ運動ハ従来之ヲ許可セサルヲ例トシ殊ニ東京ニ於テハ政治問題ニヨリ人心動々モスレハ刺激サレ易ク為ニ往々弊害ヲ生シ多数ノ迷惑ヲ醸スコトガアルノデ政治問題ヲ目的トスル屋外集会ヤ多数ノ運動ハ之ヲ禁止シ議会開会中ハ特ニ厳重其ノ方針ヲ維持シ来タノデアル　併シ一般社会ノ進歩ト共ニ当時ノ状況ヲ考察シ場合ニヨツテ之ヲ許スノハ又時ニ適当ノコトデアルト認ム　今般降旗、黒須、岡部、其ノ他ノ諸君ニヨリ計画セラレタ普通選挙ニ関スル行列ヲ許スコト、相成ツタノデアル併シ今回ノ企テハ四囲ノ事情ニ徴シ社会ノ安寧秩序ニ害ナカルヘシト認メ且一面主催者側ノ人格ニ信頼シテ許シタ次第デアツテ決シテ将来屋外集会又ハ多数ノ運動ハ必ス許可セラルヘキモノデアルト言フ先例ヲナ

スモノデハナイ　従ッテ其ノ標榜スル所穏当ナラズ其真正ノ目的純良ナラス或ハ当時諸般ノ事情ヲ考察シテ弊害アリト認メタル場合即チ苟モ社会ノ安寧秩序ニ害アリト認ムル場合ニハ断シテ許可シナイ方針テアル　而シテ之ヲ許シタル場合ニ於テモ治安維持ノ職責上警察官ハ充分其ノ取締リノ任ニ当リ社会ノ安寧秩序ヲ害シ聊カニテモ善良ナル多数市民ニ迷惑ヲ及ス様ナ行為アラバ夫々仮借ナク必要ナル措置ヲ執ル積リデアル従来群集心理ニ駆ラレ一時ノ出来心ヨリツマラヌ事ヲ為シ取カヘシノツカヌ一生ノ不幸ヲ醸シタ例ハ沢山アルカラ責任者ハ素ヨリ行列ニ参加スル者モ勉メテ冷静ナル態度ヲ持シ善良ナル市民ノ迷惑ニナラヌ様又文明国民ノ体面ヲ汚サヌヤウ充分注意セラレタキモノテアル　今回ノ行列ニツイテハ警視庁ニ於テ主催者ニ対シ夫々必要ナル事項ヲ指示シタカラ克ク同庁ノ注意ヲ遵守センコトヲ希望スル殊ニ学生ノ如キハ夫々父兄ヨリ学資ヲ得テ研学ニイソシムノカ其ノ唯一ノ勤メデアルカラ我輩ハ学生ノ如キハ政治上ノ実際運動ニハタツサハラス全力ヲ学術ノ研究ニ注キ他日ノ大成ヲ期セン事ヲ衷心ヨリ切望スル次第テアル　学生ヲ政治運動ニ引込ムコトハ心アル者ノ賛成セヌ所テアロウ又単ニ多数運動ニ引込ム事ハ心アル者ノ賛成セヌ所テアロウ　又単ニ多数ヲ集メンカタメ身ニ一家ノ職業ヲ有ツテ居ル者ニ対シ強テ勧誘シ一日ノ業ヲ休ムテマテ参加サセル様ナ事ハ寔ニヨクナイカラ斯ノ如キ事ハ之ヲ厳禁シタノテアル又今回ノ運動ニ付テハ各個人ノ責任ヲ自覚サセル為メ参加スル者ノ氏名ハ之ヲ届出シムルコト、シタ尚今度許可シタノハ単ニ行列テアツテ屋外ニ於ケル政談演説会ハ之ヲ許可セサル方針ナルコトハ従前ト同様テアル　終リニ一言シタイコトハ議会ハ我々国民ヲ代表スルモノテアツテ開期中ノ議会ハ誠ニ神聖ナモノテアル故ニ英国ノ如キ国ニ於テスラ議会開会中ハ其ノ周囲一哩以内ニ於テハ請願等ノ準備ノ為メ又ハ其ノ名義ノ下ニ五十人以上集合スルコトヲ厳禁シテ居ル位テアル故ニ克ク是等ノ事情ヲ弁ヘテ立憲国民ニ恥シサル様注意シ我国ニ於テハ如斯規定ヲ必要トセサル実ヲ挙ケム事ヲ切ニ希望スル次第テアル

(7) 田辺町の集会は城南普選期成同盟会の結成へと発展し、その幹部藤井熊吉は、一九二二年、日農綴喜連合会結成に尽力する。農民運動指導者の政治的社会的自覚の発展の推移を示す一例であろう。

(8) 伊藤仁太郎(〇国民党院外団、政治講談師)　入山祐太郎(弁護士)　池田清秋(弁護士)　石橋湛山(『東洋経済新報』社員)　伊藤亀雄(『万朝報』記者)　猪股淇清(弁護士)　石田友治(〇『第三帝国』主筆)　林田亀太郎(前衆議院書記官長)　芳賀喬一(弁護士)　花田準一　西本国之輔(〇国民党院外団、騎兵大尉)　西岡竹次郎(早大出身、普選促進同盟会)　堀川直吉(早大雄弁会出身)　大場茂馬(元大審院判事、弁護士)　小野瀬不二人(〇『東京毎夕新聞』社長)　奥野市次郎(〇政友会前代議士)　大関啓三　大井憲太郎(〇)　小野謙一(『やまと新聞』記者)　萩野万之助(〇)　鷲尾義直(国民党院外団)　笠原文太郎(弁護士)　上村進(弁護士)　茅原華山(『内観』主筆)　河野己一(国民義会)　川手忠義(弁護士)　河合廉一(弁護士)　吉田三市郎(弁護士)

横山雄偉(『世界雑誌』記者、もと憲政作振会) 高橋秀臣(〇憲政会院外団) 田中弘之(〇国粋的仏教家) 竹森一則(『世界の日本』記者) 田阪貞雄(弁護士) 高橋素都武 副島八十六(国民義会) 中村太八郎(〇) 中村信次郎 中島気崢(『国民新聞』記者、国民義会) 並河勘蔵 中村泰治 長野国助(弁護士) 名川侃市(弁護士) 中村五六 卜部喜太郎(〇弁護士) 内田清吉 海野普吉(弁護士) 上野岩太郎(『新公論』『順天時報』社長) 鵜沢熊吉(国民党院外団) 野沢枕城(『二六新報』記者) 野村此平 工藤鉄男 山本信博 山口弾正(〇もと同盟会幹事) 山川瑞三(『国民新聞』記者) 山口熊野(〇政友会前代議士) 牧野充安(〇弁護士、国民党院外団) 丸山長渡(〇弁護士) 松谷与二郎(弁護士) 松田義隆(弁護士) 松尾清次郎(弁護士) 松本君平 (〇政友会前代議士) 福良虎雄(『東京日日新聞』記者) 布施辰治(弁護士) 藤田勇(『東京毎日新聞』社長) 小林勝民(憲政会前代議士、国民義会) 小池定雄 江橋治郎 青池晁太郎(〇もと同盟会幹事) 天野敬一(弁護士) 安藤正純(『東京朝日新聞』編輯局長) 桜井徹三(『時事新報』記者) 佐々木安五郎(〇国民党前代議士) 三枝光太郎 作間耕逸(弁護士) 菊池武徳(〇もと中正会代議士) 菊地茂(『中外商業新報』記者、斎藤英子編『菊地茂著作集』全三巻あり) 北島鉄(銭?)太郎(〇) 三浦銕太郎(『東洋経済新報』主幹) 宮島次郎(弁護士) 三宅碩夫(弁護士) 斯波貞吉(〇『万朝報』主筆) 志田力二(黒龍会) 荘田要二郎 重久俶 白柳武司(秀湖、もと売文社員) 平野英一郎 平松市蔵(弁護士) 平沢均治(弁護士) 平山六之助(弁護士) 森田小六郎(憲政会前代議士) 森本駿(政友会前代議士) 粟山博(丁未倶楽部) 森田義郎(〇政教社員、国民義会) 角岡知良 鈴木正吾(もと『洪水以後』記者)、以上人名は『法律新聞』(2・18)による。〇印は旧同盟会員。なお同新聞は、二月九日の大会の議決により、この人選は座長河野広中が一四日に発表したと報ずる。この人名のうち八五名が『政治的諸団体』(大正九年一二月調)で、そのまま「会員」として記されている。なお彼らの大半の経歴については伊藤隆『大正期「革新」派の成立』(一六一ページ以下)に詳しい。

(9) 同盟会側が社会主義者を敬遠したことは、二月九日の大会が、堺利彦の演説を許すか否かでもめたことでも判明する(吉野孝雄『宮武外骨』二九六ページ)。なお、片山潜の亡命以来、普選運動におけるその役割をひきついだ形であった堺利彦の、幸徳富治宛一九一九年一月三一日付書翰(筆者所蔵)は、彼の普選問題に対する態度と観測の大体を物語っている。

「ハガキ運動大いにおやり下され多謝々々。我々としては、今度は飽くまで蔭にかくれてゐる。新社会にも態と書かぬ事にした。然し二月号の外の雑誌にはチョイ〳〵書いてゐる筈。新聞にも書いて貰ふ様に頼んでゐるが、衆議院で葉書の舞込んで来る事を隠蔽してゐるらしいので、どうも思はしく行かない／然し議員連の中の普通選挙論者が大ぶん活動しはじめた様子だから、多少おもしろい事はあるだらう／と云つて今年の議会で目的を達する事は到底六かしいから、それよりイツソ納税資格低減の改正案を揉みつぶして来年を待つ方が得策だと云つて、其の方針で運動してゐる者もある／滑川の同志会は禁止されたといふ事だ／僕等に対する警戒は近来よほど厳重だから、実際何も出来ない／首つり〔堺利彦『猫の首つり』―松尾〕は明日送る／折角御自愛御摂養をいのる」。

なお、この手紙の追伸、あるいはこれと前後して発信したと思われる日付不明の書翰にいう。

「尾崎行雄氏が大分やりだした。二月十一日に普通選挙同志の大懇親会がある筈。つまり当日を以て『普通選挙デー』といふ事にする積りだらう。今年成功せずとも来年は成功させたい。

内輪のこまかい話はこゝに書けないが出来るだけはやつてゐる。然し表面、僕一身としては謹んで謹慎の意を表してゐる」（傍点原文のまま）。

このような堺ら中央の社会主義者の消極的態度に対する不満は、地方の社会主義者からもち出されていた。京都の西陣織工谷川繁二の「新社会編輯局長殿」宛の投書にいう。

「果然普通選挙運動は遠近に起つた。……而もこの秋にあたり吾が同志諸君の動作を省みるに恰かも帰したるが如く、はた又眠れるが如きその不甲斐無きには涙のこぼるゝを禁ず能はざるものがある。売文社に巣ごもれる先輩諸氏よ。卿等はいつの日迄理論の遊戯には耽らんと召さるるか。……卿等特に言はん。当局の近実圧迫遂に意の如くならざるをと。言ふ勿れ、凡べて大なる事業には大なる犠牲を払はざるべからずだ」（『新社会』五巻七号、大正八年三月号）。

(10)　ヘンリー・スミス『新人会の研究』は「一九一八年九月の新学期を機に、もっとも優秀な学生のグループが彼の家に定期的に集り、普通選挙に関する系統だった勉強をはじめた」（四一ページ）。「普通選挙研究会は一〇人から二〇人までの学生により構成され、その少なくとも半数は新人会に加入した。そして研究会の活動は一九一九年はじめで終った」（二五九ページ）と記す。吉野作造『普通選挙論』（万朶書房、一九一九年）はその成果である。

(11)　内藤（一八九三―一九七九）は一九二〇年早大卒業後、富山に赴き、北陸タイムス編集局長、北陸日日新聞主筆を歴任。戦後、日本自由党・自由民主党に属し、一九四九年以来、代議士当選六回（小沢浩「地域社会におけるデモクラシー思想とその周辺」、小浜喜一・内藤真作編『内藤隆の思想』）

(12)　美濃部「選挙法の改正」『太陽』大正八年二月号。なお彼はこの論文において、なお明治以来の持論たる小選挙区制を、「差当りは」「比較的最も適当であらうと信ずる」とのべるが、一方では、この代案として大政党に有利で、ゲリマンダーを許容する小選挙区制に代るべき制度として、大選挙区比例代表制の提唱をも行なっていることに注意すべきである。彼はすでに

「小選挙区制の一欠点」(『法学新報』大正七年四月号)において、比例代表制を「少なくとも研究に価すべき一方法」としたが、「普通選挙論」(『国家学会雑誌』大正八年一〇月号)以後は「普通選挙と関連して最も考察を要する問題」として論及し、普選実施後はもっぱら、その実現の必要を鼓吹する。

二

(1) 『国民』『時事』『東朝』『大朝』などの新聞、および水野石渓『普選運動血涙史』による。なお内務省警保局『普通選挙促進運動概況』(『大正後期警保局刊行社会運動資料』所収)によれば二月一日集会は四三〇〇人、一一日は四六五〇人、二二日は一万人、一四日分は名目が懇親会であったためか記載がない。一月一六日から二月二四日までの大衆集会は三六回、うち示威行進は一〇回となっている。

(2) 『大朝』は一二月より翌年一月にかけ「普選断行賛否」と題して、諸有名人のアンケートを連日掲載した。一二月一四・二〇日付の「文士と普選」では、島崎藤村・有島武郎・岡本綺堂・若山牧水・高村光太郎・小山内薫・安倍能成ら二九名が賛成の意を表し、長田幹彦・太宰施門・岩野泡鳴・徳田秋声の四名のみが反対した。

(3) 水野石渓『普選運動血涙史』(一九ページ)および『都新聞』(以下、新聞はすべて二月一日付)は四一、『やまと新聞』および『大朝』は五二、『東日』は四三、小泉又次郎『普選運動秘史』(一二ページ)は四六と、資料により団体数はまちまちである。

(4) 大正維新団は内務省警保局『政治運動団体調』(大正八年一一月一〇日現在)によれば、創立は一九一九年九月二四日。常任幹事は須田吉衛・内藤隆・山元亀次郎。「国民義会ノ別動団トシテ組織シタルモノニシテ、国民義会員五百木良三ハ基本金トシテ金四百円ヲ交付セリ」。九月二七日から一〇月一九日まで九回にわたり内閣攻撃の演説会を開き、弁士一人は焼打手段で倒閣せよと発言して起訴された。

国民義会は前出『政治運動団体調』および同種の『政治的諸団体』(大正九年一二月調)によれば、一九一四年一二月に憲政系の人士により、主として「対支問題」講究のため創立。一九一九年二月から八月にかけ原内閣反対の演説会を毎月行なっていた。会員は約二〇名といわれ、押川方義・大竹貫一・小林勝民・森田義郎・山田忠正・河野己一・中島気崢・望月小太郎・松平康国・櫛部荒熊・橋本徹馬・加藤勘十・宇治村敏・小泉又次郎・五百木良三・松村雄之進・柴四朗・副島八十六の名が見える。後述の青年改造連盟の母胎たる立憲青年党は国民義会の別働隊。

八郡倶楽部は前記『政治的諸団体』によれば、一九一五年八月の創立。「政党内閣ノ確立ヲ期シ、憲政会ノ地盤擁護ニ任ス」。

総人員約五〇〇名。主幹は中溝多摩吉。顧問は守屋此助・高木正年・細野伝次郎・砂川準五右衛門。

大正義憤団は前記『政治運動団体調』・『政治的諸団体』によれば、一九一九年一〇月二七日の創立。原内閣打倒をめざす「憲政会出入ノ壮士ノ団体」。人員は約二〇人。主幹は森脇源三郎(天涯)。会員に杉山天哉・村山久蔵・藤原欽哉・古島義英・高橋秀臣・吉瀬才一郎の名がみえる。

日東国士会は『政治運動団体調』によれば、憲政会前代議士小林勝民の主唱。「東洋ノ危機」に対し「卓然不抜ノ国策ヲ樹立スルヲ期ス」。一九一九年九月三日創立。一〇月二五日の総会には大井憲太郎・長島隆二・肝付兼行ら百余名出席。会長に大谷光瑞を推戴せんとしたが結果は不明。

純正青年改造連盟は後述の青年改造連盟の分派、一九二〇年二月一日の青年改造連盟主催の大会後分裂。山本開作と高田末吉が中心。会員名に真鍋儀十・入沢吉次郎・尾崎士郎の名がある(前記『政治的諸団体』)。

対外同志会については『政治運動団体調』には「曩ニ組織セル対外同志会ハ櫛部荒熊ノ為ニ利用セラル、ヲ慮レ八月一七日解散、即日同名ノ会ヲ組織セルモノ」とある。新組織は松本剛吉系。普選連合会に名を連ねているのは櫛部系である。

(5) 記者同盟会は一九一九年九月八日の創立。『政治運動団体調』では「新聞記者同盟会」となっている。「中野正剛ラノ組織セル改造同盟ニ対抗スルタメ黒岩周六(万朝報)、大谷誠夫(都)、松井広吉(やまと新聞)、須崎芳三郎(報知)、石川安次郎(万朝報)等主唱セルモノ」とあるが、行動では改造同盟に敵対はしていない。創立のとき早くも内閣弾劾を決議し、一〇月に二回演説会を開き、一一月九日には外交問責同盟会(大竹貫一・田中善立・村松恒一郎・長島隆二・中野正剛・櫛部荒熊・五百木良三ら)・改造同盟・国民生活研究会との共催で内閣弾劾全国有志大会を開く(河野広中座長)。憲政会色濃厚といってよい。

(6) 普選促進記者連合会。『政治的諸団体』によれば一九二〇年一月、「吾人ハ言論ノ力ヲ以テ普選法案ノ成立ヲ期ス」「吾人ハ普選促進ノ民衆運動ヲ声援ス」の趣旨のもとに結成。会員は馬場恒吾・山川瑞夫・中島気崢・山田毅一(国民)、須崎芳三郎、川尻東馬(報知)、井上正昭(大正日日)、倉辻明義(東京毎日)、斯波貞吉・大久保八朔(万朝報)、大庭柯公・韮崎信次・木村正(読売)、原戊吉・大谷誠夫(都)、井芹継志・西村公明(東京日日)、木下信行(時事)、相馬由也(大観)、安藤正純・浅野利三郎(東京朝日)、野沢藤吉(二六)、長谷川了(帝通)、板倉観男・辻川直義(やまと)・小田政五郎(中外)

(7) 立憲青年党については宮地正人『日露戦後政治史の研究』(三四九ページ以下)および伊藤隆『大正期「革新」派の成立』(二二八ページ以下)に詳しい。ここではこの党の選挙権に関する主張の変遷だけを記しておこう。機関誌『一大帝国』をみると、一九一六年九月、山田忠正「我党と選挙権拡張問題」は普選のごとき「理想に捉はれたる議論を排」し、二五歳以上の男子で直税五円以上、中卒、兵役義務終了者の三条件の一をみたすものを有権者とせよと主張している。党首の橋本徹馬も、一九一八年二月「我党の政策を明にす」を発表した中で、選挙権の拡張の内容は中卒もしくは直税五円又は三円としている。米騒動直前の六月でも幹事の加藤勘十「官僚と成金と労働問題」は普選即行に反対し、「人智未だ玆に到らざるに先立って此制度を設けることは徒に煽動政治家の乗ずる処となつて、国家は逆にモップの勢力に支配さるゝ所となる恐れがある」と主張している。原内閣成立後の一〇月になっても越智秀一「階級的反感の緩和策」は丁年以上の戸主を有権者とせよと論じ、一九一九年二月の橋本徹馬「我党の普通選挙運動」は「義務教育を終った二十歳以上の男子にして独立の生計を営める者」約一〇〇〇万人を有権者とせよと論ずる。この党が「独立生計」を放棄するのは、三月に機関誌の名称を『労働世界』に改め、綱領を一新して普選を正式にその一項としたときであろう。

なお普選連合会の加盟団体の一つたる自由協会は、立憲青年党左派による分派とみられる。『政治運動団体調』によれば、加藤勘十と尾崎士郎が主唱し、茂木久平・塩月学・簡牛凡夫らが加わる。この顔ぶれでは、宮地正人『日露戦後政治史の研究』(三五二ページ)がいうように、高畠素之一派の国家社会主義者の参画が目立つが、次の三ヵ条の綱領には反映されていない。「一、人類共存ノ大義ヲ宣明シ自由ト平等トノ徹底的観念ノ宣伝ヲ期ス。二、資本主本位ノ経済組織ヲ打破シ新興階級ノ公正ナル要求ヲ貫徹セシム。三、小数専制ヲ打破シ民衆政治ノ実現ヲ期ス。」一一月五日の神田青年会館での演説会では七〇〇名の聴衆を集めたが、弁士中止三回のあと解散を命ぜられており、その急進性がうかがえる。『政治的諸団体』では総人員約三〇人と記され、入沢吉次郎・片岡軍二・山元亀次郎・町田辰治(辰次郎?)の名が見える。目的遂行のため七つの部が置かれている。普選部(男女平等普選)、労働部(八時間労働、少年婦人夜業廃止、最低賃金公定、労働組合法、団結権確認)、平民警察部(治警法・行政執行法の撤廃、死刑廃止)、法制部(貴族院廃止、「言論文書ノ自由ヲ絶対ニ保証スルコト」、重要問題の直接投票制)、朝鮮台湾部(全土に「臣民制ヲ布クコト」)、特殊部落部(「特殊部落ノ教育衛生ヲ通シテ特殊生活ノ実務ニ関スル実際政策ヲ実施スルコト」)、農村部(小作保護法、小作人組合)。男女平等普選などは急進的だが、植民地政策や被差別部落対策は意外に保守的である。加藤勘十は二月一日の国技館集会を最後に、立憲青年党から離れて労働運動に飛び込むが、その前段階としてこの自由協会結成があったとみられる。

(8) 暁明会は一九一九年一〇月二五日神戸に創立され、京都・大阪にも支部を設け、普選請願署名を行ない、演説会を催すなど活溌な運動を行ない、後述の普通選挙期成関西労働連盟の一員ともなった。戦後恐慌以後の普選運動鎮静期にも運動を継続し、一九二二年結成された西日本普選大連合にも参加している。暁明会の一委員の語るところでは、会員は「殆んど知識階級と中産階級の人々に依つて組織され、現在の会員は三千八百名許り」(里口常松談『国民新聞』大9・2・10)といぅが、「大体においてサラリーメンの団体であり」(同上)、その中心分子は神戸の「商船会社の上級サラリーマン」(大原社研『日本労働年鑑』大正九年版、五四一ページ)、あるいは「各商事会社従事の若手」(『大阪朝日新聞』大9・1・13)とつたえられる。ただし、『労働運動』第六号(大9・4・30)所収「労働団体消息」の伝えるところでは、「例の鈴木商店から金が出るらしい」とある。仮に事実としても、それはこの会の鈴木の走狗化を必ずしも意味しないだろう。むしろ暁明会を通して、鈴木とも結びつくような都市中間層の意識を探ることは可能と思われる。暁明会の生命は長く、一九二八年普選第一回選挙で、幹部の藤原米造(久原商事社員)を神戸で当選させた。

(9)　改造同盟については、宮地氏および伊藤氏の前掲書を参照されたい。なお改造同盟の普選連合会参加については疑問がある。水野『普選運動血涙史』、小泉又次郎『普選運動秘史』とも「改造連盟」と記しているからである。また関和知・高木正年といった同盟所属の憲政会代議士が、普選連合会に顔を出した証拠が見当らない。しかし馬場恒吾・相馬由也・斯波貞吉・原戊吉・安藤正純・倉辻明義ら改造同盟に属する記者たちが、普選促進記者連合会のメンバーであるところからみて、改造同盟が連合会の一員であっても不自然ではない。

(10)　従来は、この急進派の普選運動指導における独自の積極的意義は、ほとんど無視されている観がある。信夫清三郎氏は、「普通選挙は植原悦二郎にとってもまた民衆対策であり、民衆の運動が革命に発展しないための「安全弁」であった」と、植原の主張が「民衆運動と対決するもの」であったかの如くいう。そして一方では、彼の憲法改正を含む絶対主義改革論を紹介しながら「絶対主義機構の改革は民衆にとってもまた主張されていた。しかも民衆と政党との間にはすでにハッキリと断層があらわれていた」と論ずる(『大正デモクラシー史』五四六ページ)。なるほど植原も革命あるいは階級闘争の激化をおそれ、その安全弁として普選を意義づけた。しかしそこからただちに、彼が民衆運動と対決したときめつけるのは即断ではあるまいか。もし当時の民衆運動が社会主義の指導下にあり、革命的情勢が接近していたとするならば、また彼が単に「安全弁」のためにのみ普選を主張していたとするならば、彼は民衆運動と対決するものであったろう。しかし当時の現実において、そのような情勢は存在しなかった。中間層にしても無産階級にしても、民衆は社会主義革命そのものを直ちに要求しているのではなく、まず政治的自由を要求せねばならぬ段階であった。信夫の紹介する植原の主張は、少なくとも民衆の一部たる中間層の要求を、もっとも尖鋭に表現したものであり(美濃部達吉あるいは吉野作造さえも、この段階で憲法改正など口にしたことは一度もないことを想起せよ)、民衆との間に「ハッキリと断層があらわれ」たのは政党幹部で、植原ら急進派ではなかった。

また石田雄氏は「大衆運動としての普選運動の中には克服されねばならない政治的指導の弱さと指導体系の混乱があった」こと、すなわち「当時における政治指導の体系が下からの民主的統制を貫徹させうるものではなく、自主的組織化への動きと、伝統的指導層との錯雑した結合形態であった」ことを強調する(石田『近代日本政治構造の研究』一八八—一九〇ページ)。「自主的組織化」なるものの具体的様相は提示されていないが、伝統的指導層とは院外団ないし「政党の主流からはずれ、或意味では院外団と大差のない」院内急進派を指しているように思われる。そして既成政党が大衆をつかむ媒介者としての役割を、彼らが果したことを強調する。当時の急進派ないし院外団的分子の中には、たしかに山口正憲の如き一旗組ないしは政治ゴロ的存在はいなかったとはいえない。しかし普選同盟会の幹部たる西本国之輔・牧野充安なども、院外団(国民党)に属していた。彼らないしは今井嘉幸・植原悦二郎・島田三郎らを含めて、一口に伝統的指導層といえるであろうか。本来孤立分散的存在たる大都市の中間層が、「自主」的組織をつくり出すことは困難であり、政治的経験者たる院外団的存在が、市民の大衆動員の中核となるのは自然のなりゆきではなかったのか。

(11) 京都、1・15、演説会とデモ(四〇〇人)。大阪、1・18、デモと演説会、尾崎行雄参加(五〇〇〇人)。神戸、2・7、デモと演説会(一〇〇〇人)。

(12) 大原社研『日本労働年鑑』大正九年版、四二三ページ。このような団体が普選運動に参加することには、当然資本家の諒解があったと推測される。当時の資本家中、普選を支持するものもあったことは前述のとおりだし、またうがった見方をすれば、労働者が普選運動にのみ気をとられて、本来の組合運動をおろそかにすることは、資本家にとって大いに歓迎さるべきことであったろう。

(13) 引用は山崎一雄「普通選挙と新興文化」(『先駆』1号)。これは新人会員の論文だが、友愛会と新人会の関係よりみても、先進的労働者の見解を代弁しているとみてよい。

(14) 『日本労働年鑑』大正一〇年版、四九二ページ。加盟団体は「東京の部、友愛会有志、日本労働組合信友会有志外一六団体。大阪の部、大阪鉄工組合外一六団体」(『国民新聞』2・7)と称していた。結成およびデモの日付からみて、関東連盟の戦線を攪乱する役割をになわされたものと考えられる。『国民新聞』(2・7)は「代表者」の談として「或る一部の人々の為めに利用されて居るものの様に誤解されて居るが」、そのようなことはないと弁解させているが、普選連合会あたりの手がまわっていたのではなかろうか。なお反友愛会系の全国普選連合会所属の労働団体の動向およびその評価については、宮地正人『日露戦後政治史の研究』三七〇ページ以下をみられたい。

(15) 連盟の指導権は最大の組織たる友愛会が握っていた。それは、この日選出された普選運動の実行委員(二〇名)の総委員長に友愛会長の鈴木文治が、中央委員長に同会の前主事で会計たる松岡駒吉が選ばれたところに示されていた(協調会資料)。

三

(1) 憲政会の労働組合法案の意義および普選提案との関係については、渡部徹「日本における労働組合法案の登場をめぐって」(『日本労働協会雑誌』一九六六年六月号)、安田浩「政党政治体制下の労働政策」(『歴史学研究』一九七五年五月号)参照。

(2) この文書によれば一九一八年六月現在の府県会議員選挙有権者(三円、独立生計)は二四〇万九六二三人、一九一九年五月現在の衆議院議員選挙有権者(三円)は三〇八万五六四八人、この差は約六七万に達する。普選となればこの差はさらに増大すると考えてよい。枢密院文書(国立公文書館蔵)『衆議院議員選挙法案帝国議会へ提出ノ件、大正十三年六月十八日御沙汰ニ依リ返上』の付属文書「独立ノ生計ニ関スル調査」によれば、一九二〇年八月一日現在の二五年以上の男子数は一三六九万七〇一六人、うち「独立ノ生計ヲ営ムモノ」は九四四万八六六八人。すなわち失権者は約四二五万人、三一パーセントに達する。

(3) 島田三郎　尾崎行雄　小山松寿　川崎克　頼母木桂吉　添田飛雄太郎　斎藤宇一郎　西川太治郎　加藤定吉　前田卯之助　綾部惣兵衛　森田茂　川崎安之助　柴四朗　本間三郎　田中万逸　田中善立　小泉又次郎　森秀次　高木正年　富田幸次郎　三木武吉　河西豊太郎　小池仁郎　望月小太郎　降旗元太郎　岩佐善太郎　古屋慶隆　平島松尾　長島律太郎　横山勝太郎　鵜沢宇八　上村耕作　小寺謙吉　大森与三次　河野正義　河波荒次郎　樋口秀雄　松岡勝太郎　菊池良一　尾越辰雄。

(4) 普選実行会の署名者は、橋本太吉　黒須龍太郎　村松恒一郎　伊東知也　尾崎敬義　湯浅凡平　高松正道　大堀孝　小川寅六　赤木亀一　山根正次　長島隆二　秋田清　神谷卓男　今井嘉幸　押川方義　児玉右二　飯田精一　吉田中。

(5) 『田健治郎日記』(以下『田日記』と略す。国立国会図書館憲政資料室所蔵マイクロフィルム)八月七日付。ただし田のいう普選は、九月九日付の山県宛意見書によれば、憲政会案に近く「我邦家族制度の精神に基き、実際独立生活の単位たる、現に一戸を構へたる所帯主(戸籍上の戸主に非らず)にして年齢満二十五年に達するもの」を有権者にすることにあった。そして、政府は「必ずしも急遽倉卒の処置に出づるを要せず、此の際之に対する方針を一定して、其の方法順序を審議決定するの手続を定め、之を天下に宣明し、国民をして嚮ふ所を知らしめるの要あり」と説く(『田健治郎伝』三七二ページ)。

(6) 政友会が解散の口実をつくるため普選運動に手を廻してその激化をはかったことについては、すでに兼近輝雄「普通選挙制の成立における労働組合の役割」(『早稲田大学政治経済学雑誌』151・152合併号、一九五八年)が指摘している。当時『報知新聞』

記者であった御手洗辰雄『新聞太平記』一一三ページは、政友会の領袖岡崎邦輔からの直話として、原敬が「岡崎邦輔に命じて普選に賛成する団体の運動を裏面から援助煽動し、一方には反対派を唆して運動を盛んにし、双方の運動を激突せしめて社会不安を助長することに努めた」と記している。

(7) 坂野潤治は原敬の「普選尚早解散」をもって、政友会のそれまでの「漸進主義」路線を「保守主義」へと転換させ「言論界や知識人の政友会嫌いに、初めて正当性を付与」した点において、「原敬の致命的な政治的ミスであり、戦前日本の政党政治の発展にとっても、きわめて不幸な選択であった」と評する(「政党政治の確立」「平民宰相原敬一九二〇年の誤算」)。

(8) 広島・群馬・岡山・山梨・宮城・島根・熊本諸県における知事の選挙干渉については、金原左門『大正期の政党と国民』(二六八ページ以下)を参照されたい。なお普選を恐れる資本家は政友会に献金した。この献金は総選挙でも使い切れず、原敬の没時、その手許に八二万五〇〇〇円保管されていた。この金は遺言により、後継総裁の高橋是清に引継がれた(原奎一郎編『原敬日記』6一九二ページ)。

(9) 政友会の勝利と小選挙区制との関連については、今井清一「小選挙区制の歴史的検討——原敬内閣と小選挙区制によせて」『歴史学研究』三二五号)。

(10) 安藤正純・佐々木安五郎・作間耕逸・林田亀太郎・高木益太郎(以上東京)、松本君平(静岡)、永井柳太郎(金沢)、山科慎次郎(尾道)、押川方義・尾崎敬義(以上松山)、中野正剛(福岡)、小菅剣之助(津)、今井嘉幸(大阪)。以上は第四二議会の国民党・普選実行会共同普選案に賛成署名したもの、および第四三議会で普選案の本会議即決に反対したものである。

四

(1) 水野石渓『普選運動血涙史』(二二七—三五〇ページ)および藤田浪人編『社会問題大観』(八九—九八ページ)による。この両書は当時の中央諸紙よりも、くわしく運動の景況をつたえている。

(2) 島田三郎・尾崎行雄・小山松寿・頼母木桂吉・添田飛雄太郎・斎藤宇一郎・加藤定吉・綾部惣兵衛・森田茂・本間三郎・田中万逸・田中善立・小泉又次郎・高木正年・三木武吉・小池仁郎・望月小太郎・降旗元太郎・古屋慶隆・横山勝太郎・鵜沢宇八・樋口秀雄・菊池良一。

(3) 発起人はすべて常務委員とされ、座長関直彦の指名で、樋口秀雄(憲)・近藤達児(国)・星島二郎(国)・野溝伝一郎(無)・櫛部荒熊(憲政院外団)・馬場恒吾(国民新聞)・猪熊勲(憲政院外団)・西岡竹次郎(旧青年改造連盟)が幹事となった(『東朝』11・

4、11・5)。

(4)『東朝』12・22、『国民』12・23。なお同盟会より憲国両派に対する交渉委員には、林田亀太郎・中野正剛・佐々木安五郎・安藤正純・野溝伝一郎・中村太八郎・馬場恒吾が選ばれた。

(5)原敬の陪審法の欠点については、すでに信夫清三郎『大正政治史』(一〇六二ページ以下)に指摘されている。三谷太一郎『近代日本の司法権と政党』(塙書房、一九八〇年)は、政党政治の発展と陪審制成立との関連を精細に追求した労作である。

III

一

(1)私はここで、小路田泰直「一九二〇年代の日本における社会政策の形成」(『日本史研究』二二〇号)が提起した憲政会の「独立生計」条項削除の意義づけを検討しておかねばならない。この論文は、一九二〇年恐慌の中で労働者階級の民衆一般からの分離が進行するのに対応し、とくに一九二一年の神戸大争議を直接契機として、憲政会の社会政策体系が確立したことを論証するとともに、「独立生計」削除は、この社会政策と不可分のものであることを強調し、「『社会権』に基礎をおく社会政策によって労働者階級の体制内化を経済的に達成していこうとするとき、それを社会民主主義政党の育成によって政治的に補完するものとして、普選は構想された」という。小路田氏によれば、憲政会の新普選構想は「単なる参政権の拡張としての普選論から、社会権的統治を政治的に補完し国民統合を達成していこうとする普選論への質的転換であった」のである。

私は、小路田論文が従来軽視されていた政党政治体制における社会政策の重要性を大胆に提起し、一九二二年初頭における憲政会の政策体系の確立の事実を指摘するとともに、これに新しい意義づけを行なったことを評価する。ただしそこには結論に急ぎすぎたため、以下のごとき疑問点を生じたことも指摘しておかねばならない。

第一は、憲政会の政策転換をあまりに労働問題とのみ直接的に結びつけて理由づけていることである。たしかに神戸大争議に象徴される労働者階級の成熟が、政策転換の大きな原因であることには間違いない。しかし実際は、小ブル層の根強い普選要求、原と山県の死、補欠選挙の動向など、上述したいろいろな要因が加わって、はじめて政策転換が可能であったのである。氏は一九二一年七月、すなわち神戸大争議の月に加藤高明の態度が変ったと主張するが、これが誤認であることは本文後記のとおりである。しかも氏は典拠としている『加藤高明』(下、三七八ページ)を注意深く読んでいない。そこには、「伯の心は既に七月上旬、軽井沢へ避暑をする以前に決定して居た」〔傍点―松尾〕と明記している。ところが神戸の争議は、発生の時点こそ六月二五日だが、ストライキに入ったのは七月八日であり、社会問題となった工場管理宣言は同月一二日、軍隊出動はその翌々一四日のこと。したがって、もし加藤の決心の時点が七月であったとするならば、それは神戸の争議とは直接関係がないこととなってしまう。

第二は、憲政会の普選構想に、はたして「社会民主主義政党の育成」の如き意図が含まれていたか、という問題である。氏のいうように江木翼あたりには、そのような意図があったであろう。しかしそれが「憲政会を支配した考え方」とするのは即断にすぎる。江木の主張する比例代表制が党議とならなかったことは前述のとおりだし、その後もその事実はない。一九二五年の普選法は、労働者階級代表の議会進出をできるだけ妨害する工夫のあとが著しい。年齢・居住要件・供託金・選挙運動取締等々。この選挙法はもとより憲政会独自の案にもとづくものではないが、憲政会はこれらの条項につよく反対した形跡はない。それどころか選挙権二五歳、被選挙権三〇歳という当時の世界にもまれな年齢要件や選挙運動取締主義は、憲政会案本来の特徴であった。憲政会の大勢を占めるものは、労働者に議会への幻想をふりまき、あわよくば憲政会の得票源に取込もうとの意図であった、と私は推定している。

第三は「普通選挙制度と社会政策と治安維持法との三位一体の体制が所謂『政党政治』」であったとする社会政策の過大評価である。たしかに労働組合法案は存在したが、それが所詮は画に描いた餅であったことは周知の事柄である。現実に効力を発揮した普選・治安維持法と、労働組合法という主柱ぬきの社会政策とを同列に置けようか。さらにいえば、治安維持法を「無政府主義者、共産主義者に対する選択的弾圧立法」とするとらえ方にも問題がある。治安維持法が社会民主主義勢力に対する圧力ともなったことは、彼らの治維法反対闘争参加によっても証明される。もし三位一体の言葉にこだわるならば「普選と骨ぬき社会政策と治安維持法」と表記すべきであろう。たしかに憲政会は労働組合法案をつくったが、それをどこまで本気で実現しようとしたか疑わしい。第五一、第五二そして第五九議会と、憲政会・民政党内閣のもと三度組合法案は流産しているのである。憲政会の社会政策の不徹底は、同党が天皇制の機構改革を推進しえず、また社会民主主義政党の育成もはかりえなかった事実と照応するものではないか。

第四五議会を控えての憲政会の政策転換はたしかに重要ではあるが、「質的転換」とまではいえず、在来路線上の一歩前進としてとらえるべきであろう。ついで関東大震災後の第四七議会における緊急勅令「治安維持令」の承諾により新たな政策転換が行なわれ、ここに憲政会の、一九二五年体制(政党政治)への政策体系の確立をみるのである。

（2） 第四五議会に備えての内務省地方局作成政府答弁資料とみられる『選挙法ニ関スル参考書』（アメリカ議会図書館所蔵）によれば、一九二一年に改正市制による選挙を行なった七市について調査したところ、当選議員三一一名中、一級有権者は二四三名、二級有権者は六八名で、改正前よりも上位有産者の当選率は、かえって上昇したという。これは選挙権の拡張により、旧来の支配秩序がかえって安定したことを示し、このことも憲政会のいう「政治思想の発達」の中に数えられたのかも知れない。

（3） 庚申倶楽部は第四三議会に二五名の中立議員がつくったルーズな小会派。発足当時普選支持者は四名にすぎなかったものが、第四四議会には一〇人、第四五議会には二六人中一三人（南鼎三・山邑太三郎・奥村安太郎・森下亀太郎・守屋松之助・奥村千太郎・納富陳平・松下禎二・上畠益三郎・小菅剣之助・鎌田三郎兵衛・有森新吉・矢島専平）にふえた。（『東朝』1・18）

（4） 東武がこれを主張したという。なお松田源治は、すでに一二月四日の憲政会幹部会の独立生計削除決定に際し、これではまだ普選は「半熟の域に達したまでで、之を熟柿にするには」「我輩が前議会以来力説してゐる所の官民合同各政党一致、貴衆両議員連合の下に選挙権拡張調査会を設けて充分な研究を遂げ」るべしと語っている（『時事』12・6）。

（5） 第四二議会下については「全国普選運動一覧表」（本書一五四ページ）。第四五議会下の数字は、東朝・大朝・時事・国民の中央諸新聞を中心に、若干の地方新聞（京都日出新聞・河北新報・北海タイムス・鳥取新報・香川新報・九州日報・信濃毎日新聞）の記事を合して集計した。したがって少なくとも第四五議会下の運動については、今後の調査でさらに数字がふえる公算が大きい。

（6） 二月一日、普選断行同盟の本部事務所を新橋博品館ビルに設定することにきめた各派連絡委員会には、憲政会より降旗元太郎・大竹貫一・古屋慶隆・三木武吉・八並武治、国民党より西村丹治郎・清瀬一郎・土井権大、庚申倶楽部より山邑太三郎・森下亀太郎・南鼎三、無所属より松本君平・佐々木安五郎が出席している（『東朝』2・2）。ただしメンバーは固定していたわけではない。

（7） 非政治問題で主要紙が共同声明を発表した先例は存在する。一九二一年三月二一日の次の各紙には、広告のかたちで「漢字制限に付全国新聞社に御協議申上度新聞紙上を以て得貴意候」と題する漢字制限の提唱が掲載されている。発起人は国民・中央・報知・二六・都・東朝・大朝・中外商業・大毎・東京日日・やまと・東京毎日・読売・東京時事・万朝報・東京毎夕の一六紙である。

（8） 市民政社の一般的特徴については松尾「政党政治の発展」（岩波講座『日本歴史』現代2、一九六三年）を、事例研究としては呉市についての天野卓郎『大正デモクラシーと民衆運動』（雄山閣出版、一九八四年）、兵庫県播摩地方については安達正明

「地方における大正デモクラシーとその変貌」(『兵庫史学』60、一九七三年)、広島県沼隈郡については安藤福平「大正デモクラシーと農村青年」(『広島県史研究』4、一九七九年)、山梨県については有泉貞夫『明治政治史の基礎過程』、茨城県については雨宮昭一「既成勢力の自己革新」(日本現代史研究会編『日本ファシズム(1)国家と社会』大月書店、一九八一年)があり、とくに兵庫県但馬地方について精細に研究した伊藤之雄『大正デモクラシーと政党政治』の第二部「政党基盤の変化」が注目される。なお伊藤隆「高野清八郎と立憲青年党運動」(『史』59・60・61、一九八五、八六年)をも参照されたい。

(9) 『大阪朝日』(2・12)に紹介されているのは、大阪向上会・神戸日本海員組合本部・神戸商船同志会・神戸暁明会・尼崎普選促進同盟会・西宮即行同盟会・滋賀労働青年同友会・広島立憲青年会・呉期成同盟会・鳥取立憲青年会・福岡普選横断会・下関誠至会・八幡製鉄所同志会・高知立憲憂国青年党・香川県普選同盟・高松雄弁会・城南普選同盟会(京都、これだけは『大毎』2・12)。なお大会宣言は「西日本普選諸団体連合大会」名となっているが、正式会名が「西日本普選大連合」であることは筆者所蔵の参加団体表(本書二二一ページ)で明らかである。なお大連合の事務所は、大阪市北区船大工町一九の今井嘉幸の法律事務所におかれた。なおこの表には、前記の高知立憲憂国青年党は含まれていない。別表が加盟順だとすれば、城南普選同盟会までの三〇団体が結成当初の加盟団体といえそうである。なお労働青年同友会の名が、明らかに翌年結成の京都普選同志会の次に出てくるのは解せないが、あるいは結成大会には出席したが、このときは加盟しなかったのかも知れない。

(10) 岩村登志夫「無産政党の成立」(岩波講座『日本歴史』近代5、一九七五年)には、東京地方の金属労働組合統一戦線運動が「過激法案反対運動にも力を添えた」とあるが、それが仮に事実であるとしても、労働運動の主潮流であったとはいえない。

(11) この状態に憤慨した久留弘三は、四月一五日に総同盟に対し絶縁声明を発し(『大阪社会労働運動史』六〇三ページ)賀川豊彦も新生の日本農民組合に力を注ぎ、総同盟とは遠ざかった(『総同盟五十年史』第一巻五二六ページ)。

(12) 日本共産党は一九二二年七月一五日に創立された、という党公認の通説は、岩村登志夫「お天気と歴史——日本共産党創立神話」(『思想』一九八四年一月号)によって重大な挑戦を受けた。これに対する反論は試みられていない。私は日本共産党は一九二一年三月(岩村論文)もしくは四月(川端正久『コミンテルンと日本』法律文化社、一九八二年、五二ページ)に創立されたとの説を支持する。

二

(1) 政友会の新内閣無条件援助の約束は『松本剛吉政治日誌』(一九二二年六月一二日の条)に見え、前田蓮山『床次竹二郎伝』

（六二七ページ）もこれを伝える。

（2）政友会の林毅陸の評（『岡野敬次郎伝』二六六ページ）、および陪審法審議に際しての横山勝太郎の発言（『大日本帝国議会誌』⑭五八〇ページ）。

（3）蔵相市来乙彦の試みた緊縮財政の結果、一九二三年度予算の一三億九千万円は前年度に比し一億一千万円の減額になる。この成果は、護憲三派内閣（一九二五年）および浜口内閣（一九三一年）の行なった財政緊縮に匹敵する。内閣はまた労働行政の一本化をめざして、社会局を新設し（一九二二年一一月）、一方、治安立法の計画を中断した。

（4）『国民』（8・3夕刊）。ただし『東朝』（8・3）では大同小異の内容だが「鋭意研究調査に努力してゐる」の表現で、調査機関新設を暗示していない。

（5）内閣書記官長宮田光雄、法制局長官馬場鍈一、同参事官松村真一郎、内務次官川村竹治、内務省地方局長塚本清治、同警保局長後藤文夫、司法次官山内確三郎、司法省刑事局長林頼三郎、検事総長鈴木喜三郎、文部次官赤司鷹一郎、文部省普通学務局長山崎達之輔。ほかに幹事として内務省参事官横山助成と司法省参事官秋山高三郎が任命された。なお、水野委員長に事故があるときは、鈴木喜三郎が代理をつとめる含みであったという（『東朝』10・21）。

（6）大都市部における普選熱の弱化は、前議会において盛んであった僧侶・小学校教員の被選挙権獲得運動の沈静化にも反映されていた。婦選運動も行詰った。その実体については別編を見られたい。なおこのころ政党から自立した普選集会は、資金難のため著しく困難となっていた。堀川直吉（青年改造連盟）「民衆大会司会者心得」（一九二三年執筆、雄弁学会編『改訂雄弁学講座』一九二九年）は次のようにいう。「今日は民衆大会一回開くにも数百千円の費用が掛かる世の中だ、運動費の問題は実に大問題である」。「政党も出さない、政友会の如きは却って妨害費を出す、非政友は財源殆んど枯渇して出す余裕がない。偶に出しても目腐金で条件や情実を付けたがる、条件や情実の付く金を貰っては清い運動は出来なくなる、曾て某政党の幹事長に党の代表者として相談をしたら二十円で乞食視され憤って突返した事がある」。「全国的に青年同志を求めて之を糾合するにしても、先づ以て地方遊説を旺んに行る必要があるが、之に就ては、政治的に団結した青年の居る若干の地方を除いては、大抵最初の場所では憲政派若しくは革新派の地方有志の援助を受けなければ、演説会の準備も出来ない状態である、殊に広告や記事の都合上、既成政党の機関にして普選賛成の新聞社に援助を乞はねばならぬ、中立の新聞で有力なる地方新聞は往々あるが、比較的少ない」。堀川の文章はこのほか「時に許可を拒み、時には日時を切迫せしめて準備の暇あらざらしめ、時に無頼漢と隣合せに場所を区分して大会を催さしめ、真面目な集会を混乱状態に陥らしめんとする」「警視庁の慣用手段」を語り、数多い演説希望者を捌き、「私服巡査や政府側の壮士が音頭を取つて、血気に逸る青年や労働者をして暴行を働かしめ」「斯くの如き悪辣なる計略に懸つて検挙された単純不憫なる青年や労働者を救ひ出す」司会者の苦心談を披露し、興味深い。

(7) 革新倶楽部の成立過程については、木坂順一郎「革新倶楽部論」(井上清編『大正期の政治と社会』岩波書店、一九六九年、所収)をみよ。

(8) 一九二二年一二月二六日、松本剛吉が上原勇作に示した政界情報には次の内容が含まれていた。「憲政会に於ては以上の如き事情〔加藤首相の病気による政変説—松尾〕により熟柿主義を執り、普選説を中止すへしと云ふ者を生し来れり。其理由 西公、松公、平田伯等が普選を憚《ママ》はあるにより、之に邀《ママ》合せんが為めなり。又之に対し小泉又次郎一派は若手新聞記者を今二十六日夜中央亭に招き、大に之を煽動して普選促進の気勢を揚げ牽制運動を為さんとしつゝありとの報あり。又憲政会総務中陰に平田伯を訪問する者ありと伝ふ」(『上原勇作関係文書』五二〇ページ)。

(9) 東京毎日通信社桜井貢が、後藤新平に送った「憲政会府県会議員選挙大綱併に地方支部に発したる通知書」(四月二七日付、東京市政調査会蔵『後藤新平文書』のうち)。

(10) 総同盟中央委員八名のうち、明確な共産党員は辻井民之助だけであったが、本部員の野坂参三が山本懸蔵や渡辺政之輔らとともに、赤色労働組合プロフィンテルンの日本支部をつくるべく「レフト」と称する組織を結成し(正式発足は一九二三年三月)、機関誌『労働組合』を発行するなど、総同盟内部の左派リーダーたちに影響力を強めていた。関西の現実主義者の代表的人物たる西尾末広さえもレフトの一員であったことは、共産党の影響力の強さを物語る(千本秀樹「日本労働総同盟の発展と若き日の西尾末広」『人文学報』48)。ただし会長鈴木文治や主事の松岡駒吉らは、アナ派への対抗上これらボル派と友好関係にあったものの、現実主義的組合主義者たる本質は変らなかった。彼らは普選運動をこそ当面拒否したが、普選そのもの、議会政策の必要を否認したことは一度もなかった。鈴木は一九二二年三月、郷里宮城県選出代議士沢来太郎死去にともなう補選にあたり、仙台市の有志より出馬要請を受け、意大いに動いたが、総同盟本部協議会(四月一日)の議にしたがって見送った(『総同盟五十年史』第一巻五二四ページ)。鈴木は翌一九二三年一月三日付『国民新聞』に「直接行動より政治運動へ」の一文を寄せ、「普選は単に時間の問題」と観測し、実現のときには、日本の労働者は山川均などのとなえる棄権論を排し、労働党をつくって議会に進出するだろうと的確に見とおしていた。

(11) 松尾『大正デモクラシー』(二六三ページ)が、この綱領において「普通選挙ノ獲得」が示されたと書いたことは、徳田球一の予審調書に依拠したものであるが(みすず書房『現代史資料』7、七一ページ)、岩村登志夫「極東勤労者大会日本代議団採択綱領」(『史林』62の3、一九七九年)によって、その誤りが明確となった。なお村田陽一編訳『資料集・コミンテルンと日本』(大月書店、一九八六年)四九八ページ参照。

(12) 松尾「忘れられた革命家　高尾平兵衛」(『思想』一九七二年七月号)は、一九二二年七月ごろ、レーニンが高尾平兵衛に対して与えた「訓諭」を紹介し、レーニンが日本革命当面の課題として「無産者と政界の革新分子と、諒解ある政治家と、進歩的な智識階級が、皆一つになって共同戦線で革命をやることが必要ではないか」とのべたことを強調した。これに対し、村田陽一氏は「レーニンと会った日本人」(『今日のソ連邦』21、一九七四年)をそえ、ソ連側の詳細な記録にもとづき、当時モスクワを離れて療養中のレーニンが高尾と会うことはありえないと、懇切に教示された(一九八二年一二月一七日付、一九八三年一月一五日付書簡)。しかし、私は高尾の話がまったくの作り話とは断定し切れない。片山潜その他を通して、レーニンの見解を知ったことも考えられる。作り話とするには、あまりにも日本共産党綱領草案の趣旨と一致するからである。

(13) 名古屋については斎藤勇『名古屋地方労働運動史』(一九六九年)を、飯田については佐々木敏二『長野県下伊那社会主義運動史』(一九七八年)、石川真澄『ある社会主義者——羽生三七の歩いた道』(一九八二年)を参照。

(14) 常務委員は下岡忠治・関和知(以上憲政会)、関直彦・大竹貫一(革新倶楽部)、斯波貞吉(『万朝報』主筆)、河野恒吉(普選に熱心な陸軍少将)。

(15) 調査会は答申とともに「衆議院議員選挙法ニ関スル調査資料」全四一冊(「内国ノ部」一三冊、「外国ノ部」二八冊)を作成した。これも臨時法制審議会委員に参考資料として配付された。その目録は次のとおり。

内国ノ部　1衆議院議員選挙法、2選挙権ニ関スル調査資料、3被選挙権ニ関スル調査資料、4選挙ノ方法ニ関スル調査資料、5選挙運動方法ノ取締ニ関スル調査資料、6参考資料第一号　選挙法ニ関スル参考書、7同第二号　小学校教員被選挙権要望運動状況、8同第三号　僧侶被選挙権獲得運動状況、9同第四号　女子政社並政談集会参加制限撤廃運動、10同第五号　衆議院議員選挙法罰則対照調、11同第六号　衆議院議員選挙違犯者調、12同第七号　地租営業税ノ地方委譲ニ依ル衆議院議員選挙失権見込者数調、13選挙訴訟及当選訴訟ニ関スル大審院判決要旨。

外国ノ部　14各国選挙事情、15各国選挙法罰則、16英国改正選挙法(一九一八年二月六日)、17英国投票法(一八七二年七月一八日)、18千八百八十八年英国地方行政法、19千八百九十四年英国地方行政法、20英国貧民救済法、21英国新選挙法ニ依ル選挙資格(一九一八年国民代表法)、22オルターネーティヴ、ヴォート及其ノ効果、23比例代表法ノ成績及各方面ノ意見並運動ノ状況、24仏国選挙法、25仏国市町村制、26仏国ノ比例代表法採用ノ場合ニ於ケル議会委員会ノ報告、27白耳義選挙法、28独

逸選挙法(一九二〇年四月二七日)、29旧独逸帝国議会議員選挙法、30普国選挙法(一九二〇年一二月三日)、31旧普国下院議員選挙法、32普国東部六州州制、33普国東部六州市制普国東部七州町村制、34独墺共和国憲法制定国民議会議員選挙法(一九一八年一二月一八日)、35旧墺太利帝国下院議員選挙法、36伊太利選挙法(一九一九年九月二日)、37瑞西選挙法、38土耳古選挙法(一九二三年四月三日)、39リトアニア共和国憲法(同年八月六日)、40ラトヴィア共和国憲法、41国民投票ノ制度ニ就テ。

(16)　次期山本内閣の内閣書記官長樺山資英の選挙法改正意見(『樺山資英伝』四五六ページ)は「選挙法の改正問題に付ては、加藤前首相提案の意図を抱き、当時の研究会幹部と意見を交換したることあり、研究会は、政府敢て急激なる選挙権拡張を行はざる方針の下に、相互完全に諒する所ありたり」と記す。

(17)　設立事情については、三谷太一郎『近代日本の司法権と政党』(塙書房、一九八〇年)一六五ページを見よ。なお臨時法制審議会に関する資料は、とくに注記せぬ限り、東京大学法学部所蔵『穂積陳重文書』(マイクロフィルム)による。

(18)　主査委員会の議事内容は『倉富勇三郎日記』(国立国会図書館憲政資料室保管)による。

三

(1)　山本内閣成立事情については、鳥海靖「原内閣崩壊期後における『挙国一致内閣』路線の展開と挫折」(東京大学教養学部人文科学科紀要54『歴史と文化』X、一九七二年)をみよ。

(2)　『田健治郎日記』九月二五日の条、以下『田日記』9・25の如く略す。この日記は彼一流の漢文体で記されている。長い引用の場合読み下し文に改めた。

(3)　前出、鳥海論文。

(4)　『後藤新平文書』に「無党派聯盟ノ大要」と表書きのあるパンフレットがあり、一三項目の記述があるが、その第一二項目の末尾に「大正八年十二月十日稿案」とあり、さらに最終第一三項目のあとに「大正十年四月一日後藤新平識」とある。このことは、第一二項目までが一九一九年一二月一〇日に草稿となっていたことを示す。同文書中にはその草稿とみられる一二項目の文章と、これとほとんど同趣旨の一四項目からなる文章(ともに墨書)があり、後者に「無党派聯盟趣旨」の表題がつけられている。

(5)　鳥海論文は、田が以前から「普選に熱心」だったとしているが、実は彼の「普選」なるものは、氏も引用している山県有朋に対する意見書(一九一九年九月一五日、『田健治郎伝』二七二ページ)に明らかなように、世帯主で二五歳以上の男子に限り、しかも実行の順序を市町村会・府県会・衆議院と段階的に設定したもので、犬養や後藤のいう普選とは内容がちがう。

(6) 『東朝』(10・16)が次のように観測しているのは示唆的である。「後藤、犬養両相は選挙被選資格に就ては恐らく前議会に於ける非政友三派協調案を主張するであらうが、田、岡野両相は之れに多少の異論がある模様、其間に平沼法相が調和するであらうと解せらる」。

(7) 委員の顔ぶれは、加藤内閣当時(本書二五七ページ)とほとんど変っていない。ただ政府の人事移動にともない、内務次官井上孝哉に代って塚本清治、内閣書記官長宮田光雄に代って樺山資英がそれぞれ任命(10・13付)された。平沼騏一郎は、大審院長から法相に移ったが、副総裁の地位は動かない。

(8) 美濃部はかねてからの普選論者であったが、選挙費を多額に必要とすることなどの弊害を改めるには、区制・比例代表制・選挙運動取締の問題をあわせて考慮すべきで、そのためには特例で現在の議員の任期を一年のばし、慎重審議すべきだと主張していた(美濃部「普通選挙の実行に就いて」『太陽』一九二三年一一月号)。

(9) 『時事』(10・24)は納税資格無条件撤廃の賛成起立をしたものとして、塚本清治(内務次官)・山内確三郎(司法次官)・樺山資英(内閣書記官長)・鵜沢総明(政友会)・江木千之(貴族院・茶話会)・美濃部達吉(東大教授)・松本烝治(法制局長官)・花井卓蔵(貴・交友ク、自説が敗れたので起立)・松室致(貴・研究会)・赤司鷹一郎(文部次官)・下岡忠治(憲政会)・板倉勝憲(貴・研究会)・関和知(憲政会)・小野塚喜平次(東大教授)、以上一四名をあげ、反対者として小川平吉(政友会)・鈴木喜三郎(検事総長)・松田源治(政友会)・馬場鍈一(貴・研究会)・副島義一(衆・無所属)・和田豊治(貴・研究会)・鳩山一郎(政友会)・水野錬太郎(貴・交友ク)・阪谷芳郎(貴・公正会)、以上九名を記している。なお『中央』(10・24)は、無条件撤廃一四名、世帯主三名、独立生計一〇名、義務教育終了六名とつたえる。

(10) 美濃部は「衆議院が真に全国民の代表」機関となるために、また政党の党員が華族であっても、衆議院の陣頭に立って政党をひきいて行きうるためにも、華族の戸主に選挙・被選挙両権を与えよと論じた(美濃部「華族の選挙権」『改造』一九二三年一二月号)。

(11) 翌一九二四年二月現在の審議会委員名簿(穂積文書)に小川の名がのっているところをみると、結局、小川は辞意を撤回したらしい。

(12) 犬養と後藤とは、第一次大戦下の寺内内閣の外交調査委員会に共に列して以来提携関係にあった。犬養は政党中心の「権力金力万能主義」と「新に起る所の民衆勢力の衝突」の危機を恐れ、その対策として普選を要求し、危機打開のためには「政党」

「藩閥」「軍閥」をとわず「新しい時代に適応するだけの善政をする人があるならば、誰でも我々は之を援ける」(犬養の演説筆記「帝国の危機」一九二〇年二月二九日、鷲尾義直編『犬養木堂伝』中巻、四三一ページ以下)の立場にあった。このため彼は、加藤友三郎内閣に対しても憲政会のようにはこれを非立憲内閣として攻撃せず、また山本内閣に対しても入閣を承諾した。この挙国一致的観点は後藤も同様であった。彼は入閣に際し「党派ニ局シテ其基礎ヲ求メス広ク国民的ニ立脚地ヲ求」め「挙国一致ノ健全ナル国民的内閣ノ成立ヲ期」し、その基礎に、政党内の「健全分子」をも引寄せて「無党派聯盟的ナル有機的組織」をつくる構想を抱いていた(『後藤新平』第四巻五五二ページ、鳥海論文参照)。挙国一致体制構想の土台に普選を置くことにおいて両者は共通していた。

(13) 山本内閣成立直前の八月一五日、薩派の「連絡係」村上貞一に対し、大石は「山本内閣成立を必至とみて憲革合同で山本援助を唱え」ている(村上「政界縦横録」による鳥海論文の記述)。また三浦梧楼は松本剛吉に対し「此の震災を利用して審議会抔を拵へ、大石抔を入れ、新政党の下拵へを為すとは先が見え過ぎて可笑しくてならぬ」と語っている(『松本日誌』10・8)。この新党運動の計画者は後藤に近い長島隆二で、政友会の横田グループをも引入れる計画であったという(季武嘉也「大正期における後藤新平をめぐる政治状況」『史学雑誌』96の6)。なお帝都復興審議会官制は九月一九日に公布されたが、これによると、その任務は、首相の「諮詢ニ応シ帝都其ノ他ノ震災地ノ復興ニ関スル重要ノ案件ヲ審議」し、また首相に「建議」することにあり、その委員には国務大臣の礼遇が与えられた。同日発令された委員一九名中の一〇名までは閣僚であり、ほかに高橋・加藤の政・憲両党総裁、伊東巳代治・江木千之の両枢密顧問官、財界人の渋沢栄一・市来乙彦・和田豊治、貴族院研究会の領袖青木信光が加わり、それに大石正巳が名を連ねた。この審議会は、かつて寺内内閣が挙国一致を標榜してつくった外交調査委員会の故智に学んだものであり、二大政党総裁を抱きこんだ点では外交調査委員会より強力にみえたが、内閣の支柱としての機能という点ではほとんど問題にならなかった。

(14) 下岡忠治・関和知・小泉又次郎・田中善立・三木武吉・加藤定吉・森田茂・川崎克・田中万逸・鵜沢宇八・正木照蔵・田中武雄・八並武治・高田耘平・阿由葉勝作・村山喜一郎・友田文次郎・粟山博・金沢安之助・鈴木周三郎・中野寅吉・小野重行・重松重治・吉田磯吉・中原徳太郎・神谷弥平・木檜三四郎・横山勝太郎・武内作平・紫安新九郎・古屋慶隆・古賀三千人・小池仁郎・内藤浜治・中馬興丸・佐竹庄七・津原武・佐藤啓。

(15) 大石正巳も後藤攻撃に加わった。山本四郎編『西原亀三日記』(京都女子大学、一九八三年)の一一月二四日の条によれば、西原が大石・横田千之助・田中義一、さらには研究会の間を策動した結果という。大石は、新党工作が失敗におわると見切りをつけ、倒閣の方向に転向したのであろうか。陸相田中義一にも同様の疑いがかけられる。西原は田中義一内閣をもくろんでいた。

(16) 鷲尾義直編『犬養木堂書簡集』三七九ページ。なお編者はこの手紙を一一月四日付と判断している如くであるが(一一月二二日付書簡の前に置いている)、内容からみて一二月四日であることに疑いを容れない。

(17) この内務省原案とおぼしきものが『後藤新平文書』の中に見出される。この「衆議院議員選挙法中改正法律案」(謄写版)によると、改正を受けた条文は、全一一三条中の五一条に上る。大改正である。ただし別表はそのままであるから、小選挙区制が維持されることになる。

(18) 二六新報社　○報知新聞社　○東京日日新聞社　東京毎日新聞社　東京毎夕新聞社　○東京朝日新聞社　○大阪毎日新聞社　○大阪朝日新聞社　大阪都新聞社　大阪時事新報社　○読売新聞社　やまと新聞社　○万朝報社　○国民新聞社　都新聞社(○印は前回共同宣言参加)。前回名をつらねた時事新報社が脱落している。理由は明らかでない。

(19) 古島一雄『一老政治家の回想』(二一〇ページ)によれば、犬養は虎の門事件の一週間ほど前に、普選に見切をつけて辞職を決意したという。ところが犬養は事件の一〇日後の一九二四年一月五日、憲政本党以来の友人尾形兵太郎に対し「普選を九分九厘迄こぎ付けた時に馬鹿ものニ飛出され百有余日の苦心も奔走も徒労に属したり。南北朝以来絶へて無りし大逆が不幸にも此時に突発したトハ返へス〲も吾同志の不幸にして実ニ国民の不幸ニ候」と書いている(前掲、鷲尾『犬養木堂書簡集』三九一ページ)。この手紙は犬養の負け惜しみか本音か判然としない。

(20) その表白の代表的なものが、総同盟本部機関紙『労働』一一月一日号所載の巻頭論説「反省から勇躍へ」(無署名だが赤松克麿執筆)と、総同盟関西労働同盟会機関紙『労働者新聞』一一月一五日付所載の「普選問答」である。

(21) 一二月に嶋中雄三主催のもとに開かれた二回の集会の出席者と記載されているものは、嶋中雄三・鈴木茂三郎・新居格・松岡駒吉・赤松克麿・加藤勘十・高橋亀吉・福田秀一・平林初之輔・青野季吉・平野力三・近江谷駒(小牧近江)・細野三千雄・市村光雄・丸岡重尭・三宅正一・藤森成吉・荘原達・三輪寿壮・上条愛一・松本芳男・佐野袈裟美である。

四

(1) 第二次護憲運動については、信夫清三郎『大正政治史』、石上良平『原敬歿後』、升味準之輔『日本政党史論』第五巻、松尾尊兊「政党政治の発展」をみられたい。

(2)『国民新聞』(1・14)によると、研究会幹部大木遠吉・青木信光・水野直らは、現内閣で普選問題を確定議としておくこと、実施は次々期選挙、選挙資格は「漸進主義」を採用することなどを密議したという。おそらくこの会合の背後には、加藤友三郎内閣のとき「独立ノ生計」付普選を画策した馬場鍈一や宮田光雄の策謀がひそんでいたものと推定される。彼らはこのときまでに貴族院議員に勅選され、研究会に属していた。彼らの策動は、後述のように第五〇議会の普選法成立のときまで続く。

(3) 答弁の内容は不明である。なお委員会の出席者は枢密院より前記の各審査委員のほか、議長浜尾新、副議長一木喜徳郎、二上書記官長、村上・堀江両書記官、政府より清浦首相・水野内相・鈴木法相、説明委員として佐竹法制局長官・山本法制局参事官・井上内務次官・潮内務省地方局長・藤沼内務省警保局長・坂内務事務官・唐沢内務事務官・林司法次官・山岡司法省刑事局長(枢密院文書『大正一三年委員会録』)。

(4) 革新倶楽部の委員会案はこの他、全県一区の大選挙区制、単記移譲式比例代表制、選挙費用制限、一切の戸別訪問禁止等を主内容としたが(『東朝』6・7)、これがそのまま代議士会で承認されたかどうか不明である。

(5) 中正倶楽部は五月三〇日、無所属代議士四二名で結成された。旧庚申クのメンバーが音頭をとった党議の拘束のないルーズな院内交渉団体で、さまざまの傾向をもつ代議士の寄合所帯であった。

(6) 衆議院議員選挙法は、「憲法ニ付属スル法律」の一つで、その改正にあたっては、草案を、天皇が枢密院に諮詢することになっていた(枢密院官制第六条)。したがって政府は法案を議会に提出する前だけでなく、これが議会で修正された場合は、事後にも枢密院の審査を受けねばならなかった。議員立法の場合は、形式的にいえば事後審査のみでよいことになるが、その場合貴族院を通過する可能性はほとんどなかった。

(7) 調査委員会を設ける必要はなかった。なぜならば山本内閣のときの法制審議会で事済みであるから。

(8) 憲政会では安達謙蔵・降旗元太郎・関和知・斎藤隆夫・三木武吉・八並武治・鈴木富士弥が当初名を連ねたが、九月に入ると三木と鈴木に代って頼母木桂吉・山道襄一が出席した。政友会では小川平吉・前田米蔵・石井謹吾・岩崎勲・熊谷直太が当初のメンバーで、九月に入ると熊谷に代って秦豊助・岩崎幸治郎・岡崎邦輔・小久保喜七が出席することが多かった。革新では松本君平・植原悦二郎・清瀬一郎。のち清瀬に代って大内暢三・秋田清・砂田重政が交代で列席。

(9) 〔内務省〕内相若槻礼次郎・次官湯浅倉平・政務次官片岡直温・参与官鈴木富士弥・地方局長潮恵之輔・警保局長川崎卓吉・保安課長白上佐吉・府県課長三辺長治・参事官唐沢俊樹・事務官坂千秋・秘書官赤木朝治・木村小左衛門、〔司法省〕次官林頼三郎・政務次官熊谷直太・参与官岩崎幸治郎・刑事局長山岡万之助・参事官三宅正太郎、〔内閣〕書記官長江木翼・法制局長官

塚本清治・同参事官山本犀蔵。なお『川崎卓吉』(二七四ページ)によると、内務省では地方局・警保局の関係者会議を七月二七日に開き、根本方針を協議決定の上立案にかかり、八月二二日には省内首脳会議で原案を審査したという。

(10) 伊藤正徳『加藤高明』下、五七八ページ。ただし伊藤が枢密院の修正文を「生活の為め公私の救助を受くるもの」としているのは誤りである。この案文は政府と枢密院との交渉の際浮び出たものかも知れないが。

(11) 貴族院側 松平頼寿・青木信光・渡辺千冬・寺田栄・郷誠之助(以上研究会)、水野錬太郎・花井卓蔵(交友倶楽部)、斯波忠三郎・矢吹省三(公正会)、内田嘉吉(茶話会)。衆議院側 安達謙蔵・斉藤隆夫・武内作平・頼母木桂吉・藤沢幾之輔(憲政会)、岡崎邦輔・小泉策太郎・前田米蔵・石井謹吾(政友会)、秋田清(革新倶楽部)。

(12) 『松本剛吉政治日誌』一九二五年三月二日の条は、小泉の策謀を明記している。「小泉策太郎氏を訪問し種々談話を交換す。氏は今回の普選修正は全く自分の指金にて為さしめたるが案外結束を固うしたり、此分で行けば政友会は横田死すとも何等心配に及ばずとて、其気焔の当るべからざるを示し、更に貴族院も自分が余程手を付け居るゆえ此内閣も命脈は目前に迫れりと言い、来るべき次の内閣の事に関し種々談じ、田中とは密約を結び居るが……」。これはよく引用される鷲尾義直『古島一雄』(九一一ページ)や古島一雄『一老政治家の回想』(二二三ページ)の記述よりも、陰謀の存在について正確である。

なお小泉の行動には私利のからんでいた疑いがある。松本剛吉の上原勇作宛書簡(一九二五年二月四日付)にいう。「小泉策太郎は郷誠之助男と策応し政府、貴族院間に介入し、之に因りて頻りに利権を漁しつゝあるも、加藤子は小泉を信用せさる為未た物に成らず、利権の内容は製鉄合同問題と取引所限月短縮の実施延期問題の二也。小泉一派は其成行の如何に依りては貴革問題を仮りて衆議院より何事か起さんと気構へ居れり。生憎横田法相病気の為め、之を煽動する者はありても鎮圧する者は野田氏一人位に過きされば、何時如何の椿事を惹起すや計り知るへからすと云ふ者あり」(『上原勇作関係文書』五二一ページ)。この情報を信用すれば、小泉は利権獲得に失敗した腹癒せもあって倒閣を策したことになるが、ありうる話ではある。

(13) 『松本日誌』(一九二五年三月九日)は「研究会勅選中の最硬派は馬場、湯地、勝田、佐竹、西野、宮田等にして、之に引摺らるゝものは青木、渡辺子等なるが、青木子は子爵団の重鎮なるが故頗る面倒也」と記している。馬場鍈一は加藤(友)内閣法制局長官、湯地幸平は原内閣警保局長、勝田主計は寺内内閣蔵相、佐竹三吾は清浦内閣法制局長官、西野元は加藤(友)・山本・清浦三代の大蔵次官、宮田光雄は加藤(友)内閣書記官長である。このうち馬場と宮田は岡野敬次郎直系で、岡野とともに田中を支持したことは明白である(『松本日誌』三月二六日)。ただし湯地幸平は床次と同郷薩摩の人、青木信光と渡辺千冬はともに床次と親しいところからみて、ここに名前の出ている人が、どこまで意識的に田中政権出現をもくろんだか疑わしい。しかし倒閣は床次にとっても、政治運命打開のチャンスとみて田中支持派に協力したのであろう。

(14)　研究会は「其の会員の総会に於て決した問題は、会員の意見を拘束する」点で衆議院の政党と異ならなかった(馬場鍈一『憲法政治の理論と実際』二二二ページ)。したがって普選案が会員の過半数の同意を得たならば、反対派は脱会しないかぎり議会で反対投票できない。結局研究会の反対派は、馬場鍈一が貴族院本会議で両院協議会案は貴院修正案と趣旨は変らぬとの我田引水的演説を行ない、賛成に転じた。ちなみに馬場は前掲書においても(二一五ページ)、我田引水的見地を保持している。

(15)　両院協議会における岡崎邦輔の役割は無視できぬが、彼の発言が効果を発揮しえたのは、この時点までに元老・政府の工作が貴衆両院の大勢を制したからである。なお岡崎の「独断専行」に抗議して、山本悌二郎・東武・小久保喜七・武藤金吉・小泉策太郎ら役員は高橋総裁に辞表を出し(『時事』3・31)、岡崎は四月一日の議員総会で総務を辞任した(平野嶺夫『岡崎邦輔伝』三一八ページ)。これより半月後の四月一七日、高橋是清政友会総裁引退にともなう三派内閣改造の際、岡崎が農相として入閣したのは、政友会側の推薦とはいえ、加藤首相の論功行賞人事であった。

(16)　荒木貞夫が一月二四日上原勇作に発した「諜報」は「堀川直吉(もと青年改造連盟の一員—松尾)等ノ新政同盟ハ、一月二十四日午後六時ヨリ神田駿河台下仏教会館ニ於テ普選断行要求ノ演説会ヲ振出シニ、衆議院ニ普選案ノ提出ヲ見ル迄ハ之カ運動ヲ継続シ、普選ノ阻止運動ニ対抗スル計画ナルカ如ク、所謂新政同盟ノ背後ニハ尾崎行雄、林田亀太郎、中野正剛等潜在シ居レルナリ」とつたえる(『上原勇作関係文書』二〇ページ)。これをみると革新倶楽部系の普選運動計画もあったらしいが、実行されたか否か不明である。新政同盟については、季武嘉也「大正期における後藤新平をめぐる政治状況」(『史学雑誌』96の6)がある。

(17)　三宅正太郎(司法書記官)・石原雅二郎(内務書記官)・坂千秋(内務事務官)『普通選挙法釈義』四〇ページ。著者らはいずれも普選法の調査立案に当った。なお関口泰『普選講座』(二八ページ)の批評は辛辣である。「日本政府は国際連盟では娼妓稼業許可の年齢を十八歳から二十一歳に引上げることを渋つて、日本女子は早熟だからと説明しているし、国際労働会議では、少年労働制限に対しては、日本少年の早熟を理由として、例の特殊扱ひを要求してゐる。それだのに選挙権に関する限りは、外国の青少年よりも晩熟であると主張してゐるのであるが、さりとは政府の眼から見た、日本国民とは、随分質の悪い低級な国民である」。

(18)　一九二六年三月三〇日付の内務省地方局長の通牒によれば、この規定に該当するものとして次の例をあげている(宮沢俊義「衆議院議員選挙法」『現代法学全集』(15)、一九四ページ)。

（a）　乞食ヲ為ス者
（b）　恤救規則ニ依リ救助ヲ受クル者
（c）　養老院ニ収容セラルル者及養老院ヨリ院外救助ヲ受クル者
（d）　貧困ニ陥リテ旧子弟ヨリ生活上ノ扶助ヲ受クル者
（e）　養子ト為リテ他ノ家ニ入リタル者ガ貧困ニ陥リタル為実家ヨリ生活ノ補助ヲ受クル者
（f）　生活ノ為他ヨリ補助ヲ受クル者ノ世帯ニ属スル者

(19)　当時から、政府は枢密院の強要によって治安維持法を提出したという説が存在していた。衆議院治安維持法委員会でも星島二郎がこの点をただし(二月一九日)、若槻内相は他の勢力の圧迫を受けて立案したものでないことを断言している(信夫清三郎『大正政治史』一一八〇ページ)。また若槻は、枢密院普選審査の初期、黒田長成の「人心ノ悪化ヲ防グ施設ノ準備アルヤ」の問に対し、「選挙権ヲ拡張スルト否ハ拘ラス治安維持法トテモ云フヘキモノヲ議会ニ提出スル積リニテ今司法省ト内務省トノ間ニ協議中」と答えている(一月八日『倉富勇三郎日記』)。政府が枢密院と無関係に治安立法を立案したことは明白であり、枢密院強要説は成立しない。立案経過の大要は渡辺治「一九二〇年代における天皇制国家の治安法制再編成をめぐって」(『社会科学研究』二七巻五・六合併号)および荻野富士夫『特高警察体制史』に記されている。

(20)　小林幸男「日ソ基本条約第五条と治安維持法」(『人文学報』10)で、第五〇議会における治安維持法成立の「直接的契機」は「日ソ基本条約の妥結」にあると主張し、さらに「治安維持法成立過程に関する再論」(立命館大学『産社論集』一九八二年一月)で再説している(ともに小林『日ソ政治外交史』有斐閣、一九八五年、所収)。ここでは私説に対する小林氏の批判に一々答えることはしないが、一つだけ氏の所説の重要な論点が誤っていることを指摘しておく。氏は治安維持法の議会への上程の仕方が、議事日程を変更しての「緊急上程」であったことを根拠として、「もって日ソ国交の開始を目前にした日本政府が、焦眉の急の対応として治安維持法の成立を敢行せしめたことを、議事日程手続きの面でも明らかにしている」(小林、前掲書、三五八ページ)と主張する。治維法が実際に緊急上程されたのは二月一九日のことである。氏は、これは二月二五日に予定されている枢密院本会議における日ソ基本条約の採決にそなえての処置とみているのだが、それならば何も二月一九日に上程する必要はない。前日の二月二四日でもよい。その方が「緊急上程」の名にふさわしく、もしそうであったなら、氏の所説を私も是認するであろう。ところが、現実には、二月二十日には普選法案の枢密院本会議の採決が行なわれているのである。この席上で加藤首相が、枢密院の「希望ノ諸条項ハ既ニ政府ニ於テ最モ重要ナル事項トシテ夙ニ努力シツツアル所」と胸を張って言明できるためには、前日の治安維持法上程が必要であった。議事日程は、普選法成立と治安維持法成立との直接的関係を否定する小林説を裏切るものである。

なお前出の渡辺治「一九二〇年代における天皇制国家の治安法制再編成をめぐって」は、日ソ条約と普選法をともに「同列」の治維法「陣痛促進剤」に見立てている。しかし普選法は単なる陣痛促進剤ではなかった。陣痛が始まっても安産は保証されない。死産ということもありうる。その安産を保証するものこそ普選法であった。政府＝三派にとって、普選法成立は第五〇議会における至上命題である。平沼騏一郎を頂点とする司法官僚勢力、およびこれに同調する貴族院の多数にとって、治維法をもっとも安全確実に成立させるには、普選法と抱合せる必要があった。政府＝三派としても治維法の必要性はもとより承知の上であるから、この抱合せを進んで受入れたのである。

(21) 合法無産政党の最左翼労働農民党の綱領(大15・3・5)でさえ、次のとおり。「一、我等は、我国の国情に即し、無産階級の政治的、経済的、社会的解放の実現を期す。二、我等は、合法的手段に依り、不公正なる土地、生産、分配に関する制度の改革を期す。三、我等は、特権階級のみの利害を代表する既成政党を打破し議会の徹底的改造を期す」(大原社会問題研究所『日本労働年鑑』昭和二年版二四〇ページ)。なお前年結成された農民労働党の即時禁止の理由の一つは、政策の一つに治安維持法の廃止を掲げたからだという(同上、大正一五年版二六四ページ)。

別編

II

(1) 『中外日報』(大正10・1・25)所載の西本願寺執行長今里遊玄の談によれば「当時は吾派のみの孤軍奮闘で各宗の人達は冷かに吾々の運動を眺めてゐたやうだ。西本願寺が被選権獲得の運動をやり出したのは集会〔宗議会—松尾注〕の議決によったものである。……議会(帝国議会)が開かれたあと……前宗主に運動の経過を報告したが、宗主から一応運動を打切ってはどうかといふ注意を受けたので夫なりになつて来たのだ」という。『国民之友』53(明22・6・12)もこの運動に批判的で、次のように「時事」欄に書いている。「衆議院議員撰挙法第十二条に就き富山、長野、滋賀、東京其の他各地の僧侶総代は、内務省或は内閣に向て請願書を奉呈したれども、悉く却下せられたり、想ふに僧侶達は何故に其の本分たる宗教の世界より飛出して、政治世界に突入せんと欲するや、衆議院議員と為つて如何なる事を議せんと欲するや、僧侶は僧侶なり、若し僧侶の考へを以て議員となり、宗教と政治と混同するに至ては、其の弊害実に挙げて数ふ可らず、或は議会を利用して己れの宗教を以て国教と為んと尽力することもあらん、或は己れに不利なるの宗教は之を抑圧せんと主張すること無きにあらざる可し、政治既に熱情的の物なり、之に加ふるに宗教の熱を以てすれば、其の相激し、相争ふの甚しき、決して改進派と大同派の争ひの如きものに止らざるべし、豈に恐れざるを得んや」。

(2) ほかは一、宗教制度調査に関する申請。一、神職と神道教師区別に関する申請。一、宗教に関する地方行政矯正の件に付申請である(土屋詮教『新日本史』第三巻、仏教篇、二二四ページ、一九二六年、万朝報社)。

(3) その中には宗教法問題のほか、明治維新のとき官有地にされてしまった社寺境内の還付というような物質的問題もふくまれている。

(4) 仏教護国団は仏連の外郭団体であったが、地方独立団体で必ずしも一府県一個に限らず、ひろく信徒を包容し、地域ごとの社会文化事業を営むことを趣旨とする点において、仏連とは組織的に異なっていた(『中外日報』大10・11・27)。

(5) 『中外日報』(2・19)によれば、官憲の圧迫のため、六〇〇を予定した署名は半分しか集まらず、これを村松恒一郎(純正国民党)の紹介で衆議院に提出したという。

(6) 実行委員は警保局の作成とおぼしき『政治的諸団体』(大正九年一二月調)の掲げる会員の中に含まれていると思われる。五十嵐光龍・泉道雄・岩野真雄・長谷川孝善・長谷川良信・堀尾秀然・本多綱雄・富田斅純・大村桂巌・大森輝成・丘宗潭・岡本貫玉・雷純学・和田対白・和田鼎・渡辺海旭・加藤精神・橘教順・高島円〔米峰〕・龍口了信・田中弘之・高岡隆瑞・土屋詮教・鶴高隆憲・田崎達雄・中野実範・向井恵廉・中西雄洞・窪田知膺・来島琢道・窪川旭丈・楠原龍誓・矢吹慶輝・桑門秀我・松森運・前田宥和・山田一英・小林正盛・小林芳次郎・藤岡勝二・旭純栄・秋庭正道・暉峻義等・朝倉慶友・安藤正純・浅野秀・境野黄洋・里見義隆・安藤嶺丸・木山十彰・湯浅隆岳・祥雲晩成・峯玄光・壬生雄舜・三輪政一・志田慈道・椎尾辨匡・柴田一能・望月信亨・望月日謙・弘津説三・末広照啓。この資料には宣言も付載されている。

(7) 二月五日に広島市で安芸教区僧侶大会が開かれている(『広島県史』近代2、九三ページ)。少なくとも請願を行なった地域では、同様の集会が催されたものと推定される。

(8) 木下寂善(天台宗宗務庁庶務部長)、石堂恵猛(真言宗御室派執綱)、旭純栄(新義真言宗智山派宗務長)、小林正盛(同宗豊山派宗務長)、桑門秀我(浄土宗執綱)、日吉全識(妙心寺派執事長)、弘津説三(曹洞宗全権委員)、後藤澄心(真宗本願寺派枢密課長)、長谷得静(真宗大谷派庶務部長)、奥博愛(真宗仏光寺参事)、長谷川観石(西山深草派執事長)、武田宣明(日蓮宗総監)、

■岩波オンデマンドブックス■

普通選挙制度成立史の研究

1989年7月5日　第1刷発行
2015年5月12日　オンデマンド版発行

著　者　松尾尊兊《まつおたかよし》

発行者　岡本　厚

発行所　株式会社　岩波書店
〒101-8002 東京都千代田区一ツ橋2-5-5
電話案内 03-5210-4000
http://www.iwanami.co.jp/

印刷／製本・法令印刷

ISBN 978-4-00-730190-2　　Printed in Japan

索　引

1) かならずしも網羅的でない. 2) 配列順は, カタカナ語を先行させ, 漢字は50音順を原則としたが, 字画順も加味した. 3)数字のあとに f, または ff とあるのは, それぞれ, 次のページまたは次の2ページにもその項が出ていることを示す. 4)太字の数字は, その事項が, そのページあるいはそれにつづく数ページにおいて, 記述のおもな対象となっていることを示す.

ア 行

アナルコ・サンジカリズム　170 f
「安曇野」　423
安達謙蔵　215, 247, 285, 300, 307, 309, 473 f
安部磯雄　37, 40, 50, 56, 59, 61, 63, 80, 91, 103 f, 111, 117, 339, 371, 432, 443
安藤正純　220, 388, 398 f, 401 f, 406, 453, 456, 458, 461 f, 478
愛沢寧堅　16 f, 40, 59
愛知県　83 ff, 114 f, 140, 154, 216, 222, 251, 388, 402, 479
青池晁太郎　59, 72, 75 f, 83 f, 92, 103, 117 f, 121, 158, 440, 443, 447, 453
青木信光　280, 319 f, 473 f
青森県　39, 56, 154, 222, 431 f, 479
赤木亀一　450, 460
赤沼孝四郎　62, 434
——信東　85
赤穂菊清　428
赤松克麿　254, 472
——勇吉　62, 434
秋田清　450, 460, 473
秋田県　56, 154, 222, 302, 432, 479
秋田青年同盟　302
秋山定輔　44
悪税反対運動　79 f
浅田彦一　164
朝倉外茂鉄　59, 61, 432 f
麻生久　148, 291
綾井武夫　16, 417
綾部惣兵衛　460 f
綾部竹次郎　32, 37, 40, 83, 440, 443
——竹之助　17 f, 32, 417, 419
荒文雄　61, 435
荒木月畝　371
荒畑寒村　73, 168, 174, 192, 253, 294
新井章吾　16, 417, 419
——要太郎　47, 62, 433
有松英義　279, 297 f, 310-313

井土経重　17, 103, 417
井上毅　8 f
——敬之助　399
井村薫雄　103
五百木良三　455 f
五十嵐一晁　103
五日市憲法草案　4
伊東知也　92, 143, 443, 449 f, 460
伊藤朝子　346, 355, 378
——仁太郎(痴遊)　84, 99, 452
——野枝　340
——博文　9 f, 25 f
生田長江　109, 111
——花世　371, 386
池田兵右衛門　83, 85, 101 ff, 109
石井謹吾　309, 312, 474
石川三四郎　76, 437
——武美　339, 389
——半十郎　28, 422, 428
——安次郎　17 ff, 31 f, 40, 50, 54, 59, 61, 63, 78 f, 102 f, 117 f, 121, 158, 417 ff, 432-437, 456
石川県　112, 154, 479
石川県立憲青年党　161, 195

石田友治　103, 105 f, 142, 346, 452
石塚三五郎　28, 51 f, 75, 99, 103, 117, 428 f, 440
石橋湛山　101, 142, 452
石本(加藤)静枝　371, 376, 386
石山弥平　47, 61, 79, 433 f
磯貝浩　143, 449
板垣退助　95, 443
板倉勝憲　277, 470
——中　59, 61, 65, 69, 71 f, 77, 432, 435 f
一木喜徳郎　260, 279, 311, 444
一宮房治郎　138, 244, 246, 348, 450
市川房枝　341 ff, **350**, 378 f, 382 ff, 387, 389, 391
市村光恵　438
稲垣示　17, 24, 32 f, 40, 43, 417, 419
犬養毅　100 f, 178, 198, 264 ff, 268, 281, 321, 470 ff
茨城県　43, 56, 154, 387, 432, 479
今井嘉幸　111, 125, 138 f, 143, 157, 167, 169, 180, 188, 196, 198, 222, 225, 446, 450, 460 f
今村力三郎　47
入沢吉次郎　157, 169, 456 f
岩倉具視　8
岩佐善太郎　449, 460
岩崎勲　449, 473
——善右衛門　122
岩附修一郎　51
岩手県　56, 141, 154, 431, 479
岩野真雄　397
巌本善治　50, 417
院内普選実行会　180

宇治村敏　157, 223, 455
鵜沢宇八　460 f, 471
——幸三郎　61, 435 f
——総明　272, 275, 277, 470
上杉慎吉　148, 323, 339
上島長久　121
上村露子　361 ff, 365, 371, 373
上野岩太郎　453
上埜安太郎　37, 59, 77, 85, 119, 440 f, 449
植木枝盛　5 ff
植原悦二郎　106, 110 f, 136, 138, 143, 153, 164 f, 199, 344, 458, 473
植松貞吉　62, 434
——考昭　83, **86**, 443
浮田和民　99, 106
潮恵之輔　234
臼井吉見　423
内ヶ崎作三郎　387
内田信也　200
——良平　323
内山省三　103
卜部喜太郎　47, 59, 61, 65, 79, 85, 432, 435, 453
海野普吉　453

江川喜太郎　101 ff, 109, 118, 122
江木千之　273 f, 310 ff, 470
——衷　106
——翼　137, 199, 201, 210, 399, 401, 463
江口三省　9, 13
江橋厚　16, 417
江原節　441
江間俊一　47, 441
江羅直三郎　439
海老名弾正　50
愛媛県　119, 131, 152, 155, 221, 223, 479
円城寺清(天山)　32 f, 40, 59, 65, 79
遠藤(岩野)清子　342, 344, 347

小笠原誉志夫　28, 371, 422
小川平吉　236, 272, 277, 285, 299, 470, 473
小木曾鉄若　29, 422, 428
小栗慶太郎　122
小田為綱　5, 7
——頼造　69
小野武敏　61 f, 434
——栄文　62, 432, 434
小野瀬不二人　31f, 37, 39-42, 44, 49, 59, 83, 103, 118, 126, 164, 423, 443, 452
小野塚喜平次　260, 272-275, 470
小山東助　111

尾崎敬義　450, 460 f
尾崎士郎　103, 118, 123, 143, 445, 448, 456 f
——行雄　101, 137, 198, 200, 356, 449, 459 ff, 475
大井憲太郎　**13**, 42-47, 51 f, 59, 61, 72, 91, 102 f, 117, 416, 424, 426, 430, 435 f, 440, 452, 456
——卜新　85
大炊御門幾麿　32
大石誠之助　69, 72
——正巳　8, 281, 471
大分県　39, 155, 479
大岡幾寿　85, 103, 438
大賀良一　70
大隈重信　74, 105
「大阪朝日新聞」　82, 95, 99, 111, 130, 149, **155**, 220, 278, 377, 472
大阪機械労働組合　290 f
大阪鉄工組合　188, 221
大阪府　43, 111, 115, 140, 144, 154, 188 f, 221 ff, 303, 341, 358, 384, 402, 459, 479
「大阪毎日新聞」　95, 131, 138, 149, 220, 472
大杉栄　106, 108, 170, 174, 445
——繁　71
——鑑二　61 f, 65, 437
大竹貫一　157, 159, 282, 440, 455 f, 464, 468
大西良慶　401, 406
大庭柯公　153, 344, 346, 456
大場茂馬　106, 452
大原孫三郎　234
大堀孝　449 f, 460
大亦楠太郎　69, 72, 438
大山郁夫　110, 124, 153, 169, 344, 346, 448
桜楓会　343, 362, 372
嚶鳴社　5, 7
岡千代彦　59, 61, 71 f, 75, 119, 426, 432 ff, 436, 438 f
岡崎邦輔　216, 285, 300, 316 f, 320 f, 449, 461, 473 ff
岡野敬次郎　232 f, 255, 470
岡部次郎　143, 449,
岡本かの子　346, 386
——柳之助　424
岡山県　70, 73, 140 f, 144, 154, 161, 303, 479
岡山普選同盟会　195, 221
荻窪政長　23, 28 f, 51, 428 f
荻野好子　363 f, 378 f, 384, 387 f, 391
沖縄県　27 f, 422, 479
奥野市次郎　36, 43, 59, 61, 66 f, 77, 417, 433, 436, 440, 452
奥宮健之　8, 62, 84 f, 435, 440
奥むめお　345, 353, 355-356, 358, 361, 366, 370 f, 374, 386 f
押川方義　111, 143, 348, 450, 455, 460 f
折井莊左衛門　23, 428

カ 行

ガルスト　17, 417
ガントレット恒子　367 f, 370f, 379, 383, 389, 391
加治寿衛吉　31 f, 40, 59, 119, 417, 419
加藤勘十　291, 345, 448, 455, 457, 472
——定吉　449, 460 f, 471
——重太郎　62, 85, 434
——高明　200, **210**, 283, 305, 312, 462 f
——時次郎　62, 75 ff, 102 ff, **116**, 158, 346, 434, 447
——友三郎　258 f
——友三郎内閣　**231**
加納豊　61, 71 f, 433 f, 436, 438
香川県　39, 140, 154, 195, 221, 303 f, 479
神奈川県　39, 43, 60 f, 73, 76, 84, 154, 186, 222 f, 426, 436, 479
華族の選挙権　198, 274, 308, 311, 313 f, 318, 470
鹿児島県　140, 155, 223, 479
賀川豊彦　167 f, 192, 225 ff, 239 f, 371, 465
嘉悦孝子　371
改進党　8, 12, 418
改造同盟　157, 160, **164**, 456, 458
開化亭　17, 58, 75 f

学生同盟会　139, 145 f, 160 f
学生の選挙権　216, 274 f, 297, 307
学生の普選運動　39, **145**, 452
革新倶楽部　243, 281 f, 299, 306, 467, 473
革新党　19, 418
過激社会運動取締法案　226
粕谷義三　67, 441, 449
片岡軍二　158, 457
片桐市蔵　85
片山潜　16 f, 37-45, 47, 49 ff, 59, 61, 80, 83, 85, 91, 93, 102 ff, 116, 417, 430, 432 ff, 443 f
活版工組合誠友会　44 f, 71, 75, 107
金沢立憲青年会　112, 195
金子堅太郎　9 f, 297, 310 f
金子茂　364, 371, 374, 376, 378, 382 ff, 388
金子末吉　101, 109
金子洋文　445
樺山資英　266, 279, 284, 470
鎌田栄吉　90, 233, 344, 346, 349, 356
上条譲一郎　36, 40, 59, 422, 428
——信次　18, 417
上村進　452
神谷卓男　143, 449 f, 460
茅原華山　105, 452
唐沢長十　28 f, 51, 84, 111, 428
烏丸光亨　28 f, 32, 40, 59, 440
川上源一　22 f, 28 f, 51, 417, 428
川口茂三郎　85
川崎克　449, 460, 471
川島烈之助　71 f, 438
川村竹治　344, 348
河合大示　397 f
「河北新報」　148
河上清　37, 41
——肇　130, 132, 146
河崎なつ　376, 382 ff
河田嗣郎　338, 405
河波荒次郎　449, 460
河西豊太郎　449, 460
河本亀子　362, 365, 379, 383
神崎譲雄　103
間接選挙制　9 f, 414, 422
関西労働組合連合会　194, 224
関東大震災　372

キルビー，メリー　53, 417
木内禎一　103
木下謙次郎　83, 441
——尚江　18 ff, 27, 29, 32, 36 f, 40 ff, 45, 50, 59, 61, 63, 70, 75, 126, 417, 419 ff, 428, 430, 433, 436, 439
木村錠吉　146
岐阜県　85, 154, 479
記者同盟会　157, 456
記名投票法案　66, 82
貴族院　**89**, 135 f, **278**, **314**, 320, 349, 356
菊池外人　103
——九郎　59, 431
——茂　71, 438, 453
——武雄　40 f
——武徳　453
——虎太郎　5, 7
——良一　460 f
岸山芳太郎　43
北昤吉　119
北川筌固　28 ff, 32, 37, 42-46, 54, 59, 61, 71, 422 f, 426, 432-436
北沢重造(道)　43, 62, 434
——新次郎　170
北島銭太郎　103
北原龍雄　103, 108, 118 f, 122, 143, 254, 447 f
九新聞共同宣言　220
居住要件　10, 198f, 273, 311, 314, 318, 325, 328
共存同衆　5 f
供託金　256, 325, 329 f
京都府　76, 95, 132, 141, 146, 154, 188 f, 219, 290, 401 f, 405 f, 459, 479
清瀬一郎　216, 464, 473
暁明会　**162**, 221, 304, 457
矯風会　343, **366**, **372**, **387**

工藤賤雄　142
久我懋正　103, 118, 417

久津見息忠(蕨村)　47, 51 f, 78, 83 f, 103, 118, 429, 443
久布白落実　343, 366, **368**, 371 f, 374, 379, **381**, 384, **386**, 390 f
久保田譲　312 f
——与四郎　85, 417
陸羯南　8, 417
草郷仁子　355, 371
草間五兵衛　29, 428
櫛部荒熊　157, 159, 455 f, 461
楠目玄　439
窪田畔夫　22, 417
熊谷千代三郎　117
熊本県　119, 155, 222, 479
倉辻明義　456, 458
倉富勇三郎　259 f, 276, 310
倉長恕　56, 59, 61, 72, 432 ff, 436, 438
蔵内治郎作　441, 450
蔵原惟郭　60 f, 65, 78 f, 85 f, 434 ff
黒岩周六(涙香)　43, 47, 59, 62, 433, 456
黒川九馬　54, 59, 61, 417, 420, 432
黒沢正直　17, 31 f, 40 f, 49, 59, 83 ff, 92, 417, 443
黒須龍太郎　137 f, 142 f, 153, 157, 344, 449 ff, 460
郡制　10 f, 422
群馬県　14, 39, 50, 141, 154, 388, 402, 416, 479

「芸備日日新聞」　95
研究会　277 ff, 316, 320, 475
現状打破同盟　254, 282
憲政会　105, 124, 136 f, 143, **178**, 180, 184, 197, **209**, **246**, 281 ff, 285, **299**, 306, 462 f
——の急進派　137, 159, 180 f, 197 f
憲政本党　26, 30, 66 f, 74, 79, 423
「憲法講話」　96
「憲法草稿評林」　5
顕本法華宗　403

コミンテルン　252 f
小池仁郎　460 f, 471
小石川労働会　157, 160, 172 f, 188, 224
小泉策太郎　299, **317**, 474 f
——又次郎　157, 159, 185 f, 212, 246, 282, 449, 455, 460 f, 467, 471
小久保喜七　417, 473
小里頼永　417, 419 f
小島友太郎　29, 111, 428
小塚空谷　61, 430, 434
小手川豊次郎　62, 77, 433, 439
小林勝民　157, 453, 455 f
——源十郎　101, 103, 109, 118
——佐三　28 f, 51, 428
——富貴太郎　61, 433 f
小松徹　28 f, 51 f, 54, 428, 430
小山久之助　47
——松寿　449, 460 f
戸主参政権　95, 274, 310, 312, 324, 443
古島一雄　164, 282 f, 321, 406
児玉真子　346 f, 355, 358 f, 361 f, 365, 371
——右二　344, 450, 460
後藤新平　233, **266**, **270**, 281, 284, 287, 445, 470 f
——文夫　233
公正会　349
公民権　10 f, 203 ff
交詢社　5 f, 165
向上会　188, 192, 194, 221, 250, 291
幸内久太郎　72, 438
幸徳駒太郎　131
幸徳秋水　31 f, 37, 39 ff, 43 f, 59, 61, 63, 78, 417, 430, 432, 434, 436 f
河野己一　142, 452, 455
——恒吉　468
——広中　16 f, 32 f, 40 f, 43, 49, 59, 79, 85, 143, 247, 431, 440, 456
庚申倶楽部　215, 282, 464, 473
神津好雄　54
高知県　39, 69, 131, 155, 425, 479
鉱毒解決期成同盟会　71
鉱毒事件解決運動　63, 71 f
興国同志会　161
国家社会党　75, 79, 83

国権主義的自由主義　14, 20 f, 34, 424
国粋会　219
国体　89
国民義会　157, 455
国民議会準備会　83, 440
国民主義的対外硬派　166, 439 f
「国民新聞」　95, 131, 156, 220, 248, 278, 363, 371, 472
国民党(中江兆民ら)　27, 31, 33
国民党(犬養毅ら)　100, 105, 124, 136 f, 143, 180, 185, 197
——院外団　157
——脱党6人組　137 f
黒龍会　323
近衛文麿　322
米騒動　129
近藤栄蔵　253 f

サ行

サラリーメンズユニオン(SMU)　158, 173
左党同盟　170
佐賀県　155, 479
佐々井辰次郎　102, 109, 131
佐々木惣一　111, 130, 400
——安五郎(照山)　84 f, 91 f, 99, 103, 119, 440 f, 443, 449, 453, 461 f, 464
佐治実然　17, 37, 40 f, 54, 59, 61, 69, 117, 121, 417, 432-436
佐東孝一郎　40, 59
佐藤丑次郎　74, 156, 338
——悟　101
佐野学　148, 239 f, 252
西園寺公望　264, 296, **321**
在郷軍人による選挙権獲得運動　267
災害救済婦人団　378
斎藤宇一郎　460 f
——紀一　344, 450
——兼次郎　62, 69, 76, 122, 436, 439
——隆夫　100, 136, 307 f, 473 f
埼玉県　39, 56, 60, 154, 402, 432 f, 479
坂本真琴　346, 355-359, 361-365, 374, 378 f, 382 ff, 387 f
阪谷芳郎　259, 271
堺利彦　62, 77, 103 f, 106 f, 110, 115-118, 120, 122, 131, 139, 143, **176**, 190, 346, 386, 403, 437, 447, 453
——真柄　374, 386
桜井一義　37, 40, 43, 62, 426, 434
——熊太郎　440
——静　5 f
——ちか子　387
——兵五郎　143, 449
——松太郎　70, 72, 83, 438
薩派　266, 284
沢来太郎　56, 59, 119, 121, 432
沢野民治　103
沢辺正修　5 f
三悪法反対運動　251
三国干渉　20
三派普選委員会　**307**

市制　10 f, 203
市民政社　112, 144, **195**, 222, 247, 304, 464
自由協会　157, 457
自由青年連盟　242, 302
自由党　8, **11**, 25 f, 418
自由民権運動の選挙人構想　**4**
自由労働者組合　172 f
「時事新報」　95, 131, 220, 278, 472
斯波貞吉　47, 66, 75, 91, 99, 103, 116, 121, 220, 238, 440, 443, 453, 456, 458, 468
滋賀県　152, 154, 221, 399, 402, 479
資本労働問題研究会　165
試験制度改正同志会　448
塩島仁吉　121
塩谷恒太郎　59
静岡県　83 f, 102, 114 f, 131, 140, 144, 154, 161, 223, 479
「静岡民友新聞」　95
実業同志会　241
「信濃毎日新聞」　51
信濃黎明会　242
篠田礼助　103
芝浦技友会　173, 188
柴四朗　455, 460

島田三郎　60, 74, 78, 137, 165, 198, 200, 220, 225, 356, 438, 449, 460 f
——俊雄　119, 121, 164
嶋中雄三　103, 472
島根県　154, 184, 479
下伊那郡青年会　242, 302, 326, 428
下岡忠治　211, 272 f, 275, 281 ff, 468, 470 f
下間空教　396, 400 f, 405
下中彌三郎　346
「社会改良手段普通選挙」　47, 93
社会主義協会　38 f, 63, 68 ff, 72, 437
社会主義研究会　**37**, 425
——(福島)　56
——(夕張)　72
社会主義者の普選態度　**45**,143,**174**,229, **252**, **292**, **324**
「社会新聞」　83
社会政策実行団　117, 120
「社会破壊主義論」　91
「社会民主党の宣言」　34, 46
社会問題研究会　**16**, 21, **417**
謝花昇　28
石神井会議　253
衆議院議員選挙法　10, 26 f, 133, **327**
衆議院議員選挙法改正案
初期議会　11 f
第 9–14 議会　25 f
第 16 議会　27
第 21 議会　67
第 22 議会　74
第 23 議会　78
第 24・25 議会　82
第 26 議会　83–86, 88
第 27 議会　85 f, **89**
第 28 議会　93
第 30・31 議会　100
第 35・37 議会　105
第 40 議会　124
第 41 議会　**133**
第 42 議会　**180**
第 43 議会　**197**
第 44 議会　**198**
第 45 議会　**216**
第 46 議会　**243**
第 48 議会　**287**
第 49 議会　**306**
第 50 議会　**307**
衆議院議員選挙法改正期成同盟会　26
衆議院議員選挙法改正調査会　105, 444
衆議院議員選挙法調査会　216 ff, **231**, **255**
純向上会　221, 250, 289
純正普選期成同盟会　**323**
純労会　157, 172
小学校教員の被選挙権　265, 297, 308
小学校教員被選挙権要望運動　196, 224
浄土宗　398, 403
城南普選期成同盟会　221, 238, 452
奨匡社　18
白石総南　62, 436
白鳥健　77, 83
白柳武司(秀湖)　116, 453
人力車夫の普選運動　45
進歩党　16, 19, 25 f, 30
信友会　112, 157, 160 f, 169, 172
真宗大谷派　403
——本願寺派　394, 396 f, 403
「新紀元」　75
新人会　145
「新東洋」　**13**
新政同盟　475
新婦人協会　153, **341**
——の演説会　344, 348, 357
——の解体　**356**
——の創立　**345**
——の歴史的役割　**359**
新義真言宗　403
新聞社共同宣言　220, 288

枢密院　135, 214, **279**, **297**, **310**, 473
末広重雄　156
杉村広太郎　37, 164
鈴木梅四郎　116, 143, 165, 344
——喜三郎　260 f, 272, 466, 470
——脩吾　12 f
——重遠　16, 32 f, 417, 419

——正吾　119, 453
——省吾　37
——楯夫　83, 85, 114, 444, 447
——富士弥　138, 473
——文治　112, 119, 169 f, 173, 189, 239 f, 446, 460
——茂三郎　253, 294 f, 472

世帯主選挙制　179, 284, 310
政界革新同志会　79
政界革新普選同盟会　198
政治研究会　302, **324**
政治問題研究会　254, 295
政友会　79, 94, 137, 181, 216, 243, 261, 277, 280, 285, **299**, 306, **313**, 319, 338
——と婦選　338, 347 f
——と僧侶参政権　402, 405
——の選挙法改正案　66 f, 74, 124
——の普選派　138, 244
政友倶楽部　31, 33
政友本党　298, 309
政友有志会　419
青鞜社　109
青年改造連盟　157, **160**
青年修養会　71
青年党　223
赤瀾会　353
関和知　85, 100, 138, 164, 200, 272-275, 444, 458, 468, 470 f, 473
——直彦　185, 198, 259, 273 ff, 282, 402, 406, 461, 468
関口一郎　61, 433
関谷竜三郎　80
千本木道子　372
全国水平社　251
全国青年急進団　122, 161, 448
全国普選断行同盟　215, **219**
全国普選断行連合会　323
全国普選連合会　**157**, 191
全国労働団体連盟　172
選挙運動取締規定　216, 256, 275, 297, 308, 325, 330, 444, 473
選挙区制　10 f, 26, 93 f, **133**, 171, 180, 216, 256, 275, 297 ff, **308**, 327, 329, 444, 454 f, 472
選挙権拡張期成同盟　66
選挙法改正期成全国各市連合会　26

添田飛雄太郎　143, 449, 460 f
添田平吉　122
副島義一　273 f, 323, 470
——八十六　453, 455
相愛社　7
相馬愛蔵　22, 417, 420
曹洞宗　396
僧侶参政権　275, 297, 308, **393**
僧侶参政権と普選問題　397, 403, 405, 407, 410
増税反対運動→悪税反対運動

タ 行

田川大吉郎　61 f, 76, 80 f, 83, 85, 99, 200, 218, 381, 435 f, 439, 441, 443
田口卯吉　16 f, 417, 419
田崎達雄　397, 478
田島錦治　156
——ひで　355, 357, 374 f, 386
田中義一　265, 268, 318 f, 322, 471
——熊　103
——善立　157, 159, 399, 402, 449, 456, 460 f, 471
——玄番　121
——正造　16, 47, 62, 417, 437
——呑牛　62, 433
——弘之(舎身)　59, 61, 71 f, 75 ff, 83 f, 99, 121, 323, 398, 433 f, 436, 438 ff, 443, 453, 478
——万逸　143, 449, 460 f, 471
——芳子　346, 352, 355, 384, 389
田淵豊吉　197, 348
田村武七　22 f, 417, 419
多田文豹　396 f, 401
大正維新団　157, 160, 455
大正義憤団　157, 456
大正政変　99, 108
大日本仏教青年会　397 f

大日本労働協会　437
大日本労働団体本部　71
「太陽」　82
対露同志会　65
第一次護憲運動　99
第二次護憲運動　**296**, 472
「第三帝国」　**105**, 125, 445
高尾平兵衛　169, 254, 468
高木富代　362 f, 365, 379, 388
——正年　137, 143, 164, 362 f, 365, 379, 449, 456, 458, 460 f
——益太郎　62, 85 f, 100, 435, 440, 445, 461
高島円(米峰)　119, 398, 404, 478
高田三六　62, 92, 435, 443
——早苗　356
——和逸　170, 193
高野房太郎　37, 39 ff
——孟矩　62, 436
——重三　339, 346, 370 f
高橋久次郎　121
——是清　319, 321
——清吉　103
——千代　379, 388
——秀臣　43, 59 ff, 84, 91 f, 99, 426, 432, 439, 443, 453, 456
——本吉　213, 347, 449
高畠素之　104
高原操　155, 186, 220
高松豊次郎　62, 434
——正道　143, 449 f, 460
高松雄弁会　195, 221, 239
高見之通　113, 402, 450
滝沢助三郎　31 f, 40
竹村良貞　143, 449
武居逸次郎　23
武内作平　471, 474
武富時敏　132, 198
棚橋小虎　148
谷口善太郎　290, 293
頼母木桂吉　449, 460 f, 473 f
為藤五郎　351, 359, 363, 379
樽井藤吉　16 f, 24, 31, 417, 419
チャーチスト　426
千葉県　76 f, 154, 479
千葉卓三郎　4 f, 7
治安維持法　203, 269, 311 f, **330**, 476
——反対運動　302, 326
治安維持令　**285**
治安警察法　27, 38
——第五条修正請願　68, **343**, 347, 349
——第五条修正法案　344, **347**, 356, 388
——第十七条改正運動　**146**
地租委譲　244
地方議会の選挙制　10 f, **203**, 414, 422
地方長官会議　234, 270
筑前共愛会　5 f
「中央新聞」　281
「中外日報」　397, 404 f, 408
中正会　113
中正倶楽部　306, 473
中条(宮本)百合子　378, 386
町村制　10 f, 203
朝鮮人学生　139
「直言」　70
直行団　72, 75, 116
直接行動論　78
珍品五箇問題　201

塚本仲子　346, 355, 358, 361 f
築地工人会　157, 173
辻井民之助　227 f
土倉宗明　101, 103, 109
土田杏村　355
土屋詮教　393, 395, 478
——興　401
積しな　355, 361

鉄工組合　71, 161
田健治郎　181, 204, 264 f, 267, 470
点字投票　224

土井権大　396, 399, 401, 464
土居光華　32 f, 40, 59, 424
戸塚光作　54

都市急進派　**157**, 184 ff
富山県　112, 131 f, 154, 223, 397 ff, 402, 479
富山県立憲青年会　112
東亜青年会　78
「東海暁鐘新報」　5, 7
「東京朝日新聞」　150, 220, 278, 472
東京実業連合会　86
「東京社会新聞」　83
「東京新聞」　101, 109
東京帝国大学　145, 161
「東京日日新聞」　150, 220, 278
東京理髪業組合各区連合会　39
東京連合婦人会　**372**
「東洋経済新報」　**86**, 101, 139
東洋自由党　**13**, 21, 80
——の綱領　416
等級選挙制　9 ff, 204 f, 414
頭山満　323
独立の生計　9, 136, **179**, 199, 205, **210**, 214, 255 f, 260 ff, 265 f, 272 f, 297, 311
徳島県　154, 479
徳田球一　301, 467
徳富蘇峰　156, 288, 328, 371, 386
床次竹二郎　134, 309
栃木県　56, 154, 223, 431, 479
鳥取県　112, 144, 154, 185 f, 304, 406, 479
鳥取立憲青年会　195, 221, 248, 304
富井政章　279, 297 f, 310 f
富田幸次郎　343 f, 449, 460
——信男　421
豊崎善之介　37
鳥尾小弥太　10

ナ 行

奈良県　154, 221, 479
内藤隆　123, 145, 448, 454 f
——魯一　8, 85
内務官僚　**233**, 288, 308 f
中江兆民　8, 19, 27, 47
中川虎之助　441
中沢美代　384, 389, 391
中島気崢　157, 453, 455 f
——信虎　110
——半三郎　61, 80, 434, 438
中西雄洞　397 f, 478
中野正剛　164, 347, 456, 461 f, 475
——寅吉　402, 471
中溝多摩吉　157, 159, 456
中村啓次郎　441, 449
——太八郎　14, 16 ff, 27 ff, 32, 37, 40 f, 49–56, 58–61, 63, 71 f, 75–78, 80, 83 ff, 91, 102 f, 116 ff, 120 f, 126, 142, 158, 199, 417, 419 ff, 429 ff, 436, 438, 443, 447, 453, 462
——弥六　17, 32, 49, 59, 417, 440 f
永井柳太郎　99 f, 112, 164, 195, 199, 348, 444, 461
永田一二　5 f
長岡隆一郎　233
長崎県　155, 161, 303, 479
長島隆二　164, 456, 460
長野県　**18**, 43, 50, 69 f, 84, 111, 141, 154, 242, 302, 326, 479
夏目漱石　109
滑川普通選挙期成同盟会　131, 454
滑川立憲青年会　**112**
南信壮年団　242, 302, 326

「二六新報」　44, 47, 63, 95, 472
新潟県　40, 43, 154, 223, 248, 402, 479
新妻伊都子　371, 374, 376, 382, 386 f
西尾末広　193, 225 f, 228, 467
西岡竹次郎　122, 142, 145, 306, 452, 461
西川光二郎　43, 45, 50, 54, 61, 63, 69, 75 f, 83, 93, 104, 426, 432 ff, 437, 439
——文子　340, 362, 371, 378 f
——松子　346
西田正義　119, 131
西日本普選大連合　**221**, 238, 278, 465
西村玄道　16, 24, 416 f
——時彦(天囚)　130, 149, 155, 417
西本国之輔　102 f, 118 f, 121, 452, 459
日蓮宗　399
日露戦後派的青年層　108, 112
日韓同志会　78

日鉄矯正会　39, 44, 56
日東国士会　157, 456
「日本」　95
日本海員組合　225
日本共産党　229, **252**, **292**, 301, 465
日本交通労働組合　158, 161, 169, 171, 173
日本国々憲案　5
日本社会党　76, 78
日本大学　145
日本農民組合　196, **238**, 292, 303, **325**
日本婦人参政権協会　368, 379, 389 f
「日本平民新聞」　28
「日本立憲政党新聞」　8
日本労働総同盟　**193**, **225**, 239, 249, 251, 289, 303, **325**
——関西労働同盟会　192, 225, **226**, 290

沼田伊勢子　379

根本正　343 f, 347, 417, 441

野上啓之助　62, 430, 437
野口喜八　103, 118
——三千雄　62, 436
野坂参三　148
野沢重吉　104
——藤吉(枕城)　164, 453, 456
野々山義成　28 f, 31, 51 f, 428 f
野溝伝一郎　379, 461 f
野村靖　10
「農政研究」　241
農民党　242

ハ　行

羽仁もと子　371 ff
羽生三七　254, 302
波多野承五郎　16
馬場鍈一　233, 255, 260, 272, 277, 316, 402, 466, 470, 473 f
——勝弥(孤蝶)　103, 109 ff, 119, 339
——恒吾　156, 164, 220, 371, 456, 458, 461 f
——辰猪　8, 16
——秀周　103
——力　61, 75 ff, 435 f, 438
売文社　109 f
陪審法　**205**, 257 f, 276
萩野万之助　61, 435 f, 440, 452
挟間茂　309
橋本一井　112
——太吉　450, 460
——徹馬　448, 455, 457
長谷川光太郎　119
——二郎　72
——胤　362, 365, 378 f
——如是閑　359
長谷部天夫　81
服部綾雄　85, 91
鳩山一郎　244, 246, 272 f, 277, 347, 470
——春子　389
——秀夫　16
花井卓蔵　49, 59 f, 62, 79, 81, 99, 259, 272 f, 433, 441, 470, 474
早速整爾　237
林歌子　369, 384, 388
——毅陸　347
林田亀太郎　74, 199 f, 379, 452, 461 f, 475
浜田国松　225
浜名信平　441
原戉吉　456, 458
——茂卿　85, 109
——敬　67, 80, 93 f, 132-135, **181**, 198, **202**, 338, 461
万国婦人参政権協会　367
「反響」　109
半田一郎　101, 103, 109, 118, 122
汎労会　158, 174
坂東幸太郎　387

日野国明　144, 222
比例代表制　46, 214, 275, 309, 312, 437, 473
樋口伝　76, 439
——秀雄　111, 119, 121, 143, 302, 460 f
「光」　75

東武　441
久留弘三　187, 189, 226 f, 465
日向輝武　81 f, 84 f, 88, 91, 440 f, 443
兵庫県　141, 146, 154, 186, 188 f, 221, 304, 396, 399, 457, 459, 479
平等会　**21**, 420
平井金三　37
——太吉郎　112, 115, 131
平沢計七　148
平島松尾　143, 449, 460
平塚らいてう　339-343, **350**, 358, 378, 386
平渡信　103
平沼騏一郎　260 f, **268**, 310 f, 470
平野力三　239 f, 472
平山成信　297, 310 f
——信子　347, 355
広岡宇一郎　348, 417
広島県　84, 141, 144, 154, 187, 195, 221, 304, 399, 479
貧困による欠格　180 f, 197 f, 274 ff, 307, 311 ff, **314**, 328 f, 450, 475

布施辰治　108, 110, 140, 301, 453
府県制　10 f, 422
「婦女新聞」　340, 370, 377
婦人解放デー　388
婦人公民権　361, 363, 365, 368, 370, 380 f, 388
婦人参政建議案　364, 388
婦人参政権　5, 50, 53, 68, 77, 199, 265, 273 f, 308, 310, 325, 328, **337**, 437
婦人参政権獲得期成同盟会　**383**
婦人参政同盟　**362**, 378, 388
婦人連盟　361, 365
婦選運動の命名者　385
婦選獲得同盟　**389**
普選期成関西労働連盟　157, **167**, 187, 192, 225
普選期成治警撤廃関東労働連盟　**173**, 188
普選促進記者連合会　157, 160, 456
「普選物語」　418
「普通選挙」　53 f, 430
「普通選挙ヲ請願スルノ趣意」　22, 34
普通選挙期成会(愛知)　114
普通選挙期成同盟会(静岡)　114 f, 131, 140, 144, 161
——(東洋自由党)　**12**, 414
——(東京)
——の改称　41
——の解体　**92**, 126, 191
——の規約　32, 42, **57**, 102, 426, 440, 442
——の「檄」　42, 92, 423
——の結成　**31**
——の構成要素　33, 36-39, 62 f
——の再興　**102**, **116**, 139, **142**
——の支部　39, 43
——の支部準則　40, 425
——の政党計画　63
——の普選法案　41
——の分解　158
——の役員　32, 40 f, **59**, 84, 92, 102, 443
——(松本)
——の改称　29
——の会名　29, 421
——の解体　54 f
——の革新化　52
——の規約　29, 51, 427
——の結成　**22**
——の構成要素　30
——の在京委員　29
——の再興　28
——の「趣意書」　32, 34
——の大会　28, 50 ff
——の役員　23 f, 28 f, 51, 428
「普通選挙期成同盟会趣意書」　32, 34, 423
普通選挙研究会(東大)　454
普通選挙青年同志会　61, 71, 75, 435 f
普通選挙請願同盟会　421
普通選挙全国同志大会　76, 80
普通選挙促進同盟会(早大)　145, 161
「普通選挙締盟簿」　**102**
普通選挙の請願　22 ff, 32, 49, 68 ff, 77, 81, 107, 427

普通選挙法案
　第 16 議会　49
　第 18 議会　60
　第 24 議会　81
　第 25 議会　82
　第 26 議会　83 f
　第 27 議会　85 f
　第 41 議会　**137**
　第 42 議会　**179**
　第 43 議会　**197**
　第 44 議会　**198**
　第 45 議会　**209**, **216**
　第 46 議会　243
　第 48 議会　**287**
　第 49 議会　306
　第 50 議会　**307**
普通選挙連合会　75
深尾韶　76, 84, 439
福井県　154, 479
福井三郎　441
福岡県　155, 187, 219, 221 f, 479
「福岡日日新聞」　94 ff
福島県　39, 43, 56, 154, 214, 223, 431, 479
福島四郎　346, 389
福田和五郎　47, 59
　——狂二　72, 103, 122, 438
福地源一郎　5 f
福本誠(日南)　17, 32 f, 39 ff, 43, 56, 59, 61 f, 65, 84 f, 417, 434, 441
福良虎雄　164
藤井善助　138
藤岡文六　193, 228
藤田貞二(浪人)　83, 85, 91, 101, 103 f, 109, 118 f, 122, 447
藤村義朗　349, 356
藤原鎌兄　61, 75
二木亀一　22 f, 28 f, 51 f, 428 f
仏教護国団　396, 398 ff, 478
仏教連合会　395, **400**, 404 ff, 410
降旗元太郎　22, 32, 40, 49, 51, 53, 58 f, 111, 119, 143, 417, 419 f, 428, 430, 451, 460 f, 464, 473
古島義英　157, 456
古瀬伝蔵　241
古屋慶隆　449, 460 f, 464, 471
文官高等試験改革運動　122, 448

平民社　67, 72, 437 f
「平民新聞」　68 f
平民親睦会　71

穂積重遠　370, 385
　——陳重　276, 312
　——八束　**90**
「報知新聞」　220, 472
北海道　27, 72, 141, 154, 303, 479
北総平民倶楽部　77
星亨　9
　——一　85
星島二郎　215 f, 379, 461
細井肇　139
細川潤次郎　135
細野次郎　440
堀家虎造　36, 40, 59
堀内賢郎　16, 417
　——桂次郎　28, 52, 428 f
　——千万蔵　417, 428
堀江帰一　99
堀川直吉　452, 466, 475
　——美哉　138
堀切善次郎　234
本城安太郎　31 f, 40, 80
本田恒之　143
本多日生　403
本間三郎　449, 460 f
　——徳次郎　103

マ　行

真鍋儀十　157, 456
「毎日新聞」　48, 63 f
前田下学　32 f, 40, 417
　——兵郎　56, 213
　——蓮山　164
牧内元太郎　43, 59, 62, 426, 432, 439
牧野充安　121, 142, 453, 459
　——良三　244, 246, 310

正木照蔵　143, 471
松居松葉　37
松浦頼光　32, 40
松枝保二　448
松尾重義　52, 428
松岡駒吉　148, 169, 170, 188, 460, 467, 472
——俊三　402
松崎源吉　62, 69, 434
松島肇　450
松田源治　61, 77, 137 f, 164, 272 f, 277, 310, 344, 402, 436 f, 439, 445, 449, 464, 470
松谷与二郎　448, 453
松永安左衛門　143
松野晃典　448
松村介石　17, 37, 40, 59, 417
松本君平　47, 61, 66, 80 f, 84 f, 102 f, 118, 142, 197f, 225, 348, 356, 362 f, 387 f, 435 f, 440 f, 443, 453, 461, 464, 473
——剛吉　186, 320, 456
——正寛　32 f, 40
松本親睦会　22, 420
松山常次郎　381
丸山長三郎　28, 428
——長渡　103, 142, 453
——虎之助　43, 48, 61, 65, 433-436
——名政　7

三浦鋏太郎　101, 106, 453
三重県　154, 221, 479
三上道純　51, 428
三木武吉　137, 143, 157, 216, 225, 449, 460 f, 464, 471, 473
——与吉郎　33
三沢綱代(蔵)　43, 440
——剣三　32, 40
三宅雄二郎(雪嶺)　111, 185, 417, 419
——やす子　378
三輪信次郎　85
美濃部達吉　96, 134, 149, 151, 271-275, 438, 454, 470
水品平右衛門　59, 428, 441
水谷栄治　101, 109
——長三郎　132
水沼辰夫　107
水野石渓　158
——直　319, 322, 473
——錬太郎　232 ff, 255, 298, 317, 319, 470, 474
満川亀太郎　164
碧川かた　362, 378 f
南鼎三　194, 259, 274, 282, 286, 464
宮川静枝　346, 382 f, 384, 387
宮城県　39, 56, 154, 161, 431, 479
宮崎県　155, 479
宮崎龍介　145
宮田光雄　233, 473 f
宮武外骨　119
宮地友次郎　103, 118
「都新聞」　472
民人同盟会　145
民本主義的ジャーナリズム　129

武藤金吉　449
村井知至　37, 40, 59
村上先　441
村木源次郎　122
村瀬茂三郎　22, 29, 417, 428
村松愛蔵　5, 7
——恒一郎　157, 449 f, 456, 460
室伏高信　119

モッセ　9 f
茂木久平　103, 118, 457
——作次郎　56, 61, 432 f
持田若佐　59, 431
望月圭介　441
——小太郎　143, 449, 455, 460 f
粟山博　213, 453, 471
百瀬興政　420
——広之助　43, 417
守屋東　367, 371, 383, 386
森恪　401
——肇　67
——秀次　143, 449, 460

——隆介　47
森下亀太郎　215 f, 464
森田茂　449, 460 f, 471
——繁　103
——草平　109
——義郎　102 f, 118, 142, 453, 455
森近運平　75 f, 439
森本駿　77
森山儀文治　29, 428
森脇源三郎　159, 456
衆樹安子　355, 358 f, 361 f, 364, 383, 391
両角精(清)一郎　422, 428

ヤ 行

「やまと新聞」　99, 472
八木信一　194, 224, 250
八並武治　464, 471
八幡同志会　221
矢島浦太郎　85
——楫子　384
矢野政二　47
——操　91
矢部初子　347, 355, 371
安岡雄吉　417, 419
安広伴一郎　89
柳内義之進　103, 426
柳原吉次郎　112 f
山内輝子　384
山内みな　346, 351, 357
山形県　56, 154, 223, 396, 399, 431, 479
山県有朋　91, 94, 183, 202
山川菊栄　340 f, **353**, 371, 374 f, 386
——均　**175**, 229, 252, 294
——健次郎　297 f, 310 ff
山際敬雄　441
山口県　154, 221, 479
山口義一　244 f, 313
——義三(孤剣)　62, 69, 76, 109, 116, 434, 437, 439
——弾正　31 f, 39-43, 49, 59, 62, 75, 83 ff, 91, 99, 103, 433, 439 f, 443, 453
——熊野　49, 81, 347, 441, 453
——正憲　346, 459
——政二　388
山崎外遊　103
——今朝弥　103 f, 346
山道襄一　449, 473
山路信之助　122
——弥吉(愛山)　51, 75 ff, 80, 102 f, 439 f, 443
山下千代雄　59, 431
山田忠正　346, 448, 455 f
——美都　346, 350, 355
——わか　340, 344, 346, 371
山梨県　154, 304, 388, 479
山根菊子　365, 379
——吾一　71 f, 75, 80, 103, 438
——正次　450, 460
山桝儀重　387
山元亀次郎　145, 455, 457
山本懸蔵　170
山本権兵衛　270, 284 f
——清三郎　216
山本権兵衛内閣　**264**
山脇玄　136, 339

ユニテリアン協会　37, 62 f
由谷義治　185
湯浅倉平　275
——凡平　225, 449 f, 460
友愛会　112, 125, 140 f, **146**, 157, 160, **169**, 191
——関西労働同盟会　167, 187 ff
——婦人部　341
猶興会　78, 81
行川仲子　388

与謝野晶子　339, 341, 343, 376, 386
八日会　374 f
横田千之助　**244**, 471
「横浜貿易新報」　84, 95
横山勝太郎　119, 143, 157, 159, 381, 449, 460 f
吉植庄一郎　77, 440 f
吉江久一郎　18, 24, 28 f, 32, 51, 54 f, 418, 428

――源治郎　22, 417, 428
吉岡弥生　389
吉瀬才市郎　76, 83, 85, 109, 439, 456
吉田中　450, 460
――復平治　29, 51 f, 420, 428
――義静　17, 32, 40, 417
吉永文子　361 f, 365, 383 f
吉野作造　110 f, 145, 148, 194, 427
吉本襄　32, 40
吉屋信子　371
米田穣　441
「読売新聞」　220, 472
「万朝報」　47, 63 f, 79, 82, 220, 437, 472

ラ　行

理想団　43, 62 f, 75
理髪業組合の普選運動　39, 41, 45
「六合雑誌」　37, 64, 437
立憲青年党　160 f, **304**, 345, 448, 456
立志社　7
律宗　403
遼東半島還付反抗運動　**20**
臨時法制審議会　**256, 271**

麗日会　386, 389
黎明会　139, 148
連座規定　313 f, 318, 325

ローマ法王庁との使節交換問題　408
ロエスレル　9 f
労学会　132, 146
労働組合期成会　38 f, 71
労働組合同盟会　226
労働組合の普選運動　**44, 145, 166, 191, 224, 249, 289**
労働者懇親会　44, 52
「労働世界」　38, 161

ワ　行

早稲田大学　145, 160 f
和歌山県　69, 72, 154, 479
若槻礼次郎　137, 181, 211, 220, 306, 476
渡辺海旭　398
――千冬　86, 89, 474
――政太郎　122
――政之輔　145, 253 f
渡部小太郎　31, 40, 43, 58

参考文献

秋田近代史研究会編・刊『近代秋田の歴史と民衆』，1969 年.

飛鳥井雅道「資料明治 30 年代民主主義運動の一面(1902〜3 年各種演説会記録)」『人文学報』17 号，1962 年.

天野卓郎『大正デモクラシーと民衆運動』雄山閣出版，1984 年.

荒畑寒村『寒村自伝』上・下，岩波文庫，1975年.

有泉貞夫『明治政治史の基礎過程』吉川弘文館，1980 年.

有賀義人「日本近代史上における普選運動の意義」『長野県近代史研究』7 号，1975 年.

安藤正純『政治と宗教の関係』金尾文淵堂，1923 年.

安藤福平「大正デモクラシーと農村青年」『広島県史研究』4 号，1979 年.

井手文子「日本における婦人参政権運動」『歴史学研究』201 号，1956 年.

——『平塚らいてう』新潮社，1987 年.

井上清・鈴木正四『日本近代史』合同出版社，1956 年.

井上清・渡部徹編著『米騒動の研究』第 5 巻，有斐閣，1962 年.

伊藤隆『大正期「革新」派の成立』塙書房，1978 年.

伊藤正徳『加藤高明』下，加藤伯伝記編纂委員会，1929 年.

伊藤之雄『大正デモクラシーと政党政治』山川出版社，1987 年.

家永三郎『植木枝盛研究』岩波書店，1960 年.

家永三郎・松永昌三・江村栄一編『明治前期の憲法構想』増訂版第 2 版，福村出版，1987 年.

石上良平『政党史論原敬歿後』中央公論社，1960 年.

石川安次郎『日記』東京大学法学部近代日本法政史料センター蔵.

石田雄『近代日本政治構造の研究』未来社，1956 年.

石田秀人『快男児横田千之助』新気運社，1930 年.

市川房枝『私の婦人運動』秋元書房，1972 年.

——『市川房枝自伝』戦前編，新宿書房，1974 年.

——『野中の一本杉』新宿書房，1981 年.

——編『日本婦人問題資料集成』第 2 巻「政治」ドメス出版，1977 年.

稲田正次『明治憲法成立史』上・下，有斐閣，1960・1962 年.

今井清一「小選挙区制の歴史的検討——原内閣の小選挙区制によせて」『歴史学研究』325 号，1967 年.

——他『日本の百年』6，筑摩書房，1962 年.

今野賢三編著『秋田県労農運動史』秋田県労農運動史刊行会，1954 年.

岩村登志夫「無産政党の成立」岩波講座『日本歴史』第 18 巻，1975 年.

——『コミンテルンと日本共産党の成立』三一書房，1977 年.

――「極東勤労者大会日本代表団採択綱領」『史林』62巻3号，1979年．

上原勇作関係文書研究会『上原勇作関係文書』東京大学出版会，1976年．

上杉慎吉『婦人問題』三書楼，1910年．

江口圭一『都市小ブルジョア運動史の研究』未来社，1976年．

江村栄一『自由民権革命の研究』法政大学出版局，1984年．

愛媛県商工労働部労政課編・刊『資料愛媛県労働運動史料』第3巻，1960年．

小浜喜一・内藤真作編『内藤隆の思想』内藤家，1984年．

大河内一男・渡部徹監修『総同盟五十年史』第1巻，同刊行会，1964年．

大木操『激動の衆議院秘話』第一法規，1980年．

大阪市社会部調査課編『労働組合運動』弘文堂，1924年．

大阪社会労働運動史編集委員会編『大阪社会労働運動史』「戦前編」上，有斐閣，1986年．

太田雅夫編『社会主義協会史』(『明治社会主義資料叢書』第1巻)新泉社，1973年．

大津淳一郎『大日本憲政史』第8・9巻，1928年(原書房，1970年)．

大原社会問題研究所編・刊『日本労働年鑑』大正9-15年版，1920-26年(法政大学出版局，1967-68年)．

岡義武・林茂校訂『大正デモクラシー期の政治――松本剛吉政治日誌』岩波書店，1959年．

岡本宏『日本社会主義政党論史序説』法律文化社，1968年．

――『田添鉄二――明治社会主義の知性』岩波新書，1971年．

岡山県労働組合総評議会編(水野秋執筆)『岡山県社会運動史』第3巻，労働教育センター，1977年．

岡山県社会運動資料編纂会編『岡山県社会運動資料』上，岡山県中央労働学校，1951年．

荻野富士夫『特高警察体制史』増補版，せきた書房，1988年．

奥むめお「我国に於ける婦人参政権運動史」1-7『新使命』1925年1月号-1926年1月号．

――「日本婦人運動」『社会科学講座』第5巻，誠文堂新光社，1931年．

――『野火あかあかと』ドメス出版，1988年．

ガントレット恒『七十七年の想い出』植村書店，1949年．

鹿野政直「婦選獲得同盟の成立と展開」『日本歴史』319号，1974年．

片山潜『社会改良手段普通選挙』信州普通選挙同盟会，1901年．

――『日本の労働運動』岩波文庫，1952年．

兼近輝雄「普通選挙制の成立における労働組合の役割」『早稲田大学政治経済学雑誌』151・152合併号，1958年．

――「第四二議会への普選案の上程と各党の態度」同上，156号，1959年．

樺山資英伝刊行会編・刊『樺山資英伝』，1942年．

上条宏之「松本平における普選運動と中村太八郎――1902(明治35)年衆議院議員選挙を中心に」『長野県短期大学紀要』27号，1973年．

──『地域民衆史ノート』銀河書房，1977 年.
──『民衆的近代の軌跡』同上，1981 年.
河田嗣郎『婦人問題』隆文館，1910 年.
河西英通「東洋自由党論──『新東洋』の分析を通して」『歴史評論』410 号，1984 年.
川原弥三郎編『政友本党誌』同編纂所，1927 年.
川辺真蔵『大乗の政治家　水野直』水野勝邦刊，1941 年.
河村又介「明治時代における選挙法の理論及び制度の発達」『国家学会雑誌』56 巻 11・12 号，57 巻 2 号，1942-43 年.
姜東鎮『日本の朝鮮支配政策史研究──1920 年代を中心として──』東京大学出版会，1979 年.
木坂順一郎「革新倶楽部論」井上清編『大正期の政治と社会』岩波書店，1969 年.
──「治安維持法反対運動」『日本史研究』117・119 号，1971 年.
菊川忠雄『学生社会運動史』海口書店，1949 年.
協調会編・刊『大正十一年度本邦労働運動調査報告』，1923 年.
──編・刊『最近の社会運動』，1929 年.
金原左門『大正期の政党と国民』塙書房，1973 年.
久布白落実『廃娼ひとすじ』中公文庫，1982 年.
倉富勇三郎『日記』国立国会図書館憲政資料室蔵.
警視庁教養係『大正二年騒擾事件記録』.
警視庁総監官房特別高等係『無産政党組織運動ノ沿革』1926 年 3 月編纂.
現代史の会共同研究班『総合研究　在郷軍人会史論』(『季刊現代史』9)，1978 年.
小泉又次郎『普選運動秘史』批評社，1927 年.
小沢浩「地域社会におけるデモクラシー思想とその周辺」『富山医科薬科大学一般教育研究紀要』5 号，1983 年.
小路田泰直「1920 年代における社会政策の形成」『日本史研究』210 号，1980 年.
小林昭夫「大正期における市民政社の動向──石川県立憲青年党について」1972 年度金沢大学修士論文.
小林雄吾『立憲政友会史』第 4・5 巻，立憲政友会史出版局，1926・1933 年.
小林幸男『日ソ政治外交史』有斐閣，1985 年.
古島一雄『一老政治家の回想』中央公論社，1951 年.
児玉勝子「平民社の婦人たちによる治安警察法改正請願運動について」『歴史評論』1977 年 3 月号.
──『婦人参政権運動小史』ドメス出版，1981 年.
後神俊文「松本平の木下尚江」『武蔵野ペン』5 号，1962 年.
『後藤新平文書』後藤新平記念館蔵(マイクロ・フィルム).
幸徳秋水全集編集委員会編『幸徳秋水全集』第 2・9 巻，明治文献，1969 年.
黒龍倶楽部編『国士内田良平伝』原書房，1967 年.
佐々木敏二『長野県下伊那社会主義運動史』信州白樺，1978 年.
斎藤弥一郎『富山県社会運動史』同刊行会，1962 年.

参考文献

斎藤勇『名古屋地方労働運動史——明治大正篇』風媒社，1969 年.
坂本真琴「婦人参政権運動の高潮」1-10，『新使命』1926年 2 月号-12月号.
信夫清三郎『大正政治史』全 4 巻，河出書房，1951-52 年.
——『大正デモクラシー史』全 3 巻，日本評論社，1954-59 年.
社会文庫編・刊『社会主義者無政府主義者人物研究資料』(1)，1964 年.
衆議院議員選挙法調査会編・刊『衆議院議員選挙法ニ関スル調査資料』全 41 冊(本書 468 ページに細目あり)，1923 年.
衆議院憲政史編纂会『田川大吉郎氏談話速記』『若槻礼次郎男談話速記』国会図書館憲政資料室蔵.
衆議院事務局編・刊『衆議院議員選挙法改正案ノ沿革』，1919 年.
スミス，ヘンリー(松尾・森訳)『新人会の研究』東京大学出版会，1978 年.
鈴木文治『労働運動二十年』一元社，1931 年.
鈴木正幸「大正期農民政治思想の一側面」『日本史研究』173・174 号，1977 年.
——「大正期農民党運動の展開」『神戸大学教養部紀要』論集 22，1979 年.
——「立憲労農党運動の展開と帰結」『日本史研究』251 号，1983 年.
隅谷三喜男『片山潜』東京大学出版会，1960 年.
杣正夫「選挙法」『講座日本近代法発達史』第 4 巻，勁草書房，1958 年.
田島ひで『ひとすじの道』青木書店，1968 年.
田中眞人『高畠素之』現代評論社，1978 年.
大霞会編・刊『内務省史』全 4 巻，1970-71 年.
——編『内務省外史』地方財務協会，1977 年.
大日本帝国議会誌刊行会編・刊『大日本帝国議会誌』全 18 巻，1926-30 年.
為藤五郎「我国婦人運動内面史」『婦人公論』1925 年 4 月号.
千原勝美「明治二十年代の木下尚江研究」『信大教育学部研究論集』12 号，1961 年.
——「上條信次・吉江槻堂伝考」『木下尚江研究』3 号，1961 年.
——「木下尚江と初期松本親睦会」同上，4 号，1962 年.
——「尚江系譜を主とする覚書」同上，9 号，1965 年.
土川信男「護憲三派内閣期の政治過程」近代日本研究会編『政党内閣の成立と崩壊』山川出版社，1984 年.
土屋詮教『大正仏教史』三省堂，1938 年.
鶴見祐輔『後藤新平』第 4 巻，後藤新平伯伝記編纂会，1938 年.
帝国議会貴族院『帝国議会貴族院委員会議事速記録』全 28 巻，臨川書店，1981-88 年.
帝国議会衆議院『帝国議会衆議院委員会議録』全 50 巻，臨川書店，1981-88 年.
田健治郎伝記編纂会著・刊『田健治郎伝記』，1932 年.
田健治郎『日記』国立国会図書館憲政資料室蔵.
東京大学法学部近代立法過程研究会「半山石川安次郎文書」『国家学会雑誌』89 巻 3・4 合併号，5・6 合併号，7・8 合併号，1976 年.
富山県編・刊『富山県史』「通史編」近代・下，1974 年.
——『富山県史』「史料編」近代・下，1972 年.

富田信男「自由民権論者の普選思想」『政経論叢』29巻2号，1960年.
――「日本普選運動史序説」同上，29巻4号，1960年.
――『明治国家の苦悩と変容』北樹出版，1979年.
鳥海靖「原内閣崩壊前後における挙国一致内閣路線の展開と挫折」『東京大学教養学部人文科学科紀要』54号，1972年.
那須宏『帝国主義下の天皇制』風媒社，1974年.
内政史研究会編・刊『挟間茂氏談話速記録』全3回.
――『堀切善次郎氏談話速記録』全3回.
内務省警保局『政治運動団体調』(大正8年11月10日現在).
――『政治的諸団体』(大正9年12月調・大正11年8月調).
――『大正十年労働運動概況』
――『本邦労働運動月報』1921年8月分-1922年12月分.
内務省社会局編『大正十二年労働運動概況』・『大正十三年労働運動概況』明治文献，1971年.
永井柳太郎編纂会編『永井柳太郎』勁草書房，1959年.
中塚明「東洋自由党論」『寧楽史苑』7号，1959年.
長岡隆一郎『官僚二十五年』中央公論社，1939年.
長野県編・刊『長野県政史』第1・2巻，1971・1972年.
長野県下伊那郡青年団史編纂委員会編『下伊那青年運動史』国土社，1960年.
成田龍一『加藤時次郎』不二出版，1983年.
日本キリスト教婦人矯風会編『日本キリスト教婦人矯風会百年史』ドメス出版，1986年.
日本近代史料研究会編・刊『大正後期警保局刊行社会運動資料』，1968年.
野村岩夫『香川県農民運動の史的考察』(謄写印刷)，1924年.
馬場鉄一氏記念会著・刊『馬場鍈一伝』，1945年.
林広吉「普選物語」1-23『信濃毎日新聞』1925年3月13日-4月21日(『長野県近代史研究』6号，1974年).
原奎一郎編『原敬日記』第2-5巻，福村出版，1981年.
坂野潤治『明治立憲体制の確立』東京大学出版会，1971年.
――「政党政治の確立」歴史学研究会・日本史研究会編『講座日本歴史』第9巻，東京大学出版会，1985年.
――「平民宰相原敬1920年の誤算」『中央公論』1985年7月号.
兵庫県労働運動史編集委員会編『兵庫県労働運動史』兵庫県商工労働部労政課発行，1961年.
平塚らいてう『わたくしの歩いた道』新評論社，1955年.
――『元始，女性は太陽であった』完結編，大月書店，1973年.
平沼騏一郎回顧録編纂委員会編・刊『平沼騏一郎回顧録』1955年.
平野義太郎編『普選・土地国有論の父　中村太八郎伝』日光書院，1938年.
――編著『馬城大井憲太郎伝』大井馬城伝編纂部，1938年.

参考文献

広島県編・刊『広島県史』「近代」2，1981年.
弘中柳三編『大呉市民史』「大正篇」(上)中国日報社，1953年.
藤田浪人・水谷憲風編『社会問題大観』共有出版協会，1923年.
布施柑治『ある弁護士の生涯』岩波新書，1963年.
『普通選挙締盟簿』国立国会図書館蔵.
藤井徳行『近代日本政治史研究』北樹出版，1980年.
仏教連合会編・刊『第四十四帝国議会僧侶被選挙権要請運動の報告書』，1922年.
『穂積陳重文書』(マイクロ・フィルム)，東京大学法学部近代日本法政史料センター蔵.
法政大学大原社会問題研究所編『政治研究会・無産政党準備会』(『日本社会運動史料』)，法政大学出版局，1973年.
堀川直吉「民衆大会司会者心得」雄弁学会編『改訂雄弁学講座』中巻，成光館出版部，1929年.
前田蓮山編『床次竹二郎伝』床次竹二郎伝記刊行会，1939年.
升味準之輔『日本政党史論』第4・5巻，東京大学出版会，1968・1979年.
増田知子「立憲政友会への道」・「1900年体制の確立」『日本歴史大系』第4巻，山川出版社，1987年.
松尾章一『自由民権思想の研究』柏書房，1965年.
松尾尊兊「政党政治の発展」岩波講座『日本歴史』第19巻，1963年.
――「過激社会運動取締法案について」『人文学報』20号，1964年.
――『大正デモクラシーの研究』青木書店，1966年.
――「急進的自由主義の成立過程」井上清・渡部徹編『大正期の急進的自由主義』東洋経済新報社，1972年.
――「忘れられた革命家　高尾平兵衛」『思想』1972年7月号.
――「1923年の三悪法反対運動」渡部徹・飛鳥井雅道編『日本社会主義運動史論』三一書房，1973年.
――『大正デモクラシー』岩波書店，1974年.
――「第一次大戦後の治安立法構想――過激社会運動取締法案の立案経過――」藤原・松尾編『論集現代史』筑摩書房，1976年.
――「創立期日本共産党史のための覚書」『京都大学文学部研究紀要』19号，1979年.
――編『社会主義沿革』上(『続・現代史資料』1)みすず書房，1984年.
――「中村太八郎家と石橋湛山」『自由思想』41号，1986年.
松永昌三『中江兆民の思想』青木書店，1970年.
丸山虎之助『普通選挙論』済美館，1901年.
三谷太一郎『日本政党政治の形成』東京大学出版会，1967年.
――『近代日本の司法権と政党』塙書房，1980年.
三宅正太郎・石原雅二郎・坂千秋著『普通選挙法釈義』松華堂書店，1926年.
美濃部達吉『憲法講話』有斐閣，1911年.
――「普通選挙論」『国家学会雑誌』10月号，1919年.

御手洗辰雄『新聞太平記』鱒書房，1952 年.
水野石渓『普選運動血涙史』文王社，1925 年.
宮沢俊義「衆議院議員選挙法」『現代法学全集』第 15 巻，日本評論社，1929 年.
宮地正人『日露戦後政治史の研究』東京大学出版会，1973 年.
宮武外骨・西田長寿『明治新聞雑誌関係者略伝』みすず書房，1985 年.
八木鞆子『八木信一伝』東方出版，1984 年.
矢部貞治『近衛文麿』1952 年(読売新聞社，1975 年).
安田浩「政党政治体制下の労働政策――原内閣期における労働組合公認問題――」『歴史学研究』420 号，1975 年.
――「「大正デモクラシー」と社会問題」『神奈川県史』「通史編」5，1982 年.
柳田泉『日本革命の予言者　木下尚江』春秋社，1961 年.
山内みな『山内みな自伝』新宿書房，1975 年.
『山川菊栄集』(田中寿美子・山川振作編)第 3・5 巻，岩波書店，1982 年.
『山川均全集』(山川菊栄・山川振作編)第 2-5 巻，勁草書房，1966-68 年.
山極圭司『評伝木下尚江』三省堂，1977 年.
山路愛山「現時の社会問題及び社会主義者」『独立評論』1908 年 3 月号.
山田貞光『木下尚江と自由民権運動』三一書房，1987 年.
――「木下尚江・中村太八郎の書簡」『木下尚江研究』9 号，1965 年.
山高しげり『わが幸はわが手で』ドメス出版，1982 年.
山本四郎『大正政変の基礎的研究』御茶の水書房，1970 年.
横山勝太郎監修『憲政会史』憲政会史編纂所，1926 年.
吉野作造ほか編『明治文化全集』「社会篇」・「政治篇」・「自由民権篇」・「正史篇」上・下，日本評論社，1927-29 年.
吉野孝雄『宮武外骨』河出文庫，1985 年.
米田佐代子「婦人解放史における民主主義の問題――治安警察法修正運動の意義によせて」東京都立大学『人文学報』89・97 号，1972・1974 年.
米原章三伝刊行会編・刊『米原章三伝』，1978 年.
六樹会編・刊『岡野敬次郎伝』，1926 年.
和田仁「農民運動と普通選挙」『高松工業高等専門学校研究紀要』8 号，1972 年.
渡辺治「1920年代における天皇制国家の治安法制再編成をめぐって」『社会科学研究』27巻 5・6 合併号，1976年.
渡部徹「日本における労働組合法案の登場をめぐって――根本的再検討のために――」『日本労働協会雑誌』87・88 号，1966 年
――編著『京都地方労働運動史』同編纂会，1959 年.
若林正丈『台湾抗日運動史研究』研文出版，1983 年.
若槻礼次郎『古風庵回顧録』1950 年(読売新聞社，1975 年).
鷲尾義直編『犬養木堂伝』中巻，東洋経済新報社，1939 年.
――編『犬養木堂書簡集』人文閣，1940年.

窪川旭丈(本部主事)、小林円達(京都出張所主事)。

(9) この数字は『仏連報告書』巻末の「被選挙権付与請願書提出数府県別表」の総計三万三七八八と矛盾する。同じ報告書の本文と付表とのくいちがいの原因は明らかでない。府県別の数字は次のとおり。

北海道	四五二	東京	九二八	京都	一三三三	大阪	九一七
神奈川	三六八	兵庫	九二七	長崎	一八七	新潟	一四五〇
埼玉	五七一	群馬	二〇三七	千葉	八〇八	茨城	五六三
栃木	三八四	奈良	八七二	三重	三七〇五	愛知	一四〇二
静岡	七〇五	山梨	九九六	滋賀	二三七三	岐阜	四五三
長野	六八一	宮城	五二一	福島	二二五	岩手	二九五
青森	六七	山形	六六二	秋田	八〇	福井	一三五七
石川	一〇八二	富山	四八七	鳥取	一五三	島根	五一七
岡山	三三三	広島	六二四	山口	七一七	和歌山	六四三
徳島	一五一	香川	六五九	愛媛	三四〇	高知	八七
福岡	七六四	大分	三四二	佐賀	三八三	熊本	三六一
宮崎	六一四	鹿児島	一四三	沖縄	九	台湾	一
朝鮮	二	満洲	二	合計	三万三七八八		

(10) 土屋詮教『大正仏教史』(一〇一ページ)によれば政友会の「北陸、尾、濃、参、広島付近の議員は、其の地盤関係に顧み、仏教徒の運動と政友会幹部の否定論との間に立つて、頗る苦境に立ちつゝあつた」という。

(11) 丸山興愍『普選問題と僧参問題の側面観』(中央仏教社、大正一一年)は、「人心一転国論融和、改造実現の手段」として普選を唱えるとともに、「政治の基礎を宗教と道徳に置かしめんがために」貴族院の終身議員に各宗管長を任命することを希望した。

(12) (1)「複雑なる社会の実生活に順応する宗教教化の任を完ふせんが為め」。(2)宗教は個人の私事であるから公権たる被選挙権を奪うのは不当。(3)官公吏でもない一私人に公権を否認するのは矛盾。(4)政教混淆の弊害は別に制裁方法あり。また腐敗は一般的な問題。(5)一般国民と同等な資格を与え「世道人心の指導に従事せしむること」は「国家並に社会の政策として」「策の得たるもの」(『中外日報』大11・12・24)。以上が五項目の要旨である。普選の一環としての僧参という意識は依然稀薄である。